高等学校金融学专业系列教材

ZHENGQUAN TOUZIXUE

证券投资学
（第六版）

霍文文　编著

高等教育出版社·北京

内容提要

本书是高等学校金融学专业系列教材之一。本书主要内容包括：导论、证券投资要素、证券市场的运行与管理、证券交易程序和方式、证券投资的收益和风险、资本资产定价理论、证券投资对象分析、证券投资基本分析、证券投资技术分析、证券投资管理。

本书从投资的角度安排章节，内容系统全面，案例丰富。各章设有"专栏""本章小结""基本概念""复习思考题"，并以二维码形式提供更多案例及拓展知识，利于学生学习。

本书适合作为高等学校经济与管理类专业相关课程教材，也可作为相关从业人员参考用书。

图书在版编目（CIP）数据

证券投资学 / 霍文文编著. —6 版. —北京：高等教育出版社，2021.8（2025.1重印）
ISBN 978-7-04-056581-2

Ⅰ.①证⋯　Ⅱ.①霍⋯　Ⅲ.①证券投资—高等学校—教材　Ⅳ.①F830.91

中国版本图书馆 CIP 数据核字（2021）第 152484 号

策划编辑	刘自挥	责任编辑	熊柏根	封面设计	张文豪	责任印制	高忠富

出版发行	高等教育出版社		网　　址	http://www.hep.edu.cn
社　　址	北京市西城区德外大街 4 号			http://www.hep.com.cn
邮政编码	100120		网上订购	http://www.hepmall.com.cn
印　　刷	浙江天地海印刷有限公司			http://www.hepmall.com
开　　本	787mm×1092mm　1/16			http://www.hepmall.cn
印　　张	27.75		版　　次	2000 年 6 月第 1 版
字　　数	658 千字			2021 年 8 月第 6 版
购书热线	010-58581118		印　　次	2025 年 1 月第 4 次印刷
咨询电话	400-810-0598		定　　价	55.00 元

本书如有缺页、倒页、脱页等质量问题，请到所购图书销售部门联系调换

版权所有　侵权必究
物　料　号　56581-00

前　言

证券投资学是研究市场经济条件下证券市场运行机制和投资主体行为规律的科学。随着我国社会主义市场经济体系的日益完善和对外开放的逐渐扩大，证券市场在社会经济体系中的地位也日渐提高。证券投资学已成为很多高校经济管理类专业的必修课程，还有一些非经济管理类专业的学生也会选修投资类课程。我国的高等教育需要一些本土化的教材。

这本教材是应教学需要在总结我三十多年讲授"证券投资学"课程的教学实践经验和撰写讲稿的基础上整理而成的。自2017年教材第五版出版以来，中国社会经济和证券市场发生了很大变化。2019年12月人大常委会通过了经修订的《中华人民共和国证券法》。新证券法于2020年3月1日实施，包含取消发行审核委员会制度，全面推行注册制等重大变化，证券市场相关的法规制度也进行了重大调整。这些变化在新版的教材中我们都努力体现。

本教材从投资的角度出发，体系上作如下安排：

第1、第2、第3章是基础知识，主要介绍证券投资的要素、证券市场的结构和运行机制、证券交易的程序和方式。要说明的是，在本教材中将金融期货和金融期权作为交易方式而不是交易品种加以介绍。

第4、第5、第6章是证券投资学的核心内容，阐述了证券投资的收益、风险和证券组合理论、定价理论、定价方法以及投资对象的选择。

第7、第8章是常用的投资分析方法，即基本分析法和技术分析法。

第9章是证券投资管理，投资管理和业绩评估是完整的投资过程不可缺少的环节。

本书作为本土化的证券投资学教材，力求将以下内容结合在一起：① 证券市场和证券投资的基础知识和基本理论；② 发达国家证券市场的理论成果、成熟经验和市场实践；③ 中国证券市场的运行机制和制度变革。在阐述现代投资理论的同时，也介绍具体的投资分析方法。希望通过这样的安排使读者既能系统地掌握投资理论，又能提高投资分析能力。

前 言

在修订这一版教材时,我邀请了陈保华博士和丁瑾硕士参加。他们曾就读于上海财经大学金融学院,具备系统的理论功底,又在证券市场工作多年,积累了丰富的市场经验,完全有能力参与教材的修订。相信他们的加入会为教材注入年轻的活力。本版教材,丁瑾负责导论、第一章、第二章、第三章、第六章的修订,陈保华负责第四章、第五章、第七章、第八章、第九章、专业术语中英文索引的修订,霍文文负责全书的审定。感谢他们在繁忙的工作之余参加教材的修订。

另外,本教材配有相关的教学课件,任课老师如有需要可与高等教育出版社联系,获取课件方式见本书末页。

我由衷地感谢中国证券市场。回想起1990年刚开始讲授证券投资学课程,当时的参考资料极度贫乏,自己对证券市场知之甚少,理解更是肤浅。为了讲好投资学课程,这三十多年来我始终密切关注中国证券市场。证券市场的跌宕起伏、改革发展使我对她的认识和理解不断深化,这也是教学和教材的源头活水。证券市场是我们最好的老师。同时,我在教学和编写讲稿的过程中,大量地参阅了有关证券市场的著作和论文,才使这本教材逐渐充实丰富,能以现在的样式呈现给读者。今天,已无法一一列出这些作者的大名,在此我只能诚挚地一并向有关作者致谢。

我非常感谢曾经教育过我的所有老师,是他们给了我知识;感谢我的同事、学生、朋友和许多未曾谋面的读者,是他们给了我鼓励;还应该感谢我的家人,是他们给了我支持。没有所有关心和支持我的人,也许就没有这本书,尽管这只是一本最普通的相关专业基础知识的教材。邹平教授和陈保华博士帮助我校对了本教材第五版中英文专业术语,在此表示感谢。当然,囿于学识水平,书中偏误和不当之处在所难免,还望专家、读者不吝赐教,斧正谬误。

霍文文
2021年7月

目　　录

导　论 001
　　本章小结 003
　　基本概念 004
　　复习思考题 004

第一章　证券投资要素 005
　　第一节　证券投资主体 005
　　第二节　证券投资客体 012
　　第三节　证券中介机构 038
　　本章小结 049
　　基本概念 049
　　复习思考题 050

第二章　证券市场的运行与管理 051
　　第一节　证券发行市场 051
　　第二节　证券流通市场 070
　　第三节　证券市场监管 090
　　本章小结 100
　　基本概念 101
　　复习思考题 101

第三章　证券交易程序和方式 103
　　第一节　证券交易程序 103
　　第二节　现货交易与信用交易 114
　　第三节　期货交易 128
　　第四节　期权交易 159
　　本章小结 178
　　基本概念 178
　　复习思考题 179

第四章　证券投资的收益和风险 180
　　第一节　证券投资的收益 180
　　第二节　证券投资的风险 189
　　第三节　证券风险的衡量 197
　　本章小结 210
　　基本概念 211

目 录

　　复习思考题 …………………………………………………………………… 211
第五章　资本资产定价理论 ………………………………………………… 212
　　第一节　证券组合理论 ……………………………………………………… 212
　　第二节　资本资产定价模型（CAPM）……………………………………… 218
　　第三节　套利定价理论（APT）……………………………………………… 231
　　本章小结 ……………………………………………………………………… 236
　　基本概念 ……………………………………………………………………… 237
　　复习思考题 …………………………………………………………………… 237
第六章　证券投资对象分析 …………………………………………………… 238
　　第一节　债券分析 …………………………………………………………… 238
　　第二节　股票分析 …………………………………………………………… 257
　　第三节　其他投资工具分析 ………………………………………………… 290
　　本章小结 ……………………………………………………………………… 306
　　基本概念 ……………………………………………………………………… 306
　　复习思考题 …………………………………………………………………… 306
第七章　证券投资基本分析 …………………………………………………… 308
　　第一节　质因分析——经济分析 …………………………………………… 308
　　第二节　量因分析——财务分析 …………………………………………… 329
　　本章小结 ……………………………………………………………………… 346
　　基本概念 ……………………………………………………………………… 347
　　复习思考题 …………………………………………………………………… 347
第八章　证券投资技术分析 …………………………………………………… 349
　　第一节　技术分析概述 ……………………………………………………… 349
　　第二节　图形分析 …………………………………………………………… 354
　　第三节　市场指标分析 ……………………………………………………… 378
　　第四节　证券投资方法 ……………………………………………………… 394
　　本章小结 ……………………………………………………………………… 400
　　基本概念 ……………………………………………………………………… 401
　　复习思考题 …………………………………………………………………… 401
第九章　证券投资管理 ………………………………………………………… 402
　　第一节　证券投资管理步骤 ………………………………………………… 402
　　第二节　股票投资管理 ……………………………………………………… 404
　　第三节　债券投资管理 ……………………………………………………… 413
　　第四节　投资业绩评估 ……………………………………………………… 421
　　本章小结 ……………………………………………………………………… 429
　　基本概念 ……………………………………………………………………… 430
　　复习思考题 …………………………………………………………………… 430

主要参考文献 ……………………………………………………………………… 431
专业术语中英文索引 …………………………………………………………… 432

专栏目录

专栏 1-1	我国的股权分置改革	021
专栏 1-2	伟大投资者的十个特征	036
专栏 2-1	我国公司债券的发行与交易转让	069
专栏 2-2	交易所交易基金（ETF）	079
专栏 2-3	国际证监会组织（IOSCO）和国际证券交易所联合会（FIBV）	099
专栏 3-1	原油期货价格跌为负数	140
专栏 3-2	沪深 300 股指期货交易合约	145
专栏 3-3	5 年期国债期货合约	157
专栏 3-4	10 年期国债期货合约	158
专栏 3-5	上证 50ETF 期权合约基本条款	175
专栏 3-6	沪深 300ETF 期权合约基本条款	177
专栏 4-1	美国百年金融史上的"股灾"	195
专栏 4-2	美国股市的熔断	209
专栏 5-1	基金投资中的 α 和 β	231
专栏 5-2	如果你在错误的路上，奔跑也没有用	235
专栏 6-1	上证债券指数	249
专栏 6-2	深证债券指数	250
专栏 6-3	道琼斯指数百年大事记	280
专栏 6-4	瑞幸咖啡造假事件	305
专栏 7-1	行业投资选择逻辑	323
专栏 7-2	公司投资选择逻辑	328
专栏 7-3	如何识别财务造假	345
专栏 8-1	斐波那奇序列数	377
专栏 8-2	盘面行情指标解读	399
专栏 9-1	巴菲特的"投资十招"	424
专栏 9-2	当今的投资模式	425
专栏 9-3	金融科技	426

导 论

随着我国证券市场的规范和发展，证券市场在社会经济运行中的重要地位日益显现，证券投资活动在社会经济活动中的作用也日显重要。政府、企业和个人都在不同程度地介入证券投资活动，他们需要了解证券投资的环境、投资过程以及有关的投资分析和投资管理的知识。证券投资是比较复杂的经济活动，从证券的发行到流通，从投入资金到取得收益，其间要经过一系列的中间环节，也不可避免地要承受一定的风险。为了便于全面了解和学习证券投资活动，我们首先对投资的一些基本概念作概要性介绍。

一、投资

在商品经济社会中，投资(investment)是普遍存在的经济现象。很多情况下，人们把能够带来报酬的支出行为称为投资。这里的支出行为，实际上是牺牲了现在的一定消费，而这里的报酬则指将来的消费增加。西方投资学家威廉·夏普在其所著《投资学》一书中将投资概念表述为，**投资就是为获得可能的不确定的未来值而作出的确定的现值牺牲**。

根据我们的理解，将投资定义为：投资是指经济主体为了获得未来的预期收益，预先垫付一定量的货币或实物以经营某项事业的经济行为[①]。

对投资的定义可以从以下几个方面来认识：

(1) 投资是现在投入一定价值量的经济活动。从静态的角度来说，投资是现在垫支一定量的资金；从动态的角度来说，投资则是为了获得未来的报酬而采取的经济行为。

(2) 投资具有时间性。投入的价值或牺牲的消费是现在的，而获得的价值或消费是将来的，也就是说，从现在投入到将来获得报酬，需要耗费或长或短的时间。这表明投资是一个行为过程，这个过程越长，发生不可预测事件的可能性就越大，未来报酬的获得越不确定，风险就越大。

(3) 投资的目的在于得到报酬(即收益)。投资活动是以牺牲现在价值为手段，以获取未来价值为目标的。未来价值超过现在价值，投资者方能得到正报酬。投资的报酬可以是各种形式的收入，如利息、股息，可以是价格变动的资本利得，也可以是本金的增值，还可以是各种财富的保值或权利的获得。

(4) 投资具有风险性，即不确定性。现在投入的价值是确定的，而未来可能获得的收益是不确定的，这种收益的不确定性，即为投资的风险。风险与收益往往呈现相同的趋势，即高收益往往隐含着高风险，而高风险又会给投资者带来高收益。但是，收益和风险

[①] 徐文通：《现代西方投资学》，中国金融出版社1991年版，第2页。

的关系复杂,两者不一定成正比例关系,追求额外的风险,不一定有额外的收益;具有相同的风险,也不一定具有相同的收益。

总之,投资是个人或机构对现有资金的一种运用,其来源或是延期消费,或为暂时闲置,或以一定代价融入,用以购买实物资产或金融资产,为的是在一定时期内获得与风险成正相关的预期收入或本金的升值,或者是为了保持现有财富的价值。

根据范围不同,投资有狭义和广义之分。**狭义投资又称金融投资**,是指投资于各类金融资产以获得未来收益的经济行为,所投资的金融资产既包括存款,也包括票据、债券、股票、基金等有价证券;**广义投资**是指为了获得未来报酬或收益而垫支一定资本的任何经济行为,**包括实物投资和金融投资**。这样,不管是办实业,还是买卖有价证券,都可称为投资。

二、金融投资

金融投资是以金融资产为投资对象的投资活动,分为直接投资(direct investments)与间接投资(indirect investments)。投资者将资金存入商业银行或其他金融机构,以储蓄存款或企业存款、机构存款的形式存在,是**间接投资**,从筹资者的角度看,又可称为**间接融资**。投资者以购买股票、债券、商业票据等形式进行金融投资,是**直接投资**,从筹资者的角度看,又可称为**直接融资**。银行储蓄信贷是间接投融资最重要的形式,间接投融资的中介机构主要是商业银行。股票、债券是直接投融资最重要的形式,直接投融资的中介机构主要是证券经营机构。

直接投资与间接投资最根本的区别在于投资者与筹资者建立了不同的经济关系。在直接投资活动中,投资者和筹资者是直接的所有权关系或债权债务关系,投资者必须直接承担投资风险,并从筹资者处直接取得股息或利息收益。证券经营机构作为中介人,以承销商或经纪人的身份提供中介服务,并不直接介入投融资活动。在间接投资活动中,投资者和筹资者是一种间接的信用关系,商业银行是存款人的债务人,又是贷款人的债权人,投资者无须直接承担贷款风险,投资收益是商业银行支付的存款利息。商业银行直接介入投融资活动,既要承担清偿债务的责任,又要承受贷款的风险,与之相对应的,商业银行的主要收益来自存贷款的利差。

直接投资与间接投资既是竞争的,又是互补的。间接投资有积少成多、续短为长、化分散为集中、分散风险的优点,直接投资有投资灵活、配置资金高效公平的优点;在吸引资金方面,直接金融工具和间接金融工具通过收益率高低、风险大小、流动性强弱、投资方便程度等方面展开竞争;在资金运用方面,两者又在筹资成本、偿还方式、信息披露、资金使用限制、期限和风险转嫁程度等方面争夺市场。虽然存在金融工具和服务方式上的差别,但直接投资与间接投资的竞争并非同质金融产品之间的完全竞争,而是各有所长、相互补充的竞争。它们的相互补充和相互制约关系表现为在社会资金存量为一定的条件下,两者之间存在此消彼长的关系;直接金融工具是银行资产的重要组成部分,它有助于银行资产在安全性、流动性、盈利性上的平衡;以直接融资方式筹措的资金又会以政府存款或企业存款等方式流回银行系统,改变的是银行负债结构;银行除了自己购买或出售直接金融工具外,还会向证券经营机构提供信用支持。值得注意的是,银行过度的信用支持将会形成金融泡沫,而直接金融市场的动荡又将危及银行体系乃至整个金融体系的安全和稳定。

任何一个发达、完善的金融市场体系一定会同时存在直接投资和间接投资,投资者应根据自身的投资需要和这两种投资方式的特点加以选择。

三、证券投资

证券投资(securities investment),是指个人或法人对有价证券的购买行为,这种行为会使投资者在证券持有期内获得与其所承担的风险相称的收益。

在现代社会中,证券投资在投资活动中占有突出的地位。证券投资可使社会上的闲散货币转化为投资资金,可使储蓄转化为投资,对促进资金合理流动、资源有效配置和经济增长有重要作用。

证券投资是以有价证券的存在和流通为前提条件的,是一种金融投资,它和实物投资既有密切联系,又存在一定的区别。

(1) **实物投资是对现实的物质资产的投资**,它的投入会形成社会资本存量并提升生产能力,并可直接增加社会物质财富或提供社会所需要的服务。证券投资所形成的资金运动是建立在金融资产基础上的,投资于证券的资金通过金融资产的发行转移到实体经济,满足实体经济对货币资金的需求。金融资产是一种虚拟资产,虚拟资产的运动与实物资产的运动虽然有一定的关系,但又有其独特的运动形式,属于信用活动范畴。

(2) **证券投资和实物投资并不是竞争的,而是互补的关系**。在无法满足实物投资巨额资本的需求时,往往要借助于证券投资。证券投资的资金来源主要是社会储蓄,这部分社会储蓄虽然没有直接投资于实体经济的经营活动,而是通过证券市场间接投资于实物资产,但由于证券市场自身机制的作用,不仅使社会资金在盈余单位和不足单位之间重新配置,解决了资金供求的矛盾,而且还会促使社会资金流向经济效益好的部门和企业,提高资金利用效率和社会生产力水平。高度发达的证券投资使实物投资更为便捷,通过金融投资可使实体经济部门筹集到所需资本。此外,证券投资者利用自己所固有的责任和权利、风险和利益去关心、监督、参与实体经济的决策和管理。

尽管证券投资在发达商品经济条件下占有重要的地位,但实物资产是金融资产存在和发展的基础,金融资产的收益也最终来源于实物资产在社会再生产过程中的创造。因而证券投资的资金运动是以实物投资的资金运动为依据的,实物投资对证券投资有重大影响;同时,企业盈利能力的变化会影响投资者对该企业证券的前景预期,从而使金融投资水平和结构发生变化。

本书以证券投资活动为研究对象。

本 章 小 结

1. 投资是指经济主体为了获得未来的预期收益,预先垫付一定量的货币或实物以经营某项事业的经济行为。投资活动与投入的现值、时间、收益、风险有关。

2.投资分为狭义投资和广义投资。狭义投资又称金融投资,是指投资于各类金融资产以获得未来收益的经济行为。广义投资是指为了获得未来报酬或收益而垫支一定资本的任何经济行为,包括实物投资和金融投资。

3.金融投资有直接投资和间接投资之分。直接投资与间接投资最根本的区别在于投资者与筹资者建立了不同的经济关系。直接投资与间接投资的关系既是竞争的,又是互补的。

4.证券投资是指投资者对有价证券的购买并在证券持有期间获得与所承担的风险相称的收益。证券投资属于金融投资。证券投资以实物投资为基础,但又为实物投资拓展了资金来源,提高了资金利用效率并能引导社会资金优化配置。

基 本 概 念

投资　狭义投资　广义投资　金融投资　直接投资　间接投资　证券投资

复 习 思 考 题

1.什么是投资？如何正确理解投资的含义？

2.什么是金融投资？试说明直接投资与间接投资的主要区别和相互关系。并举例说明哪些投资活动是直接投资,哪些是间接投资。

3.什么是证券投资？证券投资与实物投资有何异同？

第一章　证券投资要素

证券投资要素应从证券投资活动的过程中分析并引出。证券投资活动是指个人投资者和机构投资者通过对证券和证券市场的分析、研究、判断，进而作出投资决策以及购买、持有、管理和出售证券的整个经济活动过程。证券投资活动由证券投资主体、证券投资客体和证券中介机构组成，它们构成证券投资要素。

第一节　证券投资主体

证券投资主体，是指进入证券市场进行证券买卖的各类投资者。它包括四类：**一是个人**，包括其家庭；**二是政府部门**，包括中央政府、地方政府和政府机构；**三是企事业部门**，包括各种以营利为目的的工商企业和非营利的事业单位；**四是金融机构**，主要有商业银行、保险公司、证券公司及各种基金组织等。在国际市场上，通常将金融机构归类于企业部门。后面三类合称为机构投资者。

一、个人投资者

个人投资者（individual investors）是以个人的名义，将自己的合法财产投资于证券市场的投资者，是从事证券投资活动的自然人。

（一）资金来源

个人投资者的投资资金主要来源于储蓄。从宏观经济角度看，个人部门是净顺差部门（即收入＞支出，又称净储蓄部门）。个人部门将收入大于支出的净顺差通过储蓄活动转化为投资（这里的储蓄是广义的储蓄，包括银行储蓄、人寿保险、养老基金等），使消费基金转化为生产基金，满足企业部门和政府部门需要，实现国民收入的流量平衡。在成熟市场，个人投资者的资金还包括从证券公司和商业银行获得的贷款。

（二）投资目的

证券投资的目的是使证券投资的净效用（即收益带来的正效用减去风险带来的负效用）**最大化**，即在风险相同的条件下，追求最大可能的收益；或在收益既定的条件下，寻找最低的风险。就个人投资者来说，因收入水平、经济状况、年龄、性格、投资经验及风险承受能力不同而各有不同的投资目的，主要有以下几种。

1. 本金安全

这是投资者的主要目标,只有本金安全了,才能借以取得收益并谋求资本增值。本金安全,不仅指维持原有的投资资金,而且还包含保持本金的购买力,即要防止因通货膨胀而导致的本金贬值。要保持本金的安全,应投资于本金偿还有安全保证、流动性强且价格稳定的证券,一般说政府债券、信用等级高的公司债券或企业债券符合本金安全的要求。但在实际投资时,并非这么简单,如长期债券,虽然收入固定,但因期限长,无法弥补利率上升、货币贬值的损失;外国政府债券,由于政治、军事、社会等原因,本金的偿还也会有风险;公司债券或企业债券存在着由于企业倒闭、破产、改组合并等带来的风险。

2. 收益稳定

这是获利的动机,稳定的当前收入比不确定的未来收入对投资者更有吸引力。对低收入的投资者来说,他们需要用投资收益来补充其他收入来源的不足,因而更关心当前(每期)收益的可靠性和稳定性。稳定的收益主要来自债券利息和绩优股票的股息,可选择固定收益证券,如质量高的债券;资信好、经营稳健的大公司股票,股息高且稳定,又有增值前景,是不错的选择;公用事业股票,股息稳定且可靠,也是合适的投资对象。

3. 资本增值

资本增值是证券投资者的共同目标,可通过两种途径加以实现:一是将投资所得的股息、利息再投资,日积月累,使资本增加,这种办法适合于收入较高的投资者,他们不需要靠经常的投资收入来维持日常开支;二是投资于成长型股票,通过股息和股价的不断增长而增加资本价值,但这种方法风险较大,适合在财力和心理上都有风险承受能力的投资者。一般来说,资本增值的目的在短期内不易达到,投资者需要作长期打算。

4. 抵补通货膨胀损失

着眼于当前收入的投资者,较少受到通货膨胀(简称通胀)的危害;作为长期投资者,则会尽可能设法弥补通胀带来的损失。一般来说,能提供固定收入的证券,因其利率是事先确定的,不会因通胀而提高,到期还本也仅按面值归还,不会发生本金增值,很难弥补通胀带来的损失。但也不排斥特殊年份的政策选择,如我国曾对1992年的三年期、五年期国库券采取保值贴补办法,主要取决于当时的通货膨胀率。普通股股票,一般会因物价上涨而增加盈利,从而增发股息红利,有可能部分弥补通胀损失。浮动利率债券、可转换债券等也是弥补通胀损失的可供选择的投资对象。

5. 维持流动性

每个投资者在管理自己资产的时候,都要考虑应付不时之需,因此在作投资决策时要考虑满足流动性需要,保持一部分流动性强的资产。流动性是指金融资产以最低成本、最短时间变现的能力。流动性与证券期限呈负相关,与收益也呈负相关,因此短期债券的流动性强,但收益也较低。

6. 实现投资多样化

在投资活动中,由于边际收益递减规律的作用,投资者不再满足投资品种的单一性,而是适时地将资金按不同比例投资于若干种风险不同的投资品种,建立多样化的资产组合,以降低风险。随着居民收入水平的提高,居民个人或家庭的资产也逐渐形成多元化结构,证券投资是实现资产多样化的途径之一。在构造证券组合时,所选择的证券既不能过少,也不能过多。证券种类太少,达不到分散风险的目的,当某种证券价格下跌时,对整个组合的收益影响很大;若证券种类太多,则不易分析和调整与管理。

7. 参与公司决策

部分上市公司的控股股东或大股东是自然人,他们在不同程度上掌控着董事会并掌握公司的决策权。少数资本实力雄厚的个人投资者会通过大量购买某公司股票来达到控制上市公司或参与决策管理的目的。对大多数中小投资者来说,这种观念是非常淡薄的,股票越来越被人们当作金融商品来看待而不是所有权的象征。

8. 税务筹划

很多国家实行征收个人综合所得税制度,把纳税人的各种收入加总,分成若干档次,根据累进税率核定应交税额。有些国家对投资的当前收益和资本增值分别征税,以美国为例,对当前收益实行累进税率且税率较高,对资本增值所征收的资本增值税的税率较低,再加上地方政府债券可免缴联邦政府所得税等各种不同规定,使得投资者在进行投资决策时,要关心自己的税后收益,尽可能多地保留投资收入和资本利得,采取种种税务筹划措施,以减轻自己的纳税负担。**我国的个人所得税法规定:个人的利息、股息和红利所得,应纳个人所得税;国债和国家发行的金融债券利息,可免缴个人所得税。**

二、机构投资者

机构投资者(institutional investors)主要有政府部门、企事业部门和金融机构等。机构投资者的资金来源、投资方向、投资目的各不相同,但它们的共同特点是投资资金数量大,需要建立规模较大的资产组合,并有专门的人员进行管理。

作为机构投资者,其特征表现在以下几个方面:① **投资的资金量大**。专业的机构投资者从社会吸收闲散资金,能够聚集起庞大的资金力量。② **收集和分析信息的能力强**。一般机构投资者都设有专门部门负责收集、分析信息,并拥有一批证券投资分析的专家和管理人员,有条件使证券投资建立在对经济形势和市场状况进行深入分析的基础上。③ **可进行有效的资产组合,分散投资风险**。机构投资者可利用信息和分析预测条件,将庞大的资金分散投资到众多的证券种类上,建立合理的资产组合,从而降低风险。④ **注重资产的安全性**。商业银行、保险公司、证券投资基金、社会保障基金、企业年金等机构投资者在证券市场上属于稳健型投资者,其资金大部分来源于社会闲置资金(如居民储蓄存款、保险费、养老基金、信托基金),投资资金属于负债或委托资产,它们注重资产的安全性,在控制风险的条件下追求投资收益。⑤ **投资活动对市场影响较大**。机构投资者财力雄厚、交易量大,它们的交易动向对证券市场的走势有重大影响。

在当代各国的证券市场上,机构投资者的作用和影响日益增大。

(一)政府部门

各级政府部门(government agencies)参与证券投资的目的主要有以下几个方面:

1. 调剂资金余缺

在每一会计年度内,各级政府部门通常会出现收入(税收)与支出的波动,从而面临财政盈余或赤字。当出现周转困难时,政府可以通过发行短期债券来筹措资金;相反,如果出现财政盈余,又可通过特定渠道将闲置资金投入证券市场,但政府部门通常以投资于优质债券为限。

2. 公开市场业务操作

中央银行作为政府的银行,承担着宏观调控的任务,其调控手段之一,就是实行公开市场业务操作,即通过在证券市场上买卖有价证券,主要是政府债券,调节货币供应量。当货币供应量过多时,向证券市场出售有价证券;反之,则买进有价证券,增加货币供应。此外,中央银行持有的国家外汇储备以购买储备货币发行国的政府债券为主,因此,各国中央银行又成了外国政府债券的持有者。

人民币加入 SDR

3. 我国政府部门参与证券投资的特殊目的

我国的国有股权为中央和地方国有资产管理部门及其授权部门持有,它们的主要职责是保证国有资产的保值增值和通过国家控股、参股来控制及合理配置社会资源。

需要强调的是,政府部门进行证券投资的主要目的不是获取利息或股息收入,而是承担宏观调控的重任,因此,它不是单纯的投资主体,更不是投机主体。

(二) 企事业部门

企业(firm)可以以自有的闲置资金或暂时不用的积累资金进行短、中、长期投资,企业还可以通过股权投资达到参股、控股或组建企业集团的目的。**企业投资有两个主要特点:① 长期投资比较稳定。**企业一般以参股或控股的目的购入另一家公司的股票或买入长期债券,不会在短期内转手出售,而是长期持有,以便享有股东或主要债权人的优厚权益,很少受短期市场波动的影响。**② 短期投资交易量大。**与个人相比,企业法人的经济实力雄厚,临时闲置资金的规模较大,是短期投资工具交易中的主要资金来源,对市场影响较大。

我国规定:各类企业可参与股票配售,也可投资于股票二级市场;事业法人可用自有资金和有权自行支配的预算外资金进行证券投资。

(三) 金融机构

参加证券投资的金融机构(financial institutions)可分三大类:① 证券经营机构;② 商业银行和信托投资公司、保险公司、信用合作社等金融机构;③ 各类基金性质的金融机构,如证券投资基金、各类社会公益基金等。

1. 证券经营机构

证券经营机构是证券市场上重要的投资者,它们以自有资本和营运资金建立规模较大且又分散良好的资产组合,由专业人士进行管理;也可以接受客户委托,开展资产管理业务。**它们进行证券投资主要有两个目的:一是获取盈利,二是接受投资者的委托,代为投资并进行资产管理。**它们既注重盈利性,又注重安全性和流动性;投资对象较分散,股票、政府债券、公司债券都是投资目标;它们既可能长期持有证券,以期建立一定数量的库存,从而成为长期投资者,又可能进行短线操作,成为投机者。由于它们资金实力雄厚、信息灵通、操作方便、进出金额巨大,因而它们的投资活动对证券市场的影响很大,是证券市场重要的机构投资者。

根据我国《证券法》的相关规定,证券公司是专营证券业务的金融机构,取得自营业务行政许可的证券公司可用其资本金、营运资金和其他经批准的资金进行证券投资。符合条件的证券公司，经批准可以经营证券资产管理业务。

2. 商业银行

金融机构的业务范围、负债性质和政府的监管决定了它们的投资策略。商业银行是以经营存贷款为主要业务并以营利为目的的金融机构。商业银行的资金主要来自客户的存款，这些存款代表着商业银行的负债。商业银行将存款和从其他融资渠道筹集的资金用于对各类经济实体的贷款和投资于各种证券。**它们的收益来源于资产的收益和资金成本的差额。**商业银行在经营过程中会面临信用风险、利率风险、通胀风险、融资风险和监管风险等。为保护存款人的资金安全，也为了自身经营的稳定性，商业银行的证券投资通常采取稳健的经营策略。由于商业银行在金融体系中的特殊地位，各国政府均对商业银行的投资业务进行不同程度的限制性监管。为满足客户提取存款和取得贷款的要求，商业银行通常将持有的短期证券作为第二准备金，这些证券以短期国债为主。商业银行也会对中长期国债、公司债券等进行长期投资，主要目的在于取得投资收益。**我国现行法规规定，银行业金融机构可用自有资金及银保监会规定的可用于投资的表内资金进行证券投资，但仅限投资于政府债券和金融债券。对于因处置贷款质押资产而被动持有的股票，只能单向卖出。银行业金融机构经银保监会批准后，也可通过理财计划募集资金进行有价证券投资和资产管理业务。**

3. 保险公司

保险公司的证券投资同样受自身的业务性质和政府监管的制约。**保险公司的收入来自保费收入和投资收益，成本主要包括理赔成本、准备金成本和营运成本，总的盈亏由承保收入和投资收益组成。**承保收入是所获保费和理赔成本的差额，投资收益是投资于金融资产和实物资产组合的收入。各国政府对保险公司的投资范围、投资对象的类型和资质、各类投资对象的比例分配都作出了限制性的规定，保险公司必须遵守有关的规定。一般地说，**寿险公司**出售的保单都有合约规定的固定水平，并在约定的若干年后支付给保单持有人。这对投资的流动性要求不高，较注重安全性和收益性，那么，长期债券就成了它们保证履行承诺的理想工具。寿险公司的负债性质决定了它以长期债券作为主要的投资对象。财产险公司的保险责任期短于寿险公司，并且随保单的种类不同而有所不同。对**财产险公司**而言，承保一份保单后就意味着承担了一笔负债并明确了责任范围，即责任的最大数额不会超过保单确定的保险金额，但履行债务的具体时间和金额是未知的，因此，财产险公司可以在保单提出索赔和索赔生效前将保费用于投资。财产险公司的负债性质使它在投资范围上受到较少的限制，而有更多的选择余地，通常在债券和抵押贷款的投资上只要达到监管机构的最低要求，就可以投资于其他方面，如股权投资等，但有更高的流动性要求。

我国现行法规规定，保险公司和保险资产管理公司可以在规定的比例内投资于各类债券、股票、股票型证券投资基金和未上市企业股权性证券等。

4. 其他金融机构

其他金融机构包括信托投资公司、企业集团财务公司、金融租赁公司等。这些机构通常也在自身章程和监管机构许可的范围内进行证券投资。**我国现行法规规定，信托投资公司可以受托经营资金信托业务和投资基金业务。企业集团财务公司达到相关监管规定**

的，也可申请从事对金融机构的股权投资和证券投资业务。

（四）基金

基金性质的机构投资者包括证券投资基金、社保基金、企业年金、主权财富基金和社会公益基金。

1. 证券投资基金

证券投资基金是指一种利益共享、风险共担的集合证券投资方式，即通过发行基金份额，集中投资者的资金，由基金托管人托管、基金管理人管理和运用资金，从事股票、债券等金融工具的投资，并将投资收益按基金投资者的投资比例进行分配的一种间接投资方式。证券投资基金通过提供专业服务以实现基金投资者利益最大化为目标。证券投资基金是证券市场最主要的机构投资者。**我国现行的法规规定，证券投资基金可投资于股票、债券和国务院证券监督管理机构规定的其他证券品种，但对单个基金的投资活动有一定的比例限制。**

2. 社保基金

社保基金一般分为两个层次：一是国家以社会保障税等形式征收的全国性基金；二是由企业定期向员工支付并委托基金公司管理的企业年金。由于资金来源不同，最终用途不同，这两种形式的社保基金管理方式也不同。**全国性社会保障基金**属于国家控制的财政收入，**主要用于支付失业救济和退休金**，是社会福利的基本保障，对资金的安全性和流动性要求非常高，这部分资金的投资方向有严格限制，**主要投向国债市场。**

我国的社保基金由社会保险基金和社会保障基金两部分组成。**社会保险基金**是指社会保险制度确定的用于支付劳动者或公民在患病、年老伤残、生育、死亡、失业等情况下所享受的各项保险待遇的基金，包括基本养老、失业、基本医疗、工伤和生育保险 5 项保险基金，由用人单位和劳动者或公民个人缴纳的社会保险费以及国家财政给予一定的补贴形成。根据规定，社会保险基金结余额应全部用于购买国债和以财政专户存在银行，以保证安全。

社会保障基金是指由中央财政拨入资金、国有股减持和股权划拨资产、经国务院批准以其他方式筹集的资金及投资收益形成的资金，是由中央政府集中的社会保障储备基金，**主要用于应对人口老龄化高峰时社会养老的需要**，以及重大自然灾害等特殊情况和国务院批准的**其他社会保障支出**。社会保障基金由全国社会保障基金理事会进行管理。**社会保障基金的投资范围包括银行存款、国债、证券投资基金、股票、信用等级在投资级以上的企业债、金融债等有价证券。**

3. 企业年金

企业年金，是指企业及其职工在依法参加基本养老保险的基础上，自愿建立的补充养老保险基金。企业年金一般由企业控制，资金运作周期长，对账户资产增值有较高要求，但对投资范围限制不多。**按照我国现行法规，企业年金可由年金受托人或受托人指定的专业投资机构进行证券投资。**

4. 主权财富基金

由于不少国家，尤其是发展中国家拥有为数可观的官方外汇储备，为管理好这部分资金，各国成立了代表国家进行投资的主权财富基金。中国投资有限责任公司（简称**中投公**

司)是专门从事外汇资金投资业务的国有投资公司,以境外金融产品组合为主,开展多元投资以实现外汇资产保值增值,是我国的主权财富基金。

5. 社会公益基金

社会公益基金是指将收益用于指定的社会公益事业的基金,如慈善基金、福利基金、科技发展基金、教育发展基金、文学奖励基金等。**我国有关政策规定,各种社会公益基金可用于证券投资**,以求保值增值。它们参与证券投资的目的是让基金的资产保值增值,弥补基金的营运成本,保证基金的正常支付。

(五) 境外机构投资者

为吸引外资和有条件地开放本国资本市场,部分发展中国家和地区实行了**合格的境外机构投资者**(qualified foreign institutional investors,QFII) 制度。QFII 制度是指允许 QFII 在一定的规定和限制下注入一定额度的外汇资金,并转换为当地货币,通过严格监管的专门账户投资于当地证券市场,其资本利得、股息等经批准后可转为外汇汇出的一种制度。QFII 制度是货币没有自由兑换、资本项目未完全开放的新兴市场国家或地区实现有序、稳妥开放证券市场的制度安排。**我国作为一个没有实现资本项目完全自由兑换的国家,为了尽快培育机构投资者和实施证券市场的对外有序开放,已于 2002 年 12 月 1 日起实施 QFII 制度。**

RQFII,指人民币合格境外机构投资者。2011 年 8 月,我国允许以人民币境外合格机构投资者方式(RQFII)投资于境内证券市场。其中,R 代表人民币,RQFII 制度是合格的境外机构投资者在核准的额度内将募集的人民币资金投资于境内交易市场的人民币金融工具和银行间债券市场的制度安排。经批准的境内基金管理公司、证券公司的香港子公司可以运用在香港募集的人民币资金投资于境内的人民币金融工具。

三、投资者的风险特征与投资适当性

无论投资者的经济地位、投资目的有多大差异,**根据投资者对风险的不同态度,一般可将投资者区分为风险厌恶型、风险中立型和风险偏好型三种类型。**

风险厌恶型或称风险回避型的投资者偏好稳定的收益。在两种期望收益率相同的投资对象中,风险厌恶型投资者倾向于有确定期望收益的投资,放弃期望收益不确定的投资。为了使投资者投资于将来收益不确定的资产,市场必须以更高的收益率给予补偿,这部分额外的收益就是风险报酬。风险偏好型投资者是风险追求者,他们为了获得高收益率而自愿承担风险。风险中立型投资者完全不考虑风险,而只根据期望收益率做出投资选择,他们对风险的态度介于前两者之间。

为保护投资者的合法权益,大多数国家和地区的证券监管机构和证券行业组织作出有关投资者适当性管理的规定。**适当性管理是指金融机构所提供的金融产品或服务与客户的财务状况、投资目标、风险承受水平、财务需求、知识和经验之间的契合管理。**简单地说,**投资者适当性管理的要求就是"将适当的产品推销给适当的投资者"。**金融机构通常采用客户问卷调查、产品风险评估等方法,区别投资者的风险承受类型并根据投资者分级和资产分级匹配原则,向投资者提供与其风险承受能力相匹配的产品或服务,并进行持续跟踪和管理。我国对债券市场、融资融券交易、创业板市场、科创板市场和金融创新产品市场也制定了投资者适当性管理的制度和规则。按照风险识别能力和风险承受能力,将投资者分为专业投资者和普通投资者。专业投资者包括:经批准设立的金融机构及其子公司,社会保障基金、企业年金等养老基金,慈善基金等社会公益基金,合格境外机构投资者(QFII)、人民币合格境外机构投资者(RQFII)、符合条件的法人或者其他组织以及符合条件的个人。专业投资者之外的投资者为普通投资者。根据相关规定,金融机构对不同的投资者提供不同的产品和服务。

第二节　证券投资客体

证券投资客体,即证券投资的对象,主要是指股票、债券、存托凭证、基金等有价证券及其衍生产品。**有价证券(securities)简称证券,是具有一定票面金额、代表财产所有权或债权,并借以取得一定收入的证书**。根据证券所体现的经济性质,可分为商品证券、货币证券和资本证券。商品证券是指代表商品所有权的有价证券,如提货单、运货单和仓库栈单等。货币证券是表明对货币享有请求权的证券,如本票、支票、汇票等,是货币市场的工具。资本证券是指能够按照事先的约定从发行者处领取收益的权益性证券,如股票、债券等,是资本市场的工具。本书所称的证券,主要是指资本证券。

一、股票

(一)股票的概念和性质

股票(stock)是股份公司发给股东以证明其投资份额并对公司拥有相应的财产所有权的证书。

股份有限公司的全部资本被分成许多等值的单位,叫作**股份**。它是股份公司资本的基本单位和股东法律地位的计量单位,占有一个单位,就称占有一股份,每一股份代表对公司净资产占有一定的份额。将股份印制成一定的书面形式,记载表明其价值的事项及有关股权等条件的说明,就是**股票**。股票与股份,前者是形式,后者是内容。股份有限公司依照公司法的规定,为筹集资金向社会发行股票,股票的持有人就是公司的投资者,即**股东**。股票是股东投资入股,拥有股份所有权的证明。拥有某种股票,就证明该股东对公司的净资产占有一定份额的所有权。例如,某公司发行了1 000万股股票,则每一股代表公司净资产的1/1 000万,若某股东持有其中的100股,则他拥有该公司的1/10万股权。股票虽然是所有权证书,但股东的权利是有限制的,股东无权处置公司的资产,而只能通过处置持有的股票来改变自己的持股比例。

就股票的本质属性来看,它不同于商品证券和货币证券,它是代表股份所有权的股权证书,是投入股份公司资本份额的证券化,是代表对一定经济利益分配请求权的资本证券。但是,股票又不是一种现实的资本,股份公司通过发行股票筹措的资金,是公司用于营运的真实资本。股票独立于真实资本之外,在股票市场上进行着独立的价值运动,是一种虚拟资本。

(二) 股票的特征

最具代表性的股票是普通股票。普通股票一般具有以下几个特征。

1. 期限上的永久性

股票没有期限，没有约定的到期日，股份公司不对股东偿还本金，股东也无权提出退股索回股本的要求。股东若想收回投资，只能将股票转卖他人，但这种转卖不涉及公司资本的增减，只改变了公司资本的所有者。股份公司在破产、清偿或因故解散的情况下，依据法定程序宣布结束，但这不能理解为股票到期，股东得到的清偿也不一定等于他投入的本金。

2. 责任上的有限性

股东只负有限连带清偿责任，即股东仅以其所持股份为限对公司承担责任，公司以其全部资产对公司的债务承担责任。一旦公司破产倒闭，除了股东认购的股金外，对公司所欠债务没有连带清偿责任。换句话说，股东承担的风险只限于购买股票所作的投资，这是股份公司能在社会公众中广泛募集资金的重要特征。

3. 决策上的参与性

股票是代表股份资本所有权的证书，是投资入股的凭证。就法律性质而言，除优先股票外，每一股份所具有的权利原则上是相等的。因此，在公司总股本一定的条件下，拥有股票数越多，所占股权比例就越大。

股票代表的所有权是一种综合权利。股东有权参加股东大会，听取董事会提出的工作报告和财务报告，并提出自己的意见和建议；股东有权对公司重大经营决策投票赞成或反对，以此参与公司的经营管理决策；普通股票持有人据其拥有的股份数有权选举和被选举为公司的董事或监事。股东通过行使各项权力参与公司的经营管理决策。

4. 报酬上的剩余性

公司的利润首先要偿还公司债务，兑付债权人对投资报酬的索取权，还要上缴所得税，并按法律规定和股东大会决定从税后利润中提留法定公积金和任意公积金，余下的净利润才能作为股本的报酬按股东持有股份的比例分给股东。所剩的净利越多，股息分得就越多；如果剩余无几，股东则可能一无所得。

5. 清偿上的附属性

附属性是指股本并不是必须偿还的。当公司破产或解散，所有债务均需偿还时，对股本的偿还则视公司的清偿能力而定。按照公司法规定和清偿惯例，股份有限公司宣布清偿时要按法定顺序支付清算费用、职工工资和劳动保险费用、缴纳所欠税款、清偿公司债务。只有在上述一系列支付和债务清偿完毕后，法律才允许公司变卖剩下的固定资产和其他有形资产来偿还股东的股本金。

6. 交易上的流动性

股票是一种可以自由转让的投资工具，可以在证券交易所或柜台市场上交易。正是这一特征弥补了股票期限上永久性的不足，也是股份公司能在社会公众中广泛募集资金的又一重要原因。股东无权向公司索回股本，当股东需要现金时可随时出售股票，使股票成为流动性很强的投资工具。一个国家或地区的证券市场越发达，股票的流动性就越强。

股票的转让及随之而来的股东变更,并不改变股份公司的资本额,也不影响股份公司的稳定性。

7. 投资上的风险性

股票是一种高风险的投资工具,这是由股票报酬上的剩余性、清偿上的附属性和股票价格的波动性所决定的。股票投资者至少面临两方面风险:一是如果公司经营不善,或市场上出现意外情况,使公司税后利润减少,股票的收益就会下降,一旦公司倒闭,该公司股票就会变得一文不值,同时股东也不能期待从公司得到足额的补偿;二是股票的市场价格受公司经营状况及相关的政治、经济、社会、投资者心理等因素的影响,波动剧烈。因此股票投资者总是要承担一定的风险。

8. 权益上的同一性

一家股份公司同一种类的每一股票在权利和收益上是相同的,体现了投资的公平和公正。股东参与公司经营管理的决策权取决于持有股份的多少,股东持有一个公司的股份越多,其参与经营决策权就越大。公司在分配剩余利润时也按股份计算,股份持有人凭每一股份获得的公司剩余利润称为**股息**(dividend,又称**股利**)。普通股票分配的股息并不是事先确定的,它随公司剩余利润的多少而变动,因此股息水平不是用百分率表示,而是用每股普通股票分得的股息货币额表示的。正因为股票的这一特征决定了股票的价值完全不取决于谁持有股票,因此股票才成为一种非个人化的投资工具,才可能在不同投资者之间转让。

(三) 股票的分类

1. 按股东的权益分类

(1) 普通股票。

普通股票(common stock)是股票中最基本的形式,是股份公司最重要的股份,是构成公司资本的基础。普通股票是风险最大的股票,又是主要的受益股票,也是市场上交易最活跃的股票。普通股票的持有人是公司的基本股东,享有多项自益权和共益权。其主要权利有:

① 公司经营决策的参与权。

普通股票股东有权参加股东大会,在股东大会上可以就公司的财务报表和经营状况进行审议,对公司的投资计划和经营决策有发言权、建议权,有权选举董事和监事,对公司的财务预决算方案、利润分配方案、增资减资决议、合并、解散及修改公司章程等具有表决权。普通股票股东通过参加股东大会体现其作为公司所有者的地位,并参与公司的经营决策。股东若不参加股东大会,可填写授权委托书,委托代理人行使投票表决权。

绝大多数股份公司对普通股票的投票方式采取一股一票制,即普通股票股东每持有一股便有一个投票权,以体现股权的同一性。**投票的方法有两种:一是多数投票制;二是累积投票制。**

多数投票制,又称普通投票制、直接投票制。在选举董事会时,股东每持有一股便有一个投票权,而且必须对每位董事的空缺进行分散投票。例如,一位股东持有100股,那么每位董事的空缺他都可投100票。由于每位董事候选人都必须得到选票总数的半数以上才能当选,因此,这种办法使少数派股东无法当选为董事,而掌握大部分投票权的大股东可以垄断全部董事会人选。

累积投票制,是针对多数投票制的弊端,为保障小股东的利益而采用的投票方法。累积投票制是指股东大会选举董事或者监事时,每一股份拥有与应选董事或者监事人数相同的表决权,股东拥有的表决权可以集中使用。在累积投票制下,每一个股东可以把投票权累积起来,集中投选某一位候选人。他可投的总票数,等于所持有的股数乘以所要选出的董事数。这样,小股东们可集中推选某一位董事,或根据需要适当分散投票,选出能代表小股东利益和意愿的董事人选。如上述那位股东持有100股股票,本次股东大会要选出董事12人,那么这位股东总共可投1 200票(100×12),他可用这1 200票来选举他认为合适的一位或数位董事人选。

因公司治理的实践需要,还有的公司设置差异化表决权的股票。差异化的表决权是同股不同权的制度安排,海外市场称之为双重股权结构,我国称之为特别表决权制度。这一制度最早流行于20世纪初期的美国,直到1920年代美国学术界对这一制度进行猛烈批判,导致美国主流交易所(如纽交所)在1926—1980年基本禁止双重股权结构的公司上市。1980年代敌意并购浪潮兴起,公司出于抵御敌意并购的需要,纷纷要求采用双重股权结构。在此压力下,多家交易所,包括纽交所重新允许双重股权结构公司上市。2004年谷歌上市采用双重股权结构,其后上市的高科技公司纷纷效仿。2018年中国香港、新加坡先后允许双重股权结构企业上市。我国在上海证券交易所设置科创板以后,考虑到科创板公司存在表决权差异安排等特殊需要,交易所在科创板公司上市规则中允许存在表决权差异安排等特殊治理结构的企业上市,并予以必要的规范约束。主要包括限制拥有特别表决权的主体资格和后续变动,相关股东应当对公司发展或者业绩增长做出重大贡献,并且在公司上市前及上市后持续担任公司董事;特别表决权股份不得在二级市场进行交易;持有人不符合主体资格或者特别表决权股份一经转让即永久转换为普通股份;每一特别表决权股份拥有的表决权数量大于每一普通股份拥有的表决权数量,其他股东权利与普通股份相同;不得提高特别表决权的既定比例等。

② 盈余分配权。

普通股票股东可以从公司的利润分配中得到**股息**。普通股票的股息收益是不确定的,股息的多少取决于公司盈利的多少及其分配政策。一般来说,公司经营好,盈利多,股息就高;反之,股息就低。如果公司发生亏损,普通股票的股息甚至分文皆无。在特殊情况下,按公司章程规定,为维护公司信誉可以在特设的公积金中补欠,调剂盈余。正常情况下,公司不愿降低股息,更不愿停发股息,而是希望能逐步提高股息,以表明公司财务状况良好,促使公司股票的市价上升。

公司发放股息是由董事会决定的。其分配程序为:从获得的营业收入中减去各项成本和费用支出、应偿还的债务、应缴纳的所得税,余下的为税后净利,在弥补亏损和提取法定公积金后,剩下的部分先按固定股息率分配给优先股票股东,经股东大会决议,还可以从税后利润中提取任意公积金,然后再按持股比例分配给普通股票股东。

股息的分配应按照以下原则:第一,纳税优先原则。第二,公积金优先原则。公司的净利润只有在弥补亏损和提取公积金后才能用于分配股息。第三,无盈余无股息原则。公司当年没有盈余,就不得分配股息,但如果公司的法定公积金超过了法定数额,经董事会决定,超过部分也可当作股票股息来源进行分配。第四,同股同息,股东平等原则。

股息分配制度有:定额股息分配制度、定额股息与额外股息并行分配制度以及不规则股息分配制度。

股息的种类很多,大致有五种:现金股息、股票股息、财产股息、负债股息、建业股息(或建设股息)。

股息的种类

③ 剩余资产分配权。

当公司破产或清算时,若公司的资产在偿付债权人和优先股票股东的求偿权后还有剩余,普通股票股东有按股份比例取得剩余资产的权利。在一般情况下,普通股票股东对该权利兴趣不大,因为投资者购买股票的目标在公司的获利能力,而不是公司剩余资产的清偿。同时,一旦公司宣告破产清算,往往已是负债累累,资不抵债,现有资产大幅贬值,在债权人和优先股股东分配后,已所剩无几,普通股票股东也就所得甚微甚至一无所得。

④ 优先认股权。

优先认股权(preemptive right)是指公司现有股东有权保持对公司所有权的持有比例,如果公司需要再筹集资金而增发普通股票,现有股东有权按低于市价的某一特定价格及其持股比例优先购买一定数量的新发行的股票,以维持其在公司的权益。

给股东优先认股权是出于两个方面的考虑:一是保证老股东的持股比例,当出售新股而使总股数增加后,老股东的股权在总额中所占的比例仍旧不变,不会减少老股东原来享有的各种权利,不会削弱老股东对公司原来的控股程度,同时,也可以引起老股东购买新股票的兴趣;二是保护老股东的利益和持股价值,规定的配股价格之所以低于市价,除了为吸引老股东外,当公司增资扩股后,在一段时间内,公司的每股税后净利会因此而摊薄,原普通股股东以优惠价格优先购买一定数量的新股,可从中得到补偿或取得收益。

具有优先认股权的股东有三种选择:其一,可以行使认股权,认购新发行的股票;其二,如果市场规则允许,可以出售认股权,在一些证券市场认股权可以出售转让,有交易和行情,它的价格随着股价的涨跌而升降;其三,可以放弃认购新股的权利,听任优先认股权过期失效(优先认股权的有效期一般为2周到2个月)。这种情况只有在股东认为购买新股无利可图时,才会发生。

(2) 优先股票。

优先股票(preferred stock)与普通股票相对应,是公司在筹集资本时给予股东某些优惠特权的股票。优先股票是在普通股票基础上发展起来的一种特殊股票,一方面,与普通股票相同,作为一种股权证书,它代表持股人对公司财产的所有权,优先股票同样可以买卖和自由转让,与普通股票同属于股东权益的一部分;另一方面,相对于普通股票而言,优先股票在其股东权利上附加了一些特殊条件,优先股票股东不具备普通股票股东所具有的某些基本权利,它的有些权利是优先的,有些权利又受到限制。

① 优先股票的特征。

第一,优先领取固定股息。公司在支付普通股票股息之前,必须先按固定的股息率支付优先股票股息。因为股息率是以面值的百分率表示的,所以优先股票面值的大小很重要。无面值的优先股票股息常以固定的金额表示。优先股票股息稳定且优先,而普通股票股息不稳定且靠后。

第二,优先按票面金额清偿。在公司解散或破产时,优先股票有权在公司偿还债务后按照票面价值先于普通股票从拍卖所得的资金中得到补偿。

第三,无权参与经营决策。优先股票股东一般没有投票权,从而不能参与公司的经营决策,只有在直接关系优先股票股东利益的表决时,才能行使表决权,或是在对优先股票股息积欠达到一定数额后,可以投票选举一定人数的董事。

第四,无权分享公司利润增长的收益。因为优先股票股息是固定的,因此当公司经营有效、盈利连续增长时,优先股票的股息不因公司获利而提高,此时优先股票的股息可能会远远低于普通股票所得的股息。

优先股票的优越性只有在公司获利不多的情况下,才能充分显示出来,才对保护优先股票的股东具有实际意义。

② 优先股票的作用。

第一,对投资者来说,优先股票比普通股票安全、风险小,收入稳定且又比债券收益高,因此对稳健的投资者颇有吸引力。

第二,公司发行优先股票可以在不增加投票权、不分散对公司控制权的情况下进行筹资;优先股票股本也是公司的股本,公司可以长期使用;优先股票也可溢价发行,所以公司发行优先股票可筹集低成本的长期资金;优先股票属于公司股权资本的一部分,能提高公司的价值,有利于改善公司的发债条件,而且优先股票不像债券那样,对公司构成破产依据,若付不出股息,可以积欠,因此在资金短缺时不失为一种较好的筹资手段。

第三,优先股票具有财务杠杆作用。在一家公司中有没有优先股票及优先股票的多少,对普通股票的收益影响很大,这种影响称为杠杆作用。股息的来源是公司利润,而公司利润是由公司总资本即普通股票、优先股票、债券、贷款等的增值而取得的。因为优先股票、债券收益固定,资本利润率若有提高,则增加的部分由普通股票独享。具体地说,当优先股票股息率、贷款利率、债券利率小于公司的资本利润率时,则普通股票股息率可高于资本利润率(不考虑公积金等因素)。或者说,当总的资本利润率提高时,杠杆作用可使普通股票股息增长率大于资本利润率增长率,使普通股票股息收入有很大增加;当总资本利润率下降时,杠杆作用又会使普通股票收益的下降幅度大于没有优先股票、债券时的下降幅度。

③ 优先股票的种类。

第一,累积优先股票(cumulative preferred stock)与非累积优先股票(noncumulative preferred stock)。累积优先股票是根据公司章程中累积性条款而发行的优先股票。按累积性条款规定,公司任何一年中未支付的优先股股息可累积下来,待以后年度一并支付。换言之,不论发行公司是否获利,优先股票均保留分配股息的权利。同时,公司只有将积欠的优先股票股息支付以后,才能支付普通股票股息。累积优先股票是一种最常见、发行比较广泛的优先股票。非累积优先股票与累积优先股票相对应,其股息的发放只限于本期,对于未发或未发足的股息部分以后不再补发。由于它不利于优先股股东,所以认购者少,发行量也小。

第二,参与优先股票(participating preferred stock)和非参与优先股票(nonparticipating preferred stock)。参与优先股票是指除可获得固定的股息外,在公司利润增加时,还可以和普通股票一样参与公司盈利分配的优先股票。非参与优先股票是在优先分得事先规定的股息外,不再参与剩余利润的分配。由于参与优先股票对普通股股东的利益有很大影响,所以大多数优先股票属于非参与优先股票。

第三,可转换优先股票(convertible preferred stock)和不可转换优先股票(nonconvertible preferred stock)。可转换优先股票是在公司章程规定的年限内,允许股东以一定的比例,将优先股票转换成该公司的普通股票。由于可转换优先股票与普通股票有转换关系,所以它的价格比一般优先股票更易于波动。不可转换优先股票不能被转换成普通股票,始终以优先股票形态存在。

第四,可收回优先股票和不可收回优先股票。可收回优先股票是指股份公司发行的、可在一定时期内按约定的条件赎回的优先股票。这种优先股票一般是在公司经营不利的条件下,一时急需资金并且预计今后某一时期有能力也有必要用公司收益偿还股本的情况下发行的。没有制定可收回条款的优先股票为不可收回优先股票。

第五,股息率可调整优先股票和股息率固定优先股票。国际金融市场动荡不定,各种有价证券价格和银行存款利率变化很大。为了适应这种情况,有的公司发行了股息率可调整的优先股票。这种优先股票的特点是,股息率不固定,定期随其他证券或存款利率的变化而调整,与公司的盈亏无关,但一般规定股息率的上下限。

我国相关法规规定,优先股是指依照《公司法》,在一般规定的普通种类股份之外,另行规定的其他种类股份,其股份持有人优先于普通股东分配公司利润和剩余财产,但参与公司决策管理等权利受到限制。上市公司可以发行优先股,非上市公众公司可以非公开发行优先股。公开发行的优先股可以在证券交易所上市交易。上市公司非公开发行的优先股可以在证券交易所转让,非上市公众公司非公开发行的优先股可以在全国中小企业股份转让系统转让,转让范围仅限合格投资者。2015年12月,我国首只非公开发行的优先股在深圳证券交易所挂牌转让。

(3)后配股。

后配股(又称劣后股、后分股)是在普通股票分配股息之后才有权分配股息的一种股票。当公司破产或解散时,资产变现清偿全部债务,后配股在普通股票之后分配公司剩余财产。按照风险与利益对等原则,当公司盈利很多时,后配股将得到更多收益。后配股发行量很小,只有少数国家的法律认可此种股份。有的国家的公司法还规定后配股只能向企业发起人发行,有的公司的后配股由股份公司赠予发起人或管理人。

(4)混合股。

它是在股息分配上比普通股票具有优先权而在剩余财产分配上处于劣后地位的股票,它具有优先股票和后配股的某些特点。

2. 按股票的面值形态分类

(1)记名股票和无记名股票。

记名股票是在股票和公司股东名册上注明持有人姓名的股票。无记名股票则是在票面上不记载股东姓名的股票。记名股票与无记名股票在股东权利的内容上没有差异,不同的是记载方法、对股东的通知方法等。记名股票的股东权利归属于记名股东;股东可以一次或分次缴纳出资;转让相对复杂或受限制;便于挂失,相对安全。无记名股票的股东权利归属于股票持有人;股东认购股票时要求一次缴纳出资;转让相对简便;不能挂失,安全性较差。一般来说,无记名股票可以请求改换为记名股票,但记名股票不能改换为无记名股票,也可通过公司章程禁止转换。由于无记名股票有一定的弊端,因此有的国家不允许发行无记名股票。

(2) 面值股票和无面值股票。

面值股票,也称面额股票,是指在股票票面上记载一定金额的股票。记载的票面金额也称票面价值。面值股票的作用是可以确定每股所代表的股权比例。由于股票面值总和是一个相对稳定的数额,而公司实际资产却在增减变动之中,因而股票面值往往不能真实地反映它所代表的公司实际资产的价值。又由于股票面值是一个不变的量,而股票在流通市场的价格却是不断涨跌的变量,随着时间推移,股票市价与面值的关系逐渐偏离,股票面值的存在意义已逐渐缩小。股票面值的作用是为股票发行价格和公司派发股息提供依据。有些国家的公司法规定,股票发行价格可以等于或超过票面金额,但不得低于票面金额,同时又规定公司对股东支付股息不能使公司股票的每股净值减少到低于股票面值。无面值股票,又称份额股票,是指股票票面上不记载金额,只注明它是股本总额若干分之几的股票。无面值股票没有票面价值,但有账面价值,其价值反映在股票发行公司的账面上。对于发行公司来说,发行无面值股票既可在股票发行时灵活掌握发行价格,又便于今后对股票进行分割,以提高股票的流动性。

(3) 实体股票和记账股票。

实体股票,是指股份公司给股东发放纸制的票券作为其持有股份的表现形式。记账股票,是指不发行股票实体,只作股东名册登记的股票。记账股票仅限于记名股票使用。在现代证券市场上,很多交易所都借助大型计算机网络进行股份登记和股票交易,股票不再具有纸制票券的形式,而以电子符号的形式存在,人们称之为电子股票。

根据我国《公司法》和证券市场交易规则的规定,我国已公开发行并上市流通的股票均为记名股票和电子记账股票,除个别公司外,均为面值股票。

3. 我国的股票分类

(1) 按投资主体分类。

我国的有关法规对股份有限公司的股份按投资主体的性质不同分为以下几种:

① 国家股票。

国家股票指有权代表国家投资的部门或机构以国有资产向公司投资形成的股份,包括以公司现有国有资产折算成的股份。在我国企业的股份制改造中,原来一些全民所有制企业改组为股份公司。从性质上讲,这些全民所有制企业的资产属于国家所有,因此折成国家股票。另外,国家对新组建的股份公司进行投资,也构成国家股票。国家股票由国务院授权的部门或机构持有,或根据国务院决定,由地方人民政府授权的部门或机构持有,并委派股权代表。

② 法人股票。

法人股票是指企业法人或具有法人资格的事业单位和社会团体以其依法可经营的资产向股份公司投资所形成的股份。根据法人股票认购的对象,可将法人股票进一步分为境内发起法人股票、募集法人股票和外资法人股票三部分。

③ 社会公众股票。

社会公众股票是指我国境内个人和机构以其合法财产向公司可上市流通股权部分投资所形成的股份。

④ 外资股票。

外资股票为外国和我国香港、澳门、台湾地区投资者以购买人民币特种股票形式向公司投资形成的股份。外资股又可分为境内上市外资股和境外上市外资股。

(2) 按股份流通受限与否分类。

在股权分置改革①以前，我国国家股票和法人股票不能上市交易，不具有流通性。A股市场上市公司股份按能否在证券交易所上市交易被区分为非流通股和流通股。这一股权分置状况不能满足资本市场改革开放和稳定发展的要求，通过股权分置改革，消除了我国A股市场长期存在的流通制度缺陷，使我国资本市场长期健康、稳定发展具备必要的制度基础。

已完成股权分置改革的公司，按股份流通受限与否可分为以下类别。

① 有限售条件股份。

有限售条件股份是指股份持有人依照法律、法规规定或按承诺有转让限制的股份，包括因股权分置改革暂时锁定的股份、内部职工股以及董事、监事、高级管理人员持有的股份等。具体有以下几种。

a. 国家持股。国家持股是指有权代表国家投资的机构或部门（如国有资产授权投资机构）持有的上市公司股份。

b. 国有法人持股。国有法人持股是指国有企业、国有独资公司、事业单位以及第一大股东为国有及国有控股企业且国有股权比例合计超过50%的有限责任公司或股份有限公司持有的上市公司股份。

c. 其他内资持股。其他内资持股是指境内非国有及国有控股单位（包括民营企业、中外合资企业、外商独资企业等）及境内自然人持有的上市公司股份。其中，又分为境内法人持股和境内自然人持股两类。

d. 外资持股。外资持股是指境外股东持有的上市公司股份。其中，又分为境外法人持股和境外自然人持股两类。

② 无限售条件股份。

无限售条件股份是指流通转让不受限制的股份。具体有以下几种。

a. 人民币普通股，即A股，含向社会公开发行股票时向公司职工配售的公司职工股。

b. 境内上市外资股，即B股。

c. 境外上市外资股，即在境外证券市场上市的普通股，如H股。

d. 其他。

(3) 按上市地点和投资者不同分类。

我国的股票按上市地点和投资者不同可分为以下几种。

① A股。

A股的正式名称是人民币普通股票。它是由我国境内的公司发行，供境内机构、组织或个人（不含中国台湾、香港、澳门地区的投资者）以人民币认购和交易的普通股股票。

② B股。

B股的正式名称是人民币特种股票，为境内上市外资股，是指股份有限公司向境外投

---

① 有关我国股权分置改革更详细的内容参见本章专栏1-1。

资者募集并在我国境内上市的股份。它采取记名股票形式，以人民币标明面值，以外币认购和买卖，在境内(上海、深圳)证券交易所上市交易的普通股股票。它的投资人限于外国的自然人、法人和其他组织，中国台湾、香港、澳门地区的自然人、法人和其他组织，定居在国外的中国公民，证券管理部门规定的其他投资人。B股公司的注册地和上市地都在境内，投资者在境外或在中国香港、澳门及台湾地区。自从2001年2月发布境内居民可投资B股的决定后，境内居民个人可从事B股投资，B股的"外资股"性质也发生了变化。

③ H股、N股、S股。

这类股票属境外上市外资股，它是指股份有限公司向境外投资者发行并在境外上市的股份。它也采取记名形式，以人民币标明面值，以外币认购。在境外上市时，可以采取境外委托凭证或股票的其他形式。其中，H股指注册地在境内、上市地在香港的外资股。因香港的英文是Hong Kong，取其字首，将在香港上市的外资股称为H股。依此类推，在纽约上市的外资股称为N股，在新加坡上市的外资股称为S股，在伦敦上市的外资股称为L股。

专栏1-1　我国的股权分置改革

2005年4月29日，经国务院批准，中国证监会发布《关于上市公司股权分置改革试点有关问题的通知》，启动了股权分置改革的试点工作。经过两批试点，取得了一定经验，具备了转入积极稳妥推进的基础和条件。经国务院批准，2005年8月23日，证监会、国资委、财政部、人民银行、商务部联合发布《关于上市公司股权分置改革的指导意见》，9月4日中国证监会发布《上市公司股权分置改革管理办法》，我国的股权分置改革进入全面铺开阶段。

上市公司股权分置改革是通过非流通股股东和流通股股东之间的利益平衡协商机制，消除A股市场股份转让制度性差异的过程，是为非流通股可上市交易作出的制度安排。上市公司股权分置改革遵循公开、公平、公正原则，由A股市场相关股东在平等协商、诚信互谅、自主决策的基础上进行。中国证监会依法对股权分置改革各方主体及其相关活动实行监督管理，组织、指导和协商推进股权分置改革工作。证券交易所根据中国证监会的授权和有关规定，对上市公司股权分置改革工作实施一线监管，协调指导上市公司股权分置改革业务，办理非流通股份可上市交易的相关手续。

公司股权分置改革的动议原则上应当由全体非流通股股东一致同意提出。非流通股股东提出改革动议应委托公司董事会召集A股市场相关股东举行会议，审议公司股权分置改革方案。相关股东会议投票表决改革方案，需经参加表决的股东所持表决权的三分之二以上通过，并经参加表决的流通股股东所持表决权的三分之二以上通过。改革方案获得相关股东会议表决通过，公司股票复牌后，市场称这类股票为G股。

股权分置改革是为解决A股市场相关股东之间的利益平衡问题而采取的举措，对于同时存在H股或B股的A股上市公司，由A股市场相关股东协商解决股权分置问题。

证券监督管理机构将根据股权分置改革进程和市场整体情况，择机实行"新老划断"，即对首次公开发行公司不再区分流通股和非流通股。

截至2006年年底,沪深两市已完成或者进入股权分置改革程序的上市公司共1 301家,占应改革上市公司的97%,对应市值占比98%,未进入改革程序的上市公司仅40家。根据市场实际情况,上海证券交易所和深圳证券交易所决定调整有关公司股票简称前的标记。对于已完成股权分置改革、股票简称前冠以"G"的公司,其股票简称取消"G"标记,恢复冠以"G"标记以前的股票简称。对于尚未进行股权分置改革或者已进入改革程序但尚未实施股权分置改革方案的公司,在行情显示该股票简称前冠以"S"标记。两所决定于2007年1月8日起对未完成股权分置改革的上市公司股票(即S股)的涨跌幅比例统一调整为5%,同时对该类股票采取与ST、*ST股票相同的交易信息披露制度。这是沪深两市对未股改公司采取特别的差异化制度安排。

　　股权分置改革基本完成和其他市场化改革措施的实施,解决了长期影响我国资本市场健康发展的重大历史遗留问题,理顺了市场机制,释放了市场潜能,使资本市场融资和资源配置功能得以恢复,并引领资本市场活跃向上。更为重要的是,资本市场已经开始对中国经济社会产生重要影响,不仅中国社会各个层面感受到资本市场给经济发展带来的活力,而且成为全球投资者关注的焦点。

　　摘自中国证券业协会编:《证券市场基础知识》,中国财政经济出版社2006年版。

二、债券

(一) 债券的概念和特点

1. 债券的概念

债券(bond)是依照法定程序发行,约定在一定期限内还本付息的有价证券。债券的性质是**债权凭证**,反映了筹资者和投资者的债权债务关系,是有价证券的重要组成部分。债券与一般的借款合同不同,它不是发行人对某个特定个人或法人所负的债务,而是发行人对全体应募者统一的债务,而且它保持着可以转让出售的证券形态。

2. 债券的特点

债券既具有证券的共性,又具有自身的特点,其有以下几个特点。

(1) 期限性。

债券一般在发行时就确定偿还期限,到期由发行人偿还本金和利息,若提前偿还或展期偿还,则在发行时就有明确规定。债券的期限结构多种多样,市场上既有3个月期的短期债券,也有30~50年期的长期债券,甚至还有永远不到期的永久债券。

(2) 安全性。

债券的本金偿还和利息支付有一定的安全性。债券的发行人通常是政府部门、银行和大企业,债券发行人的资信度好,本利收回有保证,有些发行人还建立偿债基金;债券的利息不受发行后市场利率水平变动的影响,即使是浮动利率债券,一般也有预定的最低利率,保障投资者在市场利率下降时免遭损失;债券的本金必须在期满时按照票面金额全额偿还,债券的还本付息受法律保障。

(3) 收益性。

收益性是指债券能为投资者带来一定的收入，即债权投资的报酬。债券收益可以表现为三种形式：一是**利息收入**，即债权人在持有债券期间按约定的条件分期、分次取得利息或者到期一次取得利息；二是**资本损益**，即债权人到期收回的本金与买入债券或中途卖出债券与买入债券之间的价差收入；三是**再投资收益**，即投资债券期间所获现金流量再投资的收益，受市场收益率变化的影响。债券的利率固定，利息支付与发行债券主体的业绩无直接关系。债券的市场价格较稳定，故债权投资的收益也较稳定。

(4) 流动性。

证券的流动性是指证券的变现能力，即持有人可按需要和市场情况将证券转变为现金的能力。证券的流动性取决于市场为转让所提供的便利程度，证券市场越发达，证券的流动性越强；同时还取决于证券在变现时是否受到损失，损失越小，流动性越强。债券是一种流动性较强的证券。债券期满后，债券持有人可以按规定向发行人一次性收回本金和利息。在到期前，持有者可以随时到证券市场上向第三者出售转让，以提前收回本金和实现投资收益。

在众多债券中，期限性、安全性、收益性和流动性等特点不可能同时兼顾，它们之间存在相互替代的关系。一般来说，期限长的债券收益高，但安全性、流动性较差；期限短的债券，流动性、安全性较好，但收益较低。因此，投资者只能在这几种特性中进行权衡选择。

(二) 债券的种类

1. 按发行主体分类

(1) 国家债券即国债。它是中央政府为筹集财政资金而发行的，承诺在一定时期支付利息和到期偿还本金的债务凭证。它是政府筹集资金的一种方式，是**国家信用**的主要形式。国家债券产生的直接原因是政府支出的需要。根据举借国债对筹集资金使用方向的规定，可将国债分为**赤字国债、建设国债、战争国债和特种国债**。国债由中央政府承担还本付息义务。由于中央政府有征税权，又有货币发行权，所以国债有最高的信用度，一般没有信用风险，又称金边债券。这种债券通常可享受税收优惠，利息收入可免缴所得税。

国家债券根据期限长短分为三种：① **短期国债**(treasury bill)，是指偿还期限为 1 年或 1 年以内的国债，一般是为满足国库暂时的入不敷出之需，又称国库券，具有周转期短及流动性强的特点，在货币市场上占有重要地位；② **中期国债**(treasury note)，是指偿还期限为 1~10 年的国债，政府发行中期国债筹集的资金通常用于弥补赤字或投资，不再用于临时周转；③ **长期国债**(treasury bond)，是指偿还期限为 10 年以上的国债，由于期限长，政府短期内无偿还本金的负担，常被用作政府投资的资金来源，长期国债在资本市场上有着重要地位。

我国曾于成立初期发行过两种国债。20 世纪 60 年代和 70 年代我国停止国债发行。1981 年中央政府恢复国债发行。自此，我国国债市场逐渐发展，呈现出发行规模越来越大、期限结构趋于完整、发行方式趋于市场化、国债品种和市场创新层出不穷的特点。

目前我国现行普通国债的主要品种有：

① 记账式国债。记账式国债是由财政部通过无纸化方式发行的、以电脑记账方式记录债权，并可以上市交易的债券。记账式国债的发行分为证券交易所市场发行、银行间

券市场发行以及同时在银行间债券市场和交易所市场发行(又称为跨市场发行)三种情况。

② 凭证式国债。凭证式国债是指由财政部发行的,有固定面值及票面利率,通过纸质媒介记录债权债务关系的国债。发行凭证式国债一般不印制实物券面,而采用填制"中华人民共和国凭证式国债收款凭证"的方式,通过部分商业银行柜台,面向居民个人和机构投资者发行的储蓄性国债。

③ 储蓄国债(电子式)。储蓄国债(电子式)是指财政部面向境内中国公民发行,以吸收储蓄资金为目的的,以电子方式记录债权的不可流通人民币债券。储蓄国债(电子式)通过部分商业银行面向个人投资者销售。储蓄国债(电子式)自发行之日起计息,付息方式分为利随本清和定期付息两种。储蓄国债(电子式)具有以下特点:针对个人投资者,不向机构投资者发行;采用实名制,不可流通转让;采用电子方式记录债权;收益安全稳定,免缴利息税;付息方式较为多样。

此外,财政部曾发行多种其他类型的国债,近些年主要有特别国债和长期建设国债。

为筹集财政资金,统筹推进疫情防控和经济社会发展,财政部发行 2020 年抗疫特别国债 1 万亿元。特别国债是服务于特定政策或支持特定项目而发行的国债,与一般国债相比具有专款专用、不列赤字等特征。抗疫特别国债是专门为抗击新冠肺炎疫情、应对疫情影响而发行的特别国债,筹集的 1 万亿元全部转给地方,资金直接拨给市县基层,主要用于公共卫生等基础设施建设和抗疫相关支出,并预留部分资金用于地方解决基层特殊困难。抗疫特别国债是由中央财政统一发行的特殊国债,不计入财政赤字,纳入国债余额限额,发行期限以 10 年期为主,与中央国债统筹发行。抗疫特别国债利息由中央财政全额负担,本金由中央财政偿还 3 000 亿元,地方财政偿还 7 000 亿元。抗疫特别国债均为固定利率分期付息记账式附息国债,每半年或一年付息一次。发行对象主要是机构投资者,个人投资者也可购买。发行期内个人投资者可通过证券交易所交易系统直接认购,或到记账式国债承销商处直接购买,发行期后通过银行间债券市场、证券交易所市场和商业银行柜台流通转让。

此前我国曾两次发行特别国债,1998 年特别国债所筹资金专项用于补充四大行资本金,2007 年特别国债则用于购买外汇注资中投公司。

(2) 政府机构债券。政府机构债券(agency bond;agency securities)指除中央政府或地方政府以外的政府部门和有关机构发行的债券凭证。政府机构债券虽然不是政府的直接债务,但通常受到政府担保,因此信用度较高,风险较低。政府机构债券以中长期债券为主,流动性不及国债,但收益率较高。我国目前的政府机构债券分为政府支持债券(如铁路建设债券)和政府支持机构债券(如汇金公司债券)。

(3) 地方政府债券,又称市政债券(municipal bond)。它是地方政府为当地经济开发、公共设施建设而发行的债券。地方政府债券的信用度仅低于国债,在债券市场上流通量较小,流通区域也有限,不像国债那样容易转让。地方政府债券也享有免税待遇,因而收益率较高。地方政府债券有本金安全、收益稳定和税收优惠的投资特征。

市政债券主要有以下几种。① 一般契约债券,又称一般责任债券。地方政府以自身的信用和征税权作为还本付息的担保。② 有限契约债券,又称有限责任债券。地方政府以自身信用作为还本付息的保证。③ 收益担保债券,又称收入债券。发行债券收入用于某一市政工程建设,又以市政工程设施的收入作保证,如高速公路、桥梁、煤气及水电系统等。④ 住宅公债。地方政府为集资兴建住宅区而发行,以销售收入和租金收入作保证。

根据我国《预算法》的规定,除法律和国务院另有规定外,地方政府不得发行地方政府债券,所以长期以来,我国没有地方政府债券。2009 年,根据《预算法》特别条款规定,国务院决定在规模控制前提下允许地方政府发行债券。并采取"代发代还"的方式,即经批准的地方政府作为发行和偿还债券的主体,由财政部代理发行并代办还本付息和支付发行费用。2011 年,开始在试点地区实行"自发代还"方式,即试点的地区在批准的额度内自行发行债券,但仍由财政部代办还本付息,其余地区仍采取"代发代还"方式。2014 年开始试点实行地方政府债券"自发自还"方式,即试点的地区自行组织发行债券并自行还本付息。

(4) 金融债券(financial bond)。它是银行或非银行金融机构依照法定程序发行并约定在一定期限内还本付息的债务凭证,是金融机构传统的融资工具。其资信度较高,利率也不低,一般为中长期债券。

通过发行债券扩大资金来源是国外银行通行的一种筹资方式,也是银行资产负债管理的重要手段。在欧美国家,由于商业银行和其他金融机构多采用股份公司组织形式,所以将金融债券归类于公司债券。我国和日本将金融机构发行的债券定义为金融债券,以突出金融机构作为证券市场发行主体的地位,并受特别的法规规范。我国于 1985 年首次发行金融债券,1987 年金融债券首次流通。近些年来,我国金融债券市场发展较快。金融债券品种不断增加,主要有中央银行票据、政策性银行债券、商业银行普通债券、商业银行次级债券、商业银行混合资本债券、小微企业专项金融债券、证券公司债券、证券公司短期融资债券、证券公司次级债券、保险公司次级债务、财务公司债券、金融租赁公司和汽车金融公司的金融债券、资产支持证券等。其中,中央银行票据是央行为调节基础货币而直接面向公开市场一级交易商发行的短期债券,是重要的货币政策日常操作工具,属于特殊的金融债券。

(5) 公司债券(corporate bond),又称企业债券。它是公司依法定程序发行并约定在一定期限内还本付息的债务凭证。企业发行公司债券,用于筹措长期资金、扩大经营规模,因此期限较长。发行者多为一流的大公司,有些跨国公司的资信度极好,但一般的公司债券信用度不及政府债券和金融债券,所以利率高于这两种债券。

公司债券的种类很多,现列举以下几种主要种类。

① 信用公司债券,又称无抵押公司债券。它是指完全凭公司的信誉,不提供任何抵押品或担保人而发行的公司债券。由于无抵押担保,所以发行这种债券的企业,必须具有较好的声誉,并且必须遵守一系列的规定和限制,以提高债券的可靠性。

② 抵押公司债券,又称不动产抵押债券。它是指以土地、房屋等不动产作抵押而发行的一种公司债券。若债券到期不能偿还,持券人可依法处理抵押品受偿。

③ 保证公司债券。它是指债务的偿还由第三者,通常是母公司或银行作担保而发行的债券,担保人在背面"背书"或担保全部本息,或仅担保利息。

④ 证券抵押信托公司债券,又称质押公司债券。它是指以股票、债券或其他证券为担保的公司债券。发行人主要是控股公司,用作抵押的证券可以是它持有的子公司的股

票或债券、其他公司的股票或债券,也可以是公司自身的股票或债券。

⑤ 设备信托公司债券。它是指公司为筹资购买设备并以该设备作为抵押品而发行的公司债券。这类债券常为铁路、航空等交通运输公司所发行。

⑥ 参与公司债券,又称分红公司债券。这类公司债券除支付固定的债息外,还可以参与公司若干红利的分配。公司发行这种债券一般是因其信誉不好、经营不佳而发行困难,只能以股东们放弃部分红利为条件,吸引投资者。

⑦ 通知公司债券,又称可提前偿还的公司债券。它是指发行公司可以在债券到期之前随时通知偿还债券的一部分或全部的公司债券。

⑧ 附有选择权的债券,即发行契约中赋予债券发行人或持有人具有某种选择的权利的债券,包括附有赎回选择权条款的债券、附有出售选择权条款的债券、附有可转换条款的债券、附有交换条款的债券、附有新股认购权条款的债券等。附有赎回选择权条款的债券,其发行人具有在到期日之前买回全部或部分债券的权利。附有出售选择权条款的债券,其持有人具有在指定的日期内以票面价值将债券卖回给发行人的权利。附有可转换条款的债券,其持有人具有按约定条件将债券转换成发行公司普通股股票的选择权。附有交换条款的债券,其持有人具有按约定条件将债券与债券发行公司以外的其他公司的普通股票交换的选择权。附有新股认购权条款的债券,其持有人具有按约定条件购买债券发行公司新发行的普通股股票的选择权。

绿色债券

我国的企业债券是指企业依照法定程序发行并约定在一定期限内还本付息的债务凭证,包括依照公司法设立的有限责任公司和股份公司发行的公司债券和其他企业发行的企业债券,但是金融债券和外币债券除外。根据规定,企业可以发行无担保信用债券、资产抵押债券、第三方担保债券。目前我国市场上流通的企业债有信用企业债和公司债、短期融资券、超短期融资券、中期票据、中小企业集合票据、可转换公司债券、可交换公司债、附认股权证公司债券等。

2. 按计息方式分类

(1) 定息债券,又称附息债券(coupon bond)。该债券券面上附有息票,是按照债券票面载明的利率及支付方式支付利息的债券。通常对持有人每半年或每一年支付一次利息。也有不附息票但仍按照约定的利率定期支付利息的定息债券,定息债券发行时规定的利率固定不变。

(2) 零息债券(zero coupon bond),又称无息债券。该债券在存续期内不支付利息,但发行价格远远低于面值,期限超过1年,到期按面值偿还。投资者的收益来自资本盈利,即购买价格和期满价值的差额。这笔盈利分配到债券有效期内,表示为一种年利率。例如,某零息债券的发行价为50元,7年后偿还100元,对将债券持有至到期的投资者来说,债券提供大约为10.4%的年利率。

(3) 息票累积债券。与附息债券相似,这类债券也规定了票面利率,但是,债券持有人必须在债券到期时一次性获得还本付息,存续期间没有利息支付,也不计复利,又称一次还本付息债券。

(4) 贴现债券(discount bond),又称贴水债券或贴息债券。该债券上不附息票,发行时按规定的折扣率,以低于债券面值的价格发行,到期按面值支付本息。通常期限不超过1年,发行价格与偿还价格的差价即为利息。

(5) 浮动利率债券(floating rate bond)。债券的利率在最低票面利率的基础上参照预先确定的某一基准利率予以定期调整。这种债券也称为"指数债券",在通货膨胀严重时较为流行。

(6) 累进利率债券。债券的利率不固定,按投资者持有同一债券期限延长而累进计息,期限越长,利率也越高。

3. 按募集方式分类

(1) 公募债券。它是以不特定多数投资者为对象而广泛募集的债券。

(2) 私募债券。它不是面向一般投资者,而是向与发行人有特定关系的投资者发行的债券。

4. 按偿还期分类

(1) 短期债券。它是指偿还期限在1年以下(包含1年)的债券。通常期限有3个月、6个月、9个月、12个月等。

(2) 中期债券。它是指偿还期在1年以上10年以内(包含10年)的债券。

(3) 长期债券。它是指偿还期在10年以上的债券。

5. 按市场所在地和债券面值货币分类

(1) 国内债券(domestic bond)。它是指发行人在本国境内发行,以本国货币为面值的债券。

(2) 国际债券(international bond)。它是指一国政府部门、金融机构、工商企业及国际组织为筹集资金而在国际证券市场发行的债券。国际债券的特点是举债人属于一个国家或地区,债券发行在另一个国家或地区,债券不以举债人所在国货币计值。国际债券又可分为两种:

① 外国债券(cross‐border bond)。它是指发行人在国际证券市场发行的,以市场所在国货币为面值的债券。如外国筹资者在美国发行的美元债券,又称扬基债券;在日本发行的日元债券,又称武士债券;国际金融机构在我国境内发行的人民币债券被称为熊猫债券。目前主要有美国、瑞士、德国和日本四大外国债券市场。

② 欧洲债券(Euro bonds)。它是指发行人在国际证券市场发行的、以市场所在国以外的第三国的货币为面值的债券,又叫境外债券、欧洲货币债券。其发行除须经举债人所在国政府批准外,不受发行市场所在国以及债券面值货币国有关法律约束。这类债券的最大特点是其游离于任何国家的货币金融管制之外,筹集的资金是一种比较自由的离岸货币。例如,欧洲美元债券是以美元计值、在美国以外的国家发行的债券。这种债券自1963年7月起在欧洲发行,已成为最主要的欧洲债券。此类债券的面值主要以美元、日元、欧元、瑞士法郎等货币计值。1991年始,在亚洲地区出现了龙债券市场。龙债券(dragon bonds)是指除日本以外的国家在亚洲地区发行的,以非亚洲国家和地区货币计价的债券。

对外发行债券是我国吸引外国资金的一个重要渠道,从1982年首次在国际市场发行国际债券至今,我国各类筹资主体已在国际债券市场发行了100多次债券。其主要品种有政府债券、金融债券和可转换公司债券。

三、证券投资基金

(一) 证券投资基金的概念、性质和特征

1. 证券投资基金的概念

证券投资基金(securities investment fund)是一种利益共享、风险共担的集合证券投资方式,即通过发行基金份额集中投资者的资金,形成独立财产,由基金托管人托管,由基金管理人管理和运作,以组合投资方式进行证券投资,所得收益按出资比例由投资者分享的投资工具。

2. 证券投资基金的性质

证券投资基金属于金融信托的一种,反映了投资者与基金管理人、基金托管人之间的委托代理关系。

证券投资基金在证券市场上具有多重身份。首先,它是投资客体,供投资者选择,投资者购买、持有基金份额并分享基金投资的收益;其次,它是投资主体,基金将筹集的资金投资于股票、债券等有价证券,成为证券市场上重要的机构投资者;最后,它又是专业的投资中介,接受投资者的委托,代理证券投资事宜,并收取相应费用,成为连接社会公众投资者和筹资者的桥梁。

3. 证券投资基金的特征

(1) 集合理财、专业管理。证券投资基金主要投资于证券市场并由专业的基金管理公司负责资金的运作和管理。基金管理公司拥有掌握投资分析和投资组合理论并具有丰富投资经验的专业人员,具备先进的研究手段,有能力对巨额投资资金进行有效管理。

(2) 组合投资、分散风险。通过汇集中小投资者的资金,证券投资基金形成了雄厚的资金实力,可以分散投资于不同种类、不同行业、不同地区、不同公司的证券,以分散投资风险。

(3) 利益共享、风险共担。基金投资者是基金财产的所有者。基金投资收益在扣除必要的管理费和托管费后依据投资者持有的基金份额比例进行分配。基金投资者也要在持有基金份额的范围之内承担因证券市场系统风险或基金投资失败而带来的基金份额净值下降、基金价格下跌的风险。

(4) 严格监管、信息透明。为保护基金投资者的权益,规范基金的运行,各国都制定了有关证券投资基金的法律法规,设置基金管理人和托管人分离、相互制约、相互监管的制衡机制,对基金的投资范围和信息披露进行强制性的规定,并对基金的日常运作严加监管。

此外,证券投资基金具有投资额小、费用低、流动性强、买卖手续简便的优点,可以满足中小投资者的需要。

4. 证券投资基金与股票、债券的区别

(1) 投资者地位不同。股票持有人是公司的股东,具有法定的股东权利和义务;债券持有人是债券发行人的债权人,有权到期收回本息;基金份额持有人是基金的委托人和受益人,是基金资产的最终所有人,其主要权利为本金受偿权、收益分配权及参与投资人大

会表决权等。

（2）经济关系不同。股票投资体现的是所有权关系；债券投资体现的是债权债务关系；基金投资体现的是金融信托关系。

（3）投资工具性质不同。股票和债券募集的资金投向实业，是直接投资工具；基金募集的资金投资于有价证券，是间接投资工具。

（4）收益与风险不同。债券的票面利率通常是预先确定的，到期还本付息，收益固定，投资者承担的风险较小；股票的收益取决于发行公司的经营状况，收益不固定，投资风险较大；证券投资基金有可能获得比债券更高的收益，同时又避免了股票所具有的高风险。

（二）证券投资基金的类型

1. 按组织形式分类

（1）公司型投资基金。

公司型投资基金（corporate investment fund）是依据《公司法》组成的以营利为目的并投资于特定对象（如各种有价证券）的股份制投资公司。基金公司通过发行股份筹集资金，是具有法人资格的经济实体。基金的投资者是公司股东，凭其持有的股份享有权益、履行义务。公司型基金成立以后，通常委托基金管理公司运作并管理基金资产，同时委托另一金融机构担任基金托管人保管基金资产并执行基金管理人指令，两者职权分明，相互监督。

公司型投资基金又可分为封闭型和开放型两种。以公司形式组建的封闭型投资基金，又称不可赎回股份的投资公司、定额投资公司、投资信托公司。这类投资公司在组建时一次发行普通股票，一旦达到预定的发行计划就封闭起来，不再追加发行。在以后需要扩大投资时，可以发行债券或优先股票，也可向银行贷款。由于该类投资基金同时存在普通股票、优先股票和公司债，因此具有资产杠杆作用和收益杠杆作用。以公司形式组建的开放型投资基金，又称可赎回股份的投资公司、共同基金或互助基金。这类投资公司的股份是可以追加发行的、不封闭的，因此，通常只发行普通股票，不发行优先股票和公司债，一般也不向银行贷款。就总体而言，这类投资公司不具有杠杆作用。

（2）契约型投资基金。

契约型投资基金（contract investment fund），又称单位信托型基金，是根据一定的信托契约原理，由基金发起人和基金管理人、基金托管人订立契约而组建的投资基金。基金发起人负责发起设立基金并募集资金；基金管理人依据法律、法规和基金契约负责基金的经营和管理操作；基金托管人负责保管基金资产，执行管理人的有关指令，办理基金名下的资金往来；投资人则通过购买基金份额，享有基金投资收益。

契约型投资基金又可分为单位型和基金型两种，前者类似于封闭式基金，后者类似于开放式基金。单位型的设定是以某一特定资本总额为限筹集资金组成单独的基金，一旦筹集额满，就不再筹集资金。它往往有一固定期限，到期停止，信托契约也就解除，退回本金与收益。基金型的规模和期限都不固定，一般没有期限限制，可以有资本总额限制，也可以没有限制。基金份额价格由单位基金资产净值、管理费及手续费等构成，投资者可以以买价将基金份额卖给代理投资机构，以解除信托契约收回资金，也可以以卖价从代理投资机构买入基金份额进行投资,建立信托契约。

(3) 公司型投资基金与契约型投资基金的主要区别。

① 基金设立的法律依据不同。公司型基金依据《公司法》组建,契约型基金依据基金契约组建,信托法是它设立的依据。

② 基金具有的法人资格不同。公司型基金本身是具有法人资格的股份有限公司,契约型基金不具有法人资格。

③ 投资者的地位不同。公司型基金的投资者是公司的股东,有权对公司的重大事项和投资决策发表意见,进行表决。契约型基金的投资者是信托契约规定的委托人和受益人,对基金的投资决策一般没有发言权和表决权。

④ 融资渠道不同。公司型基金因具有法人资格,在需要扩大投资时可向银行借款。契约型基金因不具有法人资格,一般不向银行借款。

⑤ 基金期限不同。公司型基金作为股份投资公司,除非依据公司法进入破产、清算阶段,一般不设期限限制;契约型基金依据基金契约建立、运作,契约期满,基金营运也就终止。

⑥ 基金投资营运的依据不同。公司型基金依据公司章程投资于限定的投资对象并经营公司财产,契约型基金依据信托契约决定投资方向并经营基金资产。

公司型基金和契约型基金各有优点。**公司型基金的优点主要在于它治理结构较完善,并具有永久存续性,无须面临解散的压力,经营较为稳定;契约型基金的优点主要是基金存续期限可事先决定,基金无法人资格,可以免缴所得税。**美国的投资基金多为公司型基金,而英国、日本、韩国和我国的香港、台湾地区多为契约型基金。**我国现有证券投资基金全部为契约型基金。**

2. 按运作方式分类

(1) 封闭型基金。

封闭型基金(closed-end fund)是指设立基金时限定基金的发行总额,在初次发行达到预定的发行计划后,基金宣告成立,并加以封闭,在一定时期内不再追加发行新基金份额的基金。

(2) 开放型基金。

开放型基金(open-end fund)是指基金发行总额不固定,在基金按规定成立后,投资者可以在规定的场所和开放的时间内向基金管理人申购或赎回基金份额的基金。

(3) 封闭型基金和开放型基金的主要区别。

① 期限不同。**封闭型基金均有明确的存续期限,一般为 10~15 年,我国规定应在 5 年以上**,在此期间,已发行的基金份额不能赎回;开放型投资基金一般没有明确的期限,在基金发行期满上市以后,投资者可随时申购基金份额,也可要求赎回,基金处于"开放"状态。

② 规模的可变性不同。封闭型基金的基金份额固定,未经法定程序批准,不再增加发行;开放型基金没有法定的规模限制,投资者可随时申购或赎回,基金份额经常发生变化。

③ 交易方式不同。封闭型基金在发行结束后,一般在证券交易所挂牌交易,投资者可委托证券经纪商买卖,交易在投资者之间进行;开放型基金在首次发行结束的一段时间

后(通常为3个月)可以在柜台市场向基金管理人或其销售代理人提出申购或赎回,一般不在证券交易所上市,交易在投资者和基金管理人之间进行。

④ 价格决定方式不同。封闭型基金的交易价格既受每份基金份额净资产的制约,也受市场供求关系的影响,基金价格相对于基金净值经常处于折价或溢价状态;开放型基金的交易价格是以基金份额资产净值为基础加减申购费或赎回费计算的,不受供求关系影响。

⑤ 投资策略不同。封闭型基金因期限、规模固定,不存在投资者赎回的压力,基金管理人可充分利用筹措的资金进行投资,包括较大比例的长期投资;开放型基金则因投资者有随时赎回的权利而需注意资产的流动性,通常需要保持一定数量的现金和流动性较强的金融资产,从而影响它投资的自主性和长期性。

⑥ 信息披露要求不同。法律法规对两类基金信息披露的要求不同。我国现行法规要求,封闭型基金每周公布基金份额资产净值,每季度公布资产组合;开放型基金每个开放日公布基金份额净值,每季度公布资产组合。

⑦ 市场环境不同。封闭型基金对市场环境的要求不高,较适合于市场规模较小、开放程度不高、新兴的证券市场;开放型基金因允许投资者随时申购或赎回,随着证券行情的涨跌,有可能面临申购或赎回压力,并对市场产生助涨或杀跌作用,因而需要相应的保值手段,对基金管理人的要求较高,对基金的监管难度也较大,适合于规模较大、开放程度较高、较成熟的证券市场。

比较而言,开放型基金可随时按每股资产净值兑现,流动性强,投资风险小,安全、便利、收益较高。在证券市场比较发达、证券投资基金已有相当基础的成熟市场,开放型投资基金的数量远远超过封闭型投资基金。在证券市场刚起步的发展中国家,由于各项金融制度和法规体系还不很完善,为了防止短期外来资金涌入或大量流出而对正在发展中的资本市场造成冲击,一般先发展封闭型基金。

3. 按投资目标分类

(1) 成长型基金。其主要投资目标是追求资本增值,经常收入不是考虑的重要因素。通常将基金的资产投资于有高成长潜力的股票或其他证券。

(2) 平衡型基金。其投资目标为既注重资本增值又注重经常收入,为兼顾以上目标,平衡型基金采取对普通股票、优先股票、债券分散投资的方式。

(3) 收入型基金。它以获取稳定的经常性收入为目标,投资对象通常为股息分配稳定的大盘蓝筹股票、优先股票、政府债券以及公司债券。

4. 按投资对象分类

(1) 股票基金。它是以股票为投资对象的证券投资基金,是投资基金的主要种类。股票基金还可以根据基金所投资的股票特征分为不同类型,每一只股票基金可能同时具备两种或多种属性。股票基金按基金投资分散化分类,可分为一般普通股票基金和行业基金:前者是将基金资产分散投资于各类普通股票;后者是将基金资产投资于某一特定行业或特定板块的股票,风险较大,但可能具有较好的潜在收益。按投资市场分类可分为国内股票基金、国外股票基金、全球股票基金,它们的分散化程度不同,组合的难度和面临的风险也不同。按股票性质分类可分为价值型股票基金和成长型股票基金:价值型股票基金投资于收益稳定、价值被低估、安全性较高的股票;成长型股票基金投资于收益增长快、未来发展潜力大的股票。按基金规模分类可分为小盘股基金、中盘股基金、大盘股基金。

(2) 债券基金。它是以债券为投资对象的证券投资基金,通常集中投资者的资金,对债券进行组合投资,寻求较为稳定的收益。按所投资债券的发行人不同,可分为政府债券基金、市政债券基金、公司债券基金、金融债券基金、国际债券基金。还可以按债券的信用等级、债券的到期期限对债券基金分类。

(3) 混合基金。它是同时以股票、债券为投资对象的基金,预期收益高于债券基金,风险低于股票基金。它根据投资目标不同对股票和债券进行不同的配比。依据资产配置的不同,可将混合基金分为偏股型基金、偏债型基金、股债平衡型基金、灵活配置型基金等。

(4) 货币市场基金。它是以货币市场上短期有价证券,如国库券、商业票据、可转让大面值定期存单、承兑汇票、同业拆借及回购协议为主要投资对象的投资基金。美国的货币市场基金还可分为国库券货币市场基金、多样化货币市场基金和免税货币市场基金三种。货币市场基金的特点是单位基金的资产净值固定不变,但投资者可利用收益再投资,从而增加所持基金份额;衡量货币市场基金的标准是收益率而非资产净值;货币市场基金不收取赎回费用,管理费用也较低;货币市场基金均为开放型基金。由于货币市场基金安全性高、流动性好、风险小、清偿力有保证、周转量大,所以很受投资者欢迎。

(5) 贵金属基金。它是主要投资于黄金、白银及其他与贵金属有关的证券和黄金期货的投资基金,其中典型的是投资于生产成本低、开采期限长、管理较好的金矿公司的股票。黄金具有保值作用,尤其在美元贬值时黄金基金有很大的成长潜力,投资黄金基金又比直接购买黄金具有流动性强、投资分散的好处,所以对投资者颇具吸引力。

(6) 房地产基金和公募REITs(real estate investment trusts,即不动产投资信托基金)。房地产基金是主要投资于房地产或与房地产有关公司股票的投资基金。按其是否直接投资于房地产又可分为两类:一类直接投资于房地产公司发行的股票;另一类通过投资房地产抵押市场而间接投资于房地产,又称房地产抵押基金。公募REITs是主要投资于包括酒店商场、工业地产、基础设施等各类不动产的投资基金。为填补当前我国公募REITs产品空白,盘活基础设施存量资产,拓宽社会资本投资渠道,我国推出基础设施领域相关公募REITs试点。试点初期,基础设施基金大部分资产投资于基础设施资产支持证券,基金通过基础设施资产支持证券持有基础设施项目公司股权。基金管理人主动运营管理基础设施项目,以获取基础设施项目租金、收费等稳定现金流为主要目的。

(7) 期货基金。它是以期货合约为主要投资对象的投资基金。

(8) 期权基金。它是以期权作为主要投资对象的投资基金。

(9) 认股权证基金。它是以认股权证作为主要投资对象的基金。基金通过对认股权证的买卖,以获取资本利得。

以上后三种基金都属于衍生工具基金,风险较大,但也有可能获得很高的投资回报。

5. 按投资理念分类

(1) 主动型基金。它是由基金经理配置资产,力图取得超过基准组合收益的基金。

(2) 被动型基金。它是指选取特定指数为跟踪对象,复制该指数建立投资组合,又称指数基金。指数基金收费低廉、风险较小,收益跟随指数变动,可以获得市场平均收益率,并可作为避险套利的工具。

6. 按募集方式分类

（1）公募基金。它是向不特定投资者发售的基金。基金募集对象不固定，可以向社会公众公开发行基金份额和宣传推广；信息公开，受严格监管；投资金额较低，适合中小投资者。

（2）私募基金。它是向特定投资者发售的基金。基金不能公开发行和推广；投资者的人数、资格和投资金额受严格限制；投资范围广，运作灵活，所受的监管和限制较少；投资风险大，适合有较强风险承受能力的投资者。按投资方向和投资风格不同，又有股权投资基金、风险投资基金、套利对冲基金等之分。

7. 按基金资本来源和运用地域分类

（1）国内基金。它是基金募集的资金来源于国内并投资于国内金融市场的投资基金。一般而言，国内基金在一国基金市场上占主导地位。

（2）国际基金。它是基金资金来源于国内但投资于境外金融市场的投资基金。由于各国经济和金融市场发展的不平衡性，因而在不同国家会有不同的投资回报，通过国际基金的跨国投资，可以为本国投资者带来更多的投资机会以及在更大范围内分散投资风险，但国际基金的投资成本和费用一般也较高。国际基金有国际股票基金、国际债券基金和全球商品基金等种类。2007年6月，我国开始设立**合格的境内机构投资者制度**[又称QDII(qualified domestic institutional investor)制度]和发行QDII基金。**QDII是指符合相关法规规定，经监管机构批准在我国境内募集资金，运用所募集的部分或全部资金以资产组合方式进行境外证券投资管理的境内基金管理公司和证券公司**。它们发起的各类理财产品被称为QDII基金。

（3）离岸基金。它是基金资金从国外筹集并投资于国外金融市场的基金。离岸基金的资产注册登记不在母国，为了吸引全球投资者的资金，离岸基金一般都在素有"避税天堂"之称的地方注册，如卢森堡、开曼群岛、百慕大群岛等，因为这些国家和地区对个人投资的资本利得、利息和股息收入都不收税。

（4）海外基金。它是指从国外筹集资金并投资于国内金融市场的基金。利用海外基金通过发行受益份额，将筹集到的资金交由指定的投资机构集中投资于特定国家的股票和债券，将所得收益作为再投资或作为红利分配给投资者，它所发行的受益份额则在国际著名的证券市场挂牌上市。海外基金已成为发展中国家利用外资的一种较为理想的形式，一些资本市场没有对外开放或实行严格外汇管制的国家可以通过海外基金利用外资。

8. 特殊类型基金

（1）系列基金，又称伞形基金，是多个基金由同一基金管理公司管理，共用一个基金合同，各子基金独立运作，投资者可以在子基金之间相互转换的基金结构形式。

（2）**基金中基金**(fund of fund, FoF)，是以证券投资基金为投资对象的基金，它的投资组合由其他基金组成。

（3）保本基金(guaranteed fund)，是保证投资者在投资期满时投资本金的安全或能获得一定收益的基金。保本基金的投资目标是在锁定风险的同时争取获得潜在的高额回报，为此，保本基金将大部分资金投资于与基金到期日一致的债券，将其余资金投资于股票、衍生工具等高风险的资产。国内称为避险策略基金，是指通过一定的避险投资策略进行运作,同时引入相关保障机制,以在避险策略周期到期时,力求避免基金份额持有人投资本金出现亏损的公开募集证券投资基金。

(4) **交易型开放式指数基金**(exchange traded fund,**ETF**)和**上市型开放式基金**(listed open-enden fund,**LOF**)。交易型开放式指数基金又称证券交易所交易基金,是在证券交易所上市的开放式基金。交易型开放式指数基金采用被动投资方式,跟踪、复制所选定的指数,具有指数基金的特点。交易型开放式指数基金兼有开放式基金和封闭式基金的运作机制,可以在场外市场申购、赎回,也可以在证券交易所买卖。不同的是,在申购时用与标的指数相同的一篮子股票换取基金份额,赎回时换回一篮子股票而非现金。这种交易制度使交易型开放式基金存在一、二级市场之间的套利机会,可避免基金份额大幅折价的现象。

上市型开放式基金是既可以在场外市场进行基金份额申购和赎回,又可以在证券交易所进行基金份额的买卖或申购、赎回的开放式基金。它是我国证券市场上出现的基金创新品种。

(5) 合格的境内机构投资基金(qualified domestic institutional investors fund)。QDII基金是指在一国境内设立,经该国有关部门批准从事境外证券市场的股票、债券等有价证券投资的基金。它为国内投资者参与国际市场投资提供了便利。2007年我国推出了首批QDII基金。

(6) 分级基金。分级基金又被称为结构型基金、可分离交易基金,是指在一只基金内部通过结构化的设计或安排,将普通基金份额拆分为具有不同预期收益与风险的两类(级)或多类(级)份额并可分离上市交易的一种基金。分级基金通常分为低风险收益端(优先份额)和高风险收益端(进取份额)两类份额。

(7) 养老目标基金。养老目标基金是指以追求养老资产的长期稳健增值为目的,鼓励投资人长期持有,采用成熟的资产配置策略,合理控制投资组合波动风险的公募基金。一般,养老目标基金的投资策略包括目标日期策略、目标风险策略以及其他策略。2018年我国推出了首批养老目标基金。

(8) 管理人中管理人(manager of managers,简称MOM)产品,是以管理机构为投资对象的基金。它是由基金管理人管理的同时符合以下特征的公募基金或者私募资管产品:一是部分或全部资产委托给两个或两个以上符合条件的第三方资产管理机构(即投资顾问)提供投资建议服务;二是资产划分成两个或两个以上资产单元,每一个资产单元单独开立证券期货账户。该产品既可以实现管理人大类资产配置的能力,又能发挥不同资产管理机构在特定领域的专业投资能力,从而具有多元管理、多元资产、多元风格的特征。

除了上述几种类型的基金,证券投资基金还可按投资货币种类不同分为美元基金、英镑基金、欧元基金及日元基金等;按收费与否分为收费基金和不收费基金;按投资计划可变更性分为固定型基金、半固定型基金、融通型基金;还有专门支持高科技企业、中小企业的风险基金;因交易技巧而著称的对冲基金;等等。

(三) 证券投资基金的参与者

1. **基金持有人**

基金持有人是指持有基金份额或基金股份的自然人和法人,是基金的出资人、基金资产的实际所有者和基金投资收益的受益人,享有基金信息的知情权、表决权和收益权。基金的一切投资活动都是为了增加投资者的收益,一切风险管理都是围绕保护投资者利益来考虑的,因此,基金份额持有人是基金一切活动的中心。

2. 基金发起人

基金发起人是指以基金设立为目的,并采取一定步骤和必要措施来达到设立基金目的的金融机构,一般为证券公司、信托投资公司及基金管理公司。发起人在基金设立过程中的行为称为发起行为,发起人是完成筹办基金法定程序的执行者和代表者,发起人行为构成基金的设立行为。如果基金设立成功,因发起人行为而产生的权利和义务转为基金投资人承担;如果基金未建成,发起人行为所引起的权利和义务则由发起人自己承担。

基金发起人通常指法人而不是自然人。各国基金管理法规对基金发起人资格都有较严格规定,国外基金发起人大多数为有实力的金融机构。根据我国《证券投资基金法》的规定,基金管理人承担依法募集基金、办理基金份额发售的职责,因而,法律规定基金发起人由基金管理人担任。

3. 基金管理人

基金管理人是指凭借专门的知识与经验,根据法律、法规及基金章程或基金契约的规定,经营管理基金的资产,谋求所管理的基金资产不断增值,实现基金持有人利益最大化的专业金融机构。

基金管理人的基本职责是运用和管理基金资产。它的主要职责是依据信托契约(契约型基金)或委托管理契约(公司型基金),负责基金的投资管理,在控制风险的条件下为基金持有人争取最大的投资收益,同时还承担基金产品设计、基金营销、基金注册登记、基金估值、会计核算、向基金持有人支付基金收益、办理与基金有关的信息披露等职责,在基金运作中具有核心地位。基金管理人作为受托人,它的目标是使持有人利益最大化,同时,管理人按基金资产净值的一定比例提取管理费,并可根据合同规定按净资产增长率累进收取业绩报酬。

基金管理人是基金资产的管理者和运用者,基金持有人的收益取决于基金管理人管理运用基金资产的水平,因此必须对基金管理人的任职资格作出严格限定,才能保护投资者利益。各个国家和地区对基金管理人的任职资格有不同规定,我国《证券投资基金法》要求基金管理人由依法设立的公司或者合伙企业担任,并对基金管理人的职责、条件等作了限制性规定。

4. 基金托管人

基金托管人是基金资产的名义持有人与受托保管人。为了保证基金资产的安全,防止基金资产被挪用,基金应按照资产管理和保管分开的原则进行运作,并委托一个专门的基金托管机构保管基金资产。

基金托管人的主要职责是:安全保管全部基金资产,执行基金管理人的投资指令,监督基金管理人的投资运作,对基金管理人计算的基金资产净值和编制的财务报表进行复核。为履行职责,基金托管人必须为基金开设独立的银行存款账户,负责账户的管理以及有关证券交易以后的资金清算。

对基金托管人的要求主要在于安全、公正及信誉良好。在国外,基金托管人一般由兼营信托业务的金融机构担任,包括商业银行、储蓄银行、专业银行及信托投资公司等。根据我国《证券投资基金法》的相关规定,基金资产必须由独立于基金管理人的基金托管人保管,基金托管人只能由依法设立并取得基金托管资格的商业银行担任。

在契约型基金的参与者中,基金持有人与基金管理人的关系是委托人、受益人与受托人的关系,也是所有者和经营者的关系;基金持有人与托管人的关系也是委托与受托的关系;基金托管人和基金管理人是一种既相互协作又相互监督的制衡关系,这种相互制衡结构的设计体现了保护基金持有人利益的内在要求。在公司型基金参与者中,基金持有人是基金公司的股东和基金资产的所有者,基金公司与基金管理人、基金托管人之间是委托人和受托人的关系。

专栏 1-2 伟大投资者的十个特征

(一) 对数字敏感

虽然投资决策中很少涉及复杂的计算,但成功的投资者具有对数字和概率的"感觉"。

对数字敏感的重要体现之一,是理解财务报表。

熟稔财报的目标有两个,第一个是将财报的枯燥数字转换成体现公司价值精要的自由现金流(free cash flow)。虽然收益是衡量公司经营表现最常用的指标,**但伟大的投资者非常清楚收益增长跟价值增长是两回事。**如果公司对未来的投资不足,或投资未能产生"合适"的收益,公司可以在增加收益的同时毁灭价值。所以精明的投资者一般更关注未来自由现金流的现值所代表的公司价值,而非公司当期收益情况。

熟稔财报的第二个目标是理解公司战略与价值创造间的联系。拥有较高盈利率和较低资本流速的公司采用的是差异化竞争策略;而拥有较低盈利率和较高资本流速的公司采取的是价格策略。因此,对公司赚钱能力的评估,**本质上是对公司能维持现有竞争优势多长时间的评估。**

(二) 理解价值(自由现金流的现值)

未来现金流折现后的现值决定了资产的价值,不管是股票、债券还是房产莫不如是。

伟大的基本面投资者关注并理解自由现金流的重要性,即其可持续性。具体而言,需要综合考虑公司所处的行业生命周期,公司在整个行业竞争中所处的位置,行业的进入门槛和公司管理层配置公司资源的能力等。所以伟大投资者都非常清楚表面指标,如市盈率和企业价值倍数等的局限性。**这些指标并不直接代表公司价值,而只是评估价值过程中需要用到的中继工具而已。**

(三) 正确评估公司战略(即公司如何赚钱)

这一能力有微观和宏观两个方面。微观方面,伟大的投资者对公司如何赚钱有深层的理解,他们会细看整个公司的经营。

宏观方面,是对公司竞争优势可持续性的理解。伟大的投资者理解所投资的公司在产业中的独特地位,被投资的公司最好具有能够防止竞争者持续进入的"防御性优势",这种优势的可持续性是公司估值的重要考量。

(四) 知道真正该比较的是什么

真正区分一般投资者和伟大投资者的,是会不会比较基本面和预期。

要在市场中赚钱,就必须能够识别出市场预期定价中的"错误"。多数投资者都不具备这个能力,因为多数人的投资行为是基本面向好追买,基本面变差杀跌。所以伟大投资者独特的能力在于,不仅理解基本面和预期是两回事,而且还能通过比较发现这两者之间的差距。

伟大投资者在将现状与历史比较的时候,会去了解造成这段历史的内在机理,而不是仅仅是比较价格或其他表象。

(五) 用概率来思考

投资是一门概率艺术。伟大投资者整个的思维框架是建立在概率上的,并在市场上寻找价格与概率错配所产生的投资机会。

因为概率的存在,好的决策有时也会带来坏的结果,而坏的决策也会带来好的结果。但长期来看,如果拥有正确的决策过程,即便时而出现坏的结果,投资的"总成绩"也会令人满意。因此,学会将主要精力放在投资决策过程中,并接受偶尔不好的投资结果至关重要。此外需要足够长的时间和投资决策数量来让概率发挥作用。

(六) 更新自己的观点(观点是有待验证的假设,而非一成不变的原则)

伟大的投资者与人性的偏见反其道而行之:他们主动寻找与自己观点相左的信息、观点和事实,并在有确凿证据证明自己观点错误时,果断更新自己的观点。看似容易的行为,实际上常人难以做到。

最优秀的投资者理解周围的世界处在不断地变化之中,我们的观点因此具有流动性。他们不断寻找不同的观点,并根据新信息更新自己的观点。更新观点的结果是行动:更改头寸方向或增减其在组合中的比重。

(七) 理解行为偏见的存在

伟大投资者对于偏见的存在具有强烈的意识和深刻的理解,并有意采取各种措施来管理或减少这些偏见对于投资决策的影响。

避开行为偏见的能力由三部分组成,一部分是天生的,一部分是后天的有意训练,最后一部分是从环境中习得的经验。伟大投资者对偏见的控制能力高于普罗大众,他们积极学习这些偏见并想方设法来管理它们,并在投资环境中不断磨炼。

(八) 区分信息与影响

以历史上发生的互联网泡沫为例,随着科技股价格上升,相关投资者享受到了纸面财富。但这种现象会对还未购入科技股的投资人产生了影响,让其中的一些人"经不住诱惑"而跟买。这对股价会产生"良性循环"。所以当时科技股的飞速上涨并不是因为投资者对于公司前景的疯狂信心,而更多的是受众人怕错过赚钱机会心理的驱使。

但伟大的投资者有抗拒这种影响的能力,这种能力在社交上体现为,不在乎别人怎么看你。这又是"反人性"的特征。很多优秀投资者确实展现出这种矛盾:投资决策非常优秀,但在生活社交层面却让人头疼。

成功的投资者在制定策略时会综合考虑不同观点,然后最终形成一套合理但与众人共识不同的策略。众人在多数时间里是对的,但一旦发生错误,要做出与众人"对赌"的决定,需要极其强大的心理承受能力。

(九) 深谙头寸大小的重要意义

在投资领域其实也是一样:先找到投资机会,然后通过适当比例的建仓从中盈利。而几乎所有投资公司都会告诉客户自己的投资策略,但鲜有公司会透露策略的持仓情况。

一般投资组合的建立要经过以下过程:首先明确策略执行方式(在一个固定阶段内一直持有直到实现最大盈利还是连本带利滚动下注),然后寻找投资机会组合(是一组短期机会还是一组长线机会,或兼而有之),最后再考虑组合所需要面对的各种约束(流动性、投资期内可能出现的现金支取和杠杆等)。只有完全回答完以上三个问题才能有效地分配头寸。**长期盈利的投资者与一般投资者的区别就在于,前者理解合理分配头寸与识别投资机会对长期盈利而言同等重要。**

(十) 阅读

伟大投资者一般有三个主要的阅读习惯。首先是将阅读放在重要位置。其次,阅读的内容包罗万象,不仅仅局限在商业和金融领域,而是让自己的好奇心来决定阅读内容。因为其他领域的想法或信息有时在不经意间就能变成很好的投资参考。最后,阅读时持批判性思维,找出你与作者持有的不同观点。经常思考和对比与自己想法不同的观点,可以保持自己头脑的开放性。

研究发现,成功人士的阅读目的更侧重自我教育,而非娱乐。**阅读对于投资者而言尤为重要,因为投资需要综合多方面的信息和想法,才能不断找到盈利机会。**

摘自:Mauboussin. 回顾伟大投资者的十个特征[J]. 瑞士信贷研究报告,2016(8).

第三节 证券中介机构

证券中介机构是指为证券市场参与者(如发行者、投资者)提供相关服务的专职机构。按提供服务的内容不同,证券中介机构可分为**证券经营机构**、**证券登记结算机构**和**证券服务机构**。**证券经营机构是由证券主管机关依法批准设立的在证券市场上经营证券业务的金融机构。**按它们从事证券业务的功能不同,可以分为主要从事证券发行业务的证券承销商、代客买卖证券的证券经纪商和为自己买卖证券并维持市场流动性的证券自营商等。实际上,证券经营机构往往同时从事多项业务,一家证券公司一般都设有若干业务部门,分别从事证券发行业务、经纪业务和自营业务,而且现在业务范围已扩展到兼并收购、基金管理、项目融资、风险投资、资产管理及投资咨询等。证券登记结算机构为证券交易提供集中登记、存管与结算服务。**证券服务机构是为证券市场提供相关服务业务的法人机构**,包括会计师事务所、律师事务所、资产评估机构、证券评级机构、证券投资咨询机构及证券金融公司等。各类中介机构在证券市场上各司其职、协调行动,沟通了证券市场的供应和需求,是证券市场正常运行必不可少的组成部分。

一、证券经营机构及其主要业务

证券经营机构是专门从事与证券有关的各项业务的金融机构,也就是证券公司。在国外,证券经营机构有各不相同的名称,美国称之为投资银行(investment bank),英国称之为商人银行(merchant bank),日本称之为证券公司(securities corporation)。称之为投资银行是为了与商业银行有所区别。这种称谓起源于20世纪30年代世界经济危机以后,美英等主要资本主义国家采取了银行业和证券业相分离的金融体制,将以证券业务为核心的证券经营业务与以存贷业务为核心的商业银行业务分离,从而产生了现代意义的投资银行。

投资银行的本源业务是证券承销业务。目前,大型、超大型的投资银行能提供综合性、全方位的金融服务,而且还在向全球性投资银行的方向发展。

我国的证券经营机构是指由证券主管机关依法批准设立的在证券市场上专营证券业务的金融机构。我国对证券经营机构采取按具体业务分类监管的体制。根据不同业务的经营特点,设定不同的行政许可条件,并按照证券公司实缴的注册资本额的大小及其他条件来区分证券公司的实际经营范围。**我国证券公司的组织形式为有限责任公司或股份有限公司。**

我国证券公司的业务范围除证券经纪、承销、自营等传统业务之外,还允许符合条件的证券公司开展证券投资咨询业务,与证券交易、证券投资活动有关的财务顾问业务、证券资产管理业务、融资融券业务、证券做市交易及其他证券业务等。

(一)证券承销业务

证券承销是证券经营机构代理证券发行人发行证券的中介业务,是证券经营机构传统的核心业务,也是最主要的基本业务。

1. 证券承销商的基本职能

证券承销商(underwriter)的基本职能是销售发行证券。在整个发行过程中,证券承销商要为证券发行者提供一整套服务,包括提出建议、选择证券种类、决定发行时机和发行条件,直至承购包销或代销、助销等事务。概括起来主要有以下功能:

(1)提出建议。发行人因证券发行事务与证券承销商接触时,承销商首先发挥咨询功能。承销商根据它代理证券发行的经验和对市场状况及公众投资意愿的了解,可以为发行人提供切实可行的建议,以协助确定适当的发行证券的类型、发行时机、发行价格及数量。① 发行证券类型的选择。承销商根据企业的资金需求和发行人的信用状况以及证券市场的供求关系,建议选择发行证券的种类,使发行的证券能很快被证券市场接受。② 发行时间的选择。发行时间的选择很重要,择时适当有利于证券的顺利发行。承销商根据证券市场的供求状况、证券行情、利率变动趋势、投资者心理状态、纳税时间等因素,建议恰当的发行时间。③ 发行价格的选择。发行价格的选择是证券发行成功与否的关键和难点所在。发行价格定得太低(如股票发行价格低于其内在价值),固然可以使证券顺利地销售出去,但会使发行公司筹措的资金减少。如果发行价格定得太高,又会使证券销售发生困难,并增加发行风险,甚至面临发行失败。适合的定价既可创造对证券的需求,又可减少发行人和承销商的风险。只有经过大量实践并有丰富经验的承销商才具有正确选择新证券发行价格的能力。

此外,承销商还可就发行方式、发行条件等提出建议,并根据需要设计销售网络,掌握销售进度,同时向投资者推荐拟发行的证券。这不仅有利于证券顺利发行,而且对证券在二级市场的表现也有一定帮助。

(2) 发行事务的处理。证券承销商有责任保证公司在发行证券时,顺利地进行所有的调查工作、文书工作和其他技术性工作。所有文件包括对证券管理机构的申请、注册登记表和证券募集说明书(招股说明书)等,都由它负责起草。它还承担着与律师事务所、会计师事务所、资产评估机构等其他中介机构的沟通与协商,以及证券的印制、承购集团的组织和分销的管理等业务。承销商要对发行人负责,因为承销商的信誉往往依赖于成功的证券发行。

(3) 风险承担。在包销方式下,从承销商买下发行人准备发行的证券,到它们将这些证券再出售于众,需要间隔一定时间,并可能出现发行风险。这段时间可能会发生未曾预料的市场条件变动,使新证券发行受到阻碍,如利率急剧提高,使承销商只能以较低价格出售证券。包销发行使发行人可按预定的时间和金额获得募集的资金,保证其经营活动正常进行,而发行风险由承销商承担。

(4) 销售证券。证券承销商借助自己在证券市场的信誉和销售网络,在监管机构批准的证券发行有限期限内,将准备发行的证券销售出去。一般情况下,承销商要组织一个销售团,销售团中包括主承销商、副主承销商和其他分销商,以便组成一个强大的销售网络,迅速方便地将证券销售给投资者。

2. 证券承销方式

(1) 承购包销,又称全额包销。承购包销是指证券公司将发行人的证券按照协议全部购入或者在承销期结束时将售后剩余证券全部自行购入的承销方式。它是由一家或数家承销商与证券发行人签订承购包销合同,由承销商以双方协商决定的价格将准备发行的证券全额买下,并按合同规定的时间将价款一次付给发行公司,然后承销商再以略高的价格向社会公众出售的发行方式。对发行人来说,采用承购包销方式既能保证如期得到所需要的全额资金,又无须承担证券发行过程中价格变动的风险,但是发行费用高于其他方式。对承销商来说,要预先垫付自有资金买下所有证券,还要承担证券不能如期全部销售和发行价格下降的风险,因此收取的费用较高。承销商的收益来自向证券发行人买入证券与向投资者出售证券的差价。承购包销发行方式是最常见、使用最广泛的方式,比较适合于筹资金额不大、知名度不高的发行人。对发行金额巨大又急需资金的发行人来说,虽然发行费用较高,但能无风险地及时筹集到全额资金,这种方法也是可行的。但发行流动性差、不能为公众所接受的证券不宜采用这一方法,因为承销商此时会压低购买价格,使发行人承受较高的筹资成本。

这种承销方式的特点是:承销商与发行人是一种买卖关系,而不是代理关系;承销商赚取的收益来源于购买与销售证券的差价,而不是手续费;发行人在向承销商出售证券时已取得全部价款,全部发行风险由承销商承担。

(2) 代销。代销是指证券公司代发行人发售证券,在承销期结束时,将未售出的证券全部退还给发行人的承销方式。它是指承销人并不保证证券的全部发行,只是利用自己的网点和专业力量尽力代替筹资企业发售新证券,在发售期结束后,将筹集的资金和未能销售的剩余证券退还给发行人的方式。当采用代销方式时,承销商只是代理发行人销售证券,证券发行的全部风险由发行人自己承担。如果发行人因信誉不佳或知名度不高而导致发行不畅,就可能无法及时获得所需资金,此时承销商不承担任何责任和风险。承销商从代销发行中赚取的发行手续费比其他方式都低,相当于承购包销的30%～50%。

这种承销方式的特点是:承销商与发行人是一种纯粹的委托-代理关系;证券发行的全部风险由发行人自行承担;承销商所取得的收益为代销证券的手续费,且手续费较低。代销发行比较适合于那些信誉好、知名度高的大中型企业,它们的证券易被投资者所接受,用代销方式可以降低发行成本。同时,当尚未被广大投资者了解的新建企业或是业绩和信誉都不太理想的企业要发行数额较大的证券时,承销商因不愿承担承购包销可能会出现的发行风险,而只愿接受代销方式。

代销方式在美国是非公开募集的私人销售方式,无须向证券交易委员会登记,但也会影响发行证券的上市交易。

(3) **助销**。助销又可分为定额包销和余额包销两种:定额包销是指承销商承购发行者所发行的一定数额的证券,然后再向投资者发售的方式。采用这种方式,发行者能及时得到部分资金,又可付较少的发行费,但要承担部分发行风险。定额包销比较适合于信誉较好且资金是分批使用的发行人。由于市场销路不成问题,因此不需要由承销商全额包销,对于急需资金部分可由承销商包销,得到垫付资金,其余款项可通过证券的发售逐步到位,较经济合算。

余额包销是指承销商承诺在证券按约定的发行条件向投资者公开销售后,以发行价格买进剩余部分证券的方式。采用这种发行方式,发行风险由承销商承担,承销商必须先向市场公开发售,在发售期结束时,如有剩余证券才可收购,而不能预留部分证券自行收购。由于承销商承担了证券销售不完的风险,它的发行手续费比全额包销发售低,比代销发售高。对筹资人来讲,筹资计划完成有保证,在协议规定的期限内,承销商要将规定资金全数划给筹资企业。

余额包销发售比较适合于有筹资计划,但用款又很急的企业。

这种承销方式的特点是:承销商与发行人总体上是代理关系,但承销商购买部分证券又是买卖关系;定额包销由发行人承担证券发行风险,余额包销则由承销商承担发行风险;承销商所取得的收益主要来自手续费。

我国《证券法》规定,发行人向不特定对象发行的证券,法律、行政法规规定应当由证券公司承销的,发行人应当同证券公司签订承销协议。证券承销业务采取代销或者包销方式。包销包括全额包销和余额包销。向不特定对象发行证券聘请承销团承销的,承销团应当由主承销和参与承销的证券公司组成。

(二)证券经纪业务

证券经纪业务是证券经营机构接受投资者(客户)委托,代理买卖证券,并以此收取佣金的中介业务。

证券经纪业务有如下特点:① 这是一种二级市场的委托买卖业务,经纪商直接面对广大投资者,是投资者进入集中交易市场买卖证券的必经渠道;② 经纪商与客户是委托-

代理关系，经纪商必须遵照客户的指令进行证券买卖；③ 经纪业务的收入来源于买卖成交后向客户收取的佣金，经纪商承担的风险较小。

从事证券经纪业务的证券经营机构为**证券经纪商**。证券经纪商(broker)的主要职能是为证券投资者提供信息咨询、开立账户、提供信用、接受委托及代理买卖，包括向客户提供证券过户、保管、避税、财务咨询等一整套有关证券投资的服务。

证券经纪商的服务沟通了买卖双方的信息，克服了证券交易双方在时间、空间、数量、价格及信息等方面的差异，扩大了交易范围，形成公平交易价格，起到了促进交易的作用；同时，经纪商的出现，还有利于证券市场的组织和管理，对活跃市场和促进市场顺利发展有重要意义。

证券交易所中大部分会员都是证券经纪商，世界各国都根据本国证券交易制度特点对证券经纪业务作出限定和分类。最具代表性的纽约证券交易所内的经纪商主要有以下几种。

1. 佣金经纪商

佣金经纪商(commission broker)即接受客户委托，在交易所中代理客户买卖证券并收取一定佣金的经纪商。他们是场内交易的主要成员，这些经纪商大多是以证券公司的名义在证券交易所取得席位，大的证券公司可取得多个席位办理委托业务。其主要业务是通过电话、电传、网络等通信手段，与他们代表的公司取得联系，并按指令在场内进行交易活动。在委托买卖成交后，证券经纪商按成交金额的一定比例收取佣金，作为收入。为了多获取佣金，他们一般都尽可能多地完成交易量，因此，在整个证券市场中，佣金经纪商最活跃，人数最多，交易量也最大。

2. 场内经纪商

场内经纪商(floor broker)，又称次级经纪商，当交易所中佣金经纪商业务繁忙，对较多不同类型、不同委托条件的买卖指令无法及时完成时，便需要场内经纪商。其主要业务是在交易所中接受佣金经纪商的再委托代为买卖证券，撮合与其他证券经纪商的证券交易，从其交易成交金额中收取一定比例的佣金。按规定，场内经纪商只能接受佣金经纪商的委托，而自己不能单独接受交易所之外一般客户的买卖委托。

3. 专业经纪商

专业经纪商(specialist)，又称特种经纪商、专家经纪商，是纽约证券交易所内特殊的证券商。他们一般在固定的柜组旁专门从事某一行业的某几种股票交易。由于他们对固定交易股票的历史背景、市场表现有专门的研究，掌握着交易价格和数量变化的重要信息，对股票交易有专业的知识和经验，又有一定的资金实力，因此称为专业经纪商。

专业经纪商具有双重身份，他们既可以接受交易所内佣金经纪商或自营商的委托进行证券代理买卖，又可作为自营商自行进行证券交易，但他们仍以委托买卖为主，因此仍被称为经纪商。专业经纪商一般不与客户发生直接的委托-代理关系，他们主要是在佣金经纪商接受了客户过多的委托而无法完成或是接受了某些客户的特殊委托时，转请专业经纪商代理完成。此时专业经纪商充当经纪商的经纪商，并接受佣金经纪商支付的手续费。当佣金经纪商客户的某些委托因没有交易对手而无法及时成交时，专业经纪商可以就他所负责的几种股票进行自营交易，当没有买方时可充当买方，没有卖方时充当卖方，用自己的资金买入股票或是出售自己持有的股票，促使交易完成。此时专业经纪商以自营商身份出现，赚取买卖差价而不再收取手续费。

4. 债券经纪人

债券经纪人,在证券交易厅中代理客户买卖债券并从中收取佣金。

我国的证券经纪业务可分为两大类:一类是 A 股、基金及债券代理买卖业务,所有证券经营机构依法设立的证券营业部都可以经营此项业务;另一类是 B 股代理买卖业务,由 B 股特许证券商代理。B 股特许证券商又分为境内特许证券商和境外特许证券商两种。

国际上对从事经纪业务的证券公司采取两种管理办法:以美国为代表的登记制度和以日本为代表的特许制度。我国实行特许制度。

(三) 证券自营业务

证券自营业务是证券经营机构以自己的名义和资金买卖证券、赚取买卖差价并承担相应风险的业务,也是证券经营机构的主要业务之一。证券经营机构的自营业务按业务场所的不同可分为场外自营交易和场内自营交易两种。场外自营交易是指证券自营商通过柜台交易方式与客户直接成交的证券交易,场内自营交易是指证券自营商在证券交易所内自营买卖的证券交易。

证券自营业务的特点是:① 它是证券公司自主性的证券交易,与经纪业务不同的是,证券自营商是为自己买卖证券而非接受其他投资者的委托;② 证券自营业务的收入来源于自营买卖证券的差价和差价之外的收益,自营业务的收益不稳定,投资风险较大;③ 证券自营商从事自营业务的目的是利用证券价格的变动赚取盈利,具有一定的投机性。

证券自营业务对证券市场的稳定和发展有着积极的作用:① 证券自营商在作出买卖决策以前,要对市场状况和个股走势进行调查、研究和分析,有利于发现证券的内在价值,并有助于通过证券交易价格的变动实现证券的收益和风险的均衡;② 证券自营业务还有利于活跃证券交易,维持市场交易的连续性。

在成熟市场,证券自营商既可以是法人,也可以是自然人,一般分为以下几种类型。

1. 交易所自营商

交易所自营商就是一般意义的自营商,即为谋取自身盈利而用自己的资金买卖证券并自担风险的自营商。他们一般不与普通的投资者接触,只在交易所大厅中自行买卖,通过低价买进高价卖出赚取利润。因此,他们需要在频繁的价格变动中捕捉有利时机,通常在极短时间内完成证券的买卖,故又称为抢帽子者。他们在同一营业日内可以连续买卖多次,从贱买贵卖中赚取利润,有较强的投机性,但他们的行为在客观上也起到了缩小价差、促进交易和维持市场连续性的作用。当市场上出现大批卖出或大批买进现象,致使供求失衡、市价大起大落时,自营商可凭借自己丰富的经验,依据自己长期以来对短期价格波动的判断,在投资者脱手时买进,在投资者购进时卖出,促使市场供求趋于平衡,稳定了市场价格。

2. 零股自营商

按证券交易所规定,在场内交易必须按规定的成交单位进行。零股自营商是专门处理不足一个成交单位(俗称一手)的股票交易的自营商。例如,纽约证券交易所规定每 100 股为一个成交单位,不足 100 股的称为零股股票,不能在交易所内零散买卖。所以,当客户委托经纪人买卖的股票不足一个交易单位时,就由经纪人委托零股交易商处理,并按规定支付手续费。零股交易商或者零数买进,整数(成交单位)卖出;或整数买进,零数卖出,剩余部分作为自己的存货。由于零股自营商在进行零股交易时要承担一定的价格风险,在从事零股交易时,进出价与市场价格略有差异,以弥补风险损失或获取收益。零股交易的化整为零或聚零为整,使股票交易可以在更大范围内进行,有利于促进股票的流通转让。

3. 场外自营商

场外自营商是指没有取得证券交易所会员资格,不能进入交易所,只能在场外交易市场进行自营交易的证券商。他们在场外的柜台市场上直接与投资者进行交易,从中赚取差价,交易对象主要是债券和非上市股票。由于他们"创造"了场外交易市场,被称为场外做市商。

在我国,证券自营业务专指经批准经营自营业务的证券经营机构用自有资金和依法筹集的资金,用自己名义开设证券账户,买卖有价证券,以获取盈利的行为。证券自营业务的对象主要有两类:一类是上市证券,包括在证券交易所挂牌交易的股票、证券投资基金、国债、公司债或企业债券以及衍生品等,这是自营交易的主要对象;另一类是非上市证券,指已发行在外但不在证券交易所挂牌交易的证券,非上市证券的自营交易主要在境内银行间市场、境内金融机构柜台进行。

(四) 其他业务

金融自由化和一体化的发展,给金融机构带来了更具竞争性和挑战性的市场环境,尤其是新兴金融市场和创新金融工具的诞生,通信、信息技术的进步,使证券经营机构的经营范围更为扩大,运作机制明显改善,不断开拓出新的业务种类。

1. 私募发行

私募发行(private placement)又称私下发行,是指发行人将证券出售给特定的少数投资者的发行方式。私募发行的对象一般是机构投资者,如保险公司、投资基金、养老基金等。

在私募发行过程中证券经营机构起着重要作用:① 为私募发行者提出建议,共同商讨发行证券的种类、数额、定价和条件等事宜,设计切实可行的发行方案;② 为发行者寻找合适的机构投资者,并向潜在的投资者推荐拟发行的证券,供双方选择。如果发行者已有了合适的机构投资者,证券经营机构则仅作为发行者的发行顾问,提供咨询服务。

我国现行法规规定,上市公司非公开发行股票的发行对象属于控股股东、实际控制人或其控制的关联人、通过认购本次发行的股份取得上市公司实际控制权的投资者、董事会拟引入的境内外战略投资者等情形之一的,可以由上市公司自行销售。上市公司非公开发行股票,是指上市公司采用非公开发行方式向特定对象发行股票的行为。

2. 兼并收购

兼并收购(merger and acquisition)是企业利用资本市场扩大规模、提高竞争实力、提升经营能力和进行资本经营的有效手段,也是一国推动经济结构调整和经济增长的重要途径。在兼并收购过程中,收购公司和目标公司一般都要聘请证券公司等中介机构担任财务顾问,证券公司既可以为收购公司服务,也可以为目标公司服务,但不能同时为购并双方服务。

证券经营机构可以为购并方物色收购对象,分析实现购并的可能性及影响;提出收购建议,包括收购策略、购并方式、收购条件、收购时间、收购价格、财务安排及购并后的整合计划等;为购并方制定一个切实可行的收购财务计划,帮助筹集必要的资金以实现购买计划;与被购并方的董事或大股东接触,协商收购条款;购并成功则编制有关函告和致被购并方股东和员工的函件,详述有关收购事宜。

证券经营机构也可为被购并方提供服务,如果被购并方不愿被购并,认为对方是敌意收购,则可与被购并方的董事、经理制定一套反收购策略,并付诸实施;如果认为对方采取的是非敌意收购,则可就对方提出的收购建议与被收购方讨论它是否公平合理,帮助被购并方在谈判中争取较高的要价,并发表是否接受该建议的结论性意见;如果实施购并,应编制和协助发布有关的公告和文件,包括在收到收购要约后帮助董事会发布新闻公告,表明被购并公司对收购建议的初步反应和对股东的建议,并为董事会准备一份对收购建议的详细分析及董事会协议,寄给公司的股东。

3. 基金管理(fund management)

证券经营机构与投资基金有密切关系。证券经营机构可以作为基金发起人,发起和设立基金;可以作为基金管理人,管理自己发行的基金;可以作为基金承销人,代理基金发行人向投资者发售基金;可以接受其他基金发起人的委托,作为基金管理人管理基金。证券经营机构有高水平的投资专家、快捷的信息渠道、先进的金融技术及广泛的金融业务网络,在基金管理上有得天独厚的优势。

我国《证券投资基金法》规定,基金管理人由依法设立的公司或合伙企业担任。依法募集基金是基金管理公司的法定权利,其他任何机构不得从事基金的募集活动。目前证券公司可以作为基金承销人代理基金发行以及作为基金管理公司的股东间接参与基金管理。

4. 风险基金

风险基金(venture capital, VC)又称风险资本或创业资本,是指新兴公司在创业期或拓展期所融通的资金。这类有成长潜力的公司在创业初期急需资金支持但又因其规模小、资信差、风险大而很难得到商业银行贷款,更不可能通过公开发行证券筹集资金。证券经营机构往往通过私募发行方式为其筹集资金。证券经营机构会为它们寻找潜在的机构投资者,如果认为某一新兴公司发展潜力巨大,证券经营机构还会投资于该公司,成为股东。有的证券经营机构还设有风险基金,作为专门向新兴公司提供创业资本的基金。获得风险资本的新兴公司一旦发展良好、具备上市条件,证券经营机构又会帮助该公司发行股票,并促使其上市。

5. 金融衍生工具交易

金融衍生工具(financial derivative instruments)是在传统金融工具或金融变量基础上派生出来的金融工具。证券经营机构是创造和交易金融衍生工具的重要金融机构。证券经营机构可以作为经纪商代理客户买卖这类金融工具,也可以以自营方式从中赚取差价收益,还可以利用它作为风险控制手段为自己拥有的金融资产保值。

6. 咨询服务

证券投资咨询业务主要是指证券公司及其相关业务人员运用各种有效信息,对证券市场或个别证券的未来走势进行分析预测,对投资证券的可行性进行分析评判;为投资者的投资决策提供分析、预测、建议等服务,倡导投资理念,传授投资技巧,引导投资者理性投资的业务活动。

咨询服务的范围及方式非常广泛,包括资产管理、负债管理、风险管理、流动性管理、投资组合设计和估价等。

有些咨询服务包含在其他服务项目之中,如承销证券、基金管理、私募发行等;也有的咨询服务是独立的专项咨询服务,如根据客户要求,对某一行业、市场、产品或某种证券进行深入研究,提供决策参考。

根据服务对象的不同,证券投资咨询业务又可进一步细分为面向公众的投资咨询业务、为签订了咨询服务合同的特定对象提供的证券投资咨询业务、为本公司投资管理部门和投资银行部门提供的投资咨询服务等。

7. 证券资产管理业务

证券资产管理业务是指证券公司根据有关法律、法规和投资委托人的投资意愿,作为管理人,与委托人签订资产管理合同,将委托人委托的资产在证券市场上从事股票、债券等金融工具的组合投资,以实现委托资产收益最大化的行为。

我国证券公司从事客户资产管理业务应当按规定向中国证监会申请客户资产管理业务资格。经中国证监会批准,证券公司可以从事资产管理业务。

此外,还有财务顾问业务、融资融券业务、直接投资业务、做市交易业务等。

二、证券登记结算机构

证券登记结算机构是专门为证券与证券交易办理登记、存管、过户和资金结算缴收业务的中介服务机构。证券登记结算业务是保障证券交易连续进行必不可少的环节。世界各国的证券交易所都有专门的证券登记结算系统。我国的证券登记结算业务由中国证券登记结算有限责任公司及其下属的上海分公司、深圳分公司承担。中国证券登记结算公司依法履行证券账户、结算账户的设立和管理;证券的存管和过户;证券持有人名册登记及权益登记;证券交易所上市证券交易的清算交收及相关管理;受发行人委托派发证券权益;办理与上述业务有关的查询、信息、咨询和培训服务等职能。

三、证券服务机构

(一) 会计师事务所

会计师事务所是指依法独立承办注册会计师业务,实行自收自支、独立核算、依法纳税的中介服务机构。它是注册会计师执行业务的工作机构,而注册会计师审计是会计师事务所最主要的职能。注册会计师是通过注册会计师资格考试,依法取得注册会计师证书并接受委托从事审计业务、会计咨询和会计服务业务的专业人员。注册会计师审计是指注册会计师以独立的第三者身份,客观、公正地审查企业的财务状况、经营成果和资金流动情况,并对企业会计报表的真实性、合法性提出报告。注册会计师作为一种专门职业,在世界范围内经过100多年的发展,已经成为现代社会经济监督体系中不可缺少的组成部分,也是证券市场形成公开、公平、公正市场环境的必要因素。

注册会计师在证券市场上从事对公开发行和交易股票的公司、证券经营机构和证券交易所进行财务报表审计、净资产验证、实收资本审验、盈利预测审核、内部控制制度审核、募集资金使用情况审核等相关业务。通过注册会计师的审计报告,为证券发行公司揭示公司财务报表的公信力,以便吸引更多的投资者,吸引更多的资金,求得公司稳步快速发展;借助注册会计师的审计报告和鉴证结论,投资者对发行股票公司盈利能力的判断或对发行债券公司偿债能力的了解都有了可靠的依据;证券市场的管理者也要求注册会计师对公司的财务报表进行客观、公正的审查并提出报告以便维护证券市场的正常秩序,保证证券市场健康发展。可见,在证券市场上,注册会计师所执行的业务,已经不仅仅是对某个公司的投资者和债权人负责,而是面向社会、发挥社会公证职能,履行国家所赋予的社会监督的职责。

正因为注册会计师在社会经济运行中承担重要的社会职能,所以各国对注册会计师和会计师事务所都建立了必要的管理制度。我国对从事证券相关业务的会计师事务所和注册会计师实行许可证管理制度。

(二) 资产评估机构

资产评估机构是指组织专业人员依照国家有关规定和数据资料,按照特定的目的,遵循适当的原则、方法和计价标准,对资产价格进行评定估算的专门机构。资产评估是将公司资产商品化和市场化的社会经济活动,资产评估过程是专业人员模拟市场对资产在某一时点上的价格进行评定和估测的过程。由于资产评估的结果是确定资产价格的基础,因此资产评估机构必须是具有独立性的专业机构。我国的资产评估机构包括持有国家或省、自治区、直辖市以及计划单列市有关部门颁发的资产评估资格证书的资产评估公司(事务所)、会计师事务所、审计事务所等机构以及国有资产管理部门认可的临时性资产评估机构。

我国资产评估机构在证券市场上发挥着重要的作用:① 在国有企业进行股份制改造时,对国有企业作为出资的实物、工业产权、非专利技术或土地使用权等,必须评估作价、核实财产、折成股份;② 上市公司进行兼并收购等资产重组时要对有关资产进行评估才能确认其真实价值,在上市公司增发新股或配股时也需要进行资产评估;③ 当上市公司公布年度报告或中期报告时,如果公司资产价值发生非经营性因素的变动,也需要进行资产评估。④ 当企业出现资产拍卖转让、开办中外合资经营或中外合作经营、企业联营、企业租赁、企业清算、资产抵押及其他担保等情形时,也应当进行资产评估。

(三) 律师事务所

世界各国律师都参与证券市场活动。向证券市场主体提供法律帮助的形式主要有两种:一种是通常方式,即律师通过法律咨询的形式,以他们的知识和经验为客户提供法律服务,这种方式以英国、意大利、澳大利亚和新加坡等为代表。另一种是证券律师方式,是指由专业化的证券律师为证券市场主体提供法律帮助并参与证券市场活动,这种方式以美国为代表。

证券律师,是指以对法律的精通和对证券事务的特殊经验来专门处理与证券业务有关的法律事务并对证券市场承担一定的监督责任的律师。律师事务所则是律师开展业务的工作机构。

在我国,证券法律业务是指律师事务所接受当事人委托,为其证券发行、上市和交易等证券业务活动提供的制作、出具法律意见书等文件的法律服务。律师事务所从事证券法律业务,可以为下列事项出具法律意见:首次公开发行股票及上市;上市公司发行证券及上市;上市公司的收购、重大资产重组及股份回购;上市公司实行股权激励计划;上市公司召开股东大会;境内企业直接或者间接到境外发行证券,将其证券在境外上市交易;证券公司、证券投资基金管理公司及其分支机构的设立、变更、解散、终止;证券投资基金的募集、证券公司集合资产管理计划的设立;证券衍生品种的发行及上市等。律师事务所可以接受当事人的委托,组织制作与证券业务活动相关的法律文件。

(四) 其他服务机构

1. 资信评级机构

资信评级机构是由专门的经济、法律、财务专家组成的对证券发行人或证券的信用状况进行等级评定的中介服务机构。

资信评级的本质是以最快捷、最方便的传递方式将评级机构评定的信用风险结果传递给市场,履行客观分析和揭示信用风险的职能。我国相关法规规定,证券评级业务是指对下列评级对象开展资信评级服务:依法核准发行的债券、资产支持证券,以及其他固定收益或者债务型结构性融资证券;在证券交易所上市交易的债券、资产支持证券,以及其他固定收益或者债务型结构性融资证券,国债除外;上述证券的发行人、上市公司、非上市公众公司、证券公司、证券投资基金管理公司及监管机构规定的其他评级对象。我国对从事证券评级业务的资信评级机构实行许可证管理制度。

2. 证券投资咨询公司

证券投资咨询公司又称投资顾问公司,是为证券市场参与者提供专业性投资咨询服务的中介服务机构。它的客户可以是政府部门、证券管理机关和有关业务部门,也可以是拟发行证券的公司或是证券经营机构、机构投资者及个人投资者。证券投资咨询包括以下形式:接受投资人或者客户委托,提供证券、期货投资咨询服务;举办有关证券、期货投资咨询的讲座、报告会、分析会等;在报刊上发表证券、期货投资咨询的文章、评论、报告,以及通过电台、电视台等公众传播媒体以多媒体提供证券、期货投资咨询服务;通过网络、电话、传真等电信设备系统,提供证券、期货投资咨询服务。我国规定从事证券、期货投资咨询业务,必须依法取得中国证监会的业务许可。从事证券、期货投资咨询业务,必须遵守有关法律、法规、规章和中国证监会的有关规定,遵循客观、公正和诚实信用的原则。

3. 证券信息公司

证券信息公司是依法设立的,对证券信息进行收集、加工、整理、存储、分析、传递,并进行信息产品、信息技术的开发,为客户提供各类证券信息服务、信息技术系统服务的专业性中介服务机构。它从事的业务主要有证券信息资源建设、证券信息产品开发、证券信息传播服务,信息技术的开发、应用、推广等方面。它为证券市场的参与者提供准确、及时的证券信息以及专业的技术系统支持,有利于投资者控制和降低投资风险,有利于上市公司和证券经营机构作出正确决策,也有利于证券管理部门提高对证券市场的监管水平。

4. 证券金融公司

证券公司在从事融资融券业务的过程中,因资金和证券数量有限,往往不能满足投资者的需要,如法规允许,证券公司可以根据需要向银行或专门设立的证券金融公司借款或借券,从而形成了授信主体的转融通机制。转融通包括资金转融通和证券转融通。在欧美等发达国家,证券公司通过市场化手段直接从银行等金融机构借款或借券,而在亚洲一些国家和地区一般由政府设立专门的证券金融公司向需要资金或证券的证券公司进行转融通。我国的转融通业务采取集中授信的单轨制模式,即由证券金融公司统一负责向券商提供资金、证券的融通。我国证券金融公司是向证券公司提供融资融券服务的不以营利为目的的中介服务机构,它所开展的转融通业务是指证券金融公司将自有或依法筹集的资金和证券出借给证券公司,以供其办理融资融券业务的经营活动。

本 章 小 结

证券投资的基本要素是证券投资主体、证券投资客体和证券投资中介机构。证券投资主体包括个人投资者和政府部门、企业法人、金融机构等各类机构投资者。不同的投资主体有各不相同的投资目的和投资行为特征。可以根据投资主体对风险的态度而分类。为保护投资者,有必要加以适当性管理。

证券投资客体主要有股票、债券和投资基金。股票和债券是直接投资工具,股票是代表所有权关系的有价证券,债券是代表债权债务关系的有价证券,它们各有不同的特征和众多的种类。证券投资基金是间接投资工具,反映了金融信托关系。证券投资基金有多种分类方法,与证券投资基金运行相关的机构有基金发起人、基金管理人、基金托管人。

证券中介机构是为证券市场参与者提供相关服务的中介机构,分为证券经营机构、证券登记结算机构和证券服务机构。证券经营机构主要办理证券承销业务、证券经纪业务、证券自营业务和其他业务。证券登记结算机构主要提供集中登记、存管与结算服务证券服务机构包括会计师事务所、资产评估机构、律师事务所、证券咨询机构、资信评级机构、证券金融公司等。各类证券中介机构各司其职、相互协作,是保证证券市场正常运行的必不可少的要素。

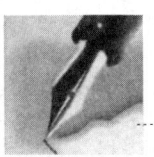

基 本 概 念

证券投资主体　QFII制度　有价证券　股票　债券　证券投资基金　封闭型基金　开放型基金　QDII制度　证券中介机构　证券经营机构

复习思考题

1. 证券投资是由哪些基本要素构成的？它们如何构成证券投资活动？
2. 证券投资的主体分哪两大类？其投资目的和投资特点是什么？
3. 证券投资的主要机构投资者有哪些？它们的投资有何不同？
4. 参与证券投资的金融机构有哪些？它们的投资各有什么不同？
5. 基金性质的机构投资者有哪些？它们的投资各有什么不同？
6. 根据投资者对风险的态度，如何对投资者进行分类？
7. 什么是投资者适当性管理？我国如何对投资者进行适当性管理？
8. 股票有哪些基本特征？
9. 普通股票股东有哪些基本权益？
10. 优先股票与普通股票有什么不同？优先股票有什么作用？
11. 股票、债券的基本特征有哪些不同之处？
12. 按发行主体划分，债券有哪些种类？
13. 证券投资基金有哪些特征？它与股票、债券有何区别？
14. 公司型投资基金与契约型投资基金有何不同？
15. 封闭型投资基金与开放型投资基金有何不同？
16. 基金发起人、基金管理人、基金托管人在基金运作中各发挥什么作用？
17. 证券经营机构主要经营哪些业务？
18. 有哪些证券服务机构？它们各从事什么业务？

第二章　证券市场的运行与管理

证券市场是股票、债券、基金等有价证券及其衍生产品发行和交易而形成的经济关系的总和，也是资本供求的中心。根据市场的功能划分，证券市场可分为证券发行市场和证券流通市场。证券市场的两个组成部分既有联系，又有区别，是一个不可分割的整体。

第一节　证券发行市场

证券发行市场又称证券初级市场、一级市场（primary market），由发行者、投资者和证券中介机构组成。按发行对象的不同，可分为股票发行市场、债券发行市场、投资基金发行市场等，它们的发行目的、发行条件、发行方式等各不相同。

一、证券发行市场的概念、结构和发行分类

（一）证券发行市场的概念和特征

证券发行市场（securities issuing market）是指新发行的证券从发行者手中出售到投资者手中的市场。它包括政府、企业和金融机构发行证券时，规划、推销和承购等阶段的全部活动过程。证券发行市场的特征是：

（1）无固定场所。新发行证券的认购和销售一般没有固定的交易场所，有的由发行者自行向投资者销售，有的由投资银行承购后再向投资者分销，有的由承销者进入证券交易所推销。

（2）无统一时间。证券发行者根据自己的需要和市场行情走势来决定何时发行，没有例行的发行时间。但每次具体的发行都有发行期限的限制，时间较集中，通常为1～3个月。

（3）证券发行价格与证券票面价格较为接近，尤其是债券，常以票面价格发行，每次发行的数额较大。

（二）证券发行市场的结构

由于证券发行市场无特定的发行场所，所以它是一种抽象的非组织化的市场，一切证券发行关系的总和即构成证券发行市场。证券发行市场由以下三部分组成。

（1）证券发行者（securities issuer）。它是证券的供应者和资金的需求者，它们通过发

行股票、债券等各类有价证券,在市场上筹集资金。发行者的类型、数量和发行证券的类型、数量、发行方式决定了发行市场的规模和发达程度。证券发行者主要是政府、企业、金融机构和其他经济组织。

(2)证券投资者。它是资金的供应者和证券的需求者,投资者的类型、人数多少和资金实力的大小同样制约着证券发行市场规模。投资者包括个人投资者和机构投资者,后者主要是证券公司、信托投资公司、证券投资基金、保险公司、商业银行等金融机构和企业法人、事业单位、社会团体等。

(3)证券中介机构。它是证券发行的承销者,其职责是代理证券发行,向投资者推销证券。一般由证券经营机构担当。

上述三方面的关系是:证券发行者根据有关的法律规定,按照一定的发行程序,或在市场上直接将股票或债券出售给投资者,或通过证券承销商转售给投资者。在后一种方式中,证券承销商起着连接发行者与投资者的中介作用,是发行市场的中心。

(三)证券发行分类

证券发行分类方法很多,按发行对象的不同和有无中介机构介入是证券发行最基本的、共有的分类方法,也是发行主体选择证券发行方式时首先要面对的问题。

1. 按发行对象分类

(1)公募发行(public issue),又称公开发行,是指发行人向不特定的社会公众投资者发售证券的发行。在公募发行的情况下,任何合法的投资者都可以认购拟发行的证券。采用公募发行的有利之处在于:① 以众多投资者为发行对象,证券发行的数量多,筹集资金的潜力大;② 投资者范围广,可避免发行的证券过于集中或被少数人操纵;③ 只有公开发行的证券可申请在证券交易所上市,公开发行可增强证券的流动性,有利于提高发行人的社会信誉。公募发行的不足之处在于发行程序比较复杂,登记核准的时间较长,发行费用较高。为了保障投资者的利益,一般对公募发行的要求比较严格,只有信用较高、经营状况良好并经证券监管部门核准的发行人才能进行公募发行。

(2)私募发行,又称不公开发行或私下发行、内部发行,是指以特定少数投资者为对象的发行。私募发行的对象有两类:一类是公司的控股股东、实际控制人及其控制的企业或发行人的董事、员工;另一类是投资基金、社会保险基金、保险公司、商业银行等金融机构以及与发行人有业务往来关系的企业等机构投资者。私募发行有确定的投资者,发行手续简单,可以节省发行时间和发行费用。其不足之处是投资者数量有限,证券流通性较差,可能使发行的证券过于集中或被少数机构掌控。

公募发行和私募发行各有优劣。**公募发行是证券发行中最常见、最基本的发行方式,适合于证券发行数量多、筹资额大、准备申请证券上市的发行人。然而在成熟的证券市场中,随着投资基金、养老基金、保险公司等机构投资者的增加,私募发行也呈逐年增长的趋势。**

2. 按有无发行中介分类

(1)直接发行(direct issue),即发行人直接向投资者出售证券的发行。这种发行方式的好处是可以节省向发行中介机构支付的手续费,降低发行成本。不利之处是如果发行额较大,由于缺乏专门业务知识和发行网点,发行者自身要承担较大的发行风险,一旦认购申请额低于计划发行额,就会使发行归于失败。因此,这种方式只适用于有既定发行对象或发行人知名度高、发行数量少、风险低的证券。如大银行发行金融债券往往采取直接发行。

(2) 间接发行(indirect issue),是由发行者委托投资银行等证券中介机构代理出售证券的发行。对发行人来说采用间接发行方式可在较短时间内筹集到所需资金,发行风险较小;但需支付一定手续费,并按受托发行机构的要求,提供证券发行所需的有关资料。

直接发行和间接发行各有利弊。一般情况下,间接发行是基本的、常见的方式,特别是公募发行,大多采用间接发行;而私募发行,则以直接发行为主。

二、股票发行市场

股票发行市场是新股票初次发行的市场,是股份公司筹集资金,将社会闲散资金转化为公司资本的场所。

(一) 股票发行的目的

1. 为新设立股份公司而发行股票

新股份公司的设立需要通过发行股票筹集公司资本,达到预定的资本规模,为公司开展经营活动提供必要的资金条件。**股份公司的设立形式有两种。一是发起设立**,指由公司的发起人认购公司发行的全部股份而设立的公司。发起设立的过程较为简单,发起人出资后,公司就设立完成,这类公司的规模通常较小。**二是募集设立**,指由发起人认购拟发行股份的一部分,其余部分向社会公众公开募集而设立的公司。这类公司一般规模较大,所筹资金需要公开募集,但发起人最初至少要认购股份总数的一定比例,并且只有在筹到必要股份后才能成立公司,所以自发起到设立需要较长的时间。

2. 上市公司发行新股

公司上市以后为了支持公司的成长和可持续发展,或是出于某些特定目的而发行新股。

(1) 增加投资,扩大规模。现有股份公司为了扩大经营规模或范围,提高公司的竞争能力而新建项目或筹措周转资金,可以通过发行新股票筹集资金。

(2) 调整公司财务结构,保持适当的资产负债率。自有资本在资金来源中所占比重的高低是衡量公司财务结构和实力的重要标志。公司的资产负债率取决于负债与股本加借入资本之比,这个比率通常反映股份公司的负债能力和经营的稳定性。必要时,公司可以通过发行新股票提高自有资本的比率,降低负债率。同时,由于股份公司发行债券的额度是根据公司的净资产额确立的,因此,增加自有资本还可以扩大公司债券的发行额度,为公司筹集到更多的资金用于拓展业务。

(3) 满足证券交易所的上市标准。各国证券交易所都对股票上市作出严格的规定,如最低的股本数额、最低的公众持股比例、符合要求的业绩记录等。只有符合标准的股票才有可能获准挂牌上市。而一个公司股票上市与否,是判定该公司经营状况与信誉的主要标准之一。因此,规模较小的公司为了争取公司的股票在证券交易所挂牌上市,往往通过发行新股票的办法来增加资本额,满足上市标准。

（4）巩固公司经营权，增加资本。这种发行是出于两方面的考虑：一是维护公司经营支配权，防止被其他公司兼并；二是为本公司经营前景考虑，谋求与其他公司合并，以股权交换方式实现购并重组，达到减少竞争对手、扩大市场份额、引进其他公司先进生产技术等目的。

（5）维护股东直接利益。经营状况良好的股份公司可以将超过规定比例的资本公积金和任意公积金，全部或部分地转为资本金，并按增加的资本金额发行股票，无偿地交付股东。另外，还可以将本应分派的现金红利转入股本，发行相应数额的新股票分配给股东，这种股票股息可以使股东从中受益。

（6）为其他目的发行股票。如当可转换优先股票或可转换公司债的转换请求权生效后，股份公司需发行新股票来注销原来的可转换优先股票或可转换公司债。又如为了争取更多投资者而降低每股股票价格并进行股票分割，或为了便利业务处理而对价格过低股票进行股票合并时，都需要发行新股票来替换原来发行的老股票。在电子交易的形式下，往往并不需要增加纸制的股票票券，而只需要改变公司股东权益账户的记载、股权登记和股东账户的记载。

（二）股票发行类型

按股票发行与公司募集资金的关系分类，可分为初次发行、增资发行、无偿发行和混合发行。

1. 初次发行

初次发行是指新组建股份公司时或原非股份制企业改制为股份公司时或原私人持股公司转为公众持股公司时，公司首次发行股票。前一种情形又称设立发行，后两种发行又称**首次公开发行**（initial public offerings，IPO）。首次公开发行**是指非上市企业首次在证券市场发行股票公开募集资金的行为**。首次公开发行一般都是发行人在满足必须具备的条件，并经证券监管部门审核、核准或注册后，通过证券承销机构面向社会公众公开发行股票。通过初次发行，发行人不仅募集到所需资金，而且完成了股份有限公司的设立或转制。

2. 增资发行

股份有限公司增资是指公司依照法定程序增加公司资本和股份总数的行为。**增资发行**（seasoned offering）**是指股份公司上市后为达到增加资本金的目的而发行股票的行为**。公司增资的方式有：向现有股东配售股份、向不特定对象公开募集股份、非公开发行股票、可转换公司债转换为公司股份等。

（1）**股东配股**，简称配股，也称股东分摊，**是公司按股东的持股比例向原股东分配公司的新股认购权，准其优先认购股份的方式**。即按旧股一股配售若干新股，以保护原股东的权益及其对公司的控制权。这种新股发行价格往往低于市场价格，事实上是对原股东权益及其对公司的控制权的一种优惠，一般股东都乐于认购。原股东对公司的配股，没有必须应募的义务，可以放弃新股认购权，也可以在市场规则允许的条件下把认购权转让他人，从而形成了认购权的交易。

（2）**公募增资**，简称增发，**是股份公司向不特定对象公开募集股份的增资方式**。公募增资的目的是向社会公众募集资金，扩大股东人数，分散股权，增强股票的流通性，并可避免股份过分集中。公募增资的股票价格大都以市场价格为基础,是常用的增资方式。

(3) **非公开发行股票**,也称私人配售、第三者配股,是指股份公司向特定对象发行股票的增资方式。认购者可在特定的时间内,按规定的优惠价格优先购买一定数额的股票,公司也可对认购者的持股期限有所限制。这种发行方式一般在以下情形下采用:当增资金额不足,需要完成增资总额时;当需要巩固原有的交易关系或金融关系,应吸收第三者入股时;当考虑到为防止股权垄断而希望第三者参与,从而使公司股权分散时。这种增资方式会直接影响公司原股东利益,需经股东大会特别批准。

(4) **可转债转换**。公司如果发行了可转换债券,在转债持有人行使转换权利时,公司应按照可转换的股票数量向转债持有人交付股票并收回债权。通过这一过程,公司的负债减少,股本增加。

3. 无偿发行

上市公司无偿发行是指公司原股东不必缴纳资金就可无代价地获得新股的发行方式,发行对象仅限于原股东。采用这种方式发行股票,主要是依靠公司的盈余结存、累积的公积金和资产重估增资等增加资本金,目的是使股东获益以增强股东信心和公司信誉,或调整资本结构。无偿增资发行分为以下三种类型。

(1) **公积金转增**,也称累积转增资。它是将法定公积金和任意公积金转为资本金,按原股东持股比例转给原股东,使股东无偿取得新发行的股票。公积金转增资可以进一步明确产权关系,有助于投资者正确认识股票投资的价值所在,提高股东对公司长期发展和积累的信心,从而形成企业积累的内外动力机制。公积金转增资应遵循国家有关法律的规定,公司的积累应首先用于弥补历年的亏损。为了使公司留有应付亏损的余地,我国《公司法》规定,法定公积金转为资本时,所留存的该项公积金不得少于转增前公司注册资本的百分之二十五。

(2) **红利增资**,又称股票分红、股票股息或送红股,即将应分派给股东的现金股息转为增资,用新发行的股票代替准备派发的现金股息。这种无偿增资的方式使现金派息应流出的现金保留在公司内部,将当年的股息红利开支转化为经营性资金。公司股东既取得了参与盈余分配的同样效果,又可免缴个人所得税(大多数国家规定将收入作再投资免缴所得税),而且派息的股票有将来增加股息收入的希望。从宏观上讲,这样做有助于将消费转化为投资。

(3) **股票分割和股票合并**。**股票分割又称股票拆细,是将原有的大面值股票细分为小面值股票**。股票分割的结果只是增加股份公司的股份总数,而资本额并不发生变化。股票分割的目的在于降低股票价格,便于小投资者购买,以利于扩大股票发行量和增强流动性。**股票合并是将原有的若干小面值股票、市场价格低于净值或面值的股票合并为一股大面值股票**。股票合并的结果只是减少股份公司的股份总数,而资本额并不发生变化。股票合并的目的在于抬高股票价格,提升公司市场形象,减少交易成本。

4. 有偿无偿混合发行

有偿无偿混合发行是指公司对原股东发行新股票时,按一定比例同时进行有偿无偿搭配。在这种方式下,公司增发的新股票一部分由公司的当年可分配盈余或公积金转增,这部分增资是无偿的;一部分由原股东以现金认购,这部分增资是有偿的,增资分配按原股东的持股比例进行。这种发行方式一方面可促使股东认购新股,迅速完成增资计划;另一方面也是对原有股东的优惠,使他们对公司的前途充满信心。

混合增资发行又可分为以下两种方式。

(1) 有偿无偿并行发行。它是按股东的持股比例同时进行股票的有偿发行和无偿发行,而且有偿无偿两部分是相互独立的,股东即使放弃有偿新股的认购权也能获得无偿新股的分配。通常是既送又配,送配互不影响。

(2) 有偿无偿搭配发行。它是按股东的持股比例同时进行股票的有偿发行和无偿发行,但有偿无偿两部分不可分割,股东若不支付购买有偿部分的现金,就不能得到增发的新股,也就丧失了无偿发行部分的收益。通常是先配后送,因配股后持股数量增加,相应地可得到较多的送股。

(三) 股票发行价格

1. 股票发行价格的类型

股票的发行价格(issue price)是新股票有偿发售时投资者实际支付的价格。股票发行价格一般有以下两种。

(1) **面值发行**,又称平价发行、等价发行,是以股票面值为发行价格发行股票。一般来说,股票面值并不代表股票的实际价值,也不能表示公司每股实际资产的价值。票面价值仅具有簿记方面的作用,表示每一股份占公司资本的份额。面值发行可以准确确定每一股份在公司股份总数中所占有的比例,而且发行价格不受市场行情波动的影响。由于市价往往高于面值,以面值发行能使认购者得到因价格差异带来的收益,因此投资者乐于认购,又保证了股份公司顺利地实现股票发行的目的。面值发行较简便、易行,其不足之处在于发行价格不能反映公司的投资价值和股票的市场表现,公司也不能通过发行股票募集到较多的资金。面值发行在发达的证券市场很少见,多在早期的证券市场采用。

(2) **溢价发行**,即以高于股票面值的价格发行,两者的差价称为溢价,溢价带来的收益计入公司资本公积金。溢价发行是成熟证券市场最基本、最常用的方式,通常在公募发行或非公开发行时采用。

采取溢价发行时,决定股票发行价格的主要因素有以下几点。① 净资产。经资产评估机构评估确定的每股净资产是定价的重要依据。② 盈利水平。公司的税后利润水平反映了公司的经营能力和上市时的价值,一般在总股本和市盈率已定的前提下,每股税后利润越高,发行价格也越高。③ 发展潜力。公司的增长潜力和盈利增长率越大,市场能接受的发行市盈率越高,发行价格也越高。④ 行业特点。公司所处行业的发展前景以及公司在行业中所处地位也影响股票发行价格。同行业已上市公司的股票价格水平,在剔除不可比因素后,可作为发行定价的参照。⑤ 发行数量。为保证股票顺利出售,如果股票发行数量较大,发行价应适当定得低些;反之,发行价可定得高些。⑥ 股票市场的状态及趋势。二级市场的股票价格水平直接关系到一级市场的发行价格。在制定发行价格时,要考虑二级市场股票价格水平在发行期内的变动情况。若股市低迷,定价太高会使股票销售困难;若股市高涨,定价太低会影响筹资效果,而且股票上市后易出现投机现象。同时,股票发行价格的确定要给二级市场的运作留有余地,以免上市后在二级市场定位发生困难甚至导致二级市场股票价格降低,这不仅对发行公司不利,也会损害原有股东的利益。

上述两种发行价格是最常见的股票发行价格,其中,溢价发行是股票发行价格的主要形式,面值发行是次要及辅助的形式。此外,股票很少有折价发行。在美国,许多州甚至规定股票折价发行是非法的。我国《公司法》规定,股票发行价格可以按票面金额,也可以超过票面金额,但不得低于票面金额。

2. 新股发行定价的估值方法

公司价值评估是新股发行定价的基础。估值方法主要有两类:贴现现金流量法和可比公司法。

(1) 贴现现金流量法。这是通过预测公司未来的现金流量,按照一定的贴现率计算公司的整体价值,从而进行股票估值的方法。运用贴现现金流量法估值的主要步骤是:预测公司未来的自由现金流量、预测公司的永续价值、计算公司的加权平均资本成本并以加权平均资本成本作为贴现率计算公司整体价值、计算公司股权价值和每股股票价值。

贴现现金流量法需要比较准确地预测未来的现金流量和根据现金流量的风险特征确定合适的贴现率,实际应用难度较大,仅适合于未来具有稳定现金流公司的估值。

(2) 可比公司分析法。这是通过将目标公司与具有相同行业和财务特征的上市公司比较,对目标公司市场价值进行估值的方法。该方法将可比上市公司的价值与选用的经营参数作比较,计算出估值倍数,再用目标公司的经营参数乘以估值倍数,得到目标公司的总价值或股权价值。常用的经营参数有市盈率、市净率等。

① 市盈率法。**市盈率又称本益比(price to earnings ratio,P/E),是股票的市场价格与每股净利润的比率。** 其计算公式为:

$$市盈率 = \frac{股票市场价格}{每股收益} \quad (2-1)$$

按市盈率法估算发行价格的计算公式为:

$$发行价格 = 每股收益 \times 发行市盈率 \quad (2-2)$$

每股收益可以按完全摊薄法或加权平均法计算。按完全摊薄法的计算公式为:

$$每股收益 = \frac{报告期净利润}{期末股份总数} \quad (2-3)$$

按加权平均法的计算公式为:

$$每股收益 = \frac{报告期净利润}{发行前总股本数 + 本次公开发行股本数 \times \frac{12-发行月份}{12}} \quad (2-4)$$

在用市盈率法估值时,首先应计算出发行人的每股收益,然后根据二级市场的平均市盈率、同行业公司股票的市盈率、发行人的经营状况及其成长性等拟定发行市盈率,最后根据发行市盈率和每股收益的乘积决定股权价值。

② 市净率法。**市净率(price to bookvalue ratio,P/B)是股票市场价格与每股净资产的比率。** 其计算公式为:

$$市净率 = \frac{股票市场价格}{每股净资产} \quad (2-5)$$

$$发行价格 = 每股净资产 \times 发行市净率 \quad (2-6)$$

在用市净率法估值时,首先应计算出发行人的每股净资产,然后根据二级市场的平均市净率、同行业公司股票的市净率、发行人的经营状况及其净资产收益率等拟定发行市净率,最后根据发行市净率和每股净资产的乘积决定股权价值。

可比公司分析法不仅用于新股发行估值中,而且广泛用于上市公司增发、收购项目估值、分拆业务估值中。可比公司分析法的优点是简单、易于操作,尤其是当可比公司较多、股票价格具有有效性时;其缺点是市场上不可能存在完全可比的公司,可比公司的选择容易受人为因素影响。

3.股票发行的定价方式

股票发行的定价方式是指决定股票发行价格的制度安排,主要有以下几种。

(1)协商定价。在溢价发行情况下,发行人和主承销商协商议定承销价格和公开发行价格,并报证券监管部门批准,承销价格与发行价格之差额即为承销商的报酬;也可以仅协商议定公开发行价格并报证券监管部门批准,承销商按发行总额的一定比例收取承销费用。

(2)一般询价。在对公众投资者上网发行和对机构投资者网下配售相结合的发行方式下,发行人和主承销商事先确定发行量和发行底价,通过向机构投资者询价,并根据机构投资者的预约申购情况确定最终发行价格,以同一价格向机构投资者配售和对一般公众投资者上网发行。

(3)累计投标询价。这是根据不同价格下投资者的认购意愿确定发行价格的定价方式。具体做法是主承销商确定并公布发行价格区间,投资者在此区间内按照不同的发行价格申报认购数量。通过累计计算,主承销商得出不同价格的累积申购量,并根据超额认购倍数确定发行价格。

询价制下的新股发行定价——以中国银行为例

(4)上网竞价。这是指利用证券交易所的交易系统,主承销商作为新股发行的唯一卖方,以发行人宣布的发行底价为最低价格,以新股发行量为总的卖出数,由投资者在指定的时间内竞价委托申购,发行人和主承销商以价格优先的原则确定股票发行价格。我国只有少数股票以上网竞价方式进行过试点,这一方式目前尚未得到证券监管部门的认可。

(四)我国的股票发行

1.我国的股票发行制度

世界各国的证券发行制度主要分为注册制和核准制两种。我国证券市场曾实行核准制,并辅之以上市保荐制度和发行审核委员会制度。根据2020年3月1日开始施行的《证券法》规定,在中国境内公开发行证券必须依法报经国务院证券监督管理机构或者国务院授权的部门注册。目前,已经在上海证券交易所的科创板市场和深圳证券交易所的创业板市场试行注册制,沪深交易所的主板市场仍实行核准制。

(1)注册制。

在试行注册制的科创板和创业板市场,中国证监会负责建立健全以信息披露为中心的注册制规则体系,制定股票发行注册并上市的规章规则,依法批准交易所制定的上市条件、审核标准、审核程序、上市委员会制度、信息披露、保荐、发行承销等方面的制度规则,并监督相关业务规则执行情况。

① 信息披露要求。

注册制比核准制提出更加严格的信息披露要求。发行人作为信息披露第一责任人,应当诚实守信,依法充分披露投资者作出价值判断和投资决策所必需的信息,应当以投资者投资决策需求为导向,凡是投资者作出价值判断和投资决策所必需的信息,发行人均应当充分披露,内容应当真实、准确、完整。信息披露内容应当简明清晰、通俗易懂,不得有虚假记载、误导性陈述或者重大遗漏。

发行人及其董事、监事、高级管理人员、控股股东、实际控制人,以及保荐人、证券服务机构及相关人员在信息披露方面应承担相应的义务和责任。

发行人应针对所属行业的特点和发展趋势,充分披露业务模式、公司治理、发展战略、经营政策、会计政策、财务状况分析等信息,充分揭示有关风险。

② 科创板、创业板发行条件。

发行人申请公开发行股票并在科创板上市,应当符合科创板定位,面向世界科技前沿、面向经济主战场、面向国家重大需求。发行人申请公开发行股票并在创业板上市,应当符合创业板定位。创业板主要服务成长型创新创业企业,支持传统产业与新技术、新产业、新业态、新模式深度融合。

申请公开发行股票并在科创板、创业板上市,应当符合发行条件、上市条件以及相关信息披露要求,依法经上海证券交易所(简称上交所)、深圳证券交易所(简称深交所)发行上市审核并报经中国证监会履行发行注册程序。

③ 注册程序。

发行人应召开董事会并依法就股票发行的具体方案、募集资金使用的可行性及其他必须明确的事项作出决议,并提请股东大会批准。发行人股东大会就发行股票作出的决议。发行人申请首次公开发行股票并在科创板或创业板上市,应当按照中国证监会有关规定制作注册申请文件,由保荐人保荐并向交易所申报。

沪深交易所分别设立独立的审核部门,负责审核发行人公开发行并上市申请;上交所设立科技创新咨询委员会,负责为科创板建设和发行上市审核提供专业咨询和政策建议;设立科创板股票上市委员会,负责对审核部门出具的审核报告和发行人的申请文件提出审议意见。深交所设立行业咨询专家库,负责为创业板建设和发行上市审核提供专业咨询和政策建议;设立创业板上市委员会,负责对审核部门出具的审核报告和发行人的申请文件提出审议意见。

交易所按照规定的条件和程序,作出同意或者不同意发行人股票公开发行并上市的审核意见。中国证监会收到交易所报送的审核意见、发行人注册申请文件及相关审核资料后,履行发行注册程序。发行注册主要关注交易所发行上市审核内容有无遗漏,审核程序是否符合规定,以及发行人在发行条件和信息披露要求的重大方面是否符合相关规定。

中国证监会对发行人的注册申请作出同意注册或者不予注册的决定。中国证监会同意注册的决定自作出之日起 1 年内有效,发行人应当在注册决定有效期内发行股票,发行时点由发行人自主选择。

同意发行人首次公开发行股票注册,不表明中国证监会和交易所对该股票的投资价值或者投资者的收益作出实质性判断或者保证,也不表明中国证监会和交易所对注册申请文件的真实性、准确性、完整性作出保证。

股票依法发行后,因发行人经营与收益的变化引致的投资风险,由投资者自行负责。

(2) 核准制。

我国曾根据有关法律规定,对公开发行股票、可转换公司债券、公司债券和国务院认定的其他证券,必须依法报经中国证监会核准。目前,在证券交易所主板市场仍实施核准制。

在我国,证券发行核准制是指证券发行人提出发行申请,保荐机构(承销商)向中国证监会推荐,中国证监会进行合规性初审后提交发行审核委员会审核,最终经中国证监会核准后发行。

股票发行审核以信息披露为中心。发行人是信息披露第一责任人,保荐机构、会计师事务所等证券服务机构承担核查把关责任,中国证监会发行监管部门和股票发行审核委员会依法对发行申请文件和信息披露内容的合法合规性进行审核,不对发行人的盈利能力和投资价值作出判断。投资者自主判断企业的投资价值,自主做出投资决策,自行承担投资风险。

与核准制配套实施的还有发行审核委员会制度。发行审核委员会审核股票发行申请是否符合相关条件及有关文件,依法对发行申请提出审核意见。中国证监会根据审核意见作出予以核准或不予以核准股票发行申请的决定,并出具相关文件。

(3) 上市保荐制度。

证券发行上市保荐制度属于发行承销制度范围,不论是核准制还是注册制,公开发行证券都需要专业的证券经营机构协助承销。

上市保荐制度是指由保荐机构及其保荐代表人负责发行人证券发行上市的推荐和辅导,尽职调查核实公司发行文件资料的真实、准确和完整性,协助发行人建立严格的信息披露制度的一项制度。

我国现行的法规规定,发行人首次公开发行股票、上市公司发行新股、可转换公司债券、公开发行存托凭证,并依法采取承销方式的,应当聘请具有保荐业务资格的证券公司履行保荐职责。

证券公司的保荐业务资格,由中国证监会核准。

保荐机构在推荐发行人首次公开发行股票并上市前,应当对发行人进行辅导。保荐机构在对发行人进行尽职调查并确信发行人符合发行条件后,应当尽职推荐发行人证券发行上市。保荐机构推荐发行人发行证券,应当向中国证监会(核准制板块)或证券交易所(注册制板块)提交发行保荐书等相关的文件。

发行人证券上市后,保荐机构应当持续督导发行人履行规范运作、信守承诺、信息披露等义务。

2. 我国的股票发行方式

我国的股票发行主要采取公开发行并上市方式,同时也允许上市公司在符合相关规定的条件下向特定对象非公开发行股票。

按照现行的法规规定,我国股份公司首次公开发行股票和上市后向社会公开募集股份（公募增发）采取上网发行和网下配售相结合、配售和定价相结合的发行方式，并可根据需要采用回拨机制和超额配售选择权。

发行人首次公开发行股票、上市公司发行新股应依法采取承销方式，应聘请具有承销业务资格的证券公司担任承销商。证券发行承销可采取代销或包销方式。按规定应由承销团承销的，组成承销团的承销商应当签订承销团协议，由主承销商负责组织承销工作。

上市公司非公开发行股票未采用自行销售方式或者上市公司配股的，应当采用代销方式。

在现行的配售定价方式下，新股发行大致包括以下几个步骤：

第一步，向网下投资者询价并定价或直接定价；

第二步，网上投资者通过证券交易系统按市值申购，网下投资者通过网下发行电子平台申购；

第三步，网上投资者通过摇号中签的方式配售，网下投资者按比例配售。

（1）网下配售。首次公开发行股票的网下发行应和网上发行同时进行，投资者应当自行选择参与网下或网上发行，不得同时参与。网下投资者参与报价时，应当持有一定金额的非限售股份或存托凭证。为发挥个人投资者参与发行定价的作用，发行人和主承销商应当允许符合条件的个人投资者参与网下定价和网下配售。

首次公开发行股票采用询价方式的，公开发行股票后总股本4亿股（含）以下的，网下初始发行比例不低于本次公开发行股票数量的60%（创业板、科创板则为70%）；公开发行后总股本超过4亿股的，网下初始发行比例不低于本次公开发行股票数量的70%（创业板、科创板则为80%）。其中，应当安排不低于本次网下发行股票数量的40%（科创板则为50%），优先向通过公开募集方式设立的证券投资基金、全国社会保障基金和基本养老保险基金配售，安排一定比例的股票向企业年金基金和保险资金配售。首次公开发行股票数量在4亿股以上的，可以向战略投资者配售股票。战略投资者是指具有较强资金实力，认可发行人长期投资价值，参与本次战略配售的投资者。战略投资者不参与网下询价，且应当承诺获得本次配售的股票持有期限不少于12个月。

网下发行的股票，由主承销商在提供有效报价的投资者中自主选择投资者进行配售。对网下投资者进行分类配售的，同类投资者获得配售的比例应当相同。公募基金、社保基金、养老金、企业年金基金和保险资金的配售比例应当不低于其他投资者。

（2）网上发行。发行人及其主承销商应在网下配售的同时对公众投资者进行网上发行。上网公开发行方式是指利用证券交易所的交易系统，主承销商在证券交易所开设股票发行专户并作为唯一的卖方，投资者在指定时间内，按现行委托买入股票的方式进行申购的发行方式。

首次公开发行股票，持有一定数量非限售股份或存托凭证的投资者才能参与网上申购。网上投资者应当自主表达申购意向，不得全权委托证券公司进行新股申购。投资者可以使用其所持有的沪深交易所证券账户在申购时间内通过与交易所联网的证券营业部，根据发行人公告规定的发行价格或发行价格区间上限、可申购额度进行申购委托。**申购结束后，由证券交易所主机确认有效申购数。**主承销商根据有效申购总量和回拨后的网上发行数量确定中签率，并对该次股票网上发行量配号。**若出现超额认购情况，**以摇号抽签方式决定中签的证券账户。投资者申购新股获得配售后，按其实际获配的数量缴纳资金。如果网上投资者连续12个月内累计出现3次中签后未足额缴款的情形时,6个月内不允许参与新股申购。

网下和网上投资者在申购时无须缴付申购资金,在申购新股获得配售后,应当按时足额缴付认购资金。

网下和网上投资者缴款认购的新股数量合计不足本次公开发行数量的70%时,可以中止发行。

(3) 回拨机制。在采取上网发行和网下配售新股方式时可运用回拨机制。回拨机制是指在同一次发行中,根据网上申购和网下配售的认购结果,按照预先公布的规则调整网下配售和网上发行比例的制度安排。

回拨机制在网上投资者和网下投资者之间建立起一种制衡关系。这种关系一方面有利于以市场机制在网上投资者和网下投资者之间分配所发行的新股,一方面有利于新股发行合理定价。

首次公开发行股票网下投资者申购数量低于网下初始发行量的,发行人和主承销商不得将网下发行部分向网上回拨,应当中止发行。

网上投资者申购数量不足网上初始发行量的,可回拨给网下。网上投资者有效申购倍数超过规定的倍率时,应当按规定的比例从网下向网上回拨。

(4) 超额配售选择权。为控制股票发行时发行人、投资者、承销商面临的短期价格风险,成熟市场广泛使用超额配售选择权。我国现行法规规定,首次公开发行股票数量在4亿股以上的,发行人和主承销商可以在发行方案中采用超额配售选择权。超额配售选择权(overallotment option),俗称绿鞋(green shoe),是指发行人授权主承销商的一项选择权,获得授权的主承销商按同一发行价格超额发售不超过包销数额15%的股份,即主承销商按不超过包销数额115%的股份向投资者发售。在该次包销部分的股票上市之日起30日内,主承商有权根据市场情况使用超额配售募集的资金,从集中竞价市场购买发行人股票,但每次的买入价不得高于本次的发行价,或者要求发行人增发股票,分配给对此超额发售部分提出认购申请的投资者。

这样主承销商在未动用自有资金的情况下,通过行使超额配售选择权,平衡市场对股票的供求,维护了二级市场股价的稳定,保护了中小投资者的利益,也为发行人多筹措了资金。

超额配售选择权不是一种独立的发行方式,而是发行方式的补充,既可用于首次公开发行,也可用于上市公司增发新股。

(5) 推介(路演)。我国在新股发行过程中,还引入成熟市场通常使用的路演推介活动。根据规定,首次公开发行股票招股意向书刊登后,发行人及其主承销商可以向网下投资者进行推介和询价,并通过互联网等方式向公众投资者进行推介。推介(路演)主要由发行人的管理层完成,目的在于向投资者宣传公司股票的投资价值,消除潜在投资者对公司的疑虑,争取最大的认购量,以保证发行成功。在承销商的安排下,发行人的管理层在一周左右的时间内分别前往机构投资者相对集中的地区和城市,通过一对一会谈、午餐会、大型报告会、网上交流等形式与主要机构投资者直接见面。借此机会,投资者可以就自己关心的问题直接询问发行人的管理层,并通过直接接触,了解发行人管理层的个人素质等公开文件无法准确反映的信息,降低投资者与发行人之间信息不对称问题,有助于投资者确定申购意愿和对发行人的股票合理定价。

3. 我国股票发行定价方式

我国现行的法规规定,首次次公开发行股票,可以通过向网下投资者询价的方式确定股票发行价格,也可以通过发行人与主承销商自主协商直接定价等其他合法可行的方式确定发行价格。

首次公开发行股票时公司股东公开发售其所持股份的,简称老股转让。发行人股东拟进行老股转让的,发行人和主承销商应于网下网上申购前协商确定发行价格、发行数量和老股转让数量。

首次公开发行股票采用询价方式且无老股转让计划的,发行人和主承销商可以通过网下询价确定发行价格或发行价格区间。发行人和主承销商应当向经中国证券业协会注册的证券公司、基金管理公司、信托公司、财务公司、保险公司、合格境外机构投资者和私募基金管理人等专业机构投资者(网下投资者)询价确定股票发行价格。符合条件的网下机构和个人投资者可以自主决定是否报价。网下投资者可以按照管理的不同配售对象账户分别申报价格,每个报价应当包含配售对象信息、每股价格和该价格对应的拟申购股数。

首次公开发行股票价格(或者发行价格区间)确定后,提供有效报价的网下投资者方可参与新股申购。

网下投资者报价后,发行人和主承销商应当剔除拟申购总量中报价最高的部分,剔除部分不得低于所有网下投资者拟申购总量的10%,然后根据剩余报价及拟申购数量协商确定发行价格。

被剔除的申购份额不得参与网下配售。

公开发行股票数量在4亿股(含)以下的,有效报价投资者的数量不少于10家;公开发行股票数量在4亿股以上的,有效报价投资者的数量不少于20家。剔除最高报价部分后有效报价投资者数量不足的,应当中止发行。

网上投资者申购时仅公告发行价格区间、未确定发行价格的,主承销商应当安排投资者按价格区间上限申购。

如拟定的发行价格(或发行价格区间上限)的市盈率高于同行业上市公司二级市场平均市盈率的,在网上申购前发行人和主承销商应发布投资风险特别公告,明示该定价可能存在估值过高给投资者带来损失的风险,提醒投资者关注。

公开发行股票数量在2 000万股(含)以下且无老股转让计划的,应当通过直接定价的方式确定发行价格。通过直接定价的方式确定的发行价格对应市盈率不得超过同行业上市公司二级市场平均市盈率。首次公开发行股票采用直接定价方式的,全部向网上投资者发行,不进行网下询价和配售。发行人尚未盈利的,应当通过向网下投资者询价方式确定发行价格。

三、债券发行市场

(一) 债券发行的目的

债券发行市场是债券发行人初次出售新债券的市场。**债券发行的主体有:中央政**

府、地方政府、金融机构、公司法人。

债券发行的目的多种多样。一般来说，中央政府和地方政府发行债券的目的主要是弥补财政赤字和扩大公共投资。金融机构发行债券的目的主要是扩大信贷规模和改善负债结构。

公司发行债券的目的比较复杂，主要有以下几点。

1. 筹集长期稳定的、低成本的资金

公司在生产经营过程中，可能会因为种种原因需要补充大量资金，通常公司可以通过发行股票、发行债券和向银行借款等方式对外筹资。

发行股票的实际筹资成本低，不会形成债务负担，但股票发行手续复杂，信息披露要求高，监管严，还会导致股权稀释，影响现有股东利益和对公司的控制权。向银行借款通常较为方便，能较快满足公司的资金需求，但借款期限一般较短，资金的使用范围受到严格限制，有时还有一定的附加条件，而且在公司经营状况不佳时，银行通常不愿意提供贷款。相比之下，发行债券筹集的资金期限较长，资金使用自由，在债券到期前没有还本压力，又由于债券风险小于股票，发行人可将债券利率定在低于股息率的水平上。因此发行债券可以筹集到期限稳定、成本较低的资金，在一定程度上弥补了股票筹资和向银行借款方式的不足。

2. 灵活地运用资金

发行公司债券与发行股票增资不同。

发行股票增资涉及股东权益和股东大会批准等，手续繁杂，而发行公司债券不涉及股东权益，手续简便灵活。债券具有偿还性的特点，公司可以根据对市场的预测、经济发展趋势及资金使用目的的预期，灵活确定债券的期限，尽可能使资金的筹集量与需要量一致，使资金的使用时间与债券的期限一致，避免出现资金过剩或不足的现象。即使公司判断有误，在债券到期时仍需要继续占用资金，还可采取发新债券还旧债券的办法，保持资金总数的稳定。同时，公司还可以根据对市场利率走势的判断，灵活地安排债券的期限，以降低筹资成本。可见，发行债券比发行股票的灵活性大，许多公司都愿意采用发行债券的办法筹集资金。

3. 转移通货膨胀风险

在发生严重通货膨胀时期，公司采用发行股票方法筹资，会带来不利的影响。公司即使给股东派发了相等于或略高于前期的股息，但因股息的实际价值降低了，仍会引起股东的不满；若大幅度增加股息发放，又会增加公司负担。

公司若以发行债券方式筹资，因利率是固定的，而且按券面金额还本付息，一旦通货膨胀发生，也不增加公司的压力和负担。实际上，发行债券等于将通货膨胀风险转嫁给债券持有者。

4. 满足公司用多种方式筹集资金的需求，降低筹资风险

公司既可以通过向银行借款、发行股票来筹集资金，也可以通过发行债券的办法筹集资金。多种筹资方式扩大了资金来源，并且使各种筹资方式的负面影响得到有效限制，降低筹资风险。同时，债券、股票等证券工具的多样化，也为投资者在投资方向、投资方式、投资条件等方面提供了多样选择，满足了不同投资者的不同需求。公司债券因收益较为稳定、市场价格波动较平缓、风险较小，特别受稳健投资者的欢迎。

(二) 债券发行的条件

债券发行的条件主要是由发行额、券面金额、券面利率、偿还期限和发行价格等方面的内容构成的。确定合理的发行条件，是保证债券发行成功的一项重要工作，它直接影响发行者的筹资成本和投资者的投资决策。

1. 发行额

发行额是指发行者预定发行债券的总额。影响债券发行总额的因素主要有发行者的资金需要、发行者的资信状况和还本付息的能力、市场的承受能力、国家法定的发行限额。对发行者来说，在债券总金额相等的条件下，一次发行比分次发行节省时间和费用，但一次发行额不仅受到法定限额的限制，而且还要受到市场承受能力、发行者的资信度和还本付息能力等因素的影响。若发行额定得过高，会造成销售困难，以致影响发行者信誉，对发行后债券的转让也会产生不良的影响。一般来说，初次发行债券时，发行额可定得低一些，利于发行成功。以后再根据需要发行债券时，便可参照首次发行情况，确定有把握的发行额。

2. 券面金额

券面金额即债券券面所表示的金额。确定券面金额一般要考虑两个因素。一是认购者的购买能力。用公募方式向社会公众发行债券时，券面金额不可定得过高，以防将中小投资者拒之门外。用私募方式向法人投资者发行债券时，则可考虑适当提高券面金值。二是发行成本。如果券面金额过低，会增多债券数量，不仅增加印刷成本，还会使发行工作复杂化。一般根据发行对象的特点，采用多种面值较为理想。现行的债券多为电子式记账债券，券面金额一般采用标准化金额。

3. 券面利率

券面利率又称名义利率，是债券券面所载明的利率。它反映的是债券的年利息和券面金额的比率，一般是固定不变的。债券的券面利率主要包括以下三个方面内容：

（1）利率水平。影响利率水平的因素有市场利率水平、利率结构、债券信用级别、利息支付方式、债券的期限长短、发行者和投资者可接受程度以及有关法律和法规的规定等。一般来说，期限长的债券券面利率高于期限短的债券；信用级别低的债券券面利率高于信用级别高的债券；到期一次付息的债券券面利率高于到期前多次付息的债券；市场利率较高时发行的债券券面利率应高于市场利率较低时的同类债券。发行者应综合各种因素，在法律法规许可的前提下，确定投资者与发行者都可接受的合理的券面利率，尽可能做到既保证债券顺利发行，又减轻利息负担。

（2）利息支付次数，又称债券付息频率，即发行人在债券到期前支付给债券持有人利息的次数。付息频率主要有两种：一种是息票累积方式，即到期时一次还本付息；另一种是分次付息方式，有半年付息、每季度付息和一年付息等。决定债券付息次数的多少，要考虑物价预期、债券期限长短、市场习惯和支付网点等因素。在通货膨胀严重的情况下应采取分次付息，长期债券应采取分次付息，否则不利于吸引投资者。

（3）计息方法，主要分单利计息和复利计息。计息方法与债券的付息方式有关，零息债券因为期限超过 1 年，是一种复利计息债券；附息债券因为隐含利息再投资收益，本质上也是复利计息债券；息票累积债券和贴现债券是单利计息债券；浮动利率债券和累进利率债券通常采取附息债券形式,也是复利计息债券,只是每一期的利率水平不同。采取哪一种计息方法,应根据发行债券的特点和发行时的市场条件而定,通常期限较长的债券,因其市场风险大,应采取附息债券形式;1年内的短期债券难以计算复利,一般用贴现方式计息;通货膨胀严重时,多发行浮动利率债券;为鼓励债券持有人稳定持有债券,可发行累进利率债券。

4. 偿还期限

债券的偿还期限是指债券从发行到偿还本息的时间限度。发行者决定偿还期限时,主要考虑以下因素。

(1) 所需资金的性质和用途。发行不同期限的债券,主要是为了满足不同的资金需要。若企业为进行固定资产投资而发行债券,债券的期限一般要比建设周期略长些;若是为了企业流动资金不足而发行债券,期限就应尽可能短一些。期限的长短与发行成本有关,对同一发行主体而言,长期债券利率高,短期债券利率低。

(2) 对市场利率水平的预期。如果预测市场利率水平将下降,发行者应尽可能缩短债券期限,以发行短期债券为宜;反之,如果预测市场利率将上升,则应发行长期债券,以避免因市场利率上升引起的筹资成本增加。

(3) 流通市场的发达程度。流通市场发达与否是影响债券期限长短的重要因素。流通市场不发达,长期债券难以在市场上转让变现,发行者应发行短期债券;反之,流通市场发达,债券可随时在市场上转手变现,则发行者可根据自己的意愿和需要决定债券的期限。

(4) 发行者的资信度。发行者的资信度对确定债券期限的长短也有一定的影响。一般来说,知名度高、信用度好的大企业,即使发行期限较长的债券,也较容易发售;反之,信用差的企业,要想使其债券顺利地推销出去,应尽量发行期限较短的债券。此外,投资者的投资意向、心理因素以及市场上其他债券的期限构成、物价预期,也是发行者确定债券期限时应该考虑的因素。

5. 发行价格

发行价格是债券从发行者手中转移到初始投资者手中的价格。债券的发行价格有三种:① **平价发行**,即以券面金额发行,一般是在债券票面利率与市场利率相同情况下采用;② **溢价发行**,即以高于券面金额的价格发行,一般是在债券票面利率高于市场利率的情况下采用;③ **折价发行或贴水发行**,即以低于券面金额的价格发行,一般是在债券票面利率低于市场利率的情况下采用。可见,要正确决定债券的发行价格,必须研究市场利率的变化,它是确定发行价格的重要依据。

6. 偿还方式

债券一般是按照发行时约定的期限到期偿还的,但也有部分债券在发行时就规定一定的偿还方式。偿还方式包括**到期偿还**、**期中偿还**和**展期偿还**,期中偿还又有全额偿还和部分偿还等方式。债券的偿还方式直接影响发行人的筹资成本和投资者的投资收益以及双方的风险,也是发行人需要考虑的条件之一。

7. 发行担保

有无发行担保是债券发行的条件之一。由信誉卓著的第三方担保或用发行人的财产作抵押担保,可提高债券的安全性,降低筹资成本。通常,政府和大金融机构发行的债券无须担保。

8. 税收效应

债券的税收效应主要是指对债券的收益是否征税。涉及债券收益的税收有**收入所得税**和**资本收益税**。收入所得税也称利息预扣税,在发行人向债券持有人支付利息时预先扣除债券持有人应向政府部门缴纳的税款并集中上缴当地税务部门。资本收益税是政府对证券投资的资本利得收入征收的税收。资本利得收入是指债券的卖出价与买入价的差额或债券到期的偿还金额与买入价的差额。针对债券投资所开征的税种及税率由各国的税务部门决定,但因投资者关注的是债券投资收益在扣除税款后的净额,所以税收效应也是债券发行人需要考虑的条件之一。

总之,在确定发行条件时,要将上述因素综合起来考虑,经多方面权衡后方可决定。通常先定利率和期限,因为它们最明显地反映着投资者的获利大小和贷出资金的时间长短,再根据市场利率确定发行价格。而投资者在进行债券投资时,除了看发行条件外,还要考虑发行者的信用度。一般都对发行者定有不同的发行等级,级别越低的发行者越需要以较高的发行条件(如高利率、低价格等)来发行。

(三)债券的发行方式

1. 定向发售

定向发售是指向商业银行、证券投资基金、保险公司、信托投资公司等金融机构以及养老保险基金、各类社会保障基金、社会捐赠基金等特定机构发行债券的方式。我国的国家重点建设债券、特种国债等国债均采取定向发售方式,金融债券也可在银行间债券市场定向发行。

2. 承购包销

承购包销是指发行人与由商业银行、证券公司等大金融机构组成的承销团通过协商条件签订承购包销合同,由承销团分销拟发行债券的发行方式。有的国家建立国债一级自营商制度,具备一定资格条件经批准的国债一级自营商,有责任包销每次国债发行量的一定比例,再通过各自的市场销售网络开展分销与零售业务。以公募方式发行的公司债,一般也采取承购包销方式。

我国对事先已确定发行条件的国债以国债一级自营商承购包销方式为主。

凭证式国债主要由商业银行承销并利用银行营业网点分销。

记账式国债则由证券承销商在分得包销的国债后通过证券交易所挂牌分销。储蓄国债(电子式)通过商业银行以包销或代销方式向个人投资者销售。

3. 直接发售

直接发售是指发行人通过代销方式在证券公司或银行柜台向投资者直接销售。国外的储蓄债券常采用这种方式。

4. 招标发行

招标发行是指通过招标方式确定债券承销商和发行条件的发行方式。根据标的物的不同,招标发行又可分为缴款期招标、价格招标和收益率招标三种形式。

(1)缴款期招标。它是指在债券的票面利率和发行价格已经确定的条件下,按照承销机构向发行人缴款的先后顺序获得中标权利,直至满足预定发行额为止。根据中标规则不同,可分为荷兰式招标和美国式招标,前者是各中标商均以单一的最迟缴款日期为中标缴款期,后者是各中标商以各自投标的缴款期为中标缴款期。这一招标形式是我国的创新,曾在国债发行中运用。

(2)价格招标。它主要用于贴现债券的发行。根据中标规则的不同,也可分为**荷兰式招标**和**美国式招标**两种。荷兰式招标是指按招标人所报买价从高向低的顺序中标,直至满足预定发行额为止,中标人以所有中标价格中的最低价格认购中标的债券数额。美国式招标的过程与荷兰式相似,但是投标人在中标后,分别以各自出价来认购债券。两者的区别是,荷兰式招标是所有中标人以单一价格认购,美国式招标是中标人以多种价格认购。

(3)收益率招标。它主要用于附息债券发行。这种招标形式同样可以分为荷兰式招标和美国式招标两种,原理与价格招标相似。债券的票面利率由投资者以招标方式进行竞争,按照投标人所报的收益率由低到高依次中标,直到满足预定发行额为止。荷兰式招标的中标人以所有中标收益率中的最高收益率认购中标额,美国式招标则以中标人各自报出的收益率认购中标额,并均以各中标人投标收益率的加权平均值作为债券的票面利率。

首单公司债——
长江电力公司债

我国记账式国债发行以招标方式为主,既有荷兰式招标,也有美国式招标,招标标的为利率、利差和价格。国债承购包销团成员有权参加国债招、投标。按发行场所分,记账式国债发行分为在证券交易所发行、银行间债券市场发行以及同时在银行间市场和证券交易所跨市场发行。

(四)债券的偿还方式

债券到期必须偿还本金,但偿还的方式各有不同,不同的偿还方式影响着发行者和投资者的利益,因此在债券发行时就应公开说明偿还方式。债券偿还方式主要有以下几种:

1. 到期偿还、期中偿还和展期偿还

(1)到期偿还是在债券到期一次全部偿还本金,收回债券。这是最常见的偿还方式。

(2)期中偿还是在债券到期前,全部或部分偿还本金的偿还方式。采用这种偿还方式的目的一是吸引投资者;二是减轻发行者到期还本的负担。各国对期中偿还的宽限期和偿还比率有不同规定。

(3)展期偿还,又称延期偿还,即规定在债券到期后,投资者有权按原定利率延长偿还期至某一个指定日期。当市场利率低于债券票面利率时,这种偿还方式对投资者较为有利。

2. 全额偿还和部分偿还

(1)全额偿还是在债券到期前全部偿还本金的偿还方式。采用这种方式,主要原因有两个:一是债券发行后,当出现资金过剩现象时,用这一偿还方式,可避免不必要的利息负担;二是债券发行后,若市场利率下降,发行债券时所确定的利率显得过高了,通过提前偿还全部债券再发行低利率债券来降低筹资成本。这种方式可能会损害投资者利益,所以很少采用。采用全额偿还,发行者必须事先在发行债券的说明书上注明。

(2)部分偿还是在债券到期之前偿还部分本金的方式,目的在于减轻发行者到期时的还本负担。

3. 定期偿还和随时偿还

（1）定期偿还，是在债券到期前分次在规定的日期按一定偿还率偿还的方式。一般是在宽限期后的每次利息支付日（半年或一年）连同利息一并向持券人偿还。定期偿还的偿还日期、偿还率、具体偿还方式在债券发行时就确定。

（2）随时偿还，也称任意偿还，即发行者可以在宽限期以后、债券到期前的任意时间偿还一部分或全部债券。这种偿还方式对发行者有利，发行者可以根据自己的资金需求状况和市场利率变动情况，随时调整债务结构，减轻债务负担。如市场利率下降时，发行者可以发行低利率的新债以偿还旧债。对投资者来说，这种方式不但将在利率下降时失去继续持有该债券以获取高利率的权利，而且会影响投资计划，所以在实际中很少使用或用加息（加价）的方式对投资者给予补偿。

4. 抽签偿还和买入注销

（1）抽签偿还是按抽签办法决定债券偿还号码的偿还方式。这种方式最符合债权者平等原则，多用于定期偿还。但这也是一种强迫性偿还，中签者必须持债券去赎回本金，否则债务人不予支付中签后的利息。

（2）买入注销是债券发行者在债券二级市场上以市价购回自己发行的债券并予以注销以免除到期还本付息责任的偿还方式。买入注销遵循买卖自由原则，在发行者与投资者相互协议的基础上达到返还本金的目的。这种方式对投资者没有强制力，因此较受投资者的欢迎。发行者采用这种方式可简单迅速地完成债券的偿还，但买入注销偿还要以发达的流通市场为前提，要受债券流通市场的交易价格和供应量的限制。

专栏 2-1 我国公司债券的发行与交易转让

我国公司债券的发行

我国现行法规规定，公司债券可以公开发行，也可以非公开发行。资信状况符合有关法规规定标准的公司债券可以向公众投资者公开发行，也可自主选择向合格投资者发行。未达到公开发行标准及非公开发行的公司债券仅面向合格投资者发行，每次发行对象不得超过两百人。合格投资者是指具备相应的风险识别能力和承担能力，知悉并能自行承担公司债券投资风险的投资者。

公司债券的公开发行实行注册制，并应当由承销机构承销，可采用包销或代销方式。公司债券公开发行的价格或利率以询价或公开招标等市场化方式确定。

我国公司债券的交易和转让

公开发行的公司债券，应当在依法设立的证券交易所上市交易，或在全国中小企业股份转让系统或者国务院批准的其他全国性证券交易场所转让。证券交易所、全国中小企业股份转让系统应当对公开发行公司债券的上市交易或转让实施分类管理，实行差异化的交易机制，建立相应的投资者适当性管理制度，健全风险控制机制。

在交易所上市的面向公众投资者和合格投资者公开发行的公司债券，采取竞价、报价、询价和协议交易。在交易所上市的仅面向合格投资者公开发行的公司债券，采取报价、询价和协议交易。

非公开发行的公司债券,可以申请在证券交易所、全国中小企业股份转让系统、机构间私募产品报价与服务系统、证券公司柜台转让。这类公司债仅限于在合格投资者范围内转让。转让后,持有同次发行债券的合格投资者合计不得超过两百人。

我国公司债券的信息披露和投资者保护

公司债券的信息披露义务人应当履行信息披露义务。债券存续期间,发行人应当披露的定期报告包括年度报告和中期报告。当发行人发生可能影响其偿债能力或债券价格的重大事项,应当披露临时报告。

交易所可根据规定,决定对公司债券实施停牌、复牌、暂停上市、恢复上市、终止上市。

公司债券发行人有义务采取措施对债券持有人的权益加以保护。债券存续期间,发行人应当聘请资信评级机构进行定期和不定期跟踪信用评级。发行人应当为债券持有人聘请债券交托管理人,在债券存续期间,由交托管理人按照规定维护债券持有人的利益。公司债券发行人应当设定债券持有人会议规则,公司债券的发行人还可采取内外部增信机制、偿债保障措施,提高偿债能力,控制公司债券风险。

债券市场实施投资者适当性管理是对不同特征和风险水平的债券上市交易及挂牌转让品种作出分类,并区别不同产品认识和风险承受能力的投资者,引导其参与相应类型债券交易及转让的制度安排。债券市场投资者按照产品认知水平和风险承受能力,分为合格投资者和公众投资者。

第二节 证券流通市场

证券流通市场,又称证券次级市场、二级市场(secondary market),是对已发行证券进行再次乃至重复多次交易的市场。证券流通市场为已发证券提供转手交易的机会,提高了证券的流动性;为投资者提供了投资和变现的机会,还对证券的发行起积极的推动作用。同时,证券流通市场的变化是反映经济发展趋势的晴雨表,是政府制定宏观经济政策及金融政策的依据之一。证券流通市场由两个部分组成:一是证券交易所,它是高度组织化的市场,是证券市场的主体与核心;二是分散的、非组织化的场外交易市场,是证券交易所的必要补充。

一、证券交易所

(一)证券交易所的概念、特征和设立条件

1. 证券交易所的概念

证券交易所(securities exchange)是证券买卖双方公开交易的场所,是一个有组织、有固定地点、集中进行证券交易的次级市场,是整个证券市场的核心。证券交易所本身并不买卖证券,也不决定证券价格,而是为证券的集中和有组织交易提供一定的场所和设施,

配备必要的管理和服务人员,并对证券交易进行周密的组织和严格的管理,为证券交易顺利进行提供了一个稳定、公开交易的高效率市场。

2. 证券交易所的特征

证券交易所作为一个高度组织化的市场,它的主要特征是:① 有固定的交易场所和严格的交易时间;② 交易采取经纪制,一般投资者不能直接进入交易所买卖证券,只能委托具备资格的证券公司间接交易;③ 交易对象限于合乎一定标准的上市证券;④ 交易量集中,具有较高的成交速度和成交率;⑤ 对证券交易实行严格管理,市场秩序化。

3. 证券交易所设立的条件

在一个国家或地区设立证券交易所,必须具备以下条件:① 要有足够种类和数量的、能够上市交易的有价证券及衍生产品;② 要有相当数量的投资者和筹资者;③ 要有一定数量的、在职业道德和业务能力方面均训练有素的中介经纪人;④ 要有相当数量的社会闲散资金,并允许资金自由流动;⑤ 具有一定规模并装备先进计算和通信设备的场地和设施;⑥ 要有较成熟的管理机构、管理人才和较完备的证券法规。只有具备上述条件,并获得政府和有关管理部门的批准后,方可设立证券交易所。根据我国《证券法》,证券交易所的设立、变更和解散,由国务院决定。

(二)证券交易所的组织形式

1. 公司制的证券交易所

公司制的证券交易所是以股份有限公司形式设立的并以营利为目的的法人团体,一般是由银行、证券公司、信托投资公司以及各类民营公司共同出资占有股份建立。在公司章程中明确规定作为股东的证券经纪商和证券自营商的名额、资格和公司续存期限,通过股东大会选举董事会、监事会。它必须遵守本国《公司法》的规定,在政府监管机构的管理和监督下,吸收各类证券在集中的交易市场内自由地买卖并集中交割。通常,成员公司的股东、高级职员、雇员都不能担任证券交易所高级职员,以保证交易的公正性。它的性质有官商合办和纯属私人投资的民营两种。

梧桐树协议

2. 会员制的证券交易所

会员制的证券交易所是一个由会员自愿组成的、不以营利为目的的社会法人,一般由证券公司、投资银行等证券商组成。会员大会和理事会是会员制证券交易所的决策机构。会员大会是权力机构,决定交易所的基本经营方针。理事会为执行机构,主要职能是:审查会员资格;决定会员人数;起草交易所章程,交会员大会通过,并呈报监管机构审批;审查和决定证券的上市、报价;按章程规定,定期召开会员大会,处理交易所的一些重大问题以及其他日常事务。对于违反法令及交易所规章制度的会员,由交易所给予惩罚,这即所谓"自律"精神。

会员制证券交易所规定,只有会员才能进入交易大厅进行证券交易,其他人要买卖证券交易所上市的证券,必须通过会员进行。交易所会员分为法人会员和自然人会员两种。法人会员多为经合法注册的投资银行、证券公司、信托投资公司等;个人会员一般为证券经营机构的主要负责人或合伙人。为了交易所的信誉,证券交易所会员入会有严格的条件限制。我国境内上海、深圳证券交易所按会员制形式组成,是为证券集中交易提供场所和设施,组织和监督证券交易,实行自律管理的非营利性的事业法人。交易所的组织机构由会员大会、理事会、总经理及其他职能部门组成。会员大会为证券交易所的最高权力机构,理事会是证券交易所的决策机构,理事长是证券交易所的法定代表人,总经理由中国证监会任免,监事会是证券交易所的监督机构。

(三)证券上市和退市制度

1. 证券上市的含义

证券上市包含两层含义:一是指证券经过证券监管机构批准,向社会公开发行,称**发行上市**;二是已发行的证券经过证券交易所批准在交易所内公开挂牌买卖,称**交易上市或挂牌上市**。交易上市的证券必须是发行上市的证券,但发行上市的证券不一定都能上市交易。政府债券不必经过证券交易所和证券监管机构审核便可直接上市发行并交易,公司债券只需发行人提出申请,满足证券交易所规定的条件,经过交易所登记批准即可上市,所以证券上市主要是指股票上市。股票要进入证券交易所交易必须由发行公司提出申请,经证券交易所和证券监管机构核准或注册后,方可在证券交易所公开买卖。**证券上市制度**,就是证券交易所和证券监管机构制定的有关证券上市的规则。

2. 证券上市的意义

发行股票并上市几乎是所有股份公司的目标。股票上市对发行人和投资者都有好处。

(1) 证券上市对发行公司的意义。

① 有利于推动发行公司建立完善、规范的治理结构。股票上市后,公司成为公众公司,公司的股票成为大众的投资对象,有利于实现公司资本的大众化和股权的分散化。上市公司必须充分、及时地披露信息,按时公布公司的经营业绩和财务状况,接受股东和社会监督,促使公司完善法人治理结构,并有利于经营者为实现股东利益最大化而以市场为导向自主运作,不断提高盈利水平。

② 有利于提高发行公司的声誉和影响。各国对股票上市都制定了明确的标准,股票上市前须经过证券交易所和证券监管机构的严格审查,所以股票上市本身就说明公司的盈利能力、发展前景得到了管理机构和市场的认可。同时,股票上市后,交易信息和公司的有关信息通过网络、报纸、广播、电视等媒介不断向公众发布报道,有利于提高公司的知名度和市场影响力,提高公司的竞争力。

③ 有利于发行公司进入资本快速、连续扩张的通道。股票上市提高了股票的流动性,上市以后股票价格的变动形成对公司业绩的市场评价机制。业绩优良、成长性好的公司的股票价格一直保持在较高的水平上,使公司能以较低成本继续筹集大量资本,不断扩大经营规模,进一步壮大公司的竞争实力,增强公司的发展潜力和发展后劲。

同样,发行债券并上市可提高债券的流动性,为债券提供市场定价机制。

(2) 证券上市对投资者的意义。

① 买卖便利。投资者可以随时委托证券经纪人买进和卖出各种上市证券,并能迅速成交。

② 成交价格公平合理。上市证券的买卖,须经买卖双方公开竞价,由于参与交易的投资者人数众多,能充分反映对证券的供应和需求,因此,交易所内的证券成交价格远比场外市场的成交价格公平合理。

③ 行情公布迅速、规范。证券交易所利用各种传播媒介即时公布上市证券的成交行情,能使投资者迅速了解行情变化,便于作出投资决策。

④ 投资风险较小。上市公司的经营状况和财务状况要符合交易所的上市标准要求,上市后须定期披露公司相关信息,证券交易所和证券监管机构对上市公司严加监管,能降低投资者的投资风险。

3. 上市条件

申请上市的证券必须满足证券交易所规定的条件,方可批准挂牌上市。各国对证券上市的条件与具体标准有不同的规定,即使同一国家的不同证券交易所,上市标准也各有不同。上市标准主要包括以下几个方面:

(1) 公司设立达到一定年限,而且具有维持以后连续营业的能力。

(2) 公司具有经济效益和社会效益,在同行业中具有较高的地位,并能保持其稳定性。

(3) 公司的股本总额和向社会公开发行的股份达到一定数额。

(4) 股权分散良好,股东人数达到一定数量。

(5) 资产净值达到一定水平。

(6) 净收益或股息达到一定标准,获利能力强。

(7) 无正当理由,不得任意撤回已上市证券(listed security)。公司申请上市批准后,须向交易所缴纳上市费用,包括初次上市时交付的费用和以后每年交付的费用。

我国沪深交易所规定,首次公开发行股票后申请在交易所上市,应当符合下列条件:股票已公开发行;公司股本总额不少于人民币 5 000 万元(创业板为 3 000 万元);公开发行的股份达到公司股份总数的 25% 以上;公司股本总额超过人民币 4 亿元的,公开发行股份的比例为 10% 以上;公司最近 3 年无重大违法行为,财务会计报告无虚假记载等。交易所设立上市委员会对上市申请进行审议,并根据审核意见作出是否同意上市的决定。

上市公司出现财务状况异常情况或者其他异常情况,导致其股票存在被终止上市的风险,或者存在其他重大风险的,交易所对该公司股票实施风险警示。风险警示分为退市风险警示和其他风险警示。交易所设立风险警示板,上市公司股票被实施风险警示或者处于退市整理期的,进入该板进行交易。上市公司股票被实施退市风险警示的,在公司股票简称前冠以"*ST"字样,被实施其他风险警示的,在公司股票简称前冠以"ST"字样。相关风险已经消除的,公司可以向交易所申请撤销对其股票实施的风险警示。

4. 退市制度

上市公司退市是指公司股票在证券交易所终止上市交易。上市公司的退市方式包括主动退市和强制退市。主动退市是指当上市公司基于自身发展的考虑,认为不再需要继续维持上市地位,可以主动向证券交易所申请其股票终止交易。强制退市是指证券交易所依照规则要求不再适合公开交易的股票终止交易,特别是对于存在严重违法违规行为的公司,依法强制其股票退出市场交易。

上市公司退市制度是资本市场重要的基础性制度,一方面是尊重市场主体对上市与否的自主选择,另一方面也是对上市公司的优胜劣汰机制,是防范和化解证券市场风险、保护投资者利益的重要措施。

我国现行制度规定,上市公司因股份回购、收购要约、公司合并或公司解散,应通过法定程序向交易所提出主动退市申请。当上市公司因股本总额、股权分布、股票成交量、股票市值等指标不满足交易标准;因净利润、净资产、营业收入、审计意见类型等财务指标不满足上市标准;特别是当公司出现重大违法行为的,证券交易所依法作出暂停、终止公司股票上市交易的决定。

交易所做出终止股票上市决定后,公司股票进入退市整理期并进入风险警示板交易。退市整理期届满,公司股票终止上市。

上市公司的股票被终止上市后,其终止上市情形已消除,且同时符合上市条件的,可以向交易所申请重新上市。

(四)证券交易所的运行系统

现代证券交易所的运作普遍实现了高度的网络化,建立起了安全、高效的集中竞价系统。该系统通常包括交易系统、结算系统、信息系统和监察系统四部分。

1. 交易系统

电子化交易是世界各国证券交易的发展方向,现代证券交易所均不同程度地建立起高度自动化的计算机交易系统。交易系统通常由撮合主机、通信网络和柜台终端三部分组成。

(1)撮合主机。撮合主机或交易主机是整个交易系统的核心,它将通信网络传来的买卖委托读入计算机内存进行撮合配对,并将成交结果和行情通过通信网络传回证券商柜台。

(2)通信网络。通信网络是连接证券商柜台终端、交易席位和撮合主机的通信线路及设备,如单向卫星、双向卫星和地面数据专线等,用于传递委托、成交及行情等信息。

(3)柜台终端。证券商柜台终端系统用于证券商管理客户证券账户和资金账户、传送委托、接收成交、显示行情等。

2. 结算系统

结算系统是指对证券交易进行结算、交收和过户的系统。世界各国的证券交易市场都有专门机构进行证券的存管和结算,在每个交易日结束后对证券和资金进行清算、交收和过户,使买入者得到证券、卖出者得到相应的资金。

3. 信息系统

信息系统负责对每日证券交易的行情信息和市场信息进行实时发布。信息系统发布网络可由以下渠道组成:

(1)交易通信网。通过卫星、地面通信线路等交易系统的通信网络发布证券交易的实时行情、股价指数和重大信息公告等。

(2)信息服务网。向新闻媒介、会员、咨询机构等发布收市行情、成交统计和非实时信息公告等。

（3）证券报刊。通过证券监管机构指定信息披露报刊发布收市行情、成交统计及上市公司公告和信息等。

（4）互联网。通过互联网向国内外提供证券市场信息、资料和数据等。

4. 监察系统

监察系统负责证券交易所对市场进行实时监控的职责。日常监控包括以下四方面：

（1）行情监控。对交易行情进行实时监控，观察股票价格、股价指数、成交量等的变化情况，如果出现异常波动，监控人员可立即掌握情况，作出判断。

（2）交易监控。对异常交易进行跟踪调查，如果是由违规操作引起的，则对违规者进行处罚。

（3）证券监控。对证券卖出情况进行监控，若出现违规卖空，则对相应证券商进行处罚。

（4）资金监控。对证券交易和新股发行的资金进行监控。若证券商未及时补足清算头寸，监控系统可及时发现，作出判断。

我国证券交易所采取无纸化集中交易方式。上海证券交易所的运行系统包括集中竞价交易系统、大宗交易系统、固定收益证券综合电子平台；深圳证券交易所的运行系统包括集中竞价交易系统、综合协议交易平台。

（五）交易原则和交易规则

证券交易所内的证券交易又称场内交易，即证券买卖双方是在证券交易所内成交的。场内交易采用**经纪制**进行，投资者必须委托具有资格的证券经纪商在交易所内代理买卖证券，经纪商通过公开竞价形成证券价格，达成交易。为了保证场内证券交易能公开、公平、公正、高效和有序地进行，证券交易所制定了交易原则和交易规则。

1. 交易原则

证券交易必须遵循**价格优先**（price priority）和**时间优先**（time priority）原则。

（1）价格优先原则。价格最高的买方报价与价格最低的卖方报价优先于其他一切报价而成交。

（2）时间优先原则。同价位申报，依照申报时序决定优先顺序，即买卖方向、价格相同的，先申报者优先于后申报者。先后顺序按证券交易所主机接受申报的时间确定。此外，若交易所内有专业经纪人或有经纪商兼自营商，应遵循客户优先原则，即应优先执行客户的委托指令，再进行自营交易。特别是在价格有利的情况下，更要防止经纪人先己后人侵害客户利益。

上海和深圳证券交易所实行价格优先、时间优先原则。

2. 交易规则

交易规则看似平常，但正是这些交易规则组织起每日巨额的证券交易，保证了证券交易的高效有序进行。尤其是公开集中竞价规则，不仅能形成公平价格，而且表达了市场对上市公司的客观评价以及显示了投资者对宏观经济运行前景的预测。正因为如此，证券交易所克服了个别交易、局部市场的缺陷，成为资本市场的核心，成为市场体系中高级形态的市场。证券交易所的主要交易规则有：

（1）交易时间。交易所有严格的交易时间，在规定的时间内开始和结束集中交易活动。各国证券交易所根据本国工作日和工作时间确定交易时间。有的交易所开前后两市，午前营业时间称为前市，午后营业时间称为后市，有的交易所则只开一市。我国上海、深圳证券交易所的开市时间为上午 9:30—11:30，下午 13:00—14:57。开盘集合竞价时间 9:15—9:25，收盘集合竞价时间 14:57—15:00。

（2）交易单位。交易所规定每次申报和成交的交易数量单位，一个交易单位俗称"一手"，委托买卖的数量通常为一手或它的整倍数，数量不足一手的证券称为零股。不同的交易所对交易单位和零股交易有不同的规定，我国上海、深圳证券交易所规定 A 股、B 股、基金、权证为每 100 股或 100 份基金份额为一手，零股（份）可一次性卖出，但不得买入。债券现券交易以人民币 100 元面值为一张，10 张即 1 000 元面值为一手。规定交易单位不仅为了便于计算，而且可以提高成交概率和成交速度。交易所也会限定单笔证券交易的最大数量。

（3）价位，即计价单位。它是指证券交易所规定的每次报价的价格最小变动单位。各证券交易所规定的价位不尽相同。我国上海证券交易所规定，A 股、债券现券的价格最小变动单位为 0.01 元人民币，基金交易为 0.001 元人民币，B 股价位为 0.001 美元；深圳证券交易所规定，A 股的价格最小变动单位为 0.01 元人民币，债券现券、基金交易为 0.001 元人民币，B 股价位为 0.01 港元。

（4）报价方式。传统的证券交易所用口头叫价方式并辅之以手势作为补充。澳大利亚及东南亚一些国家和地区的证券交易所曾采用牌板报价方式。现代证券交易所多采用电脑报价方式，即证券经纪商将委托指令输入计算机终端，再通过通信网络将指令传送到交易所撮合主机参与交易。**我国上海和深圳交易所采用计算机报价方式。**

（5）价格决定。证券市场的市场属性集中体现在竞价成交环节上，特别在高度组织化的证券交易所内，证券经纪商代表众多的买方和卖方按照一定的规则和程序公开竞价，达成交易，是保证证券市场公开、公平、公正的制度安排。

证券交易所是**指令驱动**（order driven）市场，即经纪人根据投资者的委托指令在证券交易所按连续、公开竞价方式形成证券价格，当买卖双方在价格上一致时，便立即成交并形成成交价格。我国上海、深圳证券交易所的价格决定采取**集合竞价**和**连续竞价**方式。

① 集合竞价是指在每个交易日规定的一段时间内计算机撮合系统对接受的全部有效委托进行一次集中撮合处理的竞价方式。集合竞价确定成交价的程序是：首先，系统对所有买入有效委托按照委托限价由高到低的顺序排列，限价相同者按照进入系统的时间先后排列；所有卖出有效委托按照委托限价由低到高的顺序排列，限价相同者按照进入系统的先后排列。其次，系统根据竞价规则自动确定集合竞价的成交价。集合竞价确定成交价的规则是，可实现最大成交量的价格；高于该价格的买入申报与低于该价格的卖出申报全部成交的价格；与该价格相同的买方或卖方至少有一方全部成交的价格。如有两个以上这样的价位，交易所再按预先设定的规则选取合理的价格为成交价。再次，系统依序逐步将排在前面的买入委托与卖出委托配对成交，即按照价格优先、同等价格下时间优先的成交顺序依次成交，直到成交条件不满足为止，即所有买入委托的限价均低于卖出委托的限价。最后，所有交易均以同一价格成交，该成交价即为集合竞价的成交价。集合竞

价中未能成交的委托,自动进入连续竞价。

② 连续竞价是在集合竞价形成开盘价以后,计算机撮合系统对投资者的申报委托进行逐笔连续撮合处理的竞价方式。连续竞价确定成交价的规则是:最高买入申报与最低卖出申报价位相同,以该价格为成交价;买入申报价格高于即时揭示的最低卖出申报价格时,以即时揭示的最低卖出申报价格为成交价;卖出申报价格低于即时揭示的最高买入申报价格时,以即时揭示的最高买入申报价格为成交价。买卖申报经交易所主机撮合成交后,交易即告成立。这样循环往复,直至收市。

(6) 涨跌幅限制与涨跌停板制(price limit)。**涨跌停板制**是指一种股价或整个股价指数涨跌到一定幅度就暂停该种股票或整个股市的交易的规定。为了保护投资者利益,防止股价暴涨暴跌和投机盛行,证券交易所可根据需要对每日股票价格的涨跌幅度予以适当的限制,若当日价格升至或降至规定的上限或下限时委托将无效。当日市价的最高上限为涨停板,最低下限为跌停板。目前,我国上海、深圳证券交易所对交易的股票(A股、B股)、基金类证券实行交易价格涨跌停板制。在一个交易日内,除首日上市证券外,每只股票或基金的交易价格相对于上一交易日收市价的涨跌幅度不得超过10%(科创板、创业板不得超过20%,上市后的前5个交易日不设价格涨跌幅限制),ST、*ST股票价格涨跌幅度不得超过5%。

(六) 证券行情表的阅读

证券交易所的行情,一般都在交易大厅的电子显示屏上实时显示。当证券买卖成交后,立即通过通信网络将交易结果反映到交易大厅的大型电子显示屏上,证券交易行情便由此产生了。同时,通过通信网络将场内交易结果直接传送至全国各地的证券商柜台电脑终端,各证券商及第三方的网络媒体应用也会同步显示。

(1) 开盘价(open)和收盘价(close)。开盘价是指某种证券在每个交易日开市后的第一笔买卖成交价格。若分前市和后市,则有前市开盘价和后市开盘价。开盘价的决定可有多种方式,可按交易原则竞价成交,也可按集合竞价方式成交,若开市后半小时内无成交,则以前一日收盘价为当日开盘价,或由交易所的中介经纪人提出指导价促使其成交后作为开盘价。

收盘价是证券交易所每个交易日某种证券的最后一笔买卖成交价格。若分前市和后市,则有前市收盘价和后市收盘价。若当市没有成交价,可采用前一日收盘价。世界上大多数证券交易所都采用成交量最大原则来确定开盘价,并以后市收盘价作为当日收盘价。

根据我国现行的交易规则,上海、深圳证券交易所的开盘价为当日该证券的第一笔成交价,开盘价通过集合竞价方式产生。上海证券交易所证券交易的收盘价为当日该证券最后一笔交易前1分钟所有交易的成交量加权平均价(含最后一笔交易)。深圳证券交易所的证券收盘价通过集合竞价方式产生。

(2) 最高价(high)与最低价(low)、最新价(the lastest price)。最高价是某一特定期限内(当日、一周、一个月、一年)某种上市证券在交易所内成交的最高价格。最低价则为同一期限内的最低成交价格。最新价即为某种上市证券的上一笔成交价。最高价与最低价相差大,说明行情波动大;反之,则说明行情平稳。

(3) 与上日价格差(price change)。它是指某种证券当日收盘价与上一交易日收盘价相比后的增减数,若价格上升则用"+"号,价格下跌则用"-"号。

(4) 成交量(volume)与成交额。成交量是指一定时期内证券成交的数量,采用单向计算方法。成交量的统计单位,股票以成交股数计,债券以成交面值数计。成交额是指在一定时期内,证券交易按实际成交价格计算的成交金额总和,同样采用单向计算方法。

(5) 市价总额(market capitalization)。它是指在某一特定时期内,在证券交易所上市证券按当市价格计算的价值总额。其计算方法为:

$$市价总额 = P_1S_1 + P_2S_2 + \cdots + P_nS_n = \sum_{i=1}^{n} P_iS_i \qquad (2-7)$$

式中:P 表示当日以成交量为权数的加权平均价格或收盘价格,S 表示证券发行量,n 表示上市证券的种类。

市价总额是证券市场各类相关信息综合反映的结果,是描述证券市场规模大小的重要标志。证券上市种类多,每种证券的发行量大、成交价稳中有升,市价总额较大;反之,证券上市种类少,每种证券的发行量小、成交价趋于下降,则市价总额较小。

(6) 上市证券数和上市总额。上市证券数是指经批准在证券交易所挂牌交易的股票、债券的种类数。上市总额是指在证券交易所上市的证券按面值计算的总金额。其计算方法为:

$$上市总额 = F_1S_1 + F_2S_2 + \cdots + F_nS_n = \sum_{i=1}^{n} F_iS_i \qquad (2-8)$$

式中:F 表示证券的面值,S 表示证券的发行量,n 表示上市证券的种类。

(七) 证券交易所的功能

证券交易所的功能主要有以下几点:

(1) 提供证券交易的场所及设施。证券交易所为证券买卖双方提供了集中进行证券交易的场所及设施,集中了证券的供求关系,保证证券交易的持续不断进行。证券交易所内的证券交易具有成交量大、买卖频繁、进出报价差距小、价格波动小、交易完成迅速的特点,创造了一个具有高度流动性、高效率和连续性的市场。

(2) 形成较为合理的价格。证券交易所和交易所的会员都无权决定交易价格。交易所内的证券交易价格是在充分竞争的条件下,由买卖双方集中公开竞价形成的,它不仅是交易厅内双方公开竞价的结果,而且也是通信网络连接各委托交易网点综合报道市场行情的结果。由于是公开竞价而形成的价格,因而它既能反映供求关系,也能体现证券的真实投资价值,是市场产生的均衡价格。

(3) 引导资金的合理流动、资源的合理配置。在证券交易所上市的证券都经过监管机构批准,且上市公司要公开其经营状况和财务状况,因此,证券交易的价格和成交量实际上是市场对某一证券的价值评判。交易所每天公布其行情变化,反映了上市公司的获利能力和发展潜力,使投资者可以选择投资方向。证券价格的变动,可以自动调节资金流向,促使资金向需要和有利的方向流动。

我国《证券法》有关证券上市的条款

（4）预测、反映经济动态。证券价格的变动受公司的盈利前景等多种因素的影响，而交易行情的好坏又从侧面反映了这些因素的变化。由于股价循环一般先于商业循环而发生，因而证券价格波动往往成为经济周期变化的先兆，成为社会经济活动的晴雨表。通过证券价格的变动，可以预测上市公司的增长潜力和整个社会经济的发展状况。

此外，证券交易所还有以下功能：提供丰富且及时的证券市场信息，对证券商进行管理，维持交易的良好秩序，对内幕交易、欺诈、操纵等行为进行监管，设立清算机构保证证券交割等。

专栏 2-2　交易所交易基金（ETF）

交易所交易基金（exchange traded funds，ETF），又称交易型开放式指数基金，是一种在证券交易所上市交易的代表某一股价指数或股票组合的开放式基金。ETF采取被动投资策略，以复制和追踪某一市场指数为目标，并以相应的股票作为实物担保，通过充分的分散化投资和消极管理方式降低非系统风险和交易成本，以取得市场平均收益水平，并将ETF分割为众多较小的投资单位以代表投资者受益权的金融衍生产品。投资者通过购买ETF，即可模拟某一指数或某一精选组合的价格表现进行投资，因此具有指数基金的特点。

ETF的重要特征在于它的双重交易机制，即为投资者提供了两种不同的交易方式：一方面可以在一级交易市场交易ETF，即进行申购与赎回；另一方面可以在二级市场交易ETF，即在交易所挂牌交易。在一级市场，ETF的申购和赎回都规定了数量限制，即一个构造单位及其整倍数，而且使用的不是现金而是股票。申购时，投资者买入一组与ETF目标指数在种类和权数上相同的股票，将它们交付给ETF的托管人，托管人在交割后将相应数量的ETF交付给投资者。赎回时，投资者将ETF的基金单位交回给托管人，换回一篮子股票而不是现金。由于ETF在一级市场申购赎回的金额巨大，而且是以实物股票的形式进行大宗交易，因此只适合于机构投资者。ETF的二级市场交易是以在证券交易所挂牌交易方式进行的。机构投资者可以将申购所得的ETF构造单位进行分解并通过经纪商向个人投资者提供ETF份额。ETF的二级市场交易价格与其资产净值非常接近，一般不存在大的折价或溢价。这是因为，ETF的二级市场价格与其资产净值背离时，套利者就会利用双重交易机制在一二级市场间进行套利交易。具体而言，当ETF二级市场价格低于其份额净值，即发生折价交易时，大投资者可以在二级市场低价买入ETF，在一级市场高价赎回，再在二级市场出售股票而实现套利；当ETF二级市场价格高于其份额净值，即发生溢价交易时，大投资者可以在二级市场买入一篮子股票，在一级市场按份额净值转换为ETF，再在二级市场高价出售ETF而实现套利。套利使ETF的二级市场价格很快回复到它的净资产值附近。ETF避免了类似封闭式基金二级市场价格大幅折价的现象，也克服了开放式基金不能在证券交易所上市交易的弱点。

二、场外交易市场

(一) 场外交易市场的概念和特征

1. 场外交易市场的概念

场外交易市场是指在证券交易所以外的各证券公司柜台上进行证券买卖的市场。场外交易市场简称 OTC 市场(over the counter market)。在早期银行业与证券业未分离前,由于证券交易所尚未建立,许多有价证券的买卖都在银行柜台进行,故称为柜台交易。实行分业制后,这种以柜台进行的证券交易转由证券公司承担,因此有人称之为柜台市场或店头市场。随着通信技术的发展,许多场外交易市场并不直接在证券公司柜台前进行,而是由客户与证券公司通过通信系统或计算机系统进行委托交易,故又称为电话市场、无形市场。

2. 场外交易市场的特征

(1) 场外交易市场是一个分散的、无固定交易场所的无形市场。它既没有一个供双方交易的集中固定的场所,也没有统一交易的时间,没有统一的交易章程和交易规则,它由许多各自独立经营的证券公司分别进行交易,而且主要依靠电话和计算机网络联系成交。

(2) 场外交易市场是一个投资者可直接参与证券交易过程的"开放性"市场。场外交易市场区别于证券交易所的最大特征在于不采用经纪制方式,而是采用自营制方式进行交易。投资者买进卖出证券不一定要通过经纪人,而是可以直接和证券经营机构进行交易,证券公司通过自营买卖,实现证券的交易转让,因此它的市场组织方式基本上是自营方式进行的。

(3) 场外交易市场是一个拥有众多证券种类和证券商的市场,但以未能在证券交易所批准上市的股票、定期还本付息的债券和开放型基金的受益凭证为主。证券商以自营方式参与场外交易市场,他们自己买进和卖出证券,赚取证券买卖的差价收益,经纪商所占比例很小。由于证券种类繁多,相应地形成众多的经营不同证券交易的各类证券商。

(4) 场外交易市场是一个交易商报价驱动的市场。在场外交易市场上,证券买进或卖出采用的是"一对一"交易方式,这样对同一种证券的买卖就不可能同时出现众多购买者或出售者,也就不存在竞争性的要价和报价机制。因此,场外市场证券交易价格不是以竞价方式确定的,而是由证券公司同时挂出同种证券的买进价与卖出价,并根据投资者是否接受加以调整而形成的。

(5) 场外交易市场管理比较宽松。场外市场分散,缺乏统一的组织和章程,不易管理和监督,其交易效率也不及交易所市场。

(二) 场外交易市场的参加者和交易对象

1. 场外交易市场的参加者

场外交易市场的证券买卖需要证券经营机构起组织作用。在场外证券交易中,证券交易商先行垫入一笔资金买入一些证券作为库存,在建立了足够的库存后,证券交易商再开始对外挂牌,不断地向公众投资者报出某些特定证券的买卖价格,并在该价位上接受投资者的买卖要求,以其自有资金和证券与投资者直接进行证券交易,从中赚取差价。证券交易商的加价幅度一般都受到限制,在多数国家里规定不得超过5%。与证券交易商作为经纪人不垫资金的代理行为相区别,证券交易商这种用自己的资金为卖而买,为买而卖,从而沟通投资者之间证券转让活动的交易方式,称为**自营方式**。在场外交易市场上,证券交易商既是市场的组织者,又是直接参与者,它们通过参与市场交易来组织市场活动,维持市场的流动性,满足公众投资者的投资需求。因此,证券交易商被称为**做市商**,柜台交易组织形式又称为**做市商制度**。

(1) 自营商。它是场外市场的主要参加者。一般来说,这类证券商既是交易所的会员,从事经纪业务,又自设营业厅直接从事场外交易。自营商从事两类场外业务:新发行证券的承销分销和二手证券的自营买卖,偶尔也有场外的经纪业务。

(2) 场外证券商。它们不是证券交易所会员,但经批准设立证券营业机构,以买卖未上市股票及债券为主要业务。

(3) 证券承销商。它是专门承销新发行证券的公司,在交易所外设立网点销售新发行的证券。

(4) 专门买卖政府债券或地方政府债券、地方公共团体债券的证券商。

(5) 机构投资者和个人投资者。

通常大型的、综合类证券经营机构可能同时具备各种身份,但随着市场的发展和细分,会出现一些仅从事某一单一业务的小型证券商,它们是场外交易市场的重要参与者。

2. 交易对象

场外交易市场交易的证券很多,主要有以下几种。

(1) 债券。其包括国债、地方政府债券、公司债券等各类债券。

(2) 新发行的各类证券。

(3) 符合在证券交易所上市标准而没有上市的证券。其主要有:① 金融机构发行的股票和债券,因为金融机构盈利稳定,证券吸引力大,多为机构投资者购买,通常以私募方式发行,一般不需要进入证券交易所交易;② 大公司的股票和债券,当其某次发行量少时,常常以私募方式发行并在场外市场交易;③ 上市交易后因故停牌的证券;④ 上市公司的零股股票。

(4) 不符合上市标准的证券。其主要有:① 不符合上市标准的、规模较小的小公司股票;② 具有发展潜力的新兴公司的股票;③ 因业绩不佳而不符合上市标准的风险大、流动性差的证券。

(5) 开放型基金的基金份额。在成熟市场,场外交易市场的交易对象以债券为主,股票交易主要是在证券交易所进行,而债券交易量的90%在场外交易市场进行。

(三) 场外交易市场的功能

场外交易市场的功能主要有以下几点。

(1) 场外交易市场是证券发行的重要场所。新证券的发行时间集中,数量较大,需要众多的销售网点和灵活的交易时间。场外交易市场是一个广泛的无形市场,能满足证券发行要求,既能方便投资者购买,又可加速证券发行,减少承销商风险。

（2）场外交易市场为已发行又未上市的证券提供流通转让的机会。场外交易市场是政府债券、地方政府债券、公司债券转手交易的主要场所；为具有发展潜力而目前尚不具备上市条件的新兴企业、小企业的股票提供了交易的渠道；为那些经营困难、股价下跌、被终止交易的股票提供变现的机会；为开放型投资基金提供申购和赎回的途径。

（3）场外交易市场是证券交易所的必要补充，是二级市场的重要组成部分。证券交易所有严格的上市标准，许多不符合上市标准的证券客观上也有流通转手的需要，需要有一个可以进行买卖的交易场所；证券交易所对上市证券的数量或期限有一定要求，发行量过小、期限过短的证券难以持续进行交易而且会增加交易成本，场外交易市场可以不受证券数量、期限限制；证券交易所采取经纪制，并有严格的交易时间，交易程序较复杂，管理严格，场外交易市场交易时间灵活分散，交易方法简单方便，对投资者的限制少，满足了部分投资者的需要。因此，场外交易市场在交易证券的种类、数量、交易方式、交易时间等方面形成了与证券交易所的互补，与证券交易所共同组成了证券流通市场。

三、证券市场的结构体系

证券市场的结构体系是指根据金融工具风险特征和投资者风险偏好程度的不同，在证券市场中细分形成的多个具有递进或互补关系的不同层次的市场。国外成熟证券市场均建立了多层次市场体系，既包括证券交易所形式的场内市场，也包括各种形式的场外市场。一般各国主要的证券交易所代表着国内的**主板市场**。主板市场对证券发行人的营业期限、股本规模、盈利水平、最低市值等方面要求较高，主要适用于规模较大、基础较好、盈利能力稳定且占有一定市场份额的成熟企业。主板市场是一个国家（或地区）证券发行、上市及集中交易的主要场所，是资本市场最核心的组成部分。国际上知名的主板市场有纽约证券交易所、伦敦证券交易所、东京证券交易所等。场外市场是以做市商为基础、没有特定交易场所、独立于场内市场的公开证券交易市场，主要为中小企业、高科技企业提供融资和股份流通的平台，也为地方政府债券、小公司债券提供投融资机会，是主板市场的必要补充，也是证券市场的重要组成部分。国际上多层次证券市场体系主要有以美国为代表的**多维分层模式**（场内、场外市场）和以英国、日本为代表的**交易所内部分层模式**。

（一）美国证券市场的层次结构

美国的证券市场存在两类交易模式，一类是证券交易所市场，另一类是场外市场。

1. 纽约证券交易所

纽约证券交易所（简称纽交所）是目前世界上规模最大、实力最强、最有影响力的证券交易所。纽约证券交易所是最具融资能力的资本市场。借助长期以来建立的良好市场信誉和环境，纽约证券交易所为企业提供了强大的融资能力、优异的市场流通性和知名度，因而不仅吸引了众多美国最大、最强和最成功的企业，还吸引了世界各国众多的顶尖企业。这些高质量的上市公司是保证纽约证券交易所长盛不衰的核心竞争力之一。纽约证券交易所的债券发行规模也超过了其他任何一家证券交易所及交易市场。政府债券一直是美国证券市场上最主要的直接融资和证券交易品种。

两百多年来，纽约证券交易所的交易模式基本上没有太大的变化，采用专家责任制度下股票拍卖的传统机制。进入21世纪后,纽约证券交易所进行了若干变革。2000年8月,纽交所放弃了以1/8美元股票价格变化的报价方式,改为十进制股票报价方法。2001年又推出全自动化电子交易系统NYSE Direct+。推出该系统后纽约证券交易所从依靠单一人工撮合股票交易的市场模式转变为混合型交易市场,可以为市场提供三种不同的股票交易方式:① 指令驱动的股票拍卖市场模式,即由专家主持、通过交易大厅经纪人执行的人工交易拍卖模式实现交易,该模式仍是纽交所最主要的股票交易模式;② 做市商报价驱动的市场模式,由专家参与,按照其为市场提供的买卖盘价格成交的模式实现交易;③ 自动撮合的电子交易模式,通过NYSE Direct+系统撮合实现交易。

2005年4月纽约证券交易所宣布与美国群岛电子交易公司合并,成立纽约证券交易所集团(NYSE Group),并于2006年2月27日经美国证券交易委员会批准,改变了非营利的性质,成为在纽交所上市交易的公司。

除纽交所以外,美国还有6个区域性证券交易所,分别是波士顿证券交易所、芝加哥证券交易所、辛辛那提证券交易所、太平洋证券交易所(2005年被美国群岛电子交易公司的母公司收购)、费城证券交易所和美国证券交易所。区域性交易所是规模比较小的地域性企业融资上市的平台,同时具备在纽约证券交易所上市交易的权利。

2. 场外交易市场(OTC市场)

美国的场外交易市场是由遍布各地的做市商组成的有价证券交易市场,场外交易市场没有集中的交易大厅,而是由做市商借助网络买卖有价证券,形成了分割和虚拟的无形市场。

OTC市场的做市商享有很大的自主权,具备自由选择为客户交易订单配对撮合的权利,即等同于证券交易所市场的撮合功能。这一权利使各做市商自成一个交易中心。虽然OTC市场因此而分散和多元,但却是美国证券市场上最具活力、最富于创新和变化的市场。

OTC市场除了股票交易以外,债券交易的种类和规模也很大,还可以经营证券交易所不具备的批发业务,此外,外汇交易和金融衍生品交易也十分活跃。从整体上说,OTC市场是比证券交易所市场规模更大、产品种类更多的金融市场,它每天的成交量远远超出纽约证券交易所每天的成交量。

OTC市场具有多功能、多层次和多交易中心的特点,主要可细分为零售、批发等功能各异的市场。其中,零售市场又可细分为纳斯达克市场和分值股票市场两个子市场;批发市场还可细分为第三市场和第四市场。

(1) 零售市场。

① 纳斯达克市场。NASDAQ的英文全称是National Association of Securities Dealers Automated Quotation,意为美国证券交易商协会自动报价系统,由美国证券交易商协会(NASD)的全资子公司NASDAQ证券市场公司负责运作[①]。NASD是全美最大的自律性组织,美国几乎所有的证券经纪商和自营商都是它的会员,它还负责监管美国的OTC市场。1971年NASD为OTC市场建设了一个专门收集和处理由市场零散报价、而后再

---

① 2007年7月30日,全美证券商协会(NASD)与纽约证券交易所(NYSE)将双方的会员监管业务合并,成立了统一的自律管理组织美国金融业监管局(FINRA)。

向市场发布股票报价信息的计算机和通信网络系统,提供给分散在全美各地的做市商使用。这一自动报价系统很快得到市场认可,它通过计算机网络将股票经纪商、做市商、投资者和监管机构联结起来,成为世界上第一个电子化证券市场。

纳斯达克市场的功能与证券交易所相同,既有上市融资的功能,也具备二级市场的交易功能,但没有集中和固定的交易场所,秉承了OTC市场做市商所特有的开放分割和虚拟的市场模式。纳斯达克市场运行模式的特点有:一是基于计算机网络的自动报价系统;二是做市商系统。纳斯达克市场利用现代化最新的计算机和电子通信技术,连接全国所有的市场参与者,并使各家证券公司在计算机屏幕的无形化市场上相互竞争,其功能包括行情查询、委托及交易、结算、信息传播和市场监控,并具有服务时间长、速度快、收费低等优点。在1997年以前,纳斯达克采用做市商报价驱动交易模式。在这种模式下,做市商报出所做市股票的买卖盘价格,投资者则可以根据不同做市商的报价做出选择,交易订单按照报价最优的做市商的买卖盘价格成交。纳斯达克市场保持了由多个做市商为一只股票报价的市场模式,因而为市场提供了必要的竞争性和流动性。1997年起,纳斯达克市场开始引入指令驱动型的市场交易模式,在该模式下,交易订单按照客户所指定的价格成交。这样,纳斯达克市场已成为兼用报价驱动和指令驱动两种模式的混合型交易市场。

纳斯达克市场的上市标准低于纽约证券交易所,它的上市条件特别适合于新兴产业和中小型企业,因而成为这类公司寻求融资上市的首选市场。在纳斯达克上市的公司所在行业包括农业、采掘业、建筑业、制造业、交通运输业、商业、保险业等,涵盖范围非常广,但它主要是一个新兴高科技公司股票交易的市场,是美国风险资本套现和高科技公司发展壮大的场所。纳斯达克市场又分成**纳斯达克全国市场**和**纳斯达克小型公司市场**两个子市场。纳斯达克全国市场是它的主要组成部分,上市公司都是成交活跃、市场形象好、符合严格的财务制度和公司治理标准的公司,但对公司的规模和盈利水平要求不高。小型公司市场是为一些有发展潜力的公司准备的,上市标准更为宽松,但公司治理标准与全国市场一样。在小型公司市场上市的股票符合标准后可移至全国市场上市。所谓**第二板市场**,主要指小型公司市场。

自成立以来,纳斯达克市场一直是附属于OTC市场的股票零售市场,是NASD监管下的不以营利为目标的全资子公司。2000年6月,纳斯达克市场通过私募方式开始扩大股东范围,准备融资上市。2006年1月13日,纳斯达克正式获得证券交易所牌照,转型为证券交易所,改名为纳斯达克证券交易所,成功地上市交易。纳斯达克证券交易所仍保持着OTC市场做市商所特有的分割和虚拟的市场模式。

② **分值股票(penny stock)市场**。**分值股票市场**是美国唯一可以进行私募融资的市场,处于美国证券市场结构的最底层。它最大的特点是挂牌公司的规模普遍很小,大多数股票的价格很低,没有严格的上市标准,上市成本也很低。在分值股票市场上挂牌交易的股票总数并不少,接近1万只。在分值股票市场挂牌交易的股票主要来自两方面:大部分是小型公司私募后的股票,小部分是从主流证券交易所退市公司的股票。分值股票市场低股价、高风险和宽松的市场环境一方面为大量无法满足证券交易所上市标准且又具备潜力的新兴小公司提供了融资的机会和成长的环境,另一方面为已被主流证券市场除名的公司股票提供继续交易的场所,因而成为主流证券交易所的补充,填补了低端融资市

场的空缺,使美国证券市场形成完整的市场结构。

1990年美国立法部门责成OTC市场规范分值股票市场,于是在分值股票市场进一步细分为**OTC公告板市场和粉单市场**。

OTC公告板市场(OTC bulletin board,OTCBB)。OTC公告板市场是1990年6月设立的一个电子报价系统,它提供数千种股票的报价并有数百家做市商参与交易。它没有证券上市的限制性标准,也不提供自动交易功能,只是一个股票报价和成交信息披露系统平台,投资者无法通过OTC公告板的报价平台买卖股票,只有通过OTC市场做市商才能交易股票。OTC公告板是这些股票唯一能够向市场披露报价信息和成交信息的平台,因此美国证券市场习惯于将在OTC公告板报价和在OTC市场做市商处买卖股票的交易方式合并称为OTC公告板市场。

OTCBB受全国证券商协会监管。1999年,美国证券交易委员会进一步规范OTCBB,要求挂牌交易的公司提交年度财务报告、季度财务报告和披露重大事件。监管从严和挂牌成本提示导致大量公司从OTCBB转移至粉单市场。

粉单市场(pink sheet market)。粉单市场是目前世界上最大的非上市公司股权交易的电子化场外市场。市场早期将股票报价信息印在粉红色的纸上,将债券信息印在黄色纸上,从而获得粉单市场这一别名。至今,粉单市场仍保留这一传统。1999年起,粉单市场采用电子报价系统,但它既不提供自动撮合,也不执行交易指令,投资者可以从粉单网站获取股票的报价信息,但必须向OTC市场的做市商发出订单才能买卖在粉单网站上报价的证券。**美国证券市场习惯于将粉单网站提供的报价加上在OTC市场买卖股票的交易方式称为粉单市场。**

粉单市场在美国已存在一百多年,它的管理者是一家名叫粉单有限责任公司的私人企业。它既不是在美国证券交易委员会注册的证券交易所,也不是在全国证券交易商协会注册的经纪商和做市商,因此几乎不受证券市场监管机构的约束。粉单公司对参与报价的股票也没有任何限定性的要求。但这并不意味着粉单市场处于监管的真空状态,监管主要来自两方面:一是全国证券交易商协会对做市商行为的监管和约束;二是美国各州证券法律和执法机构对股票发行人的监管和约束。

(2)批发市场。OTC市场除了可以做二级市场的股票零售交易以外,还可以经营批发业务。

① 第三市场。第三市场是专门为机构投资者进行大宗股票交易而形成的市场。它是为适应机构投资者进行大宗交易、降低佣金需求而出现的。第三市场交易的对象是在纽约证券交易所等交易所上市的股票,交易时间不受证券交易所交易时间的限制,交易通过OTC市场的做市商借助计算机和互联网技术进行,交易佣金较低。实际上,第三市场是上市证券的场外交易市场,是场外交易市场的一部分。

② 第四市场。第四市场是为方便机构投资者之间直接交易而设立的市场。与第三市场不同,第四市场不存在做市商,机构之间直接对话交易,也不需要手续费,属于对手方交易模式。参与第四市场交易的机构主要是银行、保险公司、退休基金等金融机构,交易对象主要是美国政府债券、地方政府债券、一级市场和二级市场发行的新股。第四市场的报价和交易也通过互联网和电子撮合技术实现。

（二）我国证券市场的层次结构

经过二十多年的发展，我国在以上海、深圳证券交易所作为证券市场主板市场的基础上，又在深圳证券交易所设置了**中小企业板块市场**和**创业板市场**，在上海证券交易所设立**科创板市场**，同时还发展了**银行间债券市场**、**代办股份转让系统**等场外市场，覆盖股权和债权的多层次证券市场体系已初步形成。

1. 交易所市场

（1）主板市场。上海证券交易所和深圳证券交易所主板是我国证券市场的主板市场，也是我国证券市场体系的核心。上海证券交易所于1990年12月19日正式营业，深圳证券交易所于1991年7月3日正式营业。2004年5月，深圳证券交易所在主板市场内设立中小企业板块市场，为专业突出、具有成长性和科技含量的中小企业提供直接融资平台。

2021年4月，经证监会批准深圳证券交易所主板与中小企业板块合并。

经过30年的快速成长，沪深证券交易所已发展成为拥有股票、债券、基金、衍生品四大类证券交易品种、市场结构较为完整的证券交易所。

为连接香港证券市场和国际证券市场，在沪深交易所内设立沪港通、深港通、沪伦通板块。

沪港通，即沪港股票交易市场互联互通机制，是指上海证券交易所和香港联合交易所有限公司建立技术连接，使我国内地和香港地区的投资者可以通过当地证券公司或经纪商买卖规定范围内的对方交易所上市的股票。

沪港通包括沪股通和港股通两部分。

沪股通是指香港地区投资者委托香港经纪商，经由香港联合交易所设立的证券交易服务公司向上海证券交易所进行申报，买卖规定范围内的上海证券交易所上市的股票。港股通是指内地投资者委托内地证券公司，经由上海证券交易所设立的证券交易服务公司，向香港联合交易所进行申报，买卖规定范围内的香港联合交易所上市的股票。

沪股通的股票范围是上证180指数成份股、上证380指数成份股，A＋H股上市公司在上交所上市的A股。港股通股票的范围是恒生综合大型股指数的成份股、恒生中型股指数的成份股、A＋H股上市公司的H股。

沪股通股票以人民币报价和交易。

港股通交易以港币报价。

投资者通过买卖沪港通股票以人民币与证券公司或经纪商交收。沪港通设立初始股票交易有每日额度控制。额度控制由证券交易服务公司进行实时监控。

境外投资者的境内股票投资，应遵循相关的持股比例限制。上交所和联交所对参与沪港通交易的投资者实行适当性管理。

深港通，是深港股票市场交易互联互通机制的简称，指深圳证券交易所和香港联合交易所有限公司建立技术连接，使我国内地和香港地区的投资者可以通过当地证券公司或经纪商买卖规定范围内的对方交易所上市的股票。

经中国证券监督管理委员会、香港证券及期货事务监察委员会批准，深港通下的股票交易于2016年12月5日开始。

深港通在沪港通试点成功基础上推出,其主要制度安排参照沪港通,遵循两地市场现行的交易结算法律法规和运行模式。深港通没有设定总额度,同时取消了沪港通总额度限制,令深港通和沪港通框架更具透明度和灵活性,是我国内地和香港地区金融市场互联互通、走向共同市场和人民币国际化的重大举措,对两地资本市场产生深远的结构性影响。

沪伦通是指上海证券交易所与伦敦证券交易所利用互联互通的机制,对符合条件的两地上市公司,通过发行存托凭证(DR)的方式在对方市场上市交易的制度安排。

沪伦通存托凭证分为中国存托凭证和全球存托凭证两种。符合条件的伦交所上市公司在上交所上市的存托凭证简称为中国存托凭证(CDR),符合条件的上交所上市公司在伦交所上市的存托凭证简称为全球存托凭证(GDR)。

中国证监会和英国金融行为监管局2019年6月17日发布沪伦通《联合公告》,原则批准上海证券交易所和伦敦证券交易所开展沪伦通。同日,上交所上市公司华泰证券股份有限公司发行的沪伦通下首只全球存托凭证在伦交所挂牌交易。2020年6月,中国太平洋保险全球存托凭证在伦敦交易所挂牌上市,这是国内第二单沪伦通全球存托凭证。沪伦通的开设,意味着全球投资者可以通过伦敦证券交易所沪伦通进行股票交易,投资中国企业。

(2)创业板市场。其又称二板市场,是为具有高成长性的中小企业和高科技企业融资服务的资本市场。我国创业板市场于2009年10月23日在深圳证券交易所正式启动。与NASDAQ不同,我国创业板市场采取在证券交易所内集中交易的模式。创业板市场具有前瞻性、高风险、监管要求严格以及明显的高科技产业导向的特点。我国创业板市场主要面向成长型企业,重点支持自主创新企业,支持市场前景好、带动能力强、就业机会多的成长型创业企业,特别是支持新能源、新材料、电子信息、生物医药、环保节能、现代服务等新兴产业的发展。

(3)科创板市场。科创板,英文是Sci-Tech innovation board(STAR market),2018年11月5日宣布设立,是独立于现有主板市场的新设板块,并在该板块内进行注册制试点。

2019年6月13日,中国证监会和上海市人民政府联合举办了上海证券交易所科创板开板仪式。7月22日,科创板正式开市,首批25家公司挂牌上市。科创板有独立的交易模块、独立的行情显示、独立的股票价格指数,交易日历、证券账户、申报成交等安排与上交所主板一致。

在上交所新设科创板,定位于坚持面向世界科技前沿、面向经济主战场、面向国家重大需求,主要服务于符合国家战略、突破关键核心技术、市场认可度高的科技创新企业,重点支持新一代信息技术、高端装备、新材料、新能源、节能环保以及生物医药等高新技术产业和战略性新兴产业,推动互联网、大数据、云计算、人工智能和制造业深度融合,引领中高端消费,推动质量变革、效率变革、动力变革。

在科创板试点注册制,合理制定科创板股票发行条件和更加全面深入精准的信息披露规则体系。上交所负责科创板发行上市审核,中国证监会负责科创板股票发行注册。

中央决定在上交所设立科创板并试点注册制,对于完善多层次资本市场体系,提升资本市场服务实体经济的能力,促进上海国际金融中心、科创中心建设具有重要意义,同时也为上交所发挥市场功能、弥补制度短板、增强包容性提供了至关重要的突破口和实现路径。

2. 场外交易市场

(1) 全国银行间债券市场。全国银行间债券市场是指依托于中国外汇交易中心及全国银行间同业拆借中心和中央国债登记结算有限责任公司的、面向商业银行、农村信用社、保险公司、证券公司等金融机构进行债券买卖和回购的市场。它成立于1997年6月6日,经过二十多年的发展,已成为我国债券市场的主体部分。

(2) 全国中小企业股份转让系统(national equities exchange and quotations,NEEQ)是经国务院批准设立的全国性证券交易场所,简称股转系统,俗称新三板。全国中小企业股份转让系统有限责任公司为其营运管理机构。我国的三板市场起源于代办股份转让系统。该系统是由具有代办系统主办券商业务资格的证券公司采用电子交易方式,为非上市股份有限公司提供规范股份转让服务的股份转让平台。它的主要功能是为非上市中小型高新技术股份公司提供股份转让服务,同时也为退市后的上市公司股份提供继续流通的场所,并解决了原STAQ、NET系统历史遗留的数家公司法人股的流通问题。

STAQ(全国证券交易自动报价系统)和NET(全国证券交易系统)成立于20世纪90年代初期,是我国最早的法人股场外交易市场。为解决法人股市场的遗留问题,2001年6月,代办股份转让系统正式推出。2002年8月,又承接了主办退市公司的股份交易。2006年,经批准,中关村科技园区非上市股份有限公司进入系统进行股份报价转让试点。因挂牌企业均为高科技企业而不同于原转让系统内的退市企业及原STAQ、NET系统挂牌公司,市场称之为新三板。

2012年8月,国务院批准扩大新三板。新三板扩容是指中关村科技园区非上市股份有限公司代办股份转让系统的试点园区范围扩大和代办系统主办券商的数量增加。新三板扩容在原有中关村科技园区试点的基础上将范围扩大到其他具备条件的国家级高新技术园区;在交易制度上,同步引入做市商制度;在投资者资质上实行投资者适当性管理制度,符合新三板市场投资者适当性管理要求的个人投资者,可以进入新三板参与报价转让交易。2012年8月,新增上海张江高新技术产业开发区、武汉东湖新技术产业开发区、天津滨海高新区,自此,高新园区增至4家。

2012年10月,全国中小企业股份转让系统有限责任公司设立。股份转让系统采用公司制,有独立的股东会、董事会,是公司法人。作为全国性场外市场的运营管理机构,它的经营范围包括:为非上市股份公司的股份公开转让、融资并购等相关业务提供服务;为市场参与者提供信息、技术和服务。在全国股份转让系统挂牌的公司为非上市公众公司,股东人数可以超过200人。系统实行主办券商制度,挂牌股票转让可以采取做市方式,待条件成熟还可采取竞价方式。系统分设创新层和基础层,符合不同标准的挂牌公司分别纳入创新层或基础层管理。

2020年,在中国证监会指导下,全国中小企业股份转让系统(新三板)挂牌公司试行向证券交易所转板上市。试点期间,符合条件的新三板挂牌公司可以申请转板至上交所科创板或深交所创业板上市。转板上市属于股票交易场所的变更,不涉及股票公开发行,由上交所、深交所依据上市规则进行审核并作出决定。转板后,企业在新三板终止挂牌并在上交所或深交所上市交易。

(3) 机构间私募产品报价与服务系统。机构间私募产品报价与服务系统（简称报价系统）是指依法设立的为报价系统参与人（简称参与人）提供私募产品报价、发行、转让及相关服务的专业化电子平台。中国机构间报价系统股份有限公司（简称中证报价）负责报价系统的日常运作和管理。

中国证券业协会对报价系统进行自律管理。

中证报价是经中国证监会批准并由中国证券业协会按照市场化原则管理的金融机构，公司的经营范围主要是提供以非公开募集方式设立产品的报价、发行与转让服务等。

各类符合条件的机构可以注册成为报价系统的参与人。证券期货经营机构的柜台市场、区域性股权交易市场等私募市场可以与报价系统进行系统对接。证券期货经营机构参与人可以通过报价系统开展柜台市场业务，直接创设或承销私募产品并按规定事后备案。

参与人可以经由报价系统向与报价系统联网的私募市场发布私募产品的报价和进行交易。

参与人在报价系统的业务权限分为投资类、创设类、推荐类、代理交易类和展示类。参与人可以根据业务需要开通一类或多类业务权限。在报价系统报价、发行、转让的私募产品包括但不限于私募投资基金，资产管理计划、资产支持证券、私募债务融资工具、非公众公司股份/股权、有限合伙份额、金融衍生品等。

参与人在报价系统发行、转让私募产品应当明确私募产品的风险等级，并对投资者进行适当性管理。

(4) 区域性股权转让市场和地方产权交易所。在我国场外股权交易市场中还包含**区域性的股权转让市场（简称区域性股权市场）和地方产权交易所**。

区域性股权市场是为其所在省级行政区域内中小微企业证券非公开发行、转让及相关活动提供设施与服务的场所。除区域性股权市场外，地方其他各类交易场所不得组织证券发行和转让活动。

在区域性股权市场可以进行非公开发行、转让中小微企业股票、可转换为股票的公司债券和国务院有关部门认可的其他证券以及相关活动。省级人民政府依法对区域性股权市场进行监督管理，负责风险处置。区域性股权市场运营机构负责组织区域性股权市场的活动，对市场参与者进行自律管理。各省、自治区、直辖市、计划单列市行政区域内设立的运营机构不得超过一家。

企业在区域性股权市场发行股票和可转换为股票的公司债券，应当符合法定条件。未经国务院有关部门认可，不得在区域性股权市场发行除股票、可转换为股票的公司债券之外的其他证券。在区域性股权市场发行证券，应当向合格投资者发行。单只证券持有人数量累计不得超过200人。在区域性股权市场发行证券，不得采用广告、公开劝诱等公开或者变相公开方式。在区域性股权市场转让证券的，不得采取集中竞价、连续竞价、做市商等集中交易方式。运营机构应当在每个交易日发布证券挂牌转让的最新价格行情。

中国证监会及其派出机构对区域性股权市场监督管理工作进行指导、协调和监督。

(5) 债券柜台交易市场。债券柜台交易市场承担投资者通过商业银行柜台认购、兑现新发行的凭证式国债和电子式储蓄国债以及办理记账式债券的继续买卖、托管、结算等业务。此外,在证券公司和商业银行营业网点的柜台上投资者还可以申购和赎回开放式基金。

第三节　证券市场监管

证券市场是高风险的市场,同时又是公众的市场,为了保护投资者的利益,保证证券市场能公开、公平、公正和高效地运行,对证券市场加以监管是十分必要的。各国的证券市场监管模式和监管的宽严程度不尽相同,但监管的原则和内容却有相似之处。

一、证券市场监管的相关概念

证券市场监管是指证券管理机构运用法律、经济的以及必要的行政手段,对证券的发行、交易等行为以及证券投资中介机构的行为进行监督管理。

(一) 证券市场监管的意义

对证券市场的监督管理是一国宏观经济监督管理体系中不可缺少的组成部分,对证券市场的健康发展意义重大。

1. 加强证券市场监管是保障广大投资者权益的需要

投资者是证券市场的参与者,投资者进入证券市场是以取得某项权益为前提的。为了保护投资者的合法权益,必须坚持"公开、公平、公正"的原则,加强证券市场的监管。只有这样,才有利于投资者充分了解证券发行者的资信、证券价值和风险状况,从而作出理性的价值判断,选择合适的投资对象,规范自己的投资行为。

2. 加强证券市场监管是有效控制风险、维护市场良好秩序的需要

证券市场参与者多、投机性强、敏感度高,是一个高风险的市场,而证券市场的风险又具有突发性强、影响面广、传播速度快的特点。同时,在现有的经济基础和市场条件下,难免存在蓄意欺诈、垄断行市、内幕交易、操纵股价的不法行为。为此,必须对证券市场进行监管,以便及时发现和处理各种异常情况,有效防范和化解市场风险,并对非法的证券交易活动进行严厉查处,以保护正当交易,维护证券市场的正常秩序。

3. 加强证券市场管理是发展和完善证券市场体系的需要

完善的市场体系有利于证券市场促进资本形成、优化资源配置、发现上市公司价值、完善公司治理结构等功能的发挥,有利于证券行市的稳定,增强投资者信心,促进资本的合理流动,从而推动社会经济的发展。

4. 加强证券市场管理是提高证券市场效率的需要

及时、准确和全面的信息是证券市场参与者进行证券发行和交易决策的重要依据。一个发达高效的证券市场必定是信息灵敏的市场,它不仅需要现代化的信息通信设备系统,还必须有严密的信息披露制度。这只有通过统一的组织管理才能实现。

(二) 证券市场监管的原则

保护投资者合法权益是证券市场监管的核心任务。投资者是证券市场的支柱，投资者对证券市场的信心是证券市场存在和发展的保证。保护投资者的权益，关键是要建立起公平合理的市场环境，为投资者提供平等的交易机会，使投资者能在理性的基础上自主地决定交易行为。因此，建立和维护证券市场的公开、公平、公正原则，是保护投资者合法权益不受侵犯的基础，是证券市场监管的基本原则，也是证券市场规范化的基本要求。

1. 公开原则

公开原则又称信息公开原则，它的核心是实现市场信息的公开化，使证券市场具有充分的透明度。 证券市场的信息是投资者作出合理预期的基础，对证券投资活动有决定性的影响。证券市场的各类参与主体在取得和占有信息的地位上往往是不对称的，证券发行人对自身经营信息的了解具有天然的优势，而投资者尤其是中小投资者则处于不利地位。要保护投资者利益，必须真正实现公开原则。公开原则要求信息披露及时、完整、真实、准确。只有信息公开，投资者才能公平地作出投资决策，才能防止各种证券欺诈和舞弊行为，保证市场公正。

2. 公平原则

证券市场的公平原则，是指证券发行、交易活动中的所有参与者有平等的法律地位，各自的合法权益能够得到公平的保护。 公平原则的核心目的是创造一个所有市场参与者进行公平竞争的环境。按照公平原则，证券市场的所有参与者，不论其身份、地位、经济实力、市场职能有何差异，都应按照公平统一的市场规则进行筹资、投资或中介服务活动，不应受到任何不公平的待遇。只有证券市场有关各方都能遵守公平原则，投资者的利益才能真正受到保护。

3. 公正原则

公正原则是要求证券监管机构在公开、公平原则的基础上，对一切被监管对象给予公正的待遇。 公正原则是实现公开、公平原则的保障。根据公正原则，证券立法机构应当制定体现公平精神的法律、法规和政策，证券监管机构应当根据法律授予的权限公正履行监管职责，要在法律的基础上对一切证券市场参与者给予公正的待遇。

(三) 证券市场监管的目标和手段

国际证监会公布了**证券市场监管的三个目标：一是保护投资者；二是透明和信息公开；三是降低系统风险**。证券市场监管的目标在于保护投资者的合法权益，保障合法的证券交易活动，监督证券中介机构依法经营；运用、发挥证券市场机制的积极作用，限制其消极影响；防止人为操纵、欺诈等不法行为，维持证券市场的正常秩序；根据国家宏观经济管理的需要，运用灵活多样的方式，调控证券发行与交易规模，引导投资方向，使之与经济发展相适应。

证券市场监管的手段主要有法律手段、经济手段和必要的行政手段。法律手段是指通过建立完善的证券法律、法规体系和严格执法来实现监管目标。这是证券市场监管的主要手段，具有较强的威慑力和约束力。经济手段是指通过运用利率政策、公开市场业务、信贷政策、税收政策等经济手段,对证券市场施加影响。这种手段比较灵活,但调节过程需要政策传递机制,见效可能较慢,存在时滞效应。行政手段是指通过对证券市场进行行政性的干预实现监管目标。这种手段比较直接,但运用不当可能违背市场规律,无法发挥作用甚至遭到惩罚。它一般多在证券市场发展初期时法制尚不健全、市场机制尚未理顺或遇突发性事件时使用。

(四)证券市场的监管体系

对证券市场实行集中统一监管与自我管理相结合,是建立证券市场监管体系的基本指导思想和总体原则。证券市场中存在着多个利益主体,筹资者与投资者、上市公司与股东、证券经营机构与客户等之间有着各自不同的利益,存在着矛盾和冲突,如果没有统一的证券法律法规,没有权威的监管机构,要想规范市场主体的行为,维护市场正常秩序是不可想象的;同时,证券市场庞大而复杂,如果没有各有关主体的自我约束、自我教育、自我管理,仅有严密的法律和集中的监管机构也难以奏效。因此,集中统一监管是管理证券市场的保证,证券市场主体的自律是管理证券市场的基础。发达国家的证券市场已经经历了一个长时期的形成和发展过程,其监管体系比较完善和健全。由于各国证券市场的发育程度不同,政府宏观调控手段不同,监管模式也不尽相同。概括起来大致有以下三种体系。

1. 法定机构监管模式(以美国为代表)

法定机构监管模式是根据国家立法设立直接隶属于立法机关的国家证券监管机构,对证券市场进行集中统一监管,而各种自律性组织,如证券交易所、行业协会等起协助作用。这种模式以美国为代表。美国有一套完整的证券法律体系,其证券管理法规主要有1933年的《证券法》、1934年的《证券交易法》、1940年的《投资公司法》、1970年的《证券投资者保护法》等。在管理体制上,实行以证券交易管理委员会(SEC)为全国统一管理证券经营活动的最高监管机构,它直接隶属于国会,独立于政府,对证券发行、证券交易等活动及证券商、投资公司等依法实施全面监管。同时设立证券交易所和全国证券交易商协会,分别对证券场内交易和场外证券市场进行管理,形成了以集中统一管理为主、市场自律为辅的较为完整的证券市场监管体系。

2. 政府监管模式(以日本为代表)

政府监管模式是在政府机构中设立专门的证券监管机构对证券市场实行集中统一监管,各种自律组织起协助作用,这种模式以日本为代表。日本十分重视立法管理,其证券法规主要有《商典法》《公司法》《证券交易法》《证券投资信托法》《担保债券信托法》等。日本的证券主管机关是财务省,具体是由财务省下设的证券局、证券交易监视委员会和金融检查部行使职能,负责监管全国证券市场,同时辅之以证券业协会、公司债券承兑协会、证券投资信托协会以及证券情报中心等团体的自律管理体制。尽管日本实行的是以财务省证券局为主体的监管体制,对证券市场的监管也采用法律手段、经济手段和行政手段等方法,但与美国以法律手段为主的监管模式仍有所不同。其特点是在参照美国证券管理模式的基础上,日本证券监管机构更倾向于采用政府行政指导和直接干预的办法来管理,而且管理更集中、更严格。

3. 自律监管模式（以英国、德国等为代表）

自律监管模式是对证券市场的管理以自律管理为主，辅之以政府有关职能部门实施监督管理的体制。这种模式有两个特点：其一，通常没有制定直接的证券市场管理法规，而是通过一些间接的法规来制约证券市场的活动；其二，没有设立全国性的证券管理机构，而是靠证券市场的参与者，如证券交易所、证券商协会等进行自我监管。英国、德国、意大利、荷兰是自律模式的代表。以英国为例，英国没有证券法或证券交易法，只有一些间接、分散的法规，主要有1958年的《反欺诈（投资）法》、1948年和1967年的《公司法》、1973年的《公平交易法》和1988年的《财务法案》等，这种法规法案是证券市场自我管制的指导和补充。英国虽然设立了专门的证券监管机构，称为证券投资委员会（SIB），依据法律享有极大的监管权力，但它既不隶属于立法机关，也不隶属于政府内阁，它主要的职能是负责注册、管理证券公司。英国证券市场的实际监管工作主要通过以英国证券业理事会和证券交易所协会为核心的非政府机构进行自我监管，其中，证券交易所协会是英国证券市场自律管理系统的最高管理机构。1998年以来，英国正在改革这种监管模式，以加强政府的监管力量。

虽然世界各国的证券市场监管体系各有特色，但有一点是共同的，即都是进行集中统一监管与自我管理相结合的管理，而且都有加强集中统一监管力度的趋势。这样一种证券监管体系，有主有辅，有分工有协作，各有自己确定的任务和职责，又有共同的目标，统筹协调，有机地形成一个有效的证券市场监管体系。

（五）我国发展证券市场的指导方针和监管体系

1. 我国发展证券市场的指导方针

我国证券市场的发展必须坚持"法制、监管、自律、规范"的八字方针。 其中，规范是目的，是做好证券市场工作的基本点，也是八字方针的核心。没有规范，证券市场就不能健康地发展。要实现规范，必须依靠法制、监管和自律；法制是基础，法制建设是保证证券市场沿着正确轨道健康发展的基本条件；监管和自律是手段，政府监管和行业自律是证券市场法制能够得到切实落实的根本保障。因此这四个方面相辅相成，相互作用，缺一不可。

2. 我国的证券市场监管体系

我国证券市场实行以政府监管为主、自律为补充的监管体系。 这一监管体制随着证券市场的发展经历了从地方监管到中央监管、从分散监管到集中监管的过程。它大致可分为两个阶段：第一阶段从20世纪80年代初期到90年代中期，证券市场处于区域性试点阶段。这一时期证券市场的监管主要由地方政府负责，上海、深圳分别颁布了有关股份公司和证券交易的地方性法规，建立了地方证券市场监管机构，中央政府只是进行宏观指导和协调。第二阶段从1992年开始，这一年开始在全国范围内进行股票发行和上市试点，证券市场开始成为全国性市场。与此相适应，证券市场的监管也由地方管理为主改为中央集中监管。是年成立了国务院证券委员会和中国证券监督管理委员会，负责对全国证券市场进行统一监管。1998年国务院决定撤销国务院证券委员会，其工作改由中国证券监督管理委员会（简称中国证监会）承担，并决定中国证监会对地方证管部门实行垂直领导，从而形成了集中统一的监管体系。我国证券市场监管体系由中国证监会和其派出机构证券监管局组成。中国证监会是国务院直属机构,是全国证券、期货市场的主管部门,按照国务院授权履行行政管理职能,依照法律、法规对全国证券、期货业进行集中统一监管。我国的证券自律组织主要是证券交易所、中国证券业协会和地方证券业协会。为保护证券投资者的合法权益,我国设立了证券投资者保护基金。经过三十年的发展,我国证券市场已形成中国证监会及其派出机构、证券交易所、证券业协会和投资者保护基金五位一体的监管体系和自律管理体系。

二、证券市场监管的主要内容

(一)证券市场监管的重点

1. 信息披露

制定证券信息披露制度的目的是通过充分和公开、公正的制度来保护公众投资者,使其免受欺诈和不法操纵行为的损害。

信息披露的基本要求:① **全面性**,指信息披露义务人应当充分披露可能影响投资者投资判断的有关资料,不得有任何隐瞒或重大遗漏;② **真实性**,指信息披露义务人公开的信息资料应当准确、真实,不得有虚假记载、误导或欺骗;③ **时效性**,指向公众投资者公开的信息应当具有最新性、及时性,公开资料反映的公司状态应为公司的现实状况,公开资料交付的时间不得超过法定期限。

对信息披露的监管主要是制定证券发行与上市的信息公开制度,包括证券发行信息的公开、证券上市信息的公开、持续信息公开制度及信息披露的虚假或重大遗漏的法律责任。

2. 操纵市场

证券市场中的操纵市场,是指某一组织或个人以获取利益或者减少损失为目的,利用其资金、信息等优势,或者滥用职权,影响证券市场价格,制造证券市场假象,诱导或者致使投资者在不了解事实真相的情况下作出证券投资决定,扰乱证券市场秩序的行为。

对操纵市场行为的监管包括事前监管和事后处理。事前监管是指在发生操纵行为前,证券监管机构采取必要手段以防止损害发生。事后处理是指证券监管机构对市场操纵行为者的处理及操纵者对受损当事人的损害赔偿,主要有对操纵行为的处罚和操纵行为受害者可以通过民事诉讼获得损害赔偿。

3. 欺诈行为

欺诈行为是指以获取非法利益为目的,违反证券管理法规,在证券发行、交易及相关活动中从事欺诈客户、虚假陈述等行为。对欺诈行为的监管主要包括禁止任何单位或个人在证券发行、交易及其相关活动中欺诈客户;证券经营机构、证券登记或清算机构以及其他各类从事证券业的机构有欺诈行为的,将根据不同情况,限制或者暂停证券业务及其他处罚;因欺诈行为给投资者造成损失的,应当依法承担赔偿责任。

4. 内幕交易

内幕交易,又称知内情者交易,是指公司董事、监事、经理、职员、主要股东、证券市内部人员或市场管理人员,以获取利益或减少经济损失为目的,利用地位、职务等便利,获取发行人未公开的、可以影响证券价格的重要信息,进行有价证券交易,或泄露该信息的行为。对内幕交易的监管包括界定内幕交易的行为主体、内幕信息、内幕交易的行为方式及内幕交易的法律责任。

（二）对证券发行市场的监管

证券发行市场管理是指证券监管机构对新证券发行的审查、控制和监督。证券发行管理是加强证券市场管理的重要环节,对证券市场的稳定健康发展具有重要意义。对证券发行的管理,首要的是对证券发行资格的审核。只有具备了证券发行条件,才能进入市场发行证券。**世界各国对证券发行审核的方式主要有两种：一是注册制（registering system）,以美国联邦证券法为代表；二是核准制（authorizing system）,以欧洲各国的公司法为代表。**

1. 注册制

证券发行注册制奉行公开管理原则。它要求发行人在准备发行证券时,必须将依法公开的各种资料完整、真实、准确地向证券监管机构呈报并申请注册。证券监管机构的职责是依据信息公开原则,对申报文件的全面性、真实性、准确性和及时性作形式审查,并不对证券发行行为及证券本身作出价值判断。申报文件提交后,经过法定期间,监管机构若无异议,申请即自动生效。注册制适合成熟的证券市场。在注册制下,发行人向投资者提供证券发行的有关资料,可帮助投资者作出投资决策,但并不保证发行的证券资质优良、价格适当等。

2. 核准制

证券发行核准制采用实质管理原则。它要求发行人在准备发行证券时,不仅要充分公开发行人的真实状况,而且必须符合有关法律和证券监管机构规定的必备的实质性条件。证券监管机构有权否决不符合规定条件的发行申请。证券监管机构除了对申报材料进行形式审查外,还对发行人是否符合法律和监管机构规定的发行条件进行实质审核,并作出发行人是否符合发行实质条件的判断。核准制较适合新兴的证券市场,实行核准制的目的在于,尽监管机构所能保证发行的证券符合公共利益和社会发展的需要。

注册制属于形式审核,核准制属于实质审核,它们的主要区别在于审核机关是否对公司的价值作出判断。但发达资本市场的注册制也存在一定程度的实质审核。美国是实行注册制的代表,美国证券发行上市的注册制包含两层含义：一是联邦层面的、以信息披露为基础的注册制；二是州层面的、以各州证券法（统称蓝天法）为依据、进行实质审核的注册制。实际上,美国联邦的注册制是以州的实质审核为基础的,联邦证券法是蓝天法的补充。

现在很多国家都倾向于综合运用这两种制度,以达到保护投资者权益和促进企业融资的双重目的。我国的股票发行逐步实行注册制。申请公开发行股票,发行人作为信息披露第一责任人,应当依法充分披露信息,所披露信息必须真实、准确、完整,不得有虚假记载、误导性陈述或者重大遗漏。发行申请发行股票需由保荐人保荐和辅导并向交易所申报。保荐人制度明确规定保荐机构和保荐代表人的责任,并建立了责任追究机制。交易所设立独立的审核部门,负责审核发行人公开发行并上市的申请,设立股票上市委员会,负责对审核部门出具的审核报告和发行人的申请文件提出审议意见。交易所同意发行人股票公开发行并上市,将审核意见报送中国证监会。证监会根据交易所的审核意见依法作出同意注册或不予注册的决定。发行注册制度和保荐人制度的安排形成了市场各参与主体各司其职、各负其责、各担风险的责权关系。

(三) 对证券流通市场的监管

1. 证券交易所的管理

证券交易所设立的管理一般采用三种不同的管理方式:一是特许制,即证券交易所的设立须经监管机构的特许方可设立。世界上大部分国家采取特许制;**二是登记制**,即只要交易所的规章符合有关法规,即可登记成立,美国主要采用登记制;**三是承认制**,即政府没有专门的审批交易所的机构,只要得到证券交易所协会的承认即可,但必须提供遵守证券交易规章制度的保证及交易所本身的规则。英国采用的是承认制。我国采用的是特许制,证券交易所的设立由国务院决定,并由中国证监会监督管理。各国证券交易法均明确规定,证券交易监管机构对证券交易所的场内交易具有检查监督管理权,主要措施有:审查交易所的章程、细则和决议的内容;对交易所进行定期的检查或要求其提交规定的营业与财务报告;交易所如有违法行为,损害公共利益,监管当局可给予警告、令其停业,甚至解散的处分。

2. 证券上市制度的管理

对证券交易市场的监管主要通过证券上市制度来实施。证券上市制度是证券交易所和证券监管机构制定的有关证券上市规则的总称。政府债券一般可以不经过监管机构审核而直接上市。公司债券和股票上市必须由发行人提出申请,并满足证券交易所规定的条件,经批准后方可在证券交易所公开买卖。证券获准上市,上市公司应与证券交易所订立上市契约,作为确定上市公司与证券交易所各自权利和义务的依据。依此契约,上市公司承诺接受证券交易所的管理,承担上市契约或交易所自律规章中规定的信息披露等义务;同时,上市公司的证券有权在证券交易所内挂牌交易,享受交易所提供的服务。已上市的证券若不再满足上市条件或遇有特殊情况将暂停上市或终止上市。

(四) 对上市公司的监管

对上市公司监管的重点是贯彻执行国家证券法规,规范上市公司及其关联人在股票发行和交易中的行为,督促上市公司按照法规要求,及时、准确、完整地履行信息披露义务。各国的证券法规均以强制方式要求上市公司披露信息,目的是通过充分和公正、公开的制度来保护公众投资者,使其免受欺诈和不法操纵的损害。**上市公司的信息披露制度包括证券发行信息披露和上市后的持续披露两方面。**证券发行信息披露制度要求发行人通过招股说明书等信息披露文件,公开股份公司的经营业绩、财务资料、管理人员及大股东的情况及股票发行的有关资料。股票上市后,上市公司有持续披露信息的义务,信息持续披露文件包括定期报告和临时报告。定期报告有年度报告、中期报告和季度报告,主要内容包括期内公司经营情况和财务会计资料,是投资者进行投资分析的主要依据。临时报告包括常规公告、重大事件公告、收购合并公告、股东持股变更公告等,主要是在上市公司发生可能对公司股票价格产生重大影响的事件时,向公众投资者披露相关的信息。上市公司的信息披露文件是向证券监管机构或公众投资者提交或交付的法律文件,证券发行人和与信息披露文件制作、鉴证相关的机构应对信息公开文件的真实性、准确性、完整性承担相应的法律责任。

(五)对证券中介机构的监管

1. 对证券经营机构的设立监管

对证券经营机构的设立监管主要有特许制和注册制。

(1) 以日本为代表的特许制(或称许可制)。日本的证券经营机构在经营业务之前,必须先向财务省提出申请。财务省根据不同的经营业务种类授予不同的特许。证券商申请特许,必须具备一定的条件,如拥有足够的资本,具有相当的经营证券业务知识和经验,信誉良好等。财务省根据实际情况,确定发给证券商带有附加条件的特许。

(2) 以美国为代表的注册制。美国的证券交易法规定,所有经营全国性证券业务的投资银行(包括证券承销商、经纪商、自营商等)都必须向证券交易委员会登记注册,取得注册批准后,还得向证券交易所申请会员注册,只有同时取得证券交易委员会的注册批准和证券交易所的会员资格的投资银行才能经营证券业务。

我国对证券经营机构的管理实行**审批制**,设立证券公司必须经国务院证券监督管理机构审查批准。证券监管机构对证券公司实行按具体业务监管的体制,根据不同业务的经营特点,设定不同的行政许可条件,并由国务院证券监督管理机构按其业务分类颁发业务许可证。

2. 对证券经营机构的行为监管

对证券经营机构的行为监管包括对证券承销商、经纪商、自营商的资格确认和监督检查制度;对承销商、经纪商和自营商的行为规范与行为禁止制度;证券经营机构的准入制度、高级管理人员任职资格、内控制度、风险控制指标管理、定期报告制度和财务保证制度等。

3. 对证券服务机构的监管

对证券服务机构的监管主要包括对从事证券业务的会计师事务所、律师事务所、资产评估机构、资信评级机构、证券市场信息传播机构的资格管理和日常业务监督。我国对从事证券相关业务的会计师事务所和注册会计师实行许可证管理制度,对从事资产评估的机构、从事证券投资咨询的机构和资信评级机构也实行许可证制度,并由国务院证券监督管理机构和有关的主管部门对它们的日常业务加以监督管理。

(六)对证券从业人员的监管

证券从业人员是指证券中介机构(包括证券公司、证券登记清算机构、证券投资咨询机构以及其他可经营证券相关业务的机构)中一些特定岗位的人员,可分为管理人员和专业人员两类。对证券从业人员的监管主要有证券从业人员资格考试和注册认证制度,并对他们的日常业务行为规定有行为规范和禁止行为的范围。

(七)对投资者的监管

对投资者的监管主要是监督证券市场的投资者依照法规和市场规则公平进行投资活

动,禁止内幕交易、操纵市场等证券欺诈活动,维护市场的正常交易秩序,保护全体投资者的合法权益。为保护投资者特别是中小投资者的合法权益,大多数国家和地区的证券监管机构对投资者进行适当性管理,即设定一定的市场准入条件,对部分高风险产品的投资作出硬性规定或原则性指引。我国也建立了投资者适当性管理制度,证券公司向客户销售金融产品,或者以客户买入金融产品为目的提供投资顾问、融资融券、资产管理、柜台交易等金融服务,应当制定投资者适当性制度,向客户销售适当的金融产品或提供适当的金融服务。

投资者适当性管理包括以下内容:了解投资者的相关情况并评估其风险承受能力;了解拟提供的产品或服务的相关信息;向投资者提供与其风险承受能力相匹配的产品或服务,并进行持续跟踪和管理;提供产品或服务前,向投资者介绍产品或服务内容、性质、特点、业务规则等,进行有针对性的投资者教育;揭示产品或服务的风险,与合格投资者签署《风险揭示书》。

(八)证券市场禁入规定

为维护证券市场秩序,保护投资者合法权益,中国证监会制定《证券市场禁入规定》,对违反法律法规的有关责任人采取证券市场禁入措施。

根据《证券市场禁入规定》规定,证券发行人、上市公司、非上市公众公司、证券公司、证券服务机构、证券投资基金管理人、证券投资基金托管人的有关责任人员违反法律、行政法规或中国证监会有关规定,视情节及后果严重程度不同,可分别采取 3~5 年、6~10 年、终身证券市场禁入措施,并可一并依法进行行政处罚,直至依法移送公安机关、人民检察院。

三、证券市场自律

(一)证券监管与自律

自律(self regulation),是指证券市场参与者组成自律组织,在国家有关证券市场的法律、法规和政策指导下,依据证券行业的自律规范和职业道德,实行自我管理、自我约束的行为。**证券市场的监管主要有政府的集中监管、自律组织对证券业的自我监管以及证券经营机构内部监管三个层次。**政府监管是政府监管机构根据国家的有关法律、法规、规章和政策对全国范围的证券业务活动进行监管,带有行政管理的性质,在证券市场监管中发挥主要作用。但政府监管有一定的局限性,不可能深入市场运行的每一个环节,会有许多监管盲区,而且可能使政府监管机构承担本来应当由市场承担的风险。加强自律,可以通过市场主体之间的相互监督和自我约束,减轻市场监管机构的负担,提高市场监管效率,有利于更好地监管证券市场。

证券市场的自律主要通过自律组织实行。自律组织是通过制定公约、章程、准则、细则对证券市场活动进行自我监管的组织。自律组织一般实行会员制。自律组织对其会员的监管通常有两种方式:一是对会员公司每年进行一次例行检查,包括对会员的财务状况、业务执行情况、对客户的服务质量等进行检查;二是对会员的日常业务活动进行监管,包括对其业务活动进行指导,协调会员之间的关系,对欺诈行为、操纵市场等违法违规行为进行调查处理等。我国证券业自律组织有:证券交易所、中国证券业协会和地方证券业协会。

(二)证券自律机构

1. 证券交易所

证券交易所的自律主要是通过其市场组织者的有利地位,依照法规和内部规则对会员和上市公司进行监管,对证券买卖行为的合法性进行监管。由于证券交易所是上市证券集中交易的场所,容易及时发现问题,能够对整个交易活动进行全面的实时监控,所以证券交易所的一线监管是其他任何机构不能代替的。证券交易所的具体监管内容包括:对证券交易活动的监管、对会员的监管和对上市公司的监管三个方面。

2. 证券业协会

证券业协会是证券行业的自律组织,一般为社会法人团体。证券业协会的自律,主要是根据国家有关的证券法律、法规、方针、政策,依照章程和行业自律规则对会员机构实行行业内部的自律,监督会员遵守法规,维护证券业的整体形象,保护会员合法权益,反映会员要求,协调会员关系,监督检查会员遵纪守法情况,对会员违反协会章程和行业自律规则的行为进行纪律处分。

3. 证券投资者保护基金

为建立防范和处置证券公司风险的长效机制,保护证券投资者的合法权益,我国设立了证券投资者保护基金。证券投资者保护基金是指依法筹集形成的,在防范和处置证券公司风险中用于保护证券投资者利益的资金。国有独资的中国证券投资者保护基金有限责任公司负责基金的筹集、管理和使用。

基金按照取之于市场、用之于市场的原则筹集。基金主要用于证券公司被撤销、被关闭、破产或被证监会实施行政接管、托管经营等强制性监管措施时,按照国家有关政策规定对债权人予以偿付。

专栏 2-3　国际证监会组织(IOSCO)和国际证券交易所联合会(FIBV)

国际证监会组织(International Organization of Securities Commissions,IOSCO)是证券监管领域最重要的国际组织,成立于1983年,其前身为成立于1974年的证监会美洲协会。IOSCO总部设在西班牙的马德里,现有224个会员机构。

中国证监会在IOSCO 1995年的巴黎年会上成为该组织正式会员。按地区划分,中国证监会属亚太地区委员会正式成员。按市场发展状况划分,中国证监会是新兴市场委员会的正式成员。2004年5月,在约旦安曼举行的第29届年会上,中国证监会第四次连任IOSCO执委。我国的上海证券交易所、深圳证券交易所于1996年9月成为其附属会员和咨询委员会成员。

国际证券交易所联合会成立于1961年,永久会址设在巴黎。其前身是1957年欧共体8个成员国成立的欧洲证券交易所协会,随着伦敦及其他证券交易所的加入,1961年该协会重组为国际证券交易所联合会（Federation Internationale des Bourses de Valeurs,法文简称FIBV）,1966年和1970年纽约和东京证券交易所分别加入该协会后,该联合会成为世界主要证券交易所的国际性组织,成员现已涵盖了衍生产品、票据交换、结算和其他金融服务等多个领域。在2001年会员会议上,该组织正式更名为World Federation of Exchange（英文简称WFE）。

国际证券交易所联合会对会员的市场规模、法制化建设等诸方面都有严格的要求,因此取得国际证券交易所联合会会员资格被各国证券监管机构及市场参与者作为其证券市场达到国际认可标准的一种认同。国际证券交易所联合会的宗旨是:促进成员之间的紧密合作;为跨国证券交易和公开发售建立统一标准;宣传交易所自律在整个监管体系中的重要性;支持新兴市场的发展,使之最后达到国际证券交易所联合会的会员标准;促进全球证券市场规范化的进程。国际证券交易所联合会的目的在于推动市场的发展,满足市场使用者的需要。作为全球证券行业的国际性组织,国际证券交易所联合会的研究成果涉及行业自律、执行、交易中断、市场交易指引等多个方面的内容。

资料来源:周正庆主编:《证券市场读本》(修订本),中国金融出版社2006年版。

本章小结

证券市场按功能划分,由证券发行市场和证券流通市场组成。发行市场和流通市场在证券市场的运行中承担不同功能,同时又相互依存、相互制约,组成一个不可分割的整体。

证券发行市场由发行人、投资者和承销商组成。证券发行方式有直接发行与间接发行,公募发行与私募发行之分。股票发行的目的有为新设立的股份公司募集股份、上市公司为增加投资、调整财务结构、满足上市标准、巩固公司经营权等。股票发行类型有初次发行、增资发行、无偿发行和混合发行。股票的发行价格有面值发行和溢价发行。新股发行定价的估值方法有贴现现金流量法和可比公司法。股票发行价格的定价方式有协商定价、一般询价、累计投标询价、上网竞价等。我国现行的股票发行制度是注册制,目前,已经在科创板和创业板试行注册制,沪深交易所的主板仍实行核准制。发行方式是对公众投资者网上发行和对机构投资者及符合条件的个人投资者网下配售相结合的方式,并可同时运用回拨机制、超额配售选择权和路演推介。首次公开发行的价格是以询价或协商定价方式来确定的发行价格。公司债券发行的目的有筹集资金、灵活运用筹资渠道、分散筹资风险等。债券发行条件包括确定发行总额、券面金额、券面利率、债券期限、发行价格、偿还方式、发行担保、税收效应等。债券的发行方式有定向发售、承购包销、直接发售、招标发行等,其中招标发行又有缴款期招标、价格招标、收益率招标以及荷兰式招标、美式招标之分。债券的偿还方式有到期偿还、期中偿还和展期偿还等。

证券流通市场可分为证券交易所和场外交易市场,证券交易所是证券市场的核心。证券交易所的组织形式有公司制和会员制;运行系统包括交易系统、结算系统、信息系统、监察系统;交易原则是价格优先和时间优先;核心运行机制是价格决定机制,我国证券交易所运用集合竞价和连续竞价决定交易价格。场外交易市场在交易主体、交易对象、价格形成机制、市场功能等方面与证券交易所有所不同,是证券交易所的重要补充。

证券市场的结构体系是指根据金融工具风险特征和投资者风险偏好程度的不同,在证券市场中细分形成的多个具有递进或互补关系的不同层次的市场。美国证券市场体系由以纽约证券交易所为主的交易所市场和以纳斯达克为主的场外市场组成。我国在以上海、深圳证券交易所作为证券市场主板市场的基础上,又在上海证券交易所设立了科创板市场,在深圳证券交易所设置了创业板市场,同时还发展了银行间债券市场、全国中小企业股份转让系统、机构间私募产品报价与服务系统等场外市场,覆盖股权和债权的多层次证券市场体系已初步形成。

证券市场监管的原则是"三公"原则。监管的目标是保护投资者、透明和信息公开、降低系统风险。监管的手段有法律手段、经济手段、行政手段。证券市场监管体系有法定机构监管、政府机构监管及自律监管三种模式。监管的重点是信息披露、操纵市场、欺诈行为和内幕交易,监管的内容包括对发行市场、流通市场、上市公司、证券中介机构、证券从业人员和投资者进行监管。证券市场自律是对政府监管的补充,包括证券交易所自律、证券业协会自律和证券投资者保护基金。

基 本 概 念

证券发行市场　公募发行　私募发行　直接发行　间接发行　初次发行　增资发行　科创板　超额配售选择权　证券流通市场　证券交易所　价格优先　时间优先　集合竞价　连续竞价　市价总额　上市总额　场外交易市场　沪港通　沪伦通　新三板　证券市场监管　注册制　核准制　自律

复习思考题

1. 简述证券发行市场和证券流通市场的功能及两者之间的相互关系。
2. 股票发行类型有几种?它们之间有什么区别?
3. 股票发行价格有几种?影响新股发行价格的因素有哪些?

4. 股票发行的定价方式有哪些?我国的新股发行定价方式是什么?
5. 我国的股票发行方式是什么?
6. 新股发行注册制对公司信息披露有何要求?
7. 债券发行方式有哪些?债券发行条件有哪些?
8. 证券交易所有哪些特征?具备哪些功能?
9. 证券交易的原则是什么?交易规则有哪些?它们对证券交易有何意义?
10. 证券交易所的运行系统包括哪些子系统?它们各有什么作用?
11. 场外交易市场与证券交易所有什么不同?它有什么功能?
12. 证券市场监管的原则是什么?证券市场监管的模式有哪几种?
13. 证券市场监管的目标是什么?监管的手段是什么?
14. 我国多层次资本市场主要包括哪些市场?
15. 证券市场监管的重点什么?监管的主要内容是什么?

第三章 证券交易程序和方式

证券市场是各种证券交易关系的总和。证券交易活动需要按照一定的交易程序和交易方式来组织,这不仅保证了数额巨大的证券能以很快的速度成交,而且也保证了证券市场的交易秩序,有利于加强对证券市场的管理,以建立一个公开、公平、公正和高效的市场。

随着商品经济的发展和世界经济形势的变化,证券交易方式也在不断地发展和更新,出现了金融期货交易和期权交易。按照证券交易从订约到履约的期限关系和交易双方的选择权限,证券交易方式可分为现货交易、信用交易、期货交易和期权交易。

第一节 证券交易程序

证券交易,主要是指投资者通过经纪商在证券交易所买卖证券的交易,要经过**开户、委托、竞价成交、结算、登记过户**等程序。

一、开户

投资者要在证券交易所买卖证券,首先要向证券登记结算公司申请开立证券账户,并选定一家信用可靠、服务优良的证券公司办理开户手续。开户包括开立证券账户和资金账户。

(一)开户的必要性

(1)证券经纪公司有必要了解、掌握客户的基本情况,实施投资者适当性管理。通过开户登记和以后在接受客户委托、代理客户买卖证券的经纪业务中,证券公司可逐步积累客户参与证券交易的资料,形成一套完整地反映客户的信用状况、投资目的、投资经验、资产状况和风险承受能力的档案。这样一方面便于证券公司根据不同投资者的情况有针对性地开展投资咨询,向投资者提供与其风险承受能力相匹配的产品或服务,并进行持续跟踪和管理;另一方面也为证券公司提供安全保证,保护证券公司免遭因客户不能履行委托指令而可能带来的损失。

(2)证券公司和客户之间确立委托代理的法律关系。开户后,双方都应按照有关的交易规则履行义务,承担责任。这种契约关系受法律的约束和保护,这对维护证券公司和投资者双方的经济利益是十分必要的。

（3）防止知情人从中谋利,以保证证券交易的公正性。为建立一个公正的市场,各国证券法规都有有关知情人必须回避证券交易活动的规定。通过为投资者进行开户登记,以及在以后的交易活动中的必要调查,能使每一位客户的身份得到确认,为防止知情者违法交易的发生提供一定的保证。

（4）方便证券公司和客户之间的日常业务联系。在证券交易中,难免会发生变更、差错等意外情况,证券公司必须对投资者的地址、联系电话等进行确认,才能保证日常业务联系渠道的畅通,使委托业务能顺利进行。

开立证券账户应坚持合法性和真实性原则。

（二）开户的主要内容

1. 开设证券账户

证券账户(security account)是指证券登记机构为投资者设立的,用于准确记载投资者所持有的证券种类、名称、数量以及相应权益和变动情况的一种账册。投资者在开设证券账户的同时,即已委托证券登记机构为其办理**证券登记、托管与存管、结算业务**。

证券账户具有证券登记、证券托管与存管、证券结算的功能。**证券登记**是证券登记结算机构接受证券发行人的委托,通过设立和维护证券持有人名册确认或变更证券持有人及其权利的法律行为。证券登记分为证券初始登记、变更登记、退出登记等。**证券托管**是指投资者将持有的证券委托给证券公司保管,并由证券公司代为处理有关证券权益事务的行为。**证券存管**是指证券公司将客户证券和自有证券委托给证券登记结算机构统一保管,并由证券登记结算机构代为处理有关证券权益事务的行为。**证券结算**是指证券成交后买卖双方结清价款和交割证券的过程。我国的证券登记结算机构是中国证券登记结算有限责任公司和所属的上海分公司、深圳分公司,它们行使证券集中登记、存管与结算职能,采取全国集中统一的运营方式,是不以营利为目的的法人。上海证券交易所实行全面指定交易的证券托管制度,深圳证券交易所实行"自动托管、随处通买、哪买哪卖、转托不限"的托管制度。

我国的证券账户分为个人账户和法人账户两种。证券账户采取实名制,投资者通过证券账户持有证券,证券账户用于记录投资者持有证券的余额及其变动情况。按证券账户的用途,分为人民币普通股票账户、人民币特种股票账户、创业板交易账户、证券投资基金账户和其他账户。按交易场所不同,分为上海证券账户和深圳证券账户。证券账户的开立分别由中国证券登记结算有限责任公司上海分公司和深圳分公司以及由它们授权的证券经营机构办理。证券账户全国通用,投资者可以在开通上海或深圳证券交易业务的任何一家证券营业部委托交易。

2. 开设资金账户

资金账户(cash account)是证券经纪商为投资者设立的账户,用于记载和反映证券交易的货币收付、结存余额和变动情况。投资者委托买入证券时,须先开立证券交易结算资金账户并存入交易所需资金,投资者委托卖出证券的价款存入交易结算资金账户。证券公司应将客户的交易结算资金独立存管。客户交易结算资金独立存管是指证券公司将客户交易结算资金独立于公司自有资金,存放在具有一定独立性和必要监管的存管机构,并通过建立公司内部客户资金安全管理运作机制,加强对客户交易结算资金的管理,以保证客户交易结算资金安全的制度安排。

我国《证券法》规定:"证券公司客户的交易结算资金应当存放在商业银行,以每个客户的名义单独立户管理。"为此,证券行业全面推行第三方托管制度。**第三方托管制度的核心内容是"券商托管证券、银行存管资金"。**在客户的证券和资金管理严格分离的基础上,由证券公司负责客户证券交易以及根据交易所和登记结算公司的交易结算数据清算客户的资金和证券;由符合条件的存管银行负责管理客户交易结算资金管理账户、客户交易结算资金汇总账户和交收账户,向客户提供交易结算资金存取服务,并为证券公司完成与登记结算公司和场外交收主体之间的法人资金结算交收服务的客户资金存管制度[①]。

(三)证券账户的类型

1. 现金账户

这是为以现货交易方式进行证券投资的客户开立的账户。开立这种账户的投资者在交易过程中不得融资或融券,必须全部以现款或现券进行交易。具体地说,开立现金账户的投资者,买入证券时必须在清算日以前交付全部价款;卖出证券时必须在清算日或清算日之前交出全部准备出售的证券。具体的清算交割日期由各证券交易所自行规定,大多数证券交易所的清算交割是在证券成交后第3个营业日进行。有的证券公司要求投资者在资金账户上至少保留一定数额的存款。

2. 保证金账户

这是为以保证金交易方式进行证券投资的客户开立的账户。开立保证金账户的投资者可以通过交付保证金以向证券公司融资或融券的方式进行交易。开立保证金账户时,投资者要与证券公司签订协议,这一协议规定,投资者必须按有关规定交存一定比率保证金以及在必要时追加保证金。协议还规定,证券公司有权以保证金账户上客户的证券作为证券公司贷款的抵押品,也可以将保证金账户上的证券借给其他客户做保证金卖空交易。证券公司对开立保证金账户持谨慎态度,必须真正了解客户的信用状况和资产状况,避免在交易过程中承担太大的风险。

二、委托

投资者开立了证券账户和资金账户后就可以在证券营业部办理委托买卖。委托买卖是指证券经纪商接受投资者委托,代理投资者买卖证券,从中收取佣金的交易行为。

(一)委托方式

它是指投资者为买卖证券向证券公司发出委托指令的传递方式,有递单委托、电话委托、传真委托、函电委托、自助终端委托和互联网委托等。

(1)递单委托,又称书面委托、柜台委托,是最基本、最常见的委托方式,指投资者凭本人的证券账户、身份证等证件,亲自到证券公司营业部,填写委托买卖书并签章,经证券营业部业务员审核确认后,将委托指令通过电话传送给公司派驻在证券交易所内的经纪

---

① 中国证券业协会编:《证券交易》,中国财政经济出版社2007年版,第58页。

人,经纪人以会员公司营业部的名义代理投资者买卖证券的委托方式。

(2) 电话委托,是指投资者通过电话方式表明委托意向,完成证券买卖和有关信息查询的委托方式。

(3) 传真委托和函电委托,指委托人填写委托内容后,将委托书采用传真或函电方式表达委托意向,提出委托要求。证券经纪商收到传真件或函电件后代为填写委托书,经核对无误后及时将委托内容输入交易系统申报进场,同时将传真件或函电件作为附件附于委托书后的委托方式。

(4) 自助终端委托,指委托人通过证券营业部设置的专用委托计算机终端,凭证券账户磁卡和交易密码进入计算机交易系统委托状态,自行将委托内容输入交易系统以完成证券交易的委托方式。

(5) 互联网委托,指证券经纪商的计算机交易系统与互联网连接,委托人利用任何可上网的计算机、手机等终端,通过互联网或移动通信网凭交易密码进入证券经纪商计算机交易系统委托状态,自行将委托内容输入计算机交易系统,完成证券交易的委托方式。

(二) 委托内容

买卖证券的委托书一般包括以下几项内容。

(1) 证券账号,投资者在登记结算公司开立的证券账户号码。

(2) 日期,投资者委托买卖的年、月、日。

(3) 品种,买入或卖出证券的名称或代码。

(4) 买卖方向,明确表明是委托买入还是委托卖出。

(5) 数量,委托买卖的数量,有整数委托和零数委托。整数委托以交易单位(俗称手)或交易单位的整倍数计,零数委托是不足一个交易单位的委托。我国目前只有在卖出证券时才有零数委托。

(6) 委托价格,包括市价委托和限价委托。**市价委托**是投资者要求证券经纪商按市场价格买入或卖出证券;**限价委托**是投资者要求证券经纪商按限定价格或更优的价格买入或卖出证券,限价委托必须填清委托买入或卖出的具体价位。如果不指明价格,证券经纪商即作为市价委托处理。我国目前有限价委托和市价委托。

(7) 交易方式,有**现金交易**和**信用交易**之分,若投资者不在委托书上特别注明,即按现金交易处理。

(8) 时间,是投资者填写委托书的具体时点,是检查证券经纪商是否执行时间优先原则的依据。

(9) 委托有效期,指明委托指令的最后生效限期。在有效期内,如果委托指令未能成交或未能全部成交,证券经纪商应继续执行委托,委托有效期满,委托指令自动失效。委托有效期可分为当日有效、本周有效、本月有效、撤销前有效、一次成交有效、即时成交有效、开市(收市)有效等。投资者若不在委托书上注明委托有效期,证券商均按当日有效办理。我国目前的合法委托为当日有效委托。

(10) 交割方式,证券买卖交割的种类有普通日交割、当日交割、特约日交割等几种,若投资者不在委托书上特别注明,一律按普通日交割处理。

(11) 其他。除上述内容之外还有投资人姓名、身份证号码、联系地址、委托人签名盖章等。

(三) 委托指令

投资者买卖证券必须对证券经纪商发出清晰、准确的指令,这样能降低投资成本,减少投资失误,并能提高经纪商完成委托指令的效率。按出价方式不同,委托指令有市价委托指令、限价委托指令、停止损失委托指令、停止损失限价委托指令等。

1. 市价委托指令

市价委托指令(market order)是指投资者只提出交易数量而不指定成交价格的指令。经纪商接到市价指令后应以最快的速度并尽可能以当时市场上最有利的价格执行这一指令。

市价委托指令是证券市场上最常见的指令之一。它的特点是委托人不限定价格,指令下达后成交速度快,成交率高。

2. 限价委托指令

限价委托指令(limit order)又称限定性委托指令,是指投资者委托证券经纪商按其限定的价格买卖证券的指令。经纪商接到限价委托指令,必须以限价或比限价更有利的价格来完成委托,即必须以限价或低于限价的价格买入,以限价或高于限价的价格卖出。如果投资者提出的限定价格与当时的市场价格不一致,经纪商必须等待限价的出现才能执行委托。

限价委托指令的特点:一是委托价格固定化,二是要有一定的委托有效期限制,超过限定时间,委托指令自动失效。

3. 停止损失委托指令

停止损失委托指令(stop loss order)是一种特殊的限制性的市价委托,它是指投资者委托经纪商在证券市场价格上升到或超过指定价格时按照市场价格买进证券,或是在证券市场价格下降到或低于指定价格时按照市场价格卖出证券。前者称为停止损失购买委托,后者称为停止损失出售委托。

停止损失委托指令的特点有以下两点:

(1) 保住既得利益。投资者为保住已经取得的账面收益,可用停止损失卖出指令将卖出价格锁定,以防止因价格下跌而使其失去账面收益。

(2) 限制可能遭受的损失。当投资者分析证券行情将上涨,但又担心判断失误,在委托经纪商以某一价格买入证券的同时,可发出一个比买入价价位略低的停止损失卖出指令。

停止损失委托指令与限价委托指令有以下区别:

(1) 限价买入委托价格一般在当时的市场价格以下,限价卖出委托价格一般在当时的市场价格以上;而停止损失委托买入价格一般在当时的市场价格以上,停止损失委托卖出价格一般在当时的市场价格以下。

(2) 限价委托的实际执行价格必须等于或优于限价,而停止损失委托指令只规定指令在什么价位时开始执行,其实际执行价可能等于,也可能优于或劣于指定价格。

4. 停止损失限价委托指令

停止损失限价委托指令(stop loss limit order)是将停止损失委托与限价委托结合运用

的一种指令。投资者实际发出两个指定价格——停止损失价格和限制性价格,如果证券市场价格达到或突破停止损失价格,限价指令便开始生效。这种指令既限定当证券价格达到什么价位时执行指令,又限定成交价格必须等于或优于指定价,这样投资者可预先限定成交价格变动范围,克服停止损失委托指令执行价格不确定的缺点,更明确地保障既得利益或限制可能的损失。

但这一委托方式也有缺点,如果经纪商无法在投资人指定的范围内执行委托指令,投资者的损失可能更为惨重。

(四) 委托的执行

证券公司营业部在受理递单委托并确认投资者身份的真实性和合法性后应立即通知本公司派驻在证券交易所的交易员,由他们负责执行受理的委托并处理成交后的有关事宜。

电话自动委托和互联网委托的身份证确认由密码控制,柜台计算机终端在收到委托指令时会自动检测委托密码是否正确,委托是否符合要求和相应账户中是否有足够数量的证券或资金等。

如果检查无误,则冻结相应账户并将此笔委托传送给主机。如果证券商采用有形席位进行交易,需要柜台工作人员按受托先后顺序通过电话将委托的有关内容通知给交易所场内交易员,由场内交易员通过场内席位终端将委托输入撮合主机。

如果证券商采用无形席位进行申报交易,证券商的计算机系统要与交易所计算机交易主机联网,投资者的委托指令经证券营业部计算机审查确认后,证券商柜台计算机系统会自动将委托传送给交易所计算机交易主机。

投资者的委托如果未能全部成交,除一次成交有效委托外,证券经纪商可在委托有效期内继续执行委托,直至有效期结束。在委托有效期内,只要委托尚未执行,投资者有权变更和撤销委托指令,此时证券公司业务员应立即通知场内交易员。

证券商有责任将委托指令执行结果及时通报给投资者。

(五) 委托双方的责任

委托书一经接受,投资者和证券公司就建立起受法律约束和保护的委托和受托关系。证券公司作为受托人,要忠实地执行委托指令,在委托有效期内按指令要求买卖有价证券,不得以任何方式损害委托人的利益。

如果因为证券经纪商的过失而造成委托人的损失,须负赔偿责任。投资者作为委托人,在发出委托指令前应对自己所下的委托指令及可能的后果有足够的认识,委托指令一旦执行,不管证券行情如何变化,委托人必须履行交割清算的责任。

如果因为委托人的违约或过失造成证券公司的损失,也须负赔偿责任。

三、竞价成交

证券市场的市场属性集中体现在竞价成交环节上,特别是在高度组织化的证券交易所内,会员证券商以经纪人身份代表着众多的买方和卖方按照一定规则和程序公开竞价,达成交易。正是这种竞价成交机制使证券市场成为最接近充分竞争和高效、公开、公平的市场,也使市场成交价成为最合理公正的价格。

(一)价格形成方式

证券交易价格的形成方式分为指令驱动和报价驱动两种类型。

1. 指令驱动方式

指令驱动又称委托驱动、订单驱动,在竞价市场中,证券交易价格由买卖双方的委托指令共同驱动形成,即投资者将自己的交易意愿以委托指令的方式委托给证券经纪商,证券经纪商持委托指令进入市场,以买卖双方的报价为基础进行撮合产生成交价。指令驱动方式的特点是证券成交价由买卖双方的力量对比决定;交易在投资者之间进行。

2. 报价驱动方式

报价驱动方式又称做市商方式,报价驱动方式下的证券交易价格由一家或多家做市商给出,做市商根据市场的供求关系和自身的实力报出证券的买卖双向价格,做市商在其所报出的价位上接受投资者的买卖要求,以其自有的资金或证券和投资者进行交易,做市商的收益来自买卖证券的差价。报价驱动方式的特点是做市商在证券成交价格的形成中居主动地位;投资者买卖证券以做市商为交易对手,投资者之间不发生直接交易。

(二)竞价方式

证券交易所一般采取公开申报竞价方式产生交易价格。公开申报竞价是由多数买方和多数卖方共同公开竞价,最终以最低卖出价和最高买入价成交的方法。这种方法能大量地集中供求双方,迅速达成成交价,是最佳的竞价方法。大多数证券交易所采用这种方法,具体又可分为两种形式。

1. 集中竞价

这是聚集众多的买方和卖方,在交易所中介经纪人主持下展开集中竞价,当在某一价位水平上出现买卖数量相等时,交易所主持人当场拍板成交的竞价方法。这种方式适合于上市证券种类不多、交易量较少的交易所,一般在证券市场形成初期使用,有的不是例行开市而是定期开市,所以又称定期分盘竞价制。具体做法是开市后由交易所中介经纪人按上市证券种类依次唱名,并根据上一个交易日的收盘价和当日申报买卖数量挂出开盘价。会员证券商以开盘价为基础各自报出买入数量和卖出数量,当买方数量大于卖方数量时,中介经纪人向上报价,反之则向下报价,直至达某一价位时买卖双方数量相等,证券成交,这一价格即为当日的收盘价。一种证券竞价完成再转入另一种证券的竞价买卖。

2. 连续竞价

这是证券交易所普遍使用的方法,是在证券交易所交易时间内由众多的买方和卖方就某一具体证券集中报出买价和卖价,每出现一次买入价与卖出价一致的机会,就成交一笔,然后竞价再连续进行下去。具体又可分为以下几种。

(1)口头唱报竞价。这是证券经纪商接到委托买卖指令后跑到专门买卖某种证券的柜台边口头唱报要价或出价直至成交的方法。口头唱报竞价时,证券经纪商要高声申报数次,使报价众所周知,以示公开。买卖价格一旦叫出,不得撤销。买卖双方在对同一笔交易竞价中,买方后手叫价不得低于前手叫价,卖方后手叫价不得高于前手叫价,以保证交易高效进行。有的证券交易所还辅之以手势,掌心向内表示买进,掌心向外表示卖出,以手指变动表示数字变动。美英等国的证券交易所都曾采用口头唱报竞价。

(2)牌板竞价。买卖双方的出价和要价不是通过口头,而是通过书写在木板、塑料板、纸张制成的牌板上来表示。澳大利亚、中国香港地区、东南亚国家一些证券交易所曾采用这一方法。

(3)专柜书面申报竞价。这是在证券交易所开盘前或因某特殊原因临时中止交易重新开始前,因经纪商收到的委托单按同一时间推出,时间优先原则无效,而由分柜交易的各柜台中介经纪人或专家经纪人按经纪商提出的申报将相同价位的买卖双方撮合成交的竞价方法。

(4)计算机终端申报竞价。这是利用计算机系统进行申报竞价的方式。会员证券商派驻在交易所内的交易员接到公司传来的买卖委托指令后,即将信息储存编号,并按一定顺序将买卖指令输入交易所计算机主机。交易所计算机主机接受买卖申报后,即按证券品种排列申报买卖的价格和数量,促使成交。一笔委托指令成交后,经纪商交易席位上的终端机会发出成交信号,而其他尚未成交的指令将留存于交易所计算机的主机上,继续参加竞价交易。

上海、深圳证券交易所均采用计算机申报竞价方式。在每个营业日开市前采用集合竞价方式形成开盘价,不能产生开盘价的,以连续竞价方式产生。在交易过程中采用连续竞价方式形成成交价。证券的收盘价通过集合竞价的方式产生。收盘集合竞价不能产生收盘价或未进行收盘集合竞价的,以当日该证券最后一笔交易前一分钟所有交易的成交量加权平均价(含最后一笔交易)为收盘价。

集合竞价是指对在规定的一段时间内接受的买卖申报一次性集中撮合的竞价方式。集合竞价确定成交价的原则是:① 可实现最大成交量;② 高于该价格的买入申报与低于该价格的卖出申报全部成交;③ 与该价格相同的买方或卖方至少有一方全部成交。

连续竞价是指对买卖申报逐笔连续撮合的竞价方式。连续竞价确定成交价的原则是:① 最高买入申报与最低卖出申报价位相同,以该价格为成交价;② 买入申报价格高于即时揭示的最低卖出申报价格时,以即时揭示的最低卖出申报价格为成交价;③ 卖出申报价格低于即时揭示的最高买入申报价格时,以即时揭示的最高买入申报价格为成交价。

(三)成交规则

证券买卖成交的基本规则是价格优先和时间优先原则。价格优先原则是指较高的买入申报价比较低的买入申报价优先满足;较低的卖出申报价比较高的卖出申报价优先满足。时间优先原则是指相同方向、相同价位申报中先提出申报者优先满足。

价格优先原则在具体执行时,若以口头唱报竞价,则最高买进申报与最低卖出申报的价位相同,即成交。在计算机终端申报竞价和专柜书面申报竞价时,除了买卖价位相同立即成交外,当买入申报价高于卖出申报价时,按对手价成交。如果买卖双方以市价申报而没有限价时,则采用当日最近一次成交价或当时显示价格的价位成交。

时间优先原则在具体执行时,口头唱报竞价,按中介经纪人听到的顺序排列;专柜书面申报竞价,按中介经纪人接到书面申报单证的顺序排列;计算机终端申报竞价,以交易所主机接受的时间顺序排列。在无法区分先后时,由中介经纪人组织抽签决定。当证券经纪商更改申报时,其原申报的时间顺序自然撤销,新申报依更改后报出的时间顺序排列。除价格优先原则和时间优先原则外,在计算机终端申报竞价和专柜书面申报竞价时,还实行市价优先原则,即市价申报比限价申报优先满足。我国上海证券交易所和深圳证券交易所实行价格优先时间优先原则。

此外,有的证券交易所还实行客户优先原则和数量优先原则。前者是指客户的申报比证券商自营买卖申报优先满足;后者是指申报买卖数量大的比数量较小的优先满足。根据我国的交易规则,取得自营业务资格的证券公司,应当设专职管理人员和专用交易终端从事自营业务,从而防止了证券公司自营业务申报优先于客户申报的情况。

(四)竞价结果

竞价的结果有三种可能,即全部成交、部分成交、不成交。委托买卖全部成交,证券经纪商应及时通知委托人在规定的时间内办理结算手续。委托买卖部分成交,经纪商可在委托有效期内继续执行委托,直至有效期结束。至委托有效期结束,委托指令仍不能成交,指令失效,经纪商应及时将冻结的资金或证券解冻。

四、结算

结算(settlement)是指一笔证券交易成交后,买卖双方结清价款和交割证券的过程,即买方付出价款并收取证券、卖方付出证券并收取价款的过程。

(一)证券结算的含义

证券结算包括证券清算和交割、交收两个步骤。 证券清算是指每个交易日结束后对每家证券公司当日成交的证券数量与价款分别予以轧抵,对证券和资金的应收应付净额进行计算和处理的过程。证券交割、交收是指根据证券清算的结果,在约定的时间内买方交付一定款项获得所购证券、卖方交付一定证券获得相应价款的钱货两清过程,其中,证券的收付称为交割,资金的收付称为交收。

(二)证券结算制度

各国证券市场在证券结算业务中普遍实行净额清算制度、银货对付制度、共同对手方制度和分级结算制度。在结算过程中,登记结算公司的会员证券公司作为结算参与人参与结算。

1. 净额清算制度

净额清算又称差额清算,是指在一个清算期中,对每家证券公司的价款清算只计算各笔应收应付款项相抵后的净额;对证券的清算只计算每一种证券应付应收相抵后的净额。净额清算又可分为双边净额清算和多边净额清算。双边净额清算是对结算参与人相对于每个交易对手方的证券和资金应收、应付加以相抵,得出与每个交易对手方的证券和资金的应收、应付净额。多边净额清算是结算机构将每个结算参与人所有达成交易的应收应付证券和资金予以冲抵轧差,计算出每个结算参与人应收、应付证券和资金的净额,再按该净额与每个交易对手进行交收。目前通过交易所达成的交易多采取多边净额清算制度,我国的上海、深圳证券交易所也实行多边净额清算制度。需要注意的是,清算价款时,同一清算期内发生的不同种类证券的买卖价款可以合并计算,但不同清算期发生的价款不能合并计算;清算证券时,只有在同一清算期内且同种证券方可合并计算。差额清算手续简便,有利于提高清算效率。

2. 银货对付制度

钱货对付(delivery versus payment,DVP)又称券款两讫、货银两清,是指证券登记结算机构与结算参与人在交收过程中当且仅当资金交付时给付证券,证券交付时给付资金。

国际证券服务协会将 DVP 定义为:银货对付结果是实时同步的、最终的且不可撤销的。

银货对付的核心是证券和资金的交收同时进行,从而防范交易对手的信用风险。银货对付已成为各国证券市场普遍实行的制度。

3. 共同对手方制度

为保证多边净额清算结果的法律效率,各国的证券交易所一般都实行将证券登记结算机构作为共同对手方的制度。共同对手方是指在结算过程中同时作为所有买方和卖方的交收对手并保证交收顺利完成的主体。如果交易中的一方不能按约定条件履约交收,结算机构也要依照结算规则向守约方先行垫付其应收的证券或资金。共同对手方制度使交易双方无须担心交易对手的信用风险,有利于增强证券市场的流动性。中国证券登记结算有限责任公司作为我国证券市场的中央结算系统担当着所有证券交易参与者的共同对手方,根据交易所的交易结果和其他非交易数据与各参与交易结算的证券公司进行多边净额清算。

4. 分级结算制度

现代证券交易的结算一般实行分级结算制度,即证券登记结算机构与证券公司等结算参与人进行资金和证券的法人结算,又称一级结算;证券公司等结算参与人再与其客户进行二级结算。分级结算制度简化了结算参与人的交收过程,提高了结算效率,有利于结算机构控制交收违约风险。

我国的分级结算制度是在登记结算公司与结算参与人之间进行一级结算,在结算参与人与投资者之间进行二级结算,以资金多边净额交收和证券逐笔全额交割的方式进行的。在资金多边净额清算下,登记结算公司以结算参与人法人为单位对其达成的所有交易的应收应付资金进行轧差,每个结算参与人根据轧差所得净额通过资金结算账户与登记结算公司进行交收,完成一级结算。从登记结算公司获得一级结算结果后,结算参与人根据客户证券交易的成交明细,清算出每个客户的应收应付资金金额,并据此与客户进行资金的二级结算,直接在客户的资金账户中贷记或借记应收应付的资金金额。对证券逐笔全额交割过程中,登记结算机构以投资者证券账户为单位,向结算参与人发送每一位投资者的明细交易结果,结算参与人根据该数据直接记增或记减投资者证券账户应收、应付证券净额,实现逐笔全额清算、逐笔过户。

(三)证券结算方式

证券结算方式的具体内容包括时间安排、证券交割方式和资金交收方式三方面。

1. 时间安排

时间安排即从交易日到交割、交收日的时间间隔,通常由交易所作出规定。主要有以下几种:

(1) 当日交割、交收。证券买卖双方在证券交易达成后,于成交当日即进行证券的交割和价款的收付,即 T+0,从而完成结算手续。这种结算方式可缩短结算时间,有利于提高市场效率,防止发生结算风险,但也容易助长投机行为,并且需要完善的结算制度和高效的结算手段配合。最终实现 T+0 交割、交收是国际证券界倡导的方向。

(2) 次日交割、交收。证券买卖双方在达成交易后,于下一个营业日进行证券的交割和价款的交收,完成结算手续。

(3) 例行日交割、交收。证券买卖双方在达成交易后,按照证券交易所的规定,在成交后的某个营业日交割、交收。世界上大多数证券市场均采用这种方式,如美国、日本、法国、加拿大、丹麦、瑞士、卢森堡等国采用 T+3 方式,韩国、巴西、墨西哥、中国香港、中国台湾采用 T+2 方式,英国采用 T+5 方式等。我国大陆的结算时间安排属例行日交割交收,具体间隔时间由证券交易所规定。目前 A 股、基金、债券实行 T+1 交割、交收,B 股实行 T+3 交割、交收。

(4) 特约日交割、交收。证券交易双方在达成交易后,由双方根据具体情况商定,在从成交日算起 15 天以内的某一特定契约日进行交割、交收。这种方式是为了方便那些无法进行例行交割、交收的投资者(如异地投资者)而设立的。

(5) 发行日交割、交收。证券买卖双方同意等新证券发行后再交割、交收的方式。这种方式适用于上市公司分割股份或增发新股时原股东在更换新股前卖出股票或在增发前卖出新股优先认购权。

2. 证券交割方式

证券交割方式随证券流通形式的发展而发展。其主要有以下两种方式。

(1) 实物交割。在实物券流通形式下,投资者对证券所有权以其对证券的持有和证券上所记载的姓名为依据,相应地以实物交割的方式进行结算。即卖方在收到买方价款的同时必须交出全部卖出的证券,如果交易的是记名证券,还需要附加过户申请书或转让背书。这种交割方式还需要对证券进行鉴别真伪、清点、运送,工作量大、交割期长、效率低、风险大。

(2) 自动交割。在实行证券无纸化交易的情况下,股票和记账式债券都由证券登记结算公司集中登记、集中存管、集中过户,在交易过程中并无实物券流通,而是实行一整套计算机自动交易、自动结算、自动过户制度。交易双方凭证券账户和资金账户进行交易,投资者对证券的所有权不再凭持有证券上的记名,而是以证券登记结算公司的计算机系统记载为依据。与此相对应,证券交割不需要进行实物证券转移和更改持有人姓名,只需要登记结算公司对有关计算机系统记载作出变更就完成了证券交割业务。我国证券市场起点较高,实物证券在证券公司和银行托管的时间很短。1991 年上海、深圳证券交易所分别建立了电子化的簿记系统,取消了实物股票的发行、交易方式,由计算机系统自动处理,实现了证券的无纸化形式,提高了证券结算的效率和安全性。

3. 资金交收方式

(1) 个别交收。交易双方的证券经纪公司一对一地逐笔进行价款交收,可以通过登记结算机构进行,也可由买卖双方直接交收,比较适合以大宗交易为主、成交笔数较少的证券市场和交易方式。

(2)集中交收。为了保证资金交付的正常进行,除了投资者在开始交易前要开设资金账户外,证券交易所会员证券公司必须在指定的金融机构开立资金账户,并保持足以支付日常结算交收的资金。同时,交易所还要求会员证券公司交存一定数额的清算准备金。清算准备金由登记结算机构统一掌握使用,当证券公司不能履行资金交收时,由结算机构动用清算准备金支付,以维持交收的连续性。在每个营业日结束后,当天交易额相抵属应付价款的证券公司,应按应付净额如数开具转账凭证,通过开户银行将款项转至结算机构账户;属应收价款的证券公司,由结算机构按应收净额如数开具转账凭证,通过开户银行转入证券公司账户,于是完成价款交收。

证券公司与客户之间的资金清算交收由证券公司与指定的存管商业银行配合完成。

五、登记过户

证券登记是指通过一定的记录形式确定当事人对证券的所有权及相关权益产生、变更、消失的法律行为。过户是买入股票的投资者到股票发行公司或其指定的代理金融机构去办理变更股东名簿登记的手续。过户是记名证券交易的最后一个环节。

大多数股票是记名股票,在股票发行时,公司股东名册上记载有原始股东的姓名。以后股票在市场上不断流通转手,但股份公司在分派股息红利及处理股东其他权益时仍以股东名册为准。因此,买入股票后,应及时办理过户手续。只有办理过户手续后才是法定意义的股东,才真正拥有股份并可享受股东应有的权益。登记过户的另一个作用是,若不慎将股票遗失或毁坏,可挂失并向发行公司申请补发。

登记过户办法

第二节 现货交易与信用交易

以证券交易从订约到履行合约的期限关系和交易双方的选择权限作为划分依据,证券交易方式基本上可分为四种,即现货交易方式、信用交易方式、期货交易方式和期权交易方式。其中期货交易方式和期权交易方式被认为是20世纪70年代西方金融市场创新的产物,并得以在新兴的证券市场上迅速推广发展。

一、现货交易

现货交易(spot trade)是指证券买卖成交后,按成交价格及时进行证券交割和价款交收的交易方式。若买卖双方约定以现货交易方式成交,则买方付出现金并向卖方收取证券,卖方则付出证券并向买方收取现金,买卖双方都有证券和资金的收付进出。一般在成交的当日、次日或交易所指定的例行交收日期进行结算。在未清算交割、交收前,双方均不可随意解约或冲销,若有一方到交割、交收日不能履约,将按有关交易规则处以罚金并承担责任。这是证券交易所采用的最基本、最常用的交易方式。

二、信用交易的含义

(一) 信用交易的定义

信用交易(credit trade)又称保证金交易(margin trading)、融资融券交易,是投资者通过交付保证金取得经纪商信用而进行的交易方式。信用交易主要有两种形式,即保证金买空(buy short)和保证金卖空(sell short)。

保证金买空是指投资者预期证券行市将上涨并准备在当前价格较低时买进一定数量证券,但因资金不足,可通过向证券经纪商交付一定比率保证金而取得经纪商贷款并委托经纪商代理买入这种证券的交易方式。如果证券经纪商资金不足,可用代理客户买入的证券作为抵押品向商业银行或其他金融机构取得贷款。待证券价格上升,投资者委托证券商卖出该证券,证券商扣除买卖手续费和对投资者的贷款及利息,余下即为投资者的本金和投资收益。做保证金买空的投资者叫**多头**。

保证金卖空是指投资者如果预期证券行情下跌,准备做某一证券的卖出投机,但由于手中没有该种证券,可通过向证券经纪商交付一定比率保证金后从经纪商处借入一定数量证券并委托经纪商卖出。如果该证券日后果真下跌,再按市场价格买入相同种类相同数量的证券归还给经纪商并支付借入证券应付的利息和买卖手续费,买卖差额扣除一定费用后即为投资者的收益。做保证金卖空的投资者叫**空头**。

(二) 交易中的信用关系

信用交易中有双重信用关系,即投资者向经纪商取得的证券抵押贷款和经纪商向商业银行或其他金融机构取得的证券再抵押贷款。

(1) 经纪商融资与证券抵押贷款。**证券抵押贷款**是在保证金买空交易中投资者以买进的证券作为抵押品而取得的经纪商贷款。这是证券经纪商为投资者提供融资并代理投资者买进证券后,为防止证券价格下跌造成贷款无法收回而采取的风险控制措施。这样在信用交易中经纪商的融资有了保证金和抵押证券的双重保证,一旦投资者投资失败,经纪商无须承担风险。

(2) 证券再抵押贷款。证券经纪商的资金来源有限,他们给客户贷款的资金来自向商业银行和其他金融机构的再贷款,或来自同业拆借市场,从而形成了转融通机制。**转融通包括资金转融通和证券转融通**。证券经纪商从银行和其他金融机构取得的贷款要以投资者抵押的证券作为再抵押品,所以这种贷款又叫**证券再抵押贷款**。经纪商给投资者提供的贷款利率通常要高于他们向银行取得贷款的利率,这一差额为经纪商的收益。

在金融市场较发达的国家,证券公司再融资或融券可通过市场化手段直接从商业银行筹集,形成了以美国为代表的**市场化分散授信模式**;而亚洲一些国家和地区则通过设立专门的证券金融公司向需要资金或证券的证券公司转融通,形成以日本为代表的**集中授信模式**。

三、信用交易中的保证金

(一) 保证金的必要性

保证金是证券监管机构规定在投资者以信用交易方式进行证券投资时,必须按一定比率向证券经纪商缴存的资产。这种资产主要是现金,也可以是其他动产、不动产。保证金是投资者做信用交易的财力保证,可以使经纪商免受损失,也可通过对保证金账户的清算及时向投资者发出预警信号,使投资者免受投资失败的更大损失。由于证券行情变幻莫测,信用交易方式风险是很大的。例如,某投资者预计某种股票价格将上涨,从经纪商处取得贷款 100 000 元,按市价每股 10 元买入 10 000 股。如果该股票价格不涨反跌,且无回升希望,投资者以每股 8 元价格卖出股票后将亏损 20 000 元,有可能导致经纪商无法收回全部贷款,从而蒙受损失。如果设立一定保证金比率,投资者在缴存了保证金后才能取得经纪商贷款,当投资者发生亏损时,首先蚀去保证金,之后还会蚀去抵押证券担保,从而使经纪商贷款的风险大大降低。经纪商代为管理保证金账户并逐日计算保证金实际水平,使投资者了解自己的盈亏状况并能及时调整或改变投资决策。

(二) 保证金种类

以能作为保证金资产的形式划分,保证金可分为两类。
(1) 现金保证金。即投资者按规定缴纳现款而设定的保证金。
(2) 权益保证金。它又称抵押保证金,即按投资者提供抵押品的市场价格的一定比率而设立的保证金。抵押品可以是各种有效的票据、其他有价证券,也可以是不动产。通常证券经纪公司向客户提供约为抵押证券市值 50% 的贷款,或抵押不动产市值约 40% 的贷款。

(三) 保证金账户

投资者若要以信用方式进行证券交易,首先要在某一证券经纪公司开立保证金账户。开立保证金账户时,投资者必须与证券公司签订一份协议,主要内容为保证遵守证券监管机构、证券交易所和开户经纪公司的有关规定;约定信用交易的额度、期限、利率、费用;保证金比率、维持保证金比率、追加保证金的期限;投资者清偿债务的方式、证券公司对抵押品的处分权利;对买空和卖空证券的权益处理等。

保证金账户分为借方和贷方两方。借方记载投资者对证券经纪公司的负债,主要项目有购买证券价款、应付佣金税金、手续费、向证券商贷款应付的利息、投资者提取的现金。贷方记载投资者在证券公司的资产,主要有投资者存入保证金、保证金账户中证券分配的股息或利息收入、投资者存款余额的应得利息收入和出售证券的价款(表 3-1)。

投资者在保证金账户上如有贷方余额,证券公司要支付利息,如有借方余额,投资者则要向证券公司支付利息。由于信用交易主要是投资者向证券公司融资,所以一般表现为借方余额。证券公司向投资者收取利息的利息率主要取决于证券商向银行融资的成本。保证金账户使证券经纪公司不仅得到证券交易中的佣金收益,而且还可得到贷款息差收益。

表 3-1　保 证 金 账 户

借　　　方	贷　　　方
购买证券价款	存入保证金
佣金税金	出售证券价款
贷款利息	股息或利息收入
提取现金	存款利息

证券经纪公司代投资者管理保证金账户并每天按收盘价计算账户中的保证金实际余额。如果因保证金账户中的证券市场价值变化而出现贷方余额，该账户的投资者可以从账户中提取现金或无须追加资金而认购新证券。如果因保证金账户中的证券价格变化而使实际保证金低于规定的最低限度时，证券经纪公司要向投资者发出追加保证金的通知，投资者必须追加保证金以满足规定的要求。

（四）保证金比率的决定

保证金与投资者买卖证券的市值之比，称为保证金比率。保证金比率有法定保证金比率、保证金实际维持率和保证金最低维持率之分。

法定保证金比率又称初始保证金（initial margin），该比率一般由中央银行决定。投资者按法定保证金比率缴存的保证金叫**原始保证金**，它由法定保证金比率和买卖证券的市值决定，必须在以信用方式买卖证券前缴足。法定保证金比率是中央银行的货币政策辅助工具，由于法定保证金比率的高低决定了证券经纪商和商业银行的融资比率，会影响证券市场的资金供应和交易价格，也会影响银行系统的信用规模和货币供应量，所以中央银行将之作为选择性的货币政策工具。中央银行根据货币供应、通货膨胀和证券市场的实际情况，相应调整法定保证金比率。当货币供应量偏多、通货膨胀严重、经济过热、证券市场投机过盛时，中央银行采取紧缩的货币政策，此时，与其他主要货币政策工具相配合，可提高法定保证金比率，减少信用交易中的融资比率，达到收缩信用的目的；反之，则可降低法定保证金比率。由中央银行决定信用交易中的法定保证金比率始于美国。20世纪20年代美国股市投机盛行，信用交易中的保证金比率甚至在10%以下，买卖股票的资金有90%来自银行融资。当1929年"黑色星期一"到来之时，几天之内巨额的股票市值如泡沫般不见踪影，股市的大崩溃引发了1929—1933年的迄今为止最为严重的经济危机。为此，美国国会于1934年授权联邦储备委员会管理信用交易，规定保证金比率。一般情况下，保证金比率约为50%，通常为40%～100%。

投资者在缴存了初始保证金并取得经纪商融资买卖证券后，由于证券市场价格在不断变化，投资者买卖的证券市值也随之变化并使投资者已缴保证金的实际比率相应变化，这一实际保证金（actual margin）比率可能会高于或低于法定保证金比率，投资者缴存保证金的实际价值占证券市值的比率称为**保证金实际维持率**。证券经纪商有必要随时计算投资者的保证金实际维持率，了解盈亏状况并及时通知投资者。

证券交易所或证券经纪公司对保证金账户一般有最低限度的要求，即投资者缴付的保证金占证券市值的比率不得低于某一比率，这一比率称为**保证金最低维持率**。设定保证金最低维持率的目的是可及时发出预警信号,既可避免因投资者的亏损给证券经纪商带来损失,也可使投资者及早采取措施制止亏损扩大。当投资者账户中保证金实际维持率低于规定的最低比率时,证券经纪商向投资者发出追加保证金通知(margin call),投资者接到通知后,必须追加保证金,以补足法定保证金的要求。投资者可以用在账户上储存现金或证券偿还部分贷款、出售账面上的证券并用这笔收益偿还部分债务等办法,增加保证金实际数额。当投资者无力追加保证金时,可通知经纪商结清差额,了结该保证金账户。如果投资者在规定时限内不补足保证金,证券经纪公司可出售投资者账户上的证券以此补充保证金的法定比率要求,但在出售证券前一般应预先通知投资者。

四、保证金买空交易

(一) 保证金买空过程及盈亏计算

投资者预期证券价格上涨,可做保证金买空交易。

【例 3-1】某投资者有本金 50 000 元,经过分析认为 X 公司股票价格将上涨,准备买入每股市价为 10 元的该种股票。如果他进行现货交易可买进 5 000 股,当 X 公司股票价格上涨到每股 12 元时,涨幅为 20%,他出售股票可获利:$(12-10) \times 5 000 = 10 000$(元),如果不考虑手续费等其他费用,他的收益率是 $\frac{10 000}{50 000} \times 100\% = 20\%$,与股价涨幅相同。

如果做保证金交易,情况就不一样了。假设法定保证金比率是 50%,投资者以 50 000 元本金存入保证金账户,以此作为保证金可向经纪商借入 50 000 元,并委托经纪商代为购入市值为 100 000 元的股票。若当时 X 公司股票每股市价为 10 元,则可买入 10 000 股。当该股票涨至每股 12 元时,涨幅为 20%,投资者委托经纪商出售股票可得 12 元/股 × 10 000 股 = 120 000 元。若不考虑手续费和借款利息等,在归还向经纪商借款 50 000 元和扣除本金 50 000 元后,可获利 20 000 元,为投资者本金的 40%,与现货交易相比,获利多一倍。

显然,使用保证金交易方式买进股票,在股票价格上升的情况下,投资者可用较少的本金获得较大的盈利;但是如果股票价格下跌,保证金买空交易给投资者带来的损失也比现货交易方式大。【例 3-1】中,如果投资者向经纪商借款买入股票后股价下跌,他不得已在股价为每股 8 元时出售股票,在不考虑其他费用的条件下,他将亏损 20 000 元,为本金的 40%,而做现货交易,他的亏损额为 10 000 元,为本金的 20%。

保证金买空交易的盈亏计算可用以下公式:

$$\text{净资产} = \text{抵押证券市值} - \text{借方余额} \tag{3-1}$$

公式中抵押证券市值是投资者缴存保证金并取得经纪商贷款后委托经纪商买入的证券,该证券作为贷款抵押品存于经纪商处。抵押证券的市值随证券价格的涨跌而变化。借方余额是保证金账户上的借方净余额,若不计算手续费和借款利息,借方余额就是经纪商对客户的贷款余额,即投资者的债务。当证券价格上涨,抵押证券市值增大后,投资者的资本即净资产也会增加;证券价格下跌,抵押证券市值减少后,投资者的净资产也相应减少。

在证券价格变化后投资者的盈利是:

$$盈利 = 净资产 - 本金 \tag{3-2}$$

公式中本金即为投资者缴存的保证金,是投资者的原始投资,记在保证金账户的贷方,投资者收益率为:

$$收益率 = \frac{盈利}{本金} \times 100\% \tag{3-3}$$

在【例 3-1】中,当股价涨至每股 12 元时:

$$净资产 = 12 \times 10\,000 - 50\,000 = 70\,000(元)$$

$$盈利 = 70\,000 - 50\,000 = 20\,000(元)$$

$$收益率 = \frac{20\,000}{50\,000} \times 100\% = 40\%$$

(二) 保证金实际维持率及超额保证金的计算

由于证券价格经常变化,证券经纪商在每个营业日结束后须计算每一保证金账户的抵押证券市值和保证金实际维持率。保证金实际维持率的计算公式如下:

$$保证金实际维持率 = \frac{抵押证券市值 - 借方余额}{抵押证券市值} \times 100\% \tag{3-4}$$

在【例 3-1】中,当投资者以本金 50 000 元作为保证金存入保证金账户时,又向经纪商融资 50 000 元,买入市价为 100 000 元的股票,其保证金账户借方净余额为 50 000 元,保证金实际维持率为:

$$保证金实际维持率 = \frac{100\,000 - 50\,000}{100\,000} \times 100\% = 50\%$$

正好满足法定保证金的要求。当 X 公司股票价格涨到每股 12 元时,抵押证券市值增至 120 000 元,借方余额不变,此时,保证金实际维持率为:

$$\frac{120\,000 - 50\,000}{120\,000} = 58.33\%$$

保证金实际维持率大于法定保证金比率要求,说明保证金账户上有超额保证金,其计算公式为:

$$超额保证金 = 账面盈利 \times (1 - 法定保证金比率) \tag{3-5}$$

当保证金账户上有了超额保证金时,投资者可有两种选择,一是提取现金,一是再追加购买股票而无须追加保证金。

投资者提取现金的数额等于超额保证金数额,而不是全部账面盈利。这是因为证券市值提高后,为了满足法定保证金比率要求,保证金也要相应提高,所以账面盈利不能全部提走。由于此时投资者买入的证券并未售出,所取得的盈利也仅是账面盈利,投资者提取现金等于再向经纪商增加贷款,并记在保证金账户借方,所以保证金账户借方余额相应增加。投资者提取现金后的保证金实际比率不得低于法定保证金比率要求。

在【例3-1】中,当证券市值为120 000元时,账面盈利为:

$$账面盈利 = 抵押证券市值 - 借方余额 - 本金$$
$$= 120\,000 - 50\,000 - 50\,000 = 20\,000(元)$$
$$超额保证金 = 账面盈利 \times (1 - 法定保证金比率)$$
$$= 20\,000 \times (1 - 50\%) = 10\,000(元)$$

也就是说,在法定保证金比率为50%时,投资者只能提取账面盈利的50%,即10 000元,另外10 000元要补充保证金。投资者提取现金后,保证金账户借方余额增加10 000元,保证金实际维持率为50%,正好满足法定保证金比率要求。

$$保证金实际维持率 = \frac{120\,000 - (50\,000 + 10\,000)}{120\,000} \times 100\% = 50\%$$

投资者如果不提取现金,可利用账面盈利作为保证金追加购买证券。这种追加购买证券的金额称为购买力。购买力的计算公式为:

$$购买力 = \frac{超额保证金 \times 100\%}{法定保证金比率} \qquad (3-6)$$

上例中,
$$购买力 = \frac{10\,000 \times 100\%}{50\%} = 20\,000(元)$$

即可再委托经纪商购买市值为20 000元的X公司股票,此时投资者买入的证券市值为(120 000元+20 000元),保证金账户借方余额为(50 000元+20 000元),正好符合法定保证金比率要求。

$$保证金实际维持率 = \frac{(120\,000 + 20\,000) - (50\,000 + 20\,000)}{120\,000 + 20\,000} \times 100\%$$
$$= 50\%$$

(三)保证金最低维持率和抵押证券最低市值的计算

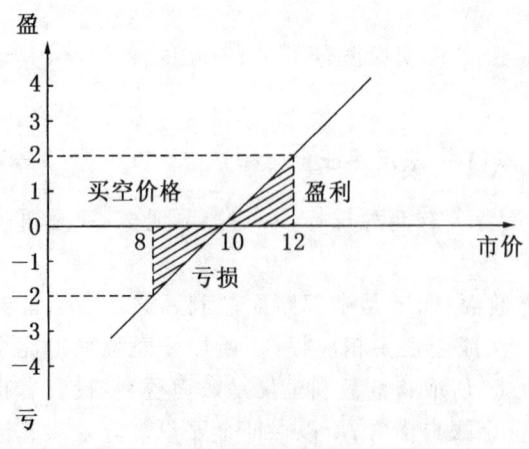

图3-1 买空者盈亏分析

保证金买空的投资者在股票价格上涨时可获取盈利,但如果股票价格下跌,投资者就要受到损失了,下跌幅度越大,亏损就越严重(图3-1)。投资者的亏损体现在保证金绝对数额和保证金实际比率的下降。

如【例3-1】中,若股票价格下跌20%,即跌至每股8元时,投资者买入的证券市值为8×10 000=80 000元,此时:

$$净资产 = 抵押证券市值 - 借方余额$$
$$= 80\,000 - 50\,000$$
$$= 30\,000(元)$$

$$\text{保证金实际维持率} = \frac{\text{抵押证券市值} - \text{借方余额}}{\text{抵押证券市值}} \times 100\%$$

$$= \frac{80\,000 - 50\,000}{80\,000} \times 100\% = 37.5\%$$

说明他的保证金绝对数和相对数都下降了。

当保证金低于最低标准时,经纪商就要向客户提出增加保证金要求。经纪商必须计算为满足保证金最低维持率的要求,抵押证券市值的最低水平是多少,计算公式为:

$$\text{抵押证券的最低市值} = \frac{\text{借方余额}}{1 - \text{保证金最低维持率}} \tag{3-7}$$

在【例 3-1】中,若保证金最低维持率为 25%,则:

$$\text{抵押证券最低市值} = \frac{50\,000}{1 - 25\%} = 66\,666.67(\text{元})$$

在抵押证券 10 000 股市值为 66 700 元时,每股市价约为 66 666.67 元 ÷ 10 000 ≈ 6.67 元,即当股价跌至每股 6.67 元时,经纪商要向客户发出增加保证金的通知。当投资者认为证券价格在短期内还有回升希望时,他可向经纪商追加保证金并得以保留账户中的证券;如果证券价格进一步下跌,他还要继续追加保证金,直至出现转亏为盈的机会。如果投资者对短期内证券价格回升不抱希望,则可通知经纪商代他出售证券,还清贷款,付清手续费、利息和其他费用,提取剩余资金,结清保证金账户。当股价下跌使投资者的保证金实际维持率低于**法定保证金要求,但尚高于最低维持率要求时,他的账户要受到限制,称为限制性账户,这就意味着投资者此时不得从事任何可能导致其账户上保证金下降的交易。**

(四)保证金交易的盈亏分析和杠杆作用

投资者以保证金交易方式买卖证券,其盈利或亏损受证券价格变化和保证金比率这两个因素的影响。投资者的收益率与证券价格上涨比率成正比,与保证金比率成反比。

1. 收益率与证券价格上涨比率成正比

在信用交易中,投资者的盈利或亏损是净资产与本金的差额,即抵押证券市值减去借方余额及本金差,收益率则为盈利与本金的比率。

在【例 3-1】中,投资者买入证券时市值为 100 000 元,向经纪商借款 50 000 元,本金 50 000 元。若买入证券后,证券价格不变,则:

$$\text{净资产} = \text{抵押证券市值} - \text{借方余额} = 100\,000 - 50\,000 = 50\,000(\text{元})$$

$$\text{盈利} = \text{净资产} - \text{本金} = \text{抵押证券市值} - \text{借方余额} - \text{本金}$$

$$= 100\,000 - 50\,000 - 50\,000 = 0(\text{元})$$

这时,收益率为 0。

若买入证券后,证券价格涨至每股 12 元,涨幅为 20%,则抵押证券市值为 120 000 元。

$$\text{盈利} = 120\,000 - 50\,000 - 50\,000 = 20\,000(\text{元})$$

$$\text{收益率} = \frac{\text{盈利}}{\text{本金}} \times 100\% = \frac{20\,000}{50\,000} \times 100\% = 40\%$$

若买入证券后,证券价格涨至每股 14 元,涨幅为 40%,则抵押证券市值为 140 000 元。

$$\text{盈利} = 140\,000 - 50\,000 - 50\,000 = 40\,000(元)$$

$$\text{收益率} = \frac{40\,000}{50\,000} \times 100\% = 80\%$$

可见,采用信用交易方式,在其他条件不变的情况下,证券价格涨幅越大,投资者收益率也越高;证券价格上涨比率越小,收益率也越低(表 3-2)。

2. 收益率与保证金比率成反比

保证金交易方式对投资者的获利或亏损有杠杆作用。所谓杠杆作用是指保证金账户中借入资金的运用对投资者的获利或亏损的放大作用。杠杆作用的大小与法定保证金比率有关,保证金比率低,借入资金的比率相对高一些,杠杆作用就大些;反之,保证金比率高,杠杆作用就较小。

假定【例 3-1】中其他条件不变,只是法定保证金比率由 50% 降为 40%,此时投资者以 50 000 元本金充作保证金,可向经纪商融资 75 000 元,购入市价为每股 10 元的股票 12 500 股,市值为 125 000 元。

若买入证券后,证券价格不变,则:

$$\text{盈利} = 125\,000 - 75\,000 - 50\,000 = 0(元)$$

这时,收益率为 0。

若买入证券后,证券价格涨至每股 12 元,涨幅为 20%,则:

$$\text{抵押证券市值} = 12 \times 12\,500 = 150\,000(元)$$

$$\text{盈利} = 150\,000 - 75\,000 - 50\,000 = 25\,000(元)$$

$$\text{收益率} = \frac{25\,000}{50\,000} \times 100\% = 50\%$$

可见,在证券价格涨幅相同的情况下,因为保证金比率不一样,也可使投资者的收益率放大(表 3-2)。然而杠杆作用就像一把双刃剑,既可使投资者的收益率放大,也可使投资者的亏损放大。

表 3-2 投资者收益率与保证金比率的关系

证券价格	涨幅	保证金比率 50%		保证金比率 40%	
		盈利额/元	收益率	盈利额/元	收益率
10 元/股	0%	10 万 - 5 万 - 5 万 = 0	0%	12.5 万 - 7.5 万 - 5 万 = 0	0%
12 元/股	20%	12 万 - 5 万 - 5 万 = 2 万	40%	15 万 - 7.5 万 - 5 万 = 2.5 万	50%
14 元/股	40%	14 万 - 5 万 - 5 万 = 4 万	80%	17.5 万 - 7.5 万 - 5 万 = 5 万	100%

从以上分析可得知,投资者采用信用交易方式买卖证券,其收益率与证券价格变化率成正比,与法定保证金比率成反比,而与证券价格水平高低、投入本金多少没有关系。我们可用下式直接计算投资者收益率:

$$G = \frac{R_r}{M} \times 100\% \qquad (3-8)$$

式中:G 表示投资者获利占本金的百分率,即收益率,R_r 表示证券价格上涨幅度,M 表示法定保证金比率。

如上例中,在法定保证金比率为 50% 的情况下,当股价上涨 20% 时,投资者收益率为 40%,当股价上涨 40% 时,收益率为 80%;在法定保证金比率为 40% 的情况下,当股价上涨 20% 时,收益率为 50%,当股价上涨 40% 时,收益率为 100%。

(五)保证金买空的利弊分析

保证金买空交易是在投资者对证券行情看涨时,通过向经纪商融资扩充资本购买证券的一种投资方式。如果投资者判断正确可获得较大的投资收益,但如果判断失误,则要遭受严重损失。就整个证券市场来说,当证券行市低迷时,保证金买空会增加市场需求,提高证券的流动性,刺激行情上升,因此,中央银行或证券监管机构可以利用保证金交易作为金融宏观调控的辅助性政策工具。但过多的保证金买空,有可能形成一种虚假的市场需求,人为地促使股价上升,甚至引发"股市泡沫",对证券市场的健康发展极为不利,所以证券监管机构对保证金交易都有所限制,有的国家严格禁止信用交易,证券公司和投资者也应谨慎地对待信用交易方式。

五、保证金卖空交易

如果投资者预测证券行情将下跌,可做保证金卖空交易。投资者可先从证券经纪公司借入证券卖出,待日后证券价格跌到适当的时机再买入相同种类和数量的证券归还给证券经纪商,从高卖低买的差价中获利。

投资者向证券经纪商借入证券也要缴存一定数量的保证金,缴存保证金数量按所借证券卖出时的市场价值乘以法定保证金率计算,这一保证金称为法定保证金或原始保证金。由于卖空者借入的是证券而不是货币,所以他必须以相同的证券偿还债务,而且一般情况下不需要支付利息,但有时经纪商会要求卖空者支付债务利息,有时经纪商也会为卖空者账户中的现金支付一定利息。

(一)卖空的过程和规则

典型的卖空过程如【例 3-2】所述。

【例 3-2】投资者 A 以现货交易方式买入 X 公司股票 1 000 股,并存入经纪商 Y 证券公司账户下,请其代为保管。在这以后的某一天,投资者 B 向 Y 证券公司发出卖空 X 公司股票 1 000 股的指令。此时,Y 证券公司将投资者 A 的股票借给投资者 B 并代他出售卖给投资者 C,这样,1 000 股 X 公司股票转到了投资者 C 的账户,归 C 所有。过了一段时间,股价如 B 预料果真下跌,B 通知 Y 公司代为买 1 000 股 X 公司股票归还给 Y 证券公司,结清空头地位,Y 证券公司将新买入的股票转入投资者 A 名下,整个卖空过程结束。

在卖空过程中,一般有以下几项交易规则。

(1) 为稳定市场,防止投机商扰乱证券市场的正常运行,证券监管机构原则上禁止在市场价格下跌时进行卖空交易,而是在行情上涨时或是对价格上涨的股票允许进行卖空交易,因为价格上涨说明证券市场需求大于供应,而卖空可增加证券供应,平抑价格。

(2) 卖空者所借的股票主要是证券公司名下做保证金买空的投资者抵押的证券,也可能是证券公司的自营业务证券或向证券金融公司借入的证券。卖空者借入证券的债务可以有时间限制也可以没有时间限制,如果借出证券的投资者想要卖出其持有的证券,而卖空者的证券经纪公司又能借入相同的证券,则卖空者不必立即偿还债务。若证券经纪公司无法借到相同的证券,则卖空者必须立即买入归还。

(3) 在卖空期间,如果股份公司有派发股息红利行为,应由卖空者对证券出借人给予相应补偿。如【例 3-2】中,当 X 公司派发现金股息时,因为股票已转入投资者 C 名下,由 C 得到这一次股息,而投资者 A 并不知道他的股票已被 Y 公司借出,此时,Y 公司将通知投资者 B 支付相当于本次所派股息的金额给投资者 A。

(4) **卖空涉及借贷行为,存在债务不能偿还的风险**。如果证券行情不跌反涨,卖空者可能无力偿还债务,证券公司要遭受损失。为保护证券公司利益,除了规定卖空者必须交保证金外,还规定卖空时所得证券价款必须存入证券经纪公司卖空者的账户上,直至归还了所有债务后方可提取现金。

(二) 保证金卖空的盈亏分析

在卖空证券以后,投资者可能面临盈利或亏损情况,也要计算收益率、保证金实际维持率和保证金最低维持率所允许的证券最高市值。计算保证金卖空的获利率可用公式计算:

$$G = \frac{R_d}{M} \times 100\% \qquad (3-9)$$

式中:R_d 表示证券价格下跌比率。

【例 3-3】某投资者经分析认为证券行情将下跌,以 20 000 元本金做保证金卖空交易,当时法定保证金比率为 50%。在开立保证金账户并缴存保证金后,向证券经纪公司借得当时市价为每股 10 元的 X 公司股票 4 000 股在市场上卖出,总市值为 40 000 元,当股价跌至每股 8 元,跌幅为 20% 时,投资者再委托经纪商代为买入同样的股票 4 000 股归还证券经纪公司,需支付 8 元/股 × 4 000 股 = 32 000 元,若不考虑手续费等费用,该投资者获利 8 000 元,收益率为 40%。用上述公式计算:

$$G = \frac{20\%}{50\%} = 40\%$$

若股价不是下跌而是上涨,则 R_d 为负值,说明投资发生亏损(图 3-2)。

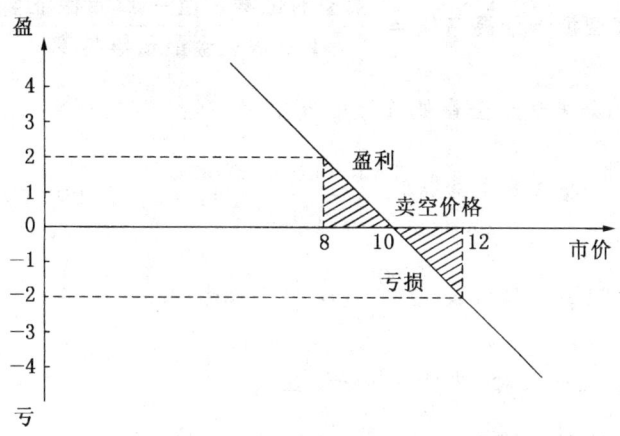

图 3-2 卖空者盈亏分析

（三）保证金实际维持率的计算

不管投资者是获利还是亏损,证券经纪公司都要逐日计算每个保证金账户的实际维持率。在保证金卖空的情况下,投资者的实际保证金是他所拥有的资产与债务之差,投资者账户中的资产是卖空时证券的市值和存入的原始保证金,以现金形式存在。债务是向证券经纪商借入的证券市值,按其实际市值计算。在只有卖空的情况下,卖空的保证金实际维持率可按下列公式计算：

$$保证金实际维持率 = \left(\frac{卖空时证券市值 + 原始保证金}{计算时证券市值} - 1\right) \times 100\% \quad (3-10)$$

在【例 3-3】中,如果股票价格上涨至每股 12 元,则计算时股票市值为 12 元 × 4 000 = 48 000 元,保证金实际维持率为：

$$\left(\frac{40\,000 + 20\,000}{48\,000} - 1\right) \times 100\% = 25\%$$

当保证金实际维持率大于法定保证金比率时,投资者可从保证金账户中提取相应现金,但必须满足法定保证金要求。当保证金实际维持率低于最低维持率要求时,经纪商要向投资者发出追加保证金的通知,投资者必须在账户中增加现金或证券,否则经纪商可以对该账户自行结清。当保证金实际维持率低于法定要求又高于最低要求时,该保证金账户将成为限制性账户,即任何会引起进一步降低实际保证金价值的资产动用都将受到限制。

（四）卖空证券最高市值和最高限价的计算

当证券交易所或证券公司规定了保证金最低维持率后,可以计算出卖空证券的最高市值和最高限价,也就是说,当证券价格涨到这一限度时,就应向卖空者发出追加保证金通知了。

$$\text{卖空证券最高市值} = \frac{\text{卖空时证券市值} + \text{原始保证金}}{1 + \text{保证金最低维持率}} \qquad (3-11)$$

在【例 3-3】中,如果保证金最低维持率为 20%,则:

$$\text{卖空证券最高市值} = \frac{40\,000 + 20\,000}{1 + 20\%} = 50\,000(元)$$

$$\text{每股最高限价} = \frac{50\,000}{4\,000} = 12.50(元/股)$$

即当股价涨至 12.50 元一股时,就应追加保证金。

(五)保证金卖空的利弊分析

保证金卖空作为一种信用交易方式被一些发达的证券市场所采用。卖空交易主要为投机者利用,他们通过融券后的高卖低买牟取投机利润。套利者往往也通过利用两个不同市场的证券价差在高价市场上卖空,在低价市场上买进来获取收益,套利者的这种活动会使两个市场的价格趋于一致。投机者和套利者的卖空活动要占整个市场卖空交易的 80%~90%,其余的卖空交易主要有:证券交易所内专家经纪商利用这一交易方式平衡短期内证券价格的波动;一些长期投资者为防止自己持有的证券价格下跌通过卖空同类证券,达到既继续拥有证券、又避免损失的目的;一部分投资者为平均所得税负担,通过保证金交易将高收入年份所得税转移到低收入年份,以降低纳税率。保证金卖空交易对于提高证券的流动性、活跃证券市场具有一定的积极作用,使投资者在证券行情下降的时候也有可能盈利,并可能避免证券行情过度下跌导致的损失。但作为一种投机性极强的交易方式也难免被投机者利用,甚至采用种种不法手段人为哄抬或压低价格,从中牟取暴利,这样既危害了其他投资者的利益,又影响了证券市场的正常运行,所以证券监管机构和证券交易所对卖空交易一般都采取严格管理措施,甚至严加禁止。

六、我国的融资融券交易

我国证券市场习惯将信用交易称为融资融券交易。我国于 2010 年 3 月 31 日开始证券公司融资融券业务试点,2011 年 10 月转为证券公司常规业务。作为我国证券市场一项重要的基础性制度创新——融资融券交易的开展对增加资本市场的做空机制、完善证券市场功能、规范证券市场融资行为、防范市场信用风险和道德风险、扩大证券公司业务范围、促进证券行业健康发展发挥了积极作用。

我国《证券法》已有关于证券信用交易的法律规定,国务院颁布的《证券公司监督管理条例》对融资融券交易的基本模式与内容也作了规定。在试点经验的基础上,中国证监会发布了《证券公司融资融券业务管理办法》《证券公司融资融券业务内部控制指引》和《转融通业务监督管理试行办法》。中国证券业协会、中国证券登记结算有限责任公司和沪、深证券交易所也分别发布有关的业务规则。我国融资融券交易的法律制度和监管框架已基本形成。

我国融资融券交易分为融资交易和融券交易。投资者向证券公司提供担保物借入资金买入证券,称为融资交易;投资者向证券公司提供担保物借入证券卖出,称为融券交易。

证券公司申请开展融资融券交易必须符合规定的条件;证券公司应当以自己的名义,在证券登记结算公司分别开立融券专用证券账户、客户信用交易担保证券账户、融资专用资金账户和客户信用交易担保资金账户。

证券公司应加强客户适当性管理,在向客户融资融券前,应当办理客户征信,进行客户筛选,与客户签订融资融券合同,为客户开立实名信用证券账户和实名信用资金账户。

融资融券交易的标的证券为符合规定的股票、证券投资基金、债券和其他证券。

标的证券由证券交易所公布,交易所可根据市场情况调整标的证券的选择标准和名单。投资者从事融资融券交易,期限不得超过6个月。融资申报买入、融券申报卖出股票或基金数量应为100股(份)或其整数倍,债券应为1手或其整数倍。融券卖出的申报价格不得低于该证券的最新成交价;当天没有产生成交的,申报价格不得低于其前收盘价格。

投资者融资买入证券后,可通过卖券还款或直接还款的方式向证券公司偿还融入资金。投资者融券卖出后,可通过买券还券或直接还券的方式向证券公司偿还融入证券。

证券公司应当逐日盯市,投资者未能按期交足担保物或到期未偿还融资融券债务的,证券公司应当根据约定采取强制平仓措施,处分投资者担保物,不足部分可以向投资者追索。

证券公司向投资者融资融券,应当向投资者收取一定比例的保证金,保证金可以以上市股票、证券投资基金、债券、货币市场基金、证券公司现金管理产品及交易所认可的其他证券充抵。投资者融资买入证券的保证金比例不得低于100%,融券卖出的保证金比例不得低于50%。证券公司向投资者收取的保证金以及投资者融资买入的全部证券和融券卖出所得全部资金,整体作为投资者对证券公司融资融券所产生债务的担保物。充抵保证金的有价证券,在计算保证金金额时应当按规定的折算率进行折算。

证券公司应当对投资者交存的担保物进行整体监控,逐日计算投资者交存的担保物价值与其所欠债务的比例,即维持担保比例。维持担保比例是指投资者担保物价值与其融资融券债务的比例。投资者维持担保比例不得低于130%,当低于130%时,证券公司应当通知投资者在约定期限内追加担保物。维持担保比例超过300%时,投资者可以提取保证金可用余额中的现金或充抵保证金的有价证券,但提取后维持担保比例不得低于300%。证券公司应与投资者约定最低维持担保比例要求,当投资者维持担保比例低于最低维持担保比例时,证券公司应当通知投资者在一定期限内补交差额。投资者未能按期交足差额或到期未偿还债务的,证券公司应当立即按照约定处分其担保物。

证券交易所对融资、融券的规模及交易异常情况加以管理,对风险加以控制。证券公司也有相应的融资融券业务风险控制指标。

我国的转融通采用集中授信的单轨制模式,由中国证券登记结算有限责任公司和沪、深证券交易所出资设立**中国证券金融股份有限公司(简称证券金融公司),**证券金融公司统一从股票市场和商业银行取得股票和资金,再将这些股票和资金提供给需要融资融券的证券公司或其他投资机构。证

"中航油"事件

券金融公司是向证券公司提供融资融券服务的不以营利为目的的中介服务机构。

第三节 期货交易

金融期货交易是发达国家金融创新的主要品种,将期货交易引入证券市场,不仅增加了交易的品种,提高了交易量,而且拓展了证券市场功能。与传统的证券交易方式相比,期货交易有独特的交易规则、运行机制和市场功能。

一、期货交易的含义、参与者与功能

(一) 期货交易的含义

1. 期货交易的概念

期货交易(futures trading)是买卖双方约定在将来某个日期按成交时双方商定的条件交割一定数量某种商品的交易方式。由于交易双方在成交时并未真正实现商品和价款的转移,而要到未来某个日期按原来达成的协议进行货款交割,因此双方需要就交易内容分别向对方作出承诺,并达成某种形式的书面协议,这一协议,就是期货合约。**期货合约(futures contract)**指由交易所统一制定的、规定在将来某一特定的时间和地点交割一定数量标的物的标准化合约。标的物为特定金融工具的期货合约就是金融期货合约。期货合约是可转移的合约。

在期货交易中,由于实际清算交割要在远期进行,因此就为成交双方提供了在合约到期以前各自做一个相反的交易以免除到期交收实物的可能。也就是说,期货交易的买方可以在合约上规定的交割日以前卖出相同种类、数量和交割日期的期货合约,卖方也可以在合约上规定的交割日之前买入相同种类、数量和交割日期的期货合约。由于买卖双方在交割日之前都可能有相反的交易,因而实际交割时双方只要分别对自己买进卖出的差价进行清算,而无须发生实物的交收,这样就使期货合约逐渐与合约上指定的商品分离,成为可单独进行自由交易的对象。绝大多数期货的买方并非真正需要合约上指定的商品,大多数期货的卖方也并非真正拥有合约上指定的商品,他们交易的目的是获取买卖的差价,而交易对象实际上是期货合约本身。但是,对买卖双方来说,只要在合约到期前没有做过相反的交易,则都要承担合约规定的义务,即不管实际交割时价格发生了什么变化,不管这种变化对自己是有利还是不利,买方到期必须承担按合约规定价格买入指定商品的义务,卖方则应承担按合约规定的价格卖出指定商品的义务。

由于期货交易一般情况下无须交割现货商品,因而现代期货交易发展成以期货合约这一特殊商品为交易对象的交易方式,并使它有别于任何一种已有的交易方式。这一特性也使期货交易方式应用范围广泛,交易灵活方便,并有良好的发展前景。

2. 金融期货交易的产生

期货交易最初产生于商品的远期交易并取得成功,然后才被移植到金融资产的交易。19世纪初,为解决谷物的及时买卖,避免价格波动的风险,在西部农场主和东部加工

第三节 期货交易

商之间开始以远期合同形式进行商品交易。但由于当时的交易仍是个别的、非标准化的交易，所以在交易过程中不可避免地不断发生违约的纠纷和争议。应交易的需要，1848年由82位商人自发地发起并成功地组建了美国第一家中心交易所——芝加哥谷物交易所(CBOT)，即现在的芝加哥期货交易所。以后，CBOT不断对期货交易方式进行改进，逐步推出标准化合约、保证金制度、间接交易制度和每日清算制度等。到19世纪末，现代期货交易方式已日臻完善。一百多年来，新的期货交易所不断涌现，除了芝加哥谷物交易所外，主要有芝加哥商业交易所(CME)①，期货交易对象除了小麦、玉米外，逐渐增加了棉花、黄豆、可可、咖啡、原糖、黄油等，后来又发展了金属、橡胶、能源等品种。

自20世纪70年代以来，期货市场发生了翻天覆地的变化，盛行一百多年的商品期货逐渐退居次要地位，而以货币、股票、利率、股票价格指数等为基础工具的金融期货合约交易十分活跃地成了主要的期货品种。

金融期货商品的出现，有一定的历史背景。1971年以后，布雷顿森林体系彻底崩溃。国际货币制度从固定汇率制走向浮动汇率制。汇率变动取决于市场的供求关系，加上投机因素的影响，各种货币之间汇率的变动极其频繁，变化幅度也很大。这样，对从事对外贸易的商人来说，就产生了外汇汇率变动这一风险。此外，1973年和1978年两次爆发石油危机，使西方国家陷于滞胀局面，通货膨胀日趋严重。为对付通货膨胀，美国不得不运用利率工具，这又使金融市场的利率波动剧烈。利率是资金的价格，对于有固定收益的证券来说，利率的升降会引起证券价格的反方向变化，并直接影响投资者的收益。面对汇率风险和利率风险，金融资产的发行者和投资者都需要找到一种回避或减少风险的途径，于是人们将商品期货交易方式移植到金融资产的交易之中并取得了成功，金融期货交易应运而生。

金融期货交易是从20世纪70年代初开始的。1972年5月16日芝加哥商业交易所的国际货币市场(IMM)率先推出包括英镑、加拿大元、德国马克、法国法郎、日元、瑞士法郎、荷兰盾等在内的外币汇率期货。1975年10月20日，芝加哥期货交易所第一张抵押证券期货取得成功，以后又陆续推出美国政府91天期国库券期货、美国政府长期公债期货、90天期和30天期的商业票据期货、中期政府债券期货、欧洲美元期货、大面值存单期货等。到1982年2月，美国堪萨斯农产品交易所开办一种新的期货——股票指数期货(简称股指期货)并获得成功。美国金融期货开办成功后，许多国家竞相效尤，1982年9月伦敦国际金融期货交易所(LIFFE)成立，上市的金融期货主要有3个月期欧洲美元、3个月期英镑和英国政府长期债券等。1985年10月日本东京证券交易所开办政府公债期货。此外，法国巴黎金融期货交易所(MATIF)、新加坡国际金融交易所(SIMEX)等都开办了金融期货交易，1986年中国香港期货交易所开始恒生指数期货交易。这样，金融期货24小时全球交易的局面就形成了。

金融期货市场形成后，以前所未有的速度飞速发展，品种层出不穷，数量日益增加。到1988年，金融期货合约的交易量占期货总交易量的比重已达88%，该年上半年成交额最高的10种期货品种中，金融期货就占了其中的第一、二、四、五等6种。金融期货交

---

① 芝加哥商业交易所(CME)和芝加哥期货交易所(CBOT)已分别于2002年、2005年成为纽约证交所的上市公司。2006年11月，CME宣布出资80亿美元收购CBOT，成立CME集团公司，成为美国最大的期货交易所和清算所。

的兴起被公认为是20世纪70年代以来西方最成功的金融创新。金融期货交易的出现不仅为防范各种金融风险提供了有效途径,也使金融资产的总量和品种有所发展,为证券市场提供了形式多样的交易工具和灵活方便的交易形式,还从多方面提高了市场效率和稳定性,因而受到很高评价。

以金融资产为标的物的期货合约品种很多,目前主要有三大类:一是**利率期货**(interest rate futures),即以利率为基础工具的金融期货合约;二是**货币期货**(currency futures),即以汇率为基础工具的金融期货合约;三是**股权期货**(equity futures),即以单只股票、股票组合或者股票价格指数作为基础工具的金融期货合约。

3. 期货交易的特征

期货交易是一种独立的交易方式,有着不同于现货交易的特征。

(1) 交易对象不同。商品现货交易的交易对象是某一具体形态的商品。证券现货交易的对象是代表着一定所有权或债权关系的股票或债券,这些有价证券可以在未来的时间内为它的持有人带来一定的收益,因此是一种具有"内在价值"的金融资产。期货交易的交易对象是期货合约。期货合约并不是一种有形的书面合同,而是由期货交易所设计的一种具有固定内容和形式的统一协议书,买卖双方如果愿意接受合约上规定的条件,就在经纪公司开立账户并作相应记载,期货交易是通过入账和销账来记录交易情况的。期货合约也没有固定的内在价值,它的价值在于合约指定的标的资产的价格是否波动。如果合约中标的资产价格高度稳定,就没有必要进行期货交易,期货合约也就没有"价值"了。

(2) 交易目的不同。商品交易的目的是取得商品的使用价值和实现商品价值。证券交易的目的是为生产和经营筹集必要的资金及为暂时闲置的货币资金寻找生息获利的投资机会。期货交易活动既不能提供筹资的渠道,也不能提供真正的投资机会,而是为不愿承担价格风险的生产者或经营者提供稳定成本、保住盈利从而保证生产和经营活动正常进行的保值机会,也为一部分投机者提供了投机获利的机会。

(3) 现货交易一般以商品、证券和货币的转手而结束交易活动。期货交易中,仅有极少数的合约到期进行实物交割,接近98%的期货合约是做相反交易平仓了结的,这种结清差价平仓了结的方式就是对冲。

期货交易方式产生和存在的前提条件是有价格风险,即金融资产有利率、汇率和价格变动的风险。因为有风险,才有人要利用期货交易来转移风险达到保值目的,也有人要利用价格变动从中获取投机利润。价格风险越大,对期货交易的需求也越大;若价格稳定,则期货交易趋于平淡。但是,期货交易的发展,特别是期货市场上的投机活动,又会影响金融市场汇率、利率、价格的变动程度。

(二) 期货交易的参与者

各种生产企业、商业企业、进出口商、金融机构和个人都可以参与期货交易。按参与期货交易的目的不同,可将期货交易的参与者分为三种类型。

1. 套期保值者

套期保值者(hedger)是指那些把期货市场当作转移价格风险的场所,利用期货合约的买卖,对其现在已拥有或将来会拥有的金融资产的价格进行保值的法人和个人。套期保值者的目的是转移价格风险,保障正常利润。对于一个资深的套期保值者而言,确立一个保护其投资收益的目标比获得额外利润更重要。

2. 套利者

套利者(arbitrageur)是指利用同种金融期货合约在不同市场之间、不同交割月之间,或同一市场、同一交割月的不同金融期货合约之间暂时不合理的价格关系通过同时买进和卖出以赚取价差收益的交易者。

3. 投机者

投机者(speculator)是那些自认为可以正确预测金融资产价格变化的未来趋势,愿意利用自己的资金冒险,不断地买进或卖出期货合约,希望从价格的经常变动中获取利润的人。

期货交易独特的对冲机制,为投机创造了得天独厚的良好条件,而期货交易中的投机,又是确保市场流动性和发挥期货功能的必要条件。期货交易中的投机有如下功能:

(1)承受风险。套期保值者参与期货交易的目的是转移风险,而投机者恰恰是为了获利而甘愿承担风险,这样他们之间才有可能达成交易。可以设想,如果期货市场中全是套期保值者,没有投机者或投机者人数很少,成交的可能就会下降,套期保值者想要转移出去的风险就无人承担,也无法达到保值的目的。此外,由于套期保值者要保值的一般都是数额较大的资产或债务,并要等达到保值目的后才退出期货交易,所以套期保值者通常交易量大,持仓时间长,不会在期货市场中频繁地改变交易地位,这样往往需要若干个投机者才能吸收一次套期保值的交易量。因此,投机者人数多,活动范围大,交易活跃,套期保值者就容易以较低的成本达到套期保值的目的。

(2)促进市场的流动性。投机者之所以能增强期货市场的流动性,是因为他们在交易过程中只想快进快出,从价格的短期波动中牟利。他们在市场中的地位经常转换,通常两三天或一天数次转换,或是同时处于空头或多头的地位。在交易过程中,市场缺少买方他们就充当买方,市场缺少卖方他们就充当卖方,使市场异常活跃,成交率提高,成交速度加快,增强了市场的流动性和效率。

(3)有助于保持市场的稳定。期货市场上适度的投机活动有利于缓和价格的波动。投机者奉行的是低价买进、高价卖出的原则。当价格下降时,说明市场供大于求,由于投机者的买进,增加了需求,使价格上涨;当价格上涨时,说明市场求大于供,由于投机者的卖出,增加了供应,使价格下降。一般情况下,适度投机有助于价格稳定,可避免价格大幅度波动。但是,市场过热,投机过度,又会加剧价格波动甚至导致期货市场崩盘。

4. 套期保值者与投机者的关系

套期保值者和投机者是期货市场上一对孪生兄弟,缺一不可,但他们之间也有如下区别。

(1)参加期货交易的目的不同。套期保值者主要是为他们持有或即将持有的现实的金融资产保值,为保值甚至不惜放弃可能得到的额外利润。投机者参与期货交易的目的主要是获利,他们对期货合约上的具体标的资产不感兴趣,也不愿承担交收实物的责任,而是利用价格变化从中牟利。

(2)对待风险的态度不同。套期保值者要回避风险,转移风险;投机者则甘愿冒险,主动承担风险。

（3）在市场上买卖的频率不同。套期保值者在选择期货交易方式为现值保值后，一般要在实现保值目的或是在市场发生了变化以后才会对冲结束交易。投机者一有获利机会就买进卖出，频繁变动自己在市场上的交易地位。

在期货市场上，套期保值者寻求的是价格保障，投机者希望借价格短期波动获取盈利。两者的期望截然不同，为什么能达成交易？主要原因有三个：一是市场上的交易者对价格走势总是存在不同的预期，有人看涨，有人看跌，因此总是既有买方又有卖方。二是期货交易只需要少量的保证金便可买卖合约，具有杠杆作用。期货交易的保证金一般只占合约价值的5%，这就使套期保值者可用少量现金为价值量大于它几十倍的现货资产保值，而投机者则有可能以少量的保证金赚取高额利润。三是期货交易的对冲机制免除了合约到期实物交收的义务，为套期保值和投机获利提供了方便。

（三）期货交易的功能

期货交易最主要的功能是风险转移功能和价格发现功能，同时也有套利和投机功能。

1. 风险转移功能

风险转移功能是指套期保值者通过期货交易将价格风险转移给愿意承担风险的投机者，这是期货交易最基本的功能。

（1）风险转移功能的原理。期货交易转移价格风险的基本原理在于**某一特定商品或金融资产的期货价格和现货价格受相同的因素影响和制约，它们的变动趋势是一致的。**另外，市场走势的收敛性也是重要原因，即当期货合约临近到期日时，现货价格与期货价格逐渐趋合，它们之间的价差，即基差接近于零。

期货市场与现货市场是两个既各自独立又密切相关的市场。它们之间的联系主要表现在就某一特定商品而言，现货商品的价格和期货商品的价格都受共同因素影响，因而变动方向和变动幅度基本上是一致的，如果现货商品价格上涨，期货商品价格也将上涨；反之，则下降。

现货商品价格和期货商品价格的这种关系可用基差来表示。**基差(basis)是指某一特定商品在某一特定地点的现货价格与该商品在期货市场中期货价格之差，也就是该商品的现货价格减去期货价格。**如果现货价格低于期货价格，基差为负值，称为远期升水；现货价格高于期货价格，基差为正值，称为远期贴水。基差还有强势基差和弱势基差之分，强势基差表示现货价格与期货价格之间的差额较大；弱势基差表示现货价格与期货价格比较接近，只有少量的差额存在。

影响基差的因素非常多，凡是影响现货价格和期货价格的因素最终都会影响基差，一般包括商品近期、远期的供给和市场需求情况、替代商品的供求和价格情况、政治因素、自然因素等。但是**决定基差大小的基本因素是空间因素和时间因素**，前者反映了两个市场间的运输成本，后者反映了两个不同市场的持有成本(cost of carry)，即在一定时期内持有某种现货商品所需要的储存费、保险费、损耗费和利息费用等。**对金融资产而言，决定基差大小的主要因素有利率、现货价格和交割期限。**利率是资金的价格，利率提高表示持有某种金融资产所占用资金的成本提高，从而会使持有成本提高，基差增强。现货价格提高表示当期货到期时为应付交割而购买现货所需要的资金数量增多，从而使持有成本加大，基差增强。交割期限是持有成本的时间因素，合约到期的期限越长，包含的各种费用越多，持有成本越高；反之，持有成本则越低。

由于期货含有"未来"的意义，因而时间的作用特别明显。期货合约的到期日越短，持有成本对基差影响就越小；随着时间的推移，离交割期越近，基差也越小；到了交割期，期货和可用于交割的现货之间的基差接近于零，即此时期货价格与现货价格已大致相等，趋于合一。因为此时期货中的费用成本逐渐分摊完毕，期货中的"未来"因素已不复存在了。**这种基差随着交割期的不断接近而变小的现象被称为收敛(convergence)。**

从理论上说，期货价格应稳定地反映现货价格加上特定交割期的持有成本，因而期货价格应高于现货价格，远期的期货价格高于近期的期货价格，即基差应为负值。在供求关系正常的情况下确实如此。但是当供求关系失常，某一商品或金融资产供不应求时，持有成本将不能得到补偿，甚至形成基差为正值，即出现现货价格高于期货价格，近期期货价格高于远期期货价格的现象。应该说，这种情况实际上并不少见，但一旦现货与期货的价格关系被扭曲，套利者就会从中牟利，并最终使现货价格和期货价格的关系恢复正常。如当期货合约到期时价格比现货便宜，套利者就可以买进期货合约要求交割现货，并通过出售现货来赚取盈利，这会使期货价格提高。

总之，由于期货价格与现货价格高度相关，这就提供了在期货市场和现货市场做对等但相反的交易来转移价格风险的机会和可能，而且基差的波动相对于现货价格的波动要小得多，利用期货交易对冲比单方面现货的价位差所承担的风险要小些，这就可能将面临的价格变动风险降低到最低程度。

(2) 转移风险的基本方法。期货交易的风险转移功能主要是通过套期保值来实现的。**套期保值是指在现货市场上买进或卖出某种金融资产的同时，做一笔与需保值的现货资产品种相同或相关、期限相近、数量相当但方向相反的期货交易，以期在未来某一时间通过期货合约的对冲来弥补因现货价格变动而带来的风险。**

具体地说，对持有现货的人来说，若担心现货价格变动会带来风险，可以做对等并相反的期货交易，即卖出品种、数量、日期相当的期货合约。如果在持有现货期间，价格下跌，现货发生亏损，但期货交易会因低价补回对冲了结而有盈利，盈利和亏损冲销后，可达到保值目的；如果在持有现货期间，价格上升，现货就会盈利，但期货到期前以高价买回对冲了结时会亏损，盈亏相抵后，仍可达到保值目的。相反，对准备在未来买入现货的人来说，若担心现货价格变动带来风险，可先买入相应的期货合约，到期前卖出对冲了结，也可达到保值目的。

套期保值的基本类型有两种：一是若对未来行情变化的预期为看涨，而且这种看涨的行情对自己的现货交易不利，可做期货多头，即先买进期货，待价格上涨后再以高价卖出以平仓，用期货交易低买高卖来弥补现货价格上涨的风险；二是若对未来行情的预期为看跌，而且这种看跌的行情对自己的现货交易不利，可做期货空头，即先卖出期货，待价格下跌后再以低价买进平仓，用期货高卖低买的收益弥补现货市场因价格下跌带来的损失。

套期保值的目的是以期货交易作为转移现货价格风险的手段，所以，绝大多数套期保值者并不在期货合约到期时真正交收现货商品，而是在期货合约到期前对冲了结，抵消现货价格变动的亏损。

套期保值交易能使企业避免现货市场价格变动的影响，能提供现货市场不具备的弹性，使企业有一种额外的控制成本、保障售价、避免价格风险和实现最终利润的途径。但是，套期保值交易并不等于可以完全地转移价格风险，这是因为期货市场与现货市场毕竟是两个市场，存在着时间差别。这两个市场价格变动的趋势虽然相同，但变动幅度却不一定相等，这一变动幅度的差别是套期保值者仍需承担的一部分风险，即**基差风险**（basis risk），但也为套期保值者提供了获得额外盈利的机会。

2. **价格发现功能**

价格发现（price discovery）是期货市场的又一重要功能。**价格发现功能是指在一个公开、公平、高效、竞争的期货市场中，通过期货交易形成的期货价格，具有真实性、预期性、连续性和权威性的特点，能够比较真实地反映出商品价格的变动趋势。**

期货市场之所以具有价格发现功能，首先是因为现代期货交易是集中在高度组织化的期货交易所内进行的，期货市场遵循公开、公平、公正原则，交易的透明度高，监管严格。其次是因为在期货交易所内，交易者众多，供求集中，市场流动性强。期货交易的参与者或者是熟悉某种商品行情、有丰富经营知识的套期保值者，或者是有广泛信息渠道、熟练运用某种分析方法的套利者和投机者。他们根据各自对未来价格走势的预测，报出自己的理想价格，与众多对手竞争。这样形成的价格实际上反映了大多数人的预期，具有权威性，能比较真实地代表供求关系。最后，期货交易价格是通过自由报价、公开竞争形成的，并且有价格公开报告制度。在交易所内达成的每一笔新的成交价格，都要向场内交易者及时报告并通过传播媒介公之于众。这样，交易者能够及时了解期货市场的交易情况和价格变化，及时对价格走势作出判断，进一步调整自己的交易行为。交易者对价格的预期不断调整，并通过连续、公开的竞价又形成新的价格，使期货价格具有连续性、真实性的特点。

由于期货价格和现货价格走向一致并逐渐趋合，所以今天的期货价格可能就是未来的现货价格，是众多交易者对未来现货价格的预期。这一关系使得套期保值者、套利者和投机者以及世界各地的生产企业、加工企业、销售企业、进出口企业等都利用期货价格来衡量相关现货商品的近远期价格发展趋势，利用期货交易所形成的价格和传播的市场信息来制定各自的经营决策。期货价格以交易所当天收市的结算价格为代表，世界上那些在交易所以外进行的交易都以这一价格作为其成交价格的基础。交易所的结算价格成了国际贸易和国际金融市场中的重要价格依据，是国际市场行情研究的重要对象。期货市场的价格发现功能有利于现货交易者对未来价格走势作出理性预期，从而可提高现货市场的有效性。

当然，由于在期货交易中有投机因素及人的主观因素的作用，期货价格并非时时刻刻都能准确地反映市场供求情况。但是，这一价格克服了分散的区域性市场价格在时间和空间上的局限性，具有公开性、连续性、预测性的特点，应该说它比较真实地反映了在一定时期世界范围内供求状况影响下商品或金融资产的价格水平。

二、期货交易机制

期货交易有一定的交易规则，参加交易的人必须遵循这些规则，这些规则也是正常开展期货交易的制度保证，同时还是期货市场运转机制的具体体现。期货交易规则既有与证券交易相似之处，也有其独特之处。

(一) 期货交易所和集中交易制度

期货交易所是有固定交易地点、严格交易时间的高度组织化的专门进行期货合约买卖的交易场所,承担着组织、监督期货交易的重要职能。它的组织形式既有会员制,也有公司制,近年来有向公司制转化的趋势。交易所的席位有严格限制,席位可以公开出售转让,但对于接受新成员控制很严。

会员制交易所的会员有两大类:一类是**一般会员**,又称自营商,他们只能为自己买卖期货合约,不能接受非会员委托充当经纪人。大多数自营商是期货市场上的专职投机者。另一类是**全权会员**,他们既可在交易所内为自己买卖期货合约,也可接受非会员委托在场内买卖期货合约,充当经纪人并赚取佣金。全权会员大多数属于期货经纪公司,也有些是大银行、大公司或其他金融机构的代表。

期货交易所的交易规则与证券交易所相似,主要有以下几点。

1. 价位变动

价位变动是在交易过程中报价的最小变动单位。由于期货合约的价值一般都较大,所以价位变动幅度通常较小。每一期货品种的价位变动单位由交易所决定,如美国政府长期债券的每份期货合约面值为 10 万美元,其价位变动单位为点(tick),一个点相当于合约面值的 1‰ 的 1/32,即 31.25 美元。

2. 涨跌停板及断路器规则

涨跌停板是指期货合约成交价格在一个交易日内不能高于或低于以该合约上一交易日结算价为基准的某一涨跌幅度。涨跌停板制度对控制交易风险,减缓突发事件和过度投机对期货价格的冲击是非常必要的。有的交易所还规定一系列涨跌幅限制,当期货价格达到限幅后将暂停一段交易时间(通常是十分钟至数十分钟)再恢复交易,以便市场有充分的时间消化由特定信息冲击带来的影响。

3. 未平仓合约

未平仓合约又称敞口合约、未结清权益,是指已经发生买卖但尚未通过相反交易进行对冲或进行实物交割的期货合约。

在期货交易中,当交易者买入或卖出一笔期货合约,叫建仓(open position),实际上是在经纪商处开立账户并作一笔记载,并不实际收受合约或实物,此时,交易者处于纯买入或纯卖出地位。在合约到期前,交易者可以有两种方法结束交易:一是进行实物交割;二是做一笔品种、数量、期限相同但方向相反的交易结清差价了结,即对冲(offset)。交易者结束交易叫平仓(close position),即结束了纯买入或纯卖出地位。在交易的某一时点上,交易者处于纯买入地位,即买进的期货合约数多于卖出的期货合约数,称为多头(long position);反之,称为空头(short position)。这两种情况都表示交易者买卖的期货合约尚未平仓。未平仓合约就是将尚未结束交易的合约数作单方面相加(仅加多头合约或空头合约)。未平仓合约是期货行情表中的重要指标,由交易所逐日公布,它和每日成交量、买方报价和卖方报价的差额一起作为衡量市场流动性程度的重要指标。

4. 限仓制度和大户报告制度

限仓制度(position limit)是期货交易所为了防止市场风险过度集中和防范操纵市场行为,对交易者持仓数量进行限制的制度。为了使合约期满日的实物交割数量不至于过大,引发大面积交割违约风险,一般情况下,距离交割期越近的月份合约,交易所允许交易者的持仓量越小。**大户报告制度**是指期货交易所建立限仓制度后,当交易者投机头寸达到交易所规定的数量时,必须向交易所申报有关开户、交易、资金来源、交易动机等情况,以便交易所审查大户有否过度投机和操纵市场行为以及大户的交易风险情况。

期货交易所不仅提供交易场所,还制定期货交易的规章制度和交易规则,统一制定期货合约,提供信息服务、结算及交割服务,并为交易双方提供履约及财务方面的担保,管理监督交易所内的交易活动,保证期货交易正常开展。

(二)期货合约和对冲机制

期货合约是买卖双方分别向对方承诺在一确定远期按约定的价格交收标准数量和质量的某一特定商品或金融资产而达成的书面协议。期货合约的单位是手或口,一份期货合约俗称一手或一口。期货合约是具有法律约束的文件,若到期不能按合约规定的项目交收,违约者将受到有关部门的制裁,即以交收日的市价清盘,并须承担全部交易费用和交易亏损,有时还须支付一笔罚金。期货合约有如下两个特点:

(1)期货合约是标准化的合约,其唯一的变量是交易价格。期货合约是由交易所设定并公布的标准化的合约。期货合约对交易标的的品种、数量和数量单位、质量等级、报价单位、最小变动价位、涨跌停板、合约月份、交易时间、最后交易日、交割日期、交割地点、合约到期日等内容都有统一规定,它唯一的变量是标的物商品的交易价格。交易价格是在期货交易所内以竞价的方式产生的。

(2)期货合约绝大多数不需要实物交割。金融期货交割结算可采用现金交割和实物交割方式。期货合约设计成标准化合约,是为了便于在交易中对冲,即通过做相反的交易平仓,从而避免实物交割。实际上绝大多数期货合约不需要实物交割,仅有2%左右的期货合约到期需要交收实物。

标准化的合约和对冲机制,使交易者不仅可以在不需要某种商品或金融资产时买进相应的期货合约,也可以在没有某种商品或金融资产的时候卖出相应的期货合约。这种独特的机制使越来越多的套期保值者和投机者认识到期货交易的便利性并利用它来达到自己的目的。套期保值者进行期货交易,但并不真正买卖合约指定的商品,而是在合约到期前予以对冲,为其相关的现货商品保值,防止因价格变动而可能带来的损失。投机者频繁地买卖期货合约,并不需要收受现货商品,只要能准确地预测价格动向,就有可能赚取差价利润。

尽管只有极少数的期货合约最终实现实物交割,但这种交割的可能性还是存在的。在金融资产的期货合约中一般为实物交割指定固定的银行作为交收地点,届时按合约双方交易的金融资产和货币额相互收受,或仅有一方在交割日将合约价格与当时市场的现货价格之差补给对方。这种为数不多的实物交割的意义在于,当期货价格与相关的现货价格关系被扭曲时,为套利者提供了从中套取盈利的机会,而套利交易又使期货价格与相关的现货价格关系恢复正常。

(三)保证金及其杠杆作用

为了降低期货交易中的风险,期货交易双方在成交后都要通过经纪商向交易所交纳一定数量的保证金(margin)。设立保证金的主要目的是当交易者出现亏损时能及时制止,防止出现不能偿付的现象。

由于在期货交易中买卖双方都有可能在最后清算时亏损,所以**双方都要交保证金**。保证金交给开户的经纪公司,并通过经纪公司在交易所附设的结算所开立账户。保证金可以是现金,也可以是有价证券,如国库券。保证金的水平由交易所附属的结算所制定,其数量随合约的性质、特定交易物、价格变动幅度、客户的资信情况、从事期货交易的目的是保值还是投机等而有所不同,一般初始保证金比率为期货合约价值的5%～10%,但也有低于1%,或高达18%的情况。

双方成交时交纳的保证金叫**初始保证金**,以后每天都要以交易所标示的结算价格和成交价格对照,调整保证金账户余额。因市场行情的变化,交易者的保证金账户会产生浮动盈亏(结算价与成交价之差),因而保证金账户中实际可用于弥补亏损和提供担保的资金就会随时发生变动。浮动盈余将增加保证金账户余额,浮动亏损将减少保证金账户余额。保证金账户必须保持一个最低的水平,称为**维持保证金**,这一水平一般为初始保证金的50%～75%。交易者连连亏损,保证金余额不足最低维持水平时,结算所会通过经纪商发出追加保证金的通知,要求交易者在规定时间内追交保证金直达初始保证金水平。交易者如果24小时内不能补足保证金,结算所有权将交易者的期货合约平仓了结。

期货交易的保证金和现货交易、信用交易不同。现货交易的保证金是按交易金额的一定比率由买方交的预付款;信用交易的保证金是向经纪人融资的保证;期货交易的保证金是买卖双方履行其在期货合约中应承担义务的财力担保,起履约的保证作用。保证金制度使每一笔期货交易都有与其面临风险相适应的资金作财力保证,并对交易中发生的盈亏作及时的处理。这一制度为期货合约的履行提供了安全可靠的保障。

由于期货交易的保证金比率很低,因此有高度的杠杆作用,这也是期货市场具有吸引力的重要原因。这一杠杆作用使套期保值者用少量的资金为价值量很大的商品或金融资产找到回避价格风险的手段,也为投机者提供了用少量资金获取利润的机会。

(四) 结算所和无负债结算制度

结算所(clearing house)是期货交易所附属的专门结算机构,但它有时又以独立的公司形式组建,并以会员公司的名义加入交易所。结算所的职能是确定并公布每日结算价及最后结算价,负责收取和管理保证金,负责对成交的期货合约进行逐日清算,对结算所会员的保证金账户进行调整平衡,监督管理到期合约的实物交收以及公布交易数据等有关信息。

结算所通常采取结算会员制度和分级结算制度,并非所有的期货交易所会员都能成为结算所会员,只有部分资金雄厚、信誉卓著的交易所会员才能成为结算会员,结算会员具备直接与交易所进行结算的资格,而非结算会员则要通过结算会员进行结算并在其处开立结算账户。交易所对结算会员进行结算,结算会员对交易者和非结算会员结算,非结算会员对交易者进行结算。结算会员要向结算所交纳现金形式的结算准备金和交易保证金,用以作为结算会员为自己或为其他非结算会员代为结算时的财力保证。结算会员也要求开户的非结算会员交纳保证金,而经纪公司则要求在场外的客户开立账户并交付保证金。

结算所以其独特的机制在期货交易中发挥重要作用。

1. 结算所实行无负债的每日结算制度

无负债制度，又称逐日盯市(mark-to-market)制度，其原则是交易所在每个交易日结束后对所有未平仓合约按当日结算价计算每个结算会员账户的浮动盈亏，进行随市结算。发生浮动亏损的结算会员若保证金低于最低保证金要求，则发出通知要求在第二个交易日开市前补足差额，做到当日结清，否则第二天就不允许进行期货交易。对于不补足保证金差额的结算会员，结算所有权对其账户上的期货合约进行平仓处理，也可以取消其会员资格。结算会员也要求开户的非结算会员及场外客户每日结清账面盈亏，盈余的可提走现金，亏损的要补足保证金。由于实行无负债的每日结算制度，所有交易所会员和交易所外的交易者都清楚自己在期货交易中的盈亏情况，可及时制止亏损的扩大，保证期货合约的最终顺利结算。

2. 结算所形成简便高效的对冲机制

由于交易所外的客户要通过经纪公司，非结算所会员又要通过结算所会员进行结算，因此在每个交易日结束后，由结算所会员将所有代理结算的交易记在自己账户上并以自己的名义直接向结算所结算，从而成了各笔交易中的买方或卖方。而结算所则处于中介人地位成为期货交易中所有交易者的共同对手，是所有买方的卖方，又是所有卖方的买方。因为所有交易者实际上都与结算所成交，而结算所只需每日公布未平仓合约，所以任何一个交易者都可根据自己的意志自由交易而无须寻找特定的交易对手，也不必依赖对方而自由地在期货合约到期前再次买进或卖出平仓，买卖双方无须向交易对方负责而只要向各自的经纪公司负责，非结算所经纪公司只要向自己开户的结算所会员公司负责。这样一种结算制度为期货交易提供了一种简便高效的对冲机制，把大量期货交易者之间的交易转化成少数结算所会员之间的对冲结算，同时结算所会员之间的大量结算最终又转化成结算所会员与结算所之间的结算，这样就大大提高了期货交易的效率和安全性。

3. 结算所可使期货交易没有信用风险，只有价格风险

由于结算所成了所有交易者的对手，也就成了所有成交合约的履约担保者。在结算所会员无法根据结算所要求追加保证金或是破产时，结算所可采取以下保护措施以防止事态进一步恶化：第一，结算所可对该会员账户上的合约强行平仓、转让、套取现货或现金，会员不得提出任何异议；第二，如果采取上述措施仍不足以弥补会员账户上的亏损，结算所可动用会员公司的结算准备金用以弥补亏损；第三，结算准备金仍不足偿付亏损时，结算所可进一步追加动用会员资格费和席位费；第四，如仍不足，结算所必要时可动用所有结算所会员交纳的保证金，甚至要求全体会员增交保证金，由全体结算所会员共同承担损失；第五，按规定程序动用交易所风险准备金。同时，结算所有向该会员追索债务的权利。由于有以上保护措施，结算所不会倒闭，而且对每一笔交易负有担保责任，所以买卖双方不必担心对方是否会按时履约。这种结算制度使期货市场上不存在潜在的信用风险，而只有价格波动的市场风险。期货交易正因为有价格风险，而且也只有在价格不断波动的情况下才起作用；若价格稳定，投机者则将无利可图，保值者也没有买卖期货的必要了。

三、金融期货定价原理

（一）金融期货价格与金融现货价格的关系

金融期货价格是指由交易双方约定在未来某一日期交收一定数量某一特定金融资产时的实际执行价格。 一般情况下，金融期货价格和相应的金融现货价格受相同因素的影响，它们的变动方向是一致的。在市场对标的资产现货未来价格预期一致的前提下，在市场均衡的状态下，期货价格应等于预期的未来现货价格。但在某些特定的条件下，它们之间又会出现不一致的情况。

（二）金融期货理论价格与金融期货市场价格的关系

金融期货的理论价格是指在某一特定时间和特定条件下，金融期货合约标的金融资产的无套利均衡价格。 金融期货的市场价格是在期货市场交易双方公开竞价形成的价格。通常，金融期货的市场价格围绕着理论价格波动，它们之间也经常会出现一定的偏离。

（三）金融期货单利定价模型

1. 基差

某种金融工具的期货价格以相应的现货价格为基础，但两者并非必然相等，两者的差额即为基差。

$$基差(B) = 现货价格(S) - 期货价格(F) \qquad (3-12)$$

对金融资产而言，存在两类基差。一是**理论基差**，即金融资产现货价格与期货理论价格之差。理论基差来自持有成本，在期货合约到期前必然存在，在合约到期时接近于零。一是**价值基差**，即金融期货市场价格与理论价格之差，来自期货市场价格被高估或低估，在市场均衡条件下价值基差为零。理论基差是金融资产期货定价的关键因素，价值基差由市场的套利活动消除。

2. 持有成本

期货金融资产的理论基差受持有成本的影响。**持有成本是指持有现货金融资产直至特定交割期（期货合约到期日）必须支付的净成本。** 购买一定数量金融资产需要付出一定的成本，而持有现货金融资产的期间也可能取得一定的收益，收益可以在一定程度上抵消支付的成本，因而，持有成本是因购买现货金融资产而付出的融资成本减去持有现货金融资产取得收益后的差额。

3. 金融期货单利定价模型

可以设想，购买现货金融资产持有至期货合约到期日与购买期货至合约到期日进行实物交割的结果是一样的。不同的是，在期初购买现货金融资产并将现货资产持有至期货合约到期日需要付出一定的代价，即持有成本。影响持有成本，进而影响基差的主要因素有：现货价格，即到期时为应付交割而购买现货所需资金；利率，即持有现货所占有的

资金成本;期货合约的期限,期限长短对资金成本产生影响。在仅考虑购买现货金融资产的成本时,金融期货的理论价格为:

$$S + S \cdot r(T-t) = F \qquad (3-13)$$

当考虑现货金融资产持有期间取得的收益时,金融期货的理论价格为:

$$S + S(r-y)(T-t) = F \qquad (3-14)$$

式中:F 表示期货价格,S 表示现货价格,r 表示无风险利率,y 表示现货收益率,$(T-t)$ 表示期货合约期限。

由于金融期货的理论价格应等于现货金融资产价格加上合理的融资净成本,因而,金融期货的定价模型为:

$$F = S[1 + (r-y)(T-t)] \qquad (3-15)$$

当融资成本(r)小于现货金融资产的收益率(y)时,金融期货的理论价格(F)小于现货价格(S);当融资成本(r)大于现货金融资产的收益率(y)时,金融期货的理论价格(F)大于现货价格(S);当融资成本(r)等于现货金融资产的收益率(y)时,金融期货的理论价格(F)等于现货价格(S)。理论上,以上三种情况都可能出现,但实际上,金融期货的持有成本在大多数情况下为正值,因而金融期货的理论价格通常大于现货价格。

专栏 3-1　原油期货价格跌为负数

原油本身是一种有"保质期"的大宗商品,易变质、会氧化,无法长期存放,运输和储存成本不低。平时我们讨论的"国际油价",并不是现货价格,而是国际原油期货主力合约的结算价格。与股票可以无成本长期持有不同,原油期货合约的生存周期是有限的,到合约最后交易日后就要交割。

2020 年一季度,突如其来的新冠肺炎疫情严重抑制了全球经济增长动能,石油天然气需求大幅下降。其间,恰逢"欧佩克+"联盟限产会议召开,由于沙特及俄罗斯在限产问题上分歧严重,双方不欢而散。全球疫情蔓延叠加谈判破裂影响,导致国际石油市场悲观预期弥漫,3 月 9 日布伦特油价一开盘即跌至 20 美元/桶附近水平,创 20 世纪海湾战争以来油价新低并波及股市,多地出现熔断。

之后,在多方调停下,沙特、俄罗斯又重新回到谈判桌前,达成减产协议。市场对该协议的拉动效应充满期待,油价曾一度反弹,但仅仅是昙花一现。

4 月 20 日开盘的 5 月交货的纽约轻质原油期货价格暴跌,出现了负油价,并跌至每桶－37.63 美元收盘。

新冠肺炎疫情爆发后,全球经济下行,原油价格本身就在一路走低。原油价格的走低,使得一些国家开始趁机抄底储存。但是经济下行持续的时间大大超出了人们的预期,原油的价格也持续了三个多月的下跌。在这三个多月中,美国炼油商所购入的原油已经存满了全美的储油罐,甚至有很多万吨油轮由于无处卸货,只能被当作行动的储油罐。炼油商再买油已没地方存储,需求已经被释放殆尽。

一般来说,临近期货合约到期时,合约价会与实物价趋同。但是市场中存在着一些只交易合约而不愿现货交割的投机者。这些投机者会在交割期临近选择平掉自己的仓位,即抛售5月合约。

在原油储油罐够用的情况下,即使临近交割日,投机者要平掉合约,合约价与实物价也应该是趋同的。因为如果合约价与实物价价差过大,投机者可以选择不平掉合约,而把合约卖给有实物需求的炼油商。当时的形势是美国已经没有足够的储油罐空间,那么对于仍持有五月原油合约多头来说,如果不平掉5月的多头合约,意味着将收到石油现货,而且只有几天时间告诉卖方如何收货。可这时已经不可能去找到储油空间。5月合约对投机交易者来说已经成了烫手山芋。于是在这么一个节点,市场出现了魔幻的买原油送钱的现象。

总之,原油期货价格跌到负值,表面的原因只是因为储油罐空间不够了,仓储运输等成本已远远高于原油生产价格。本质上,这正是资本市场中另一种形式的"倒牛奶"现象。

四、金融期货交易品种

以有价证券或相关变量作为期货合约基础工具的金融期货有利率期货和股权类期货。

(一)利率期货

1. 利率期货的概念

利率期货是指以具有固定利率的债券类证券为基础工具的金融期货合约。利率期货是为回避因市场利率变动而引起证券价格变动的风险而产生的。金融市场的利率波动使资金的借贷双方均面临利率风险,特别是持有固定利率债券的投资者,迫切需要一种回避风险、套期保值的工具,利率期货应运而生。

2. 利率期货的主要品种

(1)债券期货。以国债期货为主的债券期货是各主要交易所最重要的利率期货品种。美国政府长期债券期货于1977年在芝加哥期货交易所开始交易。芝加哥期货交易所目前交易的国债期货包括2年期、5年期、10年期国库票据期货和30年期国债期货,还开发了道琼斯CBOT国债指数期货。新加坡交易所、欧洲交易所等也有外国政府债券期货交易。除国债期货外,部分交易所还推出了市政债券或市政债券指数期货。

(2)主要参考利率期货。在国际金融市场上,存在若干重要的参考利率,它们是市场利率水平的重要指标,同时也是金融机构制定利率政策和设计金融工具的主要依据。除国债利率外,常见的参考利率包括伦敦银行间同业拆放利率(LIBOR)、香港银行间同业拆放利率(HIBOR)、欧洲美元定期存款单利率、联邦基金利率等。为方便金融机构进行利率风险管理,有关期货交易所推出了采用这些利率的固定收益工具为基础资产的期货合约。欧洲交易所、我国台湾期货交易所等都有短期商业票据期货,芝加哥商业交易所甚至有消费者价格指数(CPI)期货等利率期货合约。

3. 利率期货交易的特点

利率期货与其他的商品期货、金融期货相比,既有共同的交易机制和交易规则,也有一些与众不同的特点。

(1) 报价方式。以美国的期货市场上较有代表性的短期国库券期货、长期政府债券期货为例,国际货币市场中的13周国库券期货以面值100万美元的3个月期国库券为基础资产,交割月份为每年的3月、6月、9月和12月。国际货币市场规定,国库券期货交易按国际货币市场指数报价,该指数以100与国库券的年贴现率的差价来计算。例如,年利率为8%的100美元面值的国库券在国际货币市场报价为92美元,3个月期的国库券期货合约价值为100万美元－100万美元×8%×3/12＝98万美元。国库券期货价格的最小波动幅度为1个基点(tick),即利率的0.01%。一份3个月期国库券期货合约价格的最小变动额是100万美元×0.01%×3/12＝25美元。

美国政府长期债券期货合约面值为10万美元,交割月份为3月、6月、9月、12月,以期限为30年、息票利率为6%、票面值为10万美元的虚拟标准券为基础工具。国债期货交易采用价格报价法,即以基础债券为基础,报出其每100美元面值的净价,且以合约面值10万美元的1%的1/32为最小报价单位。例如,报价99-00,表示买方愿以票面值99%的价格买进期货合约,价格即为9.9万美元。价格最小波动幅度为面值的1%的1/32,即10万美元×1%×1/32＝31.25美元,也就是说1tick＝31.25美元。每日涨跌停板为24/32个百分点,即24tick,等于每份合约最大涨跌金额为750美元。中期政府债券期货合约与长期政府债券期货合约基本相同。

利率期货的报价特点是利率上升,期货价格下降;利率下降,期货价格上升。交易者为避免利率上升风险,可卖出利率期货;为避免利率下降风险,可买入利率期货。

(2) 交割与转换系数。利率期货主要采取现金交收方式,有时也用现券交割。利率期货合约作为标准化的合约一般规定以一定金额、一定票面利率和一定期限的债券为合约标的物。在国库券期货合约到期时,卖方可用以交割的并不限于基础债券,根据IMM规定,可用以交割的既可以是新发行的3个月期的国库券,也可以是尚有90天剩余期限的原来发行的6个月期或1年期的国库券。美国长期国债期货规定以10万美元面值、年息票率6%、期限为30年的国债券为标的债券。可是实际上很难找到相同条件的债券,国债期货合约到期时,只要是剩余期限不少于15年的美国长期公债券都可用于交割,交割时需乘以交易所公布的该种债券的转换系数并加上累计利息计算实际收付金额。之所以扩大可交割债券的范围,主要是为了使可用于交割的现货国债券的供给更加充裕,从而确保交割的完成。

(二) 股权类期货

股权类期货是以股票价格指数、单只股票或股票组合为期货合约标的商品的期货。

1. 股票价格指数期货

股票价格指数是表明股票行情变动的价格平均数,是反映和衡量股票市场变动趋势和变动水平的重要指标。**股票价格指数期货**,就是以股票价格指数为"商品"的期货合约,股票价格指数期货交易,就是对以股票价格指数为基础金融变量的期货合约的买卖。股票价格指数期货是金融期货中发展最快的一种。

(1) 股票价格指数期货的产生。由于股票价格变化不定,因而股票市场中充满了风险。股票投资者面临的风险可分为两类:一类是由于整个社会经济环境变动而带来的影响整个股票市场的系统风险,通常还没有有效的办法加以回避;另一类是由于个别企业经营状况好坏而带来的非系统风险,这是个别企业或某些企业特有的风险,可用分散投资的办法来回避或减轻这种风险。分散投资既需要一定的资金实力,又需要有经验的专门人才,对机构投资者来说,这不是困难的事,但对个人投资者特别是小投资者来说,资金有限、经验不足,很难真正做到分散投资,特别是当整个股市价格下跌时,分散投资也很难降低风险。为寻找一种有效地降低股票投资风险的方法,股票价格指数期货应运而生。

股票价格指数期货之所以能回避股票交易中的风险,是因为股票价格指数是根据一组股票价格变动而编制的指标,它与股票价格之间关系密切。股票价格指数期货的变动与股票价格指数是同方向的。因此,在股票现货市场与股票价格指数期货市场作相反操作就可以抵消股票市场面临的风险。例如,手中持有股票的人为回避股票价格下跌的风险,可先卖出股票价格指数期货合约,若股市下跌,股票价格指数也下跌,然后再买入股票价格指数期货合约对冲,以期货交易的盈利抵消现货市场的亏损。

(2) 股票价格指数期货交易的特点。股票指数期货与其他商品期货、金融期货有共同的交易规则和交易机制,但也有一些与众不同的特点。

① 其他商品期货、金融期货都是在有形商品和有形证券基础上的交易,而股价指数是无形和抽象的统计指标,没有具体的实物形态,因此,股票价格指数期货合约代表一组假设的股票资产而不是买卖某种特定的股票。

② 一般商品和金融资产期货合约的价值是由该商品或金融资产的期货市场价格决定的,而股票价格指数期货合约的价值是由股票价格指数乘以某一固定乘数决定的,即设定每1点股票价格指数的价值为若干货币单位,从而将指数换算成一定的价值量。但是股票价格指数的期货价格与相应的现货指数之间仍会存在一个差额,即基差。影响基差的因素有短期利率、红利收益和市场供求状况等。虽然股票价格指数期货价格和有关指数走向关系密切,但期货价格更容易波动并且往往比现货指数更敏感。当股票市场看涨时,股票价格指数期货的价格总是高于现货指数,距交割日越远的期货合约价格越高;相反,当股票市场看跌时,股票价格指数期货合约的价格又会低于现货指数,距交割日越远,价格也越低。

③ 一般商品期货或金融期货到期必须按合约指定的商品或金融工具完成交收手续,而股票价格指数期货无法以某一种股票价格指数或组成该指数的几十种甚至几千种股票交收,而是采取现金交收方式。股票价格指数期货到期以经特别处理的对应现货指数作为最终结算价格,合约持有人只需交付或收取建仓时与到期时两个指数的现金差额,就可完成交收手续。

(3) 股票价格指数期货分析。股票价格指数期货交易可用于作为保值的工具或用于短线投机。股票行情看涨,可买进股价指数期货;看跌,则卖出股价指数期货,只要对行情判断准确并能在适当时候进行对冲,同样可以获利。

股票价格指数期货交易与股票现货交易相比,既有有利的一面,也有不利的一面。其有利之处有以下几点。

① 股票价格指数期货交易有很强的杠杆作用,即有以较少的投资获得较多盈利的能力。这一杠杆作用来自期货交易的保证金比率很低,一般为10%;而股票现货交易需要十足的资金,信用交易一般也要50%左右的保证金。投资者以一定的本金做股票价格指数期货交易,只要对行情判断正确,就可以以较少的投资获得比现货交易更为可观的利润。当然,如果行情变化与交易者预期的相反,则要承受更大亏损。

② 股票价格指数期货交易容易操作。在股票市场上做现货交易不仅要把握股票市场的基本走势,还要通过分析各个公司的经营状况、发展前景,选择好具体的投资对象。因为大势上涨不等于所有股票都上涨,有些股票甚至可能下跌或涨幅小于股价指数,因此市场上常有"赚了指数,赔了钞票"之说。而参与股价指数期货交易就可省去挑选股票的麻烦,只要能把握整个股市的涨跌就可以获利。

③ 股票价格指数期货交易不受股市涨跌限制。股价指数期货使投资者在行情下降时也能入市交易,这时他们可以出售期货合约,与买入期货合约一样方便,而不像现货交易那样没有股票就不可卖空,也不像信用交易那样要先借入股票出售,并要担负借股票的费用。也就是说,股票价格指数期货交易不管市场方向如何发展都有可能取得盈利,不受股市变化的限制。

④ 股票价格指数期货交易更灵活方便。股价价格指数期货交易的清算交割简单而方便,只要结清买入卖出时两指数之间的差额,支付现金即可,佣金也较低。股票价格指数期货交易对短期投机特别有利,因为股票价格指数变动快,这为利用股票价格指数期货进行投机提供了方便。

当然,股票价格指数期货交易也有对交易者不利的一面。

① 股票价格指数期货交易双方没有股票实物交割,交易的只是买卖双方的某种承诺。股票价格指数不代表任何一种具体股票,只是一组股票价格的某种平均数,因此不像买入股票可以分享股息红利和其他收益,只有一次资本性收益,没有经常收益。如果指数中某一企业倒闭清盘时,期货合约持有者不能分享剩余财产清偿。

② 期货交易每天要按市场情况调整和补交保证金,必须要有较强的资金作补仓后备,而股票投资一般不需要有大量的资金准备。

③ 期货交易到期必须结清,而不像股票可以长期持有作为长期投资工具。因此,股价指数期货交易者如果对股市行情判断失误,损失很大,风险也很大。

2. 单只股票期货

单只股票期货是以单只股票作为基础工具的金融期货,买卖双方约定,以约定的价格在合约到期日买卖规定数量的股票。单只股票期货均实行现金交割,买卖双方只需按规定的合约乘数乘以价差,盈亏以现金方式进行交割。单只股票期货交易最早出现于20世纪80年代末,但成交量不大,市场影响力较小。2000年9月,美国商品期货交易委员会(CFTC)和证券交易委员会(SEC)联合宣布废除有关证券期货交易禁令的协议,此举使单只股票期货交易取得迅速发展,全球不断有交易所陆续推出单只股票期货交易。

为防止操纵市场行为,并非所有上市交易的股票均有期货交易,交易所通常会选取流通量较大、交易比较活跃的股票推出相应的期货合约,并且对投资者的持仓数量进行限制。

3. 股票组合期货

股票组合期货是金融期货中的数类别,是以标准化的股票组合为基础资产的金融期货,芝加哥商业交易所(CME)基于美国证券交易所的交易所交易基金(ETF)的期货最具代表性。

专栏 3-2　沪深 300 股指期货交易合约

项　　目	内　　容
合约标的	沪深 300 指数
合约乘数	每点 300 元
报价单位	指数点
最小变动价位	0.2 点
合约月份	当月、下月及随后两个季月
交易时间	上午 9:15—11:30,下午 1:00—15:15
每日价格最大波幅限制	上一个交易日结算价的 ±10%
最低交易保证金	合约价值的 8%
最后交易日	合约到期月份的第三个周五,遇法定节假日顺延
交割日期	同最后交易日
交割方式	现金交割
交易代码	IF
上市交易所	中国金融期货交易所

五、套期保值

(一) 套期保值的策略 (hedge strategies)

套期保值是指套期保值者借助期货交易的盈亏来冲销其资产或负债价值变动的行为,它是转嫁风险的重要手段。套期保值者是否能通过期货交易达到预期的保值目的,不仅取决于市场条件的变化,也取决于套期保值者的谋划和决断,所以在进行期货交易前,要有一个决策过程。

1. 套期保值的决定

套期保值主要是为现货避免价格风险。市场上价格、利率、汇率的变动是经常的,价格的变化可能对自己的现货有利,也可能不利。只有当未来价格的变动对自己拥有或准备拥有的现货产生不利影响时,才有必要进行套期保值。因此,在决定利用期货市场转移价格风险、进行套期保值前应该对有关价格的走势、基差变化等进行预测和计算。

(1) 预计未来现货价格变动的可能及变动的方向,即价格变动将向有利于现货方向发展还是向不利方向发展? 它们的概率是多少? 如预计未来价格不利变化的可能性为60%,价格有利变化的可能性为30%,价格不变的可能性为10%。

(2) 预计未来现货价格变动的幅度,即需要套期保值的现货价格涨跌的百分率大约是多少? 如预计未来价格向不利方向变化幅度为20%,向有利方向变化幅度为10%。

(3) 计算遭受损失的可能。将预计价格向不利方向变化的可能与变化幅度相乘,如上述预计损失可能为:

$$60\% \times 20\% = 12\%$$

(4) 计算可能发生的亏损额,用需要保值的现货价值乘以预计损失的可能求得。如有100万元市值的有价证券需要保值,在未来的3个月中,其价格下降的可能性为60%,下降的幅度可能为20%,则可能发生的亏损额为:

$$100 \times 12\% = 12(万元)$$

(5) 计算套期保值对应的机会成本,可用现货价值乘以盈利的可能求得。本例中,价格有利的变动为上升,上升的可能为30%,上升幅度为10%,则机会成本为:

$$100 \times 30\% \times 10\% = 3(万元)$$

也就是说,手中持有的100万元有价证券,在未来价格上升可能为30%和上升幅度为10%的条件下,如果不做套期保值,有可能得到3万元盈利,若做套期保值将放弃这种可能。

(6) 计算保值费用,即保证金利息、期货交易佣金等费用。

(7) 最后作出套期保值与否的选择。上述第(5)项和第(6)项相加,是保值的全部成本,然后与第(4)项比较,如果:(4)>(5)+(6),相减以后的差额很大,超过自己的承受能力,说明套期保值利大于弊,可作出进行套期保值的决定;(4)<(5)+(6),说明套期保值弊大于利,不值得进行套期保值交易。

显然,要正确作出套期保值的决定,关键在于对价格走势进行细致的分析和准确的判断。

2. 确定套期保值结构

在作出套期保值决定后,就要具体选择用哪一种期货合约来为现货保值,在确定套期保值结构时需要作如下考虑。

(1) 选择期货合约的种类。期货合约种类的选择主要考虑作为保值手段的期货与作为保值对象的现货之间价格和收益率变动的相关性。两者之间价格或收益率变动越是正相关,套期保值效果越好。有些金融资产本身就有对应的期货合约,如美国政府短期国库券、美国政府长期债券,但有些金融资产没有相应的期货合约,就要通过历史数据来分析验证。如商业银行1年以内的优惠利率贷款经分析与短期国库券利率有很高的相关性,可用短期国库券期货为优惠贷款利率保值。这种历史性的相关关系也会因时间的推移而改变,要注意分析。

(2) 选择期货交割月份。同一品种的期货合约,往往有几个不同的交割月份,选择一个合适的交割月份主要考虑以下几个因素。

① 现货的保值期。根据现货需要保值的期限选择期货合约的期限,尽可能使期货交割月紧跟在现货保值期结束时间之后,这样在现货保值目的达到时可同时结束期货交易。选择交割月紧接在现货保值期之后的期货合约有两个好处,一是在交割期前,期货的多头和空头都想在实物交割前结清头寸,因而接近交割期的期货合约交易量大,流动性好;二是接近交割期时,期货价格和现货价格非常接近,交易者可用接近当时现货的价格结清交易,基差风险很小。

② 期货合约交割期。期货合约的交割月是统一的,金融期货的交割月一般为3月、6月、9月、12月,交易者只能在现有的交割月中选择。有时可供选择的期货交割月与现货保值期不能一致,也可能事先无法确定现货需要保值的期限,这时期货交易可采取延期的办法,即在结束一笔期货交易时,再开立另一个期货交易头寸,使几个期货合约衔接起来的期限基本与现货保值期一致。

③ 期货合约的流动性。不同种类的期货合约,以及同一种类不同交割月的期货合约在流动性上会有很大差别,甚至同一期货合约随交割月远近不同,流动性也会发生变化,交易者可根据市场状况分析各种期货合约的流动性状况,从中选择合适的交割月。通常,流动性好的合约交易量大,对冲方便,价格较合理,到期时基差风险较小。

④ 期货合约的相对价格。在可供选择的期货合约中,除考虑上述因素外,最后要分析合约价格。想买入期货做多头套期保值的人应选择价格被低估的合约,想卖出期货做空头套期保值的,应卖出价格被高估的合约,这样不仅可实现套期保值目标,还可能从合约价格的变动中获利。

(3) 确定期货合约的数量。需要保值的现货价值与期货合约价值并非正好吻合,有时两者的期限也很难配对,此时套期保值者要计算需要购买几手期货合约才能达到保值目的。其计算公式如下:

$$所需期货合约数 = \frac{N \cdot M_c}{F \cdot M_f} \tag{3-16}$$

式中:N 表示现货名义价值,F 表示期货合约价值,M_c 表示现货需保值期限,M_f 表示期货合约到期期限。

【例3-4】某公司借了一笔100万美元为期1年的优惠利率贷款,因担心利率上升使借款成本提高,打算用国际货币市场(IMM)的短期国库券期货合约为这笔负债保值。利率变动1%对100万美元贷款的影响是1万美元,而短期国库券期货合约面值100万美元,期限为3个月,利率变动1%对期货价值影响2 500美元,这样,该公司需要用4手短期国库券合约为这笔100万美元为期1年的优惠利率贷款保值。

$$所需期货合约数 = \frac{100 \times 12}{100 \times 3} = 4(手)$$

3. 基差变化对套期保值的意义

套期保值者在利用期货交易来对现货保值时,必须掌握基差及其变动情形,否则就不可能灵活地运用对冲方法来降低价格风险。套期保值的基本原理是现货市场和期货市场价格走势基本一致,但走势相同的两个市场价格变动幅度却不一定相同,这样就出现了基差的变化。基差的变化常常使套期保值的最终结果出现盈亏不对等的情况,影响了套期保值的效果。对套期保值者来说,掌握基差的变化就可把握在什么时候以什么价格来做对冲交易,这不仅能达到保值或尽量减少亏损的目的,而且可能得到额外的盈利,是套期保值取得成功的关键。

我们已经分析过决定基差大小的主要因素是运输成本和持有成本,这些因素使基差在正常情况下成为负值并相对较为稳定。但引起基差变化的还有一个重要原因,就是市场供求关系。一般来说,当某一商品或金融资产的需求量因某种原因骤然增加时,其现货价格和期货价格都会上升,但通常现货价格的上升速度快于期货价格,因为交易者都认为等期货到交收期时,供应短缺现象会缓解,价格会下降。只要市场上大多数人都这样认为,近期期货价格就会高于远期期货价格,甚至出现基差为正值的情况。反之,当需求剧减时,现货价格与期货价格都会下降,但期货价格下降速度通常会慢于现货价格下降速度,使基差扩大。

基差的这种变化给套期保值者提供了有利时机,基差变宽,说明期货合约价格可能被高估,只要相信被高估的价格终会恢复正常,就可将它当作卖出期货的最佳时机;相反,基差变窄,说明期货合约价格可能被低估,是买入期货的最佳时机。

正因为基差变化对套期保值的效果有重要意义,所以套期保值者应注意研究现货价格和期货价格的关系,在自己交易的范围内做好基差变化的记录,适时地等待基差变动以便进行有效的对冲。

4. 套期保值交易对冲时机的选择

套期保值者一般都在现货资产保值目标实现后做一个相反的交易结束期货头寸,但有时也必须提早结束期货交易,以保住可能的盈利,因此把握对冲时机非常重要。

一种情况是当价格走势与自己原来的预测相反,经反复分析论证无误后可立即结束期货交易。如持有某种金融资产的人,原先为防止这种资产价格下跌而做空头套期保值,但后来的种种迹象显示这种金融资产价格有上涨趋势,而期货交易却限制了这笔潜在利润的取得,就应及时对冲期货合约,以取得现货价格上涨带来的好处。

另一种情况是价格发生有利于自己的意外变动,使基差也迅速向有利方向变化并产生了一笔收益,为维持收益以免基差逐渐变得不利于自己,也可提前对冲结束期货交易,同样可达到保值甚至获利的目的。

如果在期货合约有效期内,基差始终向不利于自己的方向变动,可以选择延期策略,即在到期日前选一个较好的基差对冲,同时再建立新的较远期的期货头寸,等待更好的对冲时机。当然,采取延期策略要重新分析价格走势并计算相应费用。

在结束套期保值交易后应计算套期保值率,分析衡量期货收益补偿现货损失的效果。

$$套期保值率 = \frac{期货收益}{现货损失} \times 100\% \qquad (3-17)$$

(二) 利率期货套期保值实例

利率的变化与证券价格成反比,利率期货套期保值可根据利率变化而采取不同策略。当利率下降时,金融资产价格会升高,为避免利率下降的风险,可采取多头套期保值;当利率提高时,金融资产价格会下跌,则可采取空头套期保值。

1. 多头套期保值(long hedge)

通过以下例子加以说明。

【例3-5】某公司于11月初得知在明年2月初将有200万美元价值的证券到期,公司对这笔款项的投资作了安排。因为11月份利率较高,公司计划将这笔款项投资于短期国库券,预计可得到满意的收益率。但又担心未来利率降低导致收益减少,准备通过期货交易套期保值,保值目标是200万美元的投资收益能达到11月的国库券利率水平(表3-3)。

表3-3 利率期货多头套期保值

现 货 交 易	期 货 交 易
11月1日持有2月到期的200万美元证券,计划届时将200万美元投资于短期国库券。11月国库券票面利率为9%	11月1日买入两手2月份的90天期国库券合约,IMM指数为91.00,合约价值为: $100万 \times (1 - 9\% \times 90/360) \times 2$ $= 1\,955\,000(美元)$
2月1日,证券到期,取得现金200万美元,按当时折扣率8%,购买200万美元91天期国库券,购买成本为: $200万 \times (1 - 8\% \times 91/360)$ $= 1\,959\,556(美元)$	2月1日出售2手2月份90天期国库券期货合约,IMM指数为92.00,合约价值为: $100万 \times (1 - 8\% \times 90/360) \times 2$ $= 1\,960\,000(美元)$ 期货交易盈利 $= 1\,960\,000 - 1\,955\,000$ $= 5\,000(美元)$

购买200万国库券实际成本 $= 1\,959\,556 - 5\,000 = 1\,954\,556(美元)$

现货国库券实际收益率 $= \dfrac{2\,000\,000 - 1\,954\,556}{2\,000\,000} \times \dfrac{360}{91} \times 100\% = 8.99\%$

该公司通过期货交易基本达到预期保值目标。

2. 空头套期保值(short hedge)

通过以下例子加以说明。

【例3-6】某服装公司为应春季服装销售需要于2月初向服装加工厂订价值为100万美元的春季服装,并要求工厂3月初交货。该服装公司预计这批服装可在6月前销售完,计划在收到服装工厂交货单时向银行申请100万元3个月期贷款,待6月初以服装销售款归还银行贷款。2月份银行贷款优惠利率为10%,该公司担心3月份银行贷款利率上升,加大利息负担,准备通过短期国库券套期保值避免利率风险(表3-4)。

表3-4 利率期货空头套期保值

现 货 交 易	期 货 交 易
2月初,发出服装订单,价值100万美元,要求3月初交货。当时银行贷款利率为10%	2月初,卖出1手3月份90天期短期国库券期货合约,IMM价格指数为90.25,合约价值为: $100万 \times \left(1 - 9.75\% \times \dfrac{90}{360}\right) = 975\,625(美元)$

续表

现 货 交 易	期 货 交 易
3月初,公司收到100万美元服装发票,并向银行借100万美元付款,贷款期限3个月,利率为12.25%,利息成本为: $$100万 \times 12.25\% \times \frac{3}{12} = 30\,625(美元)$$	3月初,买入1手3月份90天期短期国库券期货合约,IMM价格指数为88.00,合约价值为: $$100万 \times \left(1 - 12\% \times \frac{90}{360}\right) = 970\,000(美元)$$

注:以上两实例参见唐雄俊,《美国金融市场新知识》,上海翻译出版公司1986年版,第78—80页。

$$期货利润 = 975\,625 - 970\,000 = 5\,625(美元)$$

$$贷款实际利息成本 = 30\,625 - 5\,625 = 25\,000(美元)$$

$$贷款实际利率 = \frac{25\,000}{1\,000\,000} \times \frac{12}{3} \times 100\% = 10\%$$

该公司通过期货交易实现预期保值目标。

(三)股票价格指数套期保值实例

股票价格指数期货套期保值的基本原则是,拥有股票想要保值或将要卖出的人,为避免或减轻股票价格下跌带来的风险损失,应在期货市场上做空头套期保值;将要购买股票的人,为防止股票价格上涨的风险,应做多头套期保值。

1. 空头套期保值

通过以下例子加以说明。

【例3-7】某人拥有一批股票,组成一个资产组合,这批股票在1982年6月30日的市值为79 287.50美元。经分析,预计未来几个月内股票行市将下跌,为保障其持有的股票价值,决定做价值线指数期货进行保值。这一天9月到期的价值线指数合约价格是157.50美元。到9月底,股价止跌,他持有的股票市值为66 150美元,9月30日价值线指数为129.76点。该投资者于9月30日结清股票指数期货交易,使其损失大大下降(表3-5)。

表3-5 股票价格指数空头套期保值

现 货 交 易	期 货 交 易
6月30日持有一批股票,市值为79 287.50美元	6月30日卖出价值线指数合约1手,合约价值为 157.50×500=78 750(美元)
9月30日持有股票市值为66 150美元,现货亏损13 137.50美元	9月30日,买入1手价值线指数合约对冲,合约价值为129.76×500=64 880(美元) 期货盈利13 870美元
	净盈利732.50美元

注:本例引自唐雄俊,《美国金融市场新知识》,上海翻译出版公司1986年版,第56页。

2. 多头套期保值

通过以下例子加以说明。

【例3-8】1982年2月某养老基金经理认为股市行情已达谷底,在近期内有望大幅回升,他看好股价为48美元一股的A公司股票和18美元一股的B公司股票。该基金会要到3月31日才能收入15万美元,若按现行价格可买1 500股A股票和4 000股B股票。如果股价上涨,则基金会将不能实现投资计划,基金经理决定利用股票价格指数期货交易为投资成本保值(表3-6)。

表3-6　股票价格指数多头套期保值

现 货 交 易	期 货 交 易
2月2日,计划购买1 500股A公司股票和4 000股B公司股票,成本为: $48 \times 1\,500 + 18 \times 4\,000 = 144\,000$(美元)	2月2日,买进3月份标准普尔500种指数期货合约2手,该股票价格指数期货合约价格为141.00美元 $141.00 \times 500 \times 2 = 141\,000$(美元)
3月31日,A股票价格为52美元/股,B股票价格为20美元/股,为实现投资计划,成本为: $52 \times 1\,500 + 20 \times 4\,000 = 158\,000$(美元)	3月31日卖出3月份标准普尔500种指数期货合约2手,该股票价格指数期货合约价格为154.13美元 $154.13 \times 500 \times 2 = 154\,130$(美元)
现货交易比计划多支付:14 000美元	期货交易盈利:13 130美元
净损失 14 000 − 13 130 = 870(美元)	

注:本例参见唐雄俊,《美国金融市场新知识》,上海翻译出版公司1986年版,第61页。

六、套期图利

套期图利又称差价交易、套利交易,是指交易者利用暂时存在的不合理价格关系,通过同时买进和卖出相同的或相关的金融商品或金融期货合约而赚取价差收益的交易方式。除了在相同或相关的现货商品和期货合约之间套利外,期货市场的套利可分为**跨月套期图利、跨商品套期图利、跨市场套期图利**三种类型。

套期图利交易的原理是利用两种不同的期货合约之间价格关系的变化谋取盈利。套期图利者(arbitrageur),简称套利者,要通过至少两个不能相互对冲的头寸(即一个多头,一个空头)来赚取差价,所以又叫赚取差价法。具体地说,当套期图利者预计某两种期货合约的价格差距会发生变化时,便利用这一差价,在买进(卖出)一种期货合约的同时卖出(买进)另一种期货合约,待以后市场情况有利时再将持有的合约分别对冲,从中获取差价收益。对套期图利者来说,期货合约价格走势和价格水平都不重要,重要的是两种期货合约价格关系的变动。只要两种合约价差变动朝有利于套期图利的方向发展,就可进行交易。套期图利者给经纪人下达的委托指令,一般不指定买卖合约的实际价格,而是指定在两个合约间价差多少时买入(卖出)一种合约,同时卖出(买入)另一种合约。给出差价指令,使经纪人执行时有较大灵活性并可大大提高成交率。

套期图利者的目的不是保值,而是投机,但套期图利交易对期货市场和套期图利者都有一定好处。套期图利交易有助于使扭曲的市场价格重新恢复正常水平,使各种期货合约的比价关系趋于正常。套期图利交易可限制和分散投机风险。一般来说,若一方期货合约遭受损失,可用另一方期货合约的盈利来弥补,使套期图利交易的风险减少,当然盈利也随之下降。但套期图利交易比一般期货交易交的保证金数额低25%～75%,所付佣金也低,所以可以获得较高收益率。

(一) 跨月套期图利交易

跨月套期图利交易是**指利用同一市场同一商品但不同交割月份的期货合约间的价格变动的差异,从中谋利的交易方法**。这是最常见的套期图利交易。

跨月套期图利是利用远期合约和近期合约价差的变化在期货市场上同时买卖两个不同交割月份同一种商品的期货,利用价差的扩大或缩小来赚取利润。这种套期图利交易的操作技巧可分两种:第一种是在上涨的行情中,一般近期合约价格上涨要比远期快,两者的价差在逐渐缩小,套期图利者可先买进近期交割月份的期货合约,同时卖出远期交割月份的期货合约,待两者之间价差缩小时两个合约分别对冲来结清整个交易部位而获利。第二种情况是在下跌行情中,近期合约价格下跌一般比远期快,价差逐渐扩大,套期图利者卖出近期交割月份合约,同时买进远期交割月份合约,待两者价差扩大后再分别对冲结清交易。

跨月图利交易的结果总是一边赚一边赔,两者相互抵消后,盈利要少些,但即使判断错误,亏损也会少些,所以跨月套期图利交易比单方面的头寸交易风险小得多。

1. 利率期货跨月套期图利

以下是两个美国政府长期债券的跨月套期图利交易的实例。表3-7是行情看涨,近期期货合约价格上涨快于远期合约,差价缩小时的情况;表3-8是行情看跌,近期期货合约价格下跌快于远期合约时的情况。

表3-7 利率期货跨月套期图利(1)

6月份期货	12月份期货	价 差
3月1日,以98-00买进长期政府债券期货合约	3月1日,以98-24卖出长期政府债券期货合约	$-\dfrac{24}{32}$
5月1日,以98-24卖出长期政府债券期货合约	5月1日,以99-08买入长期政府债券期货合约	$-\dfrac{16}{32}$
盈利750美元	亏损500美元	
	净盈利250美元	

表3-8 利率期货跨月套期图利(2)

6月份期货	12月份期货	价 差
3月1日,以98-00卖出长期政府债券期货合约	3月1日,以98-24买入长期政府债券期货合约	$-\dfrac{24}{32}$

6月份期货	12月份期货	价差
5月1日，以97-00买入长期政府债券期货合约	5月1日，以98-00卖出长期政府债券期货合约	$-\dfrac{32}{32}$
盈利1 000美元	亏损750美元	
净盈利250美元		

2. 股票价格指数期货时差套期图利

时差套期图利是指对同一种股票价格指数的两种不同交割月份的期货合约，一种做多，另一种做空。时差套期图利的基础，在于同一种股票价格指数的不同交割月份期货价格变动幅度的不一致。当股票市场价格看涨时，交割月份较远的指数期货的价格变动往往比交割月份较近的指数期货上升得快，可以做多头套期图利。当股票市场价格看跌时，交割月份较远的指数期货价格跌得也快，这种价格变动的差异，可通过做空头套期图利获利。

表3-9 多头套期图利

近期期货	远期期货
开始时，以84.50出售1份6月份指数期货合约	开始时，以87.00买进1份12月份指数期货合约
结束时，以85.00买入1份6月份指数期货合约	结束时，以87.75出售1份12月份指数期货合约
亏损0.50	盈利0.75
净盈利0.25×500＝125(美元)	

表3-10 空头套期图利

近期期货	远期期货
开始时，以88.25买进1份6月份指数期货合约	开始时，以86.50出售1份12月份指数期货合约
结束时，以88.00出售1份6月份指数期货合约	结束时，以85.75买进1份12月份指数期货合约
亏损0.25	盈利0.75
净盈利0.50×500＝250(美元)	

注：以上两例参见唐雄俊，《美国金融市场新知识》，上海翻译出版公司1986年版，第176页。

如表3-9、表3-10，从这两例中我们可以看到，投机者如果不做套期图利，而只做单一方向的多头或空头股票价格指数期货交易，可能有更多的盈利。但是股票市场变幻无常，如果对变动方向预计错误，将会遭受很大损失。多空套做，可抵消一部分预期失误造成的损失，当然也会失去一部分预计正确可获得的盈利。

(二) 跨商品套期图利交易

跨商品图利交易是指利用两种不同商品或金融资产对同一因素变化的价格反应差异从中谋利的交易方法。这是利用相互关联的两种不同商品或金融资产之间的差价进行套期图利,就是在买进某种商品或金融资产的期货合约的同时卖出另一种商品或金融资产的期货合约,再适时分别对冲从中套利。

如果两种商品或金融资产的关系密切,甚至可以相互替代,它们的价格走势就会一致。如果一种商品价格上涨,人们会转向另一种替代品,促使其价格也上涨,如长期债券与短期债券。但两种不同的商品又各自有自己的特性和供求规律,在相同因素作用下,它们价格上涨和下跌的幅度不一定相等。在某一时间,若两种相关商品的期货合约价格差异出现不正常时,便提供了跨商品套期图利的机会。

跨商品套期图利的原则是买涨卖跌,即买进看涨的某种期货,卖出看跌的另一种期货,在两种期货价差出现增大或缩小,即反映出正常关系时,再分别进行对冲,以结清整个交易过程,从中获利。如当套利者预计市场收益率曲线将上移但斜率不变时,可在买进中期国债期货的同时卖出长期国债期货,因为在利率上升的情况下,期限越长的债券价格下降的幅度也将越大。如果套利者预计市场收益率曲线斜率将变大时,也可以在买进中期国债期货的同时卖出长期国债期货,因为当长期利率上升幅度大于中期利率时,长期债券价格下降幅度也将大于中期债券。

套期图利者也可以在不同的股票价格指数期货之间套期图利,因为不同的股票价格指数包含了不同种类和不同数量的股票,计算方法也不尽相同,当发生经济、政治变动时,变动的幅度也不尽相同。例如,价值线指数包含了1 700种大、中、小公司的股票,每种股票在指数中所占权数相等,和其他指数相比,价值线指数较多地反映了中小公司股票价格的变动情况。由于中小公司股票价格容易受各方面因素的影响,因而价值线股票指数变动比其他股票指数更敏感、更剧烈,其期货价格波动通常也大于其他股票价格指数期货。又如标准普尔500种股票价格指数包含500种公司股票,是用加权平均法计算的,公司规模越大,所占权数越多,其股票价格变化对指数影响越大,所以标准普尔价格指数较多地反映了大公司股票价格变化情况。大公司股票价格一般较稳定,因而标准普尔价格指数及其期货价格要比价值线指数稳定得多。

(三) 跨市场套期图利交易

跨市场套期图利交易是指套利者在两个或两个以上期货交易所,以相反买卖地位交易同一种期货合约,从不同市场的价格差异中套取差价利润的一种交易方法。

一般来说,同一种商品或相关商品在不同市场的价格走势基本是一致的,但不同市场由于受多种因素影响会形成一定的价格差异,这就为跨市场套期图利提供了机会。跨市场套期图利可以在国内不同地区不同交易所之间进行,也可以在不同国家之间进行。跨市场交易的结果使各地区、各国之间的期货价格趋于一致。

如果在不同国家之间进行跨市场套期图利交易,交易者除了要考虑价格差异以外,还要考虑汇率因素。

七、我国的金融期货交易

我国的金融期货交易主要集中在中国金融期货交易所进行。中国金融期货交易所(以下简称中金所)是经国务院同意,中国证监会批准设立的,专门从事金融期货、期权

第三节 期货交易

等金融衍生品交易与结算的公司制交易所。中金所由上海期货交易所、郑州商品交易所、大连商品交易所、上海证券交易所和深圳证券交易所共同发起，于2006年9月8日在上海正式挂牌成立。

中金所的主要职能是：组织安排金融期货等金融衍生品上市交易、结算和交割，制定业务管理规则，实施自律管理，发布市场交易信息，提供技术、场所、设施服务，以及中国证监会许可的其他职能。

目前在中金所上市交易的金融期货期权品种有沪深300股指期货、上证50股指期货、中证500股指期货、沪深300股指期权、2年期国债期货、5年期国债期货、10年期国债期货。

金融期货合约由中金所制定并经中国证监会批复同意后上市交易。期货合约主要条款包括合约标的、报价单位、最小变动价位、合约月份、交易时间、最低交易保证金、每日价格最大波动限制、最后交易日、交割方式、交易代码等。

中金所实行会员制度。交易所的会员分为交易结算会员、全面结算会员、特别结算会员和交易会员。交易会员、交易结算会员、全面结算会员具有在交易所进行交易的资格。交易结算会员、全面结算会员和特别结算会员具有与交易所进行结算的资格。交易结算会员只能为其客户办理结算、交割业务。全面结算会员可以为其客户和与其签订结算协议的交易会员办理结算、交割业务。特别结算会员只能为与其签订结算协议的交易会员办理结算、交割业务。交易会员可以从事经纪或者自营业务，不具有与交易所进行结算的资格。

中金所建立了投资者适当性管理制度，即根据金融期货的产品特征和风险特性，区别投资者的产品认知水平和风险承受能力，选择适当的投资者审慎参与金融期货交易，并建立与之相适应的监管制度安排。会员在为客户开立账户前，应当向客户充分揭示期货交易风险，评估客户的风险承受能力，审慎选择客户。

中金所采用电子化交易方式，不设交易大厅和出市代表。交易者可以通过书面、电话、互联网等委托方式下达交易指令。交易指令分为市价指令、限价指令及交易所规定的其他指令。所有指令通过交易所集中交易，不得进行场外交易。中金所金融期货产品的交易均通过交易所计算机系统进行竞价，采用集合竞价、连续竞价方式，由交易系统按照价格优先、时间优先的原则自动撮合成交。买卖申报经撮合成交后，交易即告成立。

中金所根据交易结果公布当日结算价和交割结算价。结算价是进行当日未平仓合约盈亏结算和计算下一交易日价格限制的依据。交易所根据结算价对交易双方的交易盈亏状况进行资金清算和划转的结算业务。交易所实行会员分级结算制度，即交易所对结算会员进行结算，结算会员对其受托的交易会员进行结算，交易会员对其客户进行结算。

中金所实行保证金制度。保证金是交易所向结算会员收取的用于结算和担保合约履行的资金。保证金分为结算准备金和交易保证金。结算准备金是指未被合约占用的保证金；交易保证金是指已被合约占用的保证金。保证金不足的，应当在下一个交易日开市前追加到位。

中金所实行当日无负债结算制度。结算会员结算准备金余额低于规定水平且未按时补足的，如果结算准备金余额小于规定的最低余额，不得开仓；如果结算准备金余额小于零，交易所可以按照规定对其进行强行平仓。

中金所的期货交割采用现金交割或者实物交割方式。

现金交割是指合约到期时，按照交易所的规则和程序，交易双方按照规定结算价格进行现金差价结算，了结到期未平仓合约的过程。

实物交割是指合约到期时，按照交易所的规则和程序，交易双方通过该合约所载标的物所有权的转移，了结到期未平仓合约的过程。

中金所对金融期货交易实行风险管理制度，主要有保证金制度、价格限制制度、持仓限额制度、交易限额制度、大户持仓报告制度、强行平仓制度、强制减仓制度、结算担保金制度和风险警示制度。

价格限制制度。价格限制制度分为熔断制度和涨跌停板制度。熔断幅度和涨跌停板幅度由交易所设定，交易所可以根据市场风险状况调整熔断幅度和涨跌停板幅度。

持仓限额制度。持仓限额是指交易所规定的会员或者客户对某一合约单边持仓的最大数量。会员或者客户的套期保值额度由交易所根据套期保值申请人的现货头寸、资信状况和市场情况审批，不受持仓限额限制。

交易限额制度。交易限额是指交易所规定的会员或者客户对某一上市品种或者合约在某一期限内开仓交易的最大数量。套期保值账户不受限制。

大户持仓报告制度。会员或者客户对某一合约持仓达到交易所规定的持仓报告标准或者被交易所指定必须报告的，应当向交易所报告。交易所可以根据市场风险状况，制定并调整持仓报告标准。

强行平仓制度。会员或者客户存在违规超仓、未按照规定及时追加保证金等违规行为或者交易所规定的其他情形的，交易所有权对相关会员或者客户采取强行平仓措施。

强制减仓制度。期货交易出现同方向连续涨跌停板单边无连续报价或者市场风险明显增大情况的，交易所有权将当日以涨跌停板价格申报的未成交平仓报单，以当日涨跌停板价格与该合约净持仓盈利客户按照持仓比例自动撮合成交。

结算担保金制度。结算担保金是指结算会员按照交易所规定缴纳的，用于应对结算会员违约风险的共同担保资金。结算担保金分为基础结算担保金和变动结算担保金。基础结算担保金是指结算会员参与交易所结算交割业务必须缴纳的最低结算担保金数额。变动结算担保金是指结算会员结算担保金中超出基础结算担保金的部分，随着结算会员业务量的变化而调整。结算担保金应当以现金形式缴纳。

风险准备金制度。风险准备金是指由交易所设立，用于为维护期货市场正常运转提供财务担保和弥补因交易所不可预见风险带来亏损的资金。

风险警示制度。交易所认为必要的，可以单独或者同时采取要求会员和客户报告情况、谈话提醒、书面警示和发布风险警示公告等措施，以警示和化解风险。

期货交易出现同方向连续涨跌停板、单边无连续报价或者市场风险明显增大情况的，经交易所董事会执行委员会审议批准，交易所可以采取调整涨跌停板幅度、提高交易保证金标准及强制减仓等风险控制措施化解市场风险。

采取上述风险控制措施后仍然无法释放风险的，交易所应当宣布进入异常情况，由交易所董事会决定采取进一步的风险控制措施。

中金所通过建立以上一系列制度，维护金融市场正常秩序，维护市场公开、公平、公正，维护交易者合法权益，牢牢守住不发生系统性风险的底线。

专栏3-3 5年期国债期货合约

项　目	内　　　容
合约标的	面值为100万元人民币、票面利率为3％的名义中期国债
可交割国债	发行期限不高于7年,合约到期月份首日剩余期限为4～5.25年的记账式附息国债
报价方式	百元净价报价
最小变动价位	0.005元
合约月份	最近的三个季月(3月、6月、9月、12月中的最近三个月循环)
交易时间	9:30—11:30,13:00—15:15
最后交易日交易时间	9:30—11:30
每日价格最大波动限制	上一交易日结算价的±1.2％
最低交易保证金	合约价值的1％
最后交易日	合约到期月份的第二个星期五
最后交割日	最后交易日后的第三个交易日
交割方式	实物交割
交易代码	TF
上市交易所	中国金融期货交易所

5年期国债期货转换因子和应计利息计算公式

国债期货可交割国债的转换因子和应计利息计算公式公布如下:

一、转换因子

转换因子计算公式如下:

$$CF = \frac{1}{\left(1+\frac{r}{f}\right)^{\frac{rf}{12}}} \times \left[\frac{c}{f} + \frac{c}{r} + \left(1-\frac{c}{r}\right) \times \frac{1}{\left(1+\frac{r}{f}\right)^{n-1}}\right] - \frac{c}{f} \times \left(1-\frac{xf}{12}\right)$$

其中,r:5年期国债期货合约票面利率3％;

　　　x:交割月到下一付息月的月份数;

　　　n:剩余付息次数;

　　　c:可交割国债的票面利率;

　　　f:可交割国债每年的付息次数。

计算结果四舍五入至小数点后4位。

二、应计利息

应计利息的日计数基准为"实际天数/实际天数",每100元可交割国债的应计利息计算公式如下:

$$\text{应计利息} = \frac{\text{可交割国债票面利率} \times 100}{\text{每年付息次数}} \times \frac{\text{第二交割日} - \text{上一付息日}}{\text{当前付息周期实际天数}}$$

计算结果四舍五入至小数点后7位。

专栏3-4　10年期国债期货合约

项　目	内　　容
合约标的	面值为100万元人民币、票面利率为3%的名义长期国债
可交割国债	发行期限不高于10年,合约到期月份首日剩余期限为6.5年的记账式附息国债
报价方式	百元净价报价
最小变动价位	0.005元
合约月份	最近的三个季月(3月、6月、9月、12月中的最近三个月循环)
交易时间	9:30—11:30,13:00—15:15
最后交易日交易时间	9:30—11:30
每日价格最大波动限制	上一交易日结算价的±2%
最低交易保证金	合约价值的2%
最后交易日	合约到期月份的第二个星期五
最后交割日	最后交易日后的第三个交易日
交割方式	实物交割
交易代码	T
上市交易所	中国金融期货交易所

10年期国债期货转换因子和应计利息计算公式

国债期货可交割国债的转换因子和应计利息计算公式公布如下:

一、转换因子

转换因子计算公式如下:

$$CF = \frac{1}{\left(1+\frac{r}{f}\right)^{\frac{rf}{12}}} \times \left[\frac{c}{f} + \frac{c}{r} + \left(1 - \frac{c}{r}\right) \times \frac{1}{\left(1+\frac{r}{f}\right)^{n-1}}\right] - \frac{c}{f} \times \left(1 - \frac{xf}{12}\right)$$

其中，r：10 年期国债期货合约票面利率 3%；
x：交割月到下一付息月的月份数；
n：剩余付息次数；
c：可交割国债的票面利率；
f：可交割国债每年的付息次数。

计算结果四舍五入至小数点后 4 位。

二、应计利息

应计利息的日计数基准为"实际天数/实际天数"，每 100 元可交割国债的应计利息计算公式如下：

$$应计利息 = \frac{可交割国债票面利率 \times 100}{每年付息次数} \times \frac{第二交割日 - 上一付息日}{当前付息周期实际天数}$$

计算结果四舍五入至小数点后 7 位。

第四节 期权交易

金融期权交易与期货交易一样，也是非常成功的金融创新工具。与传统的证券交易方式相比，期权交易有独特的交易规则、运行机制和市场功能。

一、期权交易的相关概念

（一）期权交易的概念与发展

1. 期权交易的概念

期权（option），又称选择权，是指它的持有者在规定的期限内具有按交易双方商定的**价格购买或出售一定数量某种商品或金融资产的权利**。若期权交易的标的资产是金融产品，该期权就属于金融期权。

期权交易是对一定期限内的选择权的买卖。金融期权交易双方在成交后，买方以支付期权费为代价，拥有在约定期限内以约定价格购买或出售一定数量某种金融资产的权利，而不用承担必须买进或卖出的义务；卖方在收取期权费后在约定期限内必须无条件服从买方的选择并履行成交时的允诺。可见，期权交易是一种权利的单方面的有偿让渡，这种权利仅属于买方。期权交易是以选择权为交易对象的买卖，而不是现实金融资产的买卖。尽管在期权成交时双方已就可能发生的现实金融资产的成交价格达成协议，但这种交易是否发生，取决于期权买方的选择。期权交易通常是借助标准化的期权合约（option contract）达成协议的。期权合约是指由交易所统一制定的、规定买方有权在将来某一时间以特定价格买入或者卖出约定标的物（包括期货合约）的标准化合约。金融期权的标的物是某种特定的金融工具，金融期权合约是一种衍生的金融工具，现代期权交易方式是一种新型的交易方式。

2. 期权交易的产生和发展

期权交易是一种古老的商品交易方式,相传在 17 世纪甚至更早就有使用期权交易方式的记载。18 世纪到 19 世纪,美国及欧洲相继出现了有组织的以农产品为标的物的期权交易。到 19 世纪,美国开始出现以股票为标的物的期权交易,但当时市场非常紊乱,没有标准化的合约,没有形成正规的交易所和清算机构,期权交易主要在场外交易市场进行。

现代的期权交易已从有形商品发展到金融领域,从分散的、非标准化的一对一交易发展到在集中的交易所内通过公开竞价进行交易。这一变化被认为是 20 世纪 70 年代以来西方金融市场金融创新的重要成果之一。金融期权的创新首先出现在美国,1973 年 4 月 26 日芝加哥期权交易所(CBOE)成立并推出 16 种以股票为标的物的买入期权合约。以后,美国证券交易所、太平洋证券交易所、纽约证券交易所和费城证券交易所也相继开办期权交易。在 20 世纪 70 至 80 年代,期权交易不仅品种增加范围扩大,而且逐渐实现了期权合约在交易数额、交割月份、交易程序等方面的标准化,开始以公开竞价的方式组织交易,交易技术日趋先进,最终形成了完善的期权市场。

现在,期权市场的发展仍是方兴未艾,除了美国,英国、荷兰、新加坡、加拿大、澳大利亚、法国、日本、德国、马来西亚和中国香港等国家和地区都相继开始了期权交易。中国金融期货交易所于 2012 年 4 月启动沪深 300 指数期权仿真交易,股指期权的标的物为现货沪深 300 指数,首个期权品种采用欧式期权设计,并引入做市商制度。另外,国家外汇管理局已于 2011 年 2 月 14 日批准中国外汇交易中心在银行间外汇市场组织开展人民币对外汇期权交易。

(二) 期权交易制度

1. 期权交易的当事人

期权交易的当事人有买方、卖方和中介经纪人。

(1) 期权的**买方**,是**获得选择权利的一方**。作为取得期权的代价,买方要向卖方付出一笔费用,即**期权费**。在期权合约的有效期限内,期权的买方可以有三种选择:① 行使买进或卖出期权标的物的权利;② 以一定价格让渡这一权利或在他认为行使权利对自己不利时放弃这一权利;③ 让期权到期自动失效。

(2) 期权的**卖方**,是**出售选择权的一方**。卖方以取得期权费为代价出售这种权利,在期权合约的有效期内卖方必须无条件服从买方的选择,除非买方放弃这一权利。

(3) 中介经纪人,期权交易所会员,接受交易双方委托,充当他们的代理人并收取双方手续费。

2. 期权交易的类型

期权交易的基本类型有两种,即看涨期权和看跌期权。**看涨期权**(call option)**又称买入期权**,指期权购买者可以在规定期限内按协议价格购买一定数量金融资产的权利。**看跌期权**(put option)**又称卖出期权**,指期权购买者可以在规定期限内按协议价格卖出一定数量金融资产的权利。在这两种基本类型的基础上,又可演绎出双向期权、多项期权的多种搭配方式。

3. 期权合约

期权合约是标准化合约,一般有以下内容。

(1) 期权的基础资产。金融期权的基础金融资产或基础金融变量包括股票、股票组合、股票价格指数、外币、利率、期货合约等。

股票期权是指买方在交付了期权费后,即取得在合约规定的到期日或到期日以前按协定价买入或卖出一定数量相关股票的权利。股票组合期权是以一篮子股票为基础资产的期权,代表性品种是交易所交易基金的期权。股票价格指数期权以股票价格指数为基础金融变量,买方在支付了期权费后,即取得在合约有效期内或到期时以协定指数与市场实际指数进行盈亏结算的权利。

利率期权是指买方在支付了期权费后,即取得在合约有效期内或到期时以一定的利率(价格)买入或卖出一定面值的利率工具的权利。利率期权合约通常以政府短期、中期、长期债券,欧洲美元债券,大面值可转让存单等利率工具为基础资产。

货币期权又称外币期权、外汇期权,指买方在支付了期权费后,即取得在合约有效期内或到期时以约定的汇率购买或出售一定数额某种外汇资产的权利。货币期权合约主要以美元、欧元、日元、英镑、瑞士法郎、加拿大元及澳大利亚元等为基础资产。

金融期货合约期权是一种以金融期货合约为基础资产的选择权,它赋予其持有者在规定时间内以协定价格买卖特定金融期货合约的权利。

除此以外还有期权的期权,即复合期权、互换期权、奇异期权等。

(2) 基础金融资产数量。各种期权的基础金融资产数量都应标准化,这一数量一经确定在期权合约存续期间一般不会改变。但股票期权在发生股票分割或发放股票股息时需要按一定比例对期权合约的数量及价格进行调整。期权合约中的基础金融资产数量由交易所设定,不同国家、不同交易所对基础金融资产数量的规定有所不同。

(3) 期权合约的期限。期权合约的期限一般为 9 个月。以股票为例,一种股票期权每隔 3 个月就有一批期权合约上市,所以在交易所里可以看到三种不同期限的期权合约在交易,即 3 个月、6 个月、9 个月,供交易者选择。成交量大、流动性强的期权则不受 3 个月间隔的限制,每个月都会有新的期权合约上市。

期权合约都规定合约的到期日、投资者向经纪商提出履约要求的最后期限和期权合约的最后交易日(last trading day)。

在期权合约有效期内,买方可以要求履约,但过了到期日后,买方的权利就自动作废。按照合约所规定的履约时间的不同,金融期权可以分为**欧式期权**、**美式期权**和**修正的美式期权**。欧式期权的买方只能在期权到期日执行;美式期权的买方可在期权到期日或到期日之前的任何一个交易日执行,行权的时间由买方决定;修正的美式期权也称为百慕大期权或大西洋期权,期权的买方可以在期权到期日之前的一系列规定日期执行。

(4) **协议价格**。它又称履约价格(exercise price),是期权合约中指定标的物的买卖价格。期权的买方可在有效期内按此价格购买或出售指定的金融资产,卖方不得拒绝。协议价格由交易所规定,一般在期权有效期内不会改变。期权交易所按标准化的程序计算并制定期权的协议价格。通常交易所会对同一期权合约制定若干不同的协议价格供买卖双方选择。

4. 内在价值

内在价值又称履约价值(exercise value),是指在期权有效期限内的任何时点上买方行使期权所得到的收益。履约价值取决于协议价与基础金融资产市价的关系。通常期权协议价与基础金融资产现货市价之间会出现一个价差,根据这一价差的状态,可判断期权是否具有内在价值。如果看涨期权的协议价低于相应金融资产的市场价格,或是看跌期权的协议价高于相应金融资产的市场价格,买方行使期权将有利可图,即具有内在价值,这样一种价差状态,称为**实值期权或价内**(in the money)。如果看涨期权的协议价高于相应金融资产的市价,或是看跌期权的协议价低于相应金融资产的市价,则期权不具有内在价值,买方不会行使权利,这种价差状态称为**虚值期权或价外**(out of the money)。如果协议价与市价相等,则称为**平价期权或价平**(at the money)。

每一看涨期权在 t 时点的内在价值为:

$$EV_t = \begin{cases} (S_t - K)m & \text{如 } S_t > K \quad \text{价内} \\ 0 & \text{如 } S_t \leqslant K \quad \text{价外或价平} \end{cases} \quad (3-18)$$

每一看跌期权在 t 时点的内在价值为:

$$EV_t = \begin{cases} 0 & \text{如 } S_t \geqslant K \quad \text{价外或价平} \\ (K - S_t)m & \text{如 } S_t < K \quad \text{价内} \end{cases} \quad (3-19)$$

式中:EV_t 表示期权在 t 时点的内在价值,S_t 表示基础金融资产在 t 时点的市场价格,K 表示协议价格,m 表示每一期权合约规定的基础金融资产数量。

5. 期权费

(1) 期权费及其表示方式。**期权费**(option premium)**是期权的买方买入在约定期限内按协议价买卖某种金融资产的权利而付出的代价**。期权的卖方收取期权费是作为他准备履行期权合约中规定义务的补偿。期权费是选择权本身的价格,通常在期权交易所内通过公开竞价的方式产生。

以美国的期权市场为代表,期权费有两种表示方式:一种是以点(points)表示,然后根据每一点的美元价值计算期权费的美元价值。标准普尔500种股票指数、90天短期国库券、欧洲美元、国内存款证等期货合约的期权费用点数表示;另一种是以美元直接表示并计算期权费,如股票期权的期权费是以每一股的期权费为若干美元再乘以期权合约规定含有的股票数量计算出一个期权合约所需的期权费。一般6个月股票期权的期权费是股票市价的5%~15%。期权费必须全部以现金支付,不得以其他有价证券抵冲,也不得融资。

(2) 影响期权费的主要因素。

① **期权的内在价值**,即期权基础金融资产的市场价格与协议价格的关系。期权费随着期权的内在价值提高而相应提高。因为期权的内在价值是由期权基础金融资产的市价和协议价决定的,所以,当期权基础金融资产的市场价格趋于上涨时,看涨期权的期权费就增加,看跌期权的期权费就减少。当期权基础金融资产的市场价格趋于下降时,看涨期权的期权费就减少,看跌期权的期权费就增加。同时,看涨期权的期权费随着协议价格的提高而减少,看跌期权的期权费随着协议价格的降低而减少。在期权交易中,相同期限、相同基础金融资产的期权同时有几个不同的协议价格。协议价不同,期权费也有所不同,所以在交易所内,同一基础金融资产、同一期限但不同协议价格、不同期权费的期权合约同时并存是不足为奇的。

② **期权合约的有效期限**。有效期限的长短决定了期权的时间价值。**时间价值**(time value)是指期权的买方在一定期限内可选择有利时机行使期权而产生的价值,在期权交易中,**期权价格超过内在价值的那一部分就是期权的时间价值**。对美式期权来说,有效期限

越长,期权买方选择的余地就越大,行使期权的机会就越多,期权价格也越高。随着时间的流逝,期权的有效期限越来越短,期权的时间价值也越来越小,期权价格也越来越接近其内在价值。期权合约到期,尚未执行的期权不仅失去了时间价值,也失去了选择的权利,就一文不值了。欧式期权的期权费不一定与期权有效时间成正相关关系,它的期权费一般也比相同的美式期权费低。

③ **期权基础金融资产的市场价格变动趋势和活跃程度**。期权合约基础金融资产价格变动趋势及人们对它的预期也会影响期权价格。当某一金融资产的价格趋涨或人们普遍看涨时,这一金融资产的看涨期权的期权费就增加,看跌期权的期权费就下降;反之,则看涨期权的期权费下降,看跌期权的期权费增加。某种金融资产越活跃,价格变动范围越大,则可能提供的获利机会就越多,期权费就越高;反之,价格越平稳的金融资产的期权费也越低。

④ **利率水平变化**。利率变化会影响金融资产的市场价格,进而影响期权的内在价值及相应的期权费。如利率提高,股票和债券的市场价格降低,从而会减少看涨期权的内在价值和相应的期权费,增加看跌期权的内在价值及相应的期权费。

影响期权费的因素很多,而确定期权费又是期权交易中的一个重要环节。期权交易的一个基本策略就是买进价格被低估的期权,卖出价格被高估的期权。为此,交易者、期权交易商等都需要计算期权的理论价格并与市场价格比较,以便确定投资目标。1973年布莱克(Fischer Black)和休斯(Myron Schles)两位学者成功地导出买权的评价模式,简称布莱克-休斯评价模式,以后有其他学者推出二项评价模式等各种各样的评价模式,使期权价格的理论研究和实务应用都得到很大提高。

6. 保证金

期权的卖方在收到期权费以后必须交纳一定数量保证金,因为期权的卖方面临买方随时要求履约的局面,一旦买方行使权利,要求按约定的价格买进或卖出某一金融资产,卖方必须无条件交付或收下该金融资产。为确保期权卖方具有履约能力,卖方必须在经纪商账户上存入一定数量保证金。保证金有一定计算方式,其额度依交易者账户中的整体部位而定,与基础金融资产市价及协议价格也有一定关系。保证金的管理类似于期货交易的保证金管理,由有关结算机构于每日交易结束后进行计算,盈余部分可以提取,不足部分要在第二个交易日开市前补足。

(三) 期权交易的程序

期权交易通常是由交易者提出委托单通过经纪商在期权交易所内公开喊价成交的,交易所通过电脑记录所有期权交易情况。

期权结算公司(options clearing corporation,OCC)是由作为交易所会员的期权交易公司和期权经纪公司组成的结算机构。当期权成交时,结算公司会承担卖方角色发行该期权,从而成为买方的交易对手,而真正的卖方则需要交纳保证金以弥补结算公司承担的风险。这样,结算公司就成为交易的中介,成为所有买方的卖方和所有卖方的买方。结算公司为每笔期权交易进行担保,如果某个期权卖方无法履行合约义务,结算公司会代为履行,因此期权的买方不必担心卖方的信用风险。结算公司用计算机结算每笔期权合约,大大加快了结算速度。

当期权的买方决定履约时,须向经纪商提出,再由经纪商将履约要求汇总转至结算公司。结算公司从该期权所有未平仓卖方合约中按先进先出原则或随机抽出一家代理卖方的经纪公司并发出通知,接到通知的经纪公司再以同样方式从自己持有该期权卖方合约的客户中抽取一人来履约。因此期权卖方在卖出当天即有可能成为履约对象。

期权交易的履约因标的物不同而有所差异。现货期权,如股票,买卖双方需有现货与现款交割;股票指数期权以现金结算差价;期货期权的履约则是将双方的契约关系由期权转变为期货,即期货期权的买方在履约后会自动取得一个基础金融资产期货的买方部位,期货期权的卖方在履约后会自动取得一个基础金融资产期货的卖方部位,履约后,他们可以继续持有其期货的买方或卖方部位,也可将其在期货市场平仓。

期权的持有人如果决定不再持有该期权,也可将未到期期权在市场上出售,这样可避免履约并可省去一笔履约手续费。

(四)期权交易与期货交易的区别

(1)交易对象不同。期货交易的对象是期货合约,期权交易的对象是选择的权利,是在未来的一段时间内按约定的价格买卖某种商品或金融资产的权利。

(2)交易双方的权利和义务不同。期货交易的双方都有对等的权利和义务,如果没有做一个相反的交易对冲,这种权利和义务要到到期交割后才能解除。期权交易的权利和义务是不对等的,只有期权的买方有选择权。在期权的有效期限内,买方可行使权利,也可放弃或转让权利;而卖方没有任何权利,相反,必须承担在买方要求履约时作对应交易的义务。

(3)交易双方承担的风险和可能得到的盈亏不同。期货交易双方对等地承担盈亏无限的风险,这一风险随着基础金融资产市价的涨跌而变化。期权交易的买方承担的亏损风险是有限的,即以支付的期权费为限,而获取的盈利却可能是无限的;期权交易的卖方可能获取的盈利是有限的,即以收取的期权费为限,但亏损的风险可能是无限的。

(4)交付的保证金不同。期货交易双方都要交付保证金,在交易期间还要对亏损一方追加收取保证金并允许盈利一方提取超额部分。期权交易只有卖方须交付作为履约财力保证的保证金,买方不须交付保证金,但须支付买入选择权的代价即期权费。

(5)价格决定方式不同。期货价格就是合约基础金融资产的交割价格,这是由市场供需双方决定的,而且是随时变动的。期权交易要区分两种不同的价格,期权的价格是指选择权的价格,由市场供需双方以竞价的方式决定;期权合约基础金融资产的交割价格,即协议价格则由交易所按一定规则制定并由交易双方自行选择,一经选定成交,在期权合约有效期限内这一价格一般不会改变。

二、期权交易的盈亏分析

(一)看涨期权的盈亏分析

看涨期权又称买入期权,是期权的买方在约定的期限内有按协议价格买入一定数量金融资产的权利。交易者买入看涨期权,是因为预期这种金融资产的价格在近期内会上涨。如果判断正确,可按协议价买入该项金融资产并以市价卖出,或者以现金方式结清差价,从中赚取市价与协议价之差额;如果判断失误,则会损失期权费。

【例3-9】交易者A和B分别为看涨期权的买方与卖方,他们就X公司股票达成美式看涨期权交易。期权的有效期为3个月,协议价格为每股50元,合约规定股票数量为100股,期权费为每股3元。在未来的3个月中,交易者A可能有几种不同的选择,相应地也会有几种不同的盈亏情况。

① 在3个月内,X公司股票市价＜协议价(50元),交易者A不会行使期权,亏损期权费300元。

② 在3个月内,X公司股票市价＝协议价(50元),无论是否行使期权,交易者A亏损期权费300元。

③ 在3个月内,协议价(50元)＜X公司股票市价＜协议价+期权费(53元),行使期权,交易者A将减少亏损,亏损额少于期权费300元。

④ 在3个月内,X公司股票市价＝协议价+期权费(53元),行使期权,交易者A不盈不亏。

⑤ 在3个月内,X公司股票市价＞协议价+期权费(53元),行使期权,市价上涨,交易者A盈利增加。

⑥ 在3个月内,如果期权价格上涨,交易者A也可以出售期权,从中获利。如当股票价格涨至每股60元时,期权费涨至每股4.50元,此时期权费的涨幅大于股价的涨幅,交易者A可采取出售期权的策略,这是一种套取期权费的买卖,有别于期权交易。

可见,看涨期权买方购买基础金融资产的最高买价是协议价加上期权费,不会更高。在此价格水平以上,股票市场价格越是上涨,其收益越是增加。从理论上说,股票的价格上涨是没有上限的,因此期权买方的盈利也是无限的,而亏损则是有限的,即最大亏损是放弃期权,亏损期权费(图3-3)。

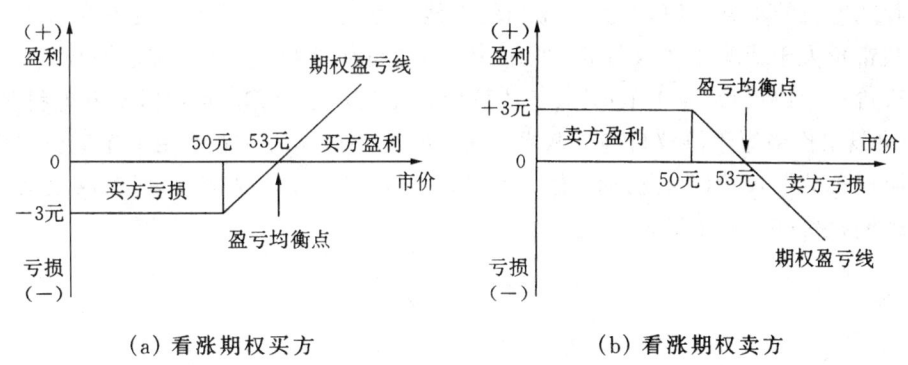

(a) 看涨期权买方　　　　　　(b) 看涨期权卖方

图3-3　看涨期权盈亏图

对看涨期权的卖方交易者B来说,因为没有选择的权利,只能根据买方选择来履行合约,因此,买方的盈利即是卖方的亏损,买方的亏损即是卖方的盈利。期权卖方的最大盈利为得到的期权费,而最大亏损则是无限的。

(二) 看跌期权的盈亏分析

看跌期权又称卖出期权,是指期权的买方在约定期限内有按协议价卖出一定数量金融资产的权利。交易者买入看跌期权,是因为预期该项金融资产的价格在近期内将会下跌。

如果判断正确,可从市场上以较低的价格买入该项金融资产再按协议价卖给期权的卖方,或是以现金方式结清差价,从中赚取协议价与市价之差额。如果判断失误,将损失期权费。

【例3-10】交易者A和B分别为看跌期权的买方与卖方,他们就Y公司股票达成美式看跌期权交易,期权的有效期为3个月,协议价格每股100元,合约规定股票数量为100股,期权费为每股4元。在未来的有效期限内,交易者A可能有几种不同的选择,也会有几种不同的盈亏情况。

① 在有效期限内,Y公司股票市价>协议价(100元),交易者A不会行使期权,亏损期权费400元。

② 在有效期限内,Y公司股票市价=协议价(100元),交易者A无论是否行使期权,都亏损期权费400元。

③ 在有效期限内,协议价-期权费(96元)<Y公司股票市价<协议价(100元),交易者A行使期权,亏损小于期权费400元。

④ 在有效期限内,Y公司股票市价=协议价-期权费(96元),交易者A行使期权,不盈不亏。

⑤ 在有效期限内,Y公司股票市价<协议价-期权费(96元),行使期权,市价下跌,交易者A盈利增加。

⑥ 在有效期限内,若期权价格上涨,交易者A也可出售期权,从中获利。

可见,看跌期权买方将股票卖给卖方的最低卖价是协议价减去期权费,不会再低,在此价格水平上,股票市价越低,期权买方的盈利越高。但股票价格是不会出现负值的,所以期权买方的盈利是有限的,其最大盈利是协议价与期权费之差再乘以一手期权合约所含股票数量的乘积。期权买方的亏损亦是有限的,其最大亏损是期权费。

对看跌期权的卖方来说,买方的盈利就是他的亏损,买方的亏损就是他的盈利。当Y公司股票市价大于或等于协议价时,买方一般不会行使期权,卖方可赚取期权费;当Y公司股票市价小于协议价(100元)又大于协议价与期权费之差(96元)时,卖方盈利在下降;当Y公司股票价格等于协议价与期权费之差(96元)时,卖方不盈不亏;当Y公司股票市价小于协议价减期权费(96元)时,卖方亏损,股价越下跌,亏损越大,但每股最大亏损为协议价减期权费(96元)(图3-4)。

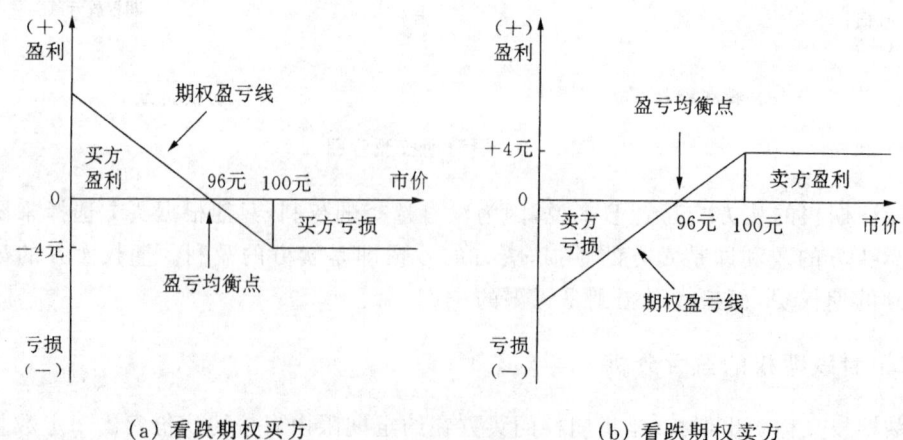

(a) 看跌期权买方　　　　　　　　(b) 看跌期权卖方

图3-4　看跌期权盈亏图

在以上两种基本类型基础上，可以通过买卖两三个甚至四个不同的期权，组成垂直型期权、水平型期权、对角型期权、蝶式期权、兀鹰式期权等，达到保值或获利的目的。

次贷危机的
通俗解答

三、期权交易的功能

在期权交易中，买方处于主动地位，在付出期权费以后，有较多的选择机会和较大的选择余地，因此具有明显的优势。卖方在有限的盈利条件下，必须服从买方的选择，承担履约义务，似乎极为不利。但是，期权交易方式运用于金融领域并取得成功，说明这一交易方式受到买卖双方的欢迎，对买卖双方都有一定作用。

（一）期权交易方式对买方的功能

期权的买方可以利用期权交易投机，也可利用期权交易保值。

1. 期权的买方可利用其杠杆作用获利

杠杆作用是指投资者能以较少的投资获得较大的收益的投资效果。与其他投资方式相比，期权的杠杆作用大，交易者若能对证券行情作出正确判断，能获得可观的收益。

【例 3-11】某投资者有本金 4 000 元，准备投资于股市。经分析，他认为股市正处于上涨阶段，A 公司股票可能有较大涨幅，决定以 A 公司股票为投资对象。当时 A 公司股票的市场价格为每股 40 元，信用交易的法定保证金比率为 50%，看涨期权的协议价格是每股 40 元，期权费每股 4 元。此时，投资者有几种投资方式可以选择，一是买入 A 公司股票做现货交易，4 000 元本金可买入 100 股股票；二是做信用交易，可买入股票 200 股；三是做期权交易，以本金作为期权费可买入 1 000 股看涨期权。3 个月后，当 A 公司股票市价涨至每股 50 元时，现货交易可获利 1 000 元，为本金的 25%；信用交易可获利 2 000 元，为本金的 50%；在期权交易中，他可行使看涨期权，每股获利 10 元，1 000 股共获利 1 万元，扣除期权费 4 000 元，净获利 6 000 元，为本金的 150%（均未计算佣金、利息和税金等费用）。

在股票行市看跌时，可做保证金卖空交易，也可买看跌期权，期权交易的杠杆作用同样比信用交易大。

2. 期权交易有风险防范功能和风险转嫁功能

由于期权交易的杠杆作用大，大部分期权的买方是为了投机获利。与其他投资方式相比，期权的买方盈利可能无限或很大，而风险却能锁定，即最大损失是期权费。因此利用期权方式投机获利，即使对行情判断失误，也可将损失限定，可见期权交易可为买方有效防范风险。

期权交易还可为买方转嫁风险。对做保证金交易的投资者来说，如果行情变化与他们的预计相反，将会有很大亏损。为了将亏损限制在一定范围内，投资者可通过同时做保证金交易与期权交易的办法将一部分风险转嫁出去。

做保证金买空的投资者预计股票行市将上涨，行情上涨，可以获利。但如果行情下跌，保证金买空将亏损。为了限制可能遭受的损失，可以同时买入看跌期权，以付出的期权费作为限制亏损的代价。如果行情上涨，保证金买空交易将获利，可是期权费将冲销一部分盈利;如果行情下跌,保证金买空将亏损,行使看跌期权将获利,两者相抵,使其亏损大大降低。

【例3-12】某投资者以本金4 000元做保证金买空交易,保证金比率为50%,以每股40元的价格买入A公司股票200股。一旦该股票价格未能如他预计的那样上涨,而是跌至每股30元,该投资者亏损2 000元。如果在做保证金买空的同时,又买入200股看跌期权,协议价每股40元,期权费为每股2.50元,共计500元。当股价下跌至30元时,可行使看跌期权,以市价每股30元与协议价每股40元相抵,结清价差,扣除期权费后,获利1 500元。两相抵消,该投资者净亏损500元,即期权价格,比只做保证金买空的亏损大为降低。

做保证金卖空的投资者预计股市行情将下跌,股价下跌,卖空交易可以获利。但若股价上涨,保证金卖空将遭受亏损,又因股价上涨并无上限,因此很可能遭到无法估量的损失。如果他同时买入看涨期权,则可将亏损限制在一定限度之内。

【例3-13】某投资者以每股40元的价格卖空A公司股票200股,同时买入200股该股票看涨期权,协议价每股40元,期权费每股2.50元,共500元。如果A公司股票价格涨至80元一股,则保证金卖空将亏损8 000元,此时他通过行使看涨期权,又可获利8 000元,盈亏相抵,净亏损期权费500元。当然,如果他对行情的判断准确,期权费将抵消部分保证金卖空的盈利。

可见,采取保证金交易与期权交易搭配操作的人,主要是利用保证金交易进行投机,期权交易是限制损失、转嫁风险的一种手段。

3. 期权交易对已经取得的账面盈利有保值功能

若投资者持有现货股票,当股票价格上涨时,可获得盈利。如果不愿失去股息收入和股市仍趋上涨带来的更大盈利,准备过一段时间再卖掉手中股票,又担心股市一旦迅速下跌失去已取得的账面收益,可在持有股票的同时买进该股票的看跌期权。如果股票继续上涨,盈利可相应增加,只是期权费会冲销一部分盈利;如果股票价格下跌,看跌期权锁住了出售股票的价格,可基本保住原来的账面收益。

【例3-14】某投资者以每股30元价格买入B公司股票1 000股,由于正值牛市,该股票迅速涨至每股50元,投资者获得账面盈利20 000元。由于预计股市还有一段行情,又担心失去20 000元盈利,可买入1 000股看跌期权,协议价50元,期权费每股5元,共5 000元。当股价继续上涨时,能获得更多收益,万一股价下跌,不管跌到什么程度,至少可保住15 000元盈利。

(二)期权交易对卖方的功能

期权的卖方并非仅是承担责任和履行义务,同样也可通过期权交易达到保值或获利的目的。只是期权的卖方为了得到较小的利润必须放弃获得较大盈利的机会,所以,一般情况下,期权的卖方是较保守的投资者。

1. 期权卖方的主要收益是稳收期权费

期权费是期权买方为得到选择权而付出的代价,期权交易一旦成交,不管买方是否行使期权,也不管是盈是亏,期权费是不能收回的,这样卖方就可以稳收期权费。在美国,6个月期权的期权费是股票价格的5%~10%,折成年率就是10%~20%,不比投资于股票市场的一般收益率低,卖方的期权费收益是相当可观的。

在期权交易中,并非买方的获利必定带来卖方相等的亏损,因为真正行使期权的买方并不多,很多期权合约并没有被实际执行,使期权卖方在稳得期权费收入的同时,遭受损失的可能却大为降低。据芝加哥期权交易所的统计,有 3/4 以上的期权合约并未实际执行,这等于卖方坐收期权费收益。形成大量期权合约未被执行的状况是由期权交易的高度杠杆作用和人们进行期权交易的动机以及买卖双方对证券行情的不同判断等因素决定的。由于期权交易有明显的杠杆作用,有一部分期权的买方是为了以小本搏大利,进行投机谋利,一旦对行情判断失误,他们宁愿牺牲期权费也不愿承担因行使期权带来的更大亏损。有一部分买方是利用期权的杠杆作用保值,他们买进期权就好像人们为预防火灾而投财产保险一样,只是一种预防措施,只要证券行情如他们原先预料的那样变化,这些期权合约也不会被执行。期权买卖双方之所以能成交,是因为他们对行情的预计判断正好相反。以看涨期权为例,买方对某一股票的价格走势看涨,所以买入该股票的看涨期权;而卖方实际上认为该股票价格会下跌,或认为至少不会涨到让买方有利可图水平,所以卖出看涨期权。如果在期权有效期内,股价走势如卖方所预料的那样不断下跌,始终在协议价以下,买方不会行使期权,卖方可得到他所希望的期权费;如果股票价格略有上涨,但只要不超过期权费,卖方仍能收取部分期权费收入;如果股票价格如买方所预料的大幅上涨,市价与协议价的差额超过了期权费,卖方也可以用比原来期权费更高的价格买回相同的期权合约,与原来所处的卖方地位冲销,以减少损失。另外,卖方还可以在价格涨跌幅度不大的情况下卖出双向期权,即同时卖出看涨期权和看跌期权,双向期权的期权费比单一期权更高。

2. 期权的卖方可以在一定程度上利用期权交易保值

期权的卖方可通过卖出看涨期权为已经拥有的某种金融资产保值,也可通过卖出看跌期权为准备买入的金融资产保值,保值的途径是以取得期权费作为原来买卖金融资产价格的补充。

(1) 看涨期权的卖方。看涨期权是在有效期限内卖方有义务应买方要求将基础资产以协议价卖给买方。看涨期权的卖方对行情的预期是看跌,为减轻自己拥有的基础资产面临的价格下跌的风险,按原来想卖的价格,卖出看涨期权。如果行情下跌,他可用收取的期权费弥补基础资产卖价下降的亏损,达到保值目的。

【例 3-15】某投资者拥有 C 公司股票 1 000 股,这是他于半年前以每股 30 元的价格买入的。目前该股票的市价为每股 50 元,他认为是理想的价位,如果出售可得可观的盈利。可是他拥有的股票已作为抵押品抵押给银行,要到 3 个月后归还向银行借的抵押贷款后方能收回,他担心 3 个月后股市下跌,不能获得目前的盈利水平。他可卖出 1 000 股 C 公司股票的 3 个月看涨期权,协议价为每股 50 元,期权费每股 5 元,共收入 5 000 元。他的保值目标非常明确,即维持 50 元一股的卖出价。在未来 3 个月中,有几种可能出现。

① 股票市价<协议价-期权费,即市价<45 元。买方不会行使期权,卖方只能以市价卖出,市价越低,离保值目标越远。但是,如果不卖出看涨期权,其保值目标更难达到。

② 股票市价=协议价-期权费,即市价=45 元。买方不会行使期权,卖方只能以市价卖出,但期权费正好弥补价格下跌亏损,卖方达到保值目标。

③ 协议价-期权费<股票市价<协议价,即 45 元<市价<50 元,买方不会行使期

权,卖方按市价卖出,考虑期权费收入,其实际卖出价已大于50元,不仅达到保值目标,而且有额外盈余。

④ 股票市价＝协议价,即市价＝50元。此时不论买方是否行使期权,卖方均可按市价卖出,考虑期权费收入,实际卖出价为55元,这是卖方的最高卖价,也是盈利最高的机会。

⑤ 协议价＜股票市价＜协议价＋期权费,即50元＜市价＜55元。买方将行使期权,卖方必须以50元的协议价将股票卖给买方,达到保值目标。考虑期权费收入,在保值目标以外还略有额外盈利,但盈利在逐渐下降。

⑥ 股票市价＝协议价＋期权费,即市价＝55元。买方将行使期权,卖方达到以50元卖出的保值目标。考虑期权费收入,实际卖出价为55元,与市价持平,卖方并未吃亏。

⑦ 股票市价＞协议价＋期权费,即市价＞55元。买方将行使期权,卖方达到以50元卖出的保值目标。与市价相比,即使考虑期权费收入,卖方也会感到吃了亏,股价越涨,亏损越大。但是,卖方卖出期权的主要目的是保值,为实现保值目标而放弃在某种情况下可能获得的盈利,是他事先就应估计并能接受的机会成本。

(2) 看跌期权的卖方。看跌期权是在有效期限内卖方有义务应买方要求将基础金融资产以协议价买下。看跌期权的卖方对行情的预期是看涨,为使自己能以预期的价格买入某种金融资产,减轻可能遭受的价格上涨风险,他们按原来想买的价格卖出看跌期权。如果行情上涨,可用收取的期权费弥补现货金融资产买入价格上升的亏损,达到保值目的。

【例3-16】某投资者看好D公司股票,计划买入1 000股,该股票目前市价为每股40元。由于种种原因他准备用于投资的本金40 000元要到两个月后才能到位,他担心到时股价上涨将使投资成本增加,所以卖出3个月期1 000股D公司股票的看跌期权,协议价每股40元,期权费每股4元,共收入4 000元。他的保值目标是能维持每股40元的买入价格。在未来的时间中,有几种可能出现。

① 股票市价＞协议价＋期权费,即市价＞44元。期权买方不会行使期权,期权卖方只能以市价从市场上买入股票,市价越涨,卖方投资成本越大。但是,如果不卖出看跌期权,没有期权费作补充,其保值目标更难达到。

② 股票市价＝协议价＋期权费,即市价＝44元。买方不会行使期权,卖方只能以市价从市场上买入股票。但收取的期权费正好弥补股价上升带来的亏损,卖方达到保值目标。

③ 协议价＜市价＜协议价＋期权费,即40元＜市价＜44元。买方不会行使期权,卖方只能以市价从市场上买入股票,考虑到期权费收入,其实际买入价低于40元,不仅达到保值目标,而且开始有额外盈余。

④ 股票市价＝协议价,即市价＝40元。不论买方是否行使期权,卖方均可以按市价40元买入股票。考虑期权费收入,实际买入价仅为36元,这是期权卖方买入股票的最低价格。

⑤ 协议价－期权费＜市价＜协议价,即36元＜市价＜40元。买方将行使期权,以每股40元将股票卖给卖方,卖方达到保值目标。考虑期权费收入,在保值目标以外还略有盈利,但盈利在逐渐下降。

⑥市价＝协议价－期权费,即市价＝36元。买方将行使期权,卖方必须以每股40元的协议价买入股票,达到保值目标。考虑到期权费收入,实际买入价为36元,与市价持平,卖方并未吃亏。

⑦市价＜协议价－期权费,即市价＜36元,买方将行使期权,卖方达到保值目标。但即使考虑期权费收入卖方的股票买入价也高于市价,股价越低,差距越大,这正是卖方为保值而须承担的机会成本。

3. 期权的卖方也可利用期权交易投机牟利

期权交易者如果卖出自己并不拥有的金融资产的看涨期权,就是在做投机交易。看涨期权的卖方是希望行情下跌,如果真如他所预料的那样,则可赚取期权费。但如果在期权交易的有效期内,期权标的物价格上涨,买方将行使期权,卖方就只能以较高的价格从市场上买入再按较低的协议价卖给期权买方,此时卖方将遭受较大损失。

总之,期权交易的双方都有获利的机会,也都面临一定的风险,但期权卖方的收益和风险都有一定限制,比较适合保守稳健的交易者。

四、我国的金融期权交易

我国的金融期权交易尚处于试点阶段。根据现行法规规定,中国金融期货交易所、证券交易所经中国证监会批准可以开展股票期权交易。上海证券交易所于2015年开始股票期权交易试点,并制定了交易规则。

(一) 期权合约

在上海证券交易所上市交易的股票、交易所交易基金以及经中国证监会批准的其他证券品种,可以作为期权合约的标的物。

在上海证券交易所上市交易的期权合约有上证50ETF和沪深300ETF,在中国金融期货交易所上市交易的期权合约有沪深300股指期权。

期权合约条款主要包括合约简称、合约编码、交易代码、合约标的、合约类型、到期月份、合约单位、行权价格、行权方式、交割方式等。

期权合约的到期日为到期月份的第四个星期三,该日为国家法定节假日、交易所休市日的,顺延至下一个交易日。期权合约的最后交易日和行权日,同其到期日;到期日提前或者顺延的,最后交易日和行权日随之调整。

交易所根据选定的合约标的,确定上市的期权合约品种,并按照不同合约类型、到期月份及行权价格,挂牌相应数量的期权合约。

合约标的被暂停上市、终止上市的,交易所同时对该合约品种作出终止上市决定,不再加挂新合约。期权合约到期后,即予摘牌。

(二) 投资者适当性管理

期权交易实行投资者适当性制度。期权经营机构应当严格执行期权投资者适当性管理制度,全面介绍期权产品特征,充分揭示期权交易风险,准确评估客户的风险承受能力,不得接受不符合投资者适当性标准的客户从事期权交易。

期权经营机构应当根据客户适当性综合评估的结果,对个人投资者参与期权交易的权限进行分级管理。个人投资者申请的交易权限级别分为一级、二级、三级。满足规定条件的投资者,可在对应级别的权限范围内从事期权交易。

期权经营机构应当建立期权投资者教育工作制度,加强对客户期权知识的培训和指导,并根据客户的不同需求和特点,对期权投资者教育工作的形式和内容作出具体安排。

(三)交易制度

1. 一般规定

上交所为期权交易提供交易场所及设施。期权交易日为每周一至周五。期权合约的交易时间为每个交易日9:15至9:25、9:30至11:30、13:00至15:00。其中,9:15至9:25为开盘集合竞价时间,14:57—15:00为收盘集合竞价时间,其余时段为连续竞价时间。

符合中国证监会规定的开展股票期权经纪业务相关条件的交易所会员及交易所认可的其他期权经营机构可以申请成为上交所股票期权交易参与人,通过在交易所开设的参与者交易业务单元进行期权交易。期权经营机构开展期权自营及经纪业务,应当分别开设相应的交易单元,自营与经纪业务的交易单元不得联通或者混用。

具有中国证券登记结算公司期权结算业务资格的经营机构作为结算参与人开展期权结算业务,不具有结算业务资格的经营机构须委托结算参与人代为办理期权结算业务。

投资者必须通过事先委托的期权经营机构参与上交所的期权交易。期权经营机构从事期权经纪业务,接受客户委托,以自己的名义为客户进行期权交易,交易结果由客户承担。

期权做市商对交易所挂牌交易的期权合约提供双边持续报价、双边回应报价等服务,并享有相应的权利。

2. 委托与申报

投资者参与期权交易,应当向期权经营机构申请开立衍生品合约账户和保证金账户。中国证券登记结算有限责任公司(简称中国结算)根据期权经营机构报送的账户开立信息,统一配发合约账户号码。

投资者可以通过书面或电话、自助终端、互联网等自助委托方式,委托期权经营机构买卖期权合约。委托类型包括普通限价委托、市价剩余转限价委托、市价剩余撤销委托、全额即时限价委托、全额即时市价委托等。

期权买方应当支付权利金;期权卖方收取权利金,并应当根据规定交纳保证金。

期权交易的买卖类型,包括买入开仓、买入平仓、卖出开仓、卖出平仓、备兑开仓以及备兑平仓等。

投资者进行买入平仓委托的,须持有相应义务仓。买入平仓的委托数量超过所持有的义务仓的,该笔委托无效。义务仓指期权合约卖出开仓及备兑开仓形成的持仓。

投资者进行卖出平仓委托的,须持有相应权利仓。卖出平仓的委托数量超过所持有的权利仓的,该笔委托无效。权利仓指期权合约买入开仓形成的持仓。

投资者进行备兑开仓的,应当先提交合约标的备兑锁定指令,将其证券账户中的合约标的提交为用于备兑开仓的证券。备兑开仓是指投资者提前锁定足额合约标的作为将来行权交割所应交付的证券,并据此卖出相应数量的认购期权。

期权经营机构按照客户委托的时间先后顺序,及时向交易所申报。交易申报的期限是当日申报当日有效。

期权合约的交易单位为张。期权交易的申报数量为1张或者其整数倍,限价申报的单笔申报最大数量为10张,市价申报的单笔申报最大数量为5张。

合约标的为股票的,期权交易的委托、申报及成交价格为每股股票对应的权利金金额,申报价格最小变动单位为0.001元人民币;合约标的为交易所交易基金的,期权交易的委托、申报及成交价格为每份交易所交易基金对应的权利金金额,申报价格最小变动单位为0.0001元人民币。

期权交易实行价格涨跌停制度,申报价格超过涨跌停价格的申报无效。期权合约的最后交易日,合约价格不设跌幅限制。交易所于每个交易日开盘前,公布期权合约当日的涨跌停价格。

3. 竞价与成交

期权竞价交易采用集合竞价和连续竞价两种方式。集合竞价是指在规定时间内接受的买卖申报一次性集中撮合的竞价方式。连续竞价是指对买卖申报逐笔连续撮合的竞价方式。

期权竞价交易按价格优先、时间优先的原则撮合成交。连续竞价交易时段,以涨跌停价格进行的申报,按照平仓优先、时间优先的原则撮合成交。平仓优先的原则为:以涨停价格进行的申报,买入平仓(含备兑平仓)申报优先于买入开仓申报;以跌停价格进行的申报,卖出平仓申报优先于卖出开仓申报。

期权合约的开盘价为当日该合约的第一笔成交价格。开盘价通过集合竞价方式产生,不能产生开盘价的,以连续竞价方式产生。期权合约的收盘价为当日该合约的最后一笔成交价格,当日无成交的,以上一交易日收盘价为当日收盘价。期权合约的结算价格为该合约当日收盘集合竞价的成交价格。交易所在每个交易日收盘后向市场公布期权合约的结算价格,作为计算期权合约每日日终维持保证金、下一交易日开仓保证金、涨跌停价格等数据的基准。

期权合约挂牌首日,以交易所公布的开盘参考价作为合约前结算价格。合约标的出现除权、除息的,合约前结算价格作相应调整。

期权合约最后交易日为实值合约的,交易所根据合约标的当日收盘价格和该合约行权价格,计算该合约的结算价格;期权合约最后交易日为虚值或者平值合约的,结算价格为0。

期权交易实行熔断制度。连续竞价交易期间,合约盘中交易价格上涨、下跌达到或者超过熔断标准的,该合约进入3分钟的集合竞价交易阶段。集合竞价交易结束后,合约继续进行连续竞价交易。根据市场需要,交易所可以调整期权交易的熔断标准。

买卖申报经交易所撮合成交后,交易即告成立,双方达成的交易于成立时生效,买卖双方必须承认交易结果,履行结算义务。上海证券交易所定时发布期权交易即时行情、延时行情以及公开信息等交易信息。

4. 行权

期权买方可以决定在合约规定期间内是否行权。买方决定行权的,可以特定价格买入或者卖出相应数量的合约标的。期权卖方应当按规定履行相应义务。当日买入的期权合约,当日可以行权。当日行权申报指令,当日有效,当日可以撤销。

期权合约行权以给付合约标的的方式进行。期权合约行权交收日为行权日的次一交易日。

中国结算于当日日终对投资者合约持仓数量、用于行权的合约标的等情况进行校验，并对有效的行权申报进行行权指派。行权指派是指中国结算根据业务规则，从持有期权合约义务仓的合约账户中指定实际需要履行行权义务的特定合约账户。

期权合约行权日或交收日遇合约标的全天停牌、临时停牌直至收盘的，对相应合约按照交易所公布的行权现金结算价格，以现金结算方式进行行权交割。

5. 风险管理

期权交易风险管理，实行保证金制度、持仓限额制度、大户持仓报告制度、强行平仓制度、取消交易制度、结算担保金制度和风险警示制度。

（1）保证金制度。期权交易实行保证金制度。保证金用于结算和担保期权合约履行。保证金应当以现金或者经交易所及中国结算认可的证券交纳。保证金进行分级收取，期权经营机构向客户收取，中国结算向结算参与人收取，结算参与人应当向委托其结算的期权经营机构收取。保证金最低标准由交易所与中国结算规定并向市场公告。

保证金包括交易保证金和结算准备金。交易保证金分为开仓保证金和维持保证金。开仓保证金是指交易所对每笔卖出开仓申报实时计算并对有效卖出开仓申报实时扣减的保证金日间额度。

中国结算向结算参与人收取结算准备金和维持保证金。结算准备金是指结算参与人存入期权保证金账户，用于期权交易结算且未被占用的保证金；维持保证金是指结算参与人存入保证金账户，用于担保合约履行且已被合约占用的保证金。

投资者进行认购期权备兑开仓的，应当通过备兑锁定指令提交足额合约标的作为备兑备用证券。交易所对相应数量的合约标的进行日间锁定。

（2）持仓限额制度。期权交易实行持仓限额制度。持仓限额包括单个合约品种的权利仓持仓限额、总持仓限额、单日买入开仓限额以及个人投资者持有的权利仓对应的总成交金额限额等。

期权经营机构、投资者对单个合约品种的权利仓持仓数量、总持仓数量、单日买入开仓数量，以及个人投资者持有的权利仓对应的总成交金额，均不得超过交易所规定的额度。达到或者超过规定额度的，不得再进行相应的开仓交易。

期权经营机构、投资者因进行套期保值交易、经纪业务、做市业务等需要提高持仓限额的，应当向交易所提出申请，并按照申请用途使用核定的额度。

（3）大户持仓报告制度。交易所根据市场情况认为有必要的，可以要求期权经营机构、投资者报告持仓、资金以及交易用途等情况。期权经营机构、投资者被交易所要求报告持仓情况的，应当在规定时间内报告。客户未按要求报告的，期权经营机构应当报告该客户持仓情况。

（4）强行平仓制度。结算参与人结算准备金余额小于零且未能在规定时间内补足或自行平仓，或者备兑证券数量不足且未能在规定时间内补足或者自行平仓的，中国结算将对其实施强行平仓。

投资者合约账户持仓数量超出上交所规定的持仓限额规定，期权经营机构未及时根据经纪合同约定或者上交所要求对其实施强行平仓的，上交所可以对该投资者实施强行平仓。

期权经营机构合约账户持仓数量超出上交所规定的持仓限额规定,未在上交所规定时间内对超限部分自行平仓,上交所可以对其实施强行平仓。

期权交易出现重大异常情形,导致或者可能导致期权市场出现重大交易风险或结算风险时,上交所和中国结算可以决定实施强行平仓,并向市场公告。

客户保证金或备兑证券数量不足且未能在规定时间补足,持仓数量超过期权经纪合同约定的持仓限额的,期权经营机构应当根据上交所、中国结算业务规则以及期权经纪合同的约定,对该客户实施强行平仓。

强行平仓的价格通过市场交易形成。强行平仓的盈亏和相关费用由直接责任人或者相关主体自行承担。

(5) 取消交易制度。期权交易中发生合约条款差错、合约标的出现错误、交易系统出现故障等情况,且尚未进入清算程序的,上交所可以决定取消相关期权合约或者合约品种当日已经成交的交易。

如因合约标的市场或者期权市场发生不可抗力、意外事件、技术故障以及重大差错,导致期权交易结果出现重大异常,按此交易结果进行结算将对期权交易正常秩序和市场公平造成重大影响的,上交所可以决定取消相关期权合约或者合约品种的交易。

(6) 结算担保金制度。结算担保金是指由结算参与人按照中国结算规定以自有资金交纳的,用于应对结算参与人违约风险的共同担保资金。

结算担保金分为基础结算担保金和变动结算担保金。基础结算担保金是指结算参与人参与期权结算业务必须交纳的最低结算担保金数额。变动结算担保金是指结算参与人结算担保金中超出基础结算担保金的部分,根据结算参与人业务量的变化而调整。

(7) 风险警示制度。当期权交易、期权持仓、期权交易资金出现异常,涉嫌违规、违约以及上交所、中国结算认为必要时,可以单独或者合并采取以下风险警示措施:要求期权经营机构或者投资者报告情况;谈话提醒;书面风险警示;发布风险警示公告;其他风险警示措施。在采取风险警示措施的同时,还可以采取风险控制措施。

(8) 风险控制措施。当期权市场出现重大风险,导致部分或者全部期权交易不能正常进行时,交易所可以按照规定的权限与程序采取暂时停止交易、临时停市、调整保证金标准、调整合约涨跌停价格、调整合约结算价格、调整合约到期日及行权交割方式、更正合约条款、调整期权经营机构或者投资者的持仓限额、限制期权经营机构或者投资者的期权交易、要求期权经营机构或者投资者平仓、强行平仓、取消交易等风险控制措施并立即报告中国证监会。

专栏 3-5　上证 50ETF 期权合约基本条款

项　目	内　容
合约标的	上证 50 交易型开放式指数证券投资基金("上证 50ETF")
合约类型	认购期权和认沽期权
合约单位	10 000 份

续 表

项 目	内 容
合约到期月份	当月、下月及随后两个季月
行权价格	9个(1个平值合约、4个虚值合约、4个实值合约)
行权价格间距	3元或以下为0.05元,3元至5元(含)为0.1元,5元至10元(含)为0.25元,10元至20元(含)为0.5元,20元至50元(含)为1元,50元至100元(含)为2.5元,100元以上为5元
行权方式	到期日行权(欧式)
交割方式	实物交割(业务规则另有规定的除外)
到期日	到期月份的第四个星期三(遇法定节假日顺延)
行权日	同合约到期日,行权指令提交时间为 9:15—9:25,9:30—11:30,13:00—15:30
交收日	行权日次一交易日
交易时间	上午 9:15—9:25,9:30—11:30(9:15—9:25 为开盘集合竞价时间) 下午 13:00—15:00(14:57—15:00 为收盘集合竞价时间)
委托类型	普通限价委托、市价剩余转限价委托、市价剩余撤销委托、全额即时限价委托、全额即时市价委托以及业务规则规定的其他委托类型
买卖类型	买入开仓、买入平仓、卖出开仓、卖出平仓、备兑开仓、备兑平仓以及业务规则规定的其他买卖类型
最小报价单位	0.0001元
申报单位	1张或其整数倍
涨跌幅限制	认购期权最大涨幅=max{合约标的前收盘价×0.5%,min[(2×合约标的前收盘价-行权价格),合约标的前收盘价]×10%} 认购期权最大跌幅=合约标的前收盘价×10% 认沽期权最大涨幅=max{行权价格×0.5%,min[(2×行权价格-合约标的前收盘价),合约标的前收盘价]×10%} 认沽期权最大跌幅=合约标的前收盘价×10%
熔断机制	连续竞价期间,期权合约盘中交易价格较最近参考价格涨跌幅度达到或者超过50%且价格涨跌绝对值达到或者超过10个最小报价单位时,期权合约进入3分钟的集合竞价交易阶段
开仓保证金最低标准	认购期权义务仓开仓保证金=[合约前结算价+max(12%×合约标的前收盘价-认购期权虚值,7%×合约标的前收盘价)]×合约单位 认沽期权义务仓开仓保证金=min[合约前结算价+max(12%×合约标的前收盘价-认沽期权虚值,7%×行权价格),行权价格]×合约单位
维持保证金最低标准	认购期权义务仓维持保证金=[合约结算价+max(12%×合约标的收盘价-认购期权虚值,7%×合约标的收盘价)]×合约单位 认沽期权义务仓维持保证金=min[合约结算价+max(12%×合约标的收盘价-认沽期权虚值,7%×行权价格),行权价格]×合约单位

专栏 3-6　沪深 300ETF 期权合约基本条款

项　目	内　　　容
合约标的	华泰柏瑞沪深 300 交易型开放式指数证券投资基金（"沪深 300ETF"，代码为 510300）
合约类型	认购期权和认沽期权
合约单位	10 000 份
合约到期月份	当月、下月及随后两个季月
行权价格	9 个（1 个平值合约、4 个虚值合约、4 个实值合约）
行权价格间距	3 元或以下为 0.05 元，3 元至 5 元（含）为 0.1 元，5 元至 10 元（含）为 0.25 元，10 元至 20 元（含）为 0.5 元，20 元至 50 元（含）为 1 元，50 元至 100 元（含）为 2.5 元，100 元以上为 5 元
行权方式	到期日行权（欧式）
交割方式	实物交割（业务规则另有规定的除外）
到期日	到期月份的第四个星期三（遇法定节假日顺延）
行权日	同合约到期日，行权指令提交时间为 9：15—9：25，9：30—11：30，13：00—15：30
交收日	行权日次一交易日
交易时间	上午 9：15—9：25，9：30—11：30（9：15—9：25 为开盘集合竞价时间） 下午 13：00—15：00（14：57—15：00 为收盘集合竞价时间）
委托类型	普通限价委托、市价剩余转限价委托、市价剩余撤销委托、全额即时限价委托、全额即时市价委托以及业务规则规定的其他委托类型
买卖类型	买入开仓、买入平仓、卖出开仓、卖出平仓、备兑开仓、备兑平仓以及业务规则规定的其他买卖类型
最小报价单位	0.000 1 元
申报单位	1 张或其整数倍
涨跌幅限制	认购期权最大涨幅＝max{合约标的前收盘价×0.5％，min[（2×合约标的前收盘价－行权价格），合约标的前收盘价]×10％} 认购期权最大跌幅＝合约标的前收盘价×10％ 认沽期权最大涨幅＝max{行权价格×0.5％，min[（2×行权价格－合约标的前收盘价），合约标的前收盘价]×10％} 认沽期权最大跌幅＝合约标的前收盘价×10％
熔断机制	连续竞价期间，期权合约盘中交易价格较最近参考价格涨跌幅度达到或者超过 50％且价格涨跌绝对值达到或者超过 10 个最小报价单位时，期权合约进入 3 分钟的集合竞价交易阶段
开仓保证金最低标准	认购期权义务仓开仓保证金＝[合约前结算价＋max（12％×合约标的前收盘价－认购期权虚值，7％×合约标的前收盘价）]×合约单位 认沽期权义务仓开仓保证金＝min[合约前结算价＋max（12％×合约标的前收盘价－认沽期权虚值，7％×行权价格），行权价格]×合约单位

续表

项 目	内 容
维持保证金最低标准	认购期权义务仓维持保证金＝[合约结算价＋max(12%×合约标的收盘价－认购期权虚值,7%×合约标的收盘价)]×合约单位 认沽期权义务仓维持保证金＝min[合约结算价＋max(12%×合标的收盘价－认沽期权虚值,7%×行权价格),行权价格]×合约单位

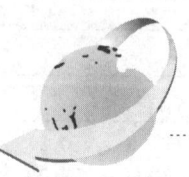

本章小结

　　证券交易按一定的程序进行,投资者通过经纪商在证券交易所买卖股票,要经过开户、委托、竞价成交、结算、过户登记等程序。

　　证券交易的方式有多种,最常见的是现货交易方式,此外还有信用交易方式、期货交易方式和期权交易方式。

　　信用交易方式是投资者通过交付保证金取得经纪商信用而进行的交易方式。信用交易分为保证金买空和保证金卖空两种类型。这是一种杠杆作用大、投机性强的交易方式。为控制投机风险,中央银行、证券交易所和证券公司规定了法定保证金比例和保证金最低维持率。

　　期货交易是买卖双方约定在将来某个日期按成交时双方商定的条件交收一定数量某种商品的交易方式。期货交易的参与者分为套期保值者、套利者和投机者。期货交易有风险转移功能和价格发现功能。期货交易以标准化的期货合约、高杠杆作用的保证金和高效、无负债的结算制度等独特的机制保证其正常运行。证券市场上的金融期货品种主要有利率期货和股权类期货。期货交易可用于套期保值,也可用于投机或套期图利。

　　期权交易是对一定期限内的选择权的交易。期权的内在价值取决于协议价与标的物市价之间的关系。期权交易的基本类型是看涨期权和看跌期权。期权交易的买卖双方都可利用期权交易保值或获利。

　　目前,我国已进行股票价格指数期货和国债期货交易,并试点进行股票期权交易。

基本概念

证券账户　资金账户　委托买卖　指令驱动　报价驱动　市价委托指令　限价委托指令　停止损失委托指令　价格优先　时间优先　集合竞价　连续竞价　结算

证券清算　证券交割交收　净额清算　银货对付　共同对手　证券登记　现货交易
信用交易　保证金比率　维持担保比率　期货交易　期货合约　套期保值　基差
价格发现　套期图利　期权　期权费　内在价值　协议价格　看涨期权　看跌期权

复习思考题

1. 证券交易的程序分为哪几个步骤？它们各有什么必要性？
2. 证券委托指令有几种类型？它们各有什么特点？
3. 证券交易价格的形成方式分为哪两种？它们有什么不同？
4. 证券市场一般实行哪些结算制度？它们各有什么意义？
5. 如何理解信用交易的杠杆作用？试以信用交易的杠杆作用分析它的投机性。
6. 期货市场的交易者可分为哪几类？它们各有什么特点和作用？
7. 期货交易有哪些功能？为什么会有这些功能？
8. 期货市场的主要交易规则有哪些？它们各有什么作用？
9. 什么是套期保值？如何制订一个套期保值计划？如何进行套期保值？
10. 什么是套期图利？套期图利有几种类型？如何进行套期图利？
11. 试述股票价格指数期货交易的意义和特点。
12. 中金所对金融期货交易实行哪些风险管理制度？为什么？
13. 如何分析期权的内在价值？
14. 为什么说期权买方的亏损有限盈利无限而期权卖方的盈利有限亏损无限？
15. 我国的金融期权交易如何竞价成交？如何行权？这样的制度安排有何意义？

第四章　证券投资的收益和风险

收益和风险是证券投资的核心问题。人们投资于证券，是为了获得投资收益，但证券投资又必然包含着风险。投资收益是未来的，而且一般情况下是事先难以确定的，未来收益的不确定性就是证券投资的风险。收益和风险是并存的，通常总是收益越高，风险越大；或是收益越低，风险越小。**投资者一般遵循的投资原则是：在两种风险相同的证券中选择收益率较高的证券，或是在两种收益率相同的证券中选择风险较小的证券。** 因此，计算不同证券和证券组合的收益率和风险度就成了证券投资必不可少的环节。

第一节　证券投资的收益

投资者的投资目的是获得投资收益（investment return）。对投资者来说，在保证本金安全的前提条件下，不仅希望得到稳定的利息收入和股息收入，还希望得到资本利得（capital gains）收入。证券投资收益的来源、影响因素、收益率计算等问题是分析证券投资收益的主要内容。

一、债券投资的收益

（一）债券投资收益的来源及影响因素

1. 债券投资收益的来源

投资债券的目的是在到期收回本金的同时得到固定的利息。债券的投资收益来自三个方面：① **债券的利息收益**。债券的利息收益取决于债券的票面利率和付息方式。② **资本损益**，又称资本利得，指债券买入价与卖出价或偿还额的差额，当债券偿还额或卖出价大于买入价时，为资本收益；当偿还额或卖出价小于买入价时，为资本损失。由于证券买卖价格受市场利率和供求关系等因素影响，资本损益很难在投资前准确预测。③ **再投资收益**。再投资收益是投资债券所获现金流量再投资的利息收入。

衡量债券收益水平的尺度为**债券收益率**。债券收益率是在一定时期内所得收益与投入本金的比值。为了便于比较，债券收益一般以年为计算单位。由于资本利得和再投资收益具有不确定性，投资者在作投资决策时计算的到期收益率只是**预期的收益率**，只有当投资期结束时才能计算**实际到期收益率**。

2. 影响债券收益率的因素

影响债券收益率的因素主要有债券利率、价格、还本期限和市场利率,这些因素的变化会导致债券收益率随之发生变化。

(1) 债券利率,指债券票面利率。债券票面利率是发行时的重要条件之一,既取决于债券发行人本身的资信状况,又受当时的市场利率等多种因素影响。票面利率一经确定,在债券到期日前一般不会改变。在其他条件相同的情况下,债券票面利率越高,收益率也越高。

(2) 债券价格。债券的价格有发行价格与交易价格之分。由于种种原因,债券往往以高于或低于面值的价格发行。债券发行价格若高于面值,则收益率将低于票面利率;反之,收益率则高于票面利率。债券交易价格是在二级市场买卖债券的价格,投资者从发行市场买入债券后可能不等期满就在二级市场卖出,也可能从二级市场买入债券持至期满或在期满前又将其出售。投资者买卖债券的差价收益或亏损就是资本损益,它直接影响收益率的高低。

(3) 债券的还本期限。债券期限长短除影响票面利率外,还从两个方面影响收益率:① 当债券价格与票面金额不一致时,还本期限越长,债券价格与面值的差额对收益率的影响越小;② 当债券以复利方式计息时,债券期限越长,收益率就越高,因为复利计息实质上是考虑了债券利息收入再投资所得的收益。

(4) 市场利率。市场利率既影响债券的再投资收益,也影响债券的市场价格。

除了以上主要因素外,各种债券间的差异也会对债券收益率产生影响,这些差别主要表现在发行人的信用状况、债券嵌入式期权①、债券适用的税收待遇、债券的流动性等。

(二) 债券收益率计算原理

1. 债券的必要收益率

任一投资的收益率即为将该投资获取的现金流量折成现值并使它等于投资价格(或成本)的利率。市场上最基本的债券是附息债券,附息债券的投资收益率 Y 是满足以下等式的利率。

$$P = \frac{CF_1}{1+Y} + \frac{CF_2}{(1+Y)^2} + \frac{CF_3}{(1+Y)^3} + \cdots + \frac{CF_T}{(1+Y)^T} \qquad (4-1)$$

上式可以简化为:

$$P = \sum_{t=1}^{T} \frac{CF_t}{(1+Y)^t} \qquad (4-2)$$

式中:CF_t 表示第 t 年的现金流量,P 表示投资的价格(成本),T 表示债券的期限(年数),Y 表示投资收益率。

这样计算出的收益率是债券投资的**必要收益率**,又称**内生收益率**、**内部报酬率**。解 Y

---

① 嵌入式期权又称内置式期权,是指债券赋予持有人或发行人或双方特定的选择权。持有期权的一方可根据自己的利益行使权利,从而使履约方的利益受到影响,为此,行权方必须付出相应的代价。例如,内置赎回条款的债券比不附赎回条款的债券提供更高的收益率,相反,可回售债券比不附可回售条款的债券收益率低。

需要一个试错的过程,目的是寻找使现金流量的现值等于价格时的利率。

虽然这一收益率计算公式是以年现金流量为基础的,但它能推广用于一年内周期性利息支付的次数为任何数目的情况。计算每半年支付一次利息债券收益率的公式为:

$$P = \sum_{t=1}^{2T} \frac{CF_t/2}{(1+Y/2)^t} \tag{4-3}$$

式中:CF_t 表示第 t 期的现金流量,T 表示债券的期限。

2. 仅有一次现金流债券的必要收益率

当投资在 T 时期仅有一次未来现金流量时,上述方程可以简化为:

$$P = \frac{CF_T}{(1+Y)^T} \tag{4-4}$$

解出收益率:

$$Y = \left(\frac{CF_T}{P}\right)^{1/T} - 1 \tag{4-5}$$

3. 年收益率

当债券在一年之内分期支付利息时,可以将计算得到的期间收益率乘以一年内的时期数得出年收益率。这一收益率是简单的年收益率,这一计算方法称为债券等价基准方法。

$$\text{年收益率} = \text{期间收益率} \times \text{一年内的时期数} \tag{4-6}$$

但是在给定某种周期(每周、每月、每季、每半年)利率时用这种简化方法计算的年收益率是不准确的。为了得到与某种周期利率相联系的有效年收益率,应该使用有效利率基准法。其计算公式为:

$$\text{有效年收益率} = (1 + \text{期间利率})^m - 1 \tag{4-7}$$

式中:m 表示一年中的利息支付次数。

在给定年收益率的情况下,可以利用有效年收益率计算期间利率。

$$\text{期间利率} = (1 + \text{有效年收益率})^{1/m} - 1 \tag{4-8}$$

(三) 债券收益率的计算

在证券市场上,投资者并非根据债券的票面利率作出投资决策,而是在综合考虑债券价格、到期日、利息收入等因素来分析债券投资的预期收益率后作出选择的。债券收益率有票面收益率、直接收益率、持有期收益率、到期收益率、赎回收益率、复利到期收益率等,这些收益率又因债券的种类不同而具有不同的含义;同时,投资者还可以根据需要在作投资选择和投资期结束时分别计算预期收益率和实际收益率。

1. 附息债券收益率的计算

(1) 直接收益率。**直接收益率又称本期收益率、当前收益率(current yield),指债券的年利息收入与买入债券的实际价格之比率**。债券的买入价格可以是发行价格,也可以是

流通市场的交易价格,它可能等于债券面值,也可能高于或低于债券面值。其计算公式为:

$$Y_d = \frac{C}{P} \times 100\% \qquad (4-9)$$

式中:Y_d 表示直接收益率,P 表示债券价格,C 表示债券年利息。

【例4-1】某债券面值为1 000元,5年期,票面利率为10%,现以950元的发行价向全社会公开发行,则投资者在认购债券后到持至期满时可获得的直接收益率为:

$$Y_d = \frac{1\,000 \times 10\%}{950} \times 100\% = 10.53\%$$

直接收益率反映了投资者的投资成本带来的收益,对那些每年从债券投资中获得一定利息现金收入的投资者来说很有意义。但它也有不足之处,它和票面收益率一样,不能全面反映投资者的实际收益,它忽略了债券交易价格带来的资本利得或资本损失,也忽略了利息的再投资收益。

(2)持有期收益率。**持有期收益率(holding period yield)是指买入债券后持有一段时间,又在债券到期前将其出售而得到的收益率。**它反映了投资者在持有债券期间所获得的收益率,它等于这段时间内所获得的收益额与初始投资之间的比值。附息债券持有期收益率的计算公式为:

$$P_0 = \sum_{t=1}^{n} \frac{C}{(1+Y_h)^t} + \frac{P_1}{(1+Y_h)^n} \qquad (4-10)$$

式中:Y_h 表示持有期收益率,C 表示债券年利息,P_1 表示债券卖出价,P_0 表示债券买入价,n 表示债券持有年限。

【例4-2】在例【4-1】中的债券若投资者认购后持至第三年年末以995元市价出售,则持有期收益率为:

$$950 = \sum_{t=1}^{3} \frac{100}{(1+Y_h)^t} + \frac{995}{(1+Y_h)^3}$$

解得: $Y_h = 12\%$

持有期收益率通常用于投资期结束后评估投资业绩,投资的对象可以是债券,也可以是股票、基金、期货、期权或是证券组合。持有期收益率可以确定投资期间的实际收益状况,时间长短可以是一年、半年、一个月、一周或任意时间段。如果时间超过一年或者期间有现金流发生,由于持有期收益率没有考虑再投资收益,可转换为年收益率或使用时间加权、金额加权持有期收益率。

(3)到期收益率。**到期收益率(yield to maturity)又称最终收益率,是使债券未来现金流量的现值等于债券价格的贴现率。**现金流量为投资者持有债券直至债券到期获得的各期现金收益。到期收益率包括了利息收入和资本损益,同时还包含了利息的再投资收益。每年付息一次的债券的到期收益率是满足以下等式的 Y_m:

$$P = \sum_{t=1}^{T} \frac{C_t}{(1+Y_m)^t} + \frac{V}{(1+Y_m)^T} \qquad (4-11)$$

式中：Y_m 表示到期收益率，P 表示债券价格，C_t 表示每期利息，V 表示债券面值，T 表示债券的期限。

【例 4-3】 某债券面值为 1 000 元，还有 5 年到期，票面利率为 5%，当前的市场价格为 1 019.82 元，投资者购买该债券的预期到期收益率为：

$$1\,019.82 = \frac{50}{1+Y} + \frac{50}{(1+Y)^2} + \frac{50}{(1+Y)^3} + \frac{50}{(1+Y)^4} + \frac{1\,050}{(1+Y)^5}$$

解得： $Y = 4.55\%$

(4) 赎回收益率。赎回是指债券发行者在债券到期前，提前偿还本金的行为，是债券发行人的一种权利。因为赎回对投资者不利，如果债券被赎回，发行者必须支付高于债券面值的溢价作为对投资者的补偿。赎回溢价视赎回时间而定，赎回时间越早，赎回溢价就越高。投资者用赎回收益率衡量可赎回债券的收益。**赎回收益率**(yield to call)是使持有债券到第一个赎回日的现金流等于债券价格的贴现率。赎回收益率的计算公式为：

$$P = \sum_{t=1}^{n^*} \frac{C}{(1+Y_C)^t} + \frac{CP}{(1+Y_C)^{n^*}} \qquad (4-12)$$

式中：Y_C 表示赎回收益率，P 表示债券价格，C 表示每期利息，n^* 表示到第一个赎回日之前的利息支付次数，CP 表示赎回价格。

赎回收益率和到期收益率的计算方法一样，只是债券的持有时间和偿还金额不一样，前者是持有到第一个赎回日，到期偿还预先确定的赎回金额；后者是持有到债券的到期日，到期按面值偿还全部本金。

(5) 复利到期收益率。到期收益率既考虑了利息收入，也考虑了资本损益和再投资收益。然而，暗含在到期收益率计算中的一个假设条件是债券的息票利息能按到期收益率再投资，因而到期收益率是一个预期收益率。也就是说，到期收益率的实现依赖于以下条件：将债券一直持有至期满；票面利息以到期收益率作再投资。如果不能同时满足这两个条件，投资者的实际收益率就会高于或低于到期收益率。**复利到期收益率不仅考虑了债券的利息收入和资本损益，还考虑了债券利息的再投资收入。**如果再投资收益率不等于到期收益率，则债券复利到期收益率可用以下公式计算：

$$Y_{CO} = \left\{ \sqrt[n]{\frac{V + C\left[\frac{(1+r)^n - 1}{r}\right]}{P_0}} - 1 \right\} \times 100\% \qquad (4-13)$$

式中：Y_{CO} 表示复利收益率，V 表示债券面值（若中途卖出则以卖出价计算），C 表示债券年利息，P_0 表示债券买入价，n 表示持有年限，r 表示市场利率（再投资收益率）。

【例 4-4】 某附息债券，面值为 1 000 元，每年付一次利息，年利息率为 12%，期限为 10 年。某投资者在二级市场上以 960 元的价格买入，4 年后该债券到期，投资者在这 4 年中利用所得利息进行再投资的收益率为 10%。投资者持有该债券的复利到期收益率为：

$$Y_{co} = \left\{ \sqrt[4]{\frac{1\,000 + 120 \times \left[\frac{(1+10\%)^4 - 1}{10\%}\right]}{960}} - 1 \right\} \times 100\% \approx 12.85\%$$

2. 仅有一次现金流债券收益率的计算

（1）仅有一次现金流债券的复利到期收益率。仅有一次现金流的债券主要是指国际市场上的零息债券。**零息债券是指在债券存续期内不支付利息，债券以低于面值的价格发行，期限通常超过 1 年，到期按面值偿还本金的债券。**我国发行的一次还本付息债券属于累息债券，与零息债券相似，当期不支付利息，于到期日归还债券本金和债券自发行日至到期日的所有利息，仅有一次现金流入。这类仅有一次现金流的债券没有当期利息收益，也没有再投资收益，通常以复利计算到期收益率。其计算公式为：

$$Y_{co} = \left[\sqrt[T]{\frac{V}{P_0}} - 1\right] \times 100\% \tag{4-14}$$

式中：Y_{co} 表示到期收益率，V 表示债券面值或到期的现金流，P_0 表示债券买入价，T 表示债券的期限。

【例 4-5】某零息债券面值为 1 000 元，期限为 2 年，某投资者于发行之日以 760 元的价格买入，则复利到期收益率为：

$$Y_{co} = \left[\sqrt[2]{\frac{1\,000}{760}} - 1\right] \times 100\% \approx 14.71\%$$

（2）仅有一次现金流债券持有期收益率。投资者买入仅有一次现金流债券并在到期前卖出，需要对投资期间的投资业绩进行评估，可计算持有期收益率。其计算公式为：

$$Y_h = \left[\sqrt[n]{\frac{P_1}{P_0}} - 1\right] \times 100\% \tag{4-15}$$

式中：Y_h 表示持有期收益率，P_1 表示债券卖出价，P_0 表示债券买入价，n 表示债券持有期限。

3. 贴现债券收益率的计算

贴现债券又称贴水债券，是指以低于面值发行，发行价与票面金额之差额相当于预先支付的利息，债券期满时按面值偿付的债券。贴现债券是货币市场工具，一般为短期债券，如美国政府国库券。因为它有种种优点，现在也开始用于中期债券，但很少用于长期债券。

债券以贴现方式发行的优点是，发行人可省去今后定期支付利息的费用和手续，投资者的收益比较直观、可靠。债券提前扣除利息，既可避免利息收入遭受通货膨胀风险，又可将该笔利息用于其他投资，得到利息再投资收益。

（1）到期收益率。贴现债券的收益是贴现额，贴现额是债券面值与发行价格的差额。贴现债券发行时只公布面值和贴现率，并不公布发行价格，所以，要计算贴现债券到期收益率必须先计算其发行价格。由于贴现率通常以年率表示，为计算方便起见，习惯上贴现

年率以360天计,贴现债券发行价格的计算公式为:

$$P_0 = V(1 - dn) \qquad (4-16)$$

式中:P_0表示发行价格,V表示债券面值,d表示年贴现率(以360天计),n表示债券期限(以天计)。

计算出发行价格后,方可计算到期收益率。贴现债券的期限一般不足1年,而债券收益率又都以年率表示,所以要将按不足1年的收益计算出的收益率换算成年收益率。重要的是,为了便于与其他债券比较,年收益率要按365天计算,而分母一般不再计算平均投入资本。贴现债券到期收益率的计算公式为:

$$Y_m = \frac{V - P_0}{P_0} \times \frac{365}{n} \times 100\% \qquad (4-17)$$

式中:Y_m表示到期收益率,V表示债券面值,P_0表示发行价格,n表示债券期限。

【例4-6】 某贴现债券面值1 000元,期限180天,以10.5%的贴现率公开发行。则其发行价格与到期收益率分别为:

$$P_0 = 1\,000 \times \left(1 - 10.5\% \times \frac{180}{360}\right) = 947.50(元)$$

$$Y_m = \frac{1\,000 - 947.50}{947.50} \times \frac{365}{180} \times 100\% \approx 11.24\%$$

到期收益率高于贴现率是因为贴现额预先扣除,投资者实际成本小于债券面值,并将按360天计算的贴算率换算成按365天计。

(2)持有期收益率。贴现债券也可以不等到期满而中途出售,证券行情表每天公布各种未到期贴现债券二级市场的折扣率。投资者必须先计算债券卖出价,再计算持有期收益率。债券卖出价计算公式与贴现债券发行价格计算公式相似,只不过此时d为二级市场折扣率,n为债券剩余天数。

持有期收益率计算公式为:

$$Y_h = \frac{P_1 - P_0}{P_0} \times \frac{365}{n} \times 100\% \qquad (4-18)$$

式中:Y_h表示持有期收益率,P_1表示债券卖出价,P_0表示债券买入价,n表示债券持有期限(以天计)。

若【例4-6】中的贴现债券在发行60天后以面值9%的折扣在市场出售,则该债券的卖出价和持有期收益率为:

$$P_1 = 1\,000 \times \left(1 - 9\% \times \frac{120}{360}\right) = 970(元)$$

$$Y_h = \frac{970 - 947.50}{947.50} \times \frac{365}{60} \times 100\% \approx 14.45\%$$

该例说明,贴现债券因有贴现因素,其实际收益率比票面贴现率高。投资者购入贴现债券后不一定要持至期满,如果持有期收益率高于到期收益率,则中途出售债券更为有利。

二、股票投资的收益

(一) 股票投资收益的来源

股票的收益是指投资者从购入股票开始到出售股票为止整个持有期间的收入,这种收益由**股息**和**资本利得**两方面组成。股息是股份公司对股东投资的回报,从公司税后利润中支付。资本利得或称资本损益是投资者买入和卖出股票的差价收入或差价损失。股票收益主要取决于股份公司的经营业绩和股票市场的价格变化,但与投资者的投资决策也有一定关系。

(二) 股票收益率及其计算

衡量股票投资收益水平的指标主要有股息收益率、持有期收益率、持有期回收率和调整后的持有期收益率等。

1. 股息收益率

股息收益率又称获利率,是指股份公司以现金形式派发的股息与股票市场价格的比率。该收益率可用于计算已得的股息收益率,也可用于预测未来可能的股息收益率。如果投资者以某一市场价格购入股票,在持有股票期间得到公司派发的现金股息,则股息收益率可用本期每股股息与股票买入价计算,这种已得的股息收益率对长期持有股票的股东特别有意义。如果投资者打算投资某种股票,可用该股票预计本期的现金股息与当前股票市场价格计算出预期的股息收益率,这一指标对投资者制定投资决策有一定帮助。其计算公式如下:

$$股息收益率 = \frac{D}{P_0} \times 100\% \qquad (4-19)$$

式中:D 表示年现金股息,P_0 表示股票买入价。

【例 4-7】某投资者以每股 20 元的价格买入××公司股票,持有 1 年分得现金股息 1.80 元,则:

$$股息收益率 = \frac{1.80}{20} \times 100\% = 9\%$$

2. 持有期收益率

持有期收益率指投资者持有股票期间的股息收入与买卖差价占股票买入价格的比率。股票没有到期日,投资者持有股票的时间短则几天,长则数年,持有期收益率就是反映投资者在一定的持有期内的全部股息收入和资本损益占投资本金的比率。持有期收益率是投资者最关心的指标,但如果要将它与债券收益率、银行利率等其他金融资产的收益率进行比较,则需注意时间的可比性,即要将持有期收益率化为年率。其计算公式如下:

$$持有期收益率 = \frac{D + (P_1 - P_0)}{P_0} \times 100\% \qquad (4-20)$$

式中：D 表示年现金股息，P_0 表示股票买入价，P_1 表示股票卖出价。

【例 4-8】 假设【例 4-7】中的投资者在分得现金股息两个月后将股票以每股 23.20 元的市价出售，则：

$$持有期收益率 = \frac{1.80 + (23.20 - 20)}{20} \times 100\% = 25\%$$

3. 持有期回收率

持有期回收率是指投资者持有股票期间的现金股息收入和股票卖出价占买入价的比率，该指标主要反映投资回收情况。如果投资者买入股票后由于股价下跌或是操作不当，均可能出现股票卖出价低于买入价，甚至持有期收益率为负值的情况。此时，持有期回收率可作为持有期收益率的补充指标，计算投资本金的回收比率。其计算公式如下：

$$Y_n = \frac{D + P_1}{P_0} \times 100\% \qquad (4-21)$$

式中：Y_n 表示投资本金的回收率，D 表示年现金股息，P_0 表示股票买入价，P_1 表示股票卖出价。

或：
$$持有期回收率 = 1 + 持有期收益率 \qquad (4-22)$$

【例 4-9】 假设【例 4-7】中的投资者最终以每股 15.80 元的价格将股票出售，则出现投资亏损。

$$持有期收益率 = \frac{1.80 + (15.80 - 20)}{20} \times 100\% = -12\%$$

$$持有期回收率 = \frac{1.80 + 15.80}{20} \times 100\% = 88\%$$

说明投资者发生亏损后，尚能收回本金的 88%。

4. 调整后的持有期收益率

投资者在买入股票后，有时会发生该股份公司进行拆股、送股、配股的情况，它们会影响股票的市场价格和投资者的持股数量。因此，有必要在股份变动后作相应调整，以计算调整后的持有期收益率。其计算公式如下：

$$调整后持有期收益率 = \frac{调整后的资本收益或损失 + 调整后的现金股息}{调整后的购买价格} \times 100\% \qquad (4-23)$$

【例 4-10】 在【例 4-7】中，投资者买入股票并分得现金股息后，××公司以 1 比 2 的比例拆股。拆股决定公布后，××公司股票市价涨至每股 22 元，拆股后的市价为每股 11 元。若投资者此时以市价出售，则需对持有期收益率进行调整。

$$调整后持有期收益率 = \frac{(11 - 10) + 0.90}{10} \times 100\% = 19\%$$

三、资产组合收益率的计算

如果投资者不是买一种股票或债券,而是持有多种金融资产,即形成一个资产组合。**资产组合的收益率就是组成资产组合的所有金融资产收益率的加权平均数,权数是各种金融资产的价值占资产组合总价值的比率**。这一计算方法常用于计算资产组合的预期收益率,也可用于计算实际收益率。其计算公式为:

$$Y_P = \sum_{i=1}^{n} X_i Y_i \qquad (4-24)$$

式中:Y_P 表示资产组合预期收益率,n 表示资产组合中证券种类数,X_i 表示第 i 种资产价值占资产组合总价值的比率,Y_i 表示资产组合中第 i 种金融资产的预期收益率。

【例 4-11】某投资者持有 A、B、C、D 四种股票,组成一个资产组合,这四种股票价值占资产组合总价值的比例分别为 10%、20%、30%、40%,它们的预期收益率分别是 8%、12%、15%、13%。该组合的预期收益率为:

$$Y_P = 0.1 \times 8\% + 0.2 \times 12\% + 0.3 \times 15\% + 0.4 \times 13\% = 12.9\%$$

如果用实际收益率代替预期收益率,计算结果为资产组合的实际收益率。

不难发现,如果投资者将组合中各种股票所占比重作一调整,组合的收益率将起变化,如上例中,投资者若将 A、B、C、D 四种股票价值占资产组合总价值的比重调整为 40%、30%、20%、10%,则资产组合的收益率为 11.1%。可见,要提高资产组合的收益率,可用两种办法:一是改变组合中金融资产的品种;二是调整组合中各金融资产所占的比例。当然,随着资产组合收益率的变化,其风险也会起相应变化。

第二节 证券投资的风险

一般而言,风险是指对投资者预期收益的背离,或者说是证券收益的不确定性(uncertainty)。在证券投资活动中,投资者投入一定数量的本金,目的是能得到预期的若干收益。从时间上看,投入本金是当前的行为,其数额是确定的,而取得收益是在未来,其数额是无法确定的。在持有证券这段时间内,有很多因素可能使预期收益减少甚至使本金遭受损失,而且持有时间越长,预期收益变动的可能性越大,因此,证券投资的风险是普遍存在的。

证券投资的风险是指证券的预期收益(expected return)变动的可能性及变动幅度。与证券投资相关的所有风险统称为总风险,**总风险**(total risk)可分为**系统风险**(systematic risk)和**非系统风险**(unsystematic risk)两大类。

一、系统风险

系统风险是指由于某种全局性的因素引起的投资收益的可能变动,这种因素以同样的方式对所有证券的收益产生影响。在现实生活中,所有公司都受全局性因素的影响,这些因素包括社会、政治、经济等各个方面。由于这些因素来自公司外部,是公司无法控制和回避的,因此又叫**不可回避风险**。这些共同的因素会对所有公司产生不同程度的影响,不能通过多样化投资而分散,因此又称为**不可分散风险**。系统风险主要包括市场风险、利率风险和购买力风险三种。

(一) 市场风险

市场风险(market risk)是指由于证券市场长期趋势变动而带来的风险。这种趋势变动可通过对股票价格指数或股价平均数的变动来分析。

证券行情变动受多种因素影响,但决定性的因素是经济周期的变动。经济周期发生变动,会引起证券市场环境和供求关系变化并导致证券价格波动。经济周期是指社会经济阶段性的循环和波动,一般分为萧条—复苏—繁荣—衰退等阶段。经济周期的变化决定了企业的景气和效益,从而从根本上决定了证券行情,特别是股票行情的变动趋势。证券行情随经济周期的循环而起伏变化,其长期变动趋势可分为看涨市场(或称多头市场)和看跌市场(或称空头市场)两大类型。看涨市场从萧条阶段的后期开始,股票价格指数从低谷开始渐渐回升,经过复苏阶段进入繁荣阶段,股价指数持续稳步上升,达到某一个高点后出现盘旋并开始下降,标志看涨市场结束;看跌市场是从经济繁荣阶段的后期开始,经过衰退直至萧条时期,在这一阶段,股价指数从高点开始一直呈下跌趋势并在达到某个低点时结束。看涨市场和看跌市场是指股票行情变化的长期趋势。实际上,在看涨市场中,股价并非直线上升,而是大涨小跌,不断出现盘整和回档行情;在看跌市场中,股价也并非直线下降,而是小涨大跌,不断出现盘整和反弹行情。但在这两大变动趋势中,一个重要的特征是:在整个看涨行情中,几乎所有的股票价格都会上涨;在整个看跌行情中,几乎所有股票价格都不可避免地有所下跌,只是涨跌的程度不同而已。

(二) 利率风险

利率风险(interest rate risk)是指市场利率变动引起证券投资收益不确定的可能性。市场利率的变化会引起证券价格变动,进而影响证券收益的确定性。一般来说,利率与证券价格呈反向变化,即利率提高,证券价格水平下降;利率下降,证券价格水平上涨。利率从两方面影响证券价格:一是**改变资金流向**。当市场利率提高时,会吸引一部分资金流向银行储蓄、商业票据等金融资产,从而减少对证券的需求,使证券价格下降。当市场利率下降时,一部分资金流回证券市场,增加了对证券的需求,刺激了证券价格上涨。二是**影响公司成本**。利率提高,公司融资成本提高,在其他条件不变的情况下盈利下降,派发股息减少,引起股票价格下降。利率下降,融资成本下降,盈利和股息相应增加,股票价格上涨。

利率政策是中央银行的货币政策工具,中央银行根据金融宏观调控的需要调节利率水平。当中央银行调整利率时,各种金融资产的利率和价格都会灵敏地作出反应,所以利率风险也是无法回避的。利率风险对不同证券的影响是各不相同的。

(1) 利率风险是固定收益证券的主要风险,特别是债券的主要风险。债券面临的利率风险由价格变动风险和息票利率风险两方面组成。当市场利率提高时,已经发行又尚未到期的债券利率相对偏低,此时投资者若继续持有债券,在利息上要受损失;若将债券出售,又必须在价格上作出让步,在出售价格上要受损失。可见,此时投资者无法回避利率变动对债券价格和收益的影响,而且这种影响与债券本身的质量无关。

(2) 利率风险是政府债券的主要风险之一。债券依发行主体不同可分为政府债券、企业债券等。对企业债来说,除了利率风险以外,重要的还有信用风险和财务风险。政府债券没有信用问题和偿债的财务困难,它面临的主要风险是利率风险和购买力风险。

(3) 利率风险对长期债券的影响大于短期债券。在利率水平变动幅度相同的情况下,长期债券价格下降幅度大于短期债券,因此长期债券的利率风险大于短期债券。债券的价格是将未来的利息收益和本金按市场利率折算成现值,债券的期限越长,未来收入的折扣率就越大,所以债券的价格变动风险随着期限的增加而增加。

(4) 利率风险对股票的影响迅速而直接。股票价格对利率变动是极其敏感的,其中优先股票因其股息率固定受利率风险影响较大。对普通股票来说,其股息和价格主要由公司经营状况和财务状况决定,而利率变动仅是影响公司经营和财务状况的部分因素,所以利率风险对普通股票的影响不像债券那样没有回旋的余地。但利率变化会改变证券市场的供求关系和预期,并会迅速引起股票价格的反向变化,是股票投资不可忽略的重要风险。

欧日等部分央行的负利率政策

减轻利率风险影响的办法是,投资者在预见利率将要提高时,减少对固定利率债券特别是长期债券的持有。

(三) 购买力风险

购买力风险又称通货膨胀风险(inflation risk),是由于通货膨胀、货币贬值给投资者带来实际收益水平下降的风险。在通货膨胀情况下,物价普遍上涨,社会经济运行秩序混乱,企业生产经营的外部条件恶化,证券市场也难免深受其害,所以购买力风险是难以回避的。在通货膨胀条件下,随着商品价格的上涨证券价格也会上涨,投资者的投资收入有所增加,会使他们忽视通货膨胀风险的存在并产生货币幻觉。其实,由于货币贬值,货币购买力水平下降,投资者的实际收益率(real rate of return)可能并没有提高,甚至有所下降。投资者要通过计算实际收益率来分析购买力风险。

$$实际收益率 = 名义收益率 - 通货膨胀率 \quad (4-25)$$

这里的名义收益率(nominal rate of return)是指债券的利息率或优先股票的股息率。只有当名义收益率大于通货膨胀率时,投资者才有实际收益。

(1) 购买力风险对不同证券的影响不尽相同。最容易受其损害的是固定收益证券,如优先股票、债券。因为它们的名义收益率是固定的,当通货膨胀率陡然升高时,实际收益率就会明显下降,所以固定利息率和股息率的证券购买力风险较大。同样是债券,长期债券的购买力风险又要比短期债券大。对此,投资者在预期将发生通货膨胀时,可减少或避免持有固定收益的证券,特别是固定收益的长期债券。如果仍选择投资债券和优先股票,投资者可挑选浮动利率债券和可参与优先股票。我国政府曾对3年期以上的债券实行保值贴补办法就是意在弥补因通货膨胀给投资者带来购买力下降的损失。

对普通股票来说,其购买力风险较小。当发生通货膨胀时,由于公司产品价格上涨,股份公司的名义收益会增加,特别是当公司产品价格上涨幅度大于生产费用的涨幅时,公司净盈利增加,此时股息会增加,股票价格也会随之提高,普通股票股东会得到较高收益,可部分减轻通货膨胀带来的损失。

(2) 在通货膨胀不同阶段,购买力风险对不同股票的影响程度不同。这是因为公司的盈利水平要受多种因素影响,产品价格仅仅是其中的一个因素。在通货膨胀情况下,由于不同公司产品价格上涨幅度不同、上涨时间先后不同、对生产成本上升的消化能力不同及受国家有关政策控制程度不同,所以会出现在相同通货膨胀水平下,有的公司股息有大幅增加,有的只有少量增加;有的股票价格上涨幅度大,有的只小幅上涨;有的股票购买力风险大,有的则较小。一般来说,产品率先涨价、位于产业链上游、产品热销或供不应求的公司股票购买力风险较小,国家进行价格控制的公用事业、位于产业链下游等公司股票含有的购买力风险较大。在通货膨胀之初,公司消化生产费用上涨的能力较强,又能利用人们的货币幻觉提高产品价格,股票的购买力风险相对小些。当出现严重通货膨胀时,各种商品价格轮番上涨,社会经济秩序紊乱,公司承受能力下降,此时即使股息增加,股价上涨也很难赶上物价上涨,普通股票也很难抵偿购买力下降的风险了。

除此以外,还有政策风险和流动性风险。政策风险是指由于国家法律、法规、政策变化,可能对投资者的交易产生影响,甚至造成亏损的可能性。流动性风险是指投资者在短期内无法以合理价格买入卖出证券,从而遭受损失的可能性。

二、非系统风险

非系统风险是指只对某个行业或个别公司的证券产生影响的风险。它通常是由某一特殊的因素引起的,与整个证券市场的价格不存在系统的、全面的联系,而只对个别或少数证券的收益产生影响。如某公司产品因市场需求减少而导致盈利下降,某公司因经营不善而发生严重亏损,某行业因产品更新换代或产业结构调整而逐渐衰退。这种因行业或企业自身因素改变而带来的证券价格变化与其他证券的价格、收益没有内在的必然联系,不会因此而影响其他证券的收益。这种风险可以通过分散投资来抵消,如投资者持有多样化的不同证券,当某些证券价格下跌、收益减少时,另一些证券可能价格正好上升,收益增加,这样就使风险相互抵消,平均收益率不致下降。由于**非系统风险是可以抵消回避的,因此又称为可分散风险或可回避风险**。非系统风险主要包括信用风险和经营风险。

(一) 信用风险

信用风险(credit risk)又称违约风险,是指证券发行人在证券到期时无法还本付息而使投资者遭受损失的风险。证券发行人如果不能支付利息或偿还本金,哪怕仅仅是不能如期偿付债务都会影响投资者的利益,使投资者失去再投资和获利的机会。信用风险是在发行人的财务状况不佳时出现的违约和破产的可能,它主要受证券发行人的经营能力、盈利水平、事业稳定程度及规模大小等因素影响。

债券、普通股票、优先股票都可能有信用风险,但它们的程度有所不同。信用风险是债券的主要风险,因为债券是需要按时还本付息的要约证券。政府债券的信用风险最小,一般认为中央政府债券几乎没有信用风险,除非出现政权不稳的情况,其他债券的信用风险从低到高依次排列为地方政府债券、金融债券、公司债券。大金融机构和国际性大公司债券的信用风险低于某些政府债券。投资公司债券首先要考虑的就是信用风险。公司产品的市场需求变化、成本变动、融资条件变化等都可能引起信用风险,特别是公司资不抵债面临破产时,债券的利息和本金都可能无力支付。股票没有还本要求,普通股票股息也不固定,但仍有信用风险,不仅优先股票股息有缓付或少付甚至不付的可能,而且若公司不能按期偿付债务,就立即会影响股票的市场价格,更不用说当公司濒临破产时,该公司股票价格会接近于零,无信用可言。

在债券和优先股票发行时,要进行信用评级,投资者回避信用风险的最好办法是参考证券评级的结果。信用级别高的证券信用风险小,信用级别越低,违约的可能性也越大。

(二) 经营风险

1. 经营风险产生的原因

经营风险(operating risk)是指由于公司经营状况变化而引起盈利水平改变,从而产生投资者预期收益下降的可能。 经营风险可能是由公司经营决策失误、管理混乱致使产品质量下降、成本上升等内部因素引起,也可能由公司以外的客观因素引起,如政府产业政策的调整、竞争对手的实力变化使公司处于相对劣势地位等,但经营风险主要来自公司内部的决策失误或管理不善。具体地说主要有以下几项。

(1) 公司融资不当引起财务风险。公司经营中所需资金一般来自发行股票和债务两个方面,其中债务的利息负担是一定的,如果公司资本总量中债务比重过大,或是公司的资本利润率低于利息率,就会使股东的可分配盈利减少,股息下降,从而使普通股票的财务风险增大。实际上公司融资产生的财务杠杆犹如一把双刃剑,当融资产生的利润大于债息率时给股东带来的是收益增长的效应;反之,就是收益减少的财务风险。

(2) 公司不注意市场调查,不注意开发新产品,仅满足于目前公司产品的市场占有率和竞争力,满足于目前的利润水平和经济效益。

(3) 销售决策失误,过分地依赖少数大客户、老客户,没有花力气打开新市场,寻找新的销售渠道。

其他还有公司的主要管理者因循守旧、不思进取,或是机构臃肿、人浮于事,或是对不可抗拒的自然灾害没有采取任何防范措施等。

2. 经营风险对不同证券的影响程度

公司经营状况集中表现于盈利水平的变化,经营风险主要是通过盈利变化产生影响,并且对不同证券的影响程度有所不同。经营风险是普通股票的主要风险,公司盈利的变化既会影响普通股票的股息收入,又会影响股票价格。当公司盈利增加时,股息派发增加,股票价格上涨;当公司盈利减少时,股息减少,股价下降。经营风险对优先股票的影响要小些,因为大多数优先股票是累积优先股票,当公司盈利下降时,只要不是特别困难,优先股东仍能得到固定股息。优先股票的价格也会随公司盈利的增减而呈同方向变化,但变动的幅度较小,因为优先股票的股息一般是固定的,盈利水平的变化对其价格的影响有限。公司盈利的变化对公司债息的影响很小,因为公司债是一种契约性证券,债息支付受法律保护。公司一般都提取偿债基金,除非濒临倒闭绝境,公司不愿因不付利息而使自己信誉受到毁灭性打击。当然,公司债的债权人也不能享受公司盈利增长的好处。公司盈利的变化同样会使公司债的价格呈同方向小幅变动,因为盈利增加使公司债务偿还更有保障,信用提高,风险下降,债券价格上升。一般来说,信用评级高的公司债受盈利水平变化的影响小,而信用评级低的公司债受盈利水平变化影响大。信用级别低的公司债原来利润对债务偿还的保证程度低,债券价格也很低,若公司盈利有所增长或大幅增长,使还本付息保证程度提高,也可能引起债券价格明显上升。

总之,经营风险首先影响投资者的利息和股息,继而影响证券价格。普通股票受经营风险的影响大,而优先股票和债券的经营风险相对是有限的。

此外还有财务风险。财务风险是指公司财务结构不合理,融资不当使公司可能丧失偿债能力从而导致投资者预期收益下降的可能性。

三、收益和风险的关系

收益和风险是证券投资的核心问题,投资者的投资目的是得到收益,但与此同时又不可避免地面临着风险,证券投资的理论和投资分析都围绕着如何处理这两者的关系而展开。一般地说,风险较大的证券,收益率较高;反之,收益率较低的投资对象,风险也较小。但是,绝不能认为,风险越大,收益率就一定越高,因为以上分析的风险是客观存在的风险,它不包括投资者的主观风险。如果投资者对证券投资缺乏正确的认识,盲目入市,轻信传言,追涨杀跌,操作不当,只能得到高风险、低收益的结果。

证券投资的收益与风险同在,收益是风险的补偿,风险是收益的代价。它们之间呈正比例的互换关系,这种关系表现为:

$$\text{预期收益率} = \text{无风险利率} + \text{风险补偿} \tag{4-26}$$

预期收益率是指投资者承受各种风险应得的补偿,无风险利率是指把资金投资于某一没有任何风险的投资对象而能得到的收益率,这是投资的时间补偿。我们把这种收益率视为一种基本收益率,再考虑各种可能出现的风险,使投资者得到应有的风险补偿(risk premium)。

现实生活中不可能存在没有任何风险的理想证券,但可以找到某种收益变动小的证券来代替。美国短期国库券由政府发行,联邦政府有征税权和货币发行权,债券的还本付息有可靠保障,因此没有信用风险和财务风险。短期国库券期限很短,以3个月(91天)和6个月(182天)为代表,几乎没有利率风险,只要在其发行期间没有严重通货膨胀,可以视为不附任何风险的证券。短期国库券的利率很低,它的利息可以看作是投资者牺牲目前消费、让渡货币使用权的补偿。在美国,一般把联邦政府发行的短期国库券当作无风险证券,把短期国库券利率当作无风险利率。

在短期国库券无风险利率的基础上,我们可以发现以下几点。

(1)同一种类型的债券,长期债券利率比短期债券高,这是对利率风险的补偿。 如同是政府债券,它们都没有信用风险和财务风险,但长期债券的利率要高于短期债券,这是因为短期债券几乎没有利率风险,而长期债券却可能遭受市场利率变动的影响,两者之间利率的差额就是对利率风险的补偿。

(2)不同债券的利率水平不同,这是对信用风险的补偿。 通常政府债券的利率最低,地方政府债券利率稍高,其他依次是金融债券、公司债券。在公司债券中,信用级别高的债券利率较低,信用级别低的债券利率较高,这是因为它们的信用风险不同。

(3) 在通货膨胀严重的情况下,会发行浮动利率债券。我国政府曾对3年以上国库券进行利率的保值贴补,**就是对购买力风险的补偿。**

(4) 股票的收益率一般高于债券,这是因为股票面临的经营风险和市场风险比债券大得多,必须给投资者相应的补偿。面值相同的股票却有迥然不同的市场价格,这是因为不同股票的经营风险相去甚远,市场风险也有差别,投资者以出价和要价来评价不同股票的风险,调节不同股票的实际收益,使风险大的股票市场价格低,风险小的股票市场价格高。

当然,风险与收益的关系并非如此简单。证券投资除以上几种主要的风险之外,还有其他次要风险,引起风险的因素以及风险的大小程度也在不断变化之中。影响证券投资收益的因素很多,所以这种以收益率替代风险的方法只能粗略近似地反映两者之间的关系,更进一步地说,只有加上证券的价格变化才能更好地反映两者的动态替代关系。

专栏 4-1　美国百年金融史上的"股灾"

100 年前的"绞肉机"

开始日:1901 年 6 月 17 日　　　　结束日:1903 年 11 月 9 日
熊市历经:875 天(29 个月)　　　　跌幅:46%
道琼斯指数终极顶点:57　　　　　　道琼斯指数终极低点:31

这是美国投资策略有限公司数据库中指数纪录最早的数据,在1900年前道琼斯指数没有记录,因此这次股灾堪称最古老的股市大崩盘。当时位于纽约的投机客不少来自英国和欧洲大陆。如果不计算跌到底部的时间,从最低点到进入正式反弹区域、确认新上升通道,历时3个月;整个熊市从高位到新牛市确认,历时32个月。道指创建后第一个15年的走势和A股上证指数早期很相似。

旧金山地震成为恐慌的推手

开始日:1906 年 1 月 19 日　　　　结束日:1907 年 11 月 15 日
熊市历经:665 天(23 个月)　　　　跌幅:49%
道琼斯指数终极顶点:76　　　　　　道琼斯指数终极低点:39

这场"股灾"史称"1907年大恐慌",当时"百年美股第一人"杰西·利弗摩尔整30岁,靠恐慌前空头部位大量做空"太平洋联合铁路"股赚到人生第一个100万美元,自此名扬资本市场30年。大恐慌发生后,华尔街根本看不到现金,股价不是跌停,而是无论跌到什么价位都无人愿意买。JP摩根在暴风雨后敢于第一个站出来以个人力量挽救金融资本市场,使纽约证券交易所避免了关门歇业的命运。

1907年的大恐慌,最终以美国财政部买入3 600万美元政府债券为市场注入现金流动性而结束,这也是美国政府第一次直接出面以现金注入救市。这也是今天一旦市场进入下跌后,媒体津津乐道的"政府应该有责任直接救市"的根源。虽然1906年年初旧金山大地震诱发了本次"股灾",但真正的原因却是指数在过去两年急剧上涨150%。不计算跌到底部的时间,从最低点到进入正式反弹区域确认新上升通道,历时3个月;整个熊市从高位到新牛市确认,历时25个月。

第一次世界大战后的大熊市，美国进入超级大国前夜

开始日：1919年11月3日　　　　　　结束日：1921年8月24日
熊市历经：660天（23个月）　　　　　跌幅：47%
道琼斯指数终极顶点：120　　　　　　道琼斯指数终极低点：64

这场熊市开始于第一次世界大战结束之时。欧洲战时需求大幅度降低，战后繁荣让美股大涨，股价平均上升51%。但第一次世界大战结束后，美国国内企业盈利成长开始放慢和下滑，导致随后的2年熊市。不计算跌到底部的时间，从最低点到进入正式反弹区域、确认新上升通道，历时3个月；整个熊市从高位到新牛市确认，历时26个月。从1921年第四季度开始，在当时的新科技成长产业的引领下，美国股市进入史无前例的8年大牛市，美国经济在整个20世纪20年代突飞猛进，取代英国成为世界最新超级大国。这就是金融主导产业实体经济高速发展下的"兴旺的20年代"，七十年后美国的网络信息科技产业革命和中国股市1998—2007年的高速发展与之类似。

宣布1929大萧条开始

开始日：1929年9月3日　　　　　　结束日：1929年11月13日
熊市历经：71天左右（2.5个月）　　　跌幅：47%
道琼斯指数终极顶点：381　　　　　　道琼斯指数终极低点：199

虽然这是目前我们看到急剧下跌式熊市中最短的崩盘（2000年3—5月，纳斯达克指数也出现了为期3个月接近40%的跌幅），这一场致命的暴跌足以让众多利用杠杆透支交易的"股神"们破产。

当时华尔街的金融大亨能独立操作的独行侠（李佛摩尔）在两个半月的空头部位中赚到超过1亿美元的利润，将他的资本人生推到极致。他以电话指挥超过50家券商为他分仓下单交易。

在李佛摩尔疯狂掠夺的同时，几乎有一半的资金在两个月的急剧下跌中蒸发。如果是杠杆交易，瞬间可损失本金几倍以上的资产，而资金断裂的连锁性停损卖单，轻而易举地把几乎当时所有的炒作集团在几天内打倒。这种崩盘的后果往往最能摧毁大多数人的信心。这次"股灾"宣布了"1929大萧条"的开始。

22岁时的错误投资得等到47岁才能收回成本

开始日：1930年4月17日　　　　　　结束日：1932年7月8日
熊市历经：813天左右（27个月）　　　跌幅：86%
道琼斯指数终极顶点：294　　　　　　道琼斯指数终极低点：41

这是一场曾经使得投资者失去一切资产的大"股灾"，当时九成以上的华尔街银行家终身彻底破产。在历时813天的"绞肉机"中，投资者平均至少损失了86%的资产。此次崩盘是1929年9月的继续，前期没有下跌的蓝筹股快速巨幅补跌，抄底者惨败。

如果你当时22岁，在1929年9月3日有1 000美元的股票资产，到1932年7月8日股灾结束就只剩下108美元了。想要恢复到1 000美元？当然可以，不过得耐心等待25年，那可是1954年的事了。因为指数要努力爬升9.5倍才能让你解套，这还不

算 25 年中物价上涨带来的通货膨胀损失。这是你 22 岁时错误的投资在 47 岁时能够收回的成本。

持续时间最长的熊市

开始日：1937 年 3 月 10 日　　　　　结束日：1942 年 4 月 28 日
熊市历经：1875 天（61 个月）　　　　跌幅：53%
道琼斯指数终极顶点：196　　　　　　道琼斯指数终极低点：93

这次熊市开始于欧洲第二次世界大战之前，结束于美国正式参战后 4 个月。如果不计算跌到底部的时间，从最低点到进入正式反弹区域确认新上升通道，共用去 3～6 个月的时间；整个熊市从高位到新牛市确认，历时 65 个月。这是"股灾"套"股灾"，崩盘套崩盘，恐慌套恐慌，熊市套熊市的连环大"股灾"，也是美国人民从未经历过的从极乐到极悲的年代。大量不懂怎么卖出股票的投资者、银行家、做市商和投资机构，就在这样的金融"绞肉机"市场中破产出局。

互联网泡沫

开始日：2000 年 3 月 7 日　　　　　结束日：2002 年 10 月 8 日
熊市历经：950 天（31 个月）　　　　跌幅：78%
纳斯达克指数终极顶点：5133　　　　纳斯达克指数终极低点：1108

纳斯达克指数在 1971 年 2 月 8 日纳斯达克股市建立时为 100 点，十年之后突破 200 点。1987 年 10 月，纳斯达克指数出现了一些回调，该年年终指数为 330 点。1987 年股市崩盘后不久纳斯达克市场便重拾升势，尤其是进入 90 年代后，随着越来越多的高科技股票在纳斯达克交易市场上市，计算机技术的广泛应用驱动着股市的上涨。这种上升的趋势在 20 世纪 90 年代后期不断加强，1995 年 7 月，指数突破 1 000 点，2000 年 3 月指数创下了 5 048.62 点的最高纪录。随后纳斯达克指数便一泻千里，从 5 048.62 的高点一路跌到 2002 年 9 月份的 1 172.06 点，一共跌去市值的 77%，这便是纳斯达克"股灾"。

第三节　证券风险的衡量

证券投资的收益和风险之间存在相互替代的关系，投资者在掌握了证券投资收益率的计算方法和认识了证券投资风险的来源和影响以后，还应将某种证券或证券组合的风险加以量化。只有这样，投资者才能将不同证券的收益和风险加以比较，并根据自己的投资偏好，作出正确的投资决策。

一、单一证券风险的衡量

投资者在评价某一种证券时，首先要考虑的是它能提供的未来收益水平，他们往往根据该种证券过去提供的收益水平和其他方面的信息对未来收入流量进行预测。对一种证券的未来收益作出的客观、公正的预测叫作**预期收益**。

证券的风险是预期收益变动的可能性和变动幅度。我们可以通过计算证券未来收益的变动可能和幅度来衡量其风险的大小,或者说,风险的衡量是将证券未来收益的不确定性加以量化。

(一)未来收益的概率分布

既然证券的未来收益是可能变动的,它的风险即是该种证券预期收益变动的可能性及幅度,就可以利用预期收益变动的概率分布对风险加以量化。

影响证券收益变动的因素很多,但我们可以把次要因素均舍弃掉,假定证券的收益水平仅仅取决于经济环境的变化。如果把经济环境看成是离散型的随机变量,证券收益就是该随机变量的函数,可表示为:

$$R = f(S) \text{ 或 } r = f(S) \tag{4-27}$$

式中:S 表示经济环境,R 表示证券的收益水平,r 表示证券的收益率。

可以把某一种证券的某一收益水平当作是一个随机事件,但在多次重复的相同经济条件下这一收益水平也会相对稳定地重复出现,这就是证券的特定收益水平在特定经济条件下发生的概率。现在假定经济环境依景气状况分为 5 种状态,分别为Ⅰ、Ⅱ、Ⅲ、Ⅳ、Ⅴ,它们在经济循环中出现的概率依次为 0.1、0.2、0.4、0.2 和 0.1。再假定 A 公司普通股票的股息派发随经济环境变动而增减,根据它的历年数据分析,可得出 A 公司股票派息概率分布,见表 4-1。

表 4-1 A公司股票派息概率分布

经济环境	Ⅰ	Ⅱ	Ⅲ	Ⅳ	Ⅴ
股息额/元	1.0	1.5	2.0	2.5	3.0
发生概率	0.1	0.2	0.4	0.2	0.1

根据表 4-1 所列各种可能的派息水平和它们的概率,可以预测 A 公司股票未来派息水平的概率分布,即有 10% 的可能是每股股息 1 元,有 20% 的可能是 1.50 元,有 40% 的可能是 2.00 元,有 20% 的可能是 2.50 元,有 10% 的可能是 3 元。

(二)预期收益

我们已经知道了某一种证券未来收益的变动范围和各种可能的收益水平,但是要评估证券的未来收益还需要找到能代表各种不同收益水平的平均值指标,这个平均值指标称为预期收益。这一指标可用概率中的期望值(expected value)来表示,因为期望值是以有关概率为权数的所有可能结果的加权平均数。**预期收益就是证券各种可能收益或收益率与相应概率的加权平均值**。其计算公式为:

$$E(R) = \sum_{i=1}^{n} P_i R_i \tag{4-28}$$

式中：$E(R)$ 表示预期收益，P_i 表示各预期值发生的概率，R_i 表示各种可能的收益，i 表示各种可能收益水平的序号，n 表示观察数，即可能收益水平的个数，满足 $\sum_{i=1}^{n} P_i = 1$。

【例 4-12】A、B、C 三种股票可供投资者选择，它们的收益都随经济环境的改变而变动。经济环境的类型及发生概率如前所述，这三种股票各有五种不同的收益并按前述概率分布，我们根据以上条件将这三种股票的收益整理成表 4-2。

表 4-2　A、B、C 三种股票收益的概率分布

经济环境	不同经济环境的发生概率	证券在不同经济环境下的收益		
		A 股票/元	B 股票/元	C 股票/元
Ⅰ	0.1	4	6.5	13
Ⅱ	0.2	6	7.0	11
Ⅲ	0.4	8	8.0	9
Ⅳ	0.2	10	9.0	7
Ⅴ	0.1	12	9.5	5

按以上资料计算 A、B、C 三种股票的预期收益：

$$E(R_A) = \sum_{i=1}^{5} P_i R_{iA} = 0.1 \times 4 + 0.2 \times 6 + 0.4 \times 8 + 0.2 \times 10 + 0.1 \times 12$$
$$= 8(元)$$

$$E(R_B) = \sum_{i=1}^{5} P_i R_{iB} = 0.1 \times 6.5 + 0.2 \times 7 + 0.4 \times 8 + 0.2 \times 9 + 0.1 \times 9.5$$
$$= 8(元)$$

$$E(R_C) = \sum_{i=1}^{5} P_i R_{iC} = 0.1 \times 13 + 0.2 \times 11 + 0.4 \times 9 + 0.2 \times 7 + 0.1 \times 5$$
$$= 9(元)$$

通过计算，我们得出这三种股票的预期收益。如果以预期收益作为评价标准，从这三种股票中选择一种作为投资对象，而它们的市场价格又同为每股 50 元时，显然，我们会毫不迟疑地选择 C 股票，因为它的预期收益高于 A 和 B 股票。但是仅以预期收益作为唯一选择标准是不够的，因为预期收益只计算出了证券未来收入的平均水平，并没有揭示它们所含的风险量的大小。如 A 股票与 B 股票的预期收益水平相等，都是 8 元，但它们的变动范围却不相同。A 股票预期收益的变动范围在 4～12 元，B 股票则在 6.5～9.5 元。当经济环境处于第Ⅰ种状态时，A 股票的收益为 4 元，比预期收益少 4 元；B 股票的收益为 6.5 元，比预期收益少 1.5 元。显然，A 股票的收益更易变动，A 股票的风险大于 B 股票。

（三）风险量的计算——方差和标准差

证券的未来收益是一个离散型的随机变量，预期收益是所有可能未来收益的取值中

心,是投资者评价某项证券未来收益水平的主要指标。但是未来实际收益并不一定等于预期收益,很可能是大于或小于预期收益,因为预期收益是一系列收益组成数列的平均数。平均数虽是由组成数列的各个变量计算出来的,但每个变量并不都等于平均数,它们和平均数之间可能存在一定的离差。

我们已经知道证券的风险是未来收益的变动可能和变动幅度,其变动幅度可以表示为未来可能收益水平围绕预期收益变化的区间大小,因此,风险的量化可以用未来收益水平对预期收益的离散程度来表示。在概率论中,随机变量取值区间的大小,即概率分布的离散程度是用随机变量的方差(variance)或标准差(standard deviation)来表示的。方差或标准差越小,说明其离散程度越小;反之,则离散程度越大。因此我们可以借助证券未来收益的方差和标准差指标计算出它的风险大小。

衡量某种证券风险水平的一般尺度是各种可能收益水平或收益率的概率分布的方差或标准差。方差和标准差的计算公式分别是:

$$V = \sum_{i=1}^{n} P_i [R_i - E(R)]^2 \tag{4-29}$$

$$\sigma = \sqrt{V} \tag{4-30}$$

式中:V 表示方差,σ 表示标准差。

按【例 4-12】资料分别计算 A 股票、B 股票、C 股票的未来收益方差和标准差:

$$V_A = \sum_{i=1}^{5} P_i [R_{iA} - E(R_A)]^2 = 4.8$$

$$V_B = \sum_{i=1}^{5} P_i [R_{iB} - E(R_B)]^2 = 0.85$$

$$V_C = \sum_{i=1}^{5} P_i [R_{iC} - E(R_C)]^2 = 4.8$$

$$\sigma_A = \sqrt{4.8} \approx 2.19$$

$$\sigma_B = \sqrt{0.85} \approx 0.92$$

$$\sigma_C = \sqrt{4.8} \approx 2.19$$

将以上计算结果整理成表 4-3。

表 4-3 A、B、C 三种股票的收益分析

证券	预期收益/元	预期收益率	方差	标准差
A 股票	8	16%	4.80	2.19
B 股票	8	16%	0.85	0.92
C 股票	9	18%	4.80	2.19

从以上计算我们可知:

A 股票的未来收益在 5.81～10.19 元(8±2.19)波动;

B股票的未来收益在 7.08～8.92 元(8±0.92)波动；

C股票的未来收益在 6.81～11.19 元(9±2.19)波动。

但并非这三种股票的未来实际收益仅在以上区域内波动，实际收益落在预期收益加减一个标准差的区域的概率是 68%；实际收益落在预期收益加减两个标准差的区域的概率是 95%；实际收益落在加减三个标准差的区域的概率则为 99%。

图 4-1 是一条正态概率函数曲线，曲线下方部分表示 A 公司所有可能的实际收益所在的区间，预期收益 8 元处于中心位置，一个标准差代表曲线下方 34% 的面积。以预期收益加减一个标准差，实际收益在 5.81～8 元的概率为 34%，在 8～10.19 元的概率也是 34%，所以，未来实际收益在 5.81～10.19 元的可能是 68%。

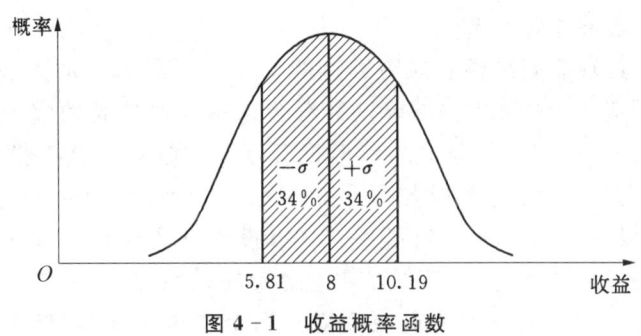

图 4-1 收益概率函数

从表 4-3 中我们可知，在三种股票中，C 股票的预期收益最高，B 股票的风险最小。如果在这三种股票中再作一次选择，我们可作如下比较：将 A 股票与 B 股票相比，我们将选择 B，因为它们的预期收益相等，但 B 股票风险要小得多；将 A 股票与 C 股票相比，我们将选择 C，因为它们的风险相等，但 C 股票收益高；将 B 股票与 C 股票相比，我们会感到困难，因为 B 股票的风险小于 C 股票，但收益也低于 C。在 B 与 C 之间的选择将取决于投资者个人的偏好。

(四) 对单一证券收益与风险的权衡

我们用无差异曲线(indifference curve)来表达如何选择最合投资者需要的证券，这些**无差异曲线代表着投资者对证券收益和风险的偏好，或者说代表着投资者为承担风险而要求的收益补偿**。无差异曲线可画在二维坐标图上，纵坐标表示预期收益率，横坐标表示标准差。无差异曲线及投资者的选择有如下几个特征。

1. 无差异曲线反映了投资者对收益和风险的态度

只要投资者对收益和风险的偏好不变，同一投资者对位于同一条无差异曲线上的所有证券或证券组合具有相同的偏好。图 4-2 是无差异曲线图，图中的曲线代表同一投资者的无差异曲线。在 I_2 曲线上有 1、2、3、4 共四个投资点供他选择，投资点 2 的标准差大于投资点 1，从回避风险角度看，投资者应选择投资点 1，但投资点 2 的预期收益率又高于投资点 1，该投资者认为这部分收益正好弥补了他的风险损失，他认为投资点 1 和 2 没有差别。另外对投资点 3 与 2、4 与 3 的比较结果也同样如此。如果通过以上四点画一条平滑曲线，即为无差异曲线，在这条曲线上的任何投资点对该投资者来说都是没有差别的。

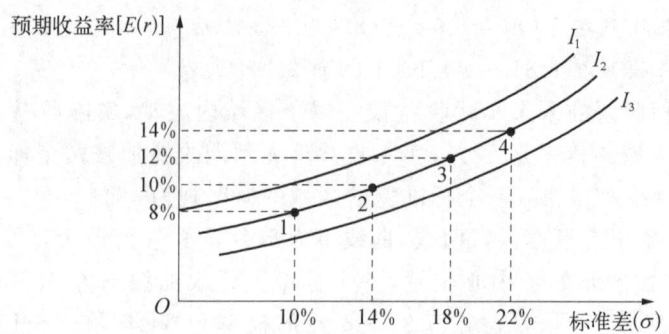

图 4-2 一个投资者的无差异曲线图

2. 无差异曲线具有正的斜率

投资者一般都具有非满足性和风险回避的特征。所谓非满足性是指若要在风险相同而收益不同的投资对象中加以选择,投资者会选择收益较高的那种。如图4-3中,投资点2和投资点3具有相同的标准差,但投资点3的收益率高于投资点2,投资者无疑将选择点3。所谓风险回避是指若要在收益相同而风险不同的投资对象中加以选择,投资者将选择风险小的那种。如图4-3中,投资点2与点1相比,收益率相同,但标准差较大,投资者无疑将选择投资点1。比较的结果是投资者愿意选择投资点1或3,而放弃投资点2。**非满足性和风险回避这两个特性表现为,若要投资者选择风险较大的证券,必须要有相应较高的收益率作为对风险的补偿,从而导致无差异曲线具有正的斜率。**

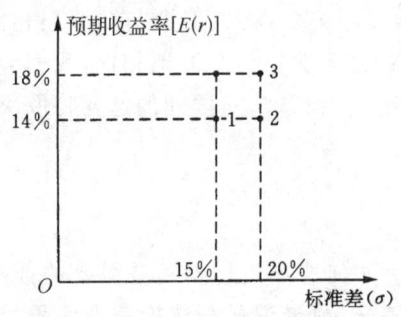

图 4-3 非满足性与风险回避特性

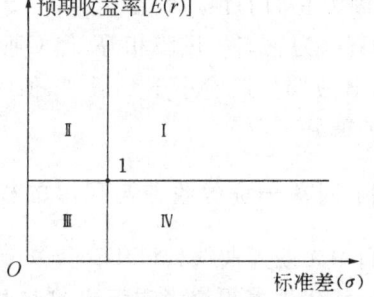

图 4-4 投资选择和个人偏好

3. 投资者更偏好位于左上方的无差异曲线

假设有一个可接受的投资点1,通过点1引出两条分别平行于横轴和纵轴的直线,将坐标系划分为以点1为中心的Ⅰ、Ⅱ、Ⅲ、Ⅳ四个象限(图4-4)。相对于点1而言,位于Ⅱ象限内的任何投资点均更优越,因为收益率更高,风险更小;位于Ⅳ象限内的任何投资点均更差,因为收益率更低,风险更大;位于Ⅰ象限内的投资点收益率更高,风险也更大;位于Ⅲ象限内的投资点风险更小,收益率也更低,对于它们的选择就取决于投资者的偏好了。

我们经过投资点1引出一条某投资者的无差异曲线I_1。如果现在出现了新的投资机会,投资点2位于投资点1同一条无差异曲线上,对投资者来说,选择点2和点1没有差别;投资点3位于投资点1的右下方,位于Ⅳ象限内,投资者将放弃,通过投资点3

可画出一条与 I_1 曲线平行的另一条无差异曲线 I_2，投资者对位于这条曲线上的任何投资点都将放弃；投资点 4 位于投资点 1 的左上方，满足Ⅱ象限要求，投资者更偏好投资

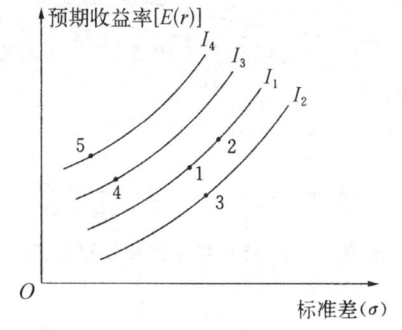

图 4-5 无差异曲线

点 4，通过投资点 4 也可画出平行于无差异曲线 I_1 的曲线 I_3；投资点 5 又位于投资点 4 的左上方，它比投资点 4 更令投资者喜爱。因此，对某一特定投资者而言，只要他对收益和风险的替代关系态度不变，则他的无差异曲线斜率不会改变，这样就可以在同一坐标系上画出无数条相互平行而不相交的无差异曲线，而且每一条位于左上方的无差异曲线上的任何投资点都优于位于右下方无差异曲线上的任一投资点（图 4-5）。

4. 不同的投资者有不同类型的无差异曲线

愿冒风险的投资者无差异曲线平坦，而害怕风险的投资者无差异曲线陡峭，这是因为对愿冒风险的投资者来说，只要收益率有少量的提高就可弥补可能的风险损失；而对害怕风险的投资者来说，必须有收益率的较大幅度提高才能促使他愿意承担较大的风险。图 4-6、图 4-7、图 4-8 分别代表风险回避者、风险中性者和风险偏好者的不同无差异曲线，注意它们之间曲线斜率的差异。

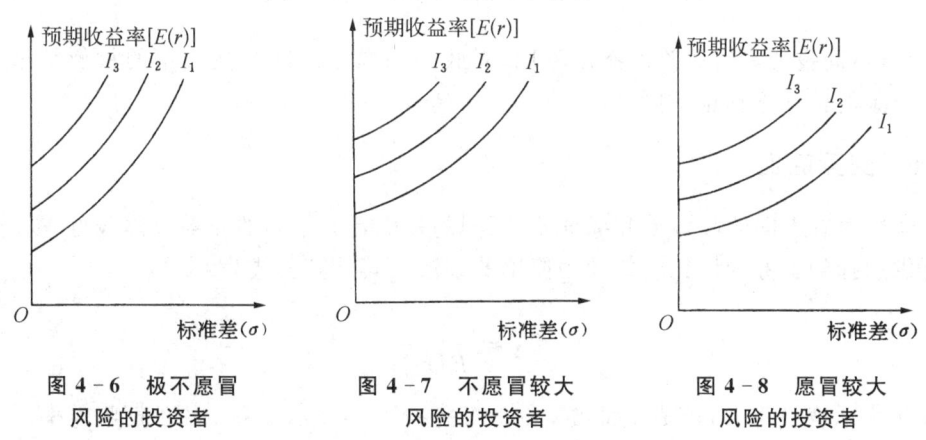

图 4-6 极不愿冒风险的投资者 　　图 4-7 不愿冒较大风险的投资者 　　图 4-8 愿冒较大风险的投资者

现在运用无差异曲线来分析上例中投资者对 B 股票和 C 股票的选择。现假设有 X、Y、Z 三位投资者，由于三人对风险的态度不同，无差异曲线斜率不同，对三种股票的选择也有所不同。投资者 X 是极不愿意冒险的人，他认为 C 股票的收益率不足以弥补它高于 B 股票的风险，他选择 B 股票为投资对象。图 4-9 是投资者 X 的无差异曲线和投资选择。

投资者 Y 是不愿冒较大风险的人，他认为 C 股票较高的收益率正好抵补了其较高的风险，在他看来 C 股票与 B 股票没有差别。图 4-10 是投资者 Y 的无差异曲线和投资选择。

投资者 Z 是极愿冒风险的人，他愿意为 C 股票较高的收益率去承担它较高的风险，他选择 C 股票。图 4-11 是投资者 Z 的无差异曲线和投资选择。

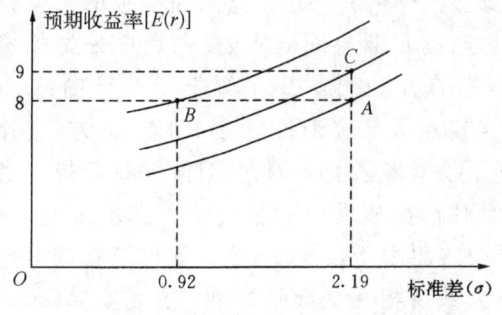
图4-9 投资者X的无差异曲线和投资选择

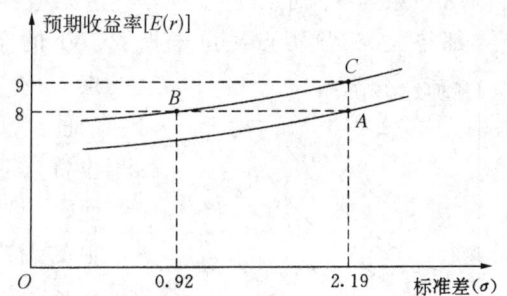
图4-10 投资者Y的无差异曲线和投资选择

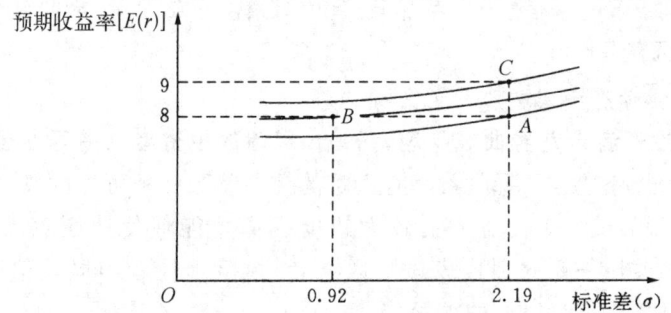
图4-11 投资者Z的无差异曲线和投资选择

总之,不同投资者对风险的态度不同,对收益与风险之间替换关系的权衡结果不同,对投资对象的偏好选择也不同。

(五) 变异系数

不同证券有不同的收益率和标准差,不同的投资者有不同的收益风险偏好,变异系数是对可供选择的证券加以比较的较为简单的方法。其计算公式为:

$$\mathbf{CV} = \frac{\boldsymbol{\sigma}_i}{E(r_i)} \tag{4-31}$$

式中:CV表示变异系数,σ_i表示证券i的标准差,$E(r_i)$表示证券i的预期收益率。

变异系数是相对偏离程度的衡量标准,即每单位预期收益率所承担的风险。 变异系数越大,证券的相对风险也越大。有时也可以用变异系数的倒数(1/CV)表示,即承担单位风险能获得的预期收益率。

计算A股票、B股票、C股票的变异系数分别为13.69、5.76、12.17,投资者不难从中加以选择。

二、证券组合风险的衡量

(一) 资产组合效应

当投资者只持有一种证券时,该种证券未来收益变动的可能性及变动幅度便是投资者承担的风险。但当投资者同时持有几种风险不同的证券时,他承担的风险就有可能发生变化,而不是简单地等于这几种证券风险的总和。

我们用一简单的例子说明。假设有 A、B 两种股票,它们的价格变动方向和变动幅度完全相同。当 A 股票的价格上升时,B 股票也以相同的幅度上升;反之,也一样。如果投资者同时持有 A、B 股票,风险不会降低[图 4-12(a)]。再假设有 A、C 两种股票,它们的价格变动方向完全相反,当 A 股票价格上升时,C 股票的价格则以相同的幅度下降;反之,C 股票则以相同的幅度上升。这种完全相反的变动,使两种股票的风险相互抵消了[图 4-12(b)]。当然,这是两种极为少见的情况,大部分情况是介于两者之间,或是两种证券的价格变动毫不相关,此时分散投资可使风险大量减少。

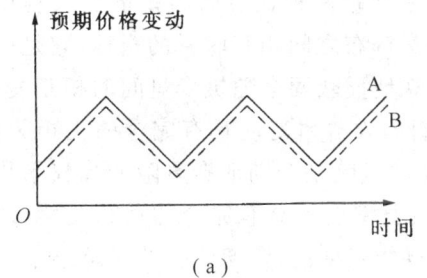
(a)

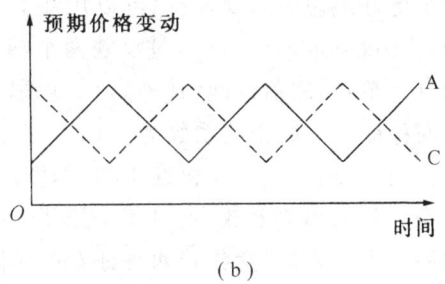
(b)

图 4-12 资产组合效应

从上例我们可以知道两点:其一,当投资者同时持有几种风险各不相同的证券时,所承担的风险有可能被分散,使其承受的总风险小于分别投资于这些证券所应承担的风险。这种因分散投资而使风险下降的效果称为**资产组合效应**或**资产多样化效应**。其二,一个**资产组合的风险**不是孤立地取决于构成组合的各个个别证券的风险,也不简单地等于组合中各种证券风险量的总和,而是**取决于它们之间相互关联的程度**。

(二)协方差

我们已经知道,合理的资产搭配会产生资产多样化效应而使投资者承担的总风险减小。因此当投资者决定是否将某些证券组成资产组合或是将某种证券加入原有资产组合中去时,需要考虑的不是某一种证券本身风险的大小,而是各种证券收益或收益率变化的相互关系,我们可以用协方差来衡量它们之间的相互关系。

在统计学中,协方差(covariance)是刻画二维随机向量中两个分量取值间相互关系的数值。由于组合中两种证券的未来可能收益率可以看作是一个二维随机向量中的两个分量,因此,**协方差被用于揭示一个由两种证券构成的资产组合中这两种证券未来可能收益率之间的相互关系**。正的协方差说明这两种证券收益率的运动方向趋于一致,它们的风险只能在很小程度上相互抵消。负的协方差说明这两种证券收益率的运动方向相反,它们的风险可以在一定程度上相互抵消,从而使证券组合的整体风险降低。如果我们要分析一个由多种证券构成的资产组合,则要分别分析组合中两两证券间的协方差,才能最终得知组合总风险是否有所下降。

协方差的计算是将特定概率分布下两种证券可能的收益率与预期收益率之差相乘,

再把所有的乘积加总。其计算公式为：

$$\text{Cov}(i,j) = \sum_{t=1}^{n} \{P_t[r_{it} - E(r_i)] \cdot [r_{jt} - E(r_j)]\} \tag{4-32}$$

式中：$\text{Cov}(i,j)$ 表示证券 i 与证券 j 的协方差，r_{it} 和 r_{jt} 分别表示证券 i 和证券 j 的各种可能的收益率，$E(r_i)$ 和 $E(r_j)$ 分别表示证券 i 和证券 j 的预期收益率，P_t 表示各种可能的概率，n 表示观察数，满足于 $\sum_{t=1}^{n} P_t = 1$。

(三) 相关系数

为了更好地说明问题，我们可以用相关系数来衡量两种证券收益率的相关程度。相关系数(correlation coefficient)是反映两个随机变量分布之间相互联系的指标，它是一个标准化的计量单位，取值区间为[-1,1]，可以更直观地反映两个随机变量间的相互关系。

当两种证券间的相关系数为+1时，表示它们的收益率变动具有完全的正相关性，不仅变动方向一致，而且变动程度也相同，资产组合的风险是个别证券风险的加权平均。当两种证券之间的相关系数为-1时，表示它们的收益率变动具有完全的负相关性，即变动程度相同但方向相反，意味着两种证券的风险可以相互抵消，资产组合的风险小于个别证券风险之和。当两种证券间的相关系数为零时，表示它们的收益率变动完全不相关，即变动方向不相同，幅度也不一致，分散投资有助于降低风险。同样，如果我们要分析一个由多种证券组成的资产组合，也要分别分析组合中两两证券间的相关系数。投资者应选择相互之间负相关的证券组成资产组合，各证券之间的相关系数越接近-1，整个资产组合的风险越小，提供的多样化效应越大。

相关系数是利用有关证券收益率的标准差和协方差来计算的。其计算公式为：

$$\rho_{ij} = \frac{\text{Cov}(i,j)}{\sigma_i \sigma_j} \tag{4-33}$$

式中：ρ_{ij} 表示证券 i 与证券 j 的相关系数，$\text{Cov}(i,j)$ 表示证券 i 与证券 j 的协方差，σ_i 表示证券 i 的标准差，σ_j 表示证券 j 的标准差。

表4-2列举了【例4-12】中 A、B、C 三种股票的有关资料，假设这三种股票目前的市场价格均为50元一股，根据上述资料，我们计算它们的预期收益率$[E(r)]$、方差(V) 和标准差(σ)，如表4-4所示。

表4-4 A、B、C 三种股票的预期收益率、方差和标准差

指标	股票		
	A	B	C
预期收益率$[E(r)]$	0.16	0.16	0.18
方差(V)	0.001 92	0.000 34	0.001 92
标准差(σ)	0.043 82	0.018 44	0.043 82

根据表 4-4 的资料,运用协方差和相关系数的计算公式,我们可以算出 A、B、C 三种股票两两之间的协方差和相关系数,如表 4-5 所示。

表 4-5 A、B、C 三种股票间的协方差和相关系数

股票组合	指　　标	
	协　方　差	相关系数
AB	0.000 8	0.99
BC	−0.000 8	−0.99
AC	−0.001 92	−1

(四) 资产组合风险的计算

资产组合的风险用它的标准差表示,其计算公式为:

$$\sigma_P = \left[\sum_{i=1}^{n}\sum_{j=1}^{n} X_i X_j \text{Cov}(i, j)\right]^{\frac{1}{2}} \quad (4-34)$$

式中:σ_P 表示资产组合的标准差,X_i 表示证券 i 在组合中的投资比重,X_j 表示证券 j 在组合中的投资比重,$\sum_{i=1}^{n}\sum_{j=1}^{n}$ 表示双重加总符号,代表所有证券的协方差都要相加。

因为 $\text{Cov}(i, j) = \rho_{ij}\sigma_i\sigma_j$,所以,式(4-34)又可表达为:

$$\sigma_P = \left[\sum_{i=1}^{n}\sum_{j=1}^{n} X_i X_j \rho_{ij}\sigma_i\sigma_j\right]^{\frac{1}{2}} \quad (4-35)$$

这里有一个重要特性,即某种资产自身的协方差正好等于它的方差。

因为 $\text{Cov}(i, i) = \rho_{ii}\sigma_i\sigma_i$,由于任何一种资产的自相关系数为 +1,所以 $\text{Cov}(i, i) = +1 \cdot \sigma_i\sigma_i = \sigma_i^2$。

在【例 4-12】中共有三种股票 A、B、C,如果将它们组成一个证券组合,则组合的标准差为:

$$\begin{aligned}
\sigma_P &= \left[\sum_{i=1}^{3}\sum_{j=1}^{3} X_i X_j \text{Cov}(1, j)\right]^{\frac{1}{2}} \\
&= \left[\sum_{j=1}^{3} X_1 X_j \text{Cov}(1, j) + \sum_{j=1}^{3} X_2 X_j \text{Cov}(2, j) + \sum_{j=1}^{3} X_3 X_j \text{Cov}(3, j)\right]^{\frac{1}{2}} \\
&= [X_1 X_1 \text{Cov}(1, 1) + X_1 X_2 \text{Cov}(1, 2) + X_1 X_3 \text{Cov}(1, 3) + X_2 X_1 \text{Cov}(2, 1) \\
&\quad + X_2 X_2 \text{Cov}(2, 2) + X_2 X_3 \text{Cov}(2, 3) + X_3 X_1 \text{Cov}(3, 1) + X_3 X_2 \text{Cov}(3, 2) \\
&\quad + X_3 X_3 \text{Cov}(3, 3)]^{\frac{1}{2}}
\end{aligned} \quad (4-36)$$

在双重加总中,每一项都包含两种证券的权数和两种证券的协方差,将这九项加总,就是三种证券组成的资产组合的标准差。由于某一种证券自身的协方差等于它自身的方

差,所以上式中第一、五、九项分别为证券1、2、3即证券A、B、C的方差,而其余各项是它们之间的协方差。

式(4-36)可整理为：

$$\sigma_P = [X_1^2\sigma_1^2 + X_2^2\sigma_2^2 + X_3^2\sigma_3^2 + 2X_1X_2\text{Cov}(1,2) \\ + 2X_1X_3\text{Cov}(1,3) + 2X_2X_3\text{Cov}(2,3)]^{\frac{1}{2}} \quad (4-37)$$

我们已经计算了A、B、C三种股票的协方差,现在再假定在由这三种股票组成的证券组合中它们的投资比例分别为 $X_A = 20\%$, $X_B = 30\%$, $X_C = 50\%$,将有关数据代入上式,计算证券组合的标准差为：

$$\sigma_P = 0.77\%$$

显然,证券组合的风险减少到很低程度,分散投资达到了降低风险的效果。

三、系统风险的衡量

系统风险是由社会、政治、经济等共同因素引起的,并会影响整个证券市场价格变动的风险。系统风险会影响几乎所有的证券,使证券市场收益率发生变化,但每一种证券受系统风险影响的程度并不相同。系统风险可用 β 值来衡量。**β 值是用来测定一种证券或证券组合的收益随整个证券市场收益变化程度的指标,也可解释为用于衡量一种证券或证券组合的收益对市场平均收益敏感性或反应性的程度。**

用 β 值衡量系统风险来自统计上的回归分析。回归分析用于观察和推算两种或更多互有联系事物之间的相互变动关系,并依据最小二乘法产生基本公式：$Y = a + bX$。将 β 值用于衡量某证券或证券组合系统风险时,自变量 X 是市场收益率,可用一个有代表性的市场证券组合的收益率为代表,应变量 Y 是该证券或证券组合的收益率,β 是一种线性关系的斜率。其计算公式为：

$$\beta_i = \frac{E(R_{it}) - R_{ft}}{E(R_{mt}) - R_{ft}} \quad (4-38)$$

式中：$E(R_{it})$ 表示 t 时期内证券 i 的预期收益,R_{ft} 表示 t 时期内的无风险度,$E(R_{mt})$ 表示 t 时期内市场证券组合的预期收益,β_i 表示相对于市场证券组合,证券 i 的系统风险度。

为了计算方法简单化,我们可以用综合股票价格指数收益率代表整个市场的收益率。因为股票价格指数包含多种股票,本身就是一种有效的资产组合。它的非系统风险趋向于零,只剩下系统风险。因此,根据综合股票价格指数收益率计算出来的某一证券或组合的 β 系数值的大小可以作为衡量该证券或证券组合系统风险的指标。其计算公式为：

$$\beta_i = \frac{\text{Cov}(r_i, r_m)}{\sigma_m^2} \quad (4-39)$$

式中：r_i 表示证券 i 或证券组合的收益率，r_m 表示证券价格指数的收益率，$\text{Cov}(r_i, r_m)$ 表示 r_i 与 r_m 的协方差，σ_m^2 表示证券价格指数的方差。

计算出来的 β 值表示证券 i 或证券组合的收益率随市场收益率变动而变动的程度，从而说明它的系统风险度。证券的 β 值越大，表示它的系统风险越大。可根据 β 值的大小将证券或证券组合分为几种类型：

(1) $\beta_i < 1.0$：在市场收益率上升时，证券 i 的收益率上升幅度比市场平均水平小；当市场收益率下降时，它的下降幅度也小。这是一种防守型证券，如公用事业的股票。

(2) $\beta_i = 1.0$：它的收益率变动幅度与市场收益率完全一样，当市场收益率上升 1% 时，证券 i 的收益率也上升 1%；反之，证券 i 的收益率也下降 1%。

(3) $1.0 < \beta_i < 1.5$：在市场收益率上升时，证券 i 的收益率上升幅度比市场平均幅度大；反之，它的下跌幅度也比市场平均幅度大，是一种进攻型证券，如新兴行业的股票。

(4) $\beta_i \geqslant 1.5$：当市场收益率上升 1% 时，证券 i 的收益率上升 1.5% 或更多；当市场收益率下降 1% 时，证券 i 的收益率下跌 1.5% 或更多，是一种高风险证券。

关于证券风险的衡量，还有以下几点应引起注意。

(1) β 系数不是某一证券或证券组合的全部风险，它仅代表与市场变动有关的系统风险，另外还存在着与企业本身盈利能力有关的非系统风险。

(2) 虽然标准差和 β 系数都是衡量风险的指标，但它们的性质不同。标准差代表总风险，用于度量证券或证券组合本身在各个不同时期收益变动的程度，它的比较基础是证券或证券组合在不同时期的平均收益。β 系数代表系统风险，用于度量证券或证券组合的收益相对于同一时期市场平均收益的变动程度，它的比较标准是市场收益的波动程度。

(3) 标准差和 β 系数都是利用过去的统计数据计算的，说明过去的情况；预期收益是预计未来的收益水平，不一定和过去完全一样。因此这两种指标仅为预测未来提供一种参考依据。

专栏 4-2　美国股市的熔断

1987 年美股爆发崩盘"股灾"事件后，1988 年 10 月 19 日，美国商品期货交易委员会与证券交易委员会批准了纽约股票交易所和芝加哥商业交易所的熔断机制（circuit breaker mechanism）：

当标普 500 指数在短时间内下跌幅度达到 7%、13% 时，全美证券市场交易将暂停 15 分钟；

当标普 500 指数较前一天收盘点位下跌 20% 时，当天交易停止。

熔断机制的主要目的是防范恐慌情绪进一步扩散，给市场带来更大的冲击。

自设置熔断机制后，30 多年来，美国股市共发生 5 次熔断。2020 年 3 月，因新冠肺炎疫情肆虐，美国政府抗疫不力，在短短的 10 天之内，美股连续四次触发了熔断，创下历史之最。

1. 第一次熔断

熔断机制实施之后,直到 1997 年 10 月 27 日才出现了美股历史上的第一次熔断。当天道琼斯工业指数暴跌 7.18%,收于 7 161.15 点,创下自 1915 年以来最大跌幅。

2. 第二次熔断

受新冠肺炎疫情和国际原油价格暴跌等因素的影响,2020 年 3 月 9 日美股再次遭遇"黑色星期一",开盘即暴跌,标普 500 指数跌超 7%,触发一级熔断机制,暂停交易 15 分钟。恢复交易后跌幅一度有所收窄,收盘时道琼斯工业平均指数、标准普尔 500 种股票指数、纳斯达克综合指数跌幅均超过 7%。

3. 第三次熔断

2020 年 3 月 12 日,纽约股市三大股指在开盘出现暴跌,跌幅超过 7%。暴跌行情导致美股再次触发熔断机制,暂停交易 15 分钟。收盘时,三大股指跌幅均超过 9%。

4. 第四次熔断

2020 年 3 月 16 日,由于新冠肺炎疫情持续扩散引发市场广泛担忧,纽约股市开盘暴跌,标准普尔 500 种股票指数跌超 7%,触发本月第三次熔断,重启交易后跌幅扩大,收盘时三大股指均暴跌超过 11%。

5. 第五次熔断

2020 年 3 月 18 日,新冠肺炎疫情给金融市场带来的恐慌没有得到有效缓解,纽约股市三大股指大幅低开,道琼斯工业平均指数和标准普尔 500 种股票指数午间跌幅超 7%,本月第四次触发熔断机制。收盘时,道琼斯工业平均指数下跌 6.3%;标准普尔 500 种股票指数下跌 5.18%;纳斯达克综合指数下跌 4.7%。

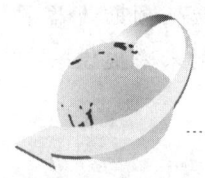

本 章 小 结

收益和风险是证券投资的核心问题。证券投资的收益由债券利息收入、股息收入和资本损益组成。衡量证券投资收益的指标是收益率,不同的收益率反映投资者持有不同种类的证券以及在不同买卖价格和持有期限下的不同收益水平。

证券投资的风险是指证券预期收益变动的可能性。证券投资的风险分为系统风险和非系统风险两类。系统风险包括市场风险、利率风险和购买力风险;非系统风险包括信用风险和经营风险。证券投资的收益与风险同在,它们之间存在互换关系。

证券风险的衡量是将证券未来收益的不确定性加以量化。单一证券的风险用各种可能收益的方差或标准差表示。证券组合的风险则取决于组合中各种证券收益率变动的相互关系。通常 β 系数可衡量一种证券或证券组合的系统风险。

无差异曲线反映投资者对收益和风险的态度,不同的投资者对投资对象的偏好和选择有所不同。

基本概念

资本损益　再投资收益　债券收益率　必要收益率　到期收益率　赎回收益率　股息收益率　持有期收益率　持有期回收率　风险　系统风险　非系统风险　市场风险　利率风险　购买力风险　信用风险　经营风险　政策风险　流动性风险　财务风险　无风险利率　无差异曲线　变异系数　β系数

复习思考题

1. 债券的收益包括哪些内容？影响债券收益率的主要因素是什么？
2. 债券收益率有几种？它们分别在什么情况下使用？
3. 股票收益率如何计算？这些收益率各有什么不同的意义？
4. 什么是证券投资的风险？证券投资的风险有哪些类型？如何回避这些风险？
5. 试简要分析证券收益与风险的关系。
6. 单一证券的风险如何衡量？
7. 证券组合的风险如何衡量？
8. 什么是证券的β系数？它代表证券的什么风险？它与标准差有什么区别？

第五章　资本资产定价理论

　　资本资产定价理论主要由证券组合理论、资本资产定价理论和套利定价理论组成。证券组合理论阐明如何度量单一资产和资产组合的风险及预期收益,解释投资者应当如何构建有效的证券组合并从中选择出最佳的证券组合。资本资产定价理论描述风险和预期收益率之间关系,并给出风险证券定价模型。资本资产定价理论的本质内容是证券或证券组合的预期收益率等于无风险证券的利率加上风险升水。套利定价理论假设证券或证券组合的预期收益率受多个因素的影响,它指出证券收益率与若干个要素之间存在线性关系,但并没有明确指出这些要素是什么。尽管对以上理论仍存在争议并且在实际应用中也存在一定困难,但这些理论对金融资产的定价问题均作出了卓越的贡献。

第一节　证券组合理论

　　证券组合理论由哈里·马科维茨创立,该理论解释了投资者应当如何构建有效的证券组合并从中选出最优的证券组合。对证券进行分散化投资的目的是在不牺牲预期收益的前提条件下降低证券组合的风险。证券组合理论将单一证券和证券组合的预期收益率和风险加以量化,并证明分散投资可以在保证一定预期收益的情况下尽可能地降低风险。

一、证券组合的收益和风险

　　在证券投资中,一般投资者的目的是获得一定的收益。但是收益是和风险形影相随、密切相连的,它们之间形成相互交换的关系,而投资者所能得到的预期收益,则以他对这种关系的态度的不同而变化。

　　马科维茨为了抽象说明理论的本质,作了下列多种假设,作为研究证券组合理论的前提条件:① 假设证券市场是有效的,投资者能得知证券市场上多种证券收益和风险的变动及其原因;② 假设投资者都是风险厌恶者,都愿意得到较高的收益率,如果要他们承受较大的风险则必须以得到较高的预期收益作为补偿,风险是以收益率的变动性来衡量的,用统计上的标准差来表示;③ 假定投资者根据证券的预期收益率和标准差来选择证券组合,他们所选择的证券组合具有较高的预期收益率或较低的风险;④ 假定多种证券之间的收益都是相关的,如果得知每种证券之间的相关系数,就有可能选择最低风险的证券组合。

(一)证券组合的分散原理

投资者通常希望实现收益的最大化和风险的最小化,面对这两个相互冲突和矛盾的投资目标,投资决策应该是同时投资于几种证券,即实行投资的分散化。

前已述及,证券投资的风险是指未来收益的不确定性,这是因为证券的市场价格受政治、经济、社会、公司、心理等多种因素影响而经常上下波动,这种变动性就意味着存在投资风险。证券投资的风险可分为由共同因素引起的系统风险和由个别特殊因素引起的非系统风险。系统风险对所有证券产生影响,不会因证券分散化而消失;非系统风险只对个别的或某些证券产生影响,而对其他证券毫无关联,可以通过证券分散化来消除。正是由于各种证券受风险影响而产生的价格变动的幅度和方向不尽相同,因此存在通过分散投资使风险降低的可能。

投资分散化就是将风险分摊在许多不同行业和公司的证券上或其他形式的投资上。恰当分散化的关键是向那些预期收益受社会、政治、经济影响程度不同的证券进行投资。因此要达到分散风险的目的,并非任意拼凑一个组合就行,而是要对组成证券组合的多个证券进行精心挑选。通常,不管组合中证券数量的多少,证券组合的收益率只是各单个证券收益率的加权平均数,分散投资不会必然影响组合的收益率,但是组合的风险并非单个证券风险的加总或加权平均,而是有可能随着证券种类的增加而下降。因此在组成组合时,不仅要看构成组合的各个证券的风险大小,还要看个别证券预期收益之间的相关关系。如果组合中多个证券完全正相关,则分散投资不能降低风险;如果多个证券完全负相关,风险可以完全抵消,但证券组合的额外预期收益,即超过无风险证券收益的收益也可能没有了;如果组合中证券互不相关,则分散投资可使风险大幅度降低。从理论上说,只要能找到足够数量互不相关的证券组成组合就可以消除所有的风险,但实际上各证券的收益率都受一些共同因素的影响,相互之间存在一定的正相关关系,分散投资只能消除证券组合的非系统风险,而不能消除系统风险。

证券组合中证券种类的多少与风险的抵消程度也有关系,并非组合中的证券种类越多就越能减轻风险。开始的时候在组合中每增加一种证券可使风险有较大程度的减少,但随着证券种类的增加,风险减少的边际效应逐渐递减,直到非系统风险完全抵消,只剩下与市场有关的风险,此时组合的风险就与整个市场的风险水平相差无几了。**一般认为一个组合的证券种类以 10~15 种最为适宜,即使是一些大型基金也无须超过 25~35 种。** 过度的分散化会增加交易成本、管理组合的时间和信息成本,可能得不偿失。同时,每种证券的价值在组合全部价值中所占比重也很重要,可通过调整各种证券的比重来调节组合的风险水平。

马科维茨的资产组合理论就是利用分散投资原理,借助于数学方法寻找如何建立证券组合并从中选择比较满意组合的途径,从而解决收益与风险的矛盾。根据资产组合理论,投资者应首先估计每一种证券组合的期望值和标准差,然后根据这两个参数来进行最优选择。期望值可以看作是任何与证券组合有关的潜在收益的测定,标准差可以看作是任何与证券组合有关风险的测定。一旦测出若干证券组合的潜在收益和标准差,投资者就能选择他所需要的组合。

(二)证券组合预期收益率的测算

证券组合的预期收益率取决于组合中每一种证券的预期收益率和投资比例。计算有 n 种证券组成的证券组合的收益率公式为:

$$r_p = \sum_{i=1}^{n} x_i r_i \tag{5-1}$$

式中：r_p 表示证券组合的预期收益率，x_i 表示投资第 i 种证券的期初价值比重，r_i 表示第 i 种证券的预期收益率，n 表示证券组合中包含的证券种类数。

从上式可见，证券组合的预期收益率是构成该组合的各种证券的预期收益率的加权平均数，权数是各种证券的价值在组合中所占的比重。

(三)证券组合风险的计算

根据风险的定义，风险的测定应该估计出实际收益对预期收益的偏离程度，由于标准差可用于估计实际收益率对预期收益率的偏离程度，所以可以用标准差测定证券组合的风险。但是证券组合的风险并非组合中个别证券标准差的加权平均，而要看个别证券收益率变化的相互关系，相互关系可用个别证券收益率间的协方差或相关系数来表示。

计算由 n 种证券组成的证券组合的标准差公式为：

$$\sigma_p = \left[\sum_{i=1}^{n} \sum_{j=1}^{n} x_i x_j \mathrm{Cov}(i,j) \right]^{\frac{1}{2}} \tag{5-2}$$

式中：x_i、x_j 表示证券 i、证券 j 在证券组合中的投资比重（即权数），$\mathrm{Cov}(i,j)$ 表示证券 i 与证券 j 收益率之间的协方差，$\sum_{i=1}^{n}\sum_{j=1}^{n}$ 表示双重加总符号，表示所有有关证券的协方差都要相加。

上式又可以变化为：

$$\sigma_p = \left[\sum_{i=1}^{n} \sigma_i^2 x_i^2 + \sum_{j=1}^{n} \sigma_j^2 x_j^2 + 2\sum^{n} \mathrm{Cov}(i,j) \cdot x_i x_j \right]^{\frac{1}{2}} \tag{5-3}$$

式中：σ_i、σ_j 分别表示第 i 种证券和第 j 种证券的标准差。

如果证券组合中有 n 种证券，则存在着 $\dfrac{n^2-n}{2}$ 项不重复的协方差项。

证券收益率之间的协方差随收益率变动而变动，如果 $\mathrm{Cov}(i,j) > 0$，说明两种证券的收益率变动正相关；如果 $\mathrm{Cov}(i,j) < 0$，说明两种证券的收益率变动负相关；如果 $\mathrm{Cov}(i,j) = 0$，说明两种证券的收益率变动不相关。由于协方差不是标准化数据指标，为消除它易变的影响，可用只表示变动方向的相关系数替代：

因为，$\mathrm{Cov}(i,j) = \rho_{ij} \sigma_i \sigma_j$，所以，

$$\sigma_p = \left(\sum_{i=1}^{n} \sigma_i^2 x_i^2 + \sum_{j=1}^{n} \sigma_j^2 x_j^2 + 2\sum^{n} \rho_{ij} \sigma_i \sigma_j x_i x_j \right)^{\frac{1}{2}} \tag{5-4}$$

从上式可以发现，证券组合的整体风险受 σ_i、x_i 和 ρ_{ij} 影响。

式(5-4)等号右侧的第一、二项是构成该证券组合证券的各自方差和它们在组合中

所占比重的平方之积。由于各种证券在组合中的比重之和为 1,在不允许卖空的情况下：$0 < x_i < 1, 0 < x_j < 1$,所以 $x_i^2 < x_i, x_j^2 < x_j$,也就是说,即使两种证券的风险相互之间没有任何关系,它们各自风险的加总之和,也能使部分风险相互抵消。

式(5-4)等号右侧的第三项是决定证券组合多样化效应的关键,因为这一项中有代表两种证券相互关系的相关系数 ρ_{ij}。由于组合的构造是建立在分析两两证券相互关系的基础之上的,我们可假设组合由证券 i 和证券 j 构成。

当 $\rho_{ij} = 1$ 时, $\sigma_p = (\sigma_i^2 x_i^2 + \sigma_j^2 x_j^2 + 2\sigma_i \sigma_j x_i x_j)^{\frac{1}{2}}$

$$\sigma_p = \sigma_i x_i + \sigma_j x_j \tag{5-5}$$

即证券 i 和证券 j 完全正相关,证券组合的风险与证券 i、证券 j 的风险呈线性关系,组合的风险是证券 i 和证券 j 的风险的加权平均,组合没有降低风险。

当 $\rho_{ij} = -1$ 时, $\sigma_p = (\sigma_i^2 x_i^2 + \sigma_j^2 x_j^2 - 2\sigma_i \sigma_j x_i x_j)^{\frac{1}{2}}$

$$\sigma_p = |\sigma_i x_i - \sigma_j x_j| \tag{5-6}$$

即证券 i 和证券 j 完全负相关,组合的风险与证券 i、证券 j 的风险也呈线性关系,但有拐点。适当选择投资权重 x_i 和 x_j,可使组合的风险降为 0 或接近 0,组合的风险小于个别证券风险之和。

当 $\rho_{ij} = 0$ 时,

$$\sigma_p = (\sigma_i^2 x_i^2 + \sigma_j^2 x_j^2)^{\frac{1}{2}} \tag{5-7}$$

即证券 i 和证券 j 不相关,组合的风险与证券 i、证券 j 的风险呈非线性关系,但仍可降低部分风险。

由于 ρ_{ij} 在 $[-1,1]$ 区间,只要 $\rho_{ij} < 1$,组合就可以降低风险,相关系数越小,组合的风险越小。如果分析一个由多种证券构成的投资组合,也要分析组合中两两证券之间的相关系数。应选择相互之间负相关的证券组成组合,各证券之间的相关系数越接近 -1,组合的风险越小,提供的多样化效应越大。

(四) 证券组合效应

构造证券组合期望实现,在收益率水平保持一定的条件下,组合的总风险有所下降。

从式(5-1)可知,证券组合的收益率在构成组合的各单一证券的收益率之间,不高于收益率最高者,不低于收益率最低者,具体取决于各单一证券在组合中的权重。

从式(5-4)可知,证券组合的风险不仅取决于组合中各单一证券自身风险的大小,还取决组合中各证券风险的相互关系及组合中证券的种类数。只要组合中各单一证券之间的相关系数不等于 1,组合的标准差就小于构成组合的各种证券的标准差之和。

从式(5-3)、(5-4)可知,证券组合的风险也与构成组合的证券种类数有关。如果组合中有 n 种证券,则存在 $\dfrac{n^2-n}{2}$ 的不重复协方差或相关系数项。随着组合中证券种类的增加,各单一证券对组合风险的贡献度趋小,而反映各证券之间相互关系的协方差或相关系数的贡献度趋大。各单一证券的风险是非系统风险,各证券之间的协方差或相关系数代表系统风险。当组合中的证券种类达到一定数量时,非系统风险可以完全抵消,组合中只剩下无法抵消的系统风险。

二、可行组合与有效组合

(一) 可行组合

面对市场上众多的证券,存在着众多的证券组合。按照马科维茨的证券组合选择模式,在分别计算出市场上众多证券的预期收益率、方差或标准差、协方差和相关系数后,运用二维规划一套复杂的数学方法,可以从中结合若干种证券组成许多种可行的组合,再通过对这些组合收益率和风险的相对关系的比较,选出一系列有效组合以供选择。

有效组合与可行组合如图 5-1 所示,纵轴度量每个组合的预期收益率,横轴度量有关风险。图中黑影部分代表市场上交易的各种证券,每一个黑点代表结合若干种证券所建成的许多可能的组合,即可行组合,而有效组合就隐含在可行组合中。总之,**可行组合代表从 n 种证券中所能得到的所有证券组合的集合**,这种集合一般呈伞形状。除了一些特殊情况外,所有可行组合的形状都是相似的。

(二) 有效组合

同时满足以下两个条件的证券组合,称为有效组合:第一,在各种风险条件下,提供最大的预期收益率;第二,在各种预期收益率的水平条件下,提供最小的风险。 显然,这种有效证券组合正是投资者希望得到的理想组合。

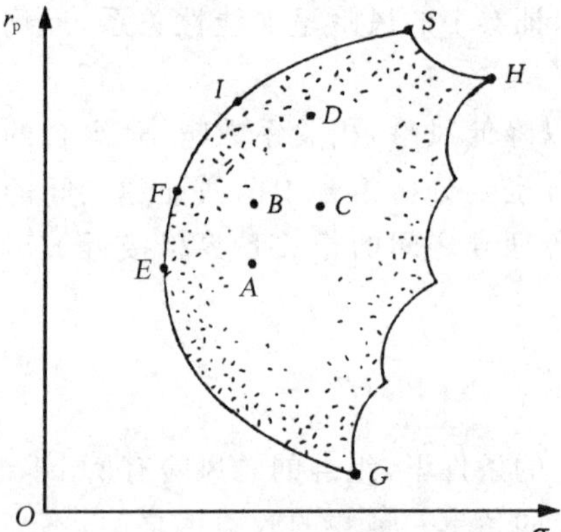

我们可以运用有效组合的定理从可行组合中找出有效组合。

(1) 必须找出满足有效组合定理第一个条件的所有证券组合。在图 5-1 中找到 E 点并通过 E 点画一条与纵轴平行的垂线,在可行组合中找不到一点在这条垂线的左边,可见没有任何证券组合比位于 E 点的证券组合风险更小。同样,通过 H 点画出一条垂线,可行组合中没有任何一点位于这条垂线的右边,可见没有任何证券组合比位于 H 点的证券组合风险更大。因此,在各种风险水平条件下,能够提供最大收益的证券组合位于从 E 点到 H 点之间的可行组合左上角的边界上。

图 5-1 有效组合与可行组合

(2) 必须找出满足有效组合定理第二个条件的所有证券组合。在图 5-1 中通过 S 点画一条与横轴平行的水平线,可行组合中没有一点位于这条水平线之上,可知可行组合中没有一点比 S 点收益率更高。同样,通过 G 点画一条水平线,可行组合中没有一点位于通过 G 点的水平线之下,可知可行组合中没有一点比 G 点收益率更低。因此,在各种可能收益水平的条件下,能够提供最小风险的证券组合位于从 G 点到 S 点可行组合左边的边界上。

从图 5-1 中可以看出,组合 G 风险较小,但收益率最低;组合 S 收益率最高,但风险较高;组合 A 的收益率与组合 E 相同,但风险比组合 E 大;组合 B 的风险与组合 A 相同,收益率也高得多,但又不及组合 F,因为组合 F 的风险更小;同样组合 D 比组合 C 好,但

又不及组合 I。总之,通过比较,我们可以发现,位于 $EFIS$ 这条左上边曲线上的各个证券组合比在这一曲线以外的任何组合都更优越。根据有效组合的定义,必须同时满足有效组合定理两个条件的证券组合才是有效组合。在图 5-1 中,同时满足有效组合定理两个条件的组合位于从 E 点到 H 点之间左上角边线和从 G 点到 S 点左边边线的叠加边线上,即 $EFIS$ 曲线上,所以这条曲线称为有效边界。这一有效边界是一条向右上方倾斜的曲线,反映了高风险、高收益的关系。有效边界上的所有组合都是有效**组合**,投资者可以从有效证券组合中选择一个最优的证券组合。在有效边界以下和右边的任何组合都不是有效组合,投资者在决策时可不予考虑。

三、最优证券组合选择

(一) 如何选择最优的证券组合

投资者如何在有效边界中选择一个最优的证券组合,取决于投资者对风险的态度,并可由无差异曲线表示出来。在第四章中,我们已经知道了无差异曲线的特点,即一个投资者对同一条无差异曲线上的投资点有相同的偏好;投资者更偏好位于左上方的无差异曲线;无差异曲线的斜率为正,也就是向右上方倾斜;无差异曲线的形状因人而异,愿意冒风险的投资者的无差异曲线较为平坦,而不愿意冒风险的投资者无差异曲线较为陡峭。

图 5-2 中画出了证券投资的可行组合、有效边界和某投资者的无差异曲线,图中的 J 点是无差异曲线 I_2 与有效边界的切点,也就是这位投资者应选择的最优证券组合。虽然投资者更偏好 I_3,但它远离可行集,现实中不存在这样的投资机会,而 I_1 在 I_2 的右下方,投资者应更偏好位于左上方的 I_2,因此 J 点是投资者能够选择的最优证券组合。图 5-3 是不愿冒险的投资者的选择,图 5-4 则是愿冒风险的投资者的选择。

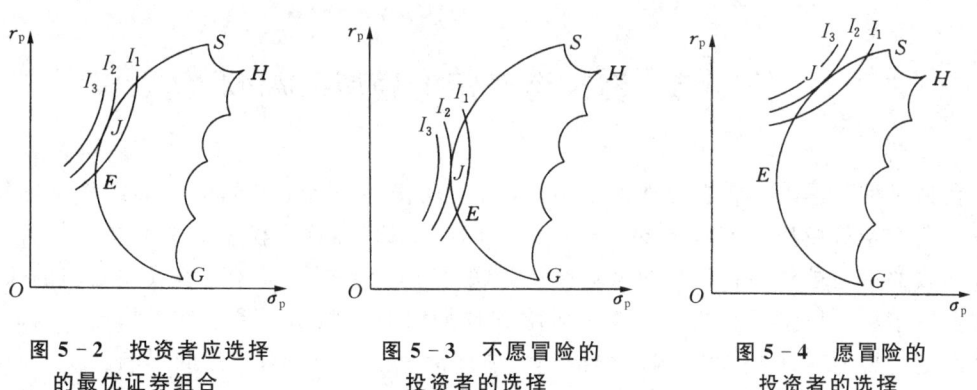

图 5-2 投资者应选择的最优证券组合

图 5-3 不愿冒险的投资者的选择

图 5-4 愿冒险的投资者的选择

(二) 最优证券组合的条件

最优证券组合的选择应同时符合以下条件:① 最优组合应位于有效边界上,只有在有效边界上的组合才是有效组合;② 最优组合又应位于投资者的无差异曲线上,而且应位于左上方的无差异曲线上;③ 由于无差异曲线斜率为正、非满足性和回避风险的特性使无差异曲线呈凸形,而有效集一般呈凹形(证明从略),两者有可能相切并且只有一个切点。无差异曲线与有效边界的切点是投资者对证券组合的最优选择,而且是唯一的选择。

四、马科维茨学说的基本观点及其贡献

通过以上介绍,我们可以看出马科维茨学说的基本观点。在他看来,证券投资过程应分为四个阶段:第一阶段,投资者首先应考虑各种可能的证券组合。第二阶段,计算这些证券组合的收益率、协方差、方差。第三阶段,通过比较收益率和方差决定有效组合。第四阶段,利用无差异曲线与有效边界的切点确定对最优组合的选择。

由于证券或证券组合的预期收益率、标准差及证券之间的相关系数可利用历史数据加以计算,因此马科维茨的证券组合投资的概念和方法正广泛地应用于金融投资的实践之中。证券组合理论的主要贡献在于:证券组合的预期收益率只是组合中各个证券收益率的加权平均数,与组合证券数量无关;证券组合的风险不仅取决于组合中证券的种类数,还受组合中各证券收益率之间相关系数的影响;证券组合的风险随着证券种类的增加而减少,但风险降低的边际效应呈递减趋势;组合的风险受组合中证券收益率之间相关系数的影响,相关系数越低,证券组合的风险越少;分散投资可以消除证券组合的非系统风险,但是不能消除系统风险,投资者无论持有多少证券都必须承担这部分风险,一个充分分散的证券组合的收益率的变化基本上代表了市场收益率的变化,投资预期收益率只是对分散投资不能抵消的系统风险的补偿;投资者决策的关键在于正确计量预期收益率、风险和证券收益率的相互关系,通过比较决定有效组合,并从中选择最优组合。

证券组合理论也有不足之处,如在分析中用收益率、方差、相关系数或协方差的历史数据代替对未来期望数据的估计往往会导致计算误差;为组成有效组合而提出的购买收益率呈负相关证券的建议很难让投资者接受;计算量过于庞大且复杂。这些不足促使后来证券投资理论的发展。

第二节 资本资产定价模型(CAPM)

在马科维茨提出资产组合理论之后,威廉·夏普(William F.Sharpe)等经济学家提出了资本资产定价模型(capital asset pricing model,CAPM),这一模型的主要特点是将资产的预期收益率与被称为 β 系数的风险值相关联,从理论上探讨了风险和收益之间的关系,说明资本市场上风险证券的价格会在风险和预期收益的联动关系中趋于均衡。因此,资本资产定价模型对证券估价、风险分析和业绩评价等投资领域有广泛的影响。

资本资产定价模型是在马科维茨的资产组合理论的基础上发展起来的。除了马科维茨模型中作出的假设条件外,资本资产定价模型还补充了以下几个假设条件:① 存在一种无风险资产,任何投资者可以不受限制地以无风险利率进行借入和贷出;② 证券市场上的任何证券都在单一期限内向投资者提供收益;③ 投资者对证券的预期收益率、方差、协方差具有相同的预期;④ 在不同的系统风险中,投资者之所以选择不同的投资组合,是由于他们对风险的偏好不同;⑤ 证券市场是完善的,不存在有限的可分性、税收、交易成本等投资障碍,证券价格是一种均衡价格。

一、资本市场线

在前面研究的证券组合中,投资者的投资对象是各种风险证券(主要是股票),资本资产定价模型假设还存在一种无风险资产,这样投资者不仅可以投资于风险证券,还可以加上无风险的借与贷,达到进一步分散投资,建立个人对风险和收益不同偏好的组合。**资本市场线(capital market line,CML)就是让投资者得到一种确定无风险证券和风险证券有效组合的办法。**

(一)无风险借贷

1. 无风险资产

资本资产定价模型假定投资是单一时期的投资,无风险资产的收益率是确定的,由于不存在预期收益的变动,因而它的标准差为零,而且无风险资产收益率与风险资产收益率之间的协方差也等于零。一般以到期日与投资者的投资期相等的国债代表无风险资产,如美国联邦政府发行的短期国库券。如果投资者的投资期与国库券的有效期正好一致,只要在这相对较短的时间内不发生通货膨胀和利率变动,投资者在作出投资决策时就能确切知道这种证券的期末价值。

2. 无风险贷出

对于无风险资产的投资被认为是无风险贷出。当投资者将无风险资产(f)与有效边界上的风险资产(t)结合起来就形成一个新的投资组合。新组合的预期收益率(r_p)和风险(σ_p)为:

$$r_p = x_f r_f + x_t r_t = (1-x_t)r_f + x_t r_t = r_f + (r_t - r_f)x_t \tag{5-8}$$

$$\sigma_p = [x_f^2 \sigma_f^2 + x_t^2 \sigma_t^2 + 2x_f x_t \text{Cov}(f,t)]^{\frac{1}{2}} \tag{5-9}$$

因为,$\sigma_f = 0$,$\text{Cov}(f,t) = 0$,所以,

$$\sigma_p = (x_t^2 \sigma_t^2)^{\frac{1}{2}} = x_t \sigma_t \tag{5-10}$$

式中:x_f表示投资于无风险资产的比例,r_f表示无风险资产预期收益率,σ_f表示无风险资产标准差,x_t表示投资于风险资产的比例,r_t表示风险资产预期收益率,σ_t表示风险资产标准差,并有$x_f = (1-x_t)$。

因为,$x_t = \dfrac{\sigma_p}{\sigma_t}$,代入$r_p = r_f + (r_t - r_f)x_t$,则有:

$$r_p = r_f + \frac{r_t - r_f}{\sigma_t}\sigma_p \tag{5-11}$$

由于r_f、r_t和σ_t已知,上式为一线性函数,其中$\dfrac{r_t - r_f}{\sigma_t}$为单位风险报酬。又由于$x_f > 0$,$(1-x_f) > 0$,上式所表示的是连接无风险资产和风险资产的一线段。由无风险资产和风险资产T组成的任何组合均落在这一线段上,而各组合的确切位置则取决于x_f

和 $(1-x_f)$ 的相对比例。进一步推论,对于任意一个由无风险资产和风险资产所构成的组合,其相应的预期收益率和标准差都落在连接无风险资产和风险资产的直线上。推而广之,以上结论也适用于将无风险资产与一个风险资产组合组成的投资组合,无风险资产与风险资产组合形成的任何组合的预期收益率和标准差都将落在连接它们的直线上。

引入无风险贷出后,马科维茨的有效边界发生了重大变化。从无风险资产发出的直线与马科维茨模型的有效边界相切于 T 点,T 点是有效组合中的特殊组合。因为没有任何一种风险资产或风险组合与无风险资产组成的投资组合会位于无风险资产与 T 点连线的左上方。此时新的有效边界由一条直线线段与一条曲线线段构成,这条直线从无风险资产到 T 点,它代表无风险资产和 T 点以各种比例结合而形成的组合,而曲线线段则代表原有效边界上位于 T 点右上方的组合。允许无风险贷出时,投资者除了可以选择风险资产外,还可选择无风险资产或无风险资产与 T 点组合组成的组合。当全部资金投资于风险资产时,最优组合位于投资者无差异曲线与 T 点或 T 点右上方有效边界的切点上;当部分资金投资于无风险资产,部分资金投资于风险组合 T 时,最优组合位于投资者无差异曲线与从无风险资产到 T 点直线线段的切点上(图 5-5)。

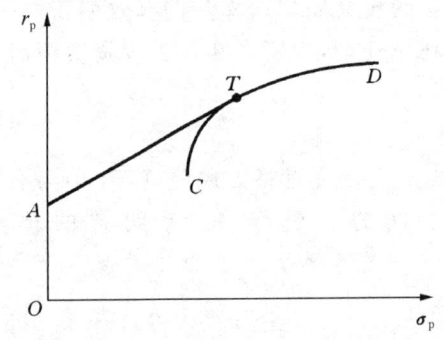

图 5-5　允许无风险贷款时的有效集

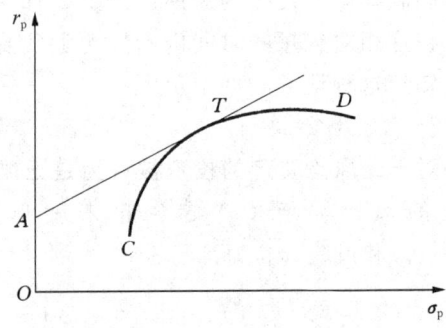

图 5-6　允许无风险借款时的有效集

3. 无风险借入

以固定利率借入资金并将借入资金投入风险资产称为无风险借款。 投资者以无风险利率借入资金并连同他自有资金一起投资于某一风险资产或风险组合,所形成的新的组合的预期收益率和标准差位于连接无风险资产和风险资产或风险资产组合的线段的延长线上,而新组合的确切位置则由借入无风险资金的数量来决定。

当引入无风险贷出和借入后,由于任一风险资产或风险组合均可以与无风险资产构成新的组合,因而可行组合与有效组合发生了变化。可行组合的范围扩大了,而有效边界则变为一条直线,这条直线从无风险资产出发,与原马科维茨有效边界相切于 T 点,此时有效组合由一个位于 T 点的风险组合和不同比例的无风险贷出或借入结合而成。投资者的最优组合将包括对一个风险组合的投资和以无风险利率贷出或借入构成,该最优组合的位置将由与有效边界相切的无差异曲线决定(图 5-6)。

4. 分离定理

由于资本资产定价模型假设所有投资者对证券的预期收益率、方差和标准差、协方差的估计以及无风险借贷利率都是相同的,因此所有投资者对风险资产的选择都是相同的,每个投资者选择的风险资产都是同一个资产组合。这意味着在引入无风险借贷后形成的线性有效边界对所有投资者来说都是相同的,因为它只包括了由预期一致的切点组合 T 与无风险借入或贷出所组成的组合。但不同的投资者对于风险与收益有不同的偏好,有不同的无差异曲线,因此不同的投资者将从相同的有效边界中选择不同的组合,这种不同的选择可通过无风险借入或贷出得到满足。资本资产定价模型中的这一特征被称为**分离定理**。**它指出投资者对最优风险资产组合的选择与该投资者对风险和收益的偏好是无关的,两者可以相分离**。根据这一定理,确定投资者无差异曲线之前,我们就可以确定风险资产的最优组合,这一点对确定市场组合,进而确定资本市场线具有特别重要的意义。

(二) 市场证券组合

根据分离定理,在每一个投资者的投资组合中,风险资产部分与投资者对风险收益率的偏好无关,风险资产部分仅仅是对 T 的投资。这样就得出了资本资产定价模型的另一个重要特征,即**在均衡状态下,每一种证券在切点组合 T 中都有一个非零的比例**。如果某种证券在 T 组合中的比例为零,就没有人对它投资,该证券的价格必然下降并使其预期收益率回升,直至在切点组合 T 中该证券的比例为非零时为止;反之,若某一证券在切点组合 T 中的比例过高,需求过大,则该证券的价格上涨,并引起预期收益率下降,直至在切点组合 T 中对该证券的需求量与供应量大致相等时为止。

市场通过证券价格变动,最终达到均衡状态。在均衡状态下,每个投资者对每种风险证券都愿意持有一定的数量,每种证券在现有的价格水平上供给与需求正好相等,无风险利率水平也使借入资金和贷出资金供求平衡,此时,切点组合中各证券的构成比例等于该证券的市值占证券市场总市值的比例,即其相对市值。习惯上,人们将切点组合称为**市场证券组合**,并用 M 代替 T 来表示。

图 5-7 中纵轴上的 r_f 点是无风险资产的预期收益率,即无风险利率,这一点也就是无风险资产的投资点,这一点上只有收益而没有风险。无风险资产可以与任何一种风险资产或风险资产组合以任何比例构成新的资产组合,但是从 r_f 点引出一条直线 $r_f B$,与马科维茨模型的有效边界相切于 M 点,这条直线就是纳入无风险资产的最佳资产组合线,M 点是所有风险资产与无风险资产的最佳组合点。

M 点被称为**市场证券组合**。所谓**市场证券组合,是将证券市场上的所有种类的证券按照它们各自在整个证券市场总额中所占的比重组成的证券组合**。市场证券组合的预期收益率是市场上所有证券的加权平均收益率。市场证券组合中各单项证券的非系统风险会相互抵消,剩下的是证券投资活动中无法避免的风险,即系统风险,因此市场证券组合可以提供最大程度的资产多样化效应。

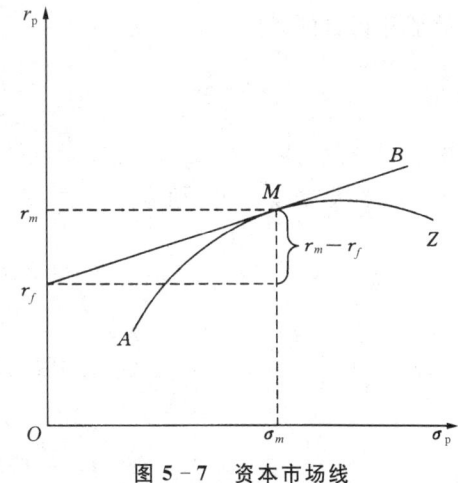

图 5-7 资本市场线

由于资本资产定价模型是市场证券组合与无风险借贷的组合,并以此构成有效集,因此市场证券组合在资本资产定价模型中具有核心作用。

(三)资本市场线的推导与解释

1. 线性有效边界

在图 5-7 中,r_f 代表无风险收益率,M 点代表市场证券组合,从 r_f 出发画一条通过 M 点的直线,有效证券组合位于连接 M 和 r_f 的直线上,直线上的每一点都表示由市场证券组合和无风险借入或贷出构成的收益率与风险的集合。资本资产定价模型的这个线性有效组合称为**资本市场线(CML)**。

资本资产定价模型改变了马科维茨有效边界及其收益率和风险的关系。有效边界的形态发生了变化,原来的弧形有效边界不再有效。尽管在 AMZ 曲线上各点所代表的证券组合也能与无风险资产组合,但除 M 点外,其他证券组合都在资本市场线 CML 以下,也就是说,除 M 点外,CML 上的各个证券组合要优于 AMZ 曲线上单纯由风险资产组合的证券组合,因为前者在同样的风险水平上能比后者提供更高的收益。因此,资本市场线是无风险资产和风险资产 M 两者组合的有效边界。特别需要投资者注意的是,由于可以分散的风险已经消除,因此资本市场线上的所有的证券组合仅含系统风险,非系统风险已有效分散了。

2. 资本市场线方程

投资于无风险资产和市场证券组合的有效组合的收益率 r_p 为:

$$r_p = x_f r_f + x_m r_m \qquad (5-12)$$

式中:x_f、x_m 分别表示投资于无风险资产与市场证券组合的比重,且有 $x_f + x_m = 1$。r_f、r_m 分别表示投资于无风险资产与市场证券组合的预期收益率。则有:

$$r_p = r_f + x_m(r_m - r_f) \qquad (5-13)$$

有效证券组合的风险 σ_p 为:

$$\sigma_p = (x_f^2 \sigma_f^2 + x_m^2 \sigma_m^2 + 2 x_f x_m \rho_{fm} \sigma_f \sigma_m)^{\frac{1}{2}} \qquad (5-14)$$

式中:σ_f、σ_m 分别代表无风险资产与市场证券组合的风险,ρ_{fm} 为它们的相关系数。

因为,$\sigma_f = 0$,$\rho_{fm} = 0$,所以,

$$\boldsymbol{\sigma_p = x_m \sigma_m}, \quad x_m = \frac{\sigma_p}{\sigma_m} \qquad (5-15)$$

将 $x_m = \dfrac{\sigma_p}{\sigma_m}$ 代入有效证券组合预期收益公式中,则有:

$$r_p = r_f + \frac{r_m - r_f}{\boldsymbol{\sigma_m}} \cdot \boldsymbol{\sigma_p} \qquad (5-16)$$

上式为资本市场线的表达式。

3. 对资本市场线方程的解释

资本市场线表现了在均衡条件下证券市场的两个基本特征:① 无风险利率可看成是在一定时间内贷出货币资本的收益,是时间的价格;② 资本市场线的斜率是 $\dfrac{r_m - r_f}{\sigma_m}$,它

的分子是市场证券组合的预期收益率与无风险利率之差,它度量了持有市场证券组合所要求的风险升水,分母是市场证券组合的风险,因此,该斜率可看成是承受每一单位风险的报酬,是风险的价格。由于斜率为正,说明承受的风险越大,所需要的补偿越大。资本市场线的斜率决定了补偿每一单位风险变化所需要的额外收益率,因此又称为风险的市场价格。σ_p是组合的风险,单位风险的市场价格乘以组合的风险量,即为组合风险的补偿。可见,资本市场线表示的是证券组合的预期收益率等于无风险利率加上风险升水,而风险升水又等于风险的市场价格乘以证券组合用标准差表示的风险数量。由于证券价格是用预期收益率形式表现的,因此,从本质上讲,证券市场提供了一个时间与风险之间的交换场所,以及由供需双方决定证券价格的场所。

4. 投资者对最优投资组合的选择

不同的投资者可在资本市场线上找到由各种比例的无风险资产和风险资产组成的证券组合,并运用无差异曲线和资本市场线确定各自的最优投资组合(图 5-8)。

(1) 可以将所有的资金投资于无风险资产,此时投资者的无差异曲线与资本市场线切于 F 点,这一点的收益最低,为 r_f,风险为零。

(2) 可以将一部分资金投资于无风险资产,其余的投资于风险资产,此时的收益率(r_e)和风险(σ_e)都比 F 点高。在这一组合中,无风险资产比重越高,投资点就越接近于 F 点;无风险资产比重越低,投资点就越接近 M 点。

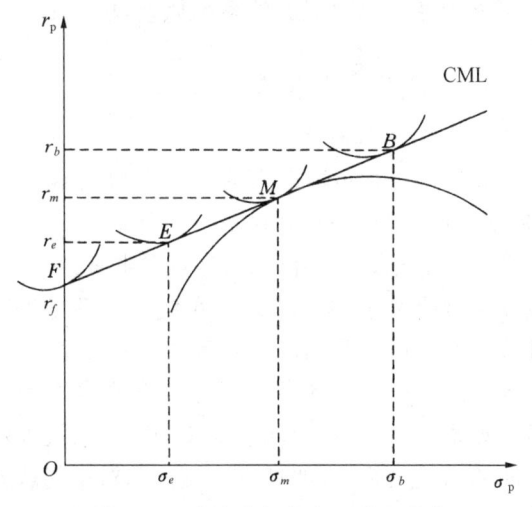

图 5-8 资本市场线与无差异曲线

(3) 可以将所有的资金投资于市场证券组合 M,此时投资者可得到市场平均收益率,同时也愿意承担为取得较高收益而须承担的较高风险。

(4) 可以借入固定利率的资金以增加投资于市场证券组合 M 的资金数量,此时收益率高于市场证券组合,风险也相应增大。投资者借入的资金比例越大,投资点就越远离 M 点;反之,越接近 M 点。

二、证券市场线

资本市场线描述了有效证券组合预期收益率和风险之间的均衡关系,但却没有说明其他证券和其他证券组合的收益率与风险之间的特定关系,因为这些证券和证券组合都在资本市场线之下。**证券市场线(security market line,SML)和 β 系数则提供准确表达任一证券或证券组合收益与风险的关系,并确定该证券价格的方法。**

(一) 系统风险和非系统风险

前已述及,证券的风险是指它预期收益的变动,包括系统风险和非系统风险两部分,风险量以证券收益率概率分布的方差或均方差来表示。当投资者用若干种证券组成一个投资组合时,有一部分风险被相互抵消,证券组合的风险小于组合中各项证券风险的总和。而市场证券组合可以消除所有的非系统风险,只剩下无法消除的系统风险,从而使证券多样化效应达到最大化。可见市场证券组合的总风险就是它的系统风险,因而只要知道市场证券组合未来可能收益率的概率求出预期收益率,就可得出代表总风险也就是系统风险的方差或均方差。

但是,要计算某单项证券的系统风险就不是那么简单了。虽然市场证券组合是由市场上各种证券组成的,但是市场证券组合的风险却不是各单项证券风险的简单加总或加权平均,而要考虑各项证券间的协方差关系。更进一步说,对单项证券而言,不仅由各自的独特因素引起的非系统风险各不相同,即使由共同因素引起的对所有证券都产生作用的系统风险对各种证券的影响程度也是不同的。也就是说,有的证券系统风险大,而有的证券系统风险小。因此,知道了市场证券组合的风险量以及单项证券在其中所占的比重并不能计算出单项证券的系统风险量。

(二) 系统风险的量化

1. 单项证券的收益率

我们可以把单项证券的收益率分解成三个组成部分:第一部分是证券(i)的时间价格,即无风险资产利率,这是不受任何因素影响的收益水平,可以看作是一常数,用 α_i 表示。第二部分是受共同因素影响的收益率,一旦发生某些共同因素作用,市场证券组合的收益率就会发生变化,证券 i 的这部分收益率也会发生相应变化,这部分收益率又称系统性收益率。由于共同因素对各项证券收益率的影响程度不相同,可以假设单项证券受共同因素的影响程度和市场证券组合受共同因素影响的程度之间存在相对固定的比例关系。如果用 r_m 表示市场收益率,用 β_i 系数表示单项证券 i 收益率变化和市场收益率变化之间的函数关系,表明证券 i 收益率对市场收益率变动的敏感性,则单项证券第二部分收益率可用 $\beta_i r_m$ 表示。第三部分是受个别因素影响的收益率,一旦发生与证券 i 有关的个别因素变化,这部分收益率就会发生变动,用 ε_i 表示。通常还可用 ε_i' 表示证券 i 的非系统性收益率,$\varepsilon_i' = \alpha_i + \varepsilon_i$。其中 ε_i 在一段时间内的平均值为 0。这样,单项证券 i 的收益率可用下面的公式表示:

$$r_i = \alpha_i + \beta_i r_m + \varepsilon_i \tag{5-17}$$

式(5-17)将一种单项资产的收益率和市场收益率之间的关系表示为以截距 α_i 和斜率 β_i 为参数的关系式,其中,截距 α_i 等于一段时间内证券 i 非系统收益率的平均值。斜率 β 表明每当市场收益率变化1%时,证券 i 收益率的预期变化幅度。而 ε_i 是随机项,它的准确值是未知的,随个别因素的变动而呈正态概率分布。

2. 单项证券的系统风险

从上式得知,单项证券 i 的收益率是由 α_i、$\beta_i r_m$ 和 ε_i 三部分组成。由于证券的风险是收益率的方差,因此,证券 i 的风险也由三部分组成,即 α_i 的方差、$\beta_i r_m$ 的方差和 ε_i 的方差。由于这三部分收益率是相互独立的随机变量,它们两两之间的相关系数为零,根据方差的加法定理,相互独立的随机变量和的方差等于它们的方差和。第一项 α_i 是无风险资产的收益率,因为没有风险,其方差为零,符合常数项方差为零的性质。第二项 $\beta_i r_m$ 是一个常数与一个随机变量积的方差,应等于这个常数的平方与这个随机变量的方差的积。因此,单项证券 i 的风险等于两项收益率的方差之和。

$$\sigma_i^2 = \beta_i^2 \sigma_m^2 + \sigma_{\varepsilon i}^2 \tag{5-18}$$

$$\beta_i = [(\sigma_i^2 - \sigma_{\varepsilon i}^2)/\sigma_m^2]^{\frac{1}{2}} \tag{5-19}$$

式中:σ_i^2 表示证券 i 的总风险,$\beta_i^2 \sigma_m^2$ 表示证券 i 的系统风险,$\sigma_{\varepsilon i}^2$ 表示证券 i 的非系统风险。

上式表明,β 系数是衡量某一单项证券系统风险的表达方式,因为 σ_i^2 是单项证券 i 的总风险,$\sigma_{\varepsilon i}^2$ 是它的非系统风险,$(\sigma_i^2 - \sigma_{\varepsilon i}^2)$ 是它的系统风险,σ_m^2 是市场证券组合的总风险,也就是市场上所有证券的系统风险,而 β_i 则表示证券 i 的系统风险与市场组合风险之间的倍数关系,因此,β 系数是衡量某一单项证券系统风险的标准。

3. 证券组合的系统风险

同理可知,

$$\sigma_p^2 = \beta_p^2 \cdot \sigma_m^2 + \sigma_{\varepsilon p}^2 \tag{5-20}$$

并有:

$$\beta_p = [(\sigma_p^2 - \sigma_{\varepsilon p}^2)/\sigma_m^2]^{\frac{1}{2}} \tag{5-21}$$

式中,σ_p^2 表示证券组合的总风险,$\beta_p^2 \cdot \sigma_m^2$ 表示证券组合的系统风险,$\sigma_{\varepsilon p}^2$ 表示证券组合的非系统风险。其中,系统风险等于证券组合的 β 系数乘以市场证券组合的风险,非系统风险等于各单项证券非系统风险的加权平均数。由于各单项证券的非系统风险各不相关,当组合中证券种类足够多时,非系统风险 $\sigma_{\varepsilon p}$ 趋向于 0,

因而

$$\sigma_p = \beta_p \cdot \sigma_m \tag{5-22}$$

并有:

$$\beta_p = \sigma_p/\sigma_m \tag{5-23}$$

4. β 系数——系统风险的量化指标

将风险分为系统风险和非系统风险并加以量化使我们得出重要结论。第一,单项证券或证券组合的系统风险与 β 值有关,具有较大 β 值的证券或证券组合具有较高的系统风险,所以可以直接用 β 值作为相对风险指标来表示系统风险的大小。第二,因为具有较大 β 值的证券或证券组合将具有较高的预期收益率,因而进一步说明具有较高系统风险的证券或证券组合应该具有较高的预期收益率。而非系统风险与 β 值没有关系,也就说明,具有较高非系统风险的证券或证券组合没有理由得到较高的预期收益率。这样我们可以预期长时期内实现的收益率只与证券或证券组合的系统风险而不是全部风险相关。因为非系统风险能够通过分散投资消除,因而市场只会为投资者承担系统风险提供风险报酬,而不会为承担非系统风险提供报酬。

(三) 市场模型

在资本资产定价模型中,β 值的数据要建立在历史数据分析的基础上。由于在实际操作中我们不能确切地知道市场证券组合的构成,因此一般用某一市场综合指数来代替,市场综合指数代表市场的平均收益率,又几乎仅具有系统风险,因此可以提供与市场证券组合基本相等的资产多样化效应。这样,我们可以在市场指数的基础上建立起市场模型来测算 β 值,并用它代替资本资产定价模型中的 β 值。市场模型一般可以表示为:

$$r_i = \alpha_{iI} + \beta_{iI} r_I + \varepsilon_{iI} \tag{5-24}$$

式中：r_i 表示证券 i 在一定时期内的实际收益率，r_I 表示市场指数在一定时期内的实际收益率，α_{iI} 表示证券非系统风险的平均值，β_{iI} 表示证券收益率变化对市场指数收益率变化的系数，ε_{iI} 表示随机误差项，其期望值为 0。

显然，**市场模型可用以反映证券的收益率和市场指数收益率之间的关系**。单一证券市场模型中的斜率 β 值用以衡量证券收益率相对市场指数收益率的敏感性。市场模型中的误差项用以反映市场指数收益率不能解释的证券非系统性收益率。证券组合的市场模型也可用类似原理建立。

我们注意到，在市场模型和在资本资产定价模型中都有一个作为斜率的 β 系数，但它们之间却有着明显的区别。① 市场模型是一个单因素模型，在该模型中，因素就是市场指数；资本资产定价模型是一个"均衡模型"，该模型描述证券的价格如何确定。② 市场模型中的 β 值是相对于某个市场指数而测定的，而市场指数是建立在以市场中若干证券为样本的基础之上的；资本资产定价模型中的 β 值是相对市场组合而测定的，而市场组合是市场中所有证券的集合。严格地说，市场模型中的 β 值和资本资产定价模型中的 β 值是有区别的，但在实际应用中，将用市场指数确定的 β 值与用市场组合确定出的 β 值一样对待，即以 β_{iI} 作为 β_{iM} 的一个估计值。

(四) β 系数的计算

公式 $r_i = \alpha_i + \beta_i r_m + \varepsilon_i$ 是一个线性回归方程，β_i 是方程的回归系数。我们可以用最小二乘法推导出回归系数的计算公式：

$$\beta_i = \frac{\text{Cov}(r_i, r_m)}{\sigma_m^2} \tag{5-25}$$

式中：β_i 表示单项证券 i 的系统风险系数，$\text{Cov}(r_i, r_m)$ 表示单项证券 i 与市场组合收益率的协方差，σ_m^2 表示市场证券组合收益率方差。

由于系统风险无法通过多样化投资抵消，因此一个证券组合的 β 系数 β_p 等于该组合中各种证券 β 系数的加权平均数，权数为各证券的市值占整个组合总市值的比重。

$$\beta_p = \sum_{i=1}^{n} x_i \beta_i \tag{5-26}$$

式中：x_i 表示证券 i 在资产组合中的比重，β_i 表示证券 i 的 β 值，n 表示证券组合中的证券种类数。

如果一种证券或证券组合的 β 系数等于 1，则说明它的系统风险与市场证券组合的系统风险相同；如果 β 系数大于 1，则它的系统风险大于市场证券组合；如果 β 系数小于 1，则它的系统风险小于市场组合；如果 β 系数等于 0，则说明没有系统风险。

(五) 证券市场线方程及其解释

1. 证券市场线方程

根据证券组合标准差计算公式，我们可以得出市场证券组合的标准差公式：

$$\sigma_m = \left[\sum_{i=1}^{N} \sum_{j=1}^{N} x_{im} x_{jm} \text{Cov}(i, j) \right]^{\frac{1}{2}} \tag{5-27}$$

式中: x_{im} 和 x_{jm} 分别表示市场证券组合中证券 i 和证券 j 的投资比重,根据协方差性质,证券 i 与市场组合的协方差可以表示为每种证券与证券 i 的协方差的加权和,上式可表达为:

$$\sigma_m = [x_{1m}\text{Cov}(1,m) + x_{2m}\text{Cov}(2,m) + x_{3m}\text{Cov}(3,m) + \cdots + x_{Nm}\text{Cov}(N,m)]^{\frac{1}{2}} \quad (5-28)$$

式中: $\text{Cov}(N, m)$ 表示证券 N 与市场证券组合的协方差。

2. 对证券市场线方程的解释

市场证券组合的标准差等于所有证券与市场证券组合之间协方差的加权平均的平方根,其权数等于市场证券组合中各种证券所占的投资比重。这一公式还进一步告诉我们,一种证券与市场证券组合间的协方差是对这种证券风险的相对测定,即具有较大 $\text{Cov}(i,m)$ 的证券在市场证券组合风险中占有较大份额,当然,也将提供较大的预期收益率。如果某一证券的 $\text{Cov}(i,m)$ 较大而又不能提供较高的预期收益率,将通过投资者对持有证券数量的调整和对证券价格的压力产生综合影响,并最终促使风险和收益恢复平衡。风险和收益之间的均衡关系如下:

$$r_i = r_f + \frac{(r_m - r_f)}{\sigma_m^2}\text{Cov}(i,m) \quad (5-29)$$

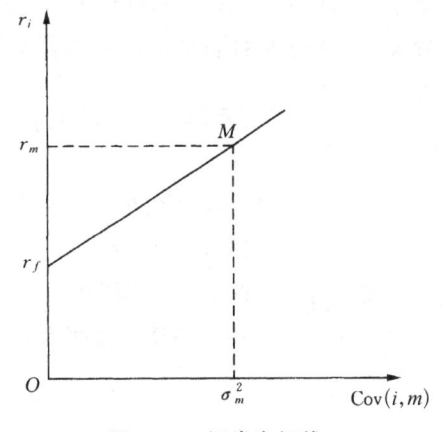

图 5-9 证券市场线

由图 5-9 可知,上述方程代表一条截距为 r_f、斜率为 $\frac{r_m - r_f}{\sigma_m^2}$ 的直线。由于斜率为正,表明具有较大 $\text{Cov}(i,m)$ 的证券定价应产生较大的预期收益率。**证券协方差风险与预期收益率之间的线性关系,称为证券市场线。一般把它称为资本资产定价模型。**

由于 $\beta_i = \frac{\text{Cov}(r_i, r_m)}{\sigma_m^2}$,证券市场线也可表达为:

$$r_i = r_f + (r_m - r_f)\beta_i \quad (5-30)$$

证券市场线表示任一证券或证券组合的预期收益率与以 β 作为衡量测度的风险之间存在线性的均衡关系。任一证券或证券组合的预期收益率由两部分组成: 一部分是无风险利率 r_f,是由时间创造的,是对放弃即期消费的补偿,称为时间价格;另一部分是对由 β 系数测定的系统风险的补偿,称为风险溢价,它与系统风险指标 β 的大小成正比。在证券市场线上,相对于 $\beta=1$ 的 M 点所要求的预期收益率为 r_m,这就是市场预期收益率(图 5-10)。资本资产定价模型认为,市场为每种证券所确定的合适的价格,都落在证券市场线上,β 系数大于 1 的证券,预期收益

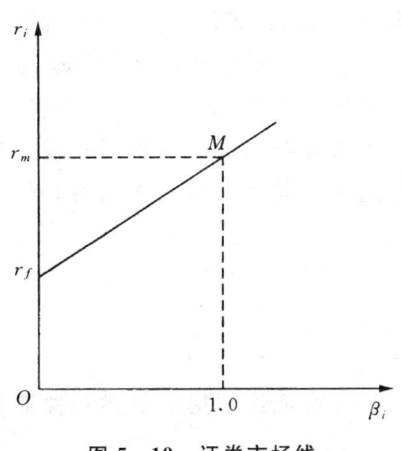

图 5-10 证券市场线

率将大于市场预期收益率,β 系数小于 1 的证券,预期收益率将在市场预期收益率以下。

根据 β 系数的特性,一种证券组合的 β 系数是组成它的各种证券的 β 系数的加权平均数,其权数是这些证券在组合中的投资比例。同时,我们又知道,一种证券组合的预期收益率是组成它的各种证券预期收益率的加权平均数,权数为这些证券在组合中的投资比例。因此,不仅每一种证券,而且每一种证券组合都必然位于纵坐标代表预期收益率和横坐标代表 β 系数的证券市场线上,证券市场线上的证券和证券组合的风险和收益处于均衡状态。

证券市场线反映了不同的 β 值水平下,各种证券及证券组合应有的预期收益率水平,从而反映了各种证券和证券组合的系统性风险与预期收益率的均衡关系。由于预期收益率与证券价格成反比,因此证券市场线实际上也给出了风险资产定价公式。

3. 资本资产定价模型的应用

资本资产定价模型最重要的应用是通过确定在市场均衡条件下任一证券的预期收益率从而为资本资产定价,同时也可以寻找市场中被错误定价的证券。根据资本资产定价模型,任一证券的期初价格应为:

$$均衡期初价格 = \frac{E(股息 + 期末价格)}{r_i^e + 1} \qquad (5-31)$$

其中,E(股息+期末价格)表示市场对证券 i 未来产生收入的预期值,r_i^e 表示市场均衡条件下证券 i 的预期收益率。

我们可以根据证券市场线模型,计算任一证券的预期收益率(或称必要收益率)。如果无风险利率为 6%,市场预期收益率为 12%,某证券的 β 系数为 1.5,则该证券的预期收益率为:

$$r_i = r_f + (r_m - r_f) \cdot \beta_i = 0.06 + (0.12 - 0.06) \times 1.5$$
$$= 0.15(或 15\%)$$

借助资本资产定价模型,我们可以将证券的均衡期初价格与实际的平均价格进行比较,寻找出被错误定价的证券。在市场均衡的条件下,价格被高估或低估的证券应有回归合理价格的要求,从而可以确定投资策略。

综上所述,资本资产定价模型是描述如何在市场上对证券进行定价的经济模型。证券价格是由时间、面值、利率、未来市场收益率等因素决定的,因此证券价格用预期收益率表示。资本资产定价模型假设每个投资者都持有市场证券组合,都害怕风险,因此都关心市场证券组合的标准差。对单一证券的评估要以它在证券组合标准差中所占份额,即 β 系数而定,因此 β 系数可替代方差或标准差作为测定证券风险的指标。由于证券或证券组合的预期收益率与 β 系数呈正的线性相关关系,因此 β 系数越大的证券预期收益率越高。在一个完全竞争的市场里,证券收益与风险的关系通过调整证券价格直到对它的需求量与供应量一致,实现两者的均衡。

三、证券特征线

证券市场线一般用于估计一种证券的预期收益,而**证券特征线则用于描述一种证券的实际收益。**

(一) α 系数

根据资本资产定价模型,在均衡条件下,每一种证券都位于证券市场线上,即证券的预期收益率等于它的均衡预期收益率。但实际上,会有一些证券或证券组合位于证券市场线之外,此时,这种证券的价格和预期收益率处于不均衡状态,称为证券的错误定价。证券的错误定价程度用 α 系数来衡量。**一种证券的 α 系数是它的预期收益率与均衡预期收益率之差**,即:

$$\alpha_i = r_i - r_i^e \tag{5-32}$$

根据资本资产定价模型,在均衡条件下,位于证券市场线上的证券 i 的预期收益率为均衡预期收益率,即:

$$r_i^e = r_f + (r_m - r_f)\beta_i \tag{5-33}$$

式中:r_i^e 表示证券 i 的均衡预期收益率。因此就有:

$$\alpha_i = r_i - [r_f + (r_m - r_f)\beta_i] \tag{5-34}$$

如果某证券的 α 系数不为零,说明该证券被错误定价。若某证券的 α 系数为正,则它位于证券市场线的上方,说明市场对其收益率的预期高于均衡的预期收益率,该证券价格被低估;若某证券的 α 系数为负,则它位于证券市场线的下方,说明市场对其收益率的预期低于均衡的预期收益率,该证券价格被高估;若某证券的 α 系数为零,则位于证券市场线上,说明定价正确。在资本资产定价模型中,一种证券的 α 系数是由它的位置与证券市场线的垂直距离来衡量的。

(二) 证券特征线方程

可将 $\alpha_i = r_i - [r_f + (r_m - r_f)\beta_i]$ 整理为:

$$\boldsymbol{r_i - r_f = \alpha_i + (r_m - r_f)\beta_i} \tag{5-35}$$

上式即为证券特征线方程。它表明,在未来持有证券的时间内预期超额收益率由两部分组成:证券的 α 系数、市场证券组合预期超额收益率与这种证券 β 系数的乘积。据此,可画出证券特征线。证券特征线的垂直轴测定这种证券的实际超额收益率,而水平轴则测定市场证券组合的实际超额收益率 $(r_m - r_f)$。某一证券的证券特征线通过以下两点:一是垂直轴上 α 系数所在点,二是该证券预期超额收益率和市场证券组合超额收益率的相交点。同时,证券特征线的斜率等于这一证券的 β 系数,反映该证券的预期收益率对市场证券组合预期收益率的灵敏度,即当市场证券组合预期收益率变化后该证券的变化幅度。

试举例说明。若证券 i 的 α 系数和 β 系数分别是 3% 和 1.5,在无风险利率为 6% 和市场证券组合预期收益率为 12% 的条件下,该证券的证券特征线是(图 5-11):

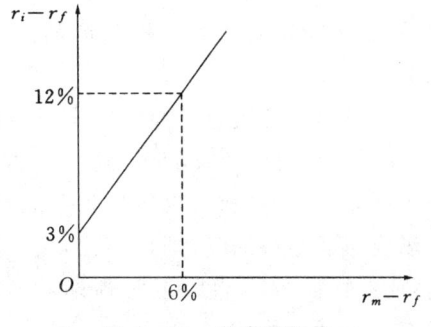

图 5-11 证券特征线

$$r_i - r_f = 3\% + (r_m - r_f) \cdot 1.5$$
$$= 3\% + (12\% - 6\%) \times 1.5$$
$$= 12\%$$

实际上，证券 i 的实际收益率仍有可能偏离它的证券特征线，这是因为有随机误差项存在。一种证券的随机误差项是一种预期值为零和标准差各不相同的随机变量。当随机误差项不为零时，证券的实际超额收益率就包含 α 系数、市场证券组合的实际超额收益率与 β 系数之积、随机误差三项。

（三）投资分散化的好处

在证券实际收益率包含 α 系数、市场证券组合的实际超额收益率与 β 系数之积、随机误差三项内容的情况下，我们将上述证券特征线方程作如下调整：

$$r_i - r_f = \alpha_i + (r_m - r_f)\beta_i + \varepsilon_i \tag{5-36}$$

式中：ε_i 表示证券 i 的随机误差项。并有：

$$r_i - r_f = (r_m - r_f)\beta_i + (\alpha_i + \varepsilon_i) \tag{5-37}$$

由于证券组合的 α 系数和 β 系数都是其中各证券 α 系数和 β 系数的加权平均数，因此，要描述一个证券组合的特征线，可表述为：

$$r_p - r_f = (r_m - r_f)\beta_p + (\alpha_p + \varepsilon_p) \tag{5-38}$$

式中：r_p、β_p、α_p、ε_p 分别表示证券组合的预期收益率、β 系数、α 系数和随机误差项。

我们知道，收益是风险的补偿，证券组合的超额收益率 $(r_p - r_f)$，即超过无风险利率 (r_f) 的部分，是组合总风险的补偿，$[(r_m - r_f) \cdot \beta_p]$ 是与市场有关的系统风险的补偿，$(\alpha_p + \varepsilon_p)$ 是非系统风险的补偿。

如果我们随机选择一定数量（如 20 种或更多）的证券组成证券组合，可以达到投资分散化效应。因为证券组合的 β 系数是构成它的所有证券的 β 系数的加权平均数，只要不是故意将较高或较低 β 系数的证券加入组合之中，组合中证券种类的增加不会引起 β_p 的显著变化，因此，投资分散化将导致系统风险的平均化。对于非系统风险来说，如果证券组合中各证券收益率的随机误差项互不相关，则组合中的证券种类越多，投资越分散化，非系统风险就越少。总之，由于投资分散化将导致证券组合系统风险的平均化和非系统风险的相互抵消，所以分散投资能实现证券组合总风险减少的理想效果。

将资本市场线与证券市场线相比较，在市场处于均衡状态时，有效证券组合既位于资本市场线上，也位于证券市场线上，非有效证券组合都位于资本市场线的下方，而所有的单个证券或证券组合，也包括有效证券组合都位于证券市场线上。比较资本市场线、证券市场线与证券特征线，则可看出，资本市场线和证券市场线是用以预测预期收益率的模型，证券特征线不能用于对预期收益率的预测，而用于表示证券或证券组合的实际收益率。

> **专栏 5-1　基金投资中的 α 和 β**
>
> 通常，股票二级市场投资基金的收益主要有两部分，一部分叫作 β 收益，这部分收益来源于承担市场的系统性风险，是由大盘整体变动而贡献的；另一部分叫作 α 收益，是由基金经理主动投资策略所贡献的。
>
> **阿尔法（α）**
>
> 阿尔法系数是指投资或基金的绝对回报与按照 β 系数计算的预期风险回报之间的差额。简单来讲，阿尔法系数就是超额回报。超额回报就是基金经理通过专业能力，实现超越市场平均水平获得的更高回报。阿尔法系数反映的是投资回报率，阿尔法数值越高，说明基金获得超额收益的能力越强。阿尔法系数是对基金经理投资能力的最真实的反映。一个合格的基金经理，阿尔法系数至少应当是大于零的。如果小于零，就说明投资回报还不如市场平均水平。
>
> **贝塔（β）**
>
> 贝塔系数是一种风险指数，用来衡量个别股票或股票基金相对于整个股市的价格波动情况，是评估证券系统性风险的工具，可以简单理解为相对于大盘的波动幅度，也可以表示与市场波动的相关性。通常市场的贝塔系数值为 1，如果一只基金的贝塔系数大于 1，就说明它的波动幅度相对市场而言更大，风险相对于市场更高；如果一只基金的贝塔系数小于 1，它相对于市场有更强的抗波动性，其风险小于市场。贝塔系数越趋近于 1，其波动情况就越与市场趋同。
>
> **如何运用 α 和 β 选择基金投资**
>
> 对于普通投资者而言，通常在基金评级网站上可以直接查到一只基金的阿尔法和贝塔系数，我们可以运用这两个指标来作为投资选择。
>
> 通常，基金的贝塔系数越大，越容易受到市场波动的影响。因而可以利用贝塔系数，让投资者在牛市中更容易赚钱，在熊市中更少亏钱。在实际运用中，我们可以在市场底部的时候选择贝塔系数较大的基金，一旦市场开始上涨，这只基金可以表现出更快的上涨趋势；在市场高位时，可以选择贝塔系数较小的基金，市场下跌时能表现出更强的抗跌性。
>
> 阿尔法系数反映的是基金管理能力，也就是基金经理依靠专业投资能力所能获得的超额收益。因而，阿尔法系数越大，说明基金经理的赚钱能力就越强。

第三节　套利定价理论（APT）

套利定价理论（arbitrage pricing theory，APT）模型是由史蒂芬·罗斯（Stephen Ross）于 1976 年利用套利定价原理提出的一个决定资产价格的均衡模型，这一均衡是通过市场上证券价格的套利交易而实现的。与资本资产定价模型不同的是，它认为证券的实际收益不仅受市场证券组合变动的影响,而且要受市场中更多共同因素的影响,各种证券收益率之所以相关是因为它们都会对这些共同因素起反应,然后运用相同投资组合应提供相同收益这一经济原理推导了影响证券收益的多种因素的市场价格。**在套利定价理论中,证券分析的目标在于识别经济中的这些因素以及证券收益率对这些因素的不同敏感性。**上述这种关系可表达为"证券收益的因素模型"。

一、因素模型

(一) 单一因素模型

罗斯认为在整体经济中存在着一些主要的和具有普遍影响的市场因素 F,它们在不同程度上影响着证券的收益,因此,可以用下列方程来表达单一因素模型:

$$r_i = a_i + b_i F + e_i \tag{5-39}$$

式中:r_i 表示证券 i 的收益率,a_i 表示没有因素 F 的期望收益,F 表示因素的价值,b_i 表示证券 i 对因素 F 的敏感系数,e_i 表示随机误差项,是一个期望值为零、标准差为 σ_{e_i} 的随机变量。

根据单一因素模型,证券 i 的预期收益率可以写成:

$$r_i = a_i + b_i \overline{F} \tag{5-40}$$

证券 i 的方差为:

$$\sigma_i^2 = b_i^2 \sigma_F^2 + \sigma_{e_i}^2 \tag{5-41}$$

式中:σ_F^2 表示 F 因素的方差,$\sigma_{e_i}^2$ 表示随机变量 e_i 的方差。证券 i 和 j 收益率的协方差为:

$$\text{Cov}(i, j) = b_i b_j \sigma_F^2 \tag{5-42}$$

单一因素模型的假设条件是:随机误差项与因素不相关;任何两种证券的误差项不相关。也就是说仅仅通过两种证券对因素 F 的共同反应,这两种证券才会相关。

在单一因素模型中,证券组合的方差为:

$$\sigma_p^2 = b_p^2 \sigma_F^2 + \sigma_{ep}^2 \tag{5-43}$$

式中:
$$b_p = \sum_{i=1}^n x_i b_i \qquad \sigma_{ep}^2 = \sum_{i=1}^n x_i^2 \sigma_{e_i}^2 \tag{5-44}$$

在单一因素模型中将证券的风险分为因素风险和非因素风险两类,在计算证券 i 方差的公式中,$b_i^2 \sigma_F^2$ 称为因素风险,$\sigma_{e_i}^2$ 称为非因素风险。

(二) 多因素模型

人们已经认识到,实际上有多种共同的因素,如对国民生产总值的预期、对利率的预期、对通货膨胀的预期等都同时影响着大多数证券的收益,因此用多因素模型取代单一因素模型来研究证券收益将更有现实意义。

我们可以从单一因素模型推出多因素模型，用公式表示如下：

$$r_i = a_i + b_{i1}F_1 + b_{i2}F_2 + \cdots + b_{in}F_n + e_i \tag{5-45}$$

式中：$F_1, F_2, \cdots, F_n$ 是影响证券收益的各共同因素，$b_1, b_2, \cdots, b_n$ 是证券 i 对这些因素的灵敏系数。

只要能得到 b 和 F 的各项参数，就可计算任何一种证券的预期收益率、方差和协方差，并进一步导出马科维茨的曲线型有效边界，根据给定的无风险收益率就能找到切点处证券组合，因此多因素模型也适用于证券组合。由于证券组合的收益率是：

$$r_p = \sum_{i=1}^{n} x_i r_i \tag{5-46}$$

将式（5-45）代入式（5-46）得：

$$\begin{aligned} r_p &= \sum_{i=1}^{n} x_i (a_i + b_{i1}F_1 + b_{i2}F_2 + \cdots + b_{in}F_n + e_i) \\ &= a_p + b_{p1}F_1 + b_{p2}F_2 + \cdots + b_{pn}F_n + e_p \end{aligned} \tag{5-47}$$

式中：$a_p, b_{p1}, b_{p2}, \cdots, b_{pN}, e_p$ 是它们所包含的各个证券的 $a_i, b_{i1}, b_{i2}, \cdots, b_{in}, e_i$ 的加权平均数，权数为各证券在组合中的投资比例。

在多因素模型中，投资组合同样能实现分散投资效应：① 因为证券组合的 b_p 是单一证券 b_i 的加权平均数，权数是证券的投资比例 x_i。当组合中证券种类逐渐增多时，每种证券的投资比例越来越小，b_p 也越来越趋于平均化，因此投资分散化导致因素风险平均化。② 由于假定任何两项证券之间的随机误差互不相关，对达到良好分散投资状态下的证券组合来说，非因素风险将大大减少甚至显得毫无意义。

二、套利定价理论模型

套利定价理论假定投资者更偏好收益率较高的证券，并假定收益率由因素模型而产生。

套利定价理论认为，当市场上存在很多种各具不同特点的证券时，可以选择具有如下特点的证券组成一个证券组合：这些证券都只对某一因素的变动具有灵敏度而对其他因素的影响不敏感，这些证券的非因素收益（$a_i + e_i$）大致相互抵消。这样，就有可能组成一个只对某一因素有单位灵敏度（$b_p = 1$）而对其他因素灵敏度为零和不存在非因素风险（$e_p = 0$）的证券组合。因为这种证券组合只对某一单纯因素有灵敏度，因此称为纯因素证券组合。在均衡条件下，一个纯因素证券组合的收益率为：

$$r_p = r_f + b_p \lambda \tag{5-48}$$

这就是单一因素模型套利定价理论定价公式。在公式中，证券组合的收益率可分为两部分，其一是无风险利率 r_f，其二是 $b_p \lambda$，由于纯因素组合的因素敏感度为 1，则 $b_p = 1$，因此预期收益率依赖于相关因素的预期价值。这里 λ 代表每单位因素灵敏度的预期收益升水,即因素风险报酬。

在套利定价理论模型中,任何偏离套利定价理论定价模型的证券,其定价都是错误的,这就为投资者的套利活动提供了机会。可以设想市场上同时存在两个仅对某一因素敏感的纯因素证券组合,在均衡条件下,这两个证券组合必然提供相同的收益率,即有同样的定价水平。当这两个证券组合的收益率不相同时,就会有套利交易出现,此时投资者会出售具有较低收益率的证券组合并购买具有较高收益率的证券组合,从中获得非正常收益。但这种套利活动将引起收益率较高的证券组合价格上升,预期收益率下降,同时也引起收益率较低的证券组合价格下降,预期收益率上升,直至两种组合具有相同的预期收益率,套利交易获利的机会消失。这说明,套利交易能使风险-收益恢复均衡状态。

在多因素模型下,套利定价理论中的资产定价公式为:

$$r_i = r_f + b_{i1}\lambda_1 + b_{i2}\lambda_2 + \cdots + b_{in}\lambda_n \tag{5-49}$$

套利定价理论定价模型表明证券或证券组合的预期收益率与它对市场因素的敏感度存在着线性相关关系,并有等于无风险利率的共同截距。同时,套利定价理论模型还表明投资者要获得所有共同影响证券收益率的因素的补偿,补偿额等于每一因素的系统性风险与该因素风险报酬乘积的总和。和其他风险收益模型一样,投资者不会因承受非系统风险而得到补偿。

三、套利定价理论与资本资产定价模型的综合应用

套利定价理论和资本资产定价模型都是确定资产均衡价格的经济模型,套利定价理论分析了影响证券收益的多种因素以及证券对各个因素的敏感程度,而资本资产定价模型中只有一个因素(即市场证券组合),一个敏感系数(即证券的 β 系数)。如果市场证券组合为唯一因素,套利定价理论就变成了资本资产定价模型。由于套利定价理论对投资者关于风险和收益的假设限制条件更少,而考虑的因素更多,因此,套利定价理论比资本资产定价模型更具有一般的现实意义,也能更好地描述均衡的证券价格。套利定价理论的缺点是没有指明有哪些因素影响证券收益以及它们的影响程度,因而影响了它的实际应用,而资本资产定价模型却能对此提供具体帮助。事实上,这两者之间确实存在某种联系,这就是它们的敏感系数 b 与 β。

如果证券收益由因素模型产生,根据协方差的性质,证券 i 的收益率与市场证券组合收益率之间的协方差是:

$$\begin{aligned}\text{Cov}(r_i, r_m) = &\text{Cov}(F_1, r_m)b_{i1} + \text{Cov}(F_2, r_m)b_{i2} + \cdots \\ &+ \text{Cov}(F_n, r_m)b_{in} + \text{Cov}(e_i, r_m)\end{aligned} \tag{5-50}$$

因为, $\beta_i = \dfrac{\text{Cov}(r_i, r_m)}{\sigma_m^2}$,在上式两边同时除以 σ_m^2 ,则可得:

$$\beta_i = \frac{\text{Cov}(F_1, r_m)}{\sigma_m^2}b_{i1} + \frac{\text{Cov}(F_2, r_m)}{\sigma_m^2}b_{i2} + \cdots + \frac{\text{Cov}(F_n, r_m)}{\sigma_m^2}b_{in} + \frac{\text{Cov}(e_i, r_m)}{\sigma_m^2}$$

$$\tag{5-51}$$

其中最后一项的值非常小,可以略而不计,前面几项实际是各因素的 β 系数。由此可得:

$$\beta_i = \beta_{F1}b_{i1} + \beta_{F2}b_{i2} + \cdots + \beta_{Fn}b_{in} \qquad (5-52)$$

式(5-52)表示一种证券的 β 系数是它的相关因素灵敏度的函数,从中也可得知,不同证券有不同的 β 系数是因为它们有不同的灵敏度。

在资本资产定价模型中,证券 i 的预期收益率与 β 系数的关系是:

$$r_i = r_f + (r_m - r_f)\beta_i \qquad (5-53)$$

将式(5-52)代入,则有:

$$\begin{aligned} r_i &= r_f + (r_m - r_f)(\beta_{F1}b_{i1} + \beta_{F2}b_{i2} + \cdots + \beta_{Fn}b_{in}) \\ &= r_f + (r_m - r_f)\beta_{F1}b_{i1} + (r_m - r_f)\beta_{F2}b_{i2} + \cdots + (r_m - r_f)\beta_{Fn}b_{in} \end{aligned} \qquad (5-54)$$

根据套利定价理论资产定价方程式(5-46):

$$r_i = r_f + b_{i1}\lambda_1 + b_{i2}\lambda_2 + \cdots + b_{in}\lambda_n$$

则

$$\lambda_1 = (r_m - r_f)\beta_{F1}$$
$$\lambda_2 = (r_m - r_f)\beta_{F2}$$
$$\vdots$$
$$\lambda_N = (r_m - r_f)\beta_{Fn} \qquad (5-55)$$

从中可得知,套利定价理论并没有明确揭示各因素灵敏度的预期收益率升水(λ)数值的大小,而资本资产定价模型却提供了具体的帮助。显然,如果能将两者结合起来就能比单纯的套利定价理论作出更精确的预测,又能比资本资产定价模型作出更广泛的分析,从而为投资决策提供更充分的指导。

专栏 5-2 如果你在错误的路上,奔跑也没有用

巴菲特的投资理念从来不只是简单的买入持有,长期持有只是一种手段,巴菲特的判断也不是一成不变的,一旦发现了对公司未来长期有影响的问题,会立刻毫不犹豫地纠错,这才是巴菲特的正常操作。当然,纠错的方式也有很多,最直接的就是**卖掉股票**,还包括调整董事会成员或 **CEO**。

贪便宜不得不转型烂公司

1962 年,巴菲特认为伯克希尔公司(纺织行业)虽然业绩走下坡路,但市场价格严重低估,于是开始和他的老朋友查理芒格买入公司的股票,一直买到 1965 年控制了 70% 左右的股权,正式开始接管伯克希尔,并着手解决伯克希尔亏损的财务问题,开始多元化经营。1967 年收购一家主营汽车保险的新公司。接下去的 10 年里伯克希尔公司继续收购扩张,当然主要还是集中在保险行业。直到 1985 年最终决定放弃纺织行业,关闭最后一家工厂。亏损的纺织厂关闭后,伯克希尔的业绩开始高速增长。伴随着业绩增长,伯克希尔公司的股价也大幅上涨。为了继续扩大保险规模,伯克希尔公司

1996年以23亿美元收购GEICO,并最终奠定今日保险巨头的地位。伯克希尔股价从当初1965年完成收购控股的每股7.5美元,飙涨到2020年8月底的每股32万美元,市值从当初的2000多万美元到2020年8月底的5000多亿美元,成为资本界的"神话"!

不看好某个业务就清仓卖掉

2020年4月初,美国证监会披露的资料显示,伯克希尔已经出售了其持有的约18%的达美航空股份和4%的美国西南航空股份。在同年3月的雅虎采访上,巴菲特还非常肯定地说:"我不会卖出航空公司的股票。"在5月的股东大会上,巴菲特正式宣布,他对航空公司的判断全面逆转,清仓了其持有的美国四大航空公司的所有股票。理由很简单,巴菲特认为对航空业来说,新冠肺炎疫情让世界变了,可能会改变美国人的生活习惯,他不知道将如何改变,所以希望自己能以一种合理而迅速的方式自我纠正。正如巴菲特自己所说,**喜欢一个企业,会尽可能多地收购持有它,并尽可能长时间地持有它,但是当改变主意时,不会采取折中、或者类似的方法,会卖掉所有的头寸。**

更换CEO,派索科尔救火

1998年,巴菲特以7.25亿美元的价格买下利捷公务航空公司,但在那之后,发现连赚回伯克希尔公司的投资本钱都困难。2009年8月中旬开始,利捷公务航空公司的资金和客户不断流失。公司创始人兼首席执行官草拟了一封辞职信,巴菲特接受了他的辞呈。随后,巴菲特派出了自己的干将索科尔出任公司首席执行官。索科尔入主公司后,努力推进取消新飞机的订单,出售旧飞机。紧接着就是裁员,裁掉5%的员工。索科尔还把客户服务、销售和市场营销集中到一个团队内,创建了综合功能团队,以便更熟悉每位飞机主人的需要。不过,公司某些心怀不满的前管理人员对索科尔发动了一场言论攻击,认为取消新飞机的订单是个巨大的错误,削减成本的措施是以牺牲服务标准为代价的。在种种争议声中,巴菲特认可了索科尔的成绩,他说:"公司现在的盈利状况很好,而且不是通过卖飞机获得的……看起来公司今年的税前利润有望达到2亿美元。这是我所见过的一项伟大的管理成就。当航空业东山再起时,公司的年利润可能会达到5亿美元。"

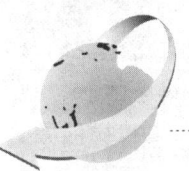

本章小结

证券组合理论解释了投资者应当如何构建有效的证券组合并从中选出最优的证券组合。这一理论说明了如何度量单一资产和资产组合的预期收益率和风险,并说明如何在不减少预期收益的前提下降低证券组合的风险从而达到分散投资的目的。

资本资产定价理论描述了风险和预期收益率之间的关系,并建立了风险证券的定价模型。这一理论认为理性投资者为风险证券定价的唯一依据是系统风险。证券或证券组合的β值是衡量其系统性风险的指标。

套利定价理论也是证券价格的定价理论。这一理论建立在套利依据之上,并假设证券或证券组合的收益率受多个因素的影响。该理论认为套利将使证券的预期收益率实现均衡,而其均衡收益率是它的因素敏感性的线性函数。

以上理论在理论界尚存在争议,在实践中也难以贯彻或得到令人满意的检验,但这些理论关于证券投资存在收益和风险、在进行证券组合时要考虑单项证券之间收益率变化的相互关系对证券组合风险的影响、风险可以分为系统性风险和非系统风险两类、投资者只能因承受系统风险而得到补偿的重要原则已得到普遍认同并对投资实践起着重要的指导作用。

基本概念

有效组合　可行组合　最优组合　资本资产定价模型　无风险借贷　分离定理　市场证券组合　资本市场线　证券市场线

复习思考题

1. 什么是有效组合?如何从可行组合中找出有效组合?投资者又如何在有效组合中选择最优组合?
2. 引入无风险借贷后,有效边界有什么变化?什么是资本市场线?
3. 什么是证券的 β 系数?β 系数的高低对投资策略有什么启示?
4. 什么是证券市场线?如何根据证券市场线方程计算证券或证券组合的预期收益率?
5. 试借助证券特征线公式分析分散投资降低证券组合总风险的原理。
6. 套利定价理论比资本资产定价模型有哪些显著的发展变化?又有哪些不足?

第六章 证券投资对象分析

证券市场上交易的对象是债券、股票和证券衍生产品。这些投资对象的收益和风险各不相同,投资者在作出投资决策前要对它们的投资价值作出分析和评估。投资者对投资对象的评价集中体现在对证券估值和价格分析方面,证券市场的价格应是证券内在价值的表现,也是调节证券收益和风险的杠杆。影响证券价格的因素非常复杂,这些复杂的社会、政治、经济因素最终通过供求关系在证券价格上得以表现,并取得均衡。如果说某一证券的价格体现了投资者对它的评价,那么证券市场的一般价格水平就体现了投资者对整个证券市场的评定。证券价格指数是反映证券市场平均价格水平的重要指标,也是反映一个国家或地区社会经济运行态势的灵敏指标。

第一节 债券分析

债券是政府或公司筹措资金的重要手段,代表着一种债权债务关系。对债券投资者来说,债券的安全性,即还本付息的可靠程度是在进行投资分析时首先要考虑的问题。中央政府债券、地方政府债券和公司债券的安全性是不相同的。信用评级是反映债券还本付息可靠程度的参考依据。债券分析的另一个重要内容是根据债券的特性对它的内在价值作出估计,并与它的市场价格进行比较,以判断债券的市价是否偏高或偏低。在债券市场上,同种债券因期限不同而具有不同的收益率,并形成了利率期限结构。收益率曲线对债券投资者和筹资者的决策有一定帮助。

一、债券的投资分析

(一) 中央政府债券和政府机构债券

中央政府债券是中央政府承诺于到期日向债权人无条件偿付本金和支付利息的信用凭证,它以中央政府的信用作发行担保,一般无须抵押品。政府机构债券由政府所属各行政部门发行,通常由中央政府担保。

政府债券的主要优点有:质量高、本金安全、没有信用风险。但是,选择政府债券作为投资对象也有一定缺点,主要是它的**收益固定化**,在风险较小的同时也失去了未来增值的机会,**无法避免通货膨胀风险和利率风险**,尤其是长期政府债券,所受影响更大。

分析一国政府的债务负担是否过重,主要看以下指标:① **国债依存度**,即国债发行额占财政支出的比率;② **国债负担率**,即国债余额占国民生产总值的比率;③ **偿债率**,即当年还本付息额占财政支出的比率;④ **人均债务负担**,即以未清偿债务除以人口数;⑤ **赤字率**,即当年财政赤字与当年国民生产总值的比率。不同国家的经济基础和生产能力不同,同一国家在不同发展阶段的经济发展水平也不同,所以不同国家及同一国家的不同发展阶段的负债能力无法用统一标准来衡量,但可以从政府债券的发行目的、发行债券筹集资金是用于经济建设还是其他需要、这些资金投入后产生的经济效益和社会效益水平、政府是否具有在社会经济运行正常的情况下如期偿付债务的能力以及历年的偿债记录等方面进行分析,作为投资决策的参考。投资于外国政府债券还应分析债券发行国的政局是否稳定,该国所处区域的地缘政治格局和稳定性等政治外交军事因素。

(二) 地方政府债券

地方政府债券是地方政府发行并承诺到期还本付息的债务凭证,一般是无财产抵押的信用债券。地方政府债券具有本金安全、收益稳定以及税收优惠的优点。投资于地方政府债券也有不足之处,除了和政府债券一样要承受通货膨胀和利率风险以外,地方政府债券的信用一般不及中央政府债券,不能排除其违约的可能。另外,地方政府债券一般发行量较小,流通的区域通常限于发行地及其周围区域,流动性比中央政府债券差。地方政府债券基本类型有一般责任债券与收益担保债券两种。

对地方政府债券的分析,主要从以下几方面进行。

(1) 分析地方经济的发展水平和经济结构。如果地方经济已具有一定的发展水平,经济结构合理,产业多样化,发展均衡稳定,有潜在的发展前景,则其偿债能力较强;反之,若经济基础薄弱,产业结构单一,则容易受经济循环和中央政府政策影响,偿债能力较弱。

(2) 分析地方政府财政收支状况。地方政府的财政收入主要来源于税收,这取决于当地经济的发展水平、经济效益以及国家的税收制度,地方政府的财政支出主要用于发展当地经济及兴办公用事业等。可根据历年和当年的地方政府财政报告和其他资料,分析财政收支水平及增长趋势、财政收支政策及管理水平、财政收支平衡状况等。如果某地方政府连年出现赤字,则必然对债务的偿还能力产生影响。

(3) 可用若干指标来反映地方政府的还债能力。主要有:当年债券发行额占年度财政收入的比率、当年还本付息额占年度财政支出的比率、未清偿债务增长率、当年还本付息额占未清偿债务比率等。通过计算并将计算结果与历年数据比较,可分析出地方政府债务负担及还债政策,对新发债券的清偿能力作出判断。

(4) 分析人口增长对地方政府还债能力的影响。人口增长能承担较大的债务负担,但随着人口增加,市政开支也会相应增加,可能会出现地方政府财政支出增加甚至债务增加的情况。在通常情况下,富裕地区的人口增加有利于地方财政的收支状况,但在贫困地区则相反。通过计算人均收入、人均税收、人均净债务等指标,并将这些指标与历年指标及与经济发展水平相近地区加以比较,可分析出地方政府的还债能力和居民债务负担的轻重。

最后,要注意地方政府债券的合法性,分析其发行目的、发行总额、发行条件、发行程序等是否符合有关法律的规定。

(三)公司债券

公司债券是发行公司承诺在一定时期内向债权人偿还本金和按约定利率支付利息的债务凭证。

投资公司债券的优点是,本金的安全性、收入的稳定性优于股票,而收益又比政府债券、地方政府债券高,特别是一些跨国公司、大企业集团发行的公司债券。安全性不低于地方政府债券甚至高于某些政府债券,而流动性又比地方政府债券强得多,很受投资者欢迎。公司债券的主要缺点与其他固定收益证券一样,容易受利率风险和购买力风险的影响,另外,一些较低等级的公司债券还有经营风险和信用风险,但这种风险较大的公司债券收益率一般也较高。

对公司债券的分析,主要从其还本能力和付息能力等方面入手。

1. 公司的还本能力

公司债券的还本资金主要来源于公司收益,其次是公司资产。分析公司债券的还本保证,首先应分析公司发行债券筹集资金所投入的项目可行性程度如何,能否产生预期的经济效益,能否带来公司盈利的逐渐增长,如果是肯定的,则对公司的还本能力应有信心。其次,了解公司是否设立偿债基金并委托某一可信的金融中介机构代为保管。再次,了解本次发行的公司债券在公司所有债务中的地位。公司债券与普通股票、优先股票相比具有第一优先清偿权,但因公司债券种类多,有抵押与无抵押之分,亦有担保与无担保之别,抵押公司债券又可依发行次序的顺位排列,因此投资者必须清楚自己准备投资的公司债券的地位,即清偿顺序。最后,也是最重要的是了解公司的资产状况,如果公司债券的还本出现问题,那一定是在公司经营失败、造成破产或合并改组需要清算资产和负债的时候。这时需要分析公司的资产价值和债务数量,以及资产对某一笔债务以及全部债务的比率。要注意资产的价值不应以账面价值计算,而应以市值计算并考虑必要的清理费用。计算的指标有:① **债务与资本净值的比率**。资本净值是指公司资产总额减去负债总额,即净资产。这一比率应小于1,比率越小,表明资产价值越足以偿付债务。如果比率过大,或是债务大于资产净值,即资不抵债,全部债务的清偿就没有保证。一般来说,工业企业的这一比率应高于铁路、公用事业部门。② **长期债务对固定资产比率**。由于固定资产习惯上都是由长期债务和资本投资的,原则上长期债务不应超过公司固定资产市场价值的50%,在这一范围内,投资者拥有的公司长期债务较有保障。

2. 公司的付息能力

公司债券支付利息的资金来自经常收入,公司的盈利能力和现金流量是分析公司付息能力的主要依据,没有充足的盈利和现金流量,公司的债息支付就有一定困难。由于利息是在税前支付的,因此可以计算税前盈利对固定的利息支付的比率,即**利息保付率**,这个比率以倍数表示。倍数大,说明公司债息支付有充足的保证;倍数小,说明有发生拖欠的危险。比率的高低并没有一定标准,依经济环境、行业及市场利率而有所不同,在正常年景下,工业部门的高等级公司债券应为5~6倍,在困难年景也不能低于3倍,公用事业部门在一般情况下必须达3倍。在市场利率较低时,倍数应高些;在市场利率较高时,倍数可低些。

利息抵补比率有两种计算方法,即**综合费用法**和**累积折扣法**,大多数公司使用综合费用法计算。

【例 6-1】 某公司本年度税前利润为 2 688 万元,未清偿债券有以下三种:① 不动产抵押债券,发行金额 3 000 万元,年利率 10%,应付利息 300 万元;② 无抵押债券,发行金额 2 000 万元,年利率 11%,应付利息 220 万元;③ 次级无抵押债券,发行金额 1 000 万元,年利率 12%,应付利息 120 万元。应付利息总额为 640 万元。

(1) 用综合费用法计算:

$$税前利润 \div 利息总额 = 2\,688 \div 640 = 4.2(倍)$$

(2) 用累积折扣法计算:
① 不动产抵押债券的利息抵补比率:

$$税前盈利 \div 不动产抵押债券利息 = 2\,688 \div 300 = 8.96(倍)$$

② 无抵押债券的利息抵补比率:

$$税前盈利 \div (不动产抵押债券利息 + 无抵押债券利息)$$
$$= 2\,688 \div (300 + 220) = 5.17(倍)$$

③ 次级无抵押债券的利息抵补比率:

$$税前盈利 \div 利息总额 = 2\,688 \div (300 + 220 + 120) = 4.2(倍)$$

很明显,采用累积折扣法计算可看出三种债券付息的安全性是递减的。

3. 公司的盈利能力和信用状况

可以通过阅读公司财务报表和进行财务分析,了解公司的盈利增长情况、资产收益率和资本收益率,了解公司发行债券的历史以及有没有出现过违约现象等。

由于公司债券品种众多,良莠不齐,投资者要经过细心分析比较才能作出投资决策。

二、债券价格分析

(一) 债券的价格决定

投资者购买债券的目的是获得未来的收益,即未来实现的现金收入流量大于今天投资的价值。债券在未来的待偿期限内以利息和偿还本金方式支付给投资者的现金流量之和是债券的未来价值,或称**期值**。一般情况下,债券的面值、票面利率和期限都是发行时确定的,所以,债券的未来价值通常是一个确定的量。为了获得某一确定的未来价值,投资者今天愿意投资的货币额,称为**现值**。债券的价值或理论价格就是将未来的价值按一定条件折算成的现值。进一步说,任何金融工具的价格都等于来自这种金融工具预期现金流量的现值。

决定债券价格的因素是**预期的现金流量**(cash flow)、**必要的到期收益率**和**债券的期限**。

(1) 预期的现金流量。债券的预期现金流量一般是确定的,计算简单,但不同类型债券的现金流量并不相同。债券市场上典型的债券是息票债券,息票债券的现金收入流量是由到期日之前的周期息票利息支付和到期票面价值两项构成。我国过去发行较多的累息债券的未来现金流量是债券按单利计算的到期本息和,可根据债券票面金额、票面利率和期限计算。无息票债券不进行任何周期性息票支付,而是将到期价值和购买价格的差额作为投资者得到的利息,它的现金流量即为债券的面值或到期价值。

(2) 必要的到期收益率。必要的或合理的到期收益率是指通过对市场上一些信用等级和偿还期限相同债券的收益率加以比较而确定的收益率,这一收益率是投资者在一定风险条件下对债券的期望收益率。如果这种债券的收益率低于其他同类债券,对它的需求会减少,价格会下降,由于得到价格让步,投资者的实际收益率可与市场上大多数同类债券持平;如果这种债券的收益率高于大多数其他同类债券,对它的需求会增加并促使价格上升,由于价格的提高,投资者的实际收益率也将与市场上大多数同类债券持平。市场上绝大多数投资者能接受的必要收益率就是市场利率。债券价格就是在供求关系的作用下使某一具体债券的实际收益率不断趋近市场收益率的过程中形成的。在为债券定价时,通常以可比债券的必要收益率作为对债券未来现金流量予以贴现的贴现率。

(3) 债券的期限。债券的期限是指债券自发行日或交易日起至到期日止的时间。就某个给定预期现金流量和必要收益率的债券而言,将来得到一定的未来值的时间越长,它的现值就越低。其原因是,得到某一给定未来值的时间越长,利息积累的机会就越多,因此,在今天投入的资金就越少。

(二) 债券的定价模型

我们已经知道,债券的价格是它预期现金流量的现值,因此,债券的定价原理就是将它的预期现金流量序列加以折现。根据现值计算原理,我们可以得出不同计息方式和计息次数的债券定价模型。

(1) 息票债券的定价模型。息票债券的预期现金流量是各期利息收入和到期日的票面价值或到期价值,为简化分析,通常假设息票债券是不可赎回的,每期支付的利息是固定的、利息每半年或一年支付一次、下一次收到发行人支付的利息正好是从即期起的一年或半年。每年付一次利息的息票债券价格计算公式为:

$$P = \sum_{t=1}^{n} \frac{C}{(1+r)^t} + \frac{V}{(1+r)^n} \tag{6-1}$$

式中:P 表示债券价格,C 表示年利息,V 表示债券面值或到期价值,r 表示必要的到期收益率,n 表示债券年限。

半年付息债券的价格计算公式为:

$$P = \sum_{t=1}^{2n} \frac{\frac{1}{2}C}{\left(1+\frac{r}{2}\right)^t} + \frac{V}{\left(1+\frac{r}{2}\right)^{2n}} \tag{6-2}$$

(2) 累息债券的价格计算公式为:

$$P = \frac{V(1+in)}{(1+r)^n} \tag{6-3}$$

式中：i 表示债券票面利率。

（3）零息债券的价格计算公式为：

$$P = \frac{V}{(1+r)^n} \qquad (6-4)$$

按现值公式计算出来的债券价格仅是理论价格，又称债券的内在价值，有很多其他的经济因素和非经济因素也会影响债券价格，但内在价值始终是决定债券价格的根本因素。

（三）债券价格变动的特征

1. 债券价格与到期收益率的关系

债券价格变动最基本的特征是债券的市场价格与到期收益率呈反向变动关系，原因是债券价格是现金流量的现值。当到期收益率上升时，现金流量的现值下降，债券价格也随之下降；反之，当到期收益率下降时，债券价格上升。债券收益率和价格的反向变动关系并非线性关系，而是一种凸性的曲线，一般称这种非线性关系为**凸性**。这一特征还表现为，给定收益率变动，当市场收益率水平较低时，债券价格变动幅度大；市场收益率水平较高时，债券价格变动幅度小。

2. 票面利率、到期收益率和债券价格的关系

（1）在到期收益率变动的条件下，债券票面利率和价格的关系：当市场收益率变动时，针对变动了的到期收益率，债券价格是对投资者进行补偿的唯一可变的量；当到期收益率等于票面利率时，债券价格等于票面价值，称为债券平价；当到期收益率高于票面利率时，债券价格下降，低于票面价值，称为债券折价；当到期收益率低于票面利率时，债券价格上升，高于票面价值，称为债券溢价。

（2）在到期收益率变动的条件下，债券价格变动的特征：当到期收益率变动时，债券价格发生反方向变动，但不同情况下债券价格的反应是不相同的。在收益率变动幅度很小的情况下债券价格变动的幅度是对称的，即当收益率下降和上升相同幅度时，债券价格上升和下降的幅度是相同的。在收益率变动幅度较大的情况下，债券价格的变动是非对称的。在收益率等幅变动的条件下，债券价格上升幅度要超过价格下跌的幅度，这说明债券价格对市场利率下降的敏感度比利率上升更大。这一特点是由债券收益率曲线的凸性决定的，凸性越大，债券价格上升和下降间的差距就越大。

（3）在给定到期收益率变动的条件下，债券价格与票面利率的关系：在给定到期收益率变动幅度的条件下，债券的票面利率越高，由收益率变化引起的债券价格变动的幅度越小；债券的票面利率越低，其价格变动的幅度越大，即对市场利率变化越敏感。

3. 在到期收益率不变的条件下，债券价格与期限的关系

如果债券的收益率在整个有效期内不变，则折价或溢价的大小将随到期日的临近而逐渐减少，直至到期日时价格等于债券面额。平价发行的债券，由于票面利率等于到期收益率，债券价格始终不变；溢价发行的债券，随着到期日临近，债券价格不断下降；折价发行的债券，随着到期日临近，债券价格不断上升。当债券接近到期日时，债券价格趋近债券的票面价值。债券价格的变化速度随着到期日的接近而逐渐减少，直至趋近于零。这一特征也可理解为，若两种债券的其他条件相同，当到期收益率变动时，则期限较长的债

券折价或溢价较大,债券价格对市场利率变化较敏感,一旦市场利率有所变化,长期债券价格变动幅度大,潜在的收益和风险较大。

(四)影响债券价格的主要因素

债券的理论价格由债券的内在价值即现值所决定,但债券的市场价格又经常背离它的理论价格而不断变化。引起债券价格变动的基本因素有两个:一是市场利率,二是债券的供求关系。实际上影响债券价格变化的具体因素是很多的,因为一切影响市场利率和供求关系的因素,都会引起债券价格的变化。具体地说,有如下几个主要因素。

1. 市场利率

债券的市场价格和市场利率呈反方向变动,若市场利率上升,超过债券票面利率,债券持有人将以较低价格出售债券,将资金转向其他收益率较高的金融资产,从而引起债券的需求减少,价格下降;若市场利率下降,债券利率相对较高,则资金流向债券市场,引起债券价格上升。

2. 债券市场的供求关系

债券市场的供求关系直接影响债券价格的变化。债券市场的供求关系取决于社会资金的松紧和受其他金融资产收益水平的影响。通常,社会资金宽松,债券价格呈上升趋势;反之,债券价格呈下降趋势。其他金融资产收益水平高,会吸引社会资金流出债券市场,债券价格水平下降;反之,则债券价格水平上升。

3. 社会经济发展状况

债券价格会伴随社会经济发展的不同阶段而波动。在经济景气阶段,企业会增加投资,从而增加对资金的需求,因此对债券的需求减少,供应增加,这样必然使债券价格下降;相反在经济衰退阶段,对债券的需求增加,供给减少,债券价格上升。

4. 财政收支状况和财政政策

财政收支状况对债券价格也有重大影响,当财政资金紧张并有赤字时,财政会减少结余或减少各项支出,或发行政府债券以弥补财政赤字,这样会带来整个社会资金紧张并大量增加债券供应,从而促使债券价格下跌;反之,则债券价格上升。

财政政策是当代市场经济条件下国家干预经济、与货币政策并重的宏观调控手段。财政政策分为扩张性财政政策、紧缩性财政政策和中性财政政策。当政府实施扩张性财政政策(也称积极财政政策)时,会采取降低税率、减少税收、扩大财政支出、加大财政赤字、减少国债发行、增加财政补贴等政策措施,以刺激经济增长;实施紧缩性财政政策则使过热的经济受到控制。不同的财政政策将改变资本市场的流动性和供求关系,从而影响债券价格。

5. 货币政策

中央银行为实现其货币政策目标而采取的政策手段,会对金融市场产生巨大影响,从而影响债券价格的变化。当实施紧缩货币政策时,利率上升,市场上流动性减少,从而减少债券需求,债券价格下降;反之,则上升。

6. 国际利差和汇率的影响

对于开放型的金融市场来说,本国货币以及外国货币间的汇率变化以及国内市场与国外市场利率的变化也是影响债券价格的重要因素。当本国货币升值时,国外资金会流入本国市场,从而增加对本币债券的需求;当本国货币贬值时,国内资金又会转移到国外而减少对本币债券的投资。同样,投资者也会对本国市场利率与外国市场利率进行比较,资金会流向利率高的国家或地区,导致国内债券市场供求的变化。投资者在因汇率或国际利差而进行债券投资转移时,必须将这两个因素结合起来考虑,并对比两者的损益,才能作出正确的投资抉择。而投资者因汇率或利差在国际进行债券投资转移时,又终将会使国际之间汇率和利差趋于均衡,导致无利可图。

(五)债券市场价格分析

1. 债券发行价格分析

证券市场上债券的发行价格都是根据其现值决定的。债券发行人在考虑债券发行条件时通常参照当时的市场利率确定债券票面利率,但是市场利率是经常变化的,从债券的发行准备到实际发行,往往要间隔一段时间,在这段时间里市场利率可能发生几种不同的变化,相应地也可能出现以下几种不同的发行价格。

(1)市场利率不变。若市场利率不变,债券票面利率等于市场同类债券的收益率,债券现值等于其面值,债券以面值为发行价格,称为**平价发行**。

【例6-2】某息票债券,面值为1 000元,3年期,每年付一次利息,票面利率为10%,当市场利率也为10%时,发行价为:

$$P = 1\,000 \times 10\% / (1 + 10\%) + 1\,000 \times 10\% / (1 + 10\%)^2 + 1\,000 \times 10\% / (1 + 10\%)^3 + 1\,000 / (1 + 10\%)^3 = 1\,000(元)$$

(2)市场利率上升。若市场利率上升,债券的票面利率低于市场同类债券的收益率,其现值低于面值,债券必须以低于面值的价格发售。发行价格与面值之间的差额是债券折价,是发行者对投资者提供的补偿。这种发行被称为**折价发行**。

在【例6-2】中,若债券发行时市场利率为12%,则债券发行价为:

$$P = 1\,000 \times 10\% / (1 + 12\%) + 1\,000 \times 10\% / (1 + 12\%)^2 + 1\,000 \times 10\% / (1 + 12\%)^3 + 1\,000 / (1 + 12\%)^3 \approx 951.98(元)$$

(3)市场利率下降。若市场利率下降,债券票面利率高于市场同类债券的收益率,债券现值高于面值,这时债券以高于面值的价格发行,被称为**溢价发行**。发行价格与面值的差额是发行溢价。

在【例6-2】中,如果债券实际发行时市场利率为8%,则债券发行价格为:

$$P = 1\,000 \times 10\% / (1 + 8\%) + 1\,000 \times 10\% / (1 + 8\%)^2 + 1\,000 \times 10\% / (1 + 8\%)^3 + 1\,000 / (1 + 8\%)^3 \approx 1\,051.54(元)$$

2. 债券交易价格分析

债券的交易价格也是以现值计算为基础的。与发行价格不同的是,在计算发行价格时,期限 n 代表从债券发行日至债券到期日为止的有效期限;在计算交易价格时,期限 n 代表从发生交易转让至债券到期日为止的待偿期限,或称剩余期限。

(1)债券报价方式。为交易方便,债券交易的报价通常采取面值的百分数方式。以面值出售的债券报价为 100,以折价出售的债券报价小于 100,以溢价出售的债券报价大于 100。例如,债券的票面价值为 10 000 元,市场报价为 97,市场价格为 9 700 元。

有些债券的报价方式有独特的市场习惯,投资者应熟悉当地的市场习惯。

(2) 全价交易和净价交易。根据报价中是否含应计利息,债券交易可分为全价交易和净价交易。

全价交易是指将应计利息包含在债券报价中的报价方式。其中,**应计利息**包括附息债券从本次付息起息日至交割日所含的利息金额;累息债券和零息债券从发行起息日至交割日所含利息金额。由于应计利息随时间推移不断变化,会使债券价格产生一定波动,债券价格无法准确反映市场利率水平及变动情况对债券价格产生的影响,不利于投资者作出准确判断。

净价交易是指在债券买卖时,以不含有自然增长应计利息的价格报价并成交的报价方式,即将债券的报价与应计利息分离,价格只反映本金市值的变化,利息按票面利率以天计算,债券持有人享有持有期的利息收入。在净价交易方式下买卖双方均按净价报价,但以全价交割,即以净价加上应计利息才是实际交割价。

两者的关系可以表示为:

$$\text{净价价格} = \text{全价价格} - \text{应计利息} \tag{6-5}$$

我国银行间债券市场和上海、深圳证券交易所分别从 2001 年和 2002 年起实行国债净价交易。

(3) 应计利息的计算。当投资者买入处于两次息票支付之间的债券时,必须补偿给债券卖方从过去最后一次息票支付到债券交割日之间的息票利息,因为这部分利息是卖方应当从发行人处获得的,而到利息支付日,全部利息将支付给买方,即届时的债券持有人。买方支付给卖方的这息票利息金额称为应计利息。应计利息的计算公式为:

$$\text{应计利息} = \frac{\text{债券票面利息} \times \text{前一个利息支付日至交割日的天数}}{\text{两次付息间隔天数}} \tag{6-6}$$

我国市场习惯的计算公式为:

$$\text{应计利息} = \text{债券票面利息} \div 365 \text{ 天} \times \text{已计息天数} \tag{6-7}$$

【例 6-3】 2005 年 10 月 13 日证券交易所 96 国债 6 的报价是 107.70 元(净价),该国债是期限为 10 年的附息国债,年息票利率为 11.83%,每年 6 月 14 日付息。该债券的应计利息为:$11.83 \div 365 \times 121 = 3.921\ 7$(元),最后成交的全价为 $3.921\ 7 + 107.70 = 111.622$(元)。

(4) 利息支付日之间交易价格的确定。前面所讨论的债券交易价格是在债券付息日次日交割的情形,但实际上更多的是债券在两个付息日之间成交、交割,此时确定债券交易价格要分析以下两点:**一是应计天数**,即从成交后的交割日到下一个付息日之间的天数;**二是如何计算期间的现金流现值。**

关于应计天数的计算,各国市场有不同的惯例,最常见的是以下几种:实际天数/实际天数;实际天数/365;实际天数/360;30/360,其中,30/360 是假定每月的天数为 30 天,一年为 360 天。如美国国债采用实际天数/实际天数规则,而公司债采用 30/360 规则,我国的市场习惯是采用实际天数/365规则。

由于在两次付息日之间交易,债券的定价公式必须修正。修正的步骤和公式如下:

① 计算比率系数(W):

$$W = 交割日到下一期付息日之间的天数 \div 两次付息间隔天数 \quad (6-8)$$

② 修正后附息债券的定价公式为:

$$P = \frac{C}{(1+r)^w} + \frac{C}{(1+r)^{1+w}} + \cdots + \frac{C+V}{(1+r)^{n+w-1}}$$

$$P = \sum_{t=1}^{n} \frac{C}{(1+r)^{t+w-1}} + \frac{V}{(1+r)^{n+w-1}} \quad (6-9)$$

式中:P 表示债券价格,C 表示各期利息,V 表示债券面值或到期价值,r 表示必要到期收益率,n 表示债券付息期数。

3. 债券定价方法的应用

根据债券定价的原理为金融资产定价的方法称为收入资本化定价法。将这一方法运用到债券投资分析和决策中,就是利用现有的市场条件和债券特性,去发现某种定价不当的债券,作为投资决策的参考。

(1) 方法之一是投资者对债券的内在价值作出估计,并将它与市场价格进行对比,如果现行的市场价格低于债券的内在价值,则该债券定价偏低;反之,则定价偏高。

【例 6-4】某一债券的票面金额为 1 000 元,票面利率为 6%,期限为 3 年。该债券的现行市场价格为 900 元,投资者认为它的必要收益率为 9%,则债券的内在价值为:

$$V = \frac{60}{1+0.09} + \frac{60}{(1+0.09)^2} + \frac{60}{(1+0.09)^3} + \frac{1\,000}{(1+0.09)^3} = 924.08(元)$$

该债券的内在价值与市场价格之差为债券的**净现值(NPV)**。净现值为正数,说明债券定价偏低;反之,定价偏高;净现值接近零,定价合理。

$$NPV = V - P = 924.08 - 900 = 24.08(元)$$

(2) 方法之二是比较债券的实际到期收益率和必要的合理到期收益率,如果实际到期收益率高于必要收益率,说明债券定价偏低;反之,则定价偏高;两者相等或相近,定价合理。

在【例 6-4】中,债券的到期收益率可通过下式求解:

$$900 = \frac{60}{1+r} + \frac{60}{(1+r)^2} + \frac{60}{(1+r)^3} + \frac{1\,000}{(1+r)^3}$$

$$r = 10.02\%$$

如果分析表明,合理的必要收益率(r)应为 9%,则表明该债券定价偏低。

显然,运用上述方法,可以帮助我们发现定价不当的债券并作出投资决策,但困难之处在于确定必要的到期收益率,这只能通过分析可比债券的收益率和现行的市场条件作出估计。

三、我国的债券指数

（一）中国债券指数

中国债券指数是全样本债券指数，即包括市场上所有具有可比性的、符合指数编制标准的债券，能客观反映债券市场总体情况。2002年12月31日中央国债登记结算有限责任公司开始发布中国债券指数系列。

中证债券指数体系分为综合类指数和分类指数。

根据债券投资属性，综合类指数分为利率类指数和信用类指数。

利率类指数，包括总指数、国债指数、央票指数、金融债券指数、地方政府债指数等，其中总指数成分券涵盖了国债、央票和政策性银行债，反映境内利率类债券整体价格走势。

信用类指数，包括信用债总指数、企业债总指数、公司债总指数、同业存单总指数、短融总指数、中期票据总指数等。

综合类指数中，中债-综合指数的成分券包括除资产支持证券、美元债券、可转债以外剩余的所有公开发行且上市流通的债券，是一个反映境内人民币债券市场价格走势情况的宽基指数，是中债指数应用最广泛指数之一。

中债指数体系中的分类指数，可以按流通场所、信用等级、待偿期限、发行期限、计息方式、区域、发行人类型等多个维度提供不同的分类指数。

中国债券指数的样本券覆盖了全国银行间债券市场、上海证券交易所、深圳证券交易所、柜台上市的、待偿期限在一天以上的各类债券。样本债券原则上于全国银行间债券市场的每个交易日进行调整。指数系列以2001年12月31日为基日，基期指数为100，每个工作日计算1次，样本债券价格选取日终全价。债券利息再投资的处理方法是将利息按原来的权重投资于债券指数本身。

（二）中证全债指数

中证指数有限公司成立于2005年8月23日，是上海证券交易所和深圳证券交易所共同出资发起设立的专业从事证券指数及指数衍生产品开发服务的公司。

中证全债指数是中证指数公司编制的综合反映银行间债券市场和沪深交易所债券市场的跨市场债券指数。中证全债指数于2007年12月17日正式发布，指数从沪深交易所和银行间市场挑选国债、地方政府债、金融债、企业债、公司债、中期票据、短期融资券等组成样本债券，并满足固定利率或一次还本付息、剩余期限1个月以上、信用级别BBB级以上、债券币种为人民币等条件。指数基日为2002年12月31日，基点为100点。

指数以样本债券的发行量为权数，采用派许加权综合价格指数方法计算。公式为：

$$报告期指数 = [(报告期样本债券的总市值 + 报告期债券利息及再投资收益) \div 基期] \times 基期指数$$

其中，总市值 = Σ（全价×发行量）；全价 = 净价 + 应计利息。

报告期债券利息及再投资收益表示将当月付息样本债券利息收入再投资于债券指数

本身所得收益。

指数的取价规则为选取债券净价交易价格。仅在交易所交易的债券：首先取做市商最优报价[最优报价＝(最高买价＋最低卖价)÷2，下同]，若无，取日收盘价，再无，采用模型定价。仅在银行间交易的债券：首先取做市商最优报价，若无，取日内加权收盘价，再无，采用模型定价。跨市场债券(指同时在两个及以上市场交易的同一债券品种)：若存在银行间做市商报价，首先取最优银行间报价，若无，取交易所做市商最优报价，若无，取其在交易所的收盘价，再无，取其在银行间的日内加权收盘价，再无，考虑模型定价。

指数修正：当样本债券的市值出现非交易因素的变动时，指数采用除数修正法修正原除数，以保证指数的连续性。

当出现新券计入和不合格券剔除时指数需作调整。符合基本条件的新券自下个月第一个交易日起计入指数。每月最后一个交易日，将不合格债券(剩余期限不到一年或信用级别投资级以下)剔除。

中证公司编制和发布了中证债券系列指数。中证全债指数体系还包括四只分年期指数、三只分类别指数和综合债券指数等。分年期指数是在全债指数样本集合中挑选剩余期限1~3年、3~7年、7~10年及10年以上的样本构成相应的指数，分类别指数是在全债指数样本集合中挑选信用类别为国债、金融债和企业债的样本构成相应的指数。中证综合债券指数的选样是在中证全债指数样本的基础上，增加了央行票据、短期融资券以及一年期以下的国债、金融债和企业债，是综合反映银行间和交易所市场国债、金融债、企业债、央票及短融整体走势的跨市场债券指数。中证可转债及可交换债券指数样本债券由沪深交易所上市的可转换公司债券和可交换公司债券组成，指数基日为2002年12月31日，基点为100点。

专栏6-1 上证债券指数

上证国债指数

上证国债指数是以在上海证券交易所上市的、币种为人民币、剩余期限在1年以上的所有固定利率国债和一次还本付息国债为样本，按照国债发行量加权而编制。自2003年1月2日起对外发布，基日为2002年12月31日，基点为100点。上证国债指数采用派许法计算加权综合加权指数，以国债发行量为权数。当成份国债的市值出现非交易因素的变动时，采用除数修正法修正原固定除数，以保证指数的连续性。

上证企业债指数

上证企业债指数简称企债指数，指数样本债券由沪深交易所上市、剩余期限1年以上、币种为人民币的投资级企业债和公司债组成。指数采用市值加权计算，以反映沪深交易所企业债和公司债的整体表现。指数基日为2002年12月31日，基点为100点。

上证公司债指数

上证公司债指数简称沪公司债指数。指数的样本债券是由在上海证券交易所上市的公司债券组成，指数基日为2007年12月31日，基点为100点。

上证分离债指数

上证分离债指数简称沪分离债指数。指数的样本债券是由在上海证券交易所上市的分离交易可转换债券组成，指数基日为2007年12月31日，基点为100点。

上证可转换债券指数

上证可转换债券指数简称为上证转债。指数的样本债券由在上海证券交易所上市的可转换债券组成。指数基日为 2002 年 12 月 31 日,基点为 100 点。

专栏 6-2　深证债券指数

深证转债指数

深证转债指数全称深证可转换债券综合指数。深证转债以在深圳证券交易所上市的、面值余额不小于 3 千万元的可转换公司债券为样本债券,指数发布日为 2014 年 8 月 27 日,基日为 2011 年 12 月 31 日,基点为 100 点。指数以样本债券的发行量为权数进行加权,逐日连锁计算。

深信用债指数

深信用债指数全称深证信用债综合指数。深证信用债指数涵盖在深圳证券交易所上市的非 ST 的企业债、公司债及分离式可转债。样本债券的信用级别为投资级以上、币种为人民币、剩余期限在一年以上、固定利率付息和一次还本付息。指数的发布日是 2013 年 1 月 11 日,基日是 2008 年 12 月 31 日,基点为 100 点。指数以样本债券的发行量为权数进行加权,逐日连锁计算。

深公司债指数

深公司债指数全称深证公司债综合指数。深证公司债指数涵盖在深圳证券交易所上市的非 ST 的公司债及分离式可转债。样本债券的信用级别为投资级以上、币种为人民币、剩余期限在一年以上、固定利率付息和一次还本付息。指数的发布日是 2013 年 1 月 11 日,基日是 2008 年 12 月 31 日,基点为 100 点。指数以样本债券的发行量为权数进行加权,逐日连锁计算。

深信中高指数

深信中高指数全称深信中高等级信用债指数。其以在深圳证券交易所上市的非 ST 的企业债、公司债及分离式可转债为样本债券,要求样本债券剩余期限超过一年,付息方式为固定利率付息或一次还本付息,选取信用级别在 AA+及以上的投资级债券作为样本债券,以反映深圳市场中高等级信用债的总体运行特征。指数发布日为 2014 年 9 月 25 日,基日为 2008 年 12 月 31 日,基点为 100 点。以样本债券的发行量为权数进行加权,逐日连锁计算。

深信中低指数

深信中低指数全称深信中低等级信用债指数。其以在深圳证券交易所上市的非 ST 的企业债、公司债及分离式可转债为样本债券,要求样本债券剩余期限超过一年,附息方式为固定利率付息或一次还本付息,选取信用级别在 AA+及以下的投资级债券作为样本债券,以反映深圳市场中低等级信用债的总体运行特征。指数发布日为 2014 年 9 月 25 日,基日为 2008 年 12 月 31 日,基点为 100 点。以样本债券的发行量为权数进行加权,逐日连锁计算。

四、债券的信用评级

(一)债券信用评级的意义

债券的信用评级是指按一定的指标体系对准备发行债券的还本付息的可靠程度作出公正客观的评定。债券履行偿还本金和支付利息义务的可靠性是通过债券的信用等级指标来表示的。债券评级的目的是将评定的债券信用等级指标公之于众,以弥补信息不充分或不对称的缺陷,保护投资者的利益。

债券信用评级的对象很广泛,除了在本国市场发行的中央政府债券外,凡需要公开发行的其他债券,如地方政府债券、公司债券、可转换公司债券、大面值可转让存单、商业票据、外国债券等都需要进行信用评级。各国评级的具体对象有所不同,如日本是对发行者进行评级,发行者一旦获得评级,在这一年之内发行任何债券都可使用这一级别。而美国是对所发行的具体债券进行评级,同一发行人在一年之内发行不同种类的债券可能得到不同的评定级别。

债券的信用评级对发行者、投资者和管理机构都有重要意义。

(1)对债券发行人来说,信用级别对债券的成功发行具有特别重要的意义。如果以公募方式发行债券,该债券至少需要由一家公认的资信评级机构评定其信用级别。信用级别高的债券不仅可以得到低利发行的优惠,降低筹资成本,还可以在较短的时间内发行数额较大或期限较长的债券,使发行工作顺利进行。高级别的债券在二级市场上的流通性好,因为人们普遍偏好级别高的债券以降低风险,所以它的市场价格也高。没有公布信用级别或信用级别低的债券,由于它的风险大,不易被公众接受,不得不以较高的利率或较低的价格发行,否则很难公开发行或成功发行。

(2)债券的信用级别对投资者来说是投资决策的重要参考指标。尽管债券与股票相比是一种较为安全的投资工具,但它也包含着种种风险。债券最大的风险就是信用风险,如果发行者到期不能偿还本息,投资者就会蒙受损失。债券的这种风险依发行者偿还能力不同而有所差异,一般认为除中央政府债券以外的其他各种债券都有不同程度的信用风险。但是对大众投资者来说,或者因为没有时间,或者因为没有相关的专业知识,或者因为得不到足够的信息而无法对诸多债券一一作出详尽分析后再加以比较选择。因此,由专业的信用评级机构作出的公开的权威性的信用评级就成了投资者衡量债券的投资风险及评估投资价值的最主要依据。

(3)债券的信用评级对证券监管机构也有一定参考价值。随着证券市场的迅速发展,申请发行和上市交易的债券种类和数量都不断增加。证券监管机构和证券交易所为了加强对债券的管理,也都需要一种比较客观公正的指标作为核准和管理的依据。由权威的信用评级机构公布的债券信用等级就是较为理想的参考指标。

(二)债券评级机构

信用评级机构是金融市场上重要的中介服务机构。信用评级机构是由经济、法律、财务专家组成,对证券发行人和证券信用进行等级评定的组织。证券信用评级的主要对象是各类公司债券和地方债券,也包括国际债券和优先股,普通股票一般不作评级。

目前国际上公认的最具权威性的信用评级机构主要有美国的标准普尔公司、穆迪投资服务公司和惠誉国际信用评级有限公司。

信用评级机构大多是独立的私人企业,不受政府控制,也独立于证券交易所、证券业之外。评级机构必须对自己的信誉负责,如果评出的级别不准确公正,不能被市场接受,那么评级机构的声誉将受到致命打击,不仅无法取得盈利,甚至无法继续生存。

评级机构的信用评定工作是建立在详尽地占有资料并进行深入细致的分析,保持独立的决策程序并严守被评定者机密的基础上的。它们根据债券发行人报来的资料和自己的调查,对债券发行人的经营状况、财力、借款用途、期限、使用方法、借款方式、偿还方式、偿还能力以及过去清偿欠款的记录等进行分析评定,最后才在可比的基础上对债券发行人的偿还能力作出比较客观的判断。正因为这些信用评级机构采取了比较科学的分析技术,又有丰富的实践经验,作出的资信评级较有权威性,所以能得到投资者的信任并为债券发行人所接受。

信用评级机构对投资者负有道义上的义务,但并不承担任何法律上的责任,它们作出的资信评级只是一种客观公正的评价,以帮助投资者在对比分析的基础上作出投资决策,而不具有向投资者推荐这些债券的含义。对债券发行人来说,如果对信用评定结果不满意,可以要求重新评定(以一次为限)或不予公开发表,评级机构对发行人提供的资料负有绝对保密的责任。

(三) 信用评级的依据和债券信用级别

1. 信用评级的依据

以标准普尔公司为典型代表,其信用级别(credit rating)划分的主要依据是:

(1) 违约的可能性——债务人根据负债条件按期还本付息的能力及愿望;

(2) 债券条款的性质;

(3) 根据破产法及其他涉及债权人权利的法律进行破产、改组或进行其他安排时,如何保护债权人的利益以及届时债权人所处的相对地位。

2. 标准普尔公司的资信等级标准

标准普尔公司的资信等极标准主要分为以下几种。

(1) AAA级:3A级是债券评级中的最高资信等级,具有这种等级的债券被称为金边债券,即优等债券。3A级债券投资风险最低,本息的偿付保证很强。

(2) AA级:2A级债券也是高级债券,债券发行人的还本付息能力很强,它与最高级债券仅有细微的差别。但是由于风险增大,投资者也会要求获取较高的收益。因此,2A级债券利率比3A级的利率略有提高。这一利率差额可视作级别相对低的债券为其所含的违约风险向购买人提供的补偿。

(3) A级:A级债券被称为中上等级债券,债券发行者在财力上较强,但与更高等级的债券比较欠稳定,易受经济条件变动等不利因素影响。

(4) BBB级:3B级债券被称为中级债券,在正常情况下有足够的支付能力。但是,如果遇到不利的经济环境,其偿债能力就可能大大削弱。

以上各级债券被认为是投资级债券(investment grade bond)。

(5) BB级、B级、CCC级、CC级:就公司财务上的偿债能力而言,这些等级的债券均被认为是投机级债券(speculation grade bond),属于中下等级。其中 BB 级表示投机程度最低,CC 级表示投机程度最高。这些债券尽管伴随一些保护措施,但它们面临着大量的不确定性和风险。

(6) C 级:表示不支付利息的债券。

(7) D 级:这一等级的债券是不履行债务,即拒绝还本付息的倒闭债券。它代表拖欠或违约,往往拖欠利息的支付,甚至拖欠到期本金或干脆不偿还。

标准普尔公司还在从 AA 级到 B 级后面加上"＋"或"－",表示略高于或略低于该级别,从而形成很多小级别。

3. 穆迪投资服务公司的资信等级标准

穆迪投资服务公司的资信等级标准主要分为以下几种。

(1) Aaa 级:它是最高质量的债券,又被称为金边债券,投资风险最小,本金安全并有大量和稳定的利润来保证利息的支付,任何可预见的变化不会损害它的发行地位。

(2) Aa 级:从各种标准衡量都是高质量的债券,它和 Aaa 级一起被认为是高级债券,只是它的利润保护略低于 Aaa 级,而长期风险因素略大于 Aaa 级。

(3) A 级:属中上等级债券。有许多令人满意的投资品质,有充分的因素保证本息的安全,但存在将来会产生对偿付本息能力怀疑的因素。

(4) Baa 级:中级债券,即有一定程度的保护,不高也不低,本金和利息在目前是有保护的,但从稍长远一点看,有些因素可能不充分或不可依赖。

(5) Ba 级:有投机特征,对本金和利息的保护很一般,未来不能预计,因此在未来不会有好的保障。

(6) B 级:不具备理想的投资品质,对还本付息和履行债务条件的保证程度都很小。

(7) Caa 级:信誉不好的债券,有可能违约,有危及本金及利息安全的因素。

(8) Ca 级:有高度投机性,经常违约,或表现为对本金和利息有危险因素。

(9) C 级:最低等级债券,前途无望,根本不能用作真正投资。

穆迪公司还在 Aa 级到 B 级后再细分 1、2、3 级,从而形成很多小级别。

两家公司对债券信用状况的评定标准和等级划分,没有多大差异。前面 4 个级别的债券由于质量较高,被称为投资级债券,从第五级开始的债券由于质量低劣,投机因素大,被称为投机级债券。

我国的信用评级行业诞生于 20 世纪 80 年代末,是改革开放的产物。最初由中国人民银行组建,隶属于各省、自治区、直辖市的分行系统,20 世纪 90 年代以后,评级机构开始独立营运。经过三十多年的发展和洗礼,目前规模较大的全国性评级机构有东方金诚国际信用评估有限公司、大公国际资信评估有限公司、中国诚信国际信用评级和证券信用评级有限公司、联合资信评估和信用评级有限公司、上海新世纪资信评估投资服务有限公司五家。

五、利率期限结构

(一) 利率期限结构的含义

债券有短、中、长期限之分,由于复利因素,也由于期限越长的债券隐含的风险越大,因此不同期限的债券有不同的利率水平,我们把相同种类、不同期限债券利率之间的关系叫作利率的期限结构。

利率期限结构(interest term structure)有两个限制性条件:① 只同有固定偿还期限的债务性证券有关,包括中长期债券,也包括货币市场工具,而股票则不存在收益上的期限结构;② 仅指其他条件都相同而只是期限不同的债券利率之间的关系,一般都以不同期限的政府债券作为研究对象,因为它们的风险、税收待遇与变现能力等基本相同。

研究债券的利率期限结构都是从债券的收益率期限结构入手的。这是因为:① 债券的收益率是债券为持有人带来的实际利息率,投资者关心的并不是债券的票面利率而是实际利率,所以,收益率期限结构才是本质上的利率期限结构;② 债券发行的票面利率水平必须根据当时的市场收益率水平确定,因此,市场收益率的期限结构决定了新发债券的利率期限结构。

通过分析利率期限结构可以研究资金在货币市场、债券市场、房地产抵押市场等之间的流动趋势以及这些市场之间的紧密联系,对分析和确定一组即期利率有重要帮助,而即期利率又是对固定收入证券进行估价的基础;分析债券利率期限结构的重要性还在于它可以为投资者提供一些有关未来利率水平预期的信息。

(二) 收益率曲线的类型

收益率曲线(yield curve)是用以描述某一特定时点上各种债券的期限与到期收益率之间关系的曲线。收益率曲线按其形状不同可分为以下几种类型。

1. 正收益率曲线(normal yield curve)

它又称上升收益率曲线,表示在正常的情况下短期债券的利率低于长期债券,债券期限越长,利率越高(图6-1)。债券的正收益率曲线是在整个经济运行正常、不存在通货膨胀压力和经济衰退危险的条件下出现的。

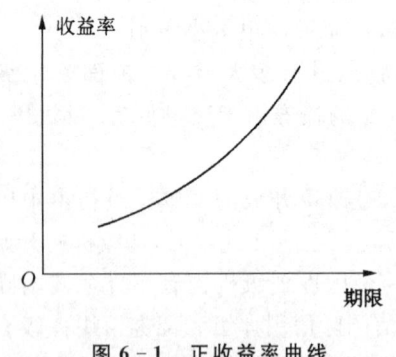

图 6-1 正收益率曲线　　　　图 6-2 反收益率曲线

2. 反收益率曲线(inverse yield curve)

它又称下降收益率曲线,表示短期债券收益率较高,长期债券收益率较低(图6-2)。反收益率曲线是一种反常的利率期限结构现象,但实际上并不少见。反收益率曲线通常发生在紧缩信贷、抽紧银根的时候,由于短期资金偏紧,供不应求,造成短期利率急剧上升,收紧银根又使人们对今后经济发展不很乐观,对长期资金需求下降,造成长期利率下降。

3. 平收益率曲线(par yield curve)

在正反收益率曲线相互替代的变化过程中,会出现一种长、短期债券收益率接近相等的短暂过渡阶段,此时债券收益率曲线同坐标系中的横轴趋于平行(图6-3)。一般情况下反收益率曲线不会仅仅因为资金供求关系影响而自动调整为正收益率曲线,在投资者对长期债券的信心和兴趣恢复以前,中央银行应采取有效的货币政策手段来消除利率的混乱,修正收益率曲线。

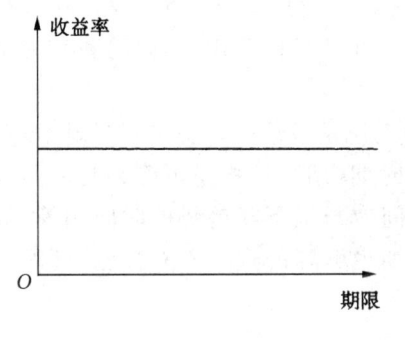

图6-3 平收益率曲线

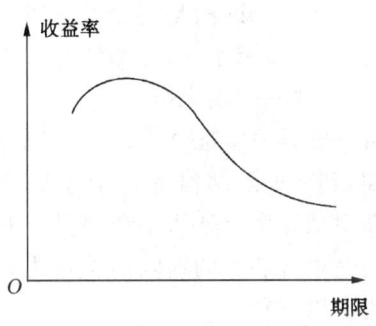

图6-4 拱收益率曲线

4. 拱收益率曲线(arch yield curve)

它又称驼背形收益率曲线,表示在某一期限之前债券的利率期限结构是正收益率曲线,期限越长,收益率越高,在该期限之后却成反收益率曲线,期限越长,收益率越低(图6-4)。拱收益率曲线是在短期资金偏紧或在中央银行采取严厉的紧缩货币政策时短期利率急剧上升所引起的利率期限结构现象。在西方经济极不稳定、市场利率起伏剧烈的20世纪70年代,拱收益率曲线成为美国债券市场和货币市场极为常见的利率期限结构之一。

(三) 利率期限结构理论

不同收益率曲线的形成和变化揭示了不同期限债券的收益率相对水平和相互关系的变化,人们在研究它的时候需要从理论上阐明利率期限结构的成因。目前金融理论界研究这一问题的主要理论有以下几种。

1. 期限结构预期说(anticipated term structure hypothesis)

这是一种最容易让人们接受,因而也是最为流行的利率期限结构理论。这种理论认为利率的期限结构是由人们对未来市场利率变动的预期决定的。这一理论在推导过程中作出若干假设,其中最主要的有:金融市场是完善和有效的;投资者以追求利润为目标;市场对未来的利率预期是一致的;不存在交易成本。预期理论认为市场一致预期的利率是名义利率,名义利率包括实际利率和通货膨胀率,由于实际利率和通货膨胀率都会变化,所以市场预期即期利率也会发生变化。当市场预期今后通货膨胀加速发展,则预期即期利率将会上升;当市场预期未来通货膨胀减缓,则预期即期利率也会下降。例如,现行1年期的即期利率为7%,若公众一致认为1年后的1年期即期利率将上升至9.01%,即高于现行8%的2年期的即期利率,投资者将会选择投资两次1年期的债券,使当前短期债券需求增加,价格上涨,收益率下降,收益率曲线呈上升形态。收益率曲线斜率为正正是因为隐含着对未来短期利率上升的预期。也就是说,当投资者预期未来即期利率将上升,利率期限结构就呈期限越长利率越高的正收益率曲线;当投资者预期未来即期利率将下降,利率期限结构就呈期限越长利率越低的反收益率曲线。预期理论认为,当现行经济条件如较高的通货膨胀率造成短期利率异常高时,利率期限结构就应该呈下降趋势,这是因为对未来的通货膨胀的预期会下降;如果现行的经济环境如相对低的通货膨胀率造成短期利率异常低时,利率的期限结构应呈上升趋势,因为对今后通货膨胀的预期会上升。

预期理论成立的一个前提是将金融市场视为一个整体,强调不同期限债券间的完全替代性。金融市场既然是完全统一的,那么长期资金和短期资金就能互相补充,互相转化,形成同一的供求条件,短期债券和长期债券也就可以互相替代,它们的利率关系才会变化,才会形成利率期限结构。

经历史资料的实证分析证明,利率期限结构预期说是可信的。历史资料显示,在利率较低时期,利率期限结构呈上升趋势;在利率较高时期,期限结构呈下降趋势。利率期限结构预期说从逻辑上证明了利率呈上升趋势的时间应与呈下降趋势的时间相等,但实际结果却是呈上升趋势的期限结构更为普遍。对预期说解释的这一不充分性,可以由流动性偏好说加以解释。

2. 流动性偏好说(liquidity preference hypothesis)

流动性偏好说认为投资者的最初兴趣在于购买短期债券,即使有能力进行长期投资的投资者也宁愿连续作几次短期投资,这是因为市场利率的变动使长期债券的市价变动要大于短期债券,投资者不愿承受流动性风险。投资者的流动性偏好形成对短期债券的过多需求而使其价格上升,收益率下降。要想投资者接受长期债券,其收益必须比短期债券高,即加上一定的流动性补偿,期限越长,补偿越高,所以利率期限结构通常呈正收益率曲线。但是,当在某个高利率时期所预测的未来短期利率较低时,期限结构就会缓缓地下降。流动性偏好说认为出现期限结构的上升情况要多于期限结构下降情况。从这个意义上说,流动性偏好说经常被认为是对期限结构预期说的修正而不是替代。

3. 市场分割说(segmented market hypothesis)

市场分割说认为市场存在着分割的状况,这是因为不同的投资者和证券发行者受到法律、投资偏好或者某种投资习惯的限制而专门在某一期限的市场内投资或筹资,从而同时存在着短期债券市场、中期债券市场和长期债券市场。例如,商业银行为保持流动性而倾向于短期投资,而人寿保险公司和养老基金则偏好持有长期债券。市场分割说认为,即期利率取决于各个市场的各自资金供求状况。尽管期限相近的债券之间存在着某种替代性,且现行利率证明在不同市场间的转移可获得比实际收益要高的预期收益,投资者和筹资者也不会离开原有的市场而进入另一个市场。在经济增长时期,由于对长期资金的大量需求,使长期利率提高,收益率曲线呈上升状态;而在经济低落时期,存货积压,企业对短期资金需求猛增,推动了短期利率上升,收益率曲线因此变得平缓。

期限结构预期说作为利率期限结构理论的基础理论,它的有关金融资产的选择和替代的论点得到普遍接受,但它在推导过程中假设的若干前提条件使它不能圆满地解释现实经济生活中的一般情况。市场分割说虽然指出了现实生活中的客观情况,也分析了金融市场各子市场的相对独立性对利率期限结构的影响,但它有关市场主体不会在各子市场之间转移的观点过于牵强,而且也无法得到充分的证实。如果有某些较为灵活的投资者或证券发行者愿意向另一个具有较高预期收益率的分割市场转移,这种理论就无法成立,而这种转移在现实中是极有可能存在的。流动性偏好理论兼容并补充了以上两种理论并在实践中得到充分的论证。它以风险和收益具有正相关的观点,说明短期利率和长期利率的利差即流动性溢价是风险和机会成本的补偿。流动性溢价倾向于正值,是因为长期债券具有较大的利率风险,所以应该提供较高的均衡收益率。

(四) 收益率曲线的应用

由于利率在不断地变化,收益率曲线也经常地变动。投资者在进行债券投资时,可通过观察同类债券在不同日期的收益率,从中选择较为理想的投资对象。

(1) 收益率曲线的应用方法之一是,寻找一种比其他不同期限债券收益率高的债券。由于收益率曲线是由不同期限债券的到期收益率拟合而成,因此就有某一期限债券的收益率偏离收益率曲线的可能。如果发现了某债券的收益率远高于收益率曲线,并能确认它的收益率会很快向收益率曲线回落,可以选择买入这种债券,因为收益率偏高,说明该种债券的价格偏低,随着收益率下降,价格将会回升;相反,如果发现某一债券的收益率远低于收益率曲线,并预期它的收益率会向收益率曲线靠拢,则持有该种债券的投资者可卖出债券,待价格回落时再买入补回。

(2) 收益率曲线应用的方法之二是,当收益率曲线呈现拱形形态时,投资者应关注处于拐点上的那种债券。在这特定的时点上,拐点处的收益率最高,也即该点处的债券价格相对偏低,买入该种债券,在收益率曲线形态不变时,该种债券到期时收益率会明显下降,价格将会上涨。例如,某投资者准备投资 3 个月期债券,他发现收益率曲线呈拱形状态并在期限为 2 年处转弯下降,并且认为收益率曲线会保持不变,这时他买入 2 年期债券 3 个月后变现比买入 3 个月期债券的投资收益高。

(3) 收益率曲线应用的方法之三是,当投资者准备进行 1 年期的债券投资时,可在买入 1 年期债券和买入 2 年期债券并于 1 年后出售变现这两种投资方案中加以选择。权衡两种方法的关键是要对第二年短期债券的收益率加以预测,如果预计 1 年后短期债券的收益率将下降,则届时出售 2 年期债券的价格将上升,投资者的收益率将大于买入 1 年期债券;相反,如果预计 1 年后短期债券收益率将上升,则应选择 1 年期的债券进行投资。同理,投资者准备进行 2 年期的债券投资时,也可以在买入 2 年期债券和买入 1 年期债券到期后再滚动投资这两种方法中加以选择。同样,投资者须对 1 年后短期债券收益率加以预测,如果预计 1 年后短期收益率将下降,应选择买入 2 年期债券持有;若预计 1 年后短期收益率将上升,则可先买入 1 年期债券待到期后再买入 1 年期债券进行滚动式投资。

以上只是介绍了几种利用收益率曲线进行债券投资分析和决策的方法,依此类推,还可找到其他方法。值得注意的是,通常只能在期限相近的债券之间选择替代,因为要对长期收益率作出预测难度将更大。同时,债券发行者也可利用收益率曲线,将自己的筹资目的和市场需求相结合,选择在收益率较理想的时刻发行债券。

第二节 股 票 分 析

股票分析同样围绕着股票价格展开。股票的内在价值是预期未来现金流量的现值,依据不同的假设条件,有多种不同的定价模型。股票的市场价格受多种因素影响,经常处于波动之中。股票价格指数是反映股票市场价格平均水平和变动趋势的指标,是灵敏反映社会经济形势的指示器。

一、股票的理论价格

(一)股息贴现模型

有价证券的理论价格是根据现值理论而来的。现值理论认为,人们之所以愿意购买证券,是因为它能够为它的持有人带来预期收益,因此它的"价值"取决于未来收益的大小。如果我们能预测有价证券的未来收益流量,并按合理的贴现率和证券的有效期限将其折算成现在的价值,这就是有价证券的**理论价格**,或称**内在价值**。

有价证券定价的常用方法是**收入资本化定价方法**。这种定价方法表明,任何资产的内在价值都是在拥有这种资产的投资者预期在未来时期中可获得现金收入的基础上进行贴现决定的。

用公式表示一种证券的内在价值(V)等于预期现金流量的现值:

$$V = \frac{C_1}{(1+r)} + \frac{C_2}{(1+r)^2} + \frac{C_3}{(1+r)^3} + \cdots = \sum_{t=1}^{\infty} \frac{C_t}{(1+r)^t} \quad (6-10)$$

式中:C_t 表示在时间 t 时证券的预期现金流量,r 表示一定风险程度下合理的贴现率,可理解为必要收益率或同期的市场利率。

在市场均衡的条件下,有价证券的内在价值与购买有价证券的价格之差,即净现值为零。用公式表示为:

$$NPV = V - P = 0 \quad (6-11)$$

式中:NPV 表示净现值,P 表示在 $t = 0$ 时证券的价格。

此时,必要收益率是使未来现金流贴现值恰好等于证券当前价格的贴现率。所以,

$$P = \sum_{t=1}^{\infty} \frac{C}{(1+r)^t} \quad (6-12)$$

由于普通股票的现金流量是未来时期预期的股息收入,因此以收入资本化定价方法决定普通股票内在价值的模型被称为股息贴现模型。为普通股票定价的关键在于必须预测所有未来时期的股息收入,由于股票没有固定期限,这就意味着必须预测无限时期的股息收入。围绕着预期股息的变化,有不同的股息贴现模型。

1. 零增长模型

股票投资的现金流量是由每期取得的股息收入和股票出售时的价格两部分组成。零增长模型假设未来的股息按固定数量交付,股息增长率为零。

$$P = \left[\frac{D_1}{(1+r_1)} + \frac{D_2}{(1+r_1)(1+r_2)} + \cdots + \frac{D_n}{(1+r_1)(1+r_2)\cdots(1+r_n)} \right]$$

$$+ \frac{F}{(1+r_1)(1+r_2)\cdots(1+r_n)}$$

式中：P 表示股票现值，即与股票内在价值一致的理论价格，D 表示每股股息，r 表示贴现率即市场利率，F 表示股票出售时的价格，n 表示持有股票年限。

假设普通股票的现金股息为 D，且每年的股息不变，即 $D_1 = D_2 = \cdots = D_n$；贴现率不变，即 $r_1 = r_2 = \cdots = r_n$；投资者持有期为永久，即 $n \to \infty$，则：

$$P = \left[\frac{D}{1+r} + \frac{D}{(1+r)^2} + \frac{D}{(1+r)^3} + \cdots + \frac{D}{(1+r)^\infty}\right] + \frac{F}{(1+r)^\infty} \qquad (6-13)$$

因为，$r > 0$，所以，$1+r > 1$，当 $n \to \infty$ 时，$\frac{F}{(1+r)^\infty} \to 0$，$P$ 可视为各期股息现值之和。

$$\begin{aligned}P &= \frac{D}{1+r} + \frac{D}{(1+r)^2} + \frac{D}{(1+r)^3} + \cdots + \frac{D}{(1+r)^\infty} \\ &= \frac{D}{1+r}\left[1 + \frac{1}{1+r} + \frac{1}{(1+r)^2} + \cdots + \frac{1}{(1+r)^{\infty-1}}\right]\end{aligned} \qquad (6-14)$$

显然，[ ]内的数列是由比值 $q = \frac{1}{1+r}$，常数项 $a = 1$ 所组成的无穷等比级数，且因该级数的 $|q| < 1$，即 $\left|\frac{1}{1+r}\right| < 1$，即可判别为收敛级数。此收敛级数的极值等于 $\frac{a}{1-q}$，故[ ]内的部分为 $\left[\frac{1}{1-\left(\frac{1}{1+r}\right)}\right]$。所以，

$$P = \frac{D}{1+r}\left[\frac{1}{1-\frac{1}{1+r}}\right] = \frac{D}{1+r} \times \frac{1}{\frac{r}{1+r}} = \frac{D}{1+r} \times \frac{1+r}{r} = \frac{D}{r} \qquad (6-15)$$

可见，股票的理论价格为每股股息除以市场利率。

2. 不变增长模型

不变增长模型（constant growth model）也称戈尔顿模型，是一推导股票理论价格的股息贴现模型。这一模型认为大部分公司的盈余和股息年年都有增长，并假设每年的股息收入以一个固定的比率（g）增长。再假设上一年的股息收入为 D_0，则第 1 年的股息收入为 $D_1 = D_0(1+g)$，第 2 年为 $D_2 = D_0(1+g)^2$，第 t 年的预期股息收入为：

$$D_t = D_0(1+g)^t \qquad (6-16)$$

上一模型中已证明股票理论价格 P 为每年股息收入的现值之和，即：

$$P = \sum_{t=1}^{n} \frac{D_t}{(1+r)^t} \qquad (6-17)$$

所以，

$$P = \sum_{t=1}^{n} \frac{D_0(1+g)^t}{(1+r)^t} \quad (n \to \infty) \qquad (6-18)$$

现在,讨论 g 与 r 的关系。在上式中,如果 $g > r$,且 $D_0 > 0$,则分子 $D_0(1+g)^n$ 的增长速度将快于分母 $(1+r)^n$ 的增长速度,当 $n \to \infty$ 时,这个多项式是发散的,因此现值不存在。也就是说,如果一个公司的股息增长率始终高于市场利率,则该股票万金难买,因为无论定多高价格都低于该股票的实际价值;当 $g < r$ 时,该多项式的后一项的值均小于前一项,随着项数增加,项值逐渐收敛,股票才有一个有限的现值。

$$P = D_0 \left[\frac{1+g}{1+r} + \frac{(1+g)^2}{(1+r)^2} + \cdots + \frac{(1+g)^n}{(1+r)^n} \right] \quad (6-19)$$

将式(6-19)的等式两边同时乘以 $\frac{1+r}{1+g}$,则:

$$\frac{1+r}{1+g} \cdot P = D_0 \left[1 + \frac{1+g}{1+r} + \frac{(1+g)^2}{(1+r)^2} + \cdots + \frac{(1+g)^{n-1}}{(1+r)^{n-1}} \right] \quad (6-20)$$

式(6-20)减式(6-19)得到:

$$\left[\frac{(1+r)}{(1+g)} - 1 \right] P = D_0 \left[1 - \frac{(1+g)^n}{(1+r)^n} \right] \quad (6-21)$$

$$\left(\frac{r-g}{1+g} \right) P = D_0 \left[1 - \frac{(1+g)^n}{(1+r)^n} \right] \quad (6-22)$$

因为,$g < r$,当 $n \to \infty$ 时,则 $\frac{(1+g)^n}{(1+r)^n} \to 0$,即 $\left[1 - \frac{(1+g)^n}{(1+r)^n} \right] = 1$,所以,

$$\left(\frac{r-g}{1+g} \right) P = D_0, \quad P = \frac{D_0(1+g)}{r-g} \quad (6-23)$$

因为,$D_t = D_0(1+g)^t$,即 $D_0(1+g) = D_1$,所以,

$$P = \frac{D_1}{r-g} \quad (6-24)$$

式中:D_1 表示预期第 1 年的每股股息,g 表示股息增长率。

我们可以发现,因为零增长模型没有考虑股息的增长,即 $g = 0$,$D_1 = D_0$,所以这两个模型没有根本差别。

不变增长模型是确定股票价格的方法之一,在实际运用中往往用某公司过去股息实际增长率的历史数据来推断该公司未来股息增长率 g。但事实上,没有一家公司可以长期保持股息固定增长率不变,公司股息增长的历史数据也无法代替未来的股息增长,所以,不变增长模型的理论意义超过其实用价值。

3. 多元增长模型

多元增长模型(multi-step growth model)是将普通股票的股息收入分为两个部分,一部分是从 $t = 0$ 到 $t = T$ 时间内,股息为一不变的量,另一部分是 $t = T$ 以后,股息按不变增长率 g 增长,相应地,股票的内在价值应是两部分股息现值的相加。

第一部分是自 $t = 0$ 到 $t = T$ 的所有预期股息现值,用 V_{T-} 表示:

$$V_{T-} = \sum_{t=1}^{T} \frac{D_t}{(1+r)^t} \qquad (6-25)$$

第二部分是 $t = T$ 以后的所有股息在 T 时刻的现值,应用不变增长模型,用 V_T 表示:

$$V_T = D_{T+1} \left(\frac{1}{r-g} \right) \qquad (6-26)$$

但目前投资者是在时间 $t = 0$ 时而不是在 $t = T$ 时为股票定价,为确定 $t = 0$ 时 V_T 的现值,须将 V_T 再次贴现,用 V_{T+} 表示:

$$V_{T+} = V_T \cdot \frac{1}{(1+r)^T} = \frac{D_{T+1}}{(r-g)(1+r)^T} \qquad (6-27)$$

现在我们已经得到了 T 时刻的所有股息的现值以及 T 时刻以后的所有股息的现值,加总这两部分现值,即为股票的内在价值。

$$P = V = V_{T-} + V_{T+} = \left[\sum_{t=1}^{T} \frac{D_t}{(1+r)^t} \right] + \left[\frac{D_{T+1}}{(r-g)(1+r)^T} \right] \qquad (6-28)$$

股息贴现模型还有因由未分配盈余产生股息、配股增资后股息实质增加、有限持有股票等几种情况而发生的变形,但它的基本原理不变,理解也不困难,因篇幅所限,不再一一介绍。

4. 股息贴现模型的应用

可以将股息贴现模型应用到股票投资分析和决策中,既可以为股票定价,也可以利用现有的市场条件和股票特性,寻找某种定价不当的股票,作为投资决策的参考。在实际应用中,首先,可以与资本资产定价模型相结合,确定股票的必要收益率;其次,分析股票的特征,选择合适的股息贴现模型并计算股票的理论价值;最后,将股票的理论价值与市场价格对照,分析股票是否被错误定价,进而作出投资决策。

【例 6-5】某公司 2012 年的每股收益为 4.24 元,其中 50% 的收益将用于派发股息,并且预计未来的股息将长期保持稳定。公司的 β 值是 0.85,同期股价综合指数的收益率为 7%,国库券利率为 3.5%。公司股票当前的市场价格为 30 元。

公司当年的每股股息 $= 4.24 \times 50\% = 2.12(元)$

必要收益率 $= 3.5\% + 0.85 \times 7\% = 9.45\%$

股票理论价值 $(V) = 2.12/9.45\% = 22.43(元)$

净现值 $(NPV) = V - P = 22.43 - 30 = -7.57(元)$

公司股票的市场价格被高估。

【例 6-6】2012 年某公司的每股收益是 3.82 元,其中 65% 的收益用于派发股息,近 5 年公司的利润和股息增长率均为 6%,并且预计将保持这一速度长期增长。公司的 β 值是 0.95,同期股价综合指数的收益率为 7%,国库券利率为 3.5%。公司股票当前的市场价格为每股 55 元。

公司当年的每股股息 $= 3.82 \times 65\% = 2.48(元)$

必要收益率＝3.5％＋0.95×7％＝10.15％

股票理论价值（V）＝2.48×(1＋6％)/(10.15％－6％)＝63.34(元)

净现值（NPV）＝V－P＝63.34－55＝8.34(元)

公司股票的市场价格被低估。

（二）相对价值度量

在对股票的价值分析中，用得比较多的是相对价值度量的方法。该方法认为股票的合理价格应该是公司一些基本财务指标的一定倍率，这些指标包括每股收益、每股净资产、每股销售收入、每股现金流。

1. 市盈率法

市盈率（price/earning ratio，P/E ratio）**是股票当前的价格和公司每股收益的比值。**市盈率又称翻本期，它的含义是按公司当前的盈利状况，投资者需要多少年才能收回投资。市盈率能作为度量公司相对价值指标的原因是公司的盈利能力是判断股票是否有投资价值的决定因素，而每股收益直接反映了公司的盈利能力。

用市盈率估量公司的相对价值计算简单，易于理解。因为市盈率＝每股市价/每股收益，只要知道每股收益和合适的市盈率，就能推算出股票价格。我们还可以对用市盈率评估股票相对价值做如下理解：假设公司将全部收益作为股息，则每股股息＝每股收益（EPS），用零增长模型表达股票价值：

$$P = \frac{EPS}{r} \tag{6-29}$$

式中：P 表示股票价格，EPS 表示每股收益，r 表示必要收益率。因此，

$$市盈率 = \frac{P}{EPS} = \frac{1}{r} \tag{6-30}$$

该式说明，在收益全部作为股息支付且股息稳定的条件下，市盈率可以理解为是必要收益率的倒数。例如，市盈率为 20 倍的股票意味着必要收益率为 5％，可以将它与同期股价指数或具有可比性的金融工具的收益率比较，判断该股票是否具备投资价值。

在实际应用中可以用公司所在行业的平均市盈率，也可以用公司股票历史市盈率的算术平均数或是用趋势调整法、回归分析法求得。在投资分析中，经常使用两种市盈率：一是当前市盈率，是股票当前的市场价格与公司在过去 4 个季度或 12 个月每股收益的比值；二是预期市盈率，是股票当前的市场价格与公司未来 4 个季度或 12 个月每股收益的比值。后者反映了对公司收益和股价的预期。如果计算当前市盈率，应注意剔除公司非经常性损益、周期性或季节性盈利波动、因采取有别于其他公司的会计政策和因为有员工股票期权、发行可转换债券、优先股、认股权证等导致盈利稀释效应的影响。

市盈率法除了数据可得、计算简便以外，另一个优点是适用范围广泛，在公司首次公开发行、收购兼并、未上市公司的估值等方面都可以使用。但市盈率法也有局限性，当公司的每股收益为负值的时候，计算市盈率毫无意义；当公司存在非经常性收益或收益波动性较大时会影响对公司内在价值的合理评估；公司可能采取不同的会计政策操纵每股收

益;各公司的实际市盈率与行业平均市盈率会有一定的背离等,这些因素都有可能产生误导性的结果。

2. 市净率法

市净率(price/book value ratio, P/BV ratio),是指股票当前的市场价格和每股账面净资产的比值。用公式表示为:

$$市净率 = \frac{市场价格}{每股净资产} \tag{6-31}$$

式中:净资产是指公司有形资产的净值,每股净资产=公司有形资产净值/发行在外的股票数量。

市净率经常用于对公司价值的评估,这是因为,每股净资产是一个相对稳定和直观的指标,可以作为基准对市场价格进行分析;同时,如果公司将大部分盈余投入营运之中,持续支付比较低的股息,则公司的账面价值较高,较低的市净率是对公司股息政策和未来成长的认可。通常认为,市净率较低的公司,投资价值较高,低于行业平均市净率的公司价值可能被低估了;反之,则被高估了。

市净率指标能较好地反映存续时间较长的公司的价值,对新公司的估值意义不大。对盈利为负的公司或是生产周期较长的公司,无法用市盈率进行估值,市净率则能较好地反映公司价值,因此,市盈率和市净率结合使用,有较好的效果。另外,市净率只能用于对整个公司的评估,不能用于对公司部分资产的评估。

3. 价格与每股现金流比率法

价格与每股现金流比率(price/cash flow ratio)是相对价值评估的重要方法。用公式表示为:

$$价格与每股现金流比率 = \frac{股票市场价格}{发行在外的普通股每股自由现金流量} \tag{6-32}$$

式中:股权自由现金流=经营现金+公司净借入资金-固定资本投资。

用现金流定价与用市盈率定价的本质是一样的,区别在于将现金流替代了盈利,强调的是现金流的增长而非盈利增长。现金流比盈利更真实,因为它可以消除因采用不同会计政策对盈利的影响和可能的对盈利的操纵。价格与每股现金流比率既可以用于存续期较长的公司股票估值,也可以用于新公司股票的估值,还可以用于收购兼并、不同行业公司的估值、公司部分资产的估值。

4. 价格与销售收入比率法

价格与销售收入比率(price/sales ratio, P/S ratio)也是对公司进行估值,特别是对公司部分资产或某一部门进行估值的有用指标。用公式表示为:

$$价格与销售收入比率 = \frac{每股价格}{每股销售收入} \tag{6-33}$$

$$公司某一部门的价值 = 价格与销售收入比率 \times 该部门的销售收入 \tag{6-34}$$

加总公司各独立业务部门的价值可得到公司的总价值。较低的价格与销售收入比率意味着市场还没有认识到公司较高销售收入的价值,低估了公司的价值。

价格与销售收入比率可以弥补市盈率的不足，对亏损公司和未盈利公司而言，计算市盈率指标毫无意义，但只要有销售收入，有现金流，价格与销售收入比率、价格与每股现金流比率仍可计算，从而可以对这类公司进行估值比较。价格与销售收入比率和价格与每股现金流比率一样可以消除会计政策和盈利操纵的影响。由于价格与销售收入比率指标可以计算公司部分资产的价值，我们也可以得到各部门的现金流量，因此价格与销售收入比率、价格与每股现金流比率在公司兼并重组、出售公司独立业务部门、出售产品品牌或无形资产时经常被用于对部分资产的价值评估。

(三) 股票价值及价格种类

有关股票的价值、价格有多种提法，它们在不同场合有不同含义，需要加以区分。

(1) 票面价值(face value)。股票的票面价值又称面值，即在股票票面上标明的金额。有的股票有票面金额，叫面值股票；有的不标明票面金额，叫份额股票。股票的票面价值仅在初次发行时有一定意义，如果股票以面值发行，则股票面值总和即为公司的资本金总和。随着时间的推移，公司的净资产会发生变化，股票的市场价格会逐渐背离面值，股票的票面价值也逐渐失去其原来意义，不再被投资者关注。

(2) 内在价值(intrinsic value)。股票内在价值即理论价值，是股票未来收益的现值，取决于股票投资收益和必要收益率。股票内在价值决定股票市场价格，但又不等于市场价格，由供求关系而产生并受多种因素影响的市场价格围绕着股票内在价值波动。

(3) 账面价值(book value)。账面价值又称股票净值，是每股股票所代表的实际资产的价值。在没有优先股的条件下，每股账面价值是以公司净资产除以发行在外的普通股票的股数求得，它是公司经营管理者、证券分析家和投资者分析公司财务状况的重要指标。

(4) 清算价值(liquidation value)。这是公司清算时每个股份所代表的实际价值。从理论上讲，股票的清算价值应与账面价值一致，实际上并非如此简单。因为只有当清算时的资产实际变现额与财务报表上反映的账面价值一致时，每一股的清算价值才会和账面价值一致。但在公司清算时，它的资产往往只能压低价格出售，再加上必要的清算成本，所以，公司的实际清算价值往往低于账面价值。

(5) 市场价格(market price)。市场价格一般指二级市场上买卖股票的成交价格，股票市场价格受多种因素影响，起伏变化很大。

二、影响股票价格的因素

股票的市场价格在不断地变动之中，在自由竞价的股票市场中，股价的变动具有极高的灵敏性。引起股票价格变动的直接原因是供求关系的变化，在供求关系的背后还有一系列更深层的原因。除股份公司本身的经营状况以外，任何政治、经济、财政、金融、贸易、外交、军事、社会因素的变动都会影响股市的供求关系进而影响股票价格的涨跌。在影响股票价格的诸多因素中，有的是影响股市长期发展的基本因素，有的只是影响股价短期波动的暂时因素；有的因素对股价的影响长久而深远，有的则直接而短暂。因此，在具体分析股票价格变动趋势时，既要作全面考虑，又要适时地突出重点。

(一) 公司经营状况

股份公司的经营状况是股票价格的基石。从理论上分析，公司经营状况与股票价格成正比，公司经营状况好，股价上升；反之，股价下跌。公司经营状况好坏，可以从以下各项来分析。

1. 每股资产净值和净资产收益率

资产净值(net value)或称净资产是公司拥有的实际资产的价值，是总资产减去总负债的净值。资产净值是全体股东的权益，也是决定股票价格的重要基准。公司开创后，经过一段时间的营运，其资产净值必然有所变动，如增发股票、资产的增值、留存盈余的提取等都会使公司净值增加，而经营亏损、灾害损失又会使公司净值减少。股票作为投资的凭证，每一股代表一定数量的净值，股价应与每股净资产保持正相关关系，即净值增加，股价上涨；净值减少，股价下跌。净资产收益率反映股东投资所产生的相对收益，净资产收益率上升，股价上涨；净资产收益率下降，股价下跌。

2. 盈利水平

公司业绩好坏集中表现于盈利水平的高低，公司的盈利水平是影响股票价格的基本因素之一。在一般情况下，公司盈利增加，股息也会相应增加，股票的市场价格上涨；公司盈利减少，股息相应减少，股票市场价格下降。但值得注意的是，股票价格的涨跌和公司盈利的变化并不是同时发生的，通常股价的变化要先于盈利的变化，股价的变动幅度也要大于盈利的变化幅度。这是因为投资于股票是着眼于未来，投资者是在对公司未来业绩预期的基础上作出决策的，公司是盈是亏，早在未进行年报披露前已有征兆显示，关心公司业绩的投资者往往提前采取行动，并带动其他投资者，引起股票价格变化。

3. 公司的派息政策

股份公司的**派息政策**(dividend policy)直接影响股票价格。股息与股票价格成正比，通常股息高，股价涨；股息低，股价跌。股息来自公司的税后盈利，公司盈利的增加只为股息派发提供了可能，并非盈利增加股息一定增加。公司为了把盈利合理地运用到扩大经营规模和回报股东支付股息等用途，会制定一定的派息政策。派息政策体现了公司的经营作风和发展潜力，不同的派息政策对各期股息收入有不同影响。如有的公司采取固定股息政策，用"以丰补歉"的办法，每年派发一定数额股息，以减少经济周期波动等因素对股息收入的影响；有的公司则随当年盈亏实绩派发股息；有的公司将大部分盈利提留为公积金用于扩大再生产，股东当前的收入减少但未来收入将增加；有的公司则将大部分盈利用于派发股息以吸引投资者。此外，公司对股息的派发方式(如派发现金股息，还是派送股票股息或是在送股的同时再派发现金股息)也会给股价波动带来影响。投资股票的目的之一是领取股息，因此每年在公司公布分配方案到除息除权前后是股价波动最大的阶段。

4. 主营业务收入

公司的盈利主要来自主营业务收入，主营业务收入增加，说明公司销售能力增强，利润有可能增加，股价随之上涨。所以有的投资者在年初就注意公司签订的生产合同或销售合同，分析公司的生产任务是否饱和，推测销售额大小。值得注意的是，主营业务收入增加并不意味着利润一定增加，还要分析成本、费用和负债状况。另外，股价的变动一般也先于主营业务收入变动。

5. 原材料供应及价格变化

原材料是公司成本的重要项目,原材料供应情况及价格变化也会影响股价的变动,特别是所需原材料是稀缺资源或是依赖国外进口的公司,对股价影响更大。如石油价格的上涨会引起世界各石油进口国股价迅速下跌。

6. 增资和减资

公司因业务发展需要增加资本额而发行新股,短期内增加了股票供应,在没有产生相应效益前将使每股净利下降,因而会促使股价下跌。但从长期看增资对不同公司股票价格的影响不尽相同,对那些业绩优良、财务结构健全、具有发展潜力的公司而言,增资意味着将增加公司经营实力,会给股东带来更多回报,股价不仅不会下跌,可能还会上涨。公司减资表现为股本减少、总资产减少,以股份回购为主要手段。从短期看,股份回购增加了对公司股份的需求、减少了供应,同时公司一般在股价较低时实施回购,向市场传递了公司股价低估的信息,会导致股价上涨。从长期看,公司通过减资可以实现调整股权结构、资产负债率、净资产收益率的目的,有时还可以作为反收购的工具。减资目的不同,对股价的影响不同。如果公司为清晰主营业务、处理闲置资产而减资,则会提高公司竞争力,有利于股票价格上升;如果公司减资是因为经营不善、亏损严重、需要重新整顿,则股价会大幅下降。

7. 主要经营者更替

公司管理层是具体负责公司日常经营的核心力量,对公司的营运前景关系重大。公司主要经营管理者的更换会改变公司的经营方针、管理水平、财务状况和盈利水平,一个锐意进取、管理有方的经营者可能使一个濒临破产的公司起死回生,一个因循守旧、不谙管理的经营者也可能使有过辉煌业绩的公司江河日下。因此,公司主要经营者更换会引起投资者的猜测,改变对公司的信任程度,从而引起股价涨跌。

8. 公司改组或合并

公司合并有多种情况,有的是为了扩大规模,增强竞争能力而相互合并,有的是为了消灭竞争对手,有的是为了控股,也有的是为操纵市场而进行恶意兼并。公司合并总会引起股价剧烈波动,但要分析公司合并对公司是否有利,合并后是否会改善公司的经营状况,这是决定股价变动方向的决定因素。

9. 股票分割和合并

股票分割(stock split)又称拆股、拆细,是将一股股票均等地拆成若干股。**股票合并**又称并股,是将若干股票合为一股。股票分割将增加公司股份总数和股东持有股份的数量,股票合并将减少公司股份总数和股东持有股份的数量,但两种情况都不改变公司的实收资本和每位股东所持股东权益占公司全部股东权益的比重。理论上,股票分割或合并后,公司股价会以相同的比例向下或向上调整,但股东所持股票的市值不发生变化。股票分割通常适用于高价股,拆股后股价下降,提高了股票的流动性,吸引投资者购买;股票合并一般适用于低价股,并股后每股净值和每股净利提升,也能提高对投资者吸引力。总之,股票分割和合并改变了供求关系和投资者的预期,会引起股价变动。

10. 意外灾害

因发生不可预料和不可抵抗的自然灾害或不幸事件,给公司带来重大的财产损失而又得不到相应赔偿,股价会下跌,但如果公司为预防不测而采取了相应的举措,如购买了财产保险,则会减轻灾害对股价的影响。

(二) 宏观经济因素

宏观经济发展水平和状况是股票市场的背景和后盾,也是影响股票价格的重要因素。宏观经济影响股票价格的特点是波及范围广、干扰程度深、作用机制复杂和股价波动幅度较大。

1. 经济增长(economic growth)

一个国家或地区的社会经济是否能持续稳定地保持一定发展速度,是影响股票价格能否稳定上升的重要因素。分析一国的经济增长主要看**国民生产总值、国内生产总值及国民收入的增长**情况,这些指标都是反映经济发展水平和发展效益的综合性指标。当这些综合性指标保持一定增长速度时,表示经济运行势态良好,一般说来大多数企业的经营状况也较好,它们的股票价格会上升;反之,股票价格会下降。因此,预计未来国民生产总值、国内生产总值和国民收入是否稳定增长,增幅为多少,已成为影响股票市场价格总水平长期发展趋势的重要指标。据美国经济学家长期观察证明,股票价格波动与国民生产总值波动是一致的。如美国 1897—1976 年期间,国民生产总值年平均增长率为 5%,同期道琼斯工业股价平均数的年平均增长率为 4.7%。在这 79 年中,国民生产总值在 1929—1933 年、1937 年、1970 年、1974 年有所下降,与此同时,道琼斯工业股价平均数也相应下降。

2. 经济周期(economic cycle)循环

国民经济运行经常表现为扩张与收缩的周期性交替,每个周期一般都要经过高涨、衰退、萧条、复苏四个阶段,即**经济周期循环**。经济周期循环对股票市场的影响非常显著,可以这么说,景气变动从根本上决定了股票价格的长期变动趋势。

当经济走出低谷渐渐复苏时,人们开始对经济发展前景恢复信心,企业开始增加投资,扩大生产,对资金的需求缓缓增加,有的公司进行增资配股或向银行增加贷款。敏感的投资者已感觉到随着生产恢复,公司利润和股息也将增加,重新激发起对股票投资的兴趣和信心。股票市场因为受长期经济衰退的打击,价格跌幅很深,再加上在复苏阶段强大的资金需求压力尚未形成,政府为扶持经济发展,一般也不会在经济刚恢复时就收紧银根,所以此时的利率水平仍然偏低,股票的内在价值有所提高,于是一部分投资者开始将资金投入股票市场,促使股票价格的回升。随着经济的逐渐恢复,在一部分较为敏锐的投资者的投资行为的示范效应下,更多的投资者进入股市,于是股价开始上涨。

在经济高涨阶段,由于企业竞相增加投资、扩大生产,纷纷采用新技术以提高竞争能力,因此,对各种生产要素的需求增加并渐次引起市场趋旺,企业产品价格上涨,利润增加,股息增加;生产发展带来就业率提高,人们收入普遍增加。收入的增加一方面引起消费需求增加,一方面引起储蓄-投资的增加。由于股息增加的吸引力,人们热衷于投资股票,所以股票价格持续上升。到经济高涨后期,由于经济过热有引发通货膨胀的可能,中央银行开始紧缩银根,提高利率。利率提高、工资增加、原材料涨价等因素可能造成企业利润相对减少,生产增长速度放慢。敏感的投资者又感到经济将要下降,股息也将减少,而此时利率却很高,于是卖出股票,转向其他投资工具,因此在危机到来之前股价已先行下跌了。

经济危机阶段,生产萎缩、市场呆滞、企业倒闭频繁、失业率上升、收入水平下降、利润和股息都大幅下降,股票价格急剧下跌。

萧条阶段虽然利率开始下降,但生产仍不景气,因为对利润和股息回升仍不乐观,股市长期低迷,股价也长期在低水平徘徊。

通常经济周期变动与股价变动的关系是:复苏阶段—股价回升、高涨阶段—股价上涨、危机阶段—股价下跌、萧条阶段—股价低迷。经济周期变动通过下列环节影响股票价格:经济周期变动—公司利润—股息增减—投资者心理—供求关系变化—股票价格。在影响股票价格的各种经济因素中,景气循环是一个很重要的因素。

值得重视的是,股票价格的变动通常比实际经济的繁荣或衰退领先一步,即在经济高潮后期股价已率先下跌;在经济尚未全面复苏之际,股价已先行上涨。国外学者认为股价变动要比经济景气循环早4~6个月。这是因为股票价格是对未来收入的预期,所以先于经济周期的变动而变动。正因为如此,股票价格水平已成为经济周期变动的灵敏信号或称**先导性指标**。

3. 货币政策(monetary policy)

中央银行的货币政策对股票价格有直接的影响。货币政策是政府重要的宏观经济政策,中央银行通常采用存款准备金制度、再贴现政策、公开市场业务等货币政策手段调控货币供应量从而实现发展经济、稳定货币等政策目标。无论是中央银行采取的政策手段还是最终的货币供应量变化,都会影响股票价格,这种影响主要通过以下途径。

(1)中央银行提高法定存款准备金率,使商业银行可贷资金减少,对企业的信贷支持下降,资金供应趋紧,货币供应减少,流入股市的资金减少,股票价格下降;相反,中央银行降低法定存款准备金率,商业银行可贷资金增加,资金供应宽松,货币供应增加,股票价格上升。

(2)中央银行通过采取再贴现政策手段,收紧银根,提高再贴现率,使商业银行向中央银行贷款的成本上升,贷款减少,市场资金趋紧。再贴现率又是基准利率,它的提高必定使市场利率随之提高,股票市场价格下降。相反,中央银行放松银根,降低再贴现率,一方面使商业银行向央行融资的成本下降,贷款增加,资金供应相对宽松;一方面再贴现率的下降必定使市场利率随之下降,股票价格相应提高。

中央银行还通过常备借贷便利(standing lending facility, SLF)满足存款类金融机构期限较长的大额流动性需求。金融机构可根据自身流动性需求向央行提出贷款申请,交易在央行和金融机构之间一对一进行,期限为1~3个月,利率根据货币政策调控。贷款以抵押方式发放,合格的抵押品为信用等级较高的债券类资产及优质信贷资产等。

(3)中央银行通过公开市场业务在金融市场上大量出售证券,收紧银根,在收回中央银行供应的基础货币的同时又增加证券的供应,使证券价格下降。中央银行放松银根时,在公开市场上大量买入证券,在投放中央银行供应的基础货币的同时又增加证券需求,使证券价格上升。

总之,中央银行放松银根、增加货币供应,资金面较为宽松,大量游资需要新的投资机会,股票成为最好的投资对象之一。一旦资金进入股市,引起对股票需求的增加,立即促使股价上升。相反,中央银行收紧银根,减少货币供应,资金普遍吃紧,流入股市资金减少,加上企业抛出持有的股票以获取现金,使股票市场的需求减少,交易萎缩,股价下跌。

4. 财政政策(fiscal policy)

财政政策也是政府的重要宏观经济政策。扩张的财政政策以降低税率、增加国债发行、扩大政府支出等为手段,通过增加政府投资、带动民间投资、鼓励消费以实现拉动经济增长、调整经济结构的目标。紧缩的财政政策则通过提高税率、减少政府投资、压缩政府开支为手段,使过热的经济增长速度下降至合理的目标区间。财政政策对股票价格影响如下:

其一,通过增加财政支出刺激经济发展或是减少财政支出抑制经济增长,调节社会经济结构和发展速度,改变企业的外部环境,进而影响企业利润水平和股息派发;

其二,通过调节税率影响企业利润和股息,提高税率,企业税负增加,税后利润下降,股息减少;反之,企业税后利润和股息增加。

其三,国债发行量会改变证券市场的供求关系,从而间接影响股价。

其四,通过调整证券交易的税率,如利息税、印花税、资本利得税等,直接影响股票价格。

5. 市场利率(market interest rate)

市场利率变化通过以下三条途径影响股票价格。

(1)绝大部分企业都负有债务,利率提高,利息负担加重,公司净利润和股息相应减少,股票价格下降;利率下降,利息负担减轻,公司净盈利和股息增加,股票价格上升。

(2)利率提高,其他投资工具收益相应增加,一部分游资会流向储蓄、债券等收益固定的其他金融工具,对股票需求减少,股价下降。利率下降,固定收益证券收益减少,资金流向股票市场,对股票的需求增加,股票价格上升。

(3)利率提高,一部分投资者要以较高的利息负担才能借到所需资金进行证券投资,如果允许进行信用交易,则买空者的融资成本也相应提高,投资者会减少融资和对股票的需求,股票价格下降。利率下降,投资者能以较低利率借到所需资金,增加融资和对股票需求,股票价格上涨。

6. 通货膨胀

通货膨胀对股票价格的影响较为复杂,它既有刺激股票价格的作用,又有抑制股票价格的作用。通货膨胀是因货币供应过多造成货币贬值、物价上涨的经济现象。在通货膨胀之初,公司会因产品的提价和存货的增值而增加利润,从而增加可以分派的股息,并使股票价格上涨。在物价上涨时,股东实际股息收入下降,股份公司为股东利益着想,会增加股息派发,使股息名义收入有所增加,也会促使股价上涨。通货膨胀给其他收益固定的证券带来了不可回避的通货膨胀风险,投资者为了保值,争相购买收益不固定的股票,对股票的需求增加,股价也会上涨。但是当通货膨胀严重,物价居高不下时,公司因原材料、工资、费用、利息等项支出增加,使其利润减少,股价下降。由于严重的通货膨胀会使社会经济秩序紊乱,使公司无法正常地组织生产,政府也会采取治理通胀的紧缩政策,对股票价格的负面影响更大。

7. 汇率变化

汇率(exchange rate)的调整对整个社会经济影响很大,有利有弊。一般而言,汇率上升,即本币升值,以本币计价进口成本下降,出口收入减少,不利于出口而有利于进口;以外币计价的资产升值,对外负债的债务负担减轻。汇率下降,即本币贬值,不利于进口而有利于出口,以外币表示的资产缩水,外债负担加重。对资本市场已对外开放和本国货币已实现自由兑换的国家来说,汇率的变化还可能引起资金的流入和流出,从而影响本国证券市场的供求关系和股票价格水平的短期波动。通常,汇率变化对股价的影响要看对整个经济的影响而定,若汇率变化趋势对本国经济发展影响较为有利,股价会上升;反之,股价会下降。总体来说,汇率的变化对那些在贸易项目和资本项目两方面严重依赖国际市场的国家和企业的股票价格影响较大。

8. 国际收支状况

一般地说,若一国国际收支连续出现逆差,政府为平衡国际收支会采取提高国内利率和降低汇率的措施,以鼓励出口减少进口,股价会下跌;反之,股价会上涨。

(三) 政治因素

政治因素对股票价格的影响很大,往往很难预料。主要有以下几种政治因素:

(1) 战争。战争是最有影响力的政治因素。战争会破坏社会生产力,使经济停滞、生产凋敝、收入减少、利润下降。战争期间除了军火工业以外,大部分企业都会受到严重打击。战争又使投资风险明显增大,在生命得不到保障的情况下,人们的投资愿望降到最低点。特别是全面的、长期的战争,会使股票市场受到致命打击,股票价格会长期低迷。如第二次世界大战的爆发,使西方证券市场直至20世纪50年代才逐渐得以恢复。

(2) 政权更迭、领袖更替、政治事件的爆发等都会影响社会安定,进而影响投资者的信心和投资行为,引起股票市场的涨跌变化。这样的事例层出不穷,举不胜举。

(3) 政府重大经济政策的出台、社会经济发展规划的制定、重要法规的颁布等会影响投资者对发展前景的预期,从而也会引起股票价格变动。

(4) 地缘政治(geopolitics)。地缘政治是从全球地理空间角度,分析各相关国家或各政治集团之间国家战略和政治利益的相互关系的方法。地缘政治关系已成为对国家安全和国际战略具有重要影响的因素,具体表现为:通过对地理空间的控制,谋求霸权或国际关系主导权;通过对资源、贸易、市场、运输线、领土、海洋等关键地理要素的占有或控制,既加强国际政治权力,又获得现实利益,增强国力;通过建立地域安全体系,如建立势力范围、缓冲地带等,或作出均势格局安排,谋求有利于自身安全的地缘环境。一般来说,地缘政治局势紧张都会对原油、黄金和股市直接产生冲击。

(四) 心理因素

投资者的心理变化对股价变动影响很大。在大多数投资者对股市抱乐观态度时,会有意无意地夸大市场有利消息的影响,并忽视一些潜在的不利因素,从而脱离上市公司的实际业绩而纷纷买进股票,促使股价上涨。相反,在大多数投资者对股市前景过于悲观时,对潜在的有利因素视而不见,而对不利因素特别敏感,甚至不顾发行公司的优良业绩大量抛售股票,致使股价下跌。当大多数投资者对股市的发展无法判断时,会持观望态度,此时市场冷落,股价就会盘旋呆滞。股票市场中的中小投资者由于信息不灵,缺乏必要的专业知识和投资技巧,往往有严重的盲从心理,而有的人就利用这一盲从心理故意制造假

行为金融学的产生和发展

象、渲染气氛,诱使中小投资者在股价上涨时盲目追涨或者股价下跌时恐慌抛售,从而加大了股价涨跌的程度。

(五) 证券监管部门的限制规定

有的证券交易所对每日股票价格的涨跌幅度有一定限制,即涨跌停板规定,则股价的涨跌会大大平缓。另外,当股票市场投机过度或出现严重违法行为时,证券交易所也会采取技术性停牌、临时性停市等措施以平抑股价波动。

(六) 人为操纵因素

股市上总有一些人为了使股票价格向对自己有利的方向变动而操纵股市。他们操纵股市的手法很多,有的是钻法规的空子,有的完全是违法的行为。人为操纵往往会引起股票价格短期的剧烈波动,操纵者利用大多数投资者不明真相,乘机浑水摸鱼,非法牟利。由于人为操纵会影响股票市场的健康发展,违背公开、公平、公正的原则和法律法规,一旦查明,会受到证券监管部门和执法机构的严厉处罚。

三、股票价格平均数和股票价格指数

股票的市场价格受多种因素的影响,不仅单个股票的价格变动频繁,而且股票价格总体水平也瞬息万变。为了描述和反映股票价格平均水平及变动趋势,需要编制**股票价格平均数和股票价格指数**(stock price index)。股票价格平均数和股票价格指数是衡量股票市场总体价格水平及其变动趋势的尺度,也是反映一个国家或地区社会政治经济发展状态的灵敏信号。

(一) 股票价格平均数和股票价格指数的编制步骤

股票价格平均数和股票价格指数是将某一证券交易所上市的全部股票或部分股票按一定方法计算而得出的在某一时点的价格平均值。其编制步骤可分为以下四步。

1. 确定样本股

选择一定数量有代表性的上市公司股票作为编制股票价格平均数和股票价格指数的样本股。样本股的数量并没有统一规定,可以选择全部上市股票,也可以选择其中有代表性的一部分。样本股的选择有一定标准,主要考虑两项:一是样本股的市场价值要占在交易所上市的全部股票的市价总值的大部分,这样计算的结果才能更真实地反映整个股票市场的情况;二是样本股票价格变动趋势必须能反映市场股票价格变动的总趋势。样本股确定后并非一劳永逸,要经常注意观察调整,让更有活力和代表性的公司股票取代逐渐失去活力和代表性的股票。

2. 选定基期,并以一定方法计算基期平均股票价格或市价总值

通常选择某一有代表性或股价相对比较稳定的日期为基期,并按选定的某一种方法计算这一天的样本股平均价格或市价总值。

3. 计算计算期平均股票价格或市价总值并作必要的修正

收集样本股在计算期的价格并按选定的计算方法计算平均价格或市价总值。有代表性的价格是样本股收盘平均价,有的股价指数每半小时或每一小时计算一次,有的则计算

即时指数。有时因拆股、除权等情况而需要对计算结果进行修正,以保持计算结果的连续性、真实性及前后的可比性。

4. 指数化

指数化是将以货币单位表示的平均股价或市值转化成以"点"为单位的股票价格指数。其方法是设定样本股基期平均股票价格或市价总值为某一固定点数作为固定乘数,再以某一计算期样本股的平均价格或市价总值除以基期平均价格或市价总值再乘以该固定乘数,即得到该计算期的股价指数。固定乘数通常为100或1 000,表示将基期的平均价格或市值作为100点或1 000点开始计算。股价指数单位"点",不是百分点,更不是货币单位,而是指数的计算单位。

股价指数的基期确定后一般情况下不作改变,此后不断将计算期的平均股票价格与基期作逐一比较,所以股票价格指数实质上是按基比方法计算的统计指标。

(二) 股票价格平均数的计算

股票价格平均数反映了市场股票价格的绝对水平,它可分为简单算术股票价格平均数、加权股票价格平均数和修正股票价格平均数三种。股票价格平均数并非真正意义上的指数,无须经过指数化这一步骤。

1. 简单算术股票价格平均数

其公式为:

$$\bar{P} = \frac{1}{n}(P_1 + P_2 + \cdots + P_n) = \frac{1}{n}\sum_{i=1}^{n} P_i \qquad (6-35)$$

式中: $\bar{P}$ 表示平均股票价格, P_i 表示各样本股收盘价, n 表示样本股票数量。

用简单算术平均法计算平均股价的优点是方法简便,但也存在两个缺点:其一是发生样本股拆股、送配股等股份变动和样本股更换时会使股价平均数失去真实性、连续性和时间数列上的可比性。如当某一样本股发生股票分割而将一股拆为两股时,其股价也随之降低一半,从而造成股价平均数的下降。但这一变化并非市场因素引起股价水平的真实下降,而是因拆股这一技术因素引起并且是在股票数量增加一倍的同时而产生的股票价格和股价平均数的下降。显然,如果不考虑非市场因素的影响,不对平均股价作必要的修正将影响计算结果的合理性、可靠性。其二,在计算时没有考虑权数。由于对所有采样股票采用相等权数,就忽略了发行量不同的股票对股票市场有不同影响这一重要因素,造成股价平均数受小公司股票价格涨跌的拖累,而价格相对稳定的大公司股票的影响却被削弱,使股价平均数不能真实地反映股票市场的全面长期的情况和变动趋势。为克服算术平均股价的缺点,需要采用加权法计算或对算术平均股价作必要的修正。

2. 加权平均股票价格

加权平均股票价格是将各样本股票的发行量或成交量作为权数计算出的股票价格平均数。其计算公式为:

$$\bar{P} = \frac{\sum_{i=1}^{n} P_i W_i}{\sum_{i=1}^{n} W_i} \qquad (6-36)$$

式中：W_i 表示样本股的发行量或成交量。

计算加权平均股票价格时，可作为权数的变量通常有两种：一是成交量，二是发行量。

(1) 以样本股成交量为权数的加权平均股票价格可表示为：

$$\text{以成交量为权数的加权平均股票价格} = \frac{\text{样本股成交总额}}{\text{同期样本股成交总量}} \quad (6-37)$$

(2) 以发行量为权数的加权平均股价可表示为：

$$\text{以发行量为权数的加权平均股票价格} = \frac{\text{样本股票市价总额}}{\text{同期样本股发行总量}} \quad (6-38)$$

3. 修正平均股票价格

为克服简单算术平均股票价格的不足，在上市公司发生股票拆股或缩股、增资配股、送股等股份变动时，对股票价格平均数进行修正，使其具有连续性和可比性。修正方法主要有两种：

(1) 调整股价法。调整股价法是将因拆股、送股、增资配股等而变动的股价还原为变动前的股价，使股价平均数不因此而变动。例如，在样本股中第 j 项股票发生拆股，在拆股前该股票价格为 P_j，拆股后股价为 P'_j，拆股增加的股数为 R，则修正的股价平均数计算公式为：

$$\overline{P} = \frac{1}{n}[P_1 + P_2 + \cdots + (1+R)P'_j + \cdots + P_n] \quad (6-39)$$

因为式中 $(1+R)P'_j = P_j$，所以拆股不影响股价平均数。

【例 6-7】有 A、B、C 三种股票，某日收盘价分别为每股 10 元、8 元、6 元，则其算术平均价为：

$$\overline{P} = (10 + 8 + 6) \div 3 = 8(\text{元})$$

次日 B 股票进行拆股，1 股拆成 4 股，每股价格为 2 元，若不考虑市价变化，则：

$$\text{修正算术平均股价} = [10 + (1+3) \times 2 + 6] \div 3 = 8(\text{元})$$

若不加修正，这三种股票的算术平均价为 6 元，不能反映股票价格水平不变的真实情况。美国《纽约时报》编制的 500 种股价平均数采用调整股票价格法来计算修正的股票价格平均数。

(2) 修正除数法。这种方法是在简单算术平均数法的基础上，当股票发生拆股或缩股、送股、增资配股等股份变动时，通过变动除数，使股票价格平均数不受影响。

修正除数法的计算公式如下：
① 新除数 = 股份变动后的总价格 ÷ 股份变动前的平均数。
② 修正股票价格平均数 = 股份变动后的总价格 ÷ 新除数。

【例 6-8】有 A、B、C 三种股票，市价分别为每股 60 元、50 元、40 元，它们的算术平均股票价格为：

$$\overline{P} = (60+50+40) \div 3 = 50(元)$$

假定 A 种股票被分割成 4 股,每股价格 15 元,在分割日,按前一天三种股票的收盘价计算新除数,则:

$$新除数 = (15+50+40) \div 50 = 2.1$$

如果在分割日,股票市场看涨,A 股票收盘价为每股 16 元,B 股票为每股 54 元,C 股票为每股 42 元,计算当日这三种股票的修正算术平均股票价格为:

$$修正股价平均数 = (16+54+42) \div 2.1 = 53.33(元)$$

如果除数不进行修正,则当日这三种股票价格的算术平均数为 37.33 元,显然没有反映股票价格上升的真实情况。

道琼斯股票价格平均数采用修正除数法来计算股票价格平均数,每当股票分割或发放股票股息、增资配股数超过原股份 10% 时,就对除数作相应修正。

(三) 股票价格指数的计算

股票价格指数用以反映市场股票价格的相对水平,它先确定一个基期,将基期股票价格或市价总值作为基期值(通常定为 1 000 点、100 点、50 点或 10 点),并据此计算以后各期股票价格或市价总值的指数值。股价指数的计算方法有两种:

1. 简单算术股票价格指数

简单算术股票价格指数主要有以下几种方法计算。

(1) 相对法。相对法是先算出各样本股票各自的相对股价指数,再加总求算术平均。用这一方法求出的指数可敏锐地反映出股票价格的短期波动。相对法计算公式为:

$$股票价格指数 = \frac{1}{n} \sum_{i=1}^{n} \frac{P_{1i}}{P_{0i}} \times 固定乘数 \tag{6-40}$$

式中:P_{0i} 表示基期样本股票价格,P_{1i} 表示计算期样本股票价格,n 表示样本股票数。

(2) 总和法。总和法是先将样本股票的基期和计算期价格分别加总,然后再求出股价指数,其计算公式为:

$$股票价格指数 = \frac{\sum_{i=1}^{n} P_{1i}}{\sum_{i=1}^{n} P_{0i}} \times 固定乘数 \tag{6-41}$$

2. 加权股票价格指数

加权股票价格指数是考虑各样本股在市场上的重要性不同而赋予不同权数计算的股票价格指数。其权数可以是发行量也可以是成交量,按权数的时间划分,可以以基期发行量或成交量为权数,也可以以计算期发行量或成交量为权数,因此又有以下几种计算方法。

(1) 基期加权股票价格指数。这一指数的计算方法是由德国经济学家埃蒂恩·拉斯贝尔(Etienne Laspeyres)提出的,故又称拉斯贝尔指数(Laspeyres index)。拉斯贝尔指数采用基期固定权数加权,当权数决定后便无须变动,计算较为方便,一般经济指数都用这一方法,但当样本股变更或数量变化后,就需要修正了。其计算公式为:

$$股票价格指数 = \frac{\sum_{i=1}^{n} P_{1i} Q_{0i}}{\sum_{i=1}^{n} P_{0i} Q_{0i}} \times 固定乘数 \qquad (6-42)$$

式中:Q_{0i}表示基期发行量或成交量,n表示样本股票数。

(2) 计算期加权股票价格指数。这一指数的计算方法是由德国经济学家哈曼·派许(Herman Paasche)提出的,故又称派许指数(Paasche index)。它采用计算期加权,注重计算期的发行量或成交量。这一方法计算复杂,但适用性较强。特别是以发行量为权数计算的股价指数,在发生股票分割或缩股、派送股票股息时,一方面股价下降,另一方面股数增加,计算期股票的市价总值并未变化,所以无须进行调整,虽然增资配股时基期市值需要修正,但计算较为简单。此外,派许指数比较精确,具有很高的连续性,投资者可用它作为分析股票价格长期趋势的可靠工具。很多著名的股票价格指数,包括标准普尔指数、纽约证券交易所综合股价指数等都采用以发行量为权数的计算期加权计算方法。其计算公式为:

$$股票价格指数 = \frac{\sum_{i=1}^{n} P_{1i} Q_{1i}}{\sum_{i=1}^{n} P_{0i} Q_{1i}} \times 固定乘数 \qquad (6-43)$$

式中:Q_{1i}表示计算期发行量或成交量。

改变基值的计算公式:

$$股票新基期值 = 股票原基期值 \times \frac{股票新市场价值}{股票原市场价值} \qquad (6-44)$$

(3) 几何加权股票价格指数。这一指数的计算方法是由美国统计学家费雪(Irving Fisher)提出的,又称费雪指数。费雪指数(Fisher's index)是对拉斯贝尔指数和派许指数作几何平均,由于计算复杂,很少被实际运用。其计算公式为:

$$股票价格指数 = \sqrt{\frac{\sum P_1 Q_0}{\sum P_0 Q_0} \times \frac{\sum P_1 Q_1}{\sum P_0 Q_1}} \times 固定乘数 \qquad (6-45)$$

四、股票价格的修正——除息和除权

股份公司每年的税后盈利要按一定方式对股东进行分配,主要的分配方式有全部发放现金股息、全部派发股票股息或现金股息与股票股息搭配发放等。另外,公司为增资也会给老股东优先认股权,此时公司需要办理除息和除权手续。以上这几种情况,都会使股票市场价格发生变动,除息和除权就是对股票价格的一种修正。

(一) 除息

除息(ex-dividend)是指除去交易中股票领取股息的权利。当股份公司决定对股东发放现金股息时就要对股票进行除息处理。

1. 与除息相关的日期

从股份公司决定发放现金股息直至实际发放的一段日期中,为了确定具体发放对象,使派息工作顺利进行,必须规定几个与股息发放有关的日期。

(1) 宣布日(announcement date)。在经过股东大会审议通过后,董事会宣布在将来某个具体日期发放股息,同时向股东们宣布股权登记日。

(2) 派息日(payment date)。股东领取股息的时间,一般有一个时限范围。

(3) 股权登记日。确认和登记交易中股票附有领取本次股息权利的日期。因为股票不断地在投资者之间流通转让,公司为了确定本次股息的具体发放对象,需要在股息发放之前对股东名册编制整理,股权登记日就是登记截止的日期。一般规定只有在股东登记日记录在公司股东名册上的股东才能领取公司本次派发的股息,股东登记日以后登记在册的股东则无权领取本次股息。

(4) 除息日(ex-dividend date)。其又叫除息基准日,是除去交易中股票领取股息权利的日期。因为股票从成交到清算交割过户需要数天时间,为了使公司有一定时间办理过户手续和改变股东名册,也为了使投资者有充分的时间过户,需要在股权登记日以前进行除息处理,这一特殊的日子即是除息日。除息日一般定在股权登记日以前的 3~4 个营业日,具体要依各交易所规定的交割清算日期而定。除息日以前的股票是**含息股票**,在除息日以前买入股票的股东享有领取本次股息的权利,即使在除息日或除息日以后将股票出售,也不会失去这一权利。在除息日以后购买的股票是**除息股票**,在这时点以后买入股票的股东不享有领取本次股息的权利。

2. 除息基准价

为了保证股票交易的连续性和股票价格的公正性,必须对除息日的股票交易价格进行技术处理,把这一天的股票价格除去本次派发的现金股息,作为开盘参考价,也称除息基准价,并以参考价作为计算涨跌幅度的基准。除息基准价以公式表示为:

$$除息基准价 = 除息日前一天收盘价 - 现金股息 \qquad (6-46)$$

由于对除息日当天的股票价格作了技术处理,除息日前一天的股票收盘价与除息日的开盘价之间会出现一个价格缺口,股票的含息越大,即本次发放的现金股息数额越大,价格缺口也越大。除息以后,股价可能向两个方向变动,若股价上涨并很快将除息后的缺口填满甚至超越,称**填息**;若股价不涨或上涨幅度有限,未能将缺口填满就转而下跌,称为**贴息**。

除息基准价仅是具有理论意义的参考价,除息日的开盘价可能高于或低于除息基准价,这要取决于投资者的预期和市场供求关系。

我国上海证券交易所和深圳证券交易所因采用先进的交易设备,双方成交当天即能完成过户手续,所以规定股权登记日的次一个交易日为除息日。股权登记日当天买入股票的投资者可及时完成过户并有权取得本次股息,而在股权登记日以后买入的投资者没有这一权利,因此要在登记日次一个交易日的股票开盘价中减去本次发放的现金股息。

【例6-9】某股份公司于某年2月28日召开股东大会,审议通过了公司上年度财务报告和盈利分配方案,并宣布3月31日发放每股0.50元的现金股息,同时规定3月15日为股权登记日,3月16日为除息日,即在3月16日以前买入股票的股东可以得到这次现金股息,在3月16日及以后买入股票则得不到本次股息。如果3月15日该股票的收盘价为每股12元,则除息理论报价应为11.50元。

(二) 除权

除权(ex-right)是指除去交易中股票配送股的权利。当股份公司发放股票股息、公积金转增股本及对原有股东按一定比例配股时要对股票进行除权处理。

1. 与除权有关的日期

在股份公司决定对股东发放红股和配股的时候,为了确定具体发放对象,同样要规定几个有关的日期,即宣布日、股权发放日或配股日、股权登记日、除权日(ex-right date)。其中除权日又叫除权基准日,是除去交易中股票取得本次送配股权利的日子,除权日以前的股票称为含权股,除权日以后的股票称为除权股。

2. 取得股权的途径和方式

不考虑股东从二级市场买进股票的因素,股东直接从公司分配或增发中取得新的股份的途径主要有三个。第一是股票股息,俗称红股。股票股息的资金来自公司当年税后净利,公司可以提取当年税后盈利的部分或全部以股票方式对全体股东进行分配,实现当年留存收益资本化减少现金流出的目的;第二是公积金转增,当公司将累积的资本公积金和盈余公积金转为资本项目时,以送股的方式给股东回报;第三是增资配股,当公司为扩大业务或改善财务结构而增资配股时,股东可以按原有的持股比例以及较优惠的价格认购新股。

股东取得新股权的方式有以下几种:一是无偿方式,即送红股或公积金转增;二是有偿方式,即增资配股;三是有偿无偿搭配方式,即公司既送红股或转增又进行现金增资配股;四是连权带息方式,可有现金股息加送股、现金股息加配股、现金股息加送配股。

3. 除权基准价

除权基准价是以除权前一日该股票的收盘价除去本次股份变动所含的股权价值。除权基准价同样是一种开盘指导价,除权日的实际开盘价可能等于、也可能高于或低于除权基准价,其具体价格取决于投资者的预期和供求关系。除权基准价与除权日前一天的收盘价之间会出现一个缺口,除权后股价能很快填补该缺口称为填权;反之,称为贴权。

除权报价的计算不像除息报价那样简单,它因股份公司送配新股权的方式不同而有以下几种情况。

(1) 无偿送股方式。

$$除权基准价 = \frac{除权日前一天收盘价}{1 + 无偿送股率} \qquad (6-47)$$

【例6-10】某股份公司本年度以每10股送4股的比例向全体股东派发红股,2月24日为除权日,除权日前一个营业日23日的收盘价为12元,则:

$$除权基准价 = \frac{12}{1+0.4} = 8.57(元)$$

(2) 有偿增资配股方式。

$$除权基准价 = \frac{除权日前一天收盘价 + 新股每股配股价 \times 新股配股率}{1 + 新股配股率} \quad (6-48)$$

【例6-11】某公司向现有股东按每10股配3股的比例进行配股,配股价为每股4.50元。2月24日为除权日,2月23日该股票收盘价为12元。则:

$$除权基准价 = \frac{12.00 + 4.50 \times 0.3}{1 + 0.3} = 10.27(元)$$

(3) 无偿送股与有偿配股搭配方式。

$$除权基准价 = \frac{除权日前一天收盘价 + 新股每股配股价 \times 新股配股率}{1 + 新股配股率 + 无偿送股率} \quad (6-49)$$

【例6-12】某公司的分配方案为按每10股送2股和每10股配3股的比例向全体股东送配股,配股价为每股4.50元。2月24日为除权日,23日该股票收盘价为12元。则:

$$除权基准价 = \frac{12.00 + 4.50 \times 0.3}{1 + 0.2 + 0.3} = 8.90(元)$$

(4) 连息带权搭配方式。按照惯例,公司除息安排在除权之前,所以除息除权要单独进行,但有的公司为求简便,将除息除权合并在一天进行,因此需要计算除息除权报价。连息带权搭配分为现金股息与送红股搭配、现金股息与增资配股搭配、现金股息与送配股搭配三种。下面列出一个总的计算公式,若在公司分配方案中不包含某一项内容,可将该项视为零。

$$除息除权基准价 = \frac{除息除权日前一天收盘价 - 现金股息 + 新股每股配股价 \times 新股配股率}{1 + 新股配股率 + 无偿送股率} \quad (6-50)$$

【例6-13】某公司按每10股送现金股息10元、送红股2股的比例向全体股东派发股息和红股,向公司现有股东按10股配3股的比例进行配股,配股价为每股4.50元。3月24日为除息除权日,3月23日该股票收盘价为12元。则:

$$除息除权基准价 = \frac{12.00 - 1.00 + 4.50 \times 0.3}{1 + 0.2 + 0.3} = 8.23(元)$$

4. 权值及其杠杆作用

股票除权日前一天的收盘价与除权基准价之间的差额,称为**权值**。在股票进行除权时,如果除权前一日的收盘价相同,当年送配股的总股数也相同,只是因有偿无偿的除权方式不一样,除权基准价就不一样,并且权值大小也不一样。以无偿方式送股时,权值最大;以有偿方式增资配股时权值最小;无偿送股与有偿配股搭配时,权值居中。除权后如果能完全填权,权值越大,投资者获利越丰厚;权值越小,投资者获利越少。权值的计算公式为:

$$权值 = 除权日前一天收盘价 - 除权基准价 \qquad (6-51)$$

【例 6-10】情况为无偿送股,权值 = 12 - 8.57 = 3.43(元)。
【例 6-11】情况为有偿配股,权值 = 12 - 10.27 = 1.73(元)。
【例 6-12】情况为有偿无偿搭配,权值 = 12 - 8.90 = 3.10(元)。

如果某投资者以除权前一日收盘价 12 元买入上述该公司股票 10 000 股,该股票可能以上述三种方案进行分配,但他都可得到 4 000 股新股,预计送配股后都能顺利填权。投资者计划在填权后将原来持有的 10 000 股和取得的新股全部以原来买入的价格卖出,虽然原有的股票未能获利,但取得的新股却能带来收益。在不考虑手续费和税金的情况下,因公司分配方案不同,该投资者的获利水平也有所不同。填权后投资者获利为:

按【例 6-10】情况,所获新股全部无偿取得,则:

$$盈利 = 12 \times 4\,000 = 48\,000(元)$$

按【例 6-11】情况,所获新股全部有偿取得,则:

$$盈利 = (12 - 4.50) \times 3\,000 = 22\,500(元)$$

按【例 6-12】情况,所获新股为无偿有偿搭配取得,则:

$$盈利 = 12 \times 2\,000 + (12 - 4.50) \times 3\,000 = 46\,500(元)$$

显然,在其他条件相同的情况下,第一种情况权值最大,投资者获利最多;第二种情况权值最小,投资者获利最少;第三种情况权值居中,投资者获利也居于第一、二种情况之间,这就是权值的杠杆作用。

五、著名的股票价格指数

(一)道琼斯股票价格平均指数(Dow Jones indexes)

道琼斯股票价格平均指数,习惯称之为道琼斯指数,是世界上最早、最享盛誉和最有影响的股票价格平均指数。它以在纽约证券交易所挂牌上市的一部分有代表性的公司股票作为编制对象,由美国报业集团道琼斯公司编制并在《华尔街日报》上公布。

1. 道琼斯股票价格平均指数的计算方法

道琼斯股票价格平均指数以 1928 年 10 月 1 日为基期,因为这一天收盘时的道琼斯股票价格平均数恰好是 100 美元,所以定基数为 100,以后各期股票价格与基期相比,乘以 100,就成了各期的股票价格平均数。道琼斯股票价格平均指数的计算方法原为简单算术平均,由于这一方法有不足之处,以后又由于样本股拆股、发行新股、样本股更换等原因,从 1928 年起,采用除数修正法,使其平均数能连续、真实地反映股价变动状况。

2. 道琼斯股票价格平均指数的影响与编制

(1) 道琼斯股票价格平均指数是世界上最早的股票价格指数,这一股票价格平均指数自编制以来从未间断,它不仅可作为股票市场价格的指标,还能灵敏地反映社会政治经济的变化,传递政府的宏观政策意向。对于很多国内和国际的重大事件它都会率先作出反应,因此它的意义已超出反映股票价格变化这一范围。

(2) 道琼斯股票价格平均指数的选样股票,特别是30种工业股票都是世界上一流大公司的股票。这些公司在各自的行业中都起着举足轻重的作用,是主导公司,是美国蓝筹股的代表。这30种工业股票的市值要占纽约股票交易所上市股票市值的1/4和美国股票市值的1/5左右,而且不断地以新生的更有代表性的股票取代那些已失去原有活力的股票。

(3) 详尽报道道琼斯股票价格平均指数的是美国及西方最有影响的金融报刊《华尔街日报》,而道琼斯公司正是它的出版商。该报每天报道道琼斯股票价格平均指数以半小时为单位计算的平均数、变动百分率、每种样本股票的成交量等数据。这些数据及时传送到全国各证券公司,并为美国及全世界各证券交易所、证券商、投资者所关注。

从1996年5月开始,道琼斯公司开始编制道琼斯中国股票指数。为纪念道琼斯工业股票平均价格指数发布100周年,道琼斯公司于1996年5月27日推出道琼斯中国88股票指数(道中88)、道琼斯上海指数(道沪)、道琼斯深圳指数(道深)。这些指数的基期均为1993年12月31日,基数均为100。经发展和调整,道琼斯中国指数系列包括道中88、道琼斯中国海外50指数、道琼斯中国指数(道中)、道沪、道深、道琼斯第一财经中国600指数(DJ-CBN-中国600)。

专栏6-3 道琼斯指数百年大事记

道琼斯30种工业股票价格平均指数于1896年5月26日建立,百年来大事如表6-1所示。

表6-1 道琼斯30种工业股票价格平均指数百年大事

时间	指数
1906年1月12日	首次升上100点,以100.25点报收
1929年10月28日	狂泻38.33点,日跌幅达13%
1956年3月12日	首次越过500点,以500.24点收盘
1972年11月14日	首次突破1 000点,以1 003.16点报收
1974年12月6日	跌至577.60点,为近12年以来最低点和30年代熊市以来的最差业绩
1987年1月8日	首次突破2 000点,以2 002.25点收盘
1987年10月19日	暴跌508点,日跌幅达创纪录的22.6%,以1 738.74点报收,该日被称为"黑色星期一"
1991年4月17日	首次升上3 000点,收于3 004.46点
1995年2月23日	首次突破4 000点,收于4 003.33点
1995年11月21日	首次突破5 000点,收于5 023.55点
1996年10月14日	首次突破6 000点,收于6 010.00点

续 表

时 间	指 数
1997年2月13日	首次升上7 000点,收于7 022.44点。在89个交易日里指数上升1 000点,创该指数千点跃升最快纪录
1997年7月16日	首次升上8 000点,收于8 038.89点
1997年10月27日	狂泻554.26点,日跌幅达7.2%,以7 161.15点收盘,日跌点数创历史之最;首次启用股市停盘的规定,由于跌幅过大,当天两度停盘并提前收市
1997年10月28日	猛升337.17点,创日升点数最高纪录
1998年4月6日	首次突破9 000点大关,以9 033.23点报收
1998年8月31日	剧跌512.61点,跌破8 000点
1999年3月16日	盘中曾首次突破10 000点大关,但闯关后以9 930.47点收盘
1999年3月29日	首次以5位数收盘,报收于10 006.78点
2000年1月4日	在互联网泡沫助推下,以11 722.98点收盘
2001年9月17日	"9·11"恐怖袭击后的首个交易日,暴跌以8 920.70点收盘
2007年4月26日	首破13 000点,报收于13 089.89点
2007年10月11日	创当时历史高点14 198点
2008年10月6日	受金融危机影响跌破10 000点,收于9 962点
2008年11月20日	亚洲金融风暴席卷中国香港,道指暴跌以7 552.29点收盘
2009年9月14日	突破10 000点整数关口,收于10 015.86点
2013年3月5日	以14 253.77点收盘,首次打破2007年的历史最高点位
2013年5月3日	盘中最高攀至15 009.59点,设立以来首次攀上15 000点,并创历史新高
2014年12月23日	首次突破18 000点,收于18 024.17点
2017年1月25日	首次突破20 000点,收于20 068.51点
2018年1月17日	首次突破26 000点,收于26 115.65点
2020年1月15日	首次突破29 000点,收于29 030.22点
2020年2月24日	受新冠肺炎疫情影响,暴跌3.56%,收于27 960.8点

(二) 标准普尔股票价格指数

标准普尔公司是美国最大的证券研究机构,它于1923年开始编制和发布标准普尔股票价格指数(Standard and Poors indexes)。该指数最初的采样股票是233种,到1957年样本股扩展到500种,指数种类增加至95种。但是最著名的有以下四组:工业、运输业、公用事业和500种股票综合指数,即标准普尔500种股票价格指数或简称为标准普尔500。原来的标准普尔500指数根据425种工业股票、15种铁路股票和60种公用事业股票编制,自1976年7月1日起,改为根据400种工业股票、20种运输业股票、40种公用事业股票和40种金融业股票编制,这500种股票相当于在纽约证券交易所上市股票市值的80%～90%。有关这些数据全都刊登在标准普尔公司的《标准普尔证券价格指数记录》的每日新闻版以及《展望》和《当前统计资料》两份杂志上。

标准普尔指数采用以样本股发行量为权数的计算期加权综合指数法,它以1941—1943年为基期,设基期的平均值为10,每一小时计算一次。

标准普尔指数与其他指数相比,有以下优点:其一,它是一种包括了大、中、小型公司股票的指数,所采样的股票代表性强,范围广泛,更能全面地反映整个股票市场价格变化,是一种高等级指数,经常被美国联邦储备银行、商业部、经济学家所采用;其二,它用加权法计算,考虑了因为发行股票、股票股息和拆股而引起的股价变动,因而数值精确并有高度连续性,有利于对股价的长期变动进行分析比较;其三,它共有95种分指数,为投资者提供了各行各业的详细资料,这一点是任何其他指数所无法比拟的。

尽管如此,标准普尔指数仍不能取代道琼斯指数,因为道琼斯指数已被广大公众接受,成了大众投资者习惯使用的指数,电台电视、报纸杂志等传播媒介也以很大篇幅登载道琼斯指数的有关数据,但是从长期发展看,道琼斯指数和标准普尔指数的发展趋势和变化规律是一致的。

(三)美国全国证券交易商协会自动报价指数(纳斯达克指数)

美国全国证券交易商协会自动报价指数(简称纳斯达克指数)分为两类,一类是反映纳斯达克市场整体状况的纳斯达克综合指数及其次一级的8个行业指数,另一类是反映纳斯达克美国全国市场的指数,包括纳斯达克-100指数、纳斯达克全国市场综合指数、纳斯达克全国市场金融100指数等。

纳斯达克综合指数(NASDAQ composite index)是反映在纳斯达克上市的所有美国公司和非美国公司普通股票市值的指标。纳斯达克综合指数开始于1971年2月8日,以样本股的发行量为权数进行加权法计算,基期指数为100点。纳斯达克综合指数还包括次一级的8个指数,它们是银行指数、生物指数、计算机指数、金融指数、工业指数、保险指数、电信指数和交通指数。纳斯达克综合指数包含有5 000家左右的公司股票,它们大多数为高科技公司,其中10%来自美国以外的国家和地区,具有广泛的基础,已成为最有影响的证券市场指数之一。

纳斯达克-100指数创建于1985年1月2日,是由在纳斯达克全国市场上市的最大的100家非金融性公司的股票组成,以市值为权数加权计算,反映纳斯达克成长最快的主要非金融性公司的情况,是最具代表性的指数。纳斯达克全国市场综合指数是一个纳斯达克综合指数的次级指数,包括纳斯达克综合指数包含的在全国证券市场上市的所有公司,于1984年7月10日启用。纳斯达克全国市场金融100指数由100家最大的在纳斯达克全国证券交易的金融股组成,创建于1985年1月31日。

(四)金融时报指数(富时指数,FTSE指数)

金融时报指数是英国最具权威的股票价格指数,原由《金融时报》编制和发布,现由《金融时报》和伦敦证券交易所共同拥有的富时集团编制和发布。这一指数包括三种。一是金融时报工业股票价格指数,又称30种股票指数。该指数包括30种最优良的工业股票,其中有烟草、食油、电子、化学药品、金属机械、原油等。由于这 30 家公司股票市值在整个股市中所占的比重大,具有一定的代表性,因此该指数是反映伦敦证券市场股票行情变化的重要尺度,也是国际公认的重要报价指数之一。它以 1935 年 7 月 1 日为基期,基数为 100。二是 100 种股票交易指数,又称 FT－100 指数,该指数自 1984 年 1 月 3 日编制并公布。这一指数挑选了 100 家有代表性的大公司股票,又因它通过伦敦股票市场自动报价计算机系统,可随时得出股票市价并每分钟计算一次,因此能迅速敏捷地反映股市行情的每一变动,自公布以来受到人们广泛重视。为了便于期货交易和期权交易,该指数基值定为1 000。三是综合精算股票指数。该指数从伦敦股市上精选 500 多种股票作为样本股加以计算,它自 1962 年 4 月 10 日起编制和公布,并以这一天为基期,令基数为 100。这一指数的特点是统计面宽、范围广,能较全面地反映整个股市状况。

(五)法兰克福 DAX 指数

法兰克福 DAX 指数又称 Xetra DAX,是由德意志交易所集团编制、发布的蓝筹股指数。该指数包含 30 家主要的德国公司,于 1987 年推出,基点为 1 000 点,以市值加权法计算编制,但又考虑预期的股息回报,即假设成份股名义上的股息收入将再投资于公司股票。如此,即使德国股票价格没有变动,DAX 30 指数仍可能因股息收入而上涨。DAX 指数是与伦敦金融时报指数(FTSE100)、巴黎 CAC 40 指数齐名的欧洲重要证券指数,也是世界证券市场的重要指数之一。

(六)巴黎 CAC 40 指数(France's largest 40 listed companies)

巴黎 CAC 40 指数由巴黎证券交易所编制、发布,样本股是在巴黎证券交易所上市的最大的 40 家公司股票,于 1988 年 6 月 5 日开始发布,基期是 1987 年年底,按市值加权法计算,以反映法国证券市场的价格走势。

(七)日经股票价格指数(Nikkei index)

日本股票价格指数是日本经济新闻社编制公布以反映日本股票市场价格变动的股票价格指数。

该指数从 1950 年 9 月开始编制,最初根据东京证券交易所第一市场上市的 225 家公司的股票算出修正平均股价,称为东证修正平均股价。1975 年 5 月 1 日日本经济新闻社向道琼斯公司买进商标,采用道琼斯公司修正除数法计算,指数也改称为日经道式股价平均数,1985 年 5 月合同期满,经协商,又将名称改为日经平均股价指数,简称日经指数。

现在日经指数分为两组。

一是日经 225 种股票价格指数。这一指数以在东京证券交易所第一市场上市的 225 种股票为样本股,包括 150 家制造业、15 家金融业、14 家运输业和 46 家其他行业,样本股原则上固定不变,以 1950 年算出的平均股价 176.21 元为基数。由于该指数从 1950 年起连续编制,因而具有较好的可比性,成为反映和分析日本股票市场价格长期变动趋势的最常用和最可靠的指标,传媒日常引用的日经指数就是这一指数。

二是日经 500 种股价指数。该指数从 1982 年 1 月 4 日起开始编制,采样股扩大到500种,约占东京证券交易所第一市场上市股票的一半,因而其代表性更广泛。该指数的特点是采样不固定,每年根据各公司前三个结算年度的经营状况、股票成交量、成交金额、市价总额等情况对样本股票进行更换。正因为如此,该指数不仅能较全面地反映日本股市行情变化,还能如实反映日本产业结构变化和市场变化情况。

六、我国主要的股票价格指数

(一)中证系列指数

中证系列指数包括中证规模指数、中证行业指数、中证主题指数、中证风格指数、中证策略指数、中证海外指数、中证债券指数和中证基金指数。

沪深300指数属中证规模指数系列,是由沪深A股中规模大、流动性好的最具代表性的300只股票组成,以综合反映沪深A股市场整体表现。该指数于2005年4月8日正式发布,以2004年12月31日为基日,基点为1000点。

沪深300指数样本空间由同时满足以下条件的沪深A股组成:

(1)上市时间超过一个季度,除非该股票自上市以来日均A股总市值在全部沪深A股(非创业板股票)中排在前30位的非创业板股票;

(2)上市时间超过三年的创业板股票;

(3)非ST、*ST股票,非暂停上市股票。

沪深300指数样本是按照以下方法选择经营状况良好、无违法违规事件、财务报告无重大问题、股票价格无明显异常波动或市场操纵的公司:

(1)计算样本空间内股票最近一年(新股为上市第四个交易日以来)的A股日均成交金额与A股日均总市值;

(2)对样本空间股票在最近一年的A股日均成交金额由高到低排名,剔除排名后50%的股票;

(3)对剩余股票按照最近一年A股日均总市值由高到低排名,选取前300名股票作为指数样本。

沪深300指数采用派许加权综合价格指数公式进行计算。计算公式如下:

$$报告期指数 = \frac{报告期成份股的调整市值}{除数} \times 1\,000$$

其中,调整市值 $= \sum ($股价$\times$调整股本数$)$。

指数计算中的调整股本数系根据分级靠档的方法对样本股股本进行调整而获得。要计算调整股本数,需要确定自由流通量和分级靠档两个因素。

考虑自由流通量是为反映市场中实际流通股份的股价变动情况。沪深300指数剔除了上市公司股本中的不流通股份,以及由于战略持股或其他原因导致的基本不流通股份,剩下的股本称为自由流通股本,也即自由流通量。

上市公司公告明确的限售股份和以下六类股东及其一致行动人持股超过5%的股份,都被视为非自由流通股本:

(1) 公司创建者、家族、高级管理者等长期持有的股份;
(2) 国有股份;
(3) 战略投资者持有的股份;
(4) 被冻结的股份;
(5) 受限的员工持有的股份;
(6) 上市公司交叉持有的股份。

$$自由流通量 = A股总股本 - 非自由流通股本$$

沪深300指数采用分级靠档的方法计算,即根据自由流通股本所占A股总股本的比例(自由流通比例)赋予A股总股本一定的加权比例,以确保计算指数的股本保持相对稳定。

$$自由流通比例 = \frac{自由流通量}{A股总股本}$$

$$调整股本数 = A股总股本 \times 加权比例$$

沪深300指数分级靠档方法如表6-2所示。

表6-2 沪深300指数的分级靠档方法

流通比例/%	≤15	(15,20]	(20,30]	(30,40]	(40,50]	(50,60]	(60,70]	(70,80]	>80
加权比例/%	调至最近的整数值	20	30	40	50	60	70	80	100

沪深300指数以"点"为单位,精确到小数点后3位。

沪深300指数实时计算和发布,计算频率为每秒一次,指数报价每3秒更新一次。样本股实时成交价格来自上海证券交易所与深圳证券交易所交易系统。具体做法是,在每一交易日集合竞价结束后,用集合竞价产生的股票开盘价计算开盘指数,以后每秒重新计算一次指数,直至收盘。

当样本股名单、股本结构发生变化或样本股的调整市值出现非交易因素的变动时,根据样本股股本维护规则,采用除数修正法修正原除数,以保证指数的连续性。

依据样本稳定性和动态跟踪相结合的原则,每半年审核一次沪深300指数样本股,并根据审核结果调整指数样本股。

(二) 上证系列指数

为适应上海证券市场的发展格局,上海证券交易所建立了以上证综合指数、上证50指数、上证180指数、上证380指数,以及上证国债、企业债和上证基金指数为核心的上证指数体系,科学表征了上海证券市场层次丰富、行业广泛的市场结构,提高了市场流动性和有效性。

1. 上证综合指数

上证综合指数,简称上证综指是上海证券交易所编制的、以上海证券交易所挂牌上市的全部股票为计算范围、以发行量为权数的加权综合股价指数,用以综合反映上海证券交易所全部上市股票的股价走势。

该指数自1991年7月15日起编制并发布,基准日定为1990年12月19日,基日指数定为100点。

1992年2月21日第一只B股上市后,增设了上证A股指数和B股指数,分别反映全部A股和全部B股的股票价格走势。

1993年6月1日起,上海证券交易所又正式发布了上证分类指数,规模指数、行业指数、风格指数、主题指数、策略指数等系列。

自发布以来,上证综合指数分别于1999年、2002年、2007年进行过三次调整,上海证券交易所与中证指数公司决定自2020年7月22日起第四次修订上证综合指数的编制方案。

对上证指数编制方法进行修订,目的在于消除其失真现象,让指数更加客观地反映市场的波动与走势。

此次上证指数修订主要涉及以下三方面:

一是剔除被实施风险警示(ST、*ST)的股票,直到ST警告解除。

二是延长新股计入时间,上市以来日均总市值排名在沪市前十位的证券于上市满三个月后计入指数,其他证券于上市满一年后计入指数。

三是在上证指数中正式纳入科创板,上海证券交易所上市的红筹企业发行的存托凭证、科创板上市证券将依据修订后的编制方案计入上证综合指数。

2. 上证成份股指数

上证成份股指数简称**上证180指数**,以沪市A股为样本空间,选择样本股的标准是遵循规模(总市值、流通市值)、流动性(成交金额、换手率)、行业代表性三项指标,即选取规模较大、流动性较好且具有行业代表性的综合排名靠前的180只股票作为样本。上证成份股指数依据样本稳定性和动态跟踪的原则,每年调整一次成份股。

上证180指数是在1996年7月1日起正式发布的上证30指数的基础上进一步完善形成的。

上证180指数从2002年7月1日起正式发布,基期为2002年6月28日,基点为当日上证30指数的收盘点数3 299.05点。

3. 上证50指数

2004年1月2日,上海证券交易所发布了上证50指数。上证50指数根据流通市值、成交金额对股票进行综合排名,从上证180指数样本中选择排名前50位的股票组成样本。

该指数以2003年12月31日为基日,以该日50只成份股的调整市值为基期,基期指数定为1 000点。上证50指数采用派许加权方法,按照样本股的调整股本数为权数进行加权计算。

上证系列指数采用派许加权综合价格指数法实时计算和发布,计算频率为每秒一次,指数报价每3秒更新一次。

上证系列指数样本股实时成交价格来自上海证券交易所交易系统。

为反映市场中实际流通股份的股价变动情况,上证系列指数剔除了上市公司股本中的不流通股份,以及由于战略持股或其他原因导致的基本不流通股份,剩下的股本称为自由流通股本,即自由流通量。

在计算上证系列指数时,采用分级靠档的方法,即根据自由流通股本所占 A 股总股本的比例(即自由流通比例)赋予 A 股总股本一定的加权比例,以确保计算指数的股本保持相对稳定。

为保证指数的连续性,当样本股名单发生变化或样本股的股本结构发生变化或样本股的市值出现非交易因素的变动时,上证系列指数根据样本股股本维护规则,采用除数修正法修正原除数。

4. 上证科创板 50 成份指数

为及时反映科创板上市证券的表现,为市场提供投资标的和业绩基准,上海证券交易所和中证指数有限公司于 2020 年 7 月 22 日收盘后发布上证科创板 50 成份指数历史行情,7 月 23 日正式发布实时行情。

上证科创板 50 成份指数由上海证券交易所科创板中市值大、流动性好的 50 只证券组成,反映最具市场代表性的一批科创企业的整体表现。

该指数以 2019 年 12 月 31 日为基日,以 1000 点为基点。样本空间包含科创板上市的股票及红筹企业发行并在科创板上市的存托凭证。

考虑到科创板客观发展情况及制度特点,指数发布初始阶段新股上市满 6 个月后纳入样本空间,待科创板上市满 12 个月的证券达 100～150 只后调整为上市满 12 个月后纳入,另外对大市值公司设置差异化的纳入时间安排。经流动性筛选后,以市值指标进行选样,实现对市场的客观表征。

其采用自由流通股本加权,为避免个股权重过大对指数的影响,设置一定比例的个股权重上限。为适应板块快速发展阶段的特点,及时纳入代表性上市公司,建立季度定期调整机制。

该指数的样本每季度调整一次,每次调整数量比例原则上不超过 10%,特殊情况下将对上证科创板 50 成份指数样本进行临时调整。

(三) 深证系列指数

经过多年发展,深圳市场已形成了以深证成指、创业板指、深证 100 等特征鲜明的标尺指数和投资型指数,深交所还推出深创 100、创新引擎、绿色债券等指数,进一步丰富指数产业生态,提供多元化的指数投资标的,助力投资者分享市场成长回报。

1. 深证成份指数

深证成份指数,简称深证成指,定位于深市标尺指数,选取深交所市场市值大、流动性好的 500 家公司为样本,历史悠久,代表性充分,刻画深交所多层次市场特色,反映深市整体运行情况。

深证成指代表中国新兴成长性企业,与上证综指一起,已成为中国证券市场最重要的两大标尺指数。

深证成份股指数开始是从上市的所有股票中抽取具有市场代表性的 40 家上市公司的股票作为计算对象,并以流通股为权数计算得出的加权股价指数,2015 年 5 月 20 日,深交所对深证成份股指数正式实施样本股扩容。

扩容后,指数样本数量扩大到 500 只。深圳成份股指数的基日为 1994 年 7 月 20 日,基日指数为1000点。

2. 深证100指数

深证100指数定位为深市旗舰产品指数,选取深交所市场市值大、流动性好的100家公司为样本,是深市优秀企业的代表。

深证100指数表征中国创新型、成长型龙头企业,历史收益表现突出、流动性好、成长性高,为资产配置提供了良好的投资标的。

3. 深证创业板指数

深证创业板指数,简称创业板指,充分体现深市创新创业特色,选取创业板市场市值大、流动性好的100家公司为样本,是创业板市场的标尺和产品指数。创业板指刻画中国战略新兴产业和创新创业企业,高新技术企业在指数中占比超过9成,战略新兴产业占比超过8成。

创业板指以2010年5月31日为基日,基日指数为1000点,2010年8月20日开始发布。

(四)三板指数

1. 三板成指

三板成指全称全国中小企业股份转让系统成份指数。**三板成指是选取了具有代表性的全国股转系统挂牌公司作为成分股,指数样本覆盖了新三板85%左右的市值,包含协议、做市等各类转让方式的股票,具有良好的市场代表性。**由于协议交易股票价格不连续,该指数只做收盘指数。

2. 三板做市指数

三板做市指数全称全国中小企业股份转让系统做市成份指数。三板做市指数聚焦于交投更为活跃的做市股票,**指数样本覆盖了做市板块85%左右的市值,具有良好的市场代表性。**三板做市是样本股实时指数,并于盘中实时发布。

三板成指和三板做市指数由中证指数公司编制。在编制方法方面,两只指数均综合考虑市值及股票流动性,剔除无成交记录的挂牌公司;采用行业匹配的方法,结合单只股票和行业最高权重确定,并限制行业及个股的最大权重,避免因单一行业或个股出现极端情况时可能造成指数失真的情况;指数样本股行业分类参照全球行业分类系统(简称GICS)标准。指数采用市值覆盖标准(不固定样本数)确定样本股数量,覆盖比例为85%。挂牌公司要成为新三板成指的指数样本股,需满足"挂牌以来有成交"以及"流通股本不为零"两个条件,并按过去三个月日均成交金额和总市值的综合排名进行降序排列。指数计算采用流通股本加权法,以派许加权综合价格指数公式进行计算,并采用除数修正法进行修正。指数按季度调整。

三板成指和**三板做市**指数于2015年3月18日正式发布,以2014年12月31日为基期,基点为1000点。

(五)基金指数

中证基金指数系列全面反映内地所有开放式证券投资基金及其细分种类的走势,为市场及投资者提供更丰富的基金业绩评价基准和基金投资参考依据。中证基金指数系列包括股票基金、混合基金、债券基金、ETF 基金、货币基金、转债基金、fof 基金等指数。

(六) 恒生指数

恒生指数由香港恒生银行全资附属的恒生指数服务有限公司编制，是以香港股票市场主板上市的股票为样本股，以其发行量为权数的加权平均股价指数，是反映香港股价变动趋势最有影响力和代表性的指数。

恒生指数成份股的选取原则考虑样本股的股票市值、成交额大小和在香港联合交易所的上市时间，并结合上市公司业务和财务状况选取。

2006 年以前，恒生指数的样本股有 33 种，包括金融业 4 种、公用事业 6 种、地产业 9 种、其他工商业 14 种。这些股票分布在香港主要行业，都是最具代表性和实力雄厚的大公司，它们的市价总值占香港所有上市股票市价总值的 70% 和交易所总交易量的 80% 左右。

为了进一步反映各类股票的价格走势，恒生银行于 1985 年 1 月 2 日开始发布 4 个分类指数，将 33 种成份股分别列入金融、地产、公用事业和工商业 4 个分类指数中。

恒生指数的成份股并不固定，通过调整，使成份股更有代表性，能更准确地反映市场变动情况。

2006 年 2 月，恒生指数改制成份股编制规则，首次将 H 股纳入恒生指数成份股。

2006 年 6 月恒指公司上市将成份股数目增至 38 只，2007 年 2 月 9 日宣布增至 50 只，包括非 H 股及 H 股。

至此，恒指总市值占香港联交所市值 90% 左右。

目前，中国工商银行、中国建设银行、中国银行、中国人寿、中国平安、中国石油、中国石化、中国海洋石油、中国移动、中国联通、中国神华、中煤能源、联想集团等公司均已纳入恒生指数。截至 2011 年 12 月 5 日，恒生指数共有样本股 48 家，其中金融类 12 家、地产类 7 家、公用事业类 4 家、其他工商业类 25 家。

恒生指数于 1969 年 11 月 24 日首次公开发布，基期为 1964 年 7 月 31 日，基值为 100。1985 年恒生指数新设 4 个分类指数，将基期改为 1984 年 1 月 13 日，并将该日的收市指数 975.47 点定为新基期指数。2006 年恒生指数编制规则改制以后，指数的编算方法也出现变动，由市值加权法改为以流通市值调整计算，并为成份股设定 15% 的比重上限。

恒生指数具有基期选择恰当、成份股代表性强、计算频率高、指数连续性好等特点，因此，一直是反映和衡量香港股市变动趋势的主要指标。

近年来，国企股占港股市值和成交额的比重不断上升，纳入 H 股后，恒生指数更能全面反映市况，更具市场代表性。

国企指数，又称 H 股指数，全称为恒生中国企业指数，由香港恒生指数服务有限公司编制和发布。

国企指数以所有在联交所上市的中国 H 股公司股票为成份股计算得出加权平均股价指数。

国企指数于 1994 年 8 月 8 日首次发布，以上市 H 股公司数目达到 10 家的日期，即 1994 年 7 月 9 日为基期,基期指数为 1000 点。

第三节 其他投资工具分析

在证券市场上还有一些股票、债券的衍生物,它们通常可以单独进行交易,也需要对它们的投资价值进行分析。

一、优先认股权

(一)优先认股权的意义

优先认股权(preemptive right)又叫**股票先买权、配股权**,是普通股票股东的一种特权。当上市公司要再筹集资金时,可以向现有股东而不是向公众发行新股。此时股东可以按原有的持股比例以较低的价格购买一定数量的新股票。公司这样做是出自以下几点考虑:一是不改变老股东对公司的控制权和享有的各种权利;二是因发行新股导致短期内每股净利稀释而给股东一定的风险补偿;三是增加新股票对股东的吸引力。

通常每位股东每持有一股普通股票就有一个优先认股权,公司董事会会宣布购买一股新股票所需要的优先认股权数以及股东优惠认购的价格。优先认股权的有效期一般是 2 周到 30 天,享有优先认股权的股东在有效期内可以有三种选择:一是在到期前按规定的优惠价格买入新股票;二是任它过期作废,放弃这一权利;三是如果市场制度允许,自己不买新股票,将这种先买权出售,这种权证在市场上可以单独交易,它的价格随着股票价格的涨跌而波动。因为优先认股权具有货币价值,所以大多数股东不愿放弃这一权利,不是实际执行就是将其出售。

优先认股权授予它的持有者按一定价格在一定时期内优先购买股票的权利,因此它类似于期权,实际上它是一种**短期的股票看涨期权**。

(二)优先认股权的价值

优先认股权可以与股票一同买卖,也可以脱离股票单独在市场上买卖,它本身具有一定价值。它的理论价值是按折合比例及每股股票市场价格与优惠认购价格的差额来计算的,它的市场价格则是在理论价值的基础上受股票市价的变动及本身供求情况的影响而变动。

1. 附权优先认股权的价值

自董事会宣布增资配股到除权日以前,优先认股权附在股票上,股票出售时,是附权股票,此时一个优先认股权的理论价值为:

$$R_1 = \frac{P_0 - S}{N + 1} \qquad (6-52)$$

式中:R_1 表示股票附权时一个优先认股权价值,P_0 表示附权股票的市场价格,S 表示新股认购价格,N 表示买一股新股所需股权数。

对以上公式,我们可以作如下理解。投资者在除权日前可有两种选择:可以以市价 P_0 买一股股票,此时投资者既得到一股股票又得到一个优先认股权;也可以买进买一股新股票所需要的若干股权,价格为 (R_1N),并再付出每股新股的优惠认购价 (S),此时投资者买入一股新股的成本为 (R_1N+S)。这两种选择的区别在于第一种选择在得到一股股票的同时又得到一个优先认股权,而第二种选择仅得到一股新股票。这两个投资方案的差额就是一个优先认股权的价值。因此:

$$R_1 = P_0 - (R_1N + S)$$

$$R_1(N+1) = P_0 - S$$

$$R_1 = \frac{P_0 - S}{N + 1}$$

【例 6-14】如果某公司发行优先认股权,该公司股票现在的市价是每股 12.40 元,新股发行的优惠认购价是每股 10 元,买一股新股票需要 5 个优先认股权,则每个优先认股权的理论价值为:

$$R_1 = \frac{12.40 - 10.00}{5 + 1} = 0.40(元)$$

2. 除权优先认股权的价值

在除权日当天以及除权日以后,股票不再附权,股票除权出售,此时一个优先认股权的理论价值为:

$$\boldsymbol{R_2 = \frac{P_1 - S}{N}} \tag{6-53}$$

式中:R_2 表示股票除权后一个优先认股权的价值,P_1 表示除权股票的市场价格。

对上述公式,我们可以这样解释,股票除权以后,投资者可以在市场上买一股股票,市场价格为 P_1,也可以在市场上购买认购一股新股所需的股权并付出优惠认购价格,所需成本为 (R_2N+S),因为买一股除权股并没有得到股权,所以这两种选择的成本一致,差额为零,即:

$$P_1 = R_2N + S$$

$$R_2 = \frac{P_1 - S}{N}$$

股票除权出售时,其市场价格要下降,下跌幅度等于一个优先认股权的权值,所以 $P_1 = P_0 - R_1$。

在【例 6-14】中,股票除权后,优先认股权的理论价值应为:

$$R_2 = \frac{(12.40 - 0.40) - 10.00}{5} = 0.40(元)$$

3. 优先认股权的杠杆作用

从以上两个计算优先认股权价值的公式中我们可以看到,由于优惠认购价格 (S) 和购买一股新股所需要的优先认购权数(N)是固定的,优先认股权的理论价值(R)主要取决于股票价格(P)的涨跌。对它的杠杆作用我们可作如下分析。

因为 S、N 均为定量,R 随 P 的变化而变化,所以:

(1) 当 $P \leqslant S$ 时,$R \leqslant 0$,即当股票的市场价格低于或等于优惠认购价时,优先认股权没有价值,原有股东会放弃这一权利。但实际上,只要这一优先权没有到期,仍可在市场上以低价出售,因为它对那些认为在优先认股权到期前股票价格会回升的少数投资者仍有吸引力。

(2) 当 $P > S$ 时,$R > 0$,且随 P 的提高相应上升,即当股票市场价格大于优惠认购价时,优先认股权有价值。优先认股权的价格随股价的上涨而上涨,而且涨幅比股价涨幅大;随股价的下跌而下跌,且跌幅也比股价跌幅大。这就是它的杠杆作用。

如在【例 6-14】中,若在优先认股权有效期限内,股价涨至每股 14.80 元,则:

$$R_1 = \frac{14.80 - 10.00}{5 + 1} = 0.80(元)$$

此时,股价从 12.40 元涨至 14.80 元,涨幅为:

$$\frac{14.80 - 12.40}{12.40} \times 100\% \approx 19.35\%$$

而优先认股权理论价值从 0.40 元涨至 0.80 元,涨幅为:

$$\frac{0.80 - 0.40}{0.40} \times 100\% = 100\%$$

显然,优先认股权价格上涨幅度大于股票。相反,若股价跌至 11.20 元一股,则:

$$R_1 = \frac{11.20 - 10.00}{5 + 1} = 0.20(元)$$

此时,股价从每股 12.40 元跌至每股 11.20 元,跌幅约为 9.68%,而优先认股权理论价值从 0.40 元跌至 0.20 元,跌幅为 50%。

二、权证

(一) 权证的概念

权证是指标的证券发行人或他以外的第三人发行的,约定持有人在规定期间内或特定到期日有权按约定价格向发行人购买或出售一定数量标的金融资产或以现金结算方式收取结算差价的金融工具。

权证的标的金融资产可以是股票、债券等有价证券,还可以是利率、汇率、股价指数等金融变量,也可以是期货、期权等金融衍生产品。权证本质上是标的金融资产与期权相结合的金融衍生工具。权证持有人获得的是一种权利,而非义务,持有人有权在规定的条件内选择是否行权。为获得这项权利,投资者需付出一定代价。

权证属于期权类金融衍生产品,但与标准的期权有所不同。现代金融期权是在交易所交易的标准化合约,它的品种以交易所开设的品种为限,在理论上供应量是无限的。权证一般是由上市公司或金融机构发行,可以在交易所交易,也可以在场外市场交易,供应量是有限的。

权证不同于优先认股权。优先认股权是上市公司给老股东的优惠权。权证的投资者一般不受限制,上市公司发行的股票权证、债券权证往往和公司的优先股票或债券结合在一起发行,这是为了增强公司优先股和债券的吸引力而给债权人和优先股股东的优惠权。优先认股权是上市公司普通股票的短期看涨期权。权证依类型不同,既有看涨期权,也有看跌期权,期限一般比优先认股权长,是中长期期权。

(二) 权证的要素

权证的基本要素有以下九点。

(1) 标的资产。权证的标的资产有股票、债券、利率、外汇、指数、商品或其他金融资产等,其中股票权证的标的物可以是单一股票,也可以是股票组合。

(2) 基本类型。按持有人权利划分,权证可分为**认购权证**和**认售权证**。认购权证赋予持有人在约定的时间内按约定的价格购买一定数量标的资产的权利,是标的资产的看涨期权;认售权证又称认沽权证,赋予持有人在约定的时间内按约定的价格出售一定数量标的资产的权利,是标的资产的看跌期权。

(3) 履约价格。其又称**行权价格**,指权证持有人购买或出售一单位标的资产所需支付的约定价格。履约价格在权证发行时由发行人制定,一般不再调整,若标的资产在发行后有除息、除权等事项,则要对权证的履约价格进行调整。

(4) 行权比例。其又称**执行比例**,指每一单位权证可以认购或认售标的资产的数量。行权比例会影响权证的价格,两者呈反向变动关系。行权比例在权证发行时约定,一般不再调整。

(5) 履约时间。其又称行权时间,指权证持有人有权行使权利的时间。按履约时间不同可分为**美式权证**和**欧式权证**等。

(6) 履约方式。其又称行权方式,分为**实物给付方式**和**现金结算方式**两种。实物给付是指权证持有人行权时,发行人有义务按照履约价格向权证持有人出售或购买标的资产;现金结算是指权证持有人行权时,发行人按照约定向权证持有人支付履约价格与标的资产结算价格之间的差额。

(7) 最后交易日。其指权证可以转手交易的最后一个交易日。

(8) 到期日。其指权证持有人有权按约定条件行权的最后一个交易日,也是权证存续时间的最后有效期限。超过有效期,权证自动失效。

(9) 权利金。其指权证的价格,是权证持有人为获得相应的权利而付出的代价。权利金由市场供求关系决定。

(三) 权证的分类

按照不同的分类标准,权证可进行以下的分类。

(1) 按持有人的权利分类。按持有人的权利不同,权证可分为认购权证和认售权证。

(2) 按标的资产分类。按权证行权标的资产不同,可分为股权类权证、债权类权证、外币权证、指数权证以及其他权证等。

（3）按标的资产的发行人分类。股权类权证按权证发行人标的资产来源不同,可分为**股本权证**和**备兑权证**。股本权证一般由上市公司发行,行权时上市公司增发新股售予认股权证的持有人或收购认售权证持有人行权出售的股票。备兑权证通常由证券公司发行,备兑权证所认兑的股票不是新发行的股票,而是已在市场上流通的股票,不会增加股份公司的股本;备兑权证所认购的股票重新投入流通市场,不会改变股份公司的股本。备兑权证的发行人需要将标的资产或现金存放在独立保管人处,作为其履约的担保。

（4）按行权的时间分类。按照权证持有人行权的时间不同,可以将权证分为**美式权证**、**欧式权证**、**百慕大式权证**等类别。美式权证可以在权证到期日之前任何交易日行权;欧式权证仅可以在到期日当日行权;百慕大式权证则可在到期日之前一段规定时间内行权。

（5）按权证的内在价值分类。按权证的内在价值,可以将权证分为**平价权证**、**价内权证和价外权证**,其原理与期权相同。权证的内在价值由权证履约价格与标的资产市场价格决定。对认购权证而言,标的资产市场价格高于履约价格为价内权证;标的资产市场价格低于履约价格为价外权证;标的资产市场价格等于履约价格为平价权证。对认售权证而言,标的资产市场价格低于履约价格为价内权证;标的资产市场价格高于履约价格为价外权证;标的资产市场价格等于履约价格为平价权证。

（四）权证的价值和影响因素

权证的价值可以分为两部分:**内在价值**和**时间价值**。内在价值是标的资产的市场价格与履约价格之间的差额。

$$\text{认购权证的内在价值} = \text{标的资产市场价格} - \text{履约价格} \quad (6-54)$$
$$\text{认售权证的内在价值} = \text{履约价格} - \text{标的资产市场价格} \quad (6-55)$$

除非是特殊情况,权证的价值不会低于它的内在价值。权证的时间价值是权证的市场价格与内在价值之差。权证的时间价值随着权证逼近到期日而递减,权证到期,时间价值为零。

权证的价值主要受以下因素影响。

1. 标的资产的价格

认购权证赋予持有人按约定条件购买标的资产的权利,如果标的资产的价格上升,超过权证的履约价格,认购权证的收益将上升,权证的价值也将上升。标的资产的价格越高,认购权证的价值也越大。理论上,标的资产价格的上涨是无限的,认购权证的潜在盈利也是无限的。

认售权证赋予持有人按约定条件出售标的资产的权利,如果标的资产的价格下降,低于权证的履约价格,认售权证的收益将上升,权证的价值也将上升。标的资产的价格越低,认售权证的价值就越大。认售权证的潜在盈利是有限的,标的资产的价格为零时,认售权证的盈利最高。

2. 履约价格

履约价格是权证持有人的行权价。认购权证的履约价格越高,权证持有人的预期收益就越低,权证的价值也越低。认售权证的履约价格越高,权证持有人的预期收益就越高,权证的价值也越高。

3．标的资产价格的波动性

权证的价格受权证剩余期限内标的资产价格波动程度的影响。无论是认购权证还是认售权证,标的资产价格波动幅度加大,意味着权证持有人获利的机会增加,权证的价值上升。标的资产的价格波动幅度越大,权证的价值就越高。

4．剩余期限

如果其他条件不变,美式权证的剩余时间越长,持有人行使权利的机会就越多,因此距离到期日越长的权证价值也越大。

5．股息

股权类的权证在标的股票派发股息后股票价格将下跌,在除息日,认购权证价值会下降,而认售权证价值将上升。

6．无风险利率

认购权证的发行人在发行权证时必须配置资金买入相应的股票以保证权证持有人行权时履约。利率上升意味着资金成本上升,认购权证的价值也将上升。认售权证的持有人在购买权证时必须持有相应的股票以便行权时交付标的股票,利率上升意味着资金成本上升,认售权证的价值将下降。

(五) 权证的杠杆作用

权证的杠杆作用表现在当权证相应的标的资产价格发生变动时,权证的市场价格以更快的速率发生变动。投资者用同样的资金投资于权证获得的收益可能数倍于投资于相应的标的资产,当然,投资权证的风险也大得多。杠杆比率越大,表示杠杆效果越明显,其获利和损失的可能性越大。

权证的杠杆比率可表示为:

$$杠杆比率=\frac{权证市场价格变动百分率}{标的资产市场价格变动百分率} \qquad (6-56)$$

(六) 权证的风险

权证是高风险投资产品,投资权证应注意控制以下四类风险。

1．价格波动风险

权证属于衍生金融产品,权利金仅是标的资产价格的一小部分,是一种高杠杆投资工具。标的资产价格的微小变化会引起权证价格的剧烈波动,尤其是在涨跌幅限制较宽松和交割结算期较短(如 $T+0$)的条件下,权证的流动性增强,价格波动性被放大。

2．价格误判风险

影响权证价格的因素复杂,标的资产价格走势、履约价格、到期时间、权益分派和权证市场供求关系等从不同角度对权证价格产生影响,其中投机资金在一定条件下对权证价格的影响较大,权证持有人对这些因素判断失误有可能导致投资损失。

3．时效性风险

权证不同于股票,不能长期持有,有一定的存续时间,它的时间价值会随着到期日的临近而迅速递减,过了到期日,权证失效。权证到期如不具有行权价值,投资者将损失购买权证的投资资金。

4. 履约风险

如果权证发行人发生财务风险,不能按权证约定的条件履约,持有人会面临发行人不能履约的风险。

三、可转换证券

(一)可转换证券的含义和特点

1. 可转换证券的含义

可转换证券是可以在一定时期内按一定比例或价格转换成一定数量的另一种证券的特殊公司证券。可转换证券一般是公司发行的一种允许投资者将其转换成本公司普通股票的信用债券或优先股票,前者称**可转换债券**(convertible bond),后者称**可转换优先股票**(convertible preferred stock)。可转换证券实际上是一种**长期的普通股票的看涨期权**。

公司发行可转换证券主要是为了增强证券对投资者的吸引力,能以较低的成本筹集到所需要的资金。公司一般在股市低迷、银行利率较高的情况下选择发行可转换证券。这是因为,股市低迷、预期利率上升往往与社会资金紧张相伴随。公司若从股市筹资,由于股票市价较低,新股发行价或配股定价不高,筹集的资金较少。如果向银行申请贷款,则由于贷款利率偏高,公司较难承受。而此时如果公司采用发行可转换证券的方式进行融资,由于可转换证券给予投资者一定的转换权利,使投资者在公司普通股票价格上涨时可行使转换选择权,则比较容易被市场认同接受,使公司的筹资计划得以实现。对公司来说,可转换证券的利息率或股息率较低,不仅筹资成本低,而且可以提供财务杠杆作用。而今后可转换债券一旦转换成普通股票,则能使公司将原来筹集的期限有限的资金转化成长期稳定的股本,不仅不需偿还本金,还可省却申请发行新股的复杂手续和可观的发行费用。

对投资者来说可转换证券的吸引力在于,在普通股票市场疲软或发行公司财务状况不佳股价低迷时,可以得到稳定的债券利息收入并有本金安全的法律保障(或是得到固定的优先股股息),当股票市场趋于好转或是公司经营状况有所改观、股价上扬时,又可享受普通股票股东的丰厚股息和资本利得。所以当投资者预期公司普通股票的价格会上升时,愿意以接受略低的利率为代价而购买可转换证券。

投资于可转换证券的投资者除了要承受公司债和优先股票常见的风险以外,还会面临额外的风险。可转换债券的票面利率、可转换优先股票的股息率通常低于同类型的不可转换证券,投资所得的利息收益和股息收益较低;可转换证券的价格与标的股票的价格波动相关,投资者要承受标的股票价格波动导致可转换证券价格波动的风险;投资者还要承受提前赎回或强制性赎回的风险以及转换期限临近、标的股票价格低迷导致的不可转换风险等。

2. 可转换证券的特点

可转换证券的特点主要有以下三点。

（1）可转换证券既具有债券和优先股票的特性，又具有普通股票的特点。如果公司发行的是可转换债券，则它具有其他债券的基本特点，有规定的票面利率和期限，发行人承诺按时付息和到期偿还本金；如果发行的是可转换优先股票，则具备优先领取固定股息、优先清偿和不得参与公司经营决策等特点。投资者具有选择转换与否的权利，如果投资者不想转换，则可继续持有，直至期满或在流通市场出售变现。但一旦转换成普通股票，该证券就失去了债券和优先股票的一切特性，与此同时，则具备了普通股票的一切特点。

（2）可转换证券的形式和持有者的身份随着证券的转换而相应转换。可转换证券在发行后至转换以前的一段时间内，以债券或优先股票的形式存在，证券的持有者或者是公司的债权人或者是优先股票股东。一旦持有者行使转换权，原来的债券、优先股票不复存在，持有者的身份也转换成普通股票股东而分享普通股票增值带来的潜在收益。

（3）可转换证券实际上是一种普通股票的看涨期权，它的价格变动比一般债券和优先股票频繁，并随普通股票价格的升降而增减。当普通股票价格下跌时，可转换证券的价格也下跌，但它仍可作为债券或优先股票出售，价格不会低于相同类型、相同期限的债券或优先股票的价格。由于可转换证券价格多变，因此它也是一种风险较大、投机性较强的投资工具。

（二）可转换证券的转换条件

可转换证券约定在一定条件下可以转换成普通股票，它的转换条件通常在证券发行时就作了规定。

1. 转换比例或转换价格

这是可转换证券最主要的转换条件。**转换比例**（conversion ratio）是指一定面值可转换证券可换成普通股票的股数，**转换价格**（conversion price）是指可转换证券转换为每股股份时所支付的对价，它等于可转换证券面值除以转换比例。以可转换债券为例，如果债券面值为 1 000 元，规定转换比例为 40，则转换价格即为 25 元，即 1 000 元债券可按 25 元一股的价格转换为 40 股普通股票。显然，在转换比例和转换价格两者之中，只要规定了其中的一项，另一项也就随之决定了。用公式表示为：

$$转换比例 = \frac{可转换证券面值}{转换价格} \quad (6-57)$$

$$转换价格 = \frac{可转换证券面值}{转换比例} \quad (6-58)$$

2. 转换期限

转换期限（conversion maturity）是指投资者可以将可转换证券转换成普通股票的期限。尽管可转换债券的转换期限可以与债券的到期日相同，但转换期限与债券的有效期限不是同一个概念。在大多数情况下，发行公司都规定某一具体年限，在这转换期限之内，允许持有者按规定的价格或比例转换。通常，可转换债券的转换期限短于它的有效期限。在很多情况下，公司还规定在转换期限内转换比例逐渐递减条款。**转换比例递减或转换价格递增**是规定每隔一定年限可转换的普通股票就减少若干。例如，某种面值 1 000

元的可转换证券,可转换的有效年限为5年,第1年至第2年的转换比例为40,转换价格为25元,第3年至第4年转换比例为20,转换价格为50元,第5年转换比例为10,转换价格为100元。发行公司作出这一规定是希望在股价大幅上升时,促使投资者早日转换,减轻稀释普通股票净收益的压力。

3. 赎回条款

赎回条款(call provision)是指当公司普通股票价格在一段时期内连续高于转换价格达到一幅度时,公司有权按事先约定的价格买回尚未转换的可转换证券。作出这样规定,一方面是为了避免市场利率下调时公司承担较高的利率风险;另一方面是为了在股价大幅上扬时,迫使投资者行使转换权。

4. 回售条款

回售条款是指当公司普通股票价格在一段时期内连续低于转换价格达到某一幅度时,可转换证券持有人有权按事先约定的价格将所持证券卖还给发行人。这一条款使投资者有机会在股价低迷时要求发行人以一定的回报率将可转换证券买回,从而为投资者提供了一种额外的保障。

5. 票面利率或股息率

票面利率或股息率是指可转换证券作为债券所具有的票面年利率或是作为优先股票所具有的票面股息率。在转换以前,可转换证券与普通债券、优先股票一样有固定的利息、股息收入,但由于它赋予了投资者在某一时间可转换成普通股票的权利,因而票面利率或股息率比普通的债券、优先股票低。一般而言,可转换证券的票面利率、股息率越高,转换价格也越高,这是因为投资者要从利率和股息率中得到较高的收益,就要付出更高的价格来获得转换权。

6. 转换价格修正条款

转换价格修正是指公司在发行可转换证券后因公司送股、配股、增发股票、分立、合并、拆股及其他原因导致发行人股份变动而引起公司股票价格变动时发行人对转换价格及转换比例所作的必要修正。

(三) 可转换证券的价值和价格

1. 转换价值

转换价值(conversion value)是指可转换证券实际转换时按转换成普通股票的市场价格计算成的理论价值。转换价值等于每股普通股票的市价乘以转换比例,用公式表示:

$$CV = P_0 R \tag{6-59}$$

式中:P_0 表示股票市价,R 表示转换比例,CV 表示转换价值。

【例6-15】 某一可转换债券,面值为1 000元,票面利率为3‰,每年支付30元利息,转换比例为1:40,转换年限为5年,若当前该公司的普通股票市价为每股26元,则转换价值为:

$$CV = 26 \times 40 = 1\ 040(元)$$

因为可转换证券在普通股票价格上涨时转换较为有利,所以它的转换价值与能转换到的普通股票价格有关。只要在剩余的转换期限内,普通股票的价格有可能上涨,转换价值也会相应上升。如果当前股票的市价为 P_0,一段时间内股票价格的增长可用下式表示:

$$P_t = P_0(1+g)^t \tag{6-60}$$

式中:P_t 表示 t 期期末的股票价格,g 表示股票价格的年预期增长率,t 表示剩余转换期限($t \leqslant$ 转换期限)。

t 期期末,可转换证券的转换价值等于预期股票价格(P_t)乘以转换比例(R),用公式表示:

$$\mathbf{CV}_t = \mathbf{P_0(1+g)}^t \mathbf{R} = \mathbf{P}_t \mathbf{R} \tag{6-61}$$

在例 6-15 中,如果股票价格预期每年上涨 10%,则该债券 t 期期末的转换价值为:

$$CV_5 = 26 \times (1+10\%)^5 \times 40 \approx 1\,675(元)$$

2. 可转换证券的理论价值

可转换证券的**理论价值**又称**内在价值**,该价值相当于将未来一系列债息或股息收入加上转换价值用市场利率折算成的现值。我们以可转换债券(简称转债)为例,每年支付一次利息的普通不可转换债券的理论价值可用以下公式计算:

$$P_b = \sum_{t=1}^{n} \frac{C}{(1+r)^t} + \frac{V}{(1+r)^n} \tag{6-62}$$

式中:P_b 表示债券的理论价值,C 表示债券年利息收入,V 表示债券面值,r 表示市场平均利率(必要到期收益率),n 表示债券离到期的剩余年限。

如果考虑可转换债券的转换因素,债券转换成普通股票后,债券不复存在,债券不再按面值到期还本,它的期末价值相当于转换价值,因此必须将以上公式作如下修正:

$$P_b = \sum_{t=1}^{n} \frac{C}{(1+r_e)^t} + \frac{CV}{(1+r_e)^N} \tag{6-63}$$

式中:r_e 表示可转换债券必要到期收益率($r_e \geqslant$ 可转换债券息票利率),N 表示可行使转换权的年数($N \leqslant n$)。

在例 6-15 中,若投资者预期必要到期收益率为 5%,则该债券作为一般债券的投资价值或称直接价值为:

$$P_b = \sum_{t=1}^{5} \frac{30}{(1+0.05)^t} + \frac{1\,000}{(1+0.05)^5} \approx 913.41 \approx 913(元)$$

因为可转换债券的票面利率低于相近债券的必要到期收益率,所以它作为一般债券的投资价值低于面值。

在普通股票市价为每股 26 元,转换期限还有 5 年,投资者预期股票价格每年上涨 10% 的条件下,则该可转换债券的理论价值为:

$$P_b = \sum_{t=1}^{5} \frac{30}{(1+0.05)^t} + \frac{1\,675}{(1+0.05)^5} \approx 1\,442.29 \approx 1\,442(元)$$

3. 可转换证券的市场价格

可转换证券的市场价格以理论价值为基础并受供求关系影响，但在理论上受价格上限和价格下限的限制。

可转换证券的价格通常高于转换价值和投资价值中的较高者，即**最低理论价格＝max{转换价值，投资价值}**。这是可转换证券市场价格的下限。如果转换价值高于可转换证券的市场价格，投资者会行使转换权或继续持有可转换证券，此时可转换证券的市场价格反映转换价值或以高于转换价值的价格溢价交易。如果转换价值低于可转换证券的市场价格，投资者不会行使转换权，可转换证券会以等于或高于投资价值的价格进行交易。

可转换证券市场价格的上限是它的**赎回价格**。当可转换证券发行公司的普通股票价格上涨时，公司可利用赎回条款迫使投资者行使转换权。此时，投资者有两种选择：将可转换证券卖给发行公司或是转换为普通股票。由于转换价值高于赎回价值，理性的投资者都会选择转股，因而可转换证券的市场价格不会高于赎回价格。

当可转换证券的市场价格与理论价值相同时，称为**转换平价**(conversion parity price)；如果市场价格高于理论价值，称为**转换升水**(conversion premium)，说明可转换证券被高估；市场价格低于理论价值，称为**转换贴水**(conversion discount)，说明可转换证券的市场价格被低估。转换升水和转换贴水还可用证券的市场价格与转换价值之差额计算，也可用转换价值与投资价值之差额计算，可以用绝对数表示，也可以用相对数表示。

（1）以债券市场价格与转换价值计算。以债券市场价格与转换价值计算，转换升水（或贴水）的计算公式为：

$$P_1 = P_m - CV \quad 或 \quad P_1 = \frac{P_m - CV}{CV} \times 100\% \qquad (6-64)$$

式中：P_1 表示根据债券市价计算的转换升水或贴水，P_m 表示债券的当时市价，CV 表示转换价值。

根据可转换证券市场价格与转换价值、投资价值、理论价值的关系，可以有不同的投资策略。如果可转换证券的市场价格等于转换价值，且所转换的普通股票价格继续看涨时，投资者可以行使转换权，取得未来股价的资本收益；如果可转换债券的市场价格高于转换价值，在债券未到期的情况下，溢价部分是看涨期权的价值表现，投资者可出售可转换证券，也可继续持有等待更有利的转换时机；如果可转换债券的市场价格低于转换价值，只要还未到期，投资者可买入转债并行使转换权从中套利，结果将使可转换债券的市场价格上升到转换价值之上；如果可转换债券的市场价格低于转换价值并即将到期，投资者可以将可转换证券视为非可转换证券，比较它的市场价格与投资价格，决定出售还是持有至到期日；如果可转换证券的市场价格较大幅度偏离理论价值，说明市场价格被低估或高估，只要还未到期，可计算转换贴水或升水，当贴水或升水幅度较大时可考虑买入或卖出。

若在【例 6-15】中的可转换债券，当市价为 1 100 元时，转换比例为 1∶40，可转换的股票市价为每股 26 元，则：

$$CV = P_0 \cdot R = 26 \times 40 = 1\,040(元)$$

转换升水为:

$$P_1 = 1\,100 - 1\,040 = 60(元)$$

或

$$P_1 = \frac{1\,100 - 1\,040}{1\,040} \times 100\% \approx 5.77\%$$

(2) 以转换价值与投资价值计算。投资价值是指债券不具转换性时的售价。除非公司股票大幅下降,跌至转换价格以下,一般情况下转换价值不会低于投资价值。以转换价值与投资价值计算的升水或贴水的公式为:

$$P_2 = CV - I \quad 或 \quad P_2 = \frac{CV - I}{I} \times 100\% \qquad (6-65)$$

式中:P_2 表示根据投资价值计算的转换升水或贴水,I 表示投资价值。

在【例 6-15】中,若可转换债券的投资价值是 960 元(图 6-5),则:

$$P_2 = 1\,040 - 960 = 80(元)$$

$$P_2 = \frac{1\,040 - 960}{960} \times 100\% \approx 8.33\%$$

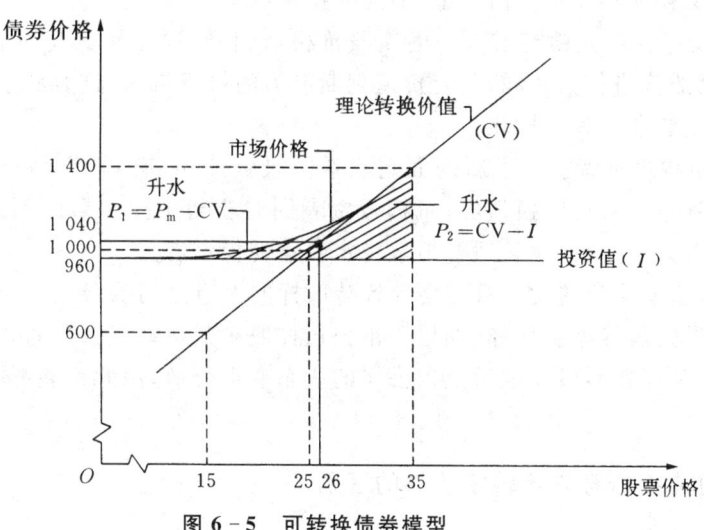

图 6-5 可转换债券模型

四、可交换债券

可交换债券(exchangeable bond,EB),全称为可交换公司股票的债券,是指上市公司的股东依法发行、在一定期限内依据约定的条件可以交换成该股东所持有的上市公司股份的公司债券。即可交换债券的持有者,有权按预先约定的条件用该债券与债券发行人交换其他公司的股票,其他公司通常为债券发行人的上市子公司。可交换债券实际上是在可转换债券基础上创设的一种金融产品。

(一)可交换债券的特点

(1) 可交换债券的发行人通常为上市公司控股股东,可交换债券的标的为控股股东所持有的上市公司股票。发行可交换债券并不增加上市公司的总股本,但在可交换债券转股后会降低控股股东对上市公司的持股比例。

(2) 可交换债券给筹资者提供了一种低成本的融资工具。由于可交换债券给投资者一种转换股票的期权,其利率水平与同期限、同等信用评级的一般债券相比要低。因此即使可交换债券的转换不成功,其发行人的还债成本也不高,对上市公司也无影响。

(3) 对投资者来说,与持有标的上市公司的可转换债券相同,投资价值与上市公司业绩相关,且在约定期限内可以以约定的价格交换为标的股票。

(二) 可交换债券的意义

(1) 为发行人提供了获取较低成本的融资渠道。由于可交换债券与可转换债相似,债券中含有认股期权,因此其发行利率一般会大幅低于普通公司债券的利率或者同期银行贷款利率。

(2) 为发行人提供了一种新的流动性管理工具。一些上市公司的股东因经营上出现暂时的资金困难,有时不得不抛售股票以解燃眉之需。可交换债券推出后,这类股东可以通过发行可交换债券获得所需资金,而无须抛售股票。

(3) 可交换债事先锁定了未来的换股价格,该特点决定了其持有者大多数是长期看好公司、对换股价格较为认同、具有价值判断能力的投资机构,这有利于稳定市场预期,引导投资理念的长期化和理性化。

(4) 为机构投资者提供了新的固定收益类投资产品,有利于加强股票市场和债券市场的连通。通过持有可交换债券,机构投资者同时获得了按照票面利率享受利息和按换股价格交换股票的期权,比较适合追求稳定收益的投资者。

当然,可交换债券的发行可能会导致转股标的上市公司的股东性质发生变化,从而影响公司的经营发展战略。比如,如果上市公司控股东减持动机强烈时,可能会发行大量的可交换债券,从而在转股完成后上市公司的股东变得分散,由此可能影响到上市公司的经营和发展。

(三) 可交换债券与可转换债券的区别

可交换债券相比于可转换公司债券,基本要素与可转换债券相同,都包括面值、票面利率、期限、换股价格和换股比率、赎回和回售条款、换股期限等。两者区别主要在于:

(1) 发债主体和偿债主体不同。可交换债券的发行主体和偿债主体是上市公司的股东,可转换债券是上市公司本身。

(2) 发债目的不同。发行可交换债券的目的具有特殊性,通常并不为具体的投资项目,其发债目的包括股权结构调整、减持退出、市值管理、资产流动性管理等。发行可转债则主要用于特定的投资项目。

(3) 所换股份的来源不同。可交换债券是发行人持有的上市公司的股份,可转换债券则是发行人本身未来发行的新股。

(4) 对公司股本的影响不同。可转换债券转股会使发行人的总股本扩大,摊薄每股收益。可交换债券换股则不会导致标的公司的总股本发生变化,也无摊薄收益的影响。

(5) 抵押担保方式不同。上市公司大股东发行可交换债券要以所持有的用于交换的上市子公司股票做质押品,除此之外,发行人还可另行为可交换债券提供担保;发行可转换公司债券,通常要由第三方提供担保。

(6) 转股价的确定方式不同。可交换债券交换为每股股份的价格应当不低于募集说明书公告日前三十个交易日上市公司股票交易价格平均值的百分之九十;可转换债券转股价格应不低于募集说明书公告日前二十个交易日该公司股票交易均价和前一交易日的均价。

(7) 转换为股票的期限不同。可交换公司债券通常自发行结束之日起十二个月后方可交换为预备交换的股票;可转换公司债券自发行结束之日起六个月后即可转换为公司股票,即发行六个月后的任何一个交易日即可转股。

五、存托凭证

存托凭证(depository receipts,DR)是指在一国证券市场流通的代表外国公司有价证券的可转让凭证,由存托人签发,以境外证券为基础在境内发行,代表境外基础证券权益的证券。属公司融资业务范畴的金融衍生工具。

(一) 存托凭证分类

1. 按基础证券发行人在DR发行中的作用分类

按基础证券的发行人在DR发行过程中的作用的不同,DR可分为参与型的DR(sponsored DR)和非参与型的DR(unsponsored DR)。持有sponsored DR的投资者具有投票权,持有unsponsored DR的投资者不具有投票权。由于参与型的DR信用程度远高于非参与型的DR,因此逐渐成为DR的主流。

2. 按发行范围分类

按照发行或交易地点之不同,存托凭证可分为美国存托凭证(American depository receipt,ADR)、欧洲存托凭证(European depository receipt,EDR)、全球存托凭证(global depository receipts,GDR)、中国存托凭证(Chinese depository receipt,CDR)等。

(二) 存托凭证的要素

1. 基础证券

其是指存托凭证代表的由境外基础证券发行人在境外发行的证券。存托凭证一般代表公司股票,但有时也代表债券。

2. 存托人

其是指按照存托协议的约定持有境外基础证券,并相应签发代表境外基础证券权益的存托凭证的境内法人。

存托人主要的职责是,承担与境外基础证券发行人签署存托协议,并协助完成存托凭证的发行上市;安排存放存托凭证基础财产,委托托管人管理存托凭证基础财产;建立并维护存托凭证持有人名册;办理存托凭证的签发与注销;向存托凭证持有人发送通知文件;向存托凭证持有人派发红利、股息等权益,根据存托凭证持有人意愿行使表决权等权利、基础证券发行人股东大会审议有关存托凭证持有人权利义务的议案时,存托人应当参加股东大会并为存托凭证持有人权益行使表决权等。

3. 托管人

其是指受存托人委托,按照托管协议托管存托凭证所代表的基础证券的金融机构。

托管人的职责是,托管基础财产、按照托管协议约定,协助办理分红派息、投票等相关事项、向存托人提供基础证券的市场信息等。

(三) 存托凭证的性质

存托凭证是基于一般信托制度演变而成的。信托是委托人将财产权转移给受托人,受托人依据信托文件为受益人管理信托财产的法律行为。从本质上说,存托凭证是一种由存托银行和托管银行作为共同受托人,基础证券发行公司作为委托人,存托银行取得基础证券的所有权后发行的证券化的受益凭证。存托凭证法律关系的主体中,对发行公司来说,存托银行是名义股东,投资者是真正股东。从投资者的角度来说,存托凭证是由存托银行发行的可转让股票凭证,证明一定数额的某外国公司股票已寄存在该银行在外国的保管机构,而凭证的持有人实际上是寄存股票的所有人,其所有的权利与公司股东相同。

(四) 中国存托凭证

中国存托凭证是指由存托人签发、以境外证券为基础在中国境内发行、代表境外基础证券权益的证券。其指在境外(包括中国香港)上市公司将部分已发行上市的股票托管在当地托管银行,由中国境内的存托银行发行、在境内A股市场上市、以人民币交易结算、供国内投资者买卖的投资凭证。

我国现行法规规定,申请公开发行以股票为基础证券的存托凭证的,境外基础证券发行人应当符合我国相关的法律法规的规定并报请中国证监会核准。

申请存托凭证公开发行并上市的,境外基础证券发行人应当聘请具有保荐资格的机构担任保荐人并由证券公司承销。

境外基础证券发行人申请存托凭证上市的,应当符合证券交易所规定的上市条件,经证券交易所审核同意后在境内证券交易所上市交易。

存托凭证应当在中国证券登记结算有限责任公司集中登记、存管和结算。

根据我国有关的规定,中国证券登记结算有限责任公司及其子公司、经银保监会批准的商业银行、证券公司可以担任存托人。存托人可以委托境外金融机构担任托管人。存托人委托托管人的,应当在存托协议中明确基础财产由托管人托管。

过去的二十多年,我国企业以存托凭证(ADR)的方式在纽交所、纳斯达克、美国自动报价系统等上市,借以进入国际资本市场,扩大公司影响,融入外汇资金。随着国内经济和资本市场的发展,大量在境外上市、主要业务在境内的"红筹股"公司有着强烈的回归内地资本市场融资和上市的需求。2018年3月,《关于开展创新企业境内发行股票或存托凭证试点的若干意见》(简称《若干意见》)发布。《若干意见》对支持创新企业在境内发行上市作了系统制度安排,明确境外注册的红筹企业可以在境内发行股票;推出存托凭证(CDR)这一新的证券品种,并对发行存托凭证的基础制度作出安排,还开展创新企业境内发行存托凭证试点。

专栏 6-4　瑞幸咖啡造假事件

公司简介

瑞幸咖啡成立于 2018 年 3 月,2019 年 5 月 17 日,公司在美国纳斯达克成功上市(股票代码:LK)。从创立到 IPO,瑞幸咖啡只花了 17 个月时间,创造全球最快 IPO 公司纪录。

根据 2019 年 11 月公布的季报显示,瑞幸咖啡前三季度总营收约 4.1 亿美元(折合人民币 29.29 亿元),净亏损约 2.47 亿美元(折合人民币 17.64 亿元)。

事件经过

2020 年 1 月 31 日,知名做空机构浑水声称,收到了一份长达 89 页的匿名做空报告,直指瑞幸数据造假。通过调查,浑水认为瑞幸咖啡每个商店每天的商品销量在 2019 年第三季度至少夸大了 69%,在 2019 年第四季度夸大 88%。

2020 年 2 月 3 日,瑞幸咖啡否认浑水所有指控。该公司指出,该报告所采用的调查方法具有缺陷,且证据未经证实,所有的指控都是没有根据的推测及对事件的恶意解释。此外,瑞幸认为这份报告对公司的商业模式和经营环境有着本质上的误解。瑞幸打算采取适当的措施来保护自己免受这些恶意指控,并保护股东的利益。

2020 年 4 月 2 日晚间,瑞幸咖啡公告,针对在截至 2019 年 12 月的合并财务报表的审计过程中的某些问题的内部调查,其董事会已成立特别委员会进行监督。据内部调查初步阶段确认的信息显示,从 2019 年第二季度到 2019 年第四季度,与虚假交易相关的总销售额约为 22 亿元人民币。上述数字尚未得到特别委员会、其顾问或公司的独立审计师的独立核实,并可能随着内部调查的进行而改变。

公告当天开盘后,瑞幸咖啡触发 6 次熔断,收盘时跌幅达 75.57%。二级市场高价买入的投资者,遭受了巨大的损失。

5 月 15 日,瑞幸公告称,因财务造假,公司收到了纳斯达克的退市通知,并计划就此举行听证会。

6 月 23 日晚间,瑞幸咖啡发布公告称,公司在 6 月 17 日再度收到纳斯达克的额外书面通知:因公司未能及时公开其 2019 财年年度报表,将被纳斯达克退市。

将面临什么

本次财务造假风波后,除了退市,瑞幸咖啡还将面临更多的民事和刑事诉讼。

根据美国《1934 年证券交易法》的一般性反欺诈条款,即 10b-5 规则,基于对上市公司披露信息之信赖买入股票的投资者,可以对股票发行人提出民事诉讼。同时,对实施业务造假的责任人,也有相应的刑事责任予以制裁。对于造假,《萨班斯法案》也有多项规定,比如:故意进行证券欺诈的犯罪最高可判处 25 年入狱,对犯有欺诈罪的个人和公司的罚金最高可达 500 万美元和 2 500 万美元;公司首席执行官和财务总监必须对报送财务报告的合法性和公允表达进行保证,违反此规定,将处以 50 万美元以下的罚款或者入狱五年;故意破坏和捏造文件以阻止、妨碍或影响的调查行为被视为犯罪,将被处以罚款或判处 20 年入狱,或予以并罚。

本章小结

证券投资对象分析的核心是证券的价格,金融资产的价格等于来自这种金融资产预期现金流量的现值。债券、股票和其他金融资产因预期现金流量受不同因素影响而有不同的定价模型,但它们之间没有根本的区别。

债券分析的另一个重要问题是还本付息的可靠程度,信用评级可作衡量债券安全性的参考依据。利率期限结构分析是通过分析相同种类、不同期限债券的收益率之间的相互关系,预期未来的利率变动趋势并选择较为合适的投资对象。

股票价格受多种因素影响,因此股票价格变动频繁,对各种经济因素和政治因素反应敏感。衡量股票价格平均水平和变动趋势的指标是股价平均数和股价指数,它是反映社会政治经济变化的灵敏指标。

世界主要的证券市场都有各自有代表性的股价指数,我国也有自己的债券指数和股价指数。

优先认股权、权证、可转换证券、可交换债券等投资工具的价格随它们的基础金融工具的价格变化而变化,这类投资工具通常都有较高的杠杆作用。存托凭证是代表境外基础证券权益的金融衍生工具,为上市公司证券跨市场发行和交易提供便利。

基本概念

中央政府债券　地方政府债券　公司债券　国债依存度　国债负担率　债券信用评级　利率期限结构　股票票面价值　股票内在价值　股票账面价值　股票清算价值　股票市场价格　股价平均数和股价指数　除息　除权　优先认股权　权证　认购权证　认售权证　可转换证券　赎回条款　回售条款　转换价值　可交换债券　存托凭证　中国存托凭证

复习思考题

1. 如何分析公司债券的还本付息能力?
2. 影响债券价格的主要因素有哪些?

3. 债券信用评级的意义是什么？可将债券分为哪些等级？
4. 债券收益率曲线的类型有哪几种？
5. 期限结构预期说、流动性偏好说和市场分割说的主要观点是什么？
6. 影响股票价格变动的因素有哪些？
7. 股票价格指数的编制方法有几种？它们各有什么特点？
8. 什么是除息？什么是除权？如何计算除息报价、除权报价、权值？
9. 什么是权证？权证的要素有哪些？
10. 可转换证券的转换条件包含哪些内容？
11. 可转换证券的理论价值如何决定？市场价格的上限和下限由哪些因素决定？
12. 可转换证券的理论价值、市场价格、转换价值、投资价值之间存在什么关系？如何根据它们之间的关系决定投资策略？
13. 什么是可交换债券？它与可转换债券有何不同？
14. 什么是存托凭证？什么是中国存托凭证？存托凭证的主要要素是什么？

第七章 证券投资基本分析

证券投资分析是证券投资的重要步骤,其目的在于选择合适的投资对象,抓住有利的投资机会,争取理想的收益。证券投资分析的方法主要有基本分析和技术分析两种。基本分析法的理论依据是证券价格由证券价值决定,通过分析影响证券价格的基础条件和决定因素,判断和预测证券价格今后的发展趋势。

证券投资的基本分析(fundamental analysis)包括质因分析(qualitative analysis)和量因分析(quantitive analysis)两个方面。质因分析又包括宏观经济分析、行业分析和公司分析三个层次;量因分析主要是对公司的资产负债表、利润及利润分配表和现金流量表等财务报表进行指标分析。

基本分析法对选择具体的投资对象特别重要,对预期整个证券市场的中长期前景很有帮助,但对把握近期股市的具体变化作用不是很大,对选择买卖证券的时机不能提供明确的提示。基本分析法的这些不足,可以由技术分析法进行弥补。

第一节 质因分析——经济分析

质因分析从**宏观经济状况**、**行业状况**、**公司状况**三个层次对社会经济活动进行从大到小、从整体到局部的分析。宏观经济分析是对宏观经济形势作出总体分析,这是证券投资活动赖以存在的大气候和总的背景条件。社会经济活动会周期性地出现繁荣景象和衰退形势,这主要由社会经济发展内在规律决定,有时也受外部、偶然因素影响。当社会经济发展处于不同阶段,会引起货币、信贷、利率、物价等重要经济变量的变动,并改变企业生产经营的客观环境,企业必须作出相应的调整和安排,否则将影响其生存和发展。行业分析一方面要研究各行业在社会经济结构中的地位及其作用,行业本身的生命周期和发展前景,另一方面也要注意经济环境变化对不同行业的影响程度。公司分析是对某一具体公司的经营业绩、竞争能力、盈利能力等进行分析,以判断它的发展前景。经济运行态势、行业发展前景虽对公司运作有制约作用,但影响力度和程度又不相同。通过分析,投资者可对已经选择或将要选择的投资对象决定取舍。

一、信息的内容及来源

投资者为了对社会经济活动、行业发展和公司经营状况进行分析,必须注意收集、整理各类信息。与证券投资活动有关的信息,按其反映的内容不同可分为以下几类:有关宏观经济状况及其前景的信息、有关特定行业的信息、有关具体公司的信息、有关证券市场的一般信息。以上这些信息的主要来源有以下几个方面。

（一）政府部门

政府部门是国家宏观经济政策的制定者，是信息发布的主体，是我国证券市场有关信息的主要来源。根据我国目前的行政管理体系，国务院、中国证券监督管理委员会（简称中国证监会）、财政部、中国人民银行、国家发展和改革委员会（简称国家发改委）、商务部、国有资产监督管理委员会（简称国资委）、国家统计局等政府部门发布的信息对证券市场的影响力度大、权威性强、涉及面广。

我国发布证券市场相关信息的政府部门

（二）证券交易所

证券交易所作为证券市场交易的组织者和一线监管者，制定和发布证券交易业务规则和业务细则，编制和发布股价指数，向社会公布证券行情。证券交易所公布的证券交易信息具有权威、准确、及时的特征，是投资者获得证券交易信息的主要来源。

（三）上市公司

上市公司有责任和义务向投资者提供本公司的信息，并应保证信息发布的及时、全面、真实、准确。上市公司通过发布年度报告、中期报告、季度报告向投资者披露公司的财务数据、投资决策、盈利水平、分红派息等经营状况，以临时公告形式公布公司增资减资、资产重组、收购兼并、关联交易等重大事项，是投资者判断上市证券是否具有投资价值的重要信息来源。

（四）中介机构

证券中介机构是指专为证券市场的参与者如发行人、投资者提供各种服务的专业机构，包括证券经营机构、证券投资咨询机构、证券研究机构等。中介机构的专业人员在收集资料、实地调查、分析研究基础上撰写的有关宏观经济形势、行业运行特征、上市公司经营状况、财务状况和投资价值的分析报告，可以满足不同投资者的需要，也是传递证券市场信息的重要形式。

（五）媒体

媒体主要是指各种报纸、杂志、书籍、其他公开出版物以及电视、广播、互联网等信息载体。媒体首先是信息发布的主要渠道，政府部门、证券交易所、上市公司等均通过媒体发布信息，媒体是连接信息发布者和需求者的桥梁。媒体同时也是信息发布的主体之一，各类媒体的专业人员通过实地采访或调研形成新闻报道，或是通过对各类信息的收集整理、汇总分析，形成新闻分析，也是很有价值的信息。

面对纷繁的信息来源，投资者要善于收集、占有、整理各类资料，运用自己的知识和经验去伪存真、去芜存精、由表及里、由此及彼地分析判断这些信息。投资者通常要注意以下三点。① 要善于甄别所收集信息的可信程度。在信息社会中各类信息难免鱼龙混杂，有时投资者会发现各类信息相互矛盾、难辨真伪，因此要学会区分信息的真伪。一般来说，中央银行、证券监管机构指定的信息披露媒体登载的消息较为真实可靠。② 要注意积累资料,保持信息的连续性。分析经济形势、行业发展、公司业绩不是凭半年一年的资料就可找出内在规律和发展趋势的,投资者要依据相同口径的长期历史资料进行排比分析才能从中受益。③ 要学会将不同方面、不同层次、不同角度、不同时期的信息联系运用、综合分析,才能作出准确、合乎实际的判断。投资者要避免孤立、静止地对待所收集的各类信息,更不可主观武断。

二、宏观经济分析

基本分析的第一步就是要分析和判断投资的经济环境。宏观经济分析是判断证券市场发展趋势和投资价值的基础。宏观经济的发展趋势决定证券市场的发展方向;宏观经济的增长速度和质量,决定证券市场的投资价值。宏观经济是个体经济的总和,不同行业、不同部门所有企业的业绩共同形成了社会经济的发展速度和质量,而宏观经济的发展状况又是企业投资价值的综合反映。投资者通过宏观经济分析,判断经济运行目前处于什么阶段,预测经济形势将会发生什么变化,从而作出投资方向的决策。

(一) 社会经济发展速度和经济结构分析

一国经济必须保持一定的发展速度,才能逐渐增强国力,提高本国在世界经济中的地位,提高本国人民的生活水平。衡量一国经济发展速度的主要经济指标是国内生产总值、工业增加值等宏观经济指标。

国内生产总值、工业增加值、失业率、采购经理人指数等经济指标的年增长幅度基本上能反映一个国家在一定时期内经济增长的速度。**国内生产总值**(GDP)是指一个国家(或地区)所有常住居民在一定时期内(一般按年统计)生产活动的最终成果。**工业增加值**是指工业行业在报告期内以货币表现的工业生产活动的最终成果。**失业率**是指劳动力人口中失业人数所占的百分率。**采购经理人指数**(PMI)是根据企业采购与供应经理的问卷调查数据而编制的月度公布指数。采购经理根据企业财务数据填报,反映企业实际财务和运行情况。经济增长速度以多快为好,并没有固定的标准,不同国家有不同的国情;同一国家的不同发展阶段,情况也大不相同。一般来说与本国国力相符且又能保持社会经济持续稳定协调健康发展的速度,可以被认为是适当的发展速度。需要注意的是,在分析经济总量指标时,要剔除通货膨胀带来的影响,应使用相关指标的实际增长率。

分析社会经济发展状态,还应注意经济结构和比例关系是否协调,包括产业结构、行业结构、部门结构、地区结构等。如果在一定时期内国民经济既能保持一定的发展速度,又能保持协调的经济结构,说明经济运行态势健康而稳定,为证券投资提供了良好的宏观背景。

在分析经济发展速度和社会经济结构时,还应注意经济效益的提高和经济增长方式的转变。依靠高投资、高能耗、高污染而换取的高增长、低质量、低效益的粗放式经济增长方式对经济发展的负面影响极大。在发展经济的同时必须注意对资源的节约和合理利用,注意保护环境,才能保持社会经济持续稳定协调发展。

(二) 投资规模分析

投资规模是指一定时期内国民经济各部门、各行业在再生产中投入资金的总量。全

社会固定资产投资是衡量投资规模的主要指标。全社会固定资产投资包括**基本建设**、**更新改造**、**房地产开发投资**和**其他固定资产投资**四部分,投资主体包括政府、企业、外商和居民个人。投资形成新的生产能力,是扩大再生产和推动经济发展的不可缺少的手段,也是促进技术进步的重要条件,还是建立合理的生产结构和生产力布局以及提高本国居民物质和文化生活水平的物质基础。但另一方面,固定资产投资在建设周期内只会消耗社会产品、增加社会总需求,而不能增加社会总供给,因此如果全社会固定资产投资规模过大,很容易导致社会总供给与社会总需求失衡,成为引发通货膨胀的重要原因。

对固定资产投资也要从实际出发进行分析,一方面要分析全年固定资产投资的规模是否适当,另一方面也要分析固定资产投资结构是否合理。

固定资产投资的规模和结构不仅关系社会经济当前的运行状态,还会影响未来经济增长和结构调整,而证券投资是对未来的投资,所以分析固定资产投资对证券投资的正确决策特别重要。

(三)消费分析

在人类社会经济活动中,消费是不可缺少的一个环节。消费也是生产,生产了作为生产要素的劳动力;消费实现了生产目的,从而给生产以内在动力;消费又创造出新的生产需要。社会消费需求是国内需求的重要组成部分,是经济增长的重要动力。

从全社会来说,消费水平是否合理,合理的消费需求能否实现,消费需求与商品及服务供应能力是否均衡,关系到市场是否稳定和商品价值是否实现。对消费的分析可从消费需求和消费供应两方面进行。

消费需求是一定时期全社会用于购买消费品和服务的购买力。它又是有货币支付能力的现实购买力,受货币收入水平的限制。对消费需求的分析,主要是分析居民的购买力,居民购买力分析要从购买力总量及结构变化两方面进行。**居民购买力总额**是过去结余的购买力与本年形成的购买力之和,可借助居民储蓄存款余额和居民可支配收入分析。随着经济发展,居民收入水平逐年有所提高。在收入水平提高的前提下,**居民消费结构**会发生很大变化,住房、汽车、教育、医疗、养生、旅游等消费支出的绝对额和相对数都会有很大提高,对新颖消费品需求的上升使商品的生命周期大为缩短。如果不注意消费结构的变化,会在消费需求与供应总量平衡的情况下出现结构性不平衡,最终使总量均衡成为空中楼阁。

消费供应是指一定时期通过市场提供给消费者的商品和服务的供应量,对消费供应的分析主要是分析**社会商品供应量**和**服务供应量**。消费供应在总量和结构上要与消费需求的总量与构成适应,才能实现消费平衡。

消费需求的实现情况可通过**社会消费品零售总额**指标体现,它是指社会经济各行业通过多种商品流通渠道向城乡居民和社会集团供应的消费品总额。社会消费品零售总额的增长速度与居民货币收入的增长相适应,是消费需求与消费供应大致均衡的重要表现。社会消费品零售总额及增长速度反映了国内零售市场的变动、城乡居民和社会集团的消费能力和居民消费意愿,是经济景气的重要指标。

对未来消费需求的分析可借助消费者信心指数。**消费者信心指数**是反映消费者对当前经济的满意程度和预期经济走势的指标。在宏观经济健康、物价稳定时,消费者的消费意愿增强,消费者信心指数上升;而通货膨胀加剧、宏观经济条件恶化又会打击消费者信心,使消费意愿下降。

(四)经济周期分析

社会经济活动的规律是经济总量在波浪形起伏变化中逐渐上升,这种周而复始的变化称为经济周期。经济周期变化通过影响企业的生产和利润以及人们的收入水平,对证券市场产生重要影响。因此,对经济周期的预测不仅是政府、中央银行、企业部门所需要的,也是证券投资者需要的。通过预测经济周期变化,投资者能比较准确地把握住股票市场周期波动的转折点,并以此作为投资决策的依据。

对经济周期的预测主要采用**先行指标综合分析方法**。经济周期波动是各种经济现象变动的综合反映,但是各种经济现象变动不会完全统一,它们在时间顺序上会有先有后。将各种与实体经济活动相联系的指标按变动的时间序列分类排列,可分为先导指标、同步指标和滞后指标三类,通过观察这三组指标先后变动的顺序可分析当前社会经济活动正处于哪一阶段并可预测未来的变动将向哪一阶段转化。

先导指标(leading indicators)是指先于经济活动达到高峰或低谷的指标,这些指标提示了未来经济活动发展的方向,主要有货币政策指标、财政政策指标、国民生产总值平减指数、劳动生产率、采购经理人指数、工业原材料批发物价指数、消费支出、住宅建设、证券价格指数等。**同步指标**(coincident indicators)是指与经济周期大约同时达到高峰和低谷的指标,这些指标可用于确定经济达到高峰和谷底的时间,主要有按不变价格计算的国民生产总值、名义国民生产总值、工业生产指数、居民可支配收入、商品零售额、失业率等。**滞后指标**(lagging indicators)是指落后于经济活动的指标,主要有优惠贷款利率、商业票据利率、商品库存、零售物价指数等。

投资者可以根据先导指标来预测未来经济波动的趋向,以同步指标证实,然后根据分析结果采取相应的投资策略。

(五)财政收支和财政政策分析

财政是国家为实现其职能凭借其政治权力对一部分社会产品进行分配和再分配而形成的分配关系。**财政收入**是指国家财政参与社会产品分配所取得的收入,是实现国家职能的财力保证;**财政支出**是指国家财政将筹集的资金分配使用,以满足经济建设和各项事业的需要。国家通过组织财政收入和安排财政支出影响企业收支、居民家庭收支、国际收支,通过调节财政收支总量和结构影响社会总需求和社会需求结构,并贯彻国家的产业政策和收入分配政策。

对财政收支的分析,主要是分析财政收入、财政支出和收支差额情况。随着经济的发展,财政收入随之相应增长。财政收入分析主要是分析收入总量和增长幅度是否随国民收入的增长而稳步增长。随着财政收入的增长,财政支出水平也相应增加。财政支出在国民经济不同部门、不同产业、不同地区之间的分配,以及在投资和消费之间的分配意味着国家对不同部门、产业、地区等的不同政策和财力支持,在很大程度上制约着经济增长的动态和经济结构的变动。因而分析财政支出不仅要分析其总量,还要了解其支出结构,这对选择投资行业也颇有帮助。财政收支差额的分析主要从差额形成原因和弥补办法两方面进行。对形成差额的原因要区别正常、不正常以及对经济发展的影响。弥补财政收支差额的主要办法是增税、发行政府债券及向中央银行借款或透支。增加税收会增加企业负担,可能影响经济增长。财政向中央银行借款或透支,可能迫使中央银行增加货币供应,引发通货膨胀。发行的政府债券如果由企业、个人或商业银行等认购是政府以债权债务关系调节国民收入的分配,对国内总需求一般没有不良影响,常被政府作为弥补财政赤字的重要方式。

财政政策是政府根据客观经济规律制定的指导财政工作和处理财政关系的一系列方针、准则和措施的总称。财政政策是国家重要的宏观经济政策。根据社会经济发展的态势和宏观调控的需要,政府可实施**宽松的财政政策**或**紧缩的财政政策**,并运用国家预算、税收、国债、财政补贴、转移支付、财政管理体制等政策工具,以实现刺激经济增长或抑制经济过热的政策目标。当政府要使过度膨胀的经济增长有效缓解时,就可以提高税率、扩大征税范围、增加税收,从而减少企业和居民的收入,减少他们的投资需求和消费需求;也可以减少财政支出、扩大财政积余或减少财政赤字,从而减少政府投资和政府的采购支出,降低社会总需求;还可以减少财政补贴和国债发行、增加对过去债务的偿还或减少政府投资。总之,紧缩的财政政策是通过增加政府收入、减少政府支出使社会总需求下降而抑制经济的过快增长。当政府要刺激经济增长时,可以降低税率、扩大减免税范围、减少税收,以增加企业和居民的收入,增加他们的投资需求和消费需求;也可以扩大财政支出,增加财政赤字,增加国债发行,通过政府对能源、交通等基础设施的投资,增加财政补贴,增加对商品和服务的需求,从而刺激和带动企业投资,提高产出,扩大就业。概言之,宽松的财政政策是通过减少政府收入、增加政府支出使社会总需求增加并带动总供给增加以刺激经济增长。当社会经济处于平稳发展阶段时,政府也可采取**中性的财政政策**,即顺势而为,对经济运行不作干预,保持经济的稳定增长。财政政策还应与货币政策协同作用,可根据需要分别采取双松、双紧或一松一紧的政策搭配。

(六)货币指标(monetary indicators)和货币政策分析

1. 货币指标

货币指标是反映一定时期金融运行态势和货币资金供应的重要依据,货币指标可以分为数量指标和价格指标两大类。

(1)**数量指标**主要有**货币供应量**,**金融机构存**、**贷款余额**,**外汇储备**,**金融资产总量和社会融资总额**。**货币供应量**又分为广义货币供应量(M_2)、狭义货币供应量(M_1)和市场现金流通量(M_0)三个层次。狭义货币供应量包括流通中的现金和商业银行吸收的活期存款,是流动性最强的金融资产,它的主要职能是充当流通手段,可以反映即期货币购买力。广义货币供应量既包括流通中的现金和活期存款,又包括商业银行吸收的定期存款和储蓄存款以及证券公司客户保证金,可以视为全社会货币购买力的近似值。中央银行的货币供应量以同期国内生产总值和居民消费物价指数增长幅度之和为主要依据,并考虑货币流通速度的变动因素。**金融机构的各项存款余额**是金融机构的负债,相应地,是企业和居民的金融资产。**企业存款余额**的增减变化反映了企业资金状况的松紧。**居民储蓄存款余额**则反映了居民的积余购买力,其中,居民定期储蓄余额反映了中长期的社会需求,活期储蓄存款则代表了近期的货币购买力,居民储蓄存款的期限结构变化可以在一定程度上反映居民对经济形势和通货膨胀的预期。**金融机构的各项贷款余额**是金融机构的资产,贷款规模的大小不仅反映了金融机构对社会经济活动的信贷支持和社会资金的松紧,也预示着货币供应量的增减变化。贷款结构的变化,包括贷款在国民经济不同部门之间、不同地区之间、企业和居民之间以及短、中、长不同期限之间的分布,反映了货币资金的流向和构成,形成不同部门、不同地区、不同期限以及企业与居民之间的需求。**外汇储备**是一国(或地区)一定时期国际收支的结余,是一国(或地区)对外债权的总和。它反映了一国(或地区)的对外支付能力,也是一国(或地区)政府信用的保证。但持有外汇储备也会形成一定的机会成本,因此一国保持多少外汇储备较为合理,要综合考虑进出口贸易、汇率制度、国际资本流动和对外债务、国际收支调节机制和效率、国内金融市场发展程度和国际货币合作状况等因素。**金融资产总量**包括流通中现金、存款、有价证券和保险等各类金融资产的总和,金融资产总量反映了一国货币化和金融深化的程度,也是社会融资方式等多元化和金融市场发展的标志。**社会融资总额**是一定时期内实体经济从金融体系获得的全部资金总额,是全面反映金融与经济关系,以及金融体系对实体经济资金支持的总量指标。

(2)**价格指标**主要是利率和汇率。**利率**是资金的价格,利率的波动反映市场货币资金的供求变动。在不同的经济状态下,利率有不同的表现。在经济增长时期,资金供不应求,利率上升;在经济疲软时期,利率随资金需求的减少而下降。除了与整体经济状况密切相关外,利率也影响企业与居民的储蓄、投资和消费,利率结构影响人们对金融资产的选择,影响金融资产的价格。金融市场上同时存在着多种利率,主要有贴现利率、再贴现利率、同业拆借利率、回购利率、短期票据利率、国债利率和商业银行存贷款利率等。其中,再贴现利率与同业拆借利率是基准利率。随着金融市场的不断发展,基准利率已成为中央银行行之有效的货币政策工具。由于国债代表着国家信用,通常将国债利率视为无风险利率的代表。回购交易通常以优质债券作质押,反映了市场短期资金成本和收益水平。在利率市场化的条件下,银行存贷款利率是对货币资金供求关系反应灵敏的经济变量。在其他条件不变的情况下,利率水平上升会引起存款增加和贷款减少,进而引起居民消费支出减少和企业生产成本增加,同时抑制需求和供给;利率下降则会导致需求和供给双向扩大。**汇率**是指外汇市场上一国货币与他国货币的交换比率,通常由一国货币所代表的实际社会购买力平价和自由市场对外汇的供求关系决定。汇率变化是国际市场商品和货币供求关系的综合反映。一国的汇率会因该国的国际收支状况、通货膨胀率、利率和经济增长率的变化而波动,同时,汇率的波动又会影响一国的进出口额和资本流动,并影响该国的经济发展。

2. **货币政策分析**

货币政策是指政府为实现一定的经济目标,运用各种政策工具调节货币供应量,进而影响宏观经济的方针和措施的总和。货币政策是国家重要的宏观经济政策。中央银行根据经济发展态势选择**宽松的货币政策**或**紧缩的货币政策**以放松银根或抽紧银根,从而影响经济发展的速度和规模,并运用法定存款准备金率、再贴现率及公开市场操作、常备借贷便利等政策手段实现一定的调控目标。当中央银行要使过热的经济有所缓解时,就提高法定准备金率,提高再贴现率或是在公开市场上出售政府证券,从而减少基础货币投放,进而使信贷规模缩小、利率水平上升、货币供应量减少,影响货币资金流量和流向,导致生产要素配置的变化,而这一变化又会影响企业、政府、居民收支数量和结构的变化,最终影响社会经济活动和效益。当中央银行要放松银根刺激经济发展时,则采取相反的政策手段,从而影响社会经济运行。由于中央银行的货币政策对经济活动有重要作用,所以投资者要注意货币政策的取向和货币指标的变化,同时投资者要懂得,从中央银行采用某一政策手段到这一手段对社会经济活动产生作用,中间存在一个**时滞过程**,这一时滞过程的时间长度要视中央银行的政策手段力度强弱及因银行体制、经济体制的不同而有所差异,一般为6~9个月。证券投资者若能正确领悟中央银行货币政策取向,则对其分析社会经济活动趋势及证券市场走向具有很大帮助。

(七) 国际收支分析

国际收支(balance of payments)是指一国对其他国家或地区,由于贸易、非贸易及资本往来而引起的国际的货币收付,它是一国对外全部经济关系的综合反映。对国际收支的分析分为有形贸易收支、无形贸易收支、国际资本流动和外汇储备状况四个方面。

(1) **有形贸易收支**是国际收支中的主要部分。出口商品可换取外汇收入,但是应注意将商品出口与国内的商品市场及国内货币供应统筹安排,维持一个合理的规模。进口商品一方面要根据国内市场的需要,另一方面也受出口创汇能力的限制,也有一个合理规模的问题。

(2) **无形贸易收支**不仅可增加外汇收入,还可以增加就业机会,带动相关行业的发展,并是培养人才、学习国外先进技术和管理经验的有效途径。由非贸易活动所获得的外汇收入,对扩大进口、平衡外汇收支、增强对外支付能力有重要作用。

(3) **国际资本流动**(international capital flow)包括国外资本流入和国内资本流出两方面,对外资流入的分析要注意吸引外资能否形成现实生产能力及产生经济效益,同时要注意长短期债务、直接投资与间接投资的比例关系,防范短期外资流入对国内资本市场的冲击。

(4) **外汇储备**(currency reserve)是一国对外债权的总和,可用于偿付外债和支付进口,是主要的国际储备资产,可起到稳定本国币值和汇率以及调节国际收支的作用,是任何国家都不可缺少的。对于外汇储备,主要应注意从两方面分析:① **合理的外汇储备数量**。外汇储备合理水平的确定,并没有统一的标准,需要根据本国的国际收支状况和国内经济政策决定。一般来说,确定外汇储备水平首先要考虑进口商品和支付债务的周转需要,防止收不抵支、储备不足的情况发生。通常作为周转手段的外汇储备数量大致相当于2~3个月的进口额即可满足需要,同时还要考虑债务偿还问题,长期债务构成比重大时,外汇储备可偏低一些;若短期债务较多,则需保留较多的外汇储备。其次,确定外汇储备水平要考虑货币政策的需要,中央银行可通过外汇市场买卖外汇达到影响基础货币供应量和稳定汇率的目的。② **合理的外汇构成**。外汇资产流动性强,还有一定收益性,但也要承受汇率变动的风险。外汇汇率变动,可能带来外汇贬值的损失,从而降低储备资产的实际价值,削弱本国的支付能力。通常可以以一揽子货币的方式来使储备资产多元化,达到分散风险、增加收益、保持流动性的目的。在外汇储备的货币构成中要注意各储备货币的汇率变动趋势,适时进行调节,以增加硬通货的比重,减少汇率不断下降的外汇资产,必要时还应采取套期保值措施。

(八) 物价分析

物价指数(price index)是宏观经济运行状况最灵敏最集中的反映,也是进行宏观分析的工具。可供观察和分析的物价指数主要有**零售物价指数、生产者价格指数、国内生产总值平减价格指数**等。**零售物价指数**又称消费物价指数(CPI),反映消费者为购买消费品所支付价格的变动情况。**生产者价格指数**(PPI)是衡量工业企业产品出厂价格变动趋势和变动程度的指标。**国内生产总值平减价格指数**是按当年不变价格计算的国内生产总值与按基年不变价格计算的国内生产总值的比率,用以全面反映一般价格水平的变动趋势。对物价的分析要注意三点。① 对物价上涨或下跌的原因要作具体分析。价格变化是货币现象,但引起物价上涨或下降的机制却非常复杂,有正常因素也有非正常因素。非正常因素引起的物价上涨下跌会影响宏观经济的正常运行。② 物价的上涨和回落有一定的时滞期,据经验分析,从货币供应量增加到物价上升大约需半年的时滞期,从货币供应量得到控制至物价回落也需要半年左右的时滞期。所以物价分析不仅要注意当前的物价水平,还要注意物价变化的趋势及引起价格变化的主要原因。③ 当出现通货膨胀时要注意分析通货膨胀的严重程度及对经济运行带来的影响,并注意政府为治理通货膨胀而采取的调控政策和政策实施的效果。

宏观经济分析主要分析了社会经济的总体状况,但没有对社会经济的各组成部分进行具体分析。社会经济的发展水平和增长速度反映了各组成部分的平均水平和速度,但各部门的发展并非都和总体水平保持一致。在宏观经济运行态势良好、速度增长、效益提高的情况下,有的部门的增长与总体经济增长同步,有的部门的增长高于或低于总体经济的增长。因此,宏观经济分析为证券投资提供了背景条件,但没有为投资者解决如何投资的问题。要对具体投资对象加以选择,还需要进行行业分析和公司分析。

三、行业分析

(一) 行业分类

为了掌握和分析社会经济结构,系统地搜集整理有关的统计资料,需要对社会经济进行分类。按各基层单位的经济活动性质不同,可将国民经济划分成若干行业。划分行业的基本依据是社会劳动的性质、内容和作用,具体标准主要有劳动对象性质的同类性、劳动资料功能的相同性、劳动过程运用技术的一致性和劳动成果即产品效用的相似性。

我国《国民经济行业分类》国家标准于1984年首次发布。根据标准,国家统计局将国民经济划分为三大产业,第一产业为农业(包括林业、牧业和渔业等);第二产业为工业(包括采掘业、制造业、自来水、电力和煤气等)和建筑业;第三产业为第一、二产业以外的其他行业,主要是指向全社会提供各种劳务的服务性行业,包括交通运输业、邮电通信业、仓储业、金融保险业、餐饮业、房地产业和社会服务业等。在借鉴联合国《国际标准产业分类》的分类原则和结构框架的基础上,国家统计局分别于1994年和2002年对《国民经济行业分类》国家标准进行修订,并于2011年做第三次修订。该标准(GB/T 4754-2011)由国家统计局起草,国家质量监督检验检疫总局、国家标准化管理委员会批准发布,并于2011年11月1日实施。此次修订除参照2008年联合国新修订的《国际标准行业分类》修订四版(简称:ISIC4)外,主要依据我国近年来经济发展状况和趋势,对门类、大类、中类、小类做了调整和修改。新标准共有行业门类20个,行业大类95个,并进一步细分行业中类和行业小类,基本反映了我国目前的行业结构状况。其中,大的行业分类从 A 到 T 分别为:A. 农、林、牧、渔业;B. 采矿业;C. 制造业;D. 电力、热力、燃气及水生产和供应业;E. 建筑业;F. 批发和零售业;G. 交通运输、仓储和邮政业;H. 住宿和餐饮业;I. 信息传输、软件和信息技术服务业;J. 金融业;K. 房地产业;L. 租赁和商务服务业;M. 科学研究和技术服务业;N. 水利、环境和公共设施管理业;O. 居民服务、修理和其他服务业;P. 教育;Q. 卫生和社会工作;R. 文化、体育和娱乐业;S. 公共管理、社会保障和社会组织;T. 国际组织。

国家统计局于 2013 年 1 月对 2003 年《三次产业划分规定》进行了修订。修订后三次产业的范围为:第一产业是指农、林、牧、渔业(不含农、林、牧、渔服务业)。第二产业是指采矿业(不含开采辅助活动),制造业(不含金属制品、机械和设备修理业),电力、热力、燃气及水生产和供应业,建筑业。第三产业即服务业,是指除第一产业、第二产业以外的其他行业。第三产业包括:批发和零售业,交通运输、仓储和邮政业,住宿和餐饮业,信息传输、软件和信息技术服务业,金融业,房地产业,租赁和商务服务业,科学研究和技术服务业,水利、环境和公共设施管理业,居民服务、修理和其他服务业,教育,卫生和社会工作,文化、体育和娱乐业,公共管理、社会保障和社会组织,国际组织,以及农、林、牧、渔业中的农、林、牧、渔服务业,采矿业中的开采辅助活动,制造业中的金属制品、机械和设备修理业。修订后第一产业为 4 个大类;第二产业为 2 个门类和 36 个大类;第三产业为 15 个门类和 3 个大类。

为规范上市公司行业分类工作,中国证监会于 2012 年修订并于 2013 年公布《上市公司行业分类指引》。《指引》以在中国境内证券交易所挂牌交易的上市公司为基本分类对象,参照《国民经济行业分类》标准,将上市公司的经济活动分为以下部门:A. 农、林、牧、渔业;B. 采矿业;C. 制造业;D. 电力、热力、燃气及水生产和供应业;E. 建筑业;F. 批发和零售业;G. 交通运输、仓储和邮政业;H. 住宿和餐饮业;I. 信息传输、软件和信息技术服务业;J. 金融业;K. 房地产业;L. 租赁和商务服务业;M. 科学研究和技术服务业;N. 水利、环境和公共设施管理业;O. 居民服务、修理和其他服务业;P. 教育;Q. 卫生和社会工作;R. 文化、体育和娱乐业;S. 综合。

证券业为反映证券市场的活动和变化,也将上市公司分成不同行业,分别计算它们的平均股价和股价指数,以供投资者选择。中证指数有限公司参照摩根士丹利资本国际公司和标准普尔公司共同开发的全球行业分类标准并结合我国的实际情况于 2007 年 5 月将上市公司分为金融、地产、原材料、工业可选消费、主要消费品、公用事业、能源、电信业务、医疗卫生、信息技术十大行业。2016 年年底中证指数有限公司于样本股定期调整时一并实施中证行业分类调整。调整后的中证行业分类仍保持四级分类架构,其中一级行业维持 10 个,二级行业增至 26 个,三级行业调整为 72 个,四级行业调整为 161 个。

(二)行业一般特征的分析

1. 经济结构分析

根据各行业中企业的数量、产品的属性、价格控制程度等因素,可将行业分成四种类型。

(1)完全竞争(perfect competition)。完全竞争的特点是企业因产品没有差别而不能控制价格,产品的价格和企业利润完全取决于市场的供需关系。完全竞争行业的各个企业生产的产品具有同一性的特征,相互之间没有根本的差别。由于进入或退出市场的门槛较低,因而企业的数量很多,单个企业很难控制或影响产品价格,企业的利润主要取决于市场供需关系。由于受市场条件和其他客观环境的影响较大,这类行业的企业经营业绩波动较大,利润往往很不稳定,证券价格容易受到影响,投资风险比较大。通常农产品市场类似于完全竞争的市场,如小麦就是一种同质产品,如果风调雨顺,小麦生长良好,产量大幅度提高,而需求没有相应增加时,小麦价格会因供应增加而下降;如果天气条件恶劣,小麦减产,对小麦的需求又有所增加,小麦价格就会提高。

(2) 不完全竞争(imperfect competition)。不完全竞争的主要特点是企业生产的产品有一定差别,这种差别可以是现实的差别,也可以仅仅是消费者观念或消费习惯的差别。由于企业家数仍然很多,产品之间替代性很强,单个企业无法控制产品的价格,只能在价格水平大致相同的条件下在一定范围内决定本企业的产品价格。价格和利润仍由市场供求关系决定,但产品品牌、特征、质量也在一定程度上产生影响,如不同品牌的啤酒、服装、鞋类、家用电器、快餐业等都属于这一类。

(3) 寡头垄断(oligopoly)。寡头垄断的特征是企业家数很少,产品具有同一性或只有微小差别,相互间替代性很强,个别企业占有较大的市场份额,成为行业的主导,对产品价格的控制程度较高。这类行业基本上是资本密集型、技术密集型或资源垄断型的,由于需要巨额资本、高新的技术水平和复杂的生产工艺,所以限制了大量新企业进入这一行业,如汽车制造、飞机制造、钢铁冶炼、石油开采和提炼。

(4) 完全垄断(monopoly)。完全垄断是由单独的一家企业生产某种没有相似以及可以替代的产品,产品价格和市场被这唯一的一家企业控制。这类行业主要是公用事业,如邮电部门、国有铁路部门等。由于这类行业供应的产品是生产、生活不可缺少的,又是高度垄断的,政府一般对其价格的决定和提高有所控制。通常政府允许它们的价格足以弥补成本支出并能得到一定的利润作为将来扩大再生产的基础,但又限制它们的垄断价格,从而保证其他企业和居民的正常消费。

实际上,大多数行业处于完全竞争和完全垄断这两种极端情况之间,往往既有不完全竞争的特征,又有寡头垄断的特征,而且很多行业的产品都有替代品,当一种商品的价格过高时,消费者就会转向价格较低的商品。通常,用行业集中度指标分析行业的垄断或竞争程度。行业集中度表示某行业相关市场内前若干家最大企业所占市场份额的总和。行业集中度越高,则垄断程度越高,竞争程度越低。竞争程度越高的行业,其商品价格和企业利润受供求关系影响越大,因此该行业的证券投资风险越大,而垄断程度越高的行业,其商品价格和企业利润受控制程度越大,证券投资风险较小。

2. 经济周期与行业分析

经济周期变化一般会对行业的发展产生影响,但影响的程度不尽相同,根据经济周期与行业发展的相互关系,可将行业分为三种类型。

(1) 增长型行业(growth industry)。增长型行业是指发展速度经常快于社会经济平均发展速度的行业,较快的发展速度主要靠技术的进步、新产品的开发和优质服务取得。增长型行业的发展一般与经济周期的变化没有必然的联系。在经济高涨时,它的发展速度通常高于平均水平;在经济衰退时期,它所受影响较小甚至仍能保持一定的增长。选择增长型行业进行投资通常可以分享行业增长的利益,同时又不受经济周期的影响,在证券买卖的时机选择上也比较灵活,因此很多投资者对增长型行业倍加青睐。一般,高科技行业、新兴行业属于增长型行业。

(2) 周期型行业(cyclical industry)。周期型行业的特征是受经济周期影响很大。当经济繁荣时这些行业会相应扩张;当经济衰退时,这些行业也随之收缩,如建筑业、建筑材料业、房地产业、运输业、旅游业、娱乐业等。

(3) 防守型行业(defensive industry)。防守型行业的特征是受经济周期的影响小,它们的商品往往是生活必需品或是必要的公共服务,公众对它们的商品有相对稳定的需求,因而行业中有代表性的公司其盈利水平也较稳定。这些行业往往不因经济周期变化而出现大幅度变动,甚至在经济衰退时也能取得稳步发展,食品业、药品业、医疗卫生业、公用事业等就属于这一类行业。

了解了经济周期与行业的关系,投资者应认清经济循环的不同表现和不同阶段,顺势选择不同行业进行投资。当经济处于上升、繁荣阶段时,投资者可选择投资周期性行业和增长性行业的证券,以谋取丰厚的资本利得;当经济处于衰退阶段时,投资者可选择投资防守型行业证券,可获得稳定适当的收益,并可减轻所承受的风险。

3. 行业生命周期分析

大多数行业从产生到衰亡要经历一个相当长的过程,这一过程又可分为若干个发展阶段,每一阶段显示出不同的特征。通常将行业发展必然经历若干阶段以及各阶段具有的某些特征概括为行业的生命周期。行业的生命周期一般为早期增长率很高,到中期阶段增长率逐步放慢,在经过一段较长的成熟期后会出现停滞和衰败的现象。通常,行业的生命周期可以分为开拓、扩展、稳定和衰退四个阶段(图 7-1)。

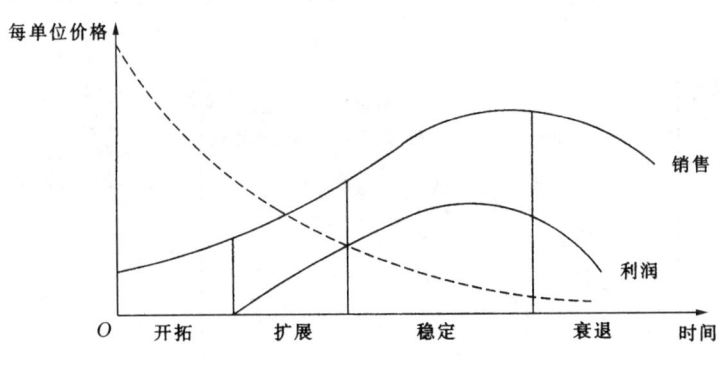

图 7-1 行业生命周期

(1) 开拓阶段。开拓阶段主要是由技术进步推动的,最先试制新产品的企业成本很高,由于市场认知度不高,销量很小,利润很低甚至没有盈利可言,经营风险很大。此时这一行业要投入大量研究开发费用,而市场前景尚不明朗,失败的可能性很大,但随着新产品开发的成功,利润水平很可能成倍增长。

(2) 扩展阶段。扩展阶段以竞争加强、价格下降、利润上升、风险大、收益高为特点。随着新产品得到市场的认可,产品的销售数量在强劲的需求推动下迅速增加,许多新企业看到这一行业的发展前景而纷纷设立。随着竞争的加剧,产品价格急速下降,一些基础不稳、经营无方和效益低下的企业逐渐被优秀的企业兼并。这一阶段充分体现了适者生存规律的作用。最后,只剩下少数实力雄厚、技术先进、经营有方的主导型大公司得以生存并控制这一行业。这一阶段由于企业价格和利润都不稳定,投资风险较大,投资者购买处于扩展阶段行业的股票,要有较大的承受风险的能力。

(3) 稳定阶段。稳定阶段市场对产品的需求仍在扩大,销售数量继续增加,但增长率开始下降,生产和价格都比较稳定,竞争很激烈,但程度有所缓和。随着生产的扩大,价格开始降低,利润的增长幅度也有所下降,但可带来大量的现金流。在这一阶段主要由少数大企业控制了整个行业,它们经过了上一阶段的竞争洗礼,成为资金实力雄厚、财务状况良好、竞争力强的一流企业。它们可以通过内部筹集资金扩充业务而不需要完全依赖资本市场,它们可以凭借雄厚的技术力量不断推出新产品,从而保持强劲的竞争能力,又可借助于规模经济效应以较低的成本进行大批量生产,在价格降低的同时保持一定的利润水平,还可以借助收购兼并扩大规模和增加市场份额。但是各个行业的稳定阶段的时间长度有所区别,技术含量高的行业稳定阶段历时较短,而公用事业和基本生活资料相关的行业稳定阶段持续的时间较长。如果产业增长缓慢而且内部竞争不太激烈,该阶段是行业生命周期中风险最低的阶段。

(4) 衰退阶段。一个行业发展到最后阶段即是衰退阶段。在这一阶段由于需求减少,产量下降,增长率逐渐降低甚至出现负增长,竞争能力削弱,在社会经济中的地位也逐渐降低。衰退阶段的行业风险很大,相当数量的公司会面临生存的困难,但是在很多情况下,行业的衰退期历时很长,大量的行业衰而不亡,甚至在技术进步的条件下,重新焕发成长的生机。

了解行业在生命周期不同阶段的特点,可帮助投资者选择合适的投资对象。有一种方法是将各个不同行业标在生命周期曲线的不同位置上,并以此判断和选择投资的行业(图 7-2)。

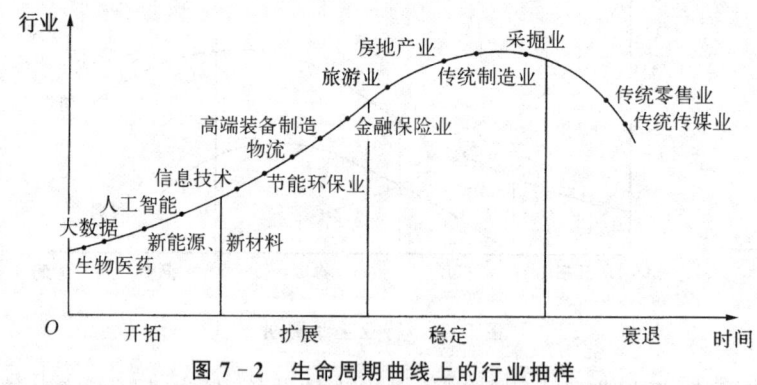

图 7-2 生命周期曲线上的行业抽样

行业生命周期分析并非适用所有行业,有的行业的产品是生活和生产不可缺少的必需品,有漫长的生命周期,有的行业则由于高科技含量,需要高额成本、专利权和高深的知识而阻碍其他公司参与竞争,但行业生命周期分析仍适用于大部分行业。

(三) 影响行业兴衰的主要因素

1. 技术进步、产品更新换代

科学技术是第一生产力,科学技术的应用推动新兴行业的生长和发展。世界经济的发展表明,在农业经济时代科技贡献率只占10%,在工业经济后期占40%,到了当今信息经济时代要占80%以上。科学技术的发展推动了经济发展和社会进步,带来生产方式、营销方式和管理方式的深刻变化,也必然导致新兴行业的兴起及落后行业的消亡。

2. 政府政策扶持

政府依据社会经济发展需要而制定的产业政策会影响行业的发展方向、速度和竞争方式。政府会选择对社会经济发展起决定作用的支柱行业或瓶颈行业、高科技行业采取鼓励政策,在投资、资源配置方面给予优先保证,通过税收、信贷、财政补贴等措施,激励这些行业的发展;政府也可以对某些长线行业采取抑制政策,同样可借助税收、信贷、限价等措施来限制它的发展。例如,《国民经济和社会发展第十四个五年规划和2035年远景目标纲要》提出战略新兴产业占GDP超17%。这一规划的制定和执行,对行业发展具有重要的导向作用。

政府通常对战略性行业采取一定的扶持和保护政策,允许它们在一定范围内垄断经营,既对它们的产品采取限价政策,又让它们得到合理的利润水平。政府对这些行业的管理,既保护又限制了这些行业的发展。

3. 社会习惯的改变

随着人们生活水平和受教育水平的提高,消费心理、消费习惯、文明程度和社会责任感会逐渐改变,这又会引起对某些商品的需求变化并进一步影响行业的兴衰。在基本温饱解决以后,人们更注意生活的质量,不受污染的天然食品和纺织品备受人们青睐;对健康投资从注重营养保健品转向健身器材;在物质生活丰富后注重智力投资和丰富的精神生活,教育、旅游等成了新的消费热点;快节奏的现代生活使人们更偏好便捷的交通和通信工具;高度的工业化和生活现代化又使人们认识到保护生存环境免受污染的重要。所有这些社会观念、社会习惯、社会趋势的变化都足以使一些不再适应社会需要的行业衰退而又激发新兴行业的发展。

所有影响行业兴衰的因素最终都集中表现于对某一行业产品的供应和需求关系上,投资者通过分析行业的供需关系可以对行业的发展前景有更深刻的了解。

(四) 投资行业的选择

通过对行业一般特征的了解和分析,投资者可作出选择某一行业作为投资对象的决策。一般来说,投资者应选择增长型的行业和在行业生命周期中处于扩展阶段和稳定阶段的行业。

增长型行业的特点是增长速度快于整个国民经济的增长率,投资者可享受快速增长带来的较高股价和股息。投资者也不应排斥增长速度与国民经济同步的行业,这些行业一般发展比较稳定,投资回报虽不及增长型行业,但投资风险相应也较小。如果投资者要选择受经济周期影响大的行业,就要考虑经济周期的循环阶段,应避免在经济衰退阶段投资于这些行业。但在经济复苏阶段,这些行业也开始回升和增长,它们的股息可能不断提高,股价逐渐上涨,具有增长型行业的特征,投资者同样可以获得投资增长的回报。

对处于生命周期不同阶段的行业选择上,投资者应避免开拓阶段的行业,因为这些行业的发展前景尚难预料,投资风险较大,是风险资本的选择对象。同样,投资者也不应选择已处于衰退阶段缺乏竞争力的行业,这类行业投资收益较低,风险也较大。投资者应挑选正处于扩展阶段和稳定阶段的行业,这些行业有较大的发展潜力,基础逐渐稳定,盈利逐年增加,股息红利相应提高,股票价值稳步增高,一般可以得到丰实而稳定的收益。

总之,投资者应选择一个在增长循环中处于扩展阶段和稳定阶段的行业。可是,如何在众多的行业中发现这类行业?通常可以用两种方法来衡量:一是将行业的增长情况与社会经济的增长进行比较,从中发现增长速度快于总体经济水平的行业;二是利用行业历年的销售额、盈利额等历史资料分析过去的增长情况,并预测行业的未来发展趋势。

1. 行业增长比较分析

分析某行业是否属于增长型行业,可利用该行业的历年统计资料与社会经济综合指标进行对比。具体做法是取得某行业历年的销售额或营业收入的可靠数据并计算出年变动率,与国内生产总值增长率等社会经济综合指标进行比较,通过比较,可以作出以下判断。① 确定该行业是否属于周期型行业。如果国内生产总值连续几年逐年上升,说明社会经济正处于繁荣阶段;反之,则说明社会经济正处于衰退阶段。观察同一时期该行业销售额是否与社会经济综合指标同向变化,如果在社会经济繁荣阶段行业的销售额也逐年同步增长,或是在社会经济处于衰退阶段时行业的销售额也同步下降,说明这一行业很可能是周期型行业。② 比较该行业的年增长率与国内生产总值的年增长率。如果在大多数年份中该行业的年增长率都高于社会经济综合指标的年增长率,说明这一行业是增长型行业。如果行业的年增长率与社会经济综合指标的年增长率持平甚至较低,则说明这一行业与社会经济增长保持同步或是增长过缓。③ 计算各观察年份该行业销售额在社会经济综合指标中所占比重。如果这一比重逐年上升,说明该行业增长比社会经济平均水平快;反之,则较慢(表7-1)。

表7-1 某行业销售额与国内生产总值比较

年 份	某 行 业		国内生产总值		某行业销售额占国内生产总值百分率
	销售额/100亿元	年增长率	绝对值/100亿元	年增长率	
20×1	8.12		105		7.73%
20×2	8.78	8.13%	112	6.67%	7.84%
20×3	9.64	8.56%	120	7.14%	8.03%
20×4	10.50	8.92%	129	7.50%	8.14%
20×5	11.48	9.33%	139	7.75%	8.26%
20×6	12.65	10.19%	150	7.91%	8.43%
20×7	14.12	10.40%	162	8.00%	8.72%
20×8	15.80	11.90%	176	8.64%	8.98%

通过以上分析,基本上可以发现和判断该行业为增长型行业,但要注意,观察数不可过少,观察数过少可能会引起判断失误。

2. 行业未来增长率的预测

利用行业历年销售额与国内生产总值等社会经济综合指标的周期资料进行对比,只是说明过去的情况,投资者还需要了解和分析行业未来的增长变化,因此还需要对行业未来的发展趋势作出预测。预测的方法有多种,使用得较多的方法有以下几种:一是将行业历年销售额与国内生产总值标在坐标图上,用最小二乘法找出两者的关系曲线,也绘在坐标图上,这一关系线即为行业增长的趋势线。根据国内生产总值的计划指标或预计值可以预测行业的未来销售额。二是利用行业历年的增长率计算历史的平均增长率和标准差,预计未来增长率,使用这一方法要占用行业在过去10年或10年以上的历史数据,预计的结果才较有说服力。如果某一行业是与居民基本生活资料相关的,也可利用历史资料计算人均消费量及人均消费增长率,再利用人口增长预测资料预计行业的未来增长。

总之,通过行业分析,**投资者可以选择处于扩展或稳定阶段、竞争实力雄厚、有较大发展潜力的行业作为投资对象。**

专栏7-1 行业投资选择逻辑

看行业的发展空间

行业发展空间主要取决于行业所处的阶段,是启蒙阶段、起步阶段、快速增长阶段、平缓增长阶段还是饱和、下滑阶段,这方面最好能通过一些行业数据来分析或佐证。投资当然优先选择快速增长阶段的行业。

除了看发展阶段上的成长性,还要看行业所对应的市场容量规模有多大。市场容量主要看行业最终产品是面向广大民众的,还是面向企业的,或是只是面向特定用户的。市场容量越大,行业发展空间自然也越大。

看行业的商业模式

商业模式就是企业是以什么样的方式来盈利和赚钱的。构成赚钱的这些服务和产品的整个体系就称为商业模式。换而言之,商业模式是行业和企业进行赖以生存的业务活动的方法,决定了行业和企业在价值链中的位置。

买股票看行业商业模式,就像买房子看小区地段和环境一样,你可以装修你的房子,但是没有办法改变小区的地段和环境。公司也一样,即便有很优秀的管理层,但如果在一个商业模式低端的行业,不管怎么敬业、挣扎,业绩可能都好不到哪里去。比如白酒行业,赚钱比其他行业容易多了。即使是2020年新冠肺炎疫情,行业整体盈利能力所受影响都很有限。

看行业的进入门槛和壁垒

现在的社会并不缺少资本,只要资本回报率和净利率高的行业,就会吸引大量的资本跃跃欲试进入复制。所以门槛很重要,或者资源独占,或者有牌照限制,或者有技术优势,或者有品牌优势。比如白酒行业,2012年后有非常多的地产公司尝试开发自己的白酒品牌,但到2016年前后基本都失败了,因为这个行业有很强的品牌门槛。

四、公司分析

公司分析又称企业分析,实际上是确认某一上市公司在本行业中的相对地位。公司分析,主要是利用公司的历年资料对它的资本结构、财务状况、经营管理水平、盈利能力、竞争实力等进行具体细致的分析,同时还要将该公司的状况与其他同类型的公司进行比较、与本行业的平均水平进行比较、与本公司的历史情况进行比较,才能得出较为客观的结论。

(一)公司竞争地位分析

公司竞争实力的强弱和公司的生存能力、盈利能力有密切关系,投资者一般都乐意投资于具有强大竞争实力的公司。在市场经济的激烈竞争中,公司要始终立于不败之地,主要依靠雄厚的资金实力、规模经营的优势、先进技术水平、优异的产品质量和服务、高效的经营管理等条件,而竞争实力的强弱又集中表现于公司产品的销售额及其增长情况。公司的竞争能力主要用以下指标来衡量。

1. 年销售额和市场占有率

公司年销售额的大小是衡量一个公司在同行业中相对竞争地位的重要指标,一般来说,年销售额越大,表明公司的竞争地位越强。销售额在整个行业中占前几名的公司,通常被称为**主导性公司**。主导性公司的销售额往往在市场同类产品中占有很大份额,甚至长期居于支配地位,而小型公司则很可能在竞争中消亡。**市场占有率**是公司产品销售量占该产品市场销售总量的比率。市场占有率越高,公司竞争能力就越强。主管部门和新闻媒介一般每年都要按公司销售额排列名次,如全球500家大公司排名,我国也有类似的排名,如全国最大的500家工业企业、全国最大的100家商业企业等,投资者可通过对公司排名情况的了解确定主导性公司。

2. 销售额的年增长率

判断一个公司的竞争地位仅仅分析其销售额并不够,还要通过分析公司销售额的年增长率来考察公司的发展趋势。销售额大的公司很可能只能在一段时间内获得有利的竞争地位,如果它不思进取,则有可能被其他更有发展潜力的公司所取代。只有那些既有相当规模又能长期保持销售额稳定增长的公司才能长期保持在本行业中的主导、支配地位,才是真正具有竞争实力的公司。

销售额年增长率是一个相对指标,没有一个统一的绝对标准,投资者可将某公司的销售额年增长率与同行业的其他公司比较,或是与整个行业的平均增长率比较,或是与国内生产总值、国民收入、人均收入等社会经济指标的增长率相比。如果某一公司的销售额的年增长率持续多年快于本行业的平均增长率或是快于社会经济指标的年增长率,这一公司就是成长型公司,成长型公司是更具有发展潜力的公司。

在分析公司年销售额增长率的时候,还要注意公司的**产品结构**,有的公司产品单一,有的公司是跨行业经营,对不同产品结构的公司要采用不同的方法计算比较。对于仅生产经营单一产品或是同一行业不同种类产品的公司可用公司的销售额增长率与行业的平均水平相比,从而判断该公司是否属于成长型公司。对于跨行业经营的公司,如果主营业务地位突出,可用营业务收入增长率与行业平均增长率相比,也可以分别计算该公司不同产品的销售额年增长率,然后分别与这些不同产品所在不同行业的销售额年增长率进行比较,最后再以该公司不同产品销售额占公司销售总额的比重为权数进行加权平均。如果无法取得不同行业的数据,也可以将跨行业经营的公司销售额年增长率与社会生产总值等综合经济指标的年增长率进行比较,从而判断该公司是否属于成长型公司。

投资者如果能选择成长型公司并作长期投资可以得到公司业绩持续增长带来的丰厚回报,但是,在选择时还要注意公司所处的行业发展前景和产品市场的增长可能。如果公司属于一个新兴行业,它的产品市场还未充分开拓,还有很大的发展潜力,随着市场规模的不断扩大,哪怕公司销售额占市场份额保持不变也可保持不断增长的趋势,公司将与整个行业共同发展。如果公司属于衰退老化的行业,产品的市场容量已近饱和,整个市场规模不再扩大,公司销售量的增加是以其他公司销售量的下降为代价的,这样必然会引起同行业内削价竞争,最终导致全行业盈利水平下降。投资者应尽量避免投资于衰退行业的中小公司,甚至不对这类行业进行投资。

3. 销售额的稳定性

销售额及其增长是否能经常保持稳定,也是投资者在分析公司竞争能力时需要考虑的重要条件。在其他条件相同的情况下,公司若能保持稳定的销售额和销售额增长率,则公司的盈利水平也能稳定或稳定增长,股息派发也相应稳定,投资者面临的投资风险将大为下降;相反,年销售额的大起大落必然给经营者带来困难,稳定的盈利和股息无从谈起,投资风险也相应加大。

公司营业务收入的稳定程度与公司所在行业的性质有很大关系。一般来说,提供生活必需品和基本服务的公司销售额较为稳定,经营生产资料和高档耐用消费品公司的销售额较为不稳定。投资者在分析销售额稳定性时要考虑公司所属的行业是周期型行业还是防守型行业。

4. 公司销售趋势预测

年销售额大小和销售额增长率只能说明过去,公司是否能继续保持雄厚的竞争实力和较快的增长速度,还需要对其销售趋势作出预测。预测公司未来销售趋势可用以下方法:一是运用最小二乘法找出公司销售额的趋势线;二是可以算出公司销售额占全行业销售额的百分率,再用回归分析法预测未来的百分率。

总之,当投资者在分析公司竞争实力时,主要应考虑以下原则:① 应选择在本行业中占主导地位的大公司;② 应选择增长率高于行业平均增长率或主要竞争对手的成长型公司;③ 应选择不仅在主营业务中而且在它所生产的其他产品的不同行业中都具有强大的竞争实力的公司。

(二) 公司盈利能力分析

投资者应该非常关心公司的盈利水平和盈利能力,因为股息收入来自公司的利润而股票的市场价格也受公司盈利状况的直接影响。

公司的盈利是营业收入减去成本和费用后的余额,影响盈利水平的直接因素是公司的营业收入、成本和费用。一般来说,在其他条件不变的情况下,随着销售额或营业额的上升,公司的盈利也会相应增加,如果销售额或营业额已定,则成本和费用的下降也将导致盈利的增加,因而盈利水平是公司生产经营状况的综合反映,是公司盈利能力的具体体现。影响公司盈利能力的因素是多方面的,诸如资金筹措和运用是否得当、固定资产是否充分利用、劳动生产率和工作效率是否提高、新产品开发和新技术应用是否有效、市场份额是否逐渐扩大、成本和费用能否控制或降低。只有具有较强的盈利能力的公司才能保证连续取得较高的盈利水平,因此,投资者不仅要注意分析公司过去的盈利水平,更应注意分析公司的盈利能力。在分析公司盈利能力时要注意剔除影响公司利润的偶然因素和临时因素,尽可能较正确地反映公司在正常年景下的盈利能力和盈利水平并以此来预测公司未来盈利的增减趋势。

1. 公司盈利能力的衡量

公司的盈利能力主要是借助以下一些财务指标来衡量。

(1) **毛利率**。它是毛利占营业收入的百分率,其中毛利是营业收入与营业成本的差额。它表示公司的营业收入在扣除成本后有多少剩余可用于各项费用支出和形成盈利,是公司净利润的基础。

(2) **资产周转率**。这是衡量公司经营效率的指标,由于公司的经营效率与盈利能力之间有着密切的关系,一般情况下,资产周转率越高,公司的盈利能力也越强。

(3) **投资收益率**。这一指标指的是每元资产总值获得的税后净收益,主要反映公司资产运用的经营效益。

(4) **营业收益率**。它指每百元营业收入能获取的税后净利,是衡量公司获利能力的重要指标。

(5) **普通股票收益率**。它反映每股普通股票获取的税后净收益,同样反映了公司的盈利能力。

以上只是列举了衡量公司盈利能力的主要指标,这些指标以及其他财务指标的计算将在下一节具体介绍。

2. 公司盈利能力的预测

反映公司历年盈利额的财务指标只能说明公司过去的经营成果,投资者实际上更关心公司未来的盈利能力和盈利增长趋势,因为只有未来盈利的不断增长才能带来股息的增加和股票市场价格的上涨。对公司未来盈利能力的预测方法很多,但较为简便的方法有以下两种。

(1) 根据公司过去每股盈利额预测未来每股盈利额。投资者可以将公司过去每股平均盈利额按时间序列排列,找出趋势线并向未来延伸,以此来预测公司未来年份的每股平均盈利额。

(2) 将公司过去营业收入和每股平均盈利额之间作相关分析,并据此根据未来营业收入的预计值预测该公司未来年份的每股平均盈利额。

以上两种方法仅适用于短期预测,因为较短时间内,如2~3年,公司的营业收入、营业成本和其他费用等都是相对稳定的。而在较长的时间内则可能发生影响公司盈利水平的重大因素,这些因素的出现会影响预测结果的准确程度。

(三) 公司经营管理能力分析

公司的经营效率和管理能力直接影响公司的盈利和长期发展,是投资者在选择投资对象时必须考虑的条件之一。

1. 公司管理层的素质和能力分析

公司的经营管理对公司的发展与成功具有决定性意义。分析公司经营管理能力可将董事会、总经理及其助手、职能部门分为决策层、管理层和操作层三个层次。决策层主要是对公司经营方向、筹资方式等各项重大方针作出决定,决策层是积极进取、富有开拓精神又不无稳健求实作风,还是因循守旧、不思变革或急躁冒进对公司的发展前途起决定性作用。管理层主要是贯彻决策层的意图,完成既定的目标和计划,协调各部门工作,进行日常的全局管理,管理层应有务实高效的作风。各职能部门则应在管理层的指挥下各司其职、保证公司日常工作顺利运行。一个高效、合理的管理结构的组成关键是主要决策者和管理者,但也应包括能胜任公司各项工作的所有员工的最优组合。

一个高效卓越的管理机构应表现为有足够能力解决公司可能面临的内部或外部事务,如维持公司强有力的竞争地位、发展公司的业务和规模、维持较高的盈利水平、保持较高的生产能力、合理地融通资金和分配盈利、妥善处理公司和职工关系、培养和训练公司员工、运用现代管理手段以及对外的宣传、广告、协商、谈判等。

2. 经营效率分析

公司的经营效率主要表现为生产能力和经营能力的利用程度是否充分,开工率是否达到额定标准,人均产量和人均销售额是否高于主要竞争对手,每元设备投资的销售额或盈利额是否高于行业平均水平,资产周转率和毛利率是否高于主要竞争对手等。同时投资者还可分析公司是否利用经营杠杆的作用,经营水平能否维持在保本点之上等。

所谓**经营杠杆**是指因固定成本不变,销量变动对公司利润或亏损产生的扩大作用。公司在生产经营过程中需要一定的固定成本和可变成本,固定成本主要是固定资产的折旧,可变成本主要是原材料、辅助材料等费用。由于固定成本不因产量的变化而改变,因此,单位产品分摊的固定成本随着产量的提高而相应降低。当公司的生产能力利用率和产量达到一定程度时,产品的成本与销售收入持平,此时的产量称为**保本点**。当产量提高时,单位产品的固定成本降低,公司可获得盈利,表示因固定成本不变而产生正的经营杠杆作用,产量越高,利润越大,直至生产能力达到额定能力。反之,公司亏损,表示产生负的经营杠杆作用。经营杠杆作用与生产能力利用率以及资本有机构成有关。资本有机构成高的企业属资本密集型,固定资本比重大,往往需要很大的销售量来弥补固定成本,但一旦达到这一销售量,每追加一个销售单位就能获得较大的利润。相反,如果销售量在保本点以下则要遭受较大亏损。资本有机构成低的企业属劳动密集型,固定资本比重低,经营杠杆作用较小。由于保本点指出了在销售收入和生产成本持平条件下的生产数量,因此经营杠杆作用还受产品价格和需求变动的影响。当产品价格上升和需求增加时,企业预期销售收入增加,产量自然提高,经营杠杆产生正面效应,盈利增加;反之则产生负面效应。同样,在产品价格和需求发生变动时,资本密集型企业比劳动密集型企业的经营杠杆作用大。

3. 多种经营和新产品开发能力分析

公司生产经营的范围如果局限于单一产品或业务领域之内,公司经营状况容易受经济周期变化的影响。如果公司在以主营业务为主的同时又开拓新业务范围,进行多种经营,不仅能使公司事业有所发展,而且能减轻经营风险。公司多种经营的途径可以有两种,一是向公司目前生产经营对象的原材料和消费市场开拓发展,形成纵深型企业。纵向开拓和发展可以使公司控制原材料供应和销售市场,避免因原材料供应紧缺、价格上涨和销售市场竞争激烈带来的威胁,但公司仍要受产品需求的约束。二是向与目前生产经营范围无关的领域开拓,发展成横向的联合企业。横向联合可以在很大程度上减轻经营风险,但经营范围过于庞杂,最高管理层很难控制全局,面对陌生的领域又不容易取得竞争优势,很可能面临低利润或亏损的危险。

俄罗斯的 MMM 公司是如何在股市上行骗的

公司应经常进行产品市场的调查,分析市场供需情况及消费者的新需求,组织新产品的研制和开发,不断设计、试制、试销、推销新产品,保持公司产品的生命力,这对公司未来的发展前景非常重要。

企业分析还包括对企业财务状况进行分析,有关财务分析的内容在下一节专门介绍。

总之,**投资者应选择行业中的主导性公司、增长型公司和竞争实力强的公司作为投资对象**。

专栏 7-2　公司投资选择逻辑

发展前景好的行业,并不代表行业里所有公司都享有好的业绩。反之,发展前景不是那么好的行业,也不代表行业所有公司都没有发展机会。如何来识别行业中的好公司呢?

看公司是否拥有竞争优势

竞争优势(competitive advantage),是相对于竞争对手拥有的可持续性优势,大致可分为成本领先优势、差异化优势及聚焦优势。只有具备竞争优势的公司,才能具备可持续的盈利和发展基础。

(1)成本领先优势。低成本领先或者通过规模化经济优势、或者通过产业链一体化优势、或者通过技术领先优势等来实现。最简单的判断就看同价格水平上,哪家公司的毛利率最高。

(2)差异化优势。实现差异化,意味着企业在行业内占据独一无二、无人取代的地位,并且广泛地被顾客接受和欣赏。可以实现差异化的领域有产品、渠道、销售、市场、服务、企业形象等。因为有差异化优势,所以具备了高于平均定价水平的溢价。

(3)聚焦优势。实现聚焦集中,意味着企业虽然不能在行业中成为头部企业,但在行业细分市场中成为了领先企业。因为专注,所以往往在产品、市场和服务等方面形成了领先优势。

看管理层团队的品德和能力

看管理层团队:一看能力,二看诚信和稳定度。

能力主要看两个方面:一是看战略发展是否清晰,是否专注聚焦。动不动就多元化拓展的公司少碰。老本行都做不好、做不大,拓展进入一个新行业大概率也做不好。市场上无数案例证明,各种转型的公司成功的很少。股票市场的股价表现来看,同等盈利水平下(EPS)多元化的公司估值也普遍低。二是战术执行力。关键看一把手的个人能力和魅力,这点主要通过公司中层干部对一把手的崇拜程度和战略共识认可度体现。

诚信是做人的根本,更是经营企业的根本。如果一家上市公司经常收到交易所询问函或监管函,受到公开谴责等监管措施,那还是少碰为妙。此外,通过高管的频繁更换也能反映出一家上市公司高管团队的问题。

第二节　量因分析——财务分析

财务分析(financial analysis)是证券投资分析的主要内容,财务分析的对象是上市公司定期公布的财务报表。财务报表能综合反映公司在一定会计期间内资金流转、财务状况和盈利水平的全貌,是公司向有关方面传递经济信息的主要手段。投资者通过阅读财务报表,就账面会计数据间的相互关系、在一定时期内的变动趋势和量值进行分析比较,以判断公司的财务状况和经营状况是否良好,并以此为依据预测公司的未来发展以及作出投资决策。

不同的经济主体进行财务分析的目的不同,分析的侧重点也有所不同。公司的经营者为测定公司的经营效率,更有效地管理和规划公司而进行分析,他们分析的重点集中于公司在营运过程中出现的某些薄弱环节或对公司发展有重大影响的项目。公司的债权人主要为测定公司的偿债能力而进行财务分析,其中提供短期融资的债权人,主要关心公司的现金头寸和近期的现金收入状况。提供中、长期贷款的金融机构、公司债券持有者和优先股票股东,主要关心公司在较长时间内支付利息和产生收入的能力以及提存偿债基金的情况。普通股票股东和潜在投资者则主要关心公司当期的盈利水平以及未来的发展潜力。但是不论分析者的目的和侧重点存在多大差异,他们都能从大量的会计数据资料中迅速而又准确地得到自己所需要的各种经济信息。

一、公司主要的财务报表

反映公司经营成果和财务状况的财务报表主要有资产负债表、利润表和现金流量表。

(一) 资产负债表

资产负债表(balance sheet)是反映公司在某一特定时点上(一般为月末、季末或年末)财务状况的报表,它全面反映了公司在某一时点上所持有的资产、所负的债务和资本的存量情况。

根据"资产 = 负债 + 所有者权益"的会计基本平衡公式以及一定的分类标准和排列顺序,资产负债表分为资产和负债及所有者权益两方(表7-2)。

表7-2　资产负债表

编制单位：　　　　　　　　　　年　月　日　　　　　　　　会企01表
　　　　　　　　　　　　　　　　　　　　　　　　　　　　　单位：元

资　产	期末余额	上年年末余额	负债和所有者权益 (或股东权益)	期末余额	上年年末余额
流动资产：			流动负债：		
货币资金			短期借款		
交易性金融资产			交易性金融负债		
衍生金融资产			衍生金融负债		

续　表

资　产	期末余额	上年年末余额	负债和所有者权益（或股东权益）	期末余额	上年年末余额
应收票据			应付票据		
应收账款			应付账款		
应收款项融资			预收款项		
预付款项			合同负债		
其他应收款			应付职工薪酬		
存货			应交税费		
合同资产			其他应付款		
持有待售资产			持有待售负债		
一年内到期的非流动资产			一年内到期的非流动负债		
其他流动资产			其他流动负债		
流动资产合计			流动负债合计		
非流动资产：			非流动负债：		
债权投资			长期借款		
其他债权投资			应付债券		
长期应收款			其中：优先股		
长期股权投资			永续债		
其他权益工具投资			租赁负债		
其他非流动金融资产			长期应付款		
投资性房地产			预计负债		
固定资产			递延收益		
在建工程			递延所得税负债		
生产性生物资产			其他非流动负债		
油气资产			非流动负债合计		
使用权资产			负债合计		
无形资产			所有者权益（或股东权益）：		
开发支出			实收资本（或股本）		
商誉			其他权益工具		
长期待摊费用			其中：优先股		
递延所得税资产			永续债		

续　表

资　　产	期末余额	上年年末余额	负债和所有者权益（或股东权益）	期末余额	上年年末余额
其他非流动资产			资本公积		
非流动资产合计			减：库存股		
			其他综合收益		
			专项储备		
			盈余公积		
			未分配利润		
			所有者权益（或股东权益）合计		
资产总计			负债和所有者权益（或股东权益）总计		

资产方反映了公司的总资产和各类资产的构成，分为流动资产和非流动资产，一般按其变现能力顺序排列。负债及所有者权益方反映公司的借贷资本和自有资本，主要有流动负债、非流动负债和所有者权益。根据会计平衡公式，公司总资产应等于负债与所有者权益之和，所以，所有者权益就是公司的资产总额减去负债总额，即净资产，代表了属于全体股东的资产价值。

（二）利润表

利润表是反映公司在某一时期内（通常是一个月、一个季度或一年）生产成果和经营业绩的报表，提示了公司在某一时段内所形成的收入、发生的费用以及成本的流量情况。它通过列示公司的营业收入、成本及各项费用支出情况来全面反映公司的经营业绩，它是投资者分析投入公司的资本是否完整、判断公司盈利能力大小或经营效益好坏的主要依据（表7-3）。

表7-3　利　润　表

会企02表

编制单位：　　　　　　　　　　　　　　　年　　月　　　　　　　　　　　　　　　单位：元

项　　目	本期金额	上期金额
一、营业收入		
减：营业成本		
税金及附加		
销售费用		
管理费用		
研发费用		

续　表

项　目	本期金额	上期金额
财务费用		
其中：利息费用		
利息收入		
加：其他收益		
投资收益（损失以"－"号填列）		
其中：对联营企业和合营企业的投资收益		
以摊余成本计量的金融资产终止确认收益（损失以"－"号填列）		
净敞口套期收益（损失以"－"号填列）		
公允价值变动收益（损失以"－"号填列）		
信用减值损失（损失以"－"号填列）		
资产减值损失（损失以"－"号填列）		
资产处置收益（损失以"－"号填列）		
二、营业利润（亏损以"－"号填列）		
加：营业外收入		
减：营业外支出		
三、利润总额（亏损总额以"－"号填列）		
减：所得税费用		
四、净利润（净亏损以"－"号填列）		
（一）持续经营净利润（净亏损以"－"号填列）		
（二）终止经营净利润（净亏损以"－"号填列）		
五、其他综合收益的税后净额		
（一）不能重分类进损益的其他综合收益		
1.重新计量设定受益计划变动额		
2.权益法下不能转损益的其他综合收益		
3.其他权益工具投资公允价值变动		
4.企业自身信用风险公允价值变动		
……		
（二）将重分类进损益的其他综合收益		
1.权益法下可转损益的其他综合收益		
2.其他债权投资公允价值变动		
3.金融资产重分类计入其他综合收益的金额		

续　表

项　目	本期金额	上期金额
4. 其他债权投资信用减值准备		
5. 现金流量套期储备		
6. 外币财务报表折算差额		
……		
六、综合收益总额		
七、每股收益：		
（一）基本每股收益		
（二）稀释每股收益		

利润表反映了构成营业收入的要素、营业利润的要素、利润总额或亏损总额的要素、净利润或净亏损的要素和每股收益。

（三）现金流量表

现金流量表（statement of cash flows）是反映公司在一定会计期间内经营活动、投资活动和筹资活动产生的现金流入与现金流出情况的报表。现金流量是指公司现金和现金等价物的流入和流出。这里，现金等价物是指公司持有的期限短、流动性强、易于转换成已知金额现金、价值变动风险很小的投资。在现金流量表中，现金流量是分三类来反映的，即**经营活动产生的现金流量**、**投资活动产生的现金流量**和**筹资活动产生的现金流量**。其中，经营活动是指投资活动和筹资活动以外的所有交易和事项。投资活动是指公司长期资产的购建和不包括在现金等价物范围内的投资及其处置。筹资活动是指导致公司资本及其债务规模和构成发生变动的活动。现金流量表以收付实现制为基础，真实地反映公司当期实际收入的现金、实际支出的现金、现金流入流出相抵后的净额，并以此为基础分析利润表中本期净利润与现金流量的差异，正确评价公司的经营成果。

现金流量表还可反映公司在不通过外部筹资，仅凭经营活动产生现金流的偿债能力、支付股息的能力和产生未来现金流量的能力，帮助债权人、股东和潜在的投资者作出正确的投资决策（表7－4）。

表7－4　现金流量表

会企03表

编制单位：　　　　　　　　　　　　　　年　　月　　　　　　　　　　　　　　单位：元

项　目	本期金额	上期金额
一、经营活动产生的现金流量：		
销售商品、提供劳务收到的现金		
收到的税费返还		

续 表

项　　　目	本期金额	上期金额
收到其他与经营活动有关的现金		
经营活动现金流入小计		
购买商品、接受劳务支付的现金		
支付给职工以及为职工支付的现金		
支付的各项税费		
支付其他与经营活动有关的现金		
经营活动现金流出小计		
经营活动产生的现金流量净额		
二、投资活动产生的现金流量：		
收回投资收到的现金		
取得投资收益收到的现金		
处置固定资产、无形资产和其他长期资产收回的现金净额		
处置子公司及其他营业单位收到的现金净额		
收到其他与投资活动有关的现金		
投资活动现金流入小计		
购建固定资产、无形资产和其他长期资产支付的现金		
投资支付的现金		
取得子公司及其他营业单位支付的现金净额		
支付其他与投资活动有关的现金		
投资活动现金流出小计		
投资活动产生的现金流量净额		
三、筹资活动产生的现金流量：		
吸收投资收到的现金		
取得借款收到的现金		
收到其他与筹资活动有关的现金		
筹资活动现金流入小计		
偿还债务支付的现金		
分配股利、利润或偿付利息支付的现金		
支付其他与筹资活动有关的现金		
筹资活动现金流出小计		

续　表

项　　　　目	本期金额	上期金额
筹资活动产生的现金流量净额		
四、汇率变动对现金及现金等价物的影响		
五、现金及现金等价物净增加额		
加：期初现金及现金等价物余额		
六、期末现金及现金等价物余额		

二、财务报表的分析方法

投资者通过阅读财务报表，可以取得大量的第一手数据资料，但仅仅简单地浏览这些数据还不够，还需要用一定的方法分析各种会计数据之间存在的相互关系，才能全面地反映公司经营业绩和财务状况。财务报表的分析方法主要有下面几种。

关注年报中的
分红预案

（一）单位化法

它是将各种"总数"化成"单位数字"，主要是以每一股普通股票为单位进行分析。例如，将税后净利总数除以发行在外的普通股票股数，可以得到"每股税后净利"；将"净资产"除以发行在外的普通股票股数，可以得到"每股净资产"。单位化法可以清晰地反映每股股票的权益。

（二）结构分析法

结构分析法是分析同一年度会计报表中各项目之间的比率关系，从而揭示各个会计项目的数据在公司财务中的相对意义。在运用结构分析法时，首先，将同一年度资产负债表中的"资产总额""负债和股东权益总额"作为分析的基数，然后将表中全部资产类项目的余额化作"资产总额"的百分数列计，将属于"负债和股东权益"的各个项目的余额化作"负债和股东权益"的百分数列计，这样就可反映公司的资产占用构成情况及公司的资金来源的构成情况，进而可以分析这样的资产构成、负债和权益构成是否合理，存在什么问题。其次，将"利润表"中"营业收入"数据当作基数，再列计各项成本、费用及利润项目的百分率，这样可清楚地反映公司的各项费用率和营业利润率等情况。最后，可以分析同一年度财务报表中某一小项目及其结构情况，如"流动资产"项目下"货币资金""应收账款""应收票据""存货"等项目各占多少比率，可进一步分析其流动资产结构及流动性程度。此外，还可以将不同年度财务报表结构分析的结果进行比较，分析不同年度各项目的百分率变动情况，使结构分析带有动态分析的性质。

结构分析法使在同一行业中规模不同公司的财务报表有了可比性，因为把各个会计项目的余额都转化成百分数，使经营规模不同甚至相差悬殊的公司之间就有了可比的基础，就可以比较它们之间的经营状况和财务状况。

(三) 趋势分析法

趋势分析法又称指数分析法,它是将同一公司连续多年的会计报表中的重要项目,如"营业收入""成本""费用""税前净利""税后净利"等集中在一起与某一基年的相应数据作百分率比较的分析方法。在进行趋势分析时,首先要选择某一会计年度为基期,并将基期会计报表中各个项目或若干重要项目的余额定为100%,要注意的是基期必须是各方面情况都较正常、较有代表性的会计年度,各项目基期的值必须为正值才有比较的可能。其次,将以后各年度的会计报表中相同项目的余额除以基期相应项目的余额再乘以100%,并按年度顺序排列。通过计算、排比、分析,可以反映公司的"资产""负债""股东权益"以及"收入""成本""费用""利润"等项目相对于基期的增减情况、变动幅度,并可据此预测公司经营活动和财务状况的未来变化趋势。

(四) 纵向分析法

纵向分析法是采用环比的方法比较资产负债表、利润表和现金流量表,即将公司连续两年或数年的会计数据按时间序列排列,进行前后期对比,并增设"绝对额增减"和"百分率增减"两栏,编制出比较财务报表,以揭示各会计项目在这段时间内所发生的绝对金额和百分率的变化情况及变化趋势。

(五) 标准比较法

标准比较法是将公司的有关财务报表数据及百分率与本行业的平均水平或行业标准进行比较,分析公司在本行业中所处地位。行业标准或平均水平可由政府或某权威机关制定,也可由公司根据历史统计资料计算得出。

三、财务比率分析

财务比率分析是将财务报表中两个相关项目相比较,以揭示它们之间存在的逻辑关系以及公司的经营状况和财务状况。

公司的财务比率可分为以下五类。

(一) 偿债能力分析

任何公司要想维持正常的经营活动,手中必须持有足够的现金和现金等价物等流动性资产以支付各种到期的费用和债务,公司偿债能力分析反映了公司的资金周转能力和偿付债务能力。

1. 流动比率(current ratio)

流动比率是指全部流动资产对全部流动负债的比率,即:

$$流动比率 = \frac{流动资产}{流动负债}(倍) \qquad (7-1)$$

流动比率可分析公司的流动资产是否足以偿付流动负债,是衡量公司提供流动资金、偿付短期债务和维持正常经营活动能力的主要指标。流动比率过低,说明公司的偿债能力较差,流动资金不够充足,短期财务状况不佳;而过高的流动比率则表明公司的管理可能过于保守,将资金过多地使用于流动性较强的资产上,而放弃了某些获利机会。一般认为工业企业的流动比率为2倍是比较适宜的,而公用事业的流动比率则可低得多,这是因为公用事业如水电、煤气、电话等的账单是按月支付的,它们的应收账款周转速度比工业企业快得多。实际上,由于各公司的经营能力和筹措短期资金的能力不同,对流动比率的要求也有所不同。对于一个信誉良好、很容易筹措到短期资金的公司来说,即使流动比率较低也不会影响公司资产的安全性和流动性。

2. 速动比率(quick ratio)

速动比率是指公司速动资产与流动负债的比率。速动资产是指几乎可以立即用来偿付流动性负债的资产,即流动资产减去存货。速动比率是一个比流动比率更严格的用以衡量公司流动性状况的指标,它可以更确切地反映公司快速偿付短期债务的能力。

$$速动比率 = \frac{速动资产}{流动负债}(倍) \qquad (7-2)$$

速动资产没有将存货包括在内,是因为公司的存货包括原材料、在产品和产成品,它们并非都能立即变成现金。原材料等要经过一个生产周期成为产品后才能销售,而存货在销售过程中常受市场价格波动的影响,不能适销对路还可能变成滞销品,因此存货能否在不受损失的条件下迅速变成现金以支付债务,存在一定的不确定性。如果公司的流动性资产中有预付款也应剔除,因为预付款是公司已经支付并由以后各期分别负担的各项费用,它的流动性实际上是很低的。此外,如果公司应收账款中坏账数额过大或是公司持有的交易性金融资产信用级别低,流动性差,在出售时经常会受市场价格波动的影响,则也应作相应的扣除。可见,作为衡量公司偿付短期债务能力的指标,速动比率比流动比率更科学、更可靠。

通常认为,速动比率为1倍较为理想,因为速动资产为流动负债的1倍意味着公司不需要动用存货就可以偿付流动负债,表明公司有较强的偿债能力。速动比率过低,说明公司在资金使用和安排上不够合理,随时会面临无力清偿短期债务的风险,应立即采取措施调整资产结构,并想方设法筹措到足够资金以备不测。速动比率过高,则表明低收益资产为数过多,或是应收账款中坏账较多,将影响公司的盈利能力。

3. 现金比率(cash ratio)

现金比率是指公司在会计期末拥有的现金及现金等价物余额和同期各项流动负债总额的比率。用公式表示为:

$$现金比率 = \frac{现金余额}{流动负债}(倍) \qquad (7-3)$$

现金比率是衡量公司短期偿债能力的重要指标,因为流动负债期限很短,很快就需要用现金来偿还。对于债权人来说,现金比率总是越高越好,现金比率越高,说明公司短期偿债能力越强。如果现金比率达到或超过1,即现金余额等于或大于流动负债总额,则说明公司不需要动用其他资产,仅凭持有的现金已足以偿还流动负债。然而对公司来说,现金比率并非越高越好,因为资产的流动性与盈利能力成反比。现金是流动性最强、盈利能力最低的资产,保持过高的现金比率,虽能提高公司的偿债能力,但同时又降低了公司的获利能力,因此公司不应保持过长时间太高的现金比率。

4. 经营净现金比率(短期债务)

经营净现金比率(短期债务)是指经营活动的净现金流量与流动负债的比率,可以利用该比率反映公司获得现金偿还短期债务的能力。其计算公式为:

$$经营净现金比率(短期债务) = \frac{经营活动的净现金流量}{流动负债}(倍) \quad (7-4)$$

公司为了偿还即将到期的流动负债,固然可以通过出售股权债权投资、长期资产等获得现金流入,或是通过筹借现金来解决,但最安全、规范的办法是利用公司的经营活动取得现金净流量,该比率越大,说明公司的短期偿债能力越强。

5. 经营净现金比率(全部债务)

经营净现金比率(全部债务)是指经营活动的净现金流量与全部债务的比率。这一比率反映公司用年度的经营活动现金流量偿付全部债务的能力,是一个综合反映公司偿债能力的比率。其计算公式如下:

$$经营净现金比率(全部债务) = \frac{经营活动净现金流量}{总负债}(倍) \quad (7-5)$$

6. 已获利息倍数(interest coverage)

已获利息倍数又称利息保付率,是指**公司支付利息和缴纳所得税前的收益与本期应付利息费用的比率**。

$$利息倍数 = \frac{息税前收益}{利息费用}(倍) \quad (7-6)$$

由于公司一般从营业收入中直接支付当期的利息费用,所以利息倍数说明公司当期收益能在多大程度上满足当期利息费用支出的需要,也可反映公司使用财务杠杆的安全情况。一般认为利息倍数大,公司的偿债能力较强,持有公司中长期债券的投资者的安全系数大,收益较有保证。如果利息倍数较小,说明其利息负担较重,很可能过多地使用债权人资金,财务风险也相应增大。不同行业对利息倍数的要求也不同,工业企业的利息倍数一般应达到5~6倍,而公用事业的利息倍数要求较低,但也不应低于3倍。将公司的利息倍数与本行业的平均水平相比,可以看出公司债务的安全程度。

7. 应收账款周转率(receivables turnover)和平均回收天数

应收账款周转率和平均回收天数是**分析和评估公司应收账款的变现速度和公司流动资产周转状况的重要指标**。

$$应收账款周转率 = \frac{营业收入}{平均应收账款净额}(次) \quad (7-7)$$

$$应收账款平均余额 = (期初应收账款余额 + 期末应收账款余额) \div 2 \quad (7-8)$$

通过对应收账款周转率的深入分析,可得出应收账款平均收款期,这一指标可反映公司应收账款的工作效率。

$$应收账款平均回收天数 = \frac{365}{应收账款周转率}(天) \quad (7-9)$$

应收账款周转率和回收天数受所售商品种类、当地商业往来惯例、竞争环境等因素的影响,并无统一标准。与同行业应收账款平均周转率、平均回收天数比较,如果收款期过长,应收账款周转率过低,说明公司客户的信用状况不佳,可能隐含着较大的坏账风险,也说明公司销售和财务人员催收账款不力,使公司的较多营运资本滞留在应收账款上,从而影响公司的经营效益。合理的应收账款周转率和回收天数,说明公司产品销售后收款迅速、坏账损失少、资产流动性高、偿债能力强,同时收账费用也相应较低。

(二)资本结构分析

资本结构分析主要是分析公司资产与债务、股东权益之间的相互关系,反映公司使用财务杠杆的程度及财务杠杆的作用。

1. 股东权益比率(debt-equity ratio)

股东权益比率是指**股东权益对总资产的比率**,简称权益比率。

$$股东权益比率 = \frac{股东权益}{资产总额} \times 100\% \quad (7-10)$$

对股东来说,股东权益过高,意味着公司不敢负债经营,没有积极地利用财务杠杆作用。在公司的资本利润率高于融资的固定利率或费用时,财务杠杆发挥积极有效的作用,股东权益比率偏低些较好。但是,如果公司的资本利润率低于融资成本时,股东权益比率过低意味着利息负担过重,财务杠杆发挥消极的负面作用。对债权人来说,股东权益比率高意味着公司资金来源中股东投资的比率大,举债融资的比率小,债权人的权益受到保护的程度大。

2. 负债比率(debt ratio)

负债比率是指**债权人的权益对总资产的比率**,又称资产负债率。

$$负债比率 = \frac{负债总额}{资产总额} \times 100\% \quad (7-11)$$

负债比率可反映债权人提供资金的安全程度,对债权人来说,较低的负债比率意味着他们的权益在较大程度上受到保护,在公司发生财务困难或被迫破产清算时收回本金和利息的可能性较大。如果负债比例过高,则债权人的权益受保护程度下降,风险增大。同时,负债比例过高表示公司融资的能力受到很大限制,除非公司愿意提供比市场利率更高的利率以弥补债权人所承担的较大风险。

股东权益比率与负债比率两者相加应该等于100%。这两个比率结合起来分析,可反映公司的资本结构、两种资本在公司总资本中的比例关系以及各自的作用。

3. 长期负债比率

$$长期负债比率 = \frac{长期负债}{固定资产} \times 100\% \quad (7-12)$$

这一比率反映公司固定资产中长期负债占的比率,如果这一比率较高,说明公司过多地依赖长期债务购置固定资产,由于固定资产流动性较差,债权人的权益受保护程度小。这一比率较低,说明公司尚未充分利用财务杠杆作用,也说明公司尚有较大的潜在借债能力,特别是在需要用固定资产作抵押时,可为债权人提供安全保障。

4. 股东权益占固定资产比率

$$股东权益占固定资产比率 = \frac{股东权益}{固定资产} \times 100\% \tag{7-13}$$

由于股东权益主要用于固定资产投资,所以这一比率可反映公司股东投资是过多还是不够充分。这一比率与长期负债比率比较,表明公司购置固定资产的两个资金来源以及各占多少比率。

(三) 经营效率分析

公司利用各项资产以形成产出或销售的效率称为经营效率。经营效率也是公司财务管理和财务分析的重要目标。经营效率分析可以衡量公司是否实现了资源的优化配置,发现公司提高产出和销售的潜在能力。经营效率分析将资产负债表与利润表有机地结合起来,计算并分析公司的资产利用情况和周转速度,以揭示公司在配置各种经济资源过程中的效率状况。

1. 存货周转率(inventory turnover)和存货周转天数

$$存货周转率 = \frac{营业收入}{平均存货} (次) \tag{7-14}$$

式中,平均存货等于(期初存货+期末存货)/2 或是每年、每月的平均存货。

存货周转率反映公司的存货由销售转为应收账款的速度,是分析公司销售能力的强弱和存货是否过量的重要指标,也是衡量公司产供销效率和公司流动资产运转效率的参考依据。一般而言,存货周转率高,说明公司销售能力强,营运资本中闲置在存货中的数额小,商品库存周转快,公司利润额多,公司的存货管理效率显著。若存货周转率低,说明存货销售很慢,这可能是存货数量超过了市场需要,也可能是存货有质量问题,需要冲销处理,这都影响了存货变现的流动性。虽然存货周转率高说明公司经营效率较高,但并非存货周转率越高越好。存货周转率过高可能是原材料库存较小,生产过程中可能会出现停工待料的局面,也可能是库存产成品过少,在销售过程中可能会出现脱销的局面,而这两种情况都会影响公司的生产效率和市场竞争能力,所以存货需要保持一个适当的水平。由于重工业、轻工业、商业等各行各业都有自己的生产周期和经营特点,所以各行业的存货周转率不能相提并论,应注重比较公司与同行业平均值的差距。

存货周转天数又称存货供应天数,**反映产品销售后,应收账款收妥所需要的天数**,平均收款期一般越短越好,但也与信用发达程度有关。

$$存货平均周转天数 = \frac{365}{存货周转率} (天) \tag{7-15}$$

2. 固定资产周转率(fixed asset turnover)

$$固定资产周转率 = \frac{营业收入}{固定资产总额} (次) \tag{7-16}$$

固定资产周转率是用来衡量公司利用现存厂房、机器设备等固定资产形成多少销售额的指标,**反映了公司固定资产的使用效率**。由于固定资产有长期使用的特点,有的公司固定资产存续年限已很长,提取折旧占原值比率已较高,也可以用"固定资产净值"来代替公式中的"固定资产总额"。由于有固定资产原值、存续时间、折旧等因素影响,不同公司的固定资产周转率有时会出现很大差异,所以这一指标一般只用于本公司不同年份的纵向比较,而很少在不同公司之间作横向比较。

3. 总资产周转率(total asset turnover)

$$总资产周转率 = \frac{营业收入}{资产总额}(次) \quad (7-17)$$

这是**营业收入与资产总额的比率**,如果公司的资产总额中包含无形资产,则应作相应扣除,即以营业收入与有形资产相除。这一比率表明公司投资的每1元资产在1年之内可产生多少销售额,从总体上反映了公司利用资产创造收入的效率。显然,这一比率越高,表明公司投资发挥的效率越大,公司利润率也越高;反之,则说明资产利用程度低,投资效益差。但是总资产周转率在不同行业之间几乎没有可比性,资本密集程度越高的行业总资产周转率越低,因此,一般不将总资产周转率作跨行业的比较。

由于公司的总资产等于全部负债加上股东权益,也就是说公司全部资产是负债和股东投资这两大资金来源的投资对象,所以总资产周转率又称投资周转率。

4. 股东权益周转率

$$股东权益周转率 = \frac{营业收入}{股东权益}(次) \quad (7-18)$$

这一指标表明股东每1元的投资在1年内可产生多少元的营业收入,**反映了公司的资本经营活动能力**。

(四)盈利能力分析

公司盈利能力分析主要反映资产利用的结果,即公司利用资产实现利润的状况,通过对盈利能力指标的长期趋势分析,可判断公司的投资价值。

1. 毛利率(gross profit margin)

$$毛利率 = \frac{毛利}{营业收入} \times 100\% \quad (7-19)$$

毛利是公司的营业收入与营业成本的差额。

毛利率是考核公司经营状况和财务成果的重要指标,一般说毛利率指标越高越好,但不同行业间的毛利率相差很大,而在同一行业中,各公司的毛利率差距不大,通过比较还是可以发现它们的区别。

2. 净利率

$$净利率 = \frac{净利}{营业收入} \times 100\% \quad (7-20)$$

净利是销售收入减去一切生产成本、各项费用和税金后的相对效益,即每1元营业收入有多少纯收益。各行各业的净利率有时相差很大,可比性很小。在同一行业中,净利率高的公司盈利能力强,股东获利多。

3. 资产收益率(return on assets)

$$资产收益率 = \frac{净利}{资产总额} \times 100\% \qquad (7-21)$$

资产收益率又称资产报酬率,用来**衡量公司利用资产实现利润的情况**,即每1元钱的资产能获取多少净利润,这一指标可准确全面地反映公司经营效益和盈利情况,是资产周转率和净利率的结合,也是投资者十分关心的指标。

4. 净资产收益率(return on net asset)

$$净资产收益率 = \frac{净利}{净资产} \times 100\% \qquad (7-22)$$

净资产收益率又称股本收益率或股东权益收益率,**是反映公司的所有股东,包括普通股票股东和优先股票股东投入资本的收益状况**。净资产收益率与股东们的经济利益密切相关,税后净收益是股东收益的基本来源,而净资产则是股东对公司的总投资金额。净资产收益率对公司的生存和发展也十分重要,如果公司不能给股东提供足够的报酬,公司就难以吸引潜在投资者来扩大资产规模。净资产收益率并没有统一的标准,要看市场平均收益率、投资者承受的风险以及投资者对收益的预期。证券市场的有关法规一般以净资产收益率作为上市公司取得增发或配股的必要条件,因此,上市公司和股东都很重视公司净资产收益率水平。

如果公司既发行普通股票,又发行优先股票,还可以计算普通股票净资产收益率,用以衡量普通股票投资的获利能力并可预测公司未来的融资能力。

$$普通股票净资产收益率 = \frac{税后净利 - 优先股票股息}{股东权益 - 优先股票面值总和} \times 100\% \qquad (7-23)$$

(五)投资收益分析

投资收益分析是将公司财务报表中公布的数据与有关公司发行在外的股票数、股票市场价格等资料结合起来进行分析,计算出每股净收益、市盈率等与股东利益休戚相关的财务指标,以便帮助投资者对不同上市公司股票的优劣作出评估和判断。

1. 普通股票每股收益

$$每股收益 = \frac{净利 - 优先股票股息}{发行在外普通股票股数}(元/股) \qquad (7-24)$$

每股收益是公司每年税后净利润在扣除优先股票股息后所剩余额属于**每股普通股票的净收益**。这部分净收益一部分以股息形式派发给普通股票股东,一部分以留存收益的形式留在公司内用以扩大经营规模。每股收益的高低是发放普通股票股息和普通股票升值的基础,也是评估一家公司经营业绩和比较不同公司营运状况的重要依据,投资者在作出投资决策前都非常重视对这一指标的考核分析。

每股收益突出了相对价值的重要性,如果一家公司的税后净收益绝对值很大,但每股收益却很小,说明它的经营业绩并不理想,股票的市场价格也不可能很高。反之,每股收益数额大,意味着公司有潜力增发股息或增加资本金以扩大生产经营规模,而公司经营规模扩大、预期利润增长又会使公司股票市价稳步上升,从而使股东们获得资本收益。

每股收益基本上是不分行业的,任何一个行业或公司都有可能提高自己的每股收益,这主要取决于公司的经营管理。投资者在投资前不仅应比较不同公司的每股收益水平,还应比较同一公司在不同年度的每股收益情况,以此来分析该公司在未来年度的发展趋势。

2. 股息发放率(dividend payout ratio)

$$股息发放率 = \frac{每股股息}{每股收益} \times 100\% \qquad (7-25)$$

股息发放率又称股息支付率、派息率,这一指标**表明公司派发的普通股票股息在其税后净收益中所占的比率**,也是投资者非常关心的一个指标。每股股息相同而派息率不同的公司,派息基础可能是大不相同的,派息率低的公司可能在利润充裕的情况下分红,而派息率高的公司则可能在利润拮据的情况下分红,显然,它们的发展前景可能会大相径庭。但是绝不能简单地认为派息率越高越好,这要根据具体情况来分析,有的公司虽然股息发放率低一些,但盈利水平却很高,它们目前少发放股息目的在于将大量利润用于再投资,这意味着公司尚有增加股息派发的潜力,股票价值也有升值的机会。相反,有的公司缺乏再投资的条件,虽有较高的派息率却表明公司的发展后劲不足。当然,最理想的公司是每股股息额很高,而派息率却很低。另外,股息发放率也与行业特点有关,收入较为稳定的行业、处于稳定发展阶段的行业,往往股息率较高,而新兴的行业、成长性公司的股息发放率却很低。

3. 普通股票每股经营活动净现金流量

该指标是指经营活动现金净流量与流通在外普通股票股数之比,用来**反映公司支付股息和资本支出的能力**。其计算公式为:

$$普通股票每股经营活动净现金流量 = \frac{经营活动的净现金流量}{发行在外的普通股票股数}(元/股) \qquad (7-26)$$

一般而言,该比率越大,表明公司支付股息的能力及资本支出的能力越强。对投资者来说,如果公司支付能力很强,每年都能在满足各项开支后支付一定量的股息,投资者就能在较短的时间内收回投资成本,对公司的信心就会增强;反之,如果公司支付能力不强,即使账面上获利颇丰,前景良好,部分投资者仍会对公司失去信心,他们或者将资金投向别处,或者要求公司延缓投资项目而发放股息,这将会影响公司的发展前景。

4. 支付现金股息的经营净现金流量

该比率是指经营活动的净现金流量与现金股息的比率,用以**反映公司年度内使用经营活动净现金流量支付现金股息的能力**。其计算公式为:

$$支付现金股息的经营净现金流量 = \frac{经营活动的净现金流量}{现金股息}(倍) \qquad (7-27)$$

该比率越大,说明公司支付现金股息的能力越强。

5. 普通股票获利率

$$普通股票获利率 = \frac{每股股息}{每股市价} \times 100\% \qquad (7-28)$$

获利率又称股息实得利率，这是衡量普通股票股东当期股息收益率的指标。这一指标在用于分析股东投资收益时，分母应采用投资者当初购买股票时支付的价格，在用于对准备投资的股票进行分析时，则要用当时的市价，这样既可揭示投资该股票可能获得股息的收益率，也表明出售或放弃投资这种股票的机会成本。

投资者可利用股价和获利率的关系以及市场调节机制预测股价的涨跌。当预期股息不变时，股票的获利率与股票市价呈反方向运动。当某股票的获利率偏低时，说明股票市价偏高，投资者必然出售股票，从而导致股价下跌，获利率提高；反之，若获利率偏高，说明股价偏低，投资者会竞相购买，又会导致股价上升。

6. 本利比

$$本利比 = \frac{每股市价}{每股股息}（倍） \qquad (7-29)$$

本利比是获利率的倒数，表明目前每股股票的市场价格是每股股息的几倍，以此来**分析相对于股息而言股票价格是否被高估以及股票有无投资价值**。

7. 市盈率（price-earning ratio）

$$市盈率 = \frac{每股市价}{每股收益}（倍） \qquad (7-30)$$

市盈率又称本益比，表明投资者愿意为每1元公司净收益所支付的股票价格相当于净收益的倍数，**是分析股价与公司净收益之间相互关系的主要指标**。市盈率是投资者评估公司股票价值的最常用的依据，由于它揭示了每股市价相当于每股净利的倍数，表明公司需要积累多少年的净利才能达到目前的股价水平。显然，市盈率越高，说明公司盈利能力较低或是股价偏高；反之，市盈率越低，说明公司盈利能力较强或是股价偏低。因此，投资者一般都偏好市盈率低的股票，而在股票市盈率高时出货。但是，这并不是绝对的，当投资者预期公司盈利将增加时会争相购买该公司股票，市盈率会迅速上升，因此，经营前景好、有发展前途公司的股票，市盈率会趋于升高；而发展机会不多、前景黯淡公司的股票市盈率经常处于较低水平。

由于市盈率主要用于对公司未来盈利能力的预测，因此在计算市盈率时通常采用本期或下期税后净利的预计数而很少采用前期的数据。但是投资者也可计算若干年的市盈率以观察其变化趋势，或是计算若干年的平均市盈率，将当前市盈率与它进行比较，分析股票在现阶段是否具有投资价值。由于市盈率的分母是每股收益，它与公司规模大小、盈利额绝对值多少没有多大的直接关系，还可以将某公司的市盈率与同行业其他公司进行比较，进一步判断股票的投资价值。

8. 投资收益率（return on total capital）

$$投资收益率 = \frac{每股收益}{每股市价} \times 100\% \qquad (7-31)$$

这一**比率是市盈率的倒数**，比率越大，说明股权资本的盈利率越高，对潜在投资者越有吸引力，是投资者作出投资决策的重要参数。

9. 每股净值(net asset value per share)

$$每股净值 = \frac{股东权益}{发行在外普通股票股数}(元/股) \quad (7-32)$$

如果公司的股本除了普通股票外还有优先股票,则要从股东权益中减去优先股票权益,则:

$$每股净值 = \frac{股东权益 - 优先股票面值总和}{发行在外普通股票股数}(元/股) \quad (7-33)$$

这一指标反映了每股普通股票代表的公司净资产价值,是支撑股票市场价格的基础。每股净资产的数额越大,表明公司内部积累越雄厚,抵御外来因素影响和打击的能力越强。每股净资产也是公司清理时的股票账面价值,在理论上提供了股票的最低价值。可以将每股净资产与股票市场价格相比,从中发现股票是否具有潜在的获利性,大部分公司的股票市价都会高于每股净资产,而成功公司的股票价格更是大大高于每股净资产。

10. 净资产倍率

$$净资产倍率 = \frac{每股市价}{每股净值}(倍) \quad (7-34)$$

净资产倍率是将每股股价与每股净值相比,表明股价以每股净值的若干倍在流通转让,评价股价相对于净值而言是否被高估。净资产倍率越小,说明股票的投资价值越高,股价的支撑越有保证,反之则投资价值越低。这一指标同样是投资者判断某股票投资价值的重要指标。

在对公司的财务报表进行分析时,还要注意以下问题。

(1) 为了使财务分析得出的结论准确可靠,作为分析基础的财务报表的数据必须准确无误,真实可靠,特别要注意有无虚瞒谎报或弄虚作假的情况。一般情况下,各项财务比率所采用的会计数据都未对价格变动进行过调整,如果出现严重的通货膨胀,必须考虑可比价格因素,否则要影响财务分析的现实意义。

(2) 应注重对财务报表附注的分析。财务报表附注是财务报表的补充,主要对财务报表不能包含的内容或披露不详尽的内容作进一步的解释说明。投资者应特别关注财务报表附注中关于重要会计政策和会计估计及其变更的说明、对或有事项给公司带来潜在收益和风险的分析、对资产负债表日后事项影响的分析、关联方关系关联交易对公司经济效益影响的分析等内容,以加深对财务信息的理解,更好地进行投资决策。

(3) 财务报表的数据仅仅是账面上静态的数据,在进行财务分析时还要注意结合宏观经济形势的变化、企业所在行业的特点、季节性因素作具体的现实的分析,包括采用连续性的动态分析和对现金流量的分析,才能得出准确可靠的分析结论。

专栏 7-3　如何识别财务造假

财务造假(financial frand)屡见不鲜,手法也各式各样,但最终都是通过虚增收入或少计费用等方式来达到提升业绩的目的。一般来说,如果一家上市公司累计虚增利润较大,资产负债表上的某一个科目或几个科目就会明显异常,如现金、应收账款、存货、在建工程、固定资产、无形资产等,并且往往经营活动现金净流量远低于净利润等,这些逻辑正是识别财务造假的基本逻辑。

与同行业相比毛利率明显偏高

与同行业相比,如果企业并不拥有先进技术、也不是行业龙头等,而毛利率又远高于同行业,这家企业财务报告就要引起警惕了。因为无论是虚增收入还是虚减成本,结果都会导致毛利率变高。当然不是每个企业毛利率变高就是造假。如果一家企业毛利率变高的同时伴随这些情况,就要多加注意:① 企业所处的行业情况,毛利率明显高于同行上市公司的水平;② 不受到经济周期影响,或者与整个行业毛利率变动趋势不一致;③ 高毛利率且低应收款周转率,或高毛利率且低存货周转率。

货币资金余额偏高,甚至借款余额也偏高

一家企业账上显示有巨额的货币资金时,就要留心寻找是否存在一些不合逻辑的地方。比如,账上明明有大量货币资金,但短期借款还很高,就要怀疑企业既然这么有钱,为什么还要去进行短期借贷,为什么不还贷?其次,货币资金这么多,企业却不做任何理财投资项目,也没有任何投入再创收的实质计划,这与一般的经营策略相悖。

长期资产分析

在上述现金悖论、毛利率判断基础上,我们还要看企业的固定资产、在建工程等长期资产情况。很多上市公司都需要建设厂房、购买固定资产,这些资产的价格往往很高,关键是难以定价。因此,套取资金常用的手法就是故意抬高它们的价格,然后将虚高的资金转移出去,一部分可能用于贪污,另一部分也可能通过购买自身产品,以做大利润的方式重新回到公司。如果一开始就在长期资产上做假,只要做假的当年蒙过去了,以后可以通过折旧、减值的方式自然而然将其化解于无形。

应收账款持续偏高

通过应收账款虚增收入是成本最低的造假方式,因为不需要资金和成本。如果一个企业应收账款占营业收入的比重较大,远大于同行业,则有可能是虚构收入注入了水分。对此,要结合看经营活动现金流量的情况。若经营活动现金流量净额为负数或远远小于净利润,或者连续数年经营活动现金流量净额均小于净利润,则表示利润没有流入公司,这些利润很可能是假的。

其他

我们还可以了解为公司做审计的会计师事务所靠不靠谱,如果一家事务所多次被查、被处罚、被质疑,我们就要对其审计的上市公司更小心了,甚至企业无缘由频繁更换事务所也可能存在猫腻。

本章小结

基本分析是证券投资分析的重要方法。基本分析通过分析影响证券价格的基础

条件和决定因素,评价证券的内在价值,预测证券市场的发展趋势并从中寻找证券价格变动的内在依据和规律。

基本分析分质因分析和量因分析两个方面。质因分析包括对宏观经济的发展态势、发展速度和结构、宏观经济政策加以分析,这是上市公司和证券市场生存和运行的总体经济条件。行业分析主要研究行业在社会经济中的地位、行业自身的特点、生命周期阶段和发展前景。公司分析主要是对公司的竞争能力、盈利能力、经营业绩等进行分析。量因分析主要是对公司财务报表进行分析,是公司分析的一个部分。通过财务分析,将公司的偿债能力、资本结构、经营状况、盈利水平和投资价值以较直观的数量指标加以表现,帮助投资者比较、选择具体的投资对象。

基 本 概 念

国内生产总值　工业增加值　失业率　采购经理人指数　投资规模　全社会固定资产投资　消费需求　消费供应　社会消费品零售总额　先导指标　同步指标　滞后指标　财政政策　财政收入　财政支出　货币政策　货币指标　金融资产　社会融资总额　国际收支　外汇储备　物价指数　零售物价指数　生产者价格指数　国内生产总值物价平减指数　资产负债表　利润表　现金流量表　流动比率　速动比率　现金比率　经营净现金比率(短期债务)　经营净现金比率(全部债务)　已获利息倍数　应收账款周转率　应收账款平均回收天数　股东权益比率　负债比率　长期负债比率　股东权益占固定资产比率　存货周转率　存货周转天数　固定资产周转率　总资产周转率　股东权益周转率　毛利率　净利率　资产收益率　净资产收益率　普通股票　每股收益　股息发放率　普通股票每股经营活动净现金流量　支付现金股息的经营净现金流量　普通股票获利率　本利比　市盈率　投资收益率　每股净值　净资产倍率

复习思考题

1. 基本分析的信息从何而来?在收集有关信息过程中应注意什么?
2. 经济分析包括哪些方面的内容?宏观经济发展对证券投资有何影响?
3. 行业分析包括哪些内容?进行行业分析的目的是什么?
4. 公司分析包括哪些内容?如何通过公司分析发现有投资价值的公司?
5. 财务报表的分析方法有哪几种?

6. 哪些财务指标可以反映公司的偿债能力?它们各有什么意义?
7. 哪些财务指标可以反映公司的资本结构?它们各有什么意义?
8. 哪些财务指标可以反映公司的经营效率?它们各有什么意义?
9. 哪些财务指标可以反映公司的盈利能力?它们各有什么意义?
10. 哪些财务指标可以反映股东的投资收益?它们各有什么意义?

第八章　证券投资技术分析

证券投资的技术分析法认为股票价格的变化取决于市场的供求关系,所有影响股票价格的因素都已反映在股票价格和交易量的变化之中,而不需要再去分析各种基本资料。技术分析法还认为股票市场的变化有一定规律,市场变化的历史还会重演,过去股票市场变化的规律和形态会在一定条件下再度出现。因此技术分析主要是利用逻辑学、数学的方法去发现过去股票价格形态重现的时机。技术分析主要用于分析股票市场的短期波动,帮助投资者选择投资的时机。

技术分析法也有其不足之处,人们批评技术分析法缺乏可靠、周密、有说服力的理论依据,它的分析指标没有统一标准,预测市场变动的准确率也不高。尽管如此,仍有不少市场人士对技术分析法倍加青睐,也不乏预测成功的实例。

第一节　技术分析概述

技术分析(technical analysis)是以证券市场的过去轨迹为基础,预测证券价格未来变动趋势的一种分析方法。这种方法建立在一定的假设条件之上,并以证券的价格、成交量和证券价格变动的时间跨度为分析的三要素。技术分析的理论基础是道氏理论。

一、技术分析的含义和目的

(一) 技术分析的含义

技术分析是以证券价格的动态变化和变动规律为分析对象,借助图表和各类指标,通过对证券市场行为的分析,预测证券市场未来变动趋势的分析方法。实际上,技术分析不仅用于证券市场,还广泛地应用于外汇市场、期货市场和其他金融市场。

(二) 技术分析的目的

技术分析的目的在于探索证券市场的价格变动趋势。证券价格的变动趋势有**上升趋势、下降趋势和盘整趋势**三种类型。技术分析从本质上说,是着眼于把握证券价格总体的、长期的变动趋势。一个长期的上升趋势,并非始终直线上升,而是以"进二退一"的方式逐渐盘升。在证券价格上涨的过程中,证券价格会出现多次大小不等的回调,或者借以消化以前套牢的"筹码",或者因为部分投资者的获利回吐,在一次次回调中,积蓄动能,以便进一步冲击新高点。同样,在一个长期下跌的过程中,证券价格也会不断出现反弹,以"退二进一"的方式逐渐下跌,而不是直线下跌。而盘整的局面不可能永远不变,盘整本身就意味着能量的积聚,一旦走出盘局,证券价格无非是上涨或下跌两种可能。技术分析的目的,就是帮助投资者把握市场趋势,一是不要在大势未变、仅仅是出现回调或反弹时发生判断错误;二是不要在大势已发生根本转变还误认为仅仅是回调或反弹。实际上,要正确预测市场趋势的变化和趋势的转折是十分困难的事,正因为如此,有人对技术分析全盘否定,有人则孜孜以求,至今莫衷一是,无一定论。

在实际应用中,有不少投资者利用技术分析方法对回调和反弹的预测做中线或短线投资,或是利用对盘整趋势的预测在盘整区域逢低吸纳,逢高派发。还有很多投资者运用技术分析法预测个股的价格走势,寻找相对低点和相对高点作为买卖的时机。对这些投资者来说,证券市场长期、总体的变动趋势似乎并不重要,只要把握中期甚至短期趋势,照样能获取投资收益。由于预测市场趋势的变化和转折十分困难,技术分析更多地被应用于预期证券价格的短期波动和帮助投资者获得短期收益。

二、技术分析的假设和要素

(一)技术分析的假设

技术分析作为一种投资分析工具,是以一定的假设条件为前提而存在的。

1. 市场行为涵盖一切信息

这一前提是与有效市场假说一致的。根据有效市场假说,如果信息是高度对称的、透明的,那么任何信息都会迅速而充分地反映在市场价格中。技术分析也认为,如果证券市场是有效的,那么影响证券价格的所有因素,都会立即反映在市场行为中,并在证券价格上得到体现。作为技术分析方法的应用者,不用去关心是什么因素影响证券价格,只需要从市场的量价变化中知道这些因素对市场行为的影响效果。这一假设是有一定合理性的,因为任何一个因素对证券市场的影响最终都必然体现在证券价格的变动上,所以这一假设是技术分析的基础,离开这一假设条件,技术分析将无法进行。

2. 证券价格沿趋势移动

这一假设认为证券价格的变动是有规律的,即有保持原来运动方向的惯性,而证券价格的运动方向是由供求关系决定的。技术分析法认为供求关系是一种理性和非理性力量的综合,证券价格运动反映了一定时期内供求关系的变化。供求关系一旦确立,证券价格的变动趋势就会一直持续下去,只要供求关系不发生彻底改变,证券价格走势就不会发生反转。这一假设条件也有一定的合理性,因为供求关系决定价格在市场经济中是普遍存在的。这一假设条件是技术分析最根本、最核心的条件,只有承认证券价格遵循一定规律变动,运用各种方法发现、揭示这些规律并对证券投资活动进行有效指导的技术分析法才有存在的价值。

3. 历史会重复

这一假设建立在对投资者心理分析的基础上,即当市场出现和过去相同或相似的情况时,投资者会根据过去的成功经验或失败教训来作出目前的投资选择,市场行为和证券价格走势会出现历史重演。因此,技术分析法认为,根据历史资料概括出来的规律已经包含了未来证券市场一切变动的趋势,所以可以根据历史预测未来。这一假设也有一定的合理性,因为投资者的心理因素影响着投资行为进而影响证券价格。

技术分析的三个假设条件有合理的一面也有不尽合理的一面。例如,第一个假设存在的前提条件是证券市场是有效的市场,然而众多实证分析指出,即使像美国这样发达的证券市场也仅是弱式有效市场,或至多是半强式有效市场,更何况信息损失是必然的,因此市场行为包括一切信息也只能是理想状态。又如一切基本因素确实通过供求关系影响证券价格和成交量,但证券价格最终要受它的内在价值制约。再如,历史也确实有相似之处,但绝不是简单的重复,差异总是存在的,绝不会出现完全相同的历史重演。正因为如此,技术分析显得说服力不够强、逻辑联系不够充分并引起不同的看法和争论。

(二)技术分析的三大要素

技术分析的三大要素是证券价格、成交量和价格变动的时间跨度。技术分析可以简单地归结为**对价、量、时间三者关系的分析**。在技术分析中,价量关系是基本要素,市场价格指数可以解释和反映市场的大部分行为,收盘价和收盘价格指数是最重要的价格和指数,而成交量则是确定价格走势的重要保证。某一时点上的价和量是交易双方市场行为形成的结果,是双方力量对比暂时的均衡点。一般来说,买卖双方对价格的认同程度是通过成交量加以确认的,认同程度大,成交量大;反之,成交量小。双方的这种认同程度反映在价量关系上就形成价升量增、价跌量减的规律性变化。根据这一规律,当价格上升而成交量不能随之放大时,意味着价格的上升得不到买方认可,价格上升缺乏动力;当价格下跌而成交量不能伴随放大却一再萎缩时,表明价格下跌已得不到卖方认同,价格将止跌回稳。时间既可消耗能量,又可积蓄能量,随着时间的推移,双方的力量对比会发生变化,证券价格的运动趋势也会改变。价格、成交量、时间是技术分析的三维变量,缺一不可。一切技术分析方法都是以价、量、时间为研究对象,通过分析三者关系的变化研究证券市场的运行规律。

三、技术分析的主要理论——道氏理论

技术分析方法由美国人查尔斯·亨利·道首创,并由后人逐渐补充发展。它的主要观点有:股票价格决定于市场供需关系,而与它本身的价值无关;影响股票价格的因素有理性的、也有非理性的,但都已反映在股票价格的变动上;股票市场的变化存在一定的周期性,这种周期变化的时间和形态是有一定规律的;尽管股票市场存在着短期的波动,但在一定时期内,股价的变化会存在一种主要趋势;股票价格的变动趋势可以从图表走势、交易资料与数据运算中发觉它的征兆;股票价格变动的历史会一再重演,而投资者也会一再地重蹈覆辙。

(一)道氏理论的主要内容

道氏理论(Dow theory)认为股票市场虽然千变万化,但和经济发展一样都存在着周

期性的变化规律,这一变化规律使股票市场的变动形成一定的趋势,这一趋势可以从市场上某些有代表性的股票价格变动中被识别出来。道氏理论的工具主要是道琼斯工业股价平均数和运输业股价平均数,通过股价走势线路图分析股价的过去变动情况并据以预测股市的未来动向。

道氏理论认为,股市在任何时候都存在着三种运动,即长期趋势、中期趋势和短期趋势,这三种运动相互影响形成股市复杂的运动方式。道氏理论把股市的变动比作大海的运动,长期趋势犹如潮水,中期趋势如同波浪,短期趋势如同细小的波纹。

1. 长期趋势

它又称**基本趋势**、**主要趋势**(primary trend)。**长期趋势**是指连续 1 年或 1 年以上的股价变动趋势,它包括上升的股市和下跌的股市两部分,长期趋势理论是道氏理论的核心和精华。长期趋势持续 1~4 年,其中上升的股市称为牛市,平均为 25 个月,最短也达 13 个月;下跌的股市称为熊市,平均约为 17 个月,最短的约为 11 个月。

(1) 上升股市。道氏理论认为,一个上升的股市由三个阶段组成。

第一阶段称为恢复阶段。在这一阶段股价开始从最低水平回升,虽然上市公司财务状况仍很一般,但投资者开始看好股市,交易量增加,股价渐渐上升,然而股票交易还不很活跃。

第二阶段是股价上升阶段。在这一阶段,公司盈余增加,投资者信心增强,交易活跃,交易量扩大,股价持续上升并可维持较长一段时间。

第三阶段股价挺升至很高水平,资金大量涌入,成交量剧增,股价快速上升,市场一片繁荣,股价水平已与其内在价值严重背离,多头市场将转入空头市场。

(2) 下跌股市。下跌股市也可分为三个阶段。

第一阶段,股价上升已见疲竭之状,买气逐渐减弱,成交量开始减少,部分敏感投资者已预感前景不佳,开始抛售股票获利了结。

第二阶段,属于恐慌阶段,大多数投资者认识到熊市已来临,竞相抛售股票逃离市场,买气减弱,卖气增强,交易量大幅度减少,股价急剧下跌。这一股价暴跌阶段通常要经历较长时间才会进入第三阶段。

第三阶段,股市上一片悲观气氛,到处弥漫着各种坏消息,投资者信心丧失殆尽,进一步抛售股票,股价直线下跌,跌至低于其内在价值的水平。在这一阶段后期,股价跌幅趋缓,投机股跌幅大于投资股,此时空头市场即将结束,又将转入多头市场。

2. 中期趋势

它又称**次级趋势**(secondary trend),**中期趋势**发生在长期趋势的过程中,即在上涨的主要趋势中会出现中期回档下跌,在下跌的主要趋势中会出现中级反弹回升。中级趋势一般并不改变长期趋势的发展方向,当中期趋势下跌,其谷底一波比一波高,表示长期趋势仍将上升;当中期趋势上升时,其波峰一波比一波低,表示长期趋势仍为下跌。中期趋势是长期牛市或熊市正常且必要的整理形态,它们是对股价暴涨暴跌技术上的修正,中期趋势的修正一般为基本趋势涨跌幅的 1/3~2/3。通常一个长期趋势中总会出现两三次中级趋势,一次中级趋势历时几周到几个月不等。但当股市出现回档下跌或反弹上升时,及时区分是中期变动还是长期趋势的根本转向,却是很困难的事,而这又降低了对大势研判的正确性。

3. 短期趋势

它又称**日常波动**,指股票价格的每日波动,它短则数小时,长则数天,通常指 6 日内的股价变动趋势,3 个或 3 个以上的短期趋势可组成一个中期趋势。道氏理论认为短期趋势是由人为操纵形成的,与反映客观经济态势的中长期趋势本质不同,既不重要又难以利用,可以不予理睬。

总之,道氏理论认为股市存在着牛市和熊市相互循环转化的规律,它主要用于预测股市的长期趋势,有助于长期投资分析,而对中短期变动的预期帮助不大。

(二) 趋势的判断

道氏理论判断股价变动趋势主要是借助于道琼斯工业股价平均数和运输业股价平均数的相互印证。道氏理论认为股市变化是经济变化的反映,而工业的发展和运输业的发展又是相互影响的,因此,只有当工业股价平均数和运输业股价平均数同向变化时,才能真正反映经济和股市的变动。

道氏理论判断长期趋势的依据是两种股价平均数同时或一先一后达到新高点或新低点。如果工业和运输业股价平均数从低价位上升,它们的最高价表现为一浪比一浪高,而回档的低价也一浪比一浪高,表示主要趋势为牛市;相反,如果工业和运输业股价平均数从高价位下跌,它们的最低价表现为一浪比一浪低,反弹的高价也一浪比一浪低,表明主要趋势为熊市。图 8-1 显示 A 点和 A_R 点是确定牛市的两个点,X 点和 X_R 点是确定熊市的两个点。显然,在股市大幅度涨跌以前,道氏理论无法确认其主要趋势。

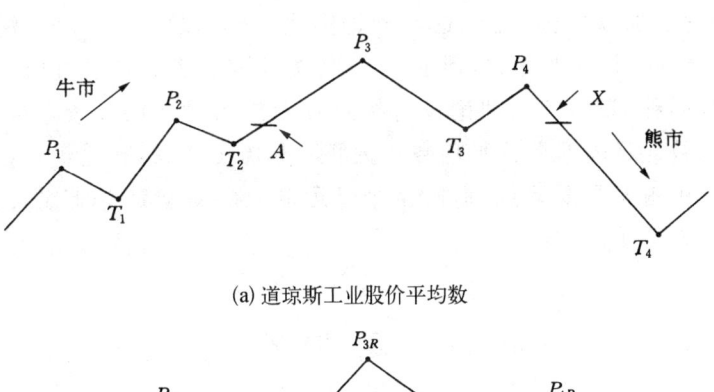

(a) 道琼斯工业股价平均数

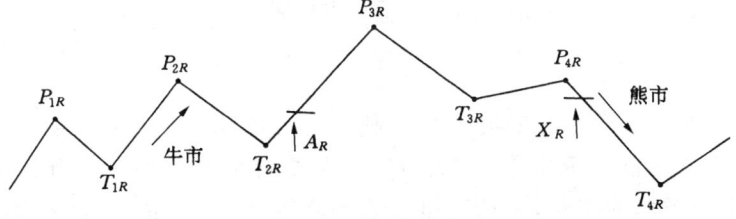

(b) 道琼斯运输业股价平均数

图 8-1 趋势的判断

道氏理论还以线性变动来判断股市的次级变动。在一定时间内,工业和运输业两种股价平均数在某一狭窄范围内波动,波动幅度不超过 5%,表明买卖双方势均力敌,股市处于盘整阶段。当两种股价平均数都向上突破这一狭窄范围,表明股市将上升;如果两种股价平均数都向下跌破这一狭窄范围,表明股市将下跌;如果两种股价平均数变动方向不一致,说明没有相互印证,则无法判断股市走向。

(三) 对道氏理论的评价

道氏理论自问世以来,经历了时间的考验,曾经数次在股票市场长期趋势的转折关头发出及时准确的信号,令很多人信服。道氏理论作为股价理论的重要基础,有它的合理成分。① 道氏理论具有合理的内核和严密的逻辑,指出了股市循环和经济周期变动的联系,在一定程度上能对股市的未来变动趋势作出预测和判断,因而拥有很多信奉者,为投资大众所熟悉。② 依道氏理论编制的股票价格平均数和股价指数是反映经济周期变动的灵敏的晴雨表,被认为是最可靠的先导指标。有证据表明,道琼斯指数领先经济好转6个月而向上变动,比经济衰退领先3~6个月而向下变动。③ 道氏理论对以后的技术分析法有重大影响。尽管道氏理论主要是对股市变动的长期趋势作出预测,但后人却在道氏理论的基础上发展演绎出种种长期、中短期的技术分析方法。因此,道氏理论被认为是技术分析法的鼻祖。

但是人们对道氏理论也提出不少批评意见,并且涉及它的实用性和可靠性,主要有以下几点:① 道氏理论最明显的缺点是侧重于长期分析而不能作出中短期分析,更不能指明最佳的买卖时机;② 即使是对长期趋势的预测,道氏理论也无法预先精确地指明股市变动的高峰和低谷,而要等股价变动数周甚至数月以后,在两个股价平均数明显突破上一次的高峰或低谷后才能发出趋势转变的信号,因此它的预告有滞后性;③ 股票市场的实际变动,特别是长期趋势和中期趋势,并不像道氏理论表述的那样泾渭分明,人们很难将它们加以区分,加上这一理论多次发出错误信号,使投资者遭受损失;④ 道氏理论过于强调股价平均数,但股价平均数不等于整个股票市场,并非所有股票都与股价平均数同涨同跌,这一理论没有给投资者指出具体的投资对象;⑤ 道氏理论将工业股价平均数与运输业股价平均数相关联有其历史背景,在道氏理论创建时,铁路运输在美国经济中占有重要地位,但时至今日运输业的变动是否能代表整个经济的景气状况已不能令人信服。

第二节 图 形 分 析

股价图形分析是将股票价格记录和绘制在特定的图表上,通过对图表上股价走势的分析来预测股票价格的变化趋势,从而决定买卖行为的一种技术分析法。以股价走势图为基础,根据图形的变化,又可引申出趋势分析、形态分析、移动平均线分析和波浪理论。

一、股价图形分析

图形分析的基础是股价走势图表,按图形的形态分有点线图、直线图、OX图和K线图等。

(一) 点线图

一般是将每日的收盘价画在坐标上,并将逐个点连接成线,这是一种最简单的图形,可以反映股票价格的简单走势。

(二) 直线图

直线图又叫棒状图,其直线部分表示当天或本周行情的最高价和最低价,左侧横线代表开盘价,右侧横线代表收盘价,也有仅用最高价、最低价、收盘价表示,也可以将直线图绘制在坐标图上,借以反映价格的走势(图 8-2)。

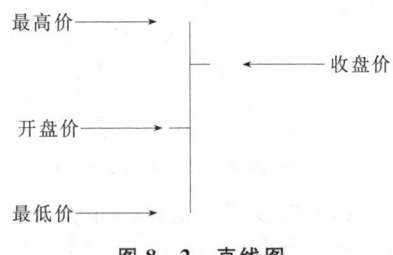

图 8-2 直线图

(三) OX 图

OX 图也是技术分析方法的一种,在欧美国家曾非常流行。画 OX 图时,首先要将当日收盘价与前一交易日收盘价比较,如果当日收盘价上涨,就用"X"符号,价格每上升一个单位,就用一个小方格表示。如果一次上升多个价位,就用多个小方格表示。与前一交易日相比,如果当日收盘价下跌,则用"O"符号表示,每下降一个价位,就用一个"O"符号表示,下降多个价位就用多个"O"符号。其次,如果当天使用的符号与上一交易日相同,就直接加在上一交易日的股价变动上,如果使用的符号与前一交易日不同,就需换一行用不同符号表示,OX 图的特点是涨时加涨,跌时加跌。最后,OX 图是以每日最高价与最低价作为画"O""X"符号的范围,即比较前后两个交易日的收盘价决定使用什么符号,而"O""X"符号画在什么区间则要比较前后两个交易日的最高价与最低价。如果后一个交易日的最高价高于前一交易日,就要添上相应价位的"X"符号,相反,则不需加添;如果后一个交易日的最低价低于前一交易日,就要加上相应价位的"O"符号,相反,则无须加添。

OX 图用简单的符号表示多空双方的强弱变化,能显示买入卖出的时机以及支撑、阻力的区域,既可用于观察中长期及长期趋势,也可用于分析个股股价的变动方向。

(四) K 线图

K 线图又称蜡烛线(candlestick line)或阴阳线,是目前普遍使用的图形。K 线图较细腻地表现了交易过程中买卖双方的实力对比和价格波动状况,可用于判断买卖双方的强弱程度,并作为投资决策的参考。

1. K 线的画法

K 线的结构分为实体、上影线和下影线三部分,实体部分表示一定时期(一日、一周、一月、一年等)的开盘价和收盘价,上影线的上端顶点表示同一时期的最高价,下影线的下端顶点表示最低价。依一定时期开盘价与收盘价的关系分,又将 K 线分为红线与黑线两种,收盘价高于开盘价用红色表示,称为阳线;收盘价低于开盘价,用黑色表示,称为阴线(图 8-3)。

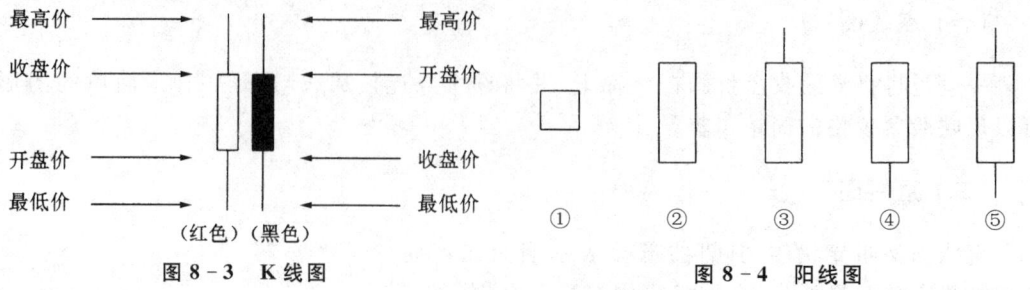

图 8-3 K 线图　　　　图 8-4 阳线图

2. K 线的基本种类

K 线主要有以下几种类型。

(1) 阳线。收盘价高于开盘价,表示买方的力量较强,将价格拉高至较高的价位收盘。依阳线实体和影线的长短,又可分为以下几种(图 8-4):① 小阳线。它是没有上影线和下影线的小红实体,即当日以最低价开盘,最高价收盘,但上下价位波动有限,表示买方力量强于卖方,然而双方力量对比并不悬殊。小阳线位置如果在股价上升趋势的高价位区,表明买方力量已开始削弱;如果在股价连续下跌的低价位区,表明买方已开始积聚力量;如果在盘整局面中,表明买方力量开始增强。② 大阳线。它是没有上影线和下影线的长红实体,这是买方气势强盛的最佳体现,实体越长,表明买方力量越强。大阳线出现在低价位区,特别是股价在低价位区盘旋已久而出现长红线,表明买方爆发出极强的力量,如有大成交量配合,可看作是买入信号。大阳线出现在高价位区,则要根据整个股市的走势判断是否已近行情的顶端,此时的大阳线可能表示人气更旺,股价还会上扬,也可能表明股价已近天价,如果第二天紧接一根带有长上影的红线,表示股市即将转而下跌。如果在盘局中出现大阳线,一般来说表示股价将向上突破盘整局面。③ 上影阳线。它是上升抵抗型,带有上影线表明买方曾将股价推至较高价位(最高价),但高档遭卖方打压,使股价上升气势受到抑制,买方不得不退至次高价位收盘。买卖双方力量强弱对比要看实体与上影线的长短。实体部分是买方坚守的阵地,实体越长,说明买方势力越强盛;影子部分是双方争夺的地盘,上影线越长,说明卖方的打压力量越大。如果在股价上升趋势中出现上影很长的阳线,很可能是股市反转下跌的信号。④ 下影阳线。它是先跌后涨型,表示开盘后股价曾一度遭到卖方打压,下跌至最低价后受到有力支撑,股价逐渐转强回升,最终以当天最高价收盘,买方获得决定性胜利。同样可依实体和下影的长短判别买卖双方的力量对比,实体越长,买方越强;下影线越长,显示卖方有潜在的实力。⑤ 等影阳线。它是带有上影和下影的红实体,表明买卖双方争斗激烈,股价来回震荡不已,最终的收盘价高于开盘价,买方获得小胜。可依实体和上影线、下影线的长短来分析双方力量对比,实体越长或长于上下影线,表明买方力量仍较强;影线长于实体,特别是上影线长于实体,表明卖方潜力较大,买方已受挫折。

(2) 阴线。收盘价低于开盘价,表示卖方力量较强,将价格打压至较低的价位收盘。依阴线实体与影线的长短,可分为以下几种(图 8-5)。① 小阴线。它是没有上影和

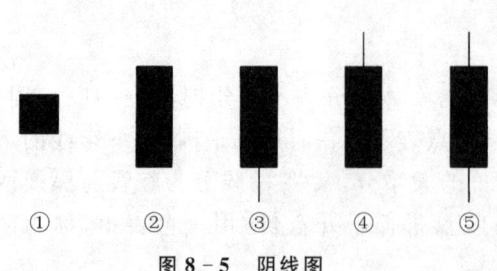

图 8-5 阴线图

下影的小黑实体,即当日以最高价开盘,最低价收盘,卖方力量稍强,但上下价位波动有限,力量对比尚未发生根本变化。小阴线如果出现在高价区,说明双方力量对比已发生微妙变化,买气开始消退,卖方开始积聚力量;如果出现在低价区,说明卖方打压力量已减弱;如果出现在盘整局面中,说明卖方力量可能已开始增强。② 大阴线。它是没有上下影线的长黑实体,是卖方气势强盛淋漓尽致的表现,实体越长,表明卖方力量越强。大阴线若出现在低价区,要根据股市的走势判断是否已近底部,此时的大阴线可能是卖方的疯狂打压,股指还要下挫,也可能是在低价区位的最后一击,如果第二天跟一根下影很长的 K 线,则表明底部已在眼前。大阴线出现在高价位区,如果次日为低开盘,大势极有可能反转下跌,为卖出信号。大阴线如果出现在盘局中,一般来说表示股价将向下突破盘整局面。③ 下影阴线。它是下跌抵抗型,表明卖方力量强大,开高走低,但在低价位遇到买方抵抗,股价在收盘价前回升。买卖双方力量对比要看实体与影子的长短,实体越长,表示卖方力量越强;下影越长,则表明买方抵抗力量越强。如果在下跌趋势中出现下影很长、实体较短的下影阴线,再加上有成交量配合,很可能是股价反转的信号。④ 上影阴线。它是先涨后跌型,表示开盘后买方曾将股价推至最高价,但卖方力量非常强大,将股价压至最低价收盘,卖方已获决定性胜利。同样要按实体和上影的长短分析买卖双方的力量对比,实体越长,卖方力量越强;上影线越长,越能显示买方的潜在实力。⑤ 等影阴线。它是带有上影和下影的黑实体,表明买卖双方争斗激烈不相上下,股价来回震荡,最终收盘价低于开盘价,卖方获得小胜。可按实体和上影线、下影线之长短来分析双方力量对比,实体长于上下影线,表明卖方力量强;影线长于实体,特别是下影线长于实体,表明买方潜力较大,卖方已受挫折。

(3) 十字转机线。十字转机线是收盘价与开盘价相同的 K 线形态(图 8-6),K 线的颜色要将当日的收盘价与前一交易日的收盘价相比。如果当日收盘价高于前一交易日收盘价,用红色表示,为阳十字线;如果当日收盘价低于前一交易日收盘价,用黑色表示,为阴十字线;如果当日收盘价与前一交易日收盘价相同,则颜色也与前一交易日同,前一交易日为阳线,当天即为阳十字线;反之,为阴十字线。

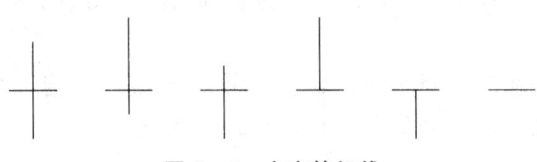

图 8-6 十字转机线

十字线的出现,表明买卖双方几乎势均力敌,不分上下。如果十字线的上下影相等,则阳十字线代表多方力量稍强,而阴十字线代表空方气势略盛。如果十字线上下影不等,则上影线长于下影线,表示空方力量较强;下影线长于上影线,则表示多方力量较强。十字转机线常常隐含着大势变盘的意义,在行情底部出现下影很长的十字线,说明多方已取得转折性的胜利,只要次日开盘后股价能站稳在十字线之上,一般说会有一段较大的涨幅;在行情顶部出现上影很长的十字线,表明空方已取得转折性胜利,只要次日开盘后股价低于十字线,大多会有一段不小的跌幅。

"⊥""⊤""—"线是十字线的变形线。"⊥"表示该日的开盘价、收盘价、最低价相同,

"丁"表示开盘价、收盘价、最高价相同,"一"则是全日只有一个成交价,一般是跳空涨停或跌停,且成交量通常很小,交易极其清淡。

3. K线的应用

熟悉了单根K线的价格走势特点后,可尝试着将两根、三根、多根K线结合起来分析行情。由于K线的种类较多,每种K线依其实体和影线的长短不同又有变化,再将两根至多根K线组合起来分析,可变幻出几十种甚至上百种不同的组合。对K线的判断和应用,可掌握以下几条原则:

(1) 分析实体的长短。阳线的实体越长,表明买方的力量越强;阴线的实体越长,表明卖方的力量越强。两根或三根K线组合在一起时,如果同是阳线,且后面的阳线实体与前面的阳线相比,一根比一根长,表明买方占绝对优势,股价涨势还将增强;如果后面的阳线与前面相比,渐次缩短,表明买方气势已开始减弱,股价涨幅有限。如果同是阴线则相反,两根或三根阴线,后面比前面的长,卖方势强还会进一步打压股价;阴线渐次缩短,卖方力量开始衰退,股价下跌势头趋缓。

(2) 分析上影和下影的长短。上影长,说明买方将股价推高后遇空方打压,上影越长,表明空方阻力越大;下影长,说明买方在低价位有强力支撑,下影越长,表明支撑力越强。

(3) 分析两根、三根K线的相互关系。如果紧连的两根或三根K线,分别为阳线或阴线,则要注意分析它们之间的关系,着重比较收盘价的相对关系。以两根K线为例,如果第一根是阴线,第二根为阳线,要看第二根K线的收盘价是否高于第一根K线的收盘价,是否超过第一根K线实体的50%,是否高于阴线的开盘价,是否将前一日阴线全部包入,阳线收盘价位置越高,表明买方力量越强。如果第一根是阳线,第二根是阴线,则看阴线的收盘价是否低于阳线的收盘价,是否低于阳线实体50%,是否低于阳线的开盘价,即将前一日阳线全部包入。阴线收盘价越低,表明卖方力量越强。三根或多根K线组合也可依上述办法分析。

(4) 分析K线是否组成某一形态。多根K线组合分析,要注意是否已组成某一反转或盘整形态,若已组成形态,则应按形态特点分析,而不必过于拘泥于K线的关系,但特别要注意突破形态的K线,如以大阳线向上突破或大阴线向下突破,加上量的配合,是明确的信号。

(5) 分析K线在一个较大行情中的位置。分析K线也要胸有全局,不能只见树木不见森林。特别要注意高价区位和低价区位中出现大阳线、大阴线和十字转机线,要将它们放在整个行情走势中分析判断。

二、股价趋势分析

(一) 趋势线(trend line)

1. 股市中的趋势

股价波动尽管每日有涨跌变化,但在一定时间内总保持着一定的趋势,这是股价的变化规律。

股价趋势从其运动的方向看,可分为**涨势**、**跌势**、**水平移动**三种。涨势表现为各次级波动的低点一点比一点高,若将过去的各个低点相连,可形成一条向上倾斜的直线,这就是上升趋势线。跌势则表现为各次级波动的高点一点比一点低,将各个高点相连,可形成一条向下倾斜的直线,这就是下降趋势线。水平移动则表现为各次级波动的最高点和最低点基本上在同一水平线上或在某一箱形中作横向移动,连接各次级波动的最低点可形成一水平移动线。

股价的趋势运动并非始终保持直线的上升或下跌,在一个上涨的趋势中,会出现几次下跌的修正行情,但这种修正并不影响涨势;在下跌的行情中途出现几次暂时的回升,同样也不能改变跌势。

股价趋势从其移动时间看,可分为**长期趋势、中期趋势和短期趋势**。若干个同方向的短期趋势可形成一个中期趋势,若干个同方向的中期趋势又可形成一个长期趋势。当影响长期趋势的因素作用发挥殆尽,长期趋势不能再延续,就会朝相反方向反转而转变成另一长期趋势。股价运动就如此周而复始,循环往复。

2. 趋势线的画法

趋势线的画法有以下几种。

(1) 基本画法。尽早及尽可能准确地画出趋势线对判断未来股价走势有很重要的意义,问题的关键在于选择两个具有决定意义的点。决定上升趋势时需要两个反转低点,即当股价下跌到某一低价,旋即回升,随后再下跌,没有跌破前一个低点,再度迅速上升,将这两个低点连接成直线就是上升趋势线。同样,决定下跌趋势时则需要两个反转高点,即股价上升到某一价位开始下跌,随后回升却未能突破前一个高点,再度迅速下跌,将这两个高点连成直线就是下降趋势线。总之,找出最先出现或最有意义的两点是画好趋势线的关键。

最早的趋势线画出以后,有时不能得到股价的确认,还需作出修正。如果股票价格在画出趋势线后的短短几天内跌破上升趋势线或涨过下降趋势线,说明股价仍在盘整,尚未真正形成趋势。真正趋势的形成是股价变动在一定时期内始终在上升趋势线的上方,甚至始终与趋势线保持一段距离,或是在下降趋势线下方或保持一段距离。通常,过于陡峭的趋势线需要修正的机会较多。

(2) K线图形趋势线画法。由于K线有开盘价、收盘价、最高价、最低价之分,连接K线图形趋势线可按下列原则处理:第一,上升趋势线可连接两根决定性阳线的开盘价或最低价。第二,下降趋势线可连接两根决定性阴线的开盘价或最高价。

3. 趋势线的有效性

趋势线画好以后,可从以下几方面验证它的有效性。

(1) 趋势线被触及的次数。股价变动中触及趋势线的次数越多,趋势线越可靠,趋势线的支撑及阻力效用越强,一旦被突破后市场反应也越强烈。

(2) 趋势线的倾斜度。趋势线的斜率越大,可靠性越低,阻力作用和支撑作用也越弱,以后很容易被突破或修正。股价变动趋势形成初期如果出现斜率很大的趋势线,即使突破也不会改变股价变动方向,可视为修正。

(3) 趋势线的时间跨度。趋势线跨越的时间越长,则可靠性越高,支撑或阻力效力越大。

4. 趋势线有效突破的确认

趋势线经过一段时间后终会被突破,关键是要及时确认是改变行情变化方向的有效突破,还是因某一偶然因素作用的无效突破。

(1)收盘价突破。如果在某一交易日的交易过程中,股价曾以最高价或最低价突破趋势线,但收盘价仍未突破趋势线,这种突破不可确认。

(2)连续两天以上的突破。趋势线被突破后收盘价格连续两天以上向突破方向发展,即表明突破有效。

(3)连续两天创新价的突破。在上升趋势线被突破后,连续两天创新低价或是下跌趋势线被突破后连续两天创新高价,可视为有效突破。

(4)长期趋势线突破。时间跨度很长的趋势线一旦被突破,说明大势反转的可能性大,股价反向变化的力度强,形成新趋势线的时间跨度也大。

(5)与成交量配合的突破。股价从下降的趋势转为上升的趋势,必须要有成交量配合。当股票价格向上突破下降趋势线时,成交量随之放大,为有效突破。但是股价下跌突破上升趋势线则不一定需要成交量增加。当股价向下跌破趋势线后如果跌幅不深,成交量不一定增加,甚至有所萎缩,但是当股价反弹至趋势线下方,成交量明显放大,股价立即快速下跌,可确认上升趋势线已被有效突破。

(6)趋势线与形态同时突破。趋势线一旦与股价形态同时被突破会产生叠加效应,突破后股价走势力度加大,是一种有效突破。

(二)支撑与阻力

1.支撑与阻力的含义

在一段时间内股票价格会多次出现上升到某一价位就不再继续上升或下跌到某一价位就不再下跌的情况,这就表明股价运动遇到了阻力和支撑。所谓阻力是指股价上升到某一价位附近会出现卖方增加、买方减少的情况,从而使股价上涨受阻甚至反转下跌。所谓支撑,是指股价下跌到某一价位附近,会出现买方增加、卖方减少的情况,从而使股价暂停下跌甚至反弹上升。在股价得到支撑和受阻的价位附近画出的趋势线称为**支撑线**(support line)或**阻力线**(resistance line)。

有时股价运动在一段时间内会始终在下有支撑上有阻力的空间内行进,在两条平行的支撑线和阻力线之间形成的区间称为**轨道**(channel)。按股价运动方向,可将轨道分为**上升轨道**、**下降轨道**和**水平轨道**(图8-7)。

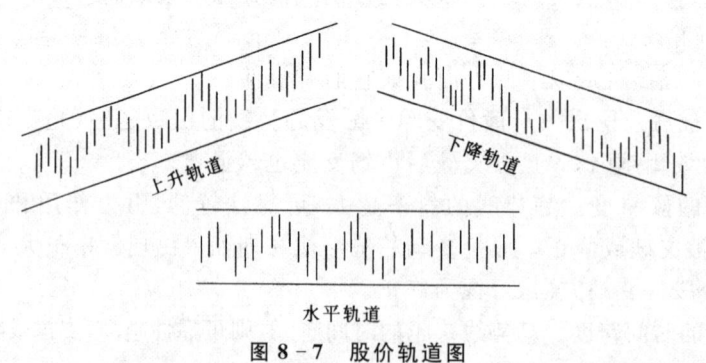

图8-7 股价轨道图

2.支撑与阻力的形成

股价运动在某一价位水平附近形成支撑和阻力的依据有以下几点。

(1) 历史上的成交密集带。股票交易曾在某一区域内出现价格反复波动或交易量巨大的情况,说明在这一区域间换手率高,堆积着大量的筹码,股价再次接近这一区域就会遭到抵抗而形成支撑或受阻。

(2) 百分之五十原则。股价上涨到一定程度,会有投资者卖出而获利了结,下跌到一定程度也会有投资者逢低吸纳,因此,当股价回复到以前大涨大跌行情的50%左右时就成为技术上的卖出和买入点,形成阻力线和支撑线。

(3) 过去出现过的最高点和最低点。股票价格水平的高低没有绝对标准,都是相对而言的,投资者都会自觉或不自觉地将当前的股价与过去曾出现的价格相比。当股价下跌到过去的最低价位区域时,会增加大量的买盘使股价站稳,当股价上升到过去的最高价位区域时会增加大量的卖盘形成巨大压力,于是形成支撑与阻力。

3. 支撑与阻力有效性的判断

在上升轨道中,股价回档至支撑线附近或在支撑线附近盘档,如果此时阳线强而阴线弱,支撑线将有效,股价会反弹并继续上扬。相反,若阳线弱而阴线强,支撑很可能会无效。

在下降轨道中,股价反弹至阻力线附近或在阻力线附近盘档,阴线强而阳线弱,且成交量没有放大,阻力将有效,股价会再次下跌走软。相反,若阳线强而阴线弱并有大成交量配合,股价很可能会冲破阻力线,结束下跌走势。

4. 支撑与阻力的分析要点

支撑与阻力的分析主要有以下四个要点。

(1) 支撑与阻力的含义就是支撑能止住回调,阻力会止住反弹。一个上升趋势的回调回到支撑线附近将止跌回稳,而下降趋势跌至支撑线附近也可得到支撑不再进一步下跌。一个下跌趋势的反弹回升到阻力线附近将受阻回落,而上升趋势升至阻力线附近也会被止住继续上升的势头。一旦形成了支撑与阻力,投资者可在一定时间内预期未来股价涨跌的界限与区间。

(2) 支撑线与阻力线的突破是有效突破。当股价上升到阻力线遇到阻力而未跌落,在阻力线附近盘旋数日,接着伴随着大成交量而一举越过阻力线,这是决定性的突破,表明股价将有上涨行情。反之,当股价下降至支撑线附近未能反弹,跌破支撑线可视为向下有效突破。

(3) 支撑线与阻力线有互换性。阻力线一旦被突破就转变成上升行情的支撑线,即将来股价回跌到此将止跌回稳。支撑线一旦被突破就转变为下跌行情的阻力线,将来股价反弹到此将受阻回跌。

(4) 支撑线与阻力线的突破是观察中期趋势、长期趋势的重要信号。通常股价突破次级支撑或阻力,可视为中级行情反转的第一信号,而突破中级支撑与阻力,可视为长期趋势反转的第一信号。

(三) 缺口

1. 缺口的含义

缺口(gap)是指股票价格在大幅度快速上升或下跌的过程中有一段由于没有发生交易而在股价趋势图上表现为一个空档的现象。缺口的形成必是当日开盘价出现跳空高开继续高走或是跳空低开继续低走的结果。在K线图中,若K线实体间有空档而影线相连的情况不能称为缺口。缺口一般都会被未来股价的变动封闭,称为补空。一般认为缺口会在短期内被下一个次级趋势封闭,如果未能在短期内被封闭就有可能被下一个中级趋势封闭,甚至被下一个长期趋势封闭。

缺口的出现是多空双方力量对比相差悬殊的表现,而缺口的封闭则是双方力量发生转化的结果。缺口分析就是根据股价变动形成缺口的位置及大小,预测股价走势的强弱,判断股价是整理、突破还是已接近涨跌趋势的尽头。

2. 缺口的类型及特征

缺口的类型有以下几种。

(1) 普通缺口。普通缺口经常出现在股价形态中,特别是出现在矩形和对称三角形中。由于矩形和对称三角形多半是整理形态,因此如果在这两种形态中出现缺口,股价尚未脱离形态上升或下降,可判断短期内股价仍处于盘整阶段,也就是说形态内的缺口并不影响股价在短期内的走势。由于股价在某一形态内波动时上下振幅有限,所以,普通缺口一般会在几天之内被封闭,它几乎没有什么技术操作上的意义。

(2) 突破缺口。突破缺口是股价跳出形态而产生的缺口。当股价跳出交易密集区域并产生一个缺口,表明价格走势已突破盘局将以相当的动能向突破方向推进,这是真正意义的突破。股价一旦跳出交易密集的形态,则原来的形态就成了支撑地带或阻力地带。通常导致突破缺口的K线是强有力的长阳线或长阴线,表示多空双方的力量对比发生了显著的变化。突破缺口越大,表示未来行情变动的力度越大。突破缺口向上突破必须要有大成交量的配合,随着股价的向上一跃,成交量也随之放大,表明股价上升的动能很大,缺口不会在短期内被封闭,突破的有效性可信度增强。股价向下突破成交量不放大,也可确信它的有效。突破缺口在技术分析上有很重要的参考价值。

(3) 持续缺口。它又称逃逸缺口,是股价突破形态后在大幅度急速直线运行的途中产生的缺口,表明买卖双方力量对比悬殊,股价还会有上升或下跌行情,缺口一般不会在短期内被封闭。持续缺口又称测量缺口,因为它可粗略地测出未来股价涨跌的幅度。如果在行情急速移动过程中出现两个缺口,则未来股价变动的中点就在这两个缺口之间,因此可以预计未来股价变动的终点价位。如果在股价急速行进过程中连续出现持续缺口,表示股价离行情终点已相距不远了。持续缺口出现的机会较少,判断它的方法是在股价突破形态后快速运动过程中的第一个缺口一般是持续缺口,持续缺口已脱离交易密集区而在股价直线运动过程中产生。

(4) 终止缺口。它又称竭尽缺口,是股价已达快速变动的终点,即将进入一个反转或整理形态而产生的缺口。由于终止缺口是多头市场或空头市场已近尾声的信号,股价在近日内会跌落或回升,因此多半会在3~5日内被封闭。

判断终止缺口的依据是在上升行情中出现缺口的当日或次日成交量特别大,预计将来一段时间内不可能出现比这个更大的成交量或维持这一成交量,在下跌行情中出现缺口当日成交量则极度萎缩;终止缺口出现在股价已快速运行了一段时间,已远离密集成交区后;股价跳出形态后的第一个缺口是持续缺口,以后的每一个缺口都可能是终止缺口;终止缺口的跳空的距离一般比前一个缺口大。如果缺口出现后的第二日股价有当日反转情况,而收盘价停在缺口边缘,就更加可以肯定是终止缺口。终止缺口的技术分析含义也是十分明确的,它清晰地告诉投资者原来的上升或下跌行情已告一段落。

(5) 岛形缺口。股价在同一价位区发生两个缺口，即股价上升或下跌行情出现终止缺口后，股价横向盘整了一段时间，然后向相反方向变动，在先前终止缺口价位跳空下跌或上升，形成突破缺口，由于两个缺口发生在相同价位区，盘整密集区看上去像一个孤立的小岛，因此称为岛形缺口，岛形反转的出现通常表示一个中长期行情的终结。

3. 缺口的应用

股价如果在某一形态内盘整已久，特别是在多空双方僵持已久的盘局尾声，当股价突然放出大成交量向上突破形成缺口，可判断为突破缺口。这一缺口短期不补，可以买入股票做多头。在以后股价的直线快速上升过程中，每出现一个缺口，投资者都要先判断是持续缺口还是终止缺口。如果是持续缺口，可继续持有股票，并根据持续缺口位置预测行情终点的大约价位；如果是终止缺口，应卖出股票。当出现当日反转缺口或岛形反转时，投资者更应果断了结。

股价如果在某一形态内盘整已久，股价向下跳空形成突破缺口，原来做多头的投资者应卖出股票持币观望，直至出现终止缺口再开始买进。需要注意的是下跌突破缺口不需要大成交量印证。

三、股价形态分析

股价形态是记录股票价格的图形表现为某种形状，这种形状的出现和突破对未来股价移动的方向和变动幅度有技术上的分析意义。

（一）反转形态(reversal patterns)

反转形态的出现表示股价运动将出现方向性转折，即由原来的上升行情转变为下跌行情或由原来的下跌行情转变为上升行情。反转形态出现的前提条件是原来确实存在着股价上升或下降的趋势，而当股价运动打破了一条重要趋势线时，可认为大势将发生反转。通常反转形态的规模越大，即形态中股价波动幅度大，形态跨越区域大，形成时间长，则形态潜在的能量也越大，一旦反转后价格变动也越剧烈；反之，则股价变动幅度也小。**反转形态主要有头肩顶、头肩底、复合头肩顶、复合头肩底、双重顶、双重底、三重顶、三重底、圆形顶、圆形底、增大形、菱形等。**

1. 头肩顶(head and shoulders top pattern)和头肩底(head and shoulders bottom pattern)

头肩顶形态的前提条件是，股价在长期上升后堆积了大成交量，获利回吐压力增强，上升趋势慢慢失去能量，升幅趋缓。

头肩顶的形成是左肩（点 A）成交量大，随后出现股价回落至 B 点。股价回升创新高（点 C），价位超过左肩但成交量却有所减少，头部形成。股价第三次上升，价位达不到左肩的高度即回跌，成交量显著下降。在两肩的颈部点 B 和点 D 之间划一条趋势线，即颈线(neck line)。当股价第三次下跌急速穿过颈线时，头肩顶完成(图8-8)。

当股票的收盘价或收盘指数突破颈线

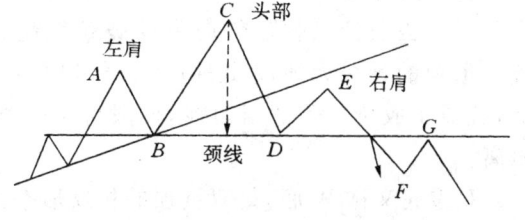

图 8-8 头肩顶

幅度超过股票市价3%时为有效突破。股价向下突破颈线时成交量不一定放大,但反弹至颈线附近成交量会放大,并且在以后的下跌过程中成交量会放大。颈线一旦被突破就成为反弹的阻力线,股价反弹一般很难再向上穿破颈线,否则,就是失败的头肩型,前面发出的反转信号有误,股价还会继续上升。股价有效突破颈线后,预计最小的下降幅度相当于头部到颈线的距离。

头肩底是头肩顶的相反形态,是股价从长期下跌状态中反转上升的主要形态。头肩底与头肩顶的显著区别在于成交量的变化,股价在形成左肩、头部与第一次反弹时,成交量没有明显增加,甚至有所减少,形成头部后反弹,成交量放大,形成右肩,成交量萎缩,突破颈线上升时必须有大成交量配合(图8-9)。

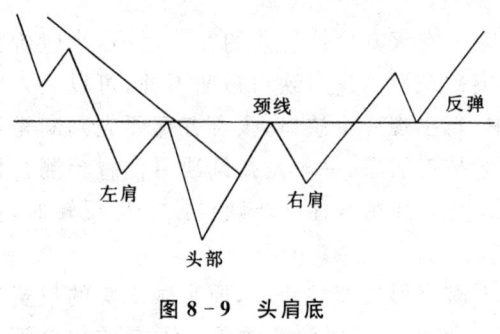

图8-9 头肩底

同样,当股票以收盘价或收盘指数突破颈线幅度超过3%,并有大成交量伴随时,为有效突破。此后颈线转变为支撑线,股价回档会在颈线处站稳反弹。突破头肩底颈线后股价的最小上升幅度为底部至颈线的垂直距离。

头肩形是最基本的反转形态。

2. 复合头肩顶和复合头肩底

复合头肩顶或复合头肩底与头肩顶、头肩底基本相同,通常由一个头部或两个头部,两边各有两个大小相似的左肩和右肩组成(图8-10)。复合头肩形由于形态较复杂,形态的形成也历时较长,一般在长期趋势的顶部,特别是底部出现。

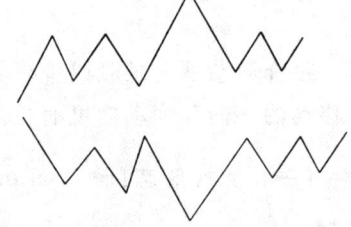

图8-10 复合头肩形

连接左肩之一的低点(或高点)与头部完成后下跌(或上升)的低点(或高点),并将此线延长便是复合头肩形的颈线。股价从下向上突破头肩底必须要有大成交量配合,否则突破的有效性降低,从上向下突破头肩顶则无须成交量放大配合也可确信其有效。颈线一旦被突破,股价至少将沿着突破方向变动相当于头部顶端至颈线的距离。

3. 双重顶和双重底(double tops and bottoms)

双重顶和双重底都是基本的反转形态。双重顶又称M头,在它形成前已有一段上升趋势。当股价上升至第一个峰顶(点A),在此价位附近堆积了大量的筹码,股价必然回跌(点B),成交量随之下降,股价再度上升至第一峰顶附近(点C),不能创新高,成交量虽有放大却不及第一峰顶,随后是第二次下跌,双重顶基本形成[图8-11(a)]。

联结两峰顶A、C画一水平线,通过两峰之间的低点B画一条与AC线的平行线就是颈线。当股价以收盘价向下跌破颈线超过股票市价的3%时,是有效突破。股价突破双重顶的颈线无须成交量放大,但以后继续下跌时,成交量会放大。颈线一旦被跌破,就成了股价反弹的阻力线,而股价突破颈线后的下跌幅度至少为峰顶至颈线的垂直距离。

双重底又称W底,是双重顶的相反形态。它与双重顶的最大区别在于股价从下向上突破颈线时必须有成交量放大配合,否则它的有效性降低[图8-11(b)]。

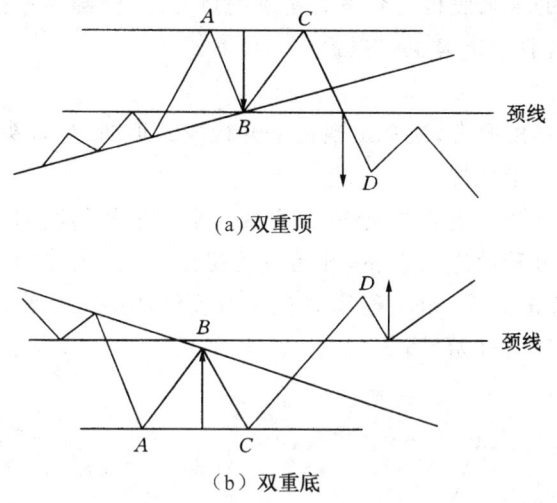

图 8-11 基本的反转形态

双重顶和双重底两峰之间的时间跨度越长,形态规模越大,则反转的力度越大,未来股价反转涨跌的幅度也越大。如果两峰之间间隔很近,它们之间只有一次简单的上升或下跌行情,就很可能是整理形态而非大势反转,即股价还会沿着原来的变动方向继续推进。

4. 三重顶和三重底(triple tops and bottoms)

三重顶和三重底比双重顶和双重底多一个顶部和底部,完成形态所需时间较长,常出现在长期或中期趋势的反转过程中(图 8-12)。

三重顶的三个顶峰之间时间跨度不一定要相等,三个顶点的股价水平也不一定要完全相等,只要相近即可,但三个顶峰的成交量有逐渐减少的趋势,当第三个顶峰成交量非常小时就出现了下跌的征兆。重要的是当股价跌破颈线,即跌破两个谷底的支撑价位时,三重顶形态才算完成。预计股价跌破颈线后的最小跌幅为从顶部最高价至颈线的距离。

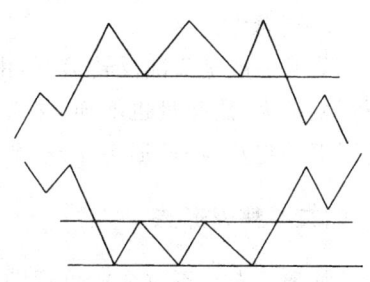

图 8-12 三重顶与三重底

三重底是三重顶的相反形态,当它的第三个底部完成,股价向上突破颈线,并有成交量增加相配合,突破的有效性才能被确认。

5. 圆形顶和圆形底(rounding top and bottom patterns)

圆形顶和圆形底也是反转形态,但较少出现。圆形底的形态是股价缓慢地下跌,成交量也逐渐萎缩,直至股价和成交量都到无法再下降的水平,股价又渐渐上升,成交量也伴随增加,走出一个圆弧形态(图 8-13)。

圆形顶则是在股价走势的顶部走出一个圆弧形态,股价随之下跌反转。

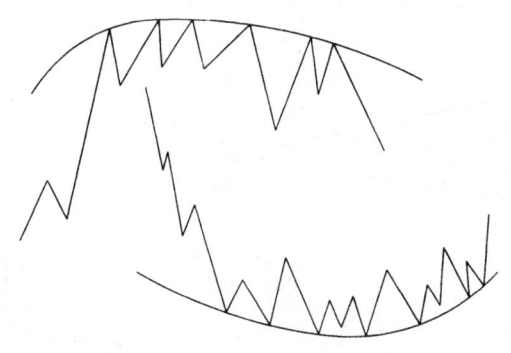

图 8-13 圆形顶与圆形底

圆形顶和圆形底的未来股价走势没有精确测量方法,但圆弧形持续的时间越长,潜在的能量就越大,反转后股价走势也越强劲。

6. 增大形

它是一种扩散的三角形态,通常出现在上升行情的顶部,是多头市场结束的主要反转信号,但比较少见,也很难把握。

增大形通常有三个渐次增高的顶峰,还有两个渐次下降的底部,整个形态呈喇叭口形状。它表明股价明显上升后进入盘整,开始波动幅度不大,成交量也不大,但随着股价上下剧烈波动,成交量逐渐放大,市场逐渐失控。当股价从第三个峰顶下跌,跌破第二个谷底时,形态完成,下跌行情开始(图 8-14)。

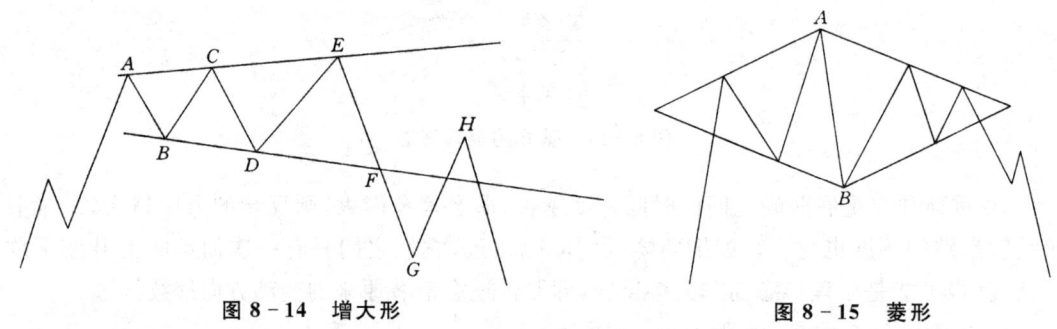

图 8-14 增大形　　　　　　　　图 8-15 菱形

7. 菱形

菱形一般是头部反转形态,由两个对称三角形组成。在形态之内,开始表现为股价上下振幅扩大,成交量也增加,接着股价波幅收缩,成交量也下降,当伴随很大的成交量突破菱形下端趋势线时,形态完成,股价的最小跌幅为菱形的高度(图 8-15)。

(二) 整理形态

整理形态是不改变股价运动的基本走势,市场仅仅在股价某一水平作出必要的调整,调整完成后股价仍沿着原来的趋势继续运动而不是趋势的反转。**整理形态主要有对称三角形、直角三角形、矩形、旗形、楔形等。**

1. 对称三角形(symmetrical triangles pattern)

这是一种常见的整理形态,在整理形态内股价变动幅度逐渐减小,最高价渐次降低,最低价渐次提高,成交量也相应萎缩,形成一对称三角形形态(图 8-16)。

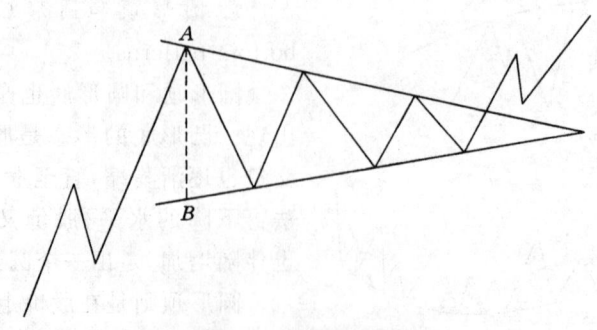

图 8-16 对称三角形

整理形态并不改变原来的股价变动方向。如果原来是上升趋势,股价于三角形底部 1/2～3/4 处以长阳线与大成交量配合突破是有效突破,表明股价已脱离盘局,即将展开新一轮上升趋势。如果原来是下降趋势,股价于三角形 1/2～3/4 处以长阴线向下跌破,跌后不久成交量放大为有效突破,表明股价还将继续下跌。如果股价盘整至超过三角形 3/4 处尚未突破,三角形盘整形态基本失效,表示股价还将盘整。

股价突破三角形后,上涨下跌的最小幅度为三角形的高度,显然,三角形形态越大,则股价脱离盘整后的走势越强劲。

2. 直角三角形

直角三角形分为上升直角三角形(ascending triangles pattern)和下降直角三角形(descending triangles pattern)两种。上升直角三角形是股价上升趋势的中途整理形态,表现为最高价基本为同一水平线,最低价渐次提高,呈斜边向上的直角三角形状。同样,股价在三角形 1/2～3/4 处放量向上突破为有效突破,表示股价将继续上行,突破后的最小涨幅为三角形的高度。下降直角三角形通常发生在下跌趋势中,当确认为有效突破时表明股价走出盘局将继续下跌(图 8-17)。

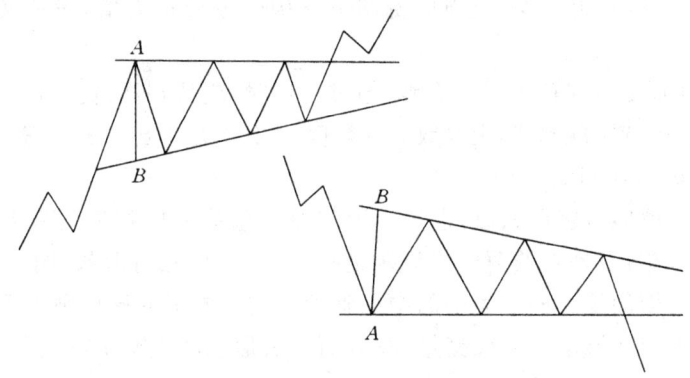

图 8-17 直角三角形

3. 矩形(rectangle formation)

矩形是股价在两条平行线的区间内横向盘整,成交量也相应萎缩。如果在这一矩形形态中股价上升时成交量大于下降时成交量,表示股价有可能向上突破形态;反之,股价则可能向下突破形态。股价向上突破要有成交量放大相伴,突破后股价将继续上升,向下突破则不一定要有成交量放大。股价突破后的最小涨跌幅度为矩形的高度(图 8-18)。

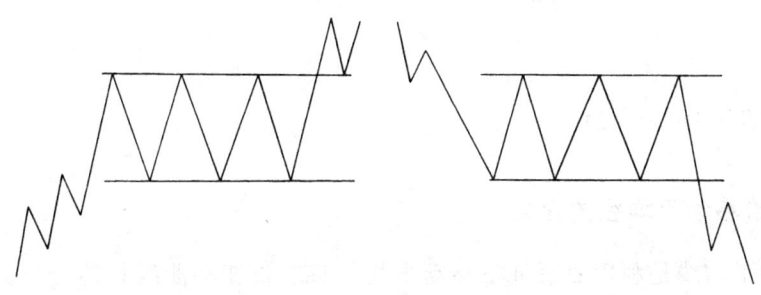

图 8-18 矩形

4. 旗形(flags formation)

旗形是在股价急速上升或下降的中途出现的一种整理形态。在股价急速上升一段后升势受阻,股价开始小幅盘跌,一波比一波低,形成向下倾斜的小平行四边形,成交量很小。股价看似要反转下降,但到旗形末端,突然放量上升,又恢复原来的上升趋势[图 8-19(a)]。

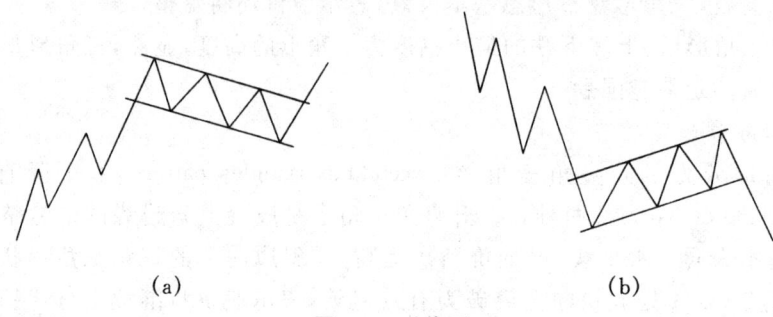

图 8-19 旗形

在股价急速下跌途中跌势受阻,股价开始小幅攀升,一波比一波高,形成向上倾斜的平行四边形,成交量也开始减少,但当股价向下突破时成交量大增,股价又回复至下降趋势[图 8-19(b)]。

旗形通常在 4 周之内向预定方向突破,超过 3 周时,应特别注意。旗形一旦突破,股价又会呈直线快速上升或下跌趋势,上涨或下跌幅度,大约与旗形出现前上涨下跌幅度相同。

5. 楔形(wedge formation)

"曙光初现"K 线组合形态

楔形与旗形相似,也是一种与原有趋势方向相反的带有倾斜角度的整理形态,只是它的两条趋势线是收敛性的,呈三角形状(图 8-20)。向下倾斜的楔形是上升趋势中的中期整理。向上倾斜的楔形则是下跌趋势的中期整理。在形态之内成交量缩小,而突破形态时成交量放大。突破楔形,股价沿原来方向移动。

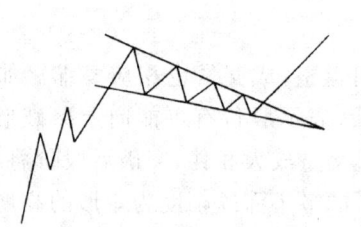 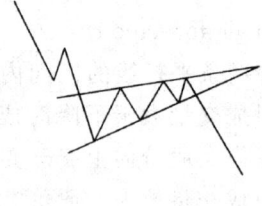

图 8-20 楔形

四、股价移动平均线分析

(一)股价移动平均线的含义

股价移动平均线是利用股票价格移动平均值将股价变动曲线化的分析方法,这一方法可省略不规则、偶然性因素对股票价格的影响,使股价曲线变得圆滑,从而清晰地显示股价变动的倾向,可用于对股价趋势进行中长期预测。

股价移动平均线是道琼斯理论的具体体现,是 K 线图的重要补充,也是常用的技术分析方法之一。

股价移动平均线的优点在于借助于一定时期股票平均收盘价的移动走势反映真实的股价变动趋势,借助于多种移动平均线的排列关系预测中长期趋势。移动平均线与日 K 线的结合或与各种平均线的结合可发出买卖信号,可以界定风险程度,降低可能遭受的风险;股价移动平均线的缺点在于平均股价与实际股价在时间上有所超前或滞后,难于把握股价的最高点和最低点,在股价处于盘整期,买卖信号过于频繁,使投资者无所适从。

(二) 股价移动平均线的种类和计算方法

1. 移动平均线(moving average line)的种类

以时间长短分类,股价移动平均线可分为**短期线**、**中期线和长期线**。短期移动平均线有 5 日线、10 日线、15 日线,中期移动平均线有 20 日线、30 日线、60 日线,长期移动平均线有 150 日线、200 日线、290 日线等。

2. 移动平均线的计算方法

(1) 简单算术移动平均线。它是将一定时期内的股票收盘指数或收盘价加总后除以该期天数,以后随着时间推移,每天加上当日股价,减去最早一天的股价,除以天数即可得到一系列简单算术移动平均数。这一方法的优点是计算方便,缺点是没有考虑各交易日价格对今后股价的影响。

$$\mathrm{MA}_t = \frac{1}{n}\sum_{i=1}^{n} I_{t-i+1} \qquad (8-1)$$

式中:MA_t 表示第 t 日的股价移动平均数,n 表示计算所用天数,I_t 表示第 t 日收盘股价指数或收盘价。

(2) 加权移动平均线。它是考虑到在移动平均数的周期内最近一日收盘价对未来价格波动影响最大,因而赋予其较大的权数加以计算的方法。

$$\mathrm{MA}_t = \frac{\sum_{i=1}^{n}(W_i \cdot I_{t-i+1})}{\sum_{i=1}^{n} W_i} \qquad (8-2)$$

式中:W 表示权数。

以 5 日周期为例,第 1 日权数为 1,第 2 日权数为 2,依次类推,则:

$$\mathrm{MA}_5 = \frac{第 1 日收盘指数 \times 1 + 第 2 日收盘指数 \times 2 + \cdots + 第 5 日收盘指数 \times 5}{1+2+3+4+5}$$

(3) 平滑移动指数(EMA)。其计算方法为先计算第 1 日的简单算术移动平均数,再以平滑公式计算以后的移动平均数。

$$\mathrm{EMA}_t = I_t \times 1 \div n + \mathrm{EMA}_{t-1} \times (n-1) \div n \qquad (8-3)$$

以 5 日周期为例：

$$EMA_5 = （当日收盘指数 \times 1 \div 5）+（前一日移动平均数 \times 4 \div 5）$$

平滑移动平均数可减少计算工作量，方法也较简便，其计算结果开始时与简单算术移动平均数略有差异，但时间稍长，差异会逐渐缩小。

在一个平面直角坐标系内，横轴代表时间，纵轴代表股价，将计算得到的移动平均数，标在坐标内相对位置上，再将各点连接起来，便成了股价移动平均线。

（三）股价移动平均线的应用

股价移动平均线对股价的预期与计算周期所取的天数有关，天数越少，移动平均线对股价的变动越敏感，反之则越迟钝。利用这一关系，一般可利用 5～10 日线反映股价短期趋势，用 20～30 日线反映近期趋势，用 50～60 日线反映中长期趋势，用 120 日线、150 日线、200 日线反映长期趋势。还可采用不同移动天数的多条移动平均线组合，综合反映短、中、长期趋势。简单的应用规则是当计算周期天数少的移动平均线从下向上突破天数较多的移动平均线时，为买入信号；天数少的移动平均线从上向下跌破天数多的移动平均线时，是卖出信号。

1. 20 日线的应用

据观察，每日股价指数有围绕 20 日线上下波动的规律，而且无论是什么因素引起股价指数离开 20 日线，过一段时间又会回到 20 日线附近。因此，投资者可以利用**乖离率**计算当日股价偏离 20 日线的幅度，并以此作为买入和卖出股票的信号。例如，若当日股价指数跌至 20 日均线以下 5% 左右时，投资者可买进股票；股价指数上升至 20 日均线以上 5% 左右时，投资者可卖出股票。各个股票市场的规律不尽相同，重要的是要发现适合当地市场的参数。

2. 葛兰维尔移动平均线八大法则

美国投资专家葛兰维尔提出的有关移动平均线的八项法则在操作上最具权威性和实用性，这八项法则主要用于 200 日线（26 周线）的实际分析中（图 8-21）。

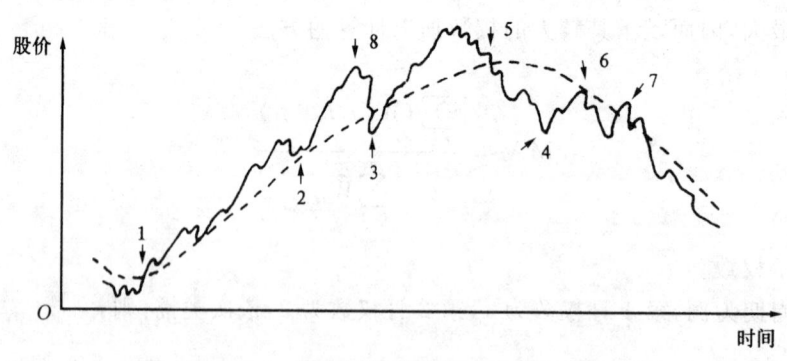

图 8-21　葛兰维尔移动平均线八大法则

（1）当移动平均线从下降转为盘局或上升，股价从移动平均线的下方向上移动并突破平均线时，是买入信号。

（2）股价连续上升走在平均线之上或是远离平均线又突然下跌，但未跌破平均线再度上升，是买入信号。

(3) 股价一时跌破平均线,但又立刻回升到平均线以上,此时平均线仍然持续上升,是买入信号。

(4) 股价突然暴跌,跌破并远离平均线,如果这时股价开始回升,再趋向平均线,是买入信号。

(5) 当平均线由上升开始转向走平或逐渐下跌,股价从平均线上方向下跌破平均线时,是重要的卖出信号。

(6) 股价在平均线以下移动,然后向平均线回升,未突破平均线又立即反转下跌,是卖出信号。

(7) 股价向上突破平均线后又立即跌回到平均线以下,此时平均线仍然继续下跌,是卖出信号。

(8) 股价急速上升突破平均线并远离平均线,上涨幅度相当可观,随时可能反转回跌,是卖出信号。

3. 组合短、中、长期移动平均线分析

可以将短线、中线、长线结合起来,分析它们的相互关系,判断股市趋势。

当短期移动平均线从下方穿过中期移动平均线,接着又穿过长期移动平均线,是买入信号。随着短期移动平均线移至长期移动平均线的上方,中期移动平均线也穿越长期移动平均线,穿破的这一点称为**黄金交叉点**,是买入信号。短期线、中期线、长期线由上至下依次排列,并且每条线都呈上升状态,是典型的上涨行情,称为**顺向图形或多头排列**(图 8-22)。

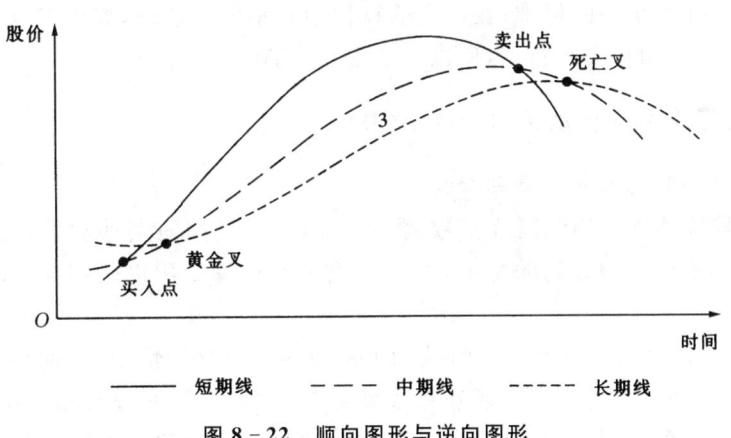

图 8-22 顺向图形与逆向图形

坚挺的上升行情持续了一段时间后,各条线涨势趋缓,首先是短期线从停滞状态的高点出现下降倾向,表示股价开始动摇,不久就出现下降趋势,短期线从上向下先跌破中期线,接着又跌破长期线,是卖出信号。随着短期线移至长期线的下方,中期线也跌破长期线,这一跌破的点称为**死亡交叉点**,意味着上涨行情的结束,是卖出信号。短期线、中期线、长期线自下而上依次排列,并且每条线都呈下降状态,是典型的下跌行情,称为**逆向图形**或称**空头排列**(图 8-22)。

(四) 乖离率(BIAS)

乖离率是衡量当日股价指数或个别股票的收盘价偏离移动平均值程度的指标。以移动平均值为基准,当日股价指数或个别股票收盘价与移动平均值的差距称为乖离值,以乖离值除以移动平均数为乖离率。其计算公式为:

$$\text{BIAS} = \frac{C_t - \text{MA}_n}{\text{MA}_n} \tag{8-4}$$

式中:C_t 表示当日股价指数,MA_n 表示 n 日移动平均值。

移动平均值是在一段时间内买卖双方都能接受的均衡股价,乖离率则表示每日股价指数与均衡价格之间的距离,差距越大,回到均衡价格的可能性越大,通过观察乖离率大小可以发现买入卖出时机。

如,当日股价指数在平均线以上,乖离率为正;股价指数在平均线以下,乖离率为负;股价指数与平均线相交,乖离率为零。正乖离率增大到一定程度,会向零回跌;负乖离率放大到一定程度,也会向零回升。乖离率到多大是买进卖出时机并没有统一法则,有人提出股价指数与 10 日平均线乖离率达＋5％为超买,是卖出时机,达－5％是超卖,为买入时机,也有人提出达±8％是买卖时机,这要根据不同市场的情况寻找不同参数。一般而言,市场投机性越高,乖离率弹性越大。个别股票的乖离率差异更大,随股性而变化。

一般来说,在大势上升的情况下若遇乖离率为负,应趁机买进股票,风险较小;在大势下跌的行情中遇乖离率为正,应及时卖出股票,持币观望。

由于乖离率并无统一的标准,在不同的行情中有不同的表现,如果仅以乖离率为操作依据,很可能会误判而错失大行情,所以一般要与 MACD 结合应用。

(五)指数平滑异同移动平均线(MACD)

1. 指数平滑异同移动平均线的含义

指数平滑异同移动平均线简称指数离差指标,它是利用短期移动平均线和中长期移动平均线之间不断聚合和分离的特征,加以双重平滑运算后用以研判买卖时机和信号的方法。

移动平均线有一特征,即在一段持续的上涨行情和下跌行情中,短期移动平均线与长期移动平均线之间的差距会拉大,而涨势或跌势趋于缓慢时,两线又相互接近甚至交叉。MACD 利用这一特征,计算短期快速移动平均线和长期快速移动平均线及它们之间的离差值,利用离差值与离差平均值的交叉信号作为买卖的依据。

MACD 与乖离率移动平均线结合使用,可消除在盘局中买卖信号过于频繁的不足,又可确保移动平均线的诸多优点。

2. MACD 的计算

(1)计算 12 日平滑移动平均数作为快速移动平均线,并加重最近一日的权数。

$$\text{EMA}_{12} = 前一日\ \text{EMA}_{12} \times 11 \div 13 + 今日收盘指数 \times 2 \div 13 \tag{8-5}$$

(2)计算 26 日平滑移动平均数作为慢速移动平均线。

$$\text{EMA}_{26} = 前一日\ \text{EMA}_{26} \times 25 \div 27 + 今日收盘指数 \times 2 \div 27 \tag{8-6}$$

(3) 计算离差值 DIF。

$$DIF = 今日 EMA_{12} - 今日 EMA_{26} \qquad (8-7)$$

(4) 计算离差平均值(DEM)，即以同样方法计算 10 日的 EMA。

$$DEM = 前一日的 DEM \times 9 \div 11 + 今日 DIF \times 2 \div 11 \qquad (8-8)$$

计算出的 DIF 和 DEM 的数值均为正值或负值，在持续的涨势中，正值会越来越大；在跌势中，负值会越来越小。

3. MACD 的应用

MACD 的应用主要有以下几个方面。

(1) DIF 与 DEM 为正值，表示市场是上涨行情；DIF 与 DEM 为负值，表示市场为下跌行情。当 DIF 从负值向上转变为正值，是买入信号；当 DIF 从正值跌破 0 转变为负值，表示 EMA_{12} 与 EMA_{26} 发生交叉，是卖出信号。

(2) 当 DIF 和 DEM 均为正值时，DIF 从下向上穿过 DEM，是买入信号；DIF 从上向下跌破 DEM 时，是卖出信号。

(3) 当 DIF 和 DEM 均为负值时，DIF 从上向下穿过 DEM，是买入信号；DIF 从下向上穿过 DEM，是卖出信号。

(4) 背离信号。当 K 线图或直线图出现渐次上升的头部，而 DIF 与 DEM 却渐次下降，是较可靠的下跌信号；反之，则为可靠的上升信号。

五、波浪理论

(一) 波浪理论的基本形态

波浪理论全称艾略特波浪理论，是技术分析大师艾略特经过对股票市场的长期研究提出的著名理论，这一理论以道氏理论为基础，又是对道氏理论的发展和完善，并且在精确度、可操作性方面大大超过了道氏理论。

艾略特认为股票价格的波动具有一浪跟着一浪周期循环的规律性，任何波动都有迹可循，投资者可根据波动的规律来预测价格的未来走势，指导投资。波浪理论有三个重要内容：**波浪的形态**、**波幅比率**和**持续时间**，其中最重要的是波浪的形态。波浪有两个基本形态，**推动浪和调整浪**。波浪理论认为一个完整的价格循环周期由 5 个上升波浪和 3 个下降波浪共 8 浪组成。上升波浪被称为推动波或推动浪，下跌波浪是前一个上升波浪的调整波或调整浪。每一个推动浪又可分为 5 个子浪，每一个调整浪又可分为 3 个子浪。这 8 个子浪又可以同样的方式再分出更次一级的 34 个小浪，依次类推。也就是说，股价循环中任何一级任何一浪都可分为次一级的浪，而反过来，任何一个 8 浪循环又构成上级波动的 2 个浪。波浪形态可无穷伸展和压缩，但它的基本形态不变(图 8-23)。

(二) 波浪的基本特征

在艾略特波浪系列中，各种类型的波浪所处位置不同，特性也有差异，认识波浪的特

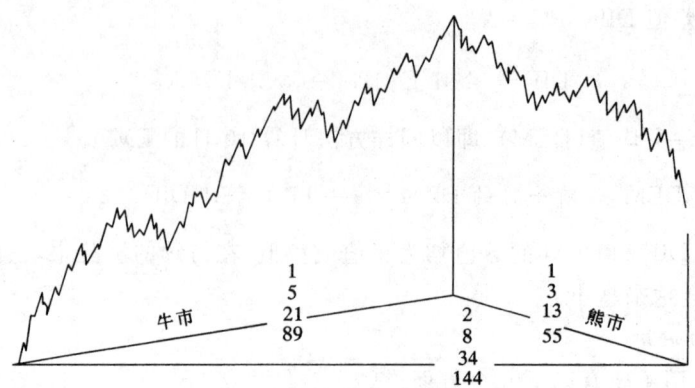

图 8-23 完整的波浪及次级波数图

征有助于确认目前市场处于哪一阶段,以便正确预测以后各波浪的形态。

以下以牛市为例,熊市则与牛市相反,推动浪向下运动,调整浪向上运动。

(1)第一浪。通常第一浪出现在长期下跌盘整的末期,虽然成交量和股价均稍有增长,但缺乏买气,投资者尚未能认识市场的变化,其后的第二浪调整幅度往往很大,第一浪的涨幅一般是五浪中涨幅最小的一浪。

(2)第二浪。第二浪调整幅度一般相当大,长期下跌中的解套盘和第一浪中的获利盘大量涌出,使第二浪几乎将第一浪的涨幅全部擦去。当股价跌至近第一浪起涨点时,成交量开始萎缩,第二浪调整结束。

(3)第三浪。第三浪通常是涨势最足、涨幅最大、持续时间最长、最具有爆发力的一浪。在这段行情过程中,投资者信心大增,常出现跳空缺口和延长波浪。一些重要的阻力线被轻易地突破,特别是突破第一浪的高点时,是道氏理论中的重要买进信号。

(4)第四浪。第四浪的形态一般较为复杂,在第三浪强劲上升形成重要顶部的基础上,这一浪初步显露市场后继乏力的征兆。根据波浪理论的交替规则,这一浪的形态往往与第二浪不相同,常出现三角形走势,它的最低点应高出第一浪的最高点。

(5)第五浪。第五浪的涨幅通常不及第三浪,在运动形态上也不十分复杂,有时甚至会出现低于第三浪高点的失败情况。在第五浪中,虽然涨幅已趋缓,投资者往往还会盲目乐观,追捧高价,但是,此时市场上二三线股票的涨幅往往大于绩优股和成长股。在商品期货市场中,第五浪常常是最长的一浪,并可能出现延伸浪。

(6)第A浪。大多数投资者认为A浪仅是上升行情的暂时回档,而没有认识到行情已经逆转,因此还会逢低吸纳,但实际上很多技术指标已显示背离状况,表明股市已濒临崩溃局面。

(7)第B浪。由于B浪呈现上升趋势,常使投资者误认为是又一轮上升行情而投入更大资金,实际上这是一个"多头陷阱",应该是多翻空的好时机。通常,在中型级或更次级的B浪中,成交量会减少,而基本级或更高级的B浪中则可能伴随成交量放大甚至超过前面牛市的成交量。实际上,投资者可以从技术指标中发现市场转弱的种种征兆。

(8)第C浪。C浪是跌势凶险、跌幅深、时间持久的一浪,伴随恐慌性抛盘涌出,具有第三推动浪的特征。

(三) 推动浪的特殊形态

1. 延长浪

在第一浪、第三浪、第五浪三个推动浪中,常常会出现延长现象,所谓延长浪就是在某一推动波浪中发生次一级的五浪走势,有时甚至延长至与其他四浪的幅度几乎相同,形成九浪而非五浪的走势。

大多数推动浪都有一个而且只有一个延长浪,如果某一个推动浪发生延长,另两个推动浪的波幅和持续时间就可能相等或几成比例。通常,第一浪发生延长的可能性很小,在股市上经常发生第三浪延长,此时第五浪就是一个单一的浪,其形态及涨幅与第一浪相似。如果第三浪与第一浪大致相等,第五浪就可能像个延长梯子一样延伸,特别在第五浪成交量大于第三浪的情况下。

2. 失败浪

推动浪中第五浪的第五子浪如果未能超过第三浪,称为失败形态。观察是否走出失败形态,要等第五子浪全部完成才能判断。此外,调整浪C浪的第五子浪如果未能跌到第三浪以下,也是失败形态。股市在上升时出现失败形态会构成双重顶形态,预示股市近期将要下降,股市在下跌时出现失败形态则构成双重底,预示股市近期将会上升。

3. 斜三角形

推动浪的第五浪如果升或降得太急太快,它的第五子浪往往会形成一个斜三角形,斜三角形的每个子浪都由三个更小的波浪构成,成为3—3—3—3—3形态。

在股市上升运动中出现上升斜三角形是市场疲软的征兆,随后股价会急速下降,至少跌至三角形起始位置附近。在股市下跌运动中出现下斜三角形是市场转强的表现,随后股价也会急速上升,至少升至三角形起始位置。斜三角形是主趋势中唯一可能出现的第四浪调整到第一浪区间的五浪结构。斜三角形的真正意义还在于它的出现表示更大一级波浪的运动已接近尾声。

(四) 调整浪形态

调整浪的形态较为复杂,不易辨别和预测,但有一个重要原则是调整浪绝不会由五浪组成,只有推动浪才可能是五浪。调整浪一般有四种形态:

1. 之字形

之字形是一个与主趋势方向相反的简单3浪调整形态,进而又可分为5—3—5波形,即A浪有5个波,B浪有3个波,C浪有5个波组成。之字形形态的特点是,在牛市中B浪的高点明显低于A浪的起跌点,熊市中B浪的低点则高于A浪的起涨点。有时之字形会形成双之字形,甚至三之字形,而成为较大波动周期的调整形态。

2. 平缓形

平缓形是以3—3—5的形态完成调整浪,即A、B、C三浪分别可再分成3波、3波和5波。平缓形的特征为A浪较为疲弱,只能走出3波而没有完成5波的力量,B浪在A浪起始点附近结束,C浪也像之字形那样调整幅度较深,在A浪的顶部或底部附近完成。

平缓形又可分为普通平缓形、不规则平缓形和顺势调整形三种。普通平缓形的特征是B浪结束于A浪的起始点附近,C浪则结束于A浪的结束点附近。不规则平缓形的特征是B浪的结束点超过A浪的起始点,C浪的结束点则超过A浪的结束点,或者表现为当B浪的结束点不能超过A浪的起始点,则C浪的结束也不能超过A浪的结束点。顺势调整形则是在主趋势强劲的行情中,顺应主趋势完成调整。这种形态的特征是B浪同样大大超过A浪的起始点,但C浪却停留在A浪的结束点的上方(或下方),即C浪看上去没能走完全程,确认顺势调整形态的关键是B浪一定是3浪,是5浪就应归入推动浪而不是调整浪。

平缓形调整浪的调整幅度不及之字形,常出现于主趋势强劲具有更大潜力的行情中,特别是顺势调整形常出现于股价快速运动的行情中,以至调整浪无法完成标准形态只能顺势而为。

3. 三角形

三角形调整浪的形态为3—3—3—3—3共15个小浪,常出现于推动浪的第四浪和调整浪的B浪中,反映多空双方势均力敌,成交量较小。三角形之后往往会很快形成最后一个推动浪,该推动浪大约会走出与三角形大致相当的距离。

4. 双三形与三三形

双三形和三三形调整浪是之字形、平坦形和三角形的双重或三重组合形态,这类组合调整浪大多向水平方向延伸,而且在每一重3浪之间夹着一个X浪将它们联结起来。这两种形态表明行情不明朗,多空双方呈僵持状态,因而调整3浪一再重复。待这种走势突破,一般会有一段强劲的上升或下跌行情。

(五)波浪理论的基本原则

1. 波浪三法则

法则之一,股市中的第四浪与第一浪不能重叠,即不能调整到第一浪之下,除非是斜三角形;法则之二,股市中的第三浪经常很长,绝不会是三个推动浪中最短的一浪;法则之三,股市中的第二浪的结束点也不会超过第一浪的起始点,而第五浪较有弹性,有时不会超过第三浪的结束位置。

2. 交替原则

在波浪运动中各种形态往往交替出现。例如,如果第二浪以单式的快速方式调整,则第四浪就可能以复式的横向盘整方向调整;如果一个大的调整浪的A浪呈平坦形,则B浪就可能呈之字形;如果第三推动浪成为延伸浪,而第五浪就不再延伸等。

3. 调整浪的极限

波浪理论告诉投资者熊市的极限位置,即调整浪尤其是第四调整浪,其最大调整的结束位置是前一个次级的第四浪调整的结束位置。

4. 浪的等量性

在三个推动浪中,最多只有一个浪会出现延伸形态,而其他两个浪在持续时间和波动的幅度上会大致相等,或是保持大约为0.618的比例关系。

5. 轨道趋势

波浪理论认为,股价走势应在两条平行的轨道之内运行,因此画出平行轨道即可预测未来股价的变动趋势。

平行轨道的绘制方法是,当第二浪完成后,连接第一浪的起始点和第二浪的结束点画出一条直线,然后再通过第一浪的结束点画出与这条直线平行的直线,即为平行轨道。以后每一浪的转折低点或转折高点不能落在已画出的轨道附近时,就要根据新的转折点修正轨道,直至第四浪结束。当五浪接近完成时,由第二浪结束点和第四浪结束点形成的平行轨道较为可信,由未发生延长的第三浪顶点所作轨道上边界限则更为可信。当第五浪接近轨道上边界线时,如果成交量伴随下降,这时第五浪可能达不到上边界线;如果成交量放大,就可能穿过上端趋势线。

专栏 8-1　斐波那奇序列数

斐波那奇序列数是意大利伟大的数学家斐波那奇于 1202 年出版的《计算法》一书中所发表的序列数字。亦有人称之为奇异数字,是由一系列前后相关的数字组成。

$$1,1,2,3,5,8,13,21,34,55,89,144,\cdots$$

这些序列数字,有以下特征:

(1) 数字的排列,以 1 为起始点。

(2) 每两个连续的数字相加,即等于第 3 个数字。

$$1+1=2 \quad 5+8=13$$
$$1+2=3 \quad 8+13=21$$
$$2+3=5 \quad 13+21=34$$
$$3+5=8 \quad 21+34=55$$
$$\cdots\cdots$$

(3) 任何一个数字在比例上相当于后面一个数字的约 0.618 倍(除前面 4 个数字外)。

$$8 \div 13 = 0.615$$
$$13 \div 21 = 0.619$$
$$21 \div 34 = 0.617$$
$$\cdots\cdots$$

(4) 任何一个数字为前一个数字的约 1.618 倍。

$$13 \div 8 = 1.628$$
$$21 \div 13 = 1.615$$
$$34 \div 21 = 1.619$$
$$\cdots\cdots$$

(5) 任何一个数字为其前第 2 个数字的约 2.618 倍。

$$21 \div 8 = 2.625$$
$$34 \div 13 = 2.615$$
$$55 \div 21 = 2.619$$
……

（6）任何一个数字为其后第 2 个数字的约 0.382 倍。
$$8 \div 21 = 0.381$$
$$13 \div 34 = 0.382$$
$$21 \div 55 = 0.382$$
……

从以上 4 个主要比例数字，可以演算出以下比例关系：
$$2.618 - 1.618 = 1.000$$
$$1.618 - 0.618 = 1.000$$
$$1.000 - 0.618 = 0.382$$
$$2.618 \times 0.318 = 1.000$$
$$2.618 \times 0.618 = 1.618$$
$$1.618 \times 0.618 = 1.000$$
$$0.618 \times 0.618 = 0.382$$
$$1.618 \times 1.618 = 2.618$$

斐波那奇序数应用于波浪理论，包括时间周期与波幅的计算、预测。

资料来源：郑超文编著，《技术分析详解》，复旦大学出版社 1993 年版。

第三节 市场指标分析

在技术分析方法中，股票价格、成交量和时间动态是研究股价趋势的三个重点因素，技术分析专家以这三大因素为依据，提出很多反映市场动态变化的技术指标。这些技术指标各有自己的设计依据和变化参数，经实践检验也有程度不同的适用性，但也存在某些方面的局限性。在使用这些技术指标时投资者还要从不同市场特性出发，在实践中修正指标的参数，验证其实用程度，并可用若干指标相互印证，而不可盲目照搬。

一、量价指标分析

在技术分析中，研究量与价的关系占有很重要的地位。一般认为价要有量的支持，甚至认为"量在价先",因此,将价与量联系起来分析是一重要方法。对价量的分析可以从**股价与成交量**、**股价指数与成交总额**、**平均成交量**、**成交笔数**等几个不同角度分析,但它们的原理和意义基本相同。

(一) 成交量分析

1. 量价配合分析

成交量是某一交易日中成交的总股数或总手数。一般而言,股价与成交量是同步同向的。成交量增加,表示投资者认同当时的股价,交投增旺,自然将股价进一步推高;成交量递减,表示投资者信心不足,离场观望增多,股价随即回落。当股价持续上升,成交量却没能伴随增加,显得后继乏力时,就出现了量价背离的现象,这往往是股市反转的前兆。

在股市处于盘整阶段,股价低迷,成交量极度萎缩,出现低价伴随低量现象。股市要走出盘局必须伴随成交量放大。当股价在低价位区开始出现小幅变动、成交量却明显放大时,很可能会突破盘整局面。

在多头市场的初期,很可能会出现股价急速上涨,成交量也大幅度增加的现象。价格随成交量的递增而上涨,是多头市场的典型特征,这种量增价涨的关系,表明股价将继续上升。当股价上升、成交量却无法放大时,可能会出现股价回跌的次级行情。当股价持续上升,不断创出新高价,成交量却无法创新量,甚至出现成交量停顿、萎缩,这很可能是股价趋势即将反转的信号。在股票价格的高价位上,虽然价格仍在高档盘旋,但无法再维持巨大成交量,甚至成交量显著萎缩时,表示股价即将下跌。多头市场已到末期,大势将要反转。

在空头市场初期,多空双方对大势的认识尚有分歧,部分投资者尚未认识多头市场已结束,在股价下跌时仍会有很大的成交量。但股价向下跌破股价形态、趋势线或移动平均线,同时又出现大成交量时,就是趋势反转的信号。股价下跌一段时间后,出现恐慌性卖出,成交量放大,股价大幅下跌,成交量萎缩。在空头市场中,成交量随着股价不断创新低而逐渐萎缩,当出现次级反弹时,成交量略有放大,股价再创新低,成交量也进一步萎缩,直至股价极低、成交量极小时,预示着股市已进入底部。当股市已进入底部,股价回升,成交量并没有递增,说明股价上升缺乏动力,预示着还将跌落。股价跌至谷底附近,成交量再度缩小,是股价将要上涨的信号。当股价在谷底价位区出现大成交量而股价却没有进一步下跌或仅出现小幅度波动时,表示空头市场即将结束,大势将要反转。

2. 股价指数与成交总额分析

成交总额同样是测量股市行情变化的灵敏指标,在多头行情里,成交总额随着股价的上升而增加,这里既有股价因素的作用,也反映了有新的资金进入市场,这是推动股价上升的动力;在空头市场里,成交总额随股价下跌而减少,同样除了股价水平降低的因素外,也有资金撤离市场的影响。所以,分析股价指数与成交额的关系,可从资金的变化上反映价量之间的配合状况。

在多头市场里,行情启动时,成交额可能并不很大,随着股票价格指数的上升,成交总额随之增加,股价出现回档,成交总额相应减少;股价盘整,成交额再度萎缩;股价上升,成交总额再度扩大,直至当股价上升成交总额不能再扩大,或是股价指数创新高而成交总额却停滞不前甚至有所下降时,上升行情很可能在近期结束。

在空头市场里,股价指数日渐下降,成交总额也急剧萎缩,显示买气日渐衰退;股指略有反弹,成交额相应增加;股价指数盘旋,成交额减少;股价指数再度下降,成交总额进一步萎缩,直至股价指数下跌至极低水平或是虽创新低,而成交总额已不能再萎缩时,下跌行情很可能即将结束。

3. 成交笔数分析

成交笔数分析主要是观察市场人气的聚集和离散,进而研究因人气的变化而可能产生的股价趋势。其分析要点为:

当股价处于低价位区时,成交笔数缩小,表示已位于底部,大势可能要反转;当股价处于低价位区时,成交笔数放大,股价上升,表明市场反转,为买入时机;当股价处于高价位区时,成交笔数放大,股价上升,表明仍有一段上升行情;当股价处于高价位区时,成交笔数放大,股价下跌,表明股价即将下跌,为卖出时机。

4. 平均成交量分析

平均成交量是每个交易日的总成交量(或成交总额)除以成交笔数的结果。平均成交量分析主要用于观察主力和大户的买卖情况,以此来分析判断近期的价格走势。其分析要点为:

平均成交量增大,表示有大额买卖,可能是主力或大户进入市场;平均成交量减少,表明参加交易者多为中小散户。在上升行情启动阶段,股价上升,平均成交量放大,表明有主力入市,行情可能进一步上升;在股价已升至高价位区,平均成交量放大,表明主力开始脱手出货,行情可能下跌;在行情下跌过程中,平均成交量突然放大,表明主力进一步打压,股价可能还会进一步下降;无论在上升行情还是在下跌行情中,平均成交量没有明显变化,表明行情还会维持一段时间。

分析平均成交量要注意主力为掩饰其真实意图,往往采用分散小笔买卖的手法,所以不能以此为唯一依据。

(二) 能量潮(OBV)

1. 能量潮理论

能量潮又称人气指标,由美国投资专家葛兰维尔于1963年首次提出。他认为股价走势基本上受市场上供求双方力量对比的影响,而成交量的多少是市场人气兴衰的代表,也是股市的动能。因而成交量是股价变化的先行指标,也即常说的"先见量后见价"。能量潮理论就是利用累计成交量变化来分析市场内人气是否汇集及涣散,进而据以研判股价的走势。

能量潮理论成立有以下三点依据。

① 交易双方对股票价格的评价越不一致,成交量越大;相反,评价越一致,成交量越小。因此,可用成交量来判断市场人气的兴衰。② 股价上升需要的能量大,因而要以成交量放大伴随。股价下跌不必耗费很大能量,因而成交量不一定放大,甚至会有萎缩倾向。③ 股价波动有惯性可循,但变动到某一点后,总会改变方向。

2. OBV的计算公式和OBV线的绘制

OBV主要计算累计成交量。其计算方法是:今日收盘价高于上一交易日收盘价,今日成交量为正值;今日收盘价低于上一交易日收盘价,今日成交量为负值;今日收盘价与上一交易日收盘价持平,今日成交量不予计算,然后计算累计成交量。

第一次计算 OBV 时,基数可用 0,也可用上一交易日成交量或若干日成交量之和。所采用的成交量可以是成交手数,也可以是成交值,计算的对象可以是股价指数与当日全部成交量,也可以是某一个股的收盘价与成交量(值)。OBV 计算表如表 8-1 所示。

表 8-1 OBV 计算表

日　　期	当日收盘指数	比上日涨跌 (+)(-)	成交量或成交值	OBV(累计成交量)
1月1日	598.75	+		
1月2日	610.20	+	+25 000	+25 000
1月3日	605.15	-	-12 000	+13 000
1月4日	601.30	-	-8 000	+5 000
1月5日	615.25	+	+20 000	+25 000
1月6日	630.20	+	+35 000	+60 000

OBV 线是将计算所得 OBV 指标绘于坐标图上,以时间为横坐标,成交量或成交值为纵坐标,将每一交易日计算所得 OBV 值在坐标上标出位置并连接起来成为 OBV 线。

3. OBV 指标与 OBV 线的应用法则

(1) 当 OBV 线超过前一浪高点时,可视为短线买进信号;当 OBV 线低于前一浪低点时,可视为短线卖出信号。

(2) 如果股价创新高,而 OBV 线也相应地升至新高点,表明股市会继续目前的上升趋势;相反,若股价持续下跌,OBV 线也相应地下滑,表示目前的下降趋势还将继续。

(3) 当 OBV 线与股价发生背离现象时,是判断股市变动是否发生转折的重要参数指标。如果股价继续上升,而 OBV 线却已下降,表明买盘乏力,是卖出信号;如果股价仍在下跌,而 OBV 线已开始上升,表明逢低接手转强,是买进信号。

(4) 当 OBV 值从负值转为正值时,有可能形成上升趋势,是买进信号;当 OBV 值从正值转为负值时,有可能形成下降趋势,是卖出信号。

(5) 当 OBV 线伴随股价上涨而渐渐上升时,表明买盘逐渐增强,可以买入;当股市已近多头市场末期,股价急剧上升,OBV 线也突然急速上升,表明买盘大量涌入,要考虑卖出股票。

4. OBV 分析的优缺点

OBV 分析的优点是将静态成交量转变为动态指标,投资者可借以分析市场内资金流量的变化。OBV 的指标作为股价的先行指标有一定的预示作用,特别是在 OBV 值与股价发生背离时,其提示作用较明显。例如,当股价处于高价区位或低价区位,突然出现异常的大成交量,或是在股价突破盘局时有大成交量配合,都可提示投资者及时研判大势的转折变化。

OBV 分析的主要不足是 OBV 值的计算仅以当日收盘价与前一交易日收盘价作比较,不能反映盘中成交量发生在什么价位区域,尤其是当股价上下剧烈波动时,仅以收盘价计算不能真实反映量价关系,所以也有人提出用最高价、最低价、收盘价的加权平均价来反映当日股市涨跌情况。另外,OBV 分析无法反映成交量变化是否与某些突发消息有关,信号容易失真,所以使用这一方法还要注意股价变动,并要参考其他技术指标同时分析。

(三) 量价线

1. 量价线的原理

量价线又称逆时针曲线,它是根据量价理论设计的一种分析方法。量价的基本关系是"成交量与股价趋势同步同向",一旦量价背离就提示市场趋势可能在短期内将要反转。根据这一经验法则,分析多头市场和空头市场各阶段的量价关系,研判股价的未来走势,预示买卖股票的适当时机。由于量价线在图表上呈逆时针方向变动,所以又称逆时针曲线。

2. 量价线的画法

量价线画在坐标系上,通常以横坐标代表成交量,纵坐标代表股价。计算股价与成交量的周期参数可因人而异,一般以 25 天或 30 天为一计算周期。所采用的股价和成交量均为简单移动平均价和简单移动平均量,若以 25 日为计算周期,则用移动方法逐日计算 25 日简单算术平均价和简单算术平均成交量,并在坐标图上标出其位置。移动平均价和移动平均量的交叉点即为坐标点,将坐标点逐日连线就是量价曲线,这一曲线呈逆时针方向变动。

量价线一般表现为以下三种形态。

上升局面: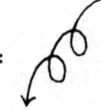　　下降局面:　　循环局面:⟳

3. 量价线的应用原理

量价线的三种形态可构成完整的八角形,相应地,有以下八个阶段的应用原则(图 8-24)。

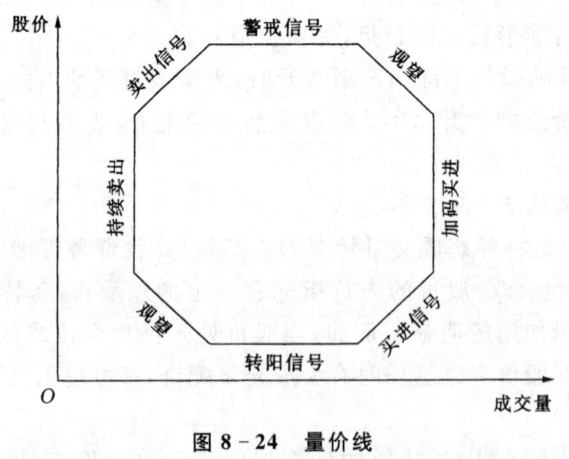

图 8-24 量价线

(1) 转阳信号。股价经一段跌势后,下跌幅度缩小,甚至止跌转稳,在低档盘旋,成交量明显地由萎缩而递增,表示低档接手转强,此为转阳信号。

(2) 买进信号。成交量持续扩大,股价回升,量价同步上升,量价线由水平转为上升或由左下方向右上方转变时,进入多头位置,为最佳买入时机。

(3) 加码买进。成交量增加并维持在很高水平,但不再急剧增加,而股价仍在继续上涨,此时逢股价回档时,仍可加码买进。

(4) 观望。股价继续上涨,涨势趋缓,但成交量不再增加,甚至开始有所减少,此时股价价位已高,宜观望,不宜再追高抢涨。

(5) 警戒信号。股价在高价区盘旋,已很难再创新高,成交量也无力扩增,甚至有明显减少,这是警戒信号,应做好卖出股票的准备或是卖出部分持有的股票。

(6) 卖出信号。股价从高档跌落,成交量持续减少,量价同步下降,量价线开始由平转向下,或是由右上方转向左下方,股市进入空头市场阶段,此时应卖出手中所持有的股票。

(7) 持续卖出。成交量萎缩至低水准后,无法再继续减少,股价急剧下跌,此时逢反弹,多头宜出清持股。

(8) 观望。成交量开始递增,股价虽下跌,但跌幅缩小,表示谷底已近,此时多头不宜往下追杀,空头也不宜放空打压,可伺机回补。

量价线的变动主要揭示了多头市场与空头市场转化过程中的量价关系,以此向投资者提示买卖时机。它对底部的确认特别有效,有一定的应用价值。量价线是根据移动平均价和移动平均量制作的,因移动平均值通常有落后于股价变动的倾向,因此量价线的走势有滞后于股价的特点。使用量价线分析行情选择买卖时机还需配合其他短线指标,才能避免它的不足。

(四) TAPI

TAPI 的全称是 total amount per weighted stock index,意思是"每一加权指数的成交值"。**TAPI** 的立足点仍是"量是价的先行指标"这一观念,但它引入了加权指数这一因素,通过分析每日的成交值和加权指数中的关系来研判未来大势变化。

TAPI 的计算公式为:

$$\text{TAPI} = \frac{每日成交总值}{当日加权指数} \quad (8-9)$$

TAPI 的研判要点有以下几个。

(1) TAPI 应随加权股价指数上涨而随之扩大,这是量价配合现象。若发生 TAPI 与加权股价指数背离现象,是提示买卖时机:若指数上涨,TAPI 下降,是卖出信号;指数下跌,TAPI 上升,是买进信号。

(2) 在股价走势的转折处,TAPI 与指数背离,也是买卖信号。在股价连续上涨过程中,股价的明显转折处,TAPI 异常缩小,是向下反转信号;在股价连续下跌过程中,股价明显转折处,TAPI 异常放大,是向上反转信号。

(3) TAPI 值随加权股价指数创新高峰而随之扩大,同时创新高点,是量价的配合。在多头市场的最后一段上升行情中,如果加权股价指数创新高峰而 TAPI 值已远不如前一段上升行情,此时呈现价量分离,有大幅回档甚至大势反转的可能。在空头市场尾声,加权股价指数已跌至很低水平,TAPI值也无法再下降或创新低,提示大势已近底部。

(4) TAPI值没有一定的高点或低点,应与大势、K线、移动平均线等其他指标配合使用,因为每个股票市场的指数、成交值相差甚大,不能直接将其他市场的指数应用于当地的市场之中。

(五) 成交量比率

成交量比率(volume ratio, VR)是一定时期内股价上升日交易金额与股价下降日交易额总和的比率,反映了股市买卖的气势并借以预测股市可能的变动趋势。

1. 成交量比率的计算公式

$$成交量比率 = \frac{N\text{日内股价上涨日的成交值总和} + \frac{1}{2}N\text{日成交值总和}}{N\text{日内股价下跌日的成交值总和} + \frac{1}{2}N\text{日成交值总和}} \times 100\% \quad (8-10)$$

2. 成交量比率的分析要点

(1) VR值低于60%时是股价超卖区,特别是40%～60%时很容易探底反弹。
(2) VR值在80%～150%区间时,股价波动较小。
(3) VR值在160%～180%区间时,成交量会逐渐萎缩,很容易下降进入调整期。
(4) VR值超过350%时,股价进入超买区。
(5) 股价处于低价区位时,VR值上升而股价未升,为买入时机;股价处于高价区位时,VR值上升股价也上升,可考虑卖出。
(6) VR值急升,交易金额也突然增加,可能是大多头行情的开始。

3. 成交量比率的不足

(1) 成交量比率在观察低价区时,可信度较强,而在高价区时可信度就较差。
(2) 成交量比率无法保持与股价同步,往往因此而降低它的效果。

二、涨跌指标分析

这一组指标主要是根据股票价格的涨跌来衡量市场买卖双方的力量对比和强弱程度。我们将收盘价的上涨家数、上涨幅度等视为买方力量,收盘价的下跌家数、下跌幅度等视为卖方力量,以它们的对比关系来评估市场供需双方的力量对比及可能的发展趋势。

(一) 相对强弱指标(RSI)

1. 相对强弱指标的含义

相对强弱指标(relative strength index, RSI)是目前最流行、最广泛使用的技术分析工具。相对强弱指标的依据在于市场的价格走势取决于供需双方的力量对比:当市场上对某一证券的需求大于供给时,价格上扬;当需求小于供给时,价格下降;当供求基本平衡时,价格稳定。相对强弱指标以某一时间内整个股市或某一股票的涨跌平均值作为衡量供需双方力量对比的尺度,并以此作为预测未来股价变动的依据。

2. 相对强弱指标的计算公式

$$相对强度(RS) = \frac{N 日内收盘涨幅平均值}{N 日内收盘跌幅平均值} \qquad (8-11)$$

$$相对强弱指标(RSI) = 100 - \frac{100}{1+RS} \qquad (8-12)$$

或者,

$$相对强弱指标(RSI) = \frac{N 日内收盘涨幅平均值}{N 日内收盘涨幅平均值 + N 日内收盘跌幅平均值} \times 100 \qquad (8-13)$$

这两个公式虽有些不同,但计算的结果一样。在计算出某一日的 RSI 值以后,可采用平滑运算法计算以后的 RSI 值,根据 RSI 值在坐标图上连成的曲线即为 RSI 线。

RSI 的计算周期和取值区间:计算 RSI 值一般以 10 日、14 日为单位,6 日、12 日、24 日为单位也较为普遍,还有用 5 日、8 日、13 日、21 日为单位的。一般而言,样本数小的 RSI 值易受当日股价变动的影响,图形上下振幅大,而样本数大的 RSI 值受当日股价变动的影响小,图形上下振幅小。计算周期过短或过长发出的信号不是过于敏感就是过于迟钝,对分析股价变动方向都会发生较大误差,所以选择计算周期一般需要根据分析对象价格波动的特性和一般幅度作出决定。

3. 相对强弱指标的研判要点

RSI 值处于 1~100 范围,投资者利用 RSI 指标分析的取值区间有人设定为 30~70,有人设定为 20~80,甚至有人设定为 15~85。对取值区间的设定应根据股票市场或个别股票的波动习性以及投资者个人的风险承受能力而决定。对其研判要点,简单归纳如下几点。

(1) 当 RSI 值为 50 时,表示买卖双方势均力敌,供求平衡;RSI 在 40~60 范围内波动的概率最大,表明市场正处于牛皮盘整行情;RSI 在 50 以上表示涨势强于跌势,若 RSI 指标上升至 70 或 80 以上表示已有超买现象,继续上升则表示已进入严重超买警戒区,暗示股价极可能在短期内反转下跌;RSI 在 50 以下表示为弱势市场,若 RSI 指标下跌至 30 或 20 以下,表明已有超卖现象,一旦再度下跌表示已进入严重超卖警戒区,股价有可能止跌回升。

(2) RSI 的最大功能在于图形研判,若将 RSI 线与 K 线等配合分析,可以发现 RSI 线图形能现出清晰的头肩形、头肩底、三角形、M 头、W 底等形状,较容易判断出突破点、买入点和卖出点,还可以利用切线画出支撑线和阻力线以判定股价未来走向。

(3) RSI 指标有比股价指数或个别股票价格先行显示未来行情走势的特征,在股价指数尚未上涨时,RSI 指标已先升,当股价指数未跌时,RSI 指标已先降,尤其在股价峰谷区域特别明显。利用这一特征,可作如下判断:在股市盘整时,RSI 一底比一底高表示多头势强,相反一底比一底低表示空头势强;股价尚在盘旋,而 RSI 已整理完毕,领先突破趋势线,暗示股价即将突破整理;在股价不断创新高的同时,RSI 也创新高点表示后势仍属强势,可能还会上涨;在股价不断创新低点的同时,RSI 也创新低表示后市仍弱,可能还会下跌;在超买区域或超卖区域 RSI 图形比 K 线图形提早出现顶部或底部图形,如 M 头或 W

底,显示出反转或反弹信号。

（4）背离信号：当 RSI 指标与股价或股价指数呈现反方向变动时,通常是市场即将发生重大变化的信号。当日 K 线图的走势不断创新高,而 RSI 线未能同时创新高甚至出现走低的情形时,表明出现了背离信号,这种背离显示股票价格有虚涨现象,通常是较大反转下跌的前兆;相反,若股价创新低而 RSI 未创新低,暗示股价可能反转上升。

4. RSI 指标的缺点

RSI 指标虽被普遍使用,但也有以下几点不足之处。

（1）RSI 的计算周期与取值区间要根据市场特征决定,特别是对超买区和超卖区的确定,有时会发生 RSI 信号与实际行情不一致的情形。在特殊的涨跌行情中,RSI 值涨至 95 以上或跌至 5 以下都不足为奇,此时若根据 RSI 发出的信号在 70 附近卖出或在 30 附近买入都隐含着相当的风险。

（2）RSI 值在 40～60 范围内变化较为敏感,而 RSI 值在 20 以下和 80 以上区间往往有钝化、失真现象,在使用上要谨慎。

（3）背离信号难以事先确认,有时要两三次出现背离信号后行情才真正反转,也有发出背离信号后行情并无反转的情况,因此很难单纯以背离信号确认行情的根本反转。

（二）腾落指标（ADL）

1. 腾落指标的含义

腾落指标（advance-decline line, ADL）是反映股价趋势的常用指标。它利用简单的加减每日股票涨跌家数来计算股市上所有股票的累计涨跌家数。腾落指标不考虑股票发行量或成交量的权数大小,将所有股票等同对待,认为所谓"大势"就是多数股票的共同趋势,即大多数股票上涨就是大势上涨,大多数股票下跌就是大势下跌,通过连续累积地计算涨跌家数反映股票价格走向的趋势。

腾落指标的这一特点弥补了加权股价指数的不足。由于大盘股在股价指数中占了较大权数,就给主力操纵市场创造了条件,也让中小投资者产生错觉。有时股价指数上涨而市场上大多数股票价格却没有上涨;有时股价指数大幅下跌而大多数股票价格却跌幅不深。腾落指标以逐个股票的涨跌为依据,计算累积涨跌家数,在多头市场里,不仅股价指数持续上升,每日股票上涨家数也应多于下跌家数,腾落指标也应上升;在空头市场里,不仅股价指数持续下跌,每日股票下跌家数也应多于上涨家数,腾落指标也应下跌。通过将腾落指标与股价指数相互印证,可以分析股价趋势。

2. 腾落指标的计算公式

$$腾落指标 = \sum_{i=1}^{n}(上涨家数 - 下跌家数) \tag{8-14}$$

腾落指标就是将每日股票上涨家数减去下跌家数的累积余额。将每日的腾落指标数值连接起来,就是腾落曲线。腾落曲线走势可用趋势线方式研判,了解其支撑及阻力位。

3. 腾落指标的研判要点

腾落指标的研判要点主要有以下几点。

（1）当腾落指标与股价指数走势一致时,可进一步确认大势的趋势。当股价指数连续下跌,创新低或是未创新低,ADL 也持续下降甚至连创新低,预计近期内股价还会继续走低。当股价指数持续上升,创新高或未创新高,ADL 也不断上升甚至连创新高,意味着近期内股价还会继续上涨。

(2) 当腾落指标与股价指数走势背离时,预示股市可能向相反方向变化。当股价指数持续数日上涨而腾落指标却连续数日下跌时,表示股票涨少跌多,向上攻击动量不足,这种不正常现象难以持久,通常是大势下跌的前兆。当股价指数持续数日下跌而腾落指标却连续数日上升,表示多数股票已止跌回稳,大势底部已近,通常是大势上升的前兆。

(3) 腾落指标的变化往往领先于股价指数,如在多头市场里腾落指标若领先于股价指数下跌或在空头市场里腾落指标领先于股价指数反转上升,都提示大势可能变化,特别是股价在高价区位腾落指标先形成 M 头,或股价在底部腾落指标先形成 W 底,是卖出买进的信号。

4. 腾落指标的优缺点

腾落指标的优点是计算简便,可弥补加权股价指数的不足,缺点是只能反映大势的变化而不能提示买卖时机和个股的优劣,所以一般不能单独使用而要和其他指标结合运用。

(三) 涨跌比率(ADR)

涨跌比率(advance-decline ratio,ADR),又称回归腾落指数,其计算公式是:

$$ 涨跌比率 = \frac{N\ 日内股票上涨家数移动合计}{N\ 日内股票下跌家数移动合计} \tag{8-15} $$

采样天数可用 6 日、10 日、14 日、24 日、6 周、13 周、26 周等。采样太小,容易受当日股价变动而产生震荡性变动,从而失去作为重要参考指标的意义;若采样过大,又容易失去敏感性,也无多大参考价值,通常采用 10 日进行移动合计计算。

对涨跌比率的研判主要依据以下几点:① 10 日涨跌比率的常态分布范围为 0.5~1.5;② 当涨跌比率值大于 1.5 时,表示股价上涨已超出常态,产生了超买现象,股价容易回跌,是卖出信号;③ 当涨跌比率小于 0.5 时,表示股价下跌已超出常态,产生了超卖现象,股价可能会出现反弹或回升,是买进信号;④ 若股票加权指数与涨跌比率呈背离现象,大势可能即将反转。

(四) 超买超卖指标(OBOS)

超买超卖指标(over bought & over sold,OBOS)是通过计算一定日期内的股票涨跌家数来测量市场买卖气势的强弱及趋势,以此作为投资决策的参考依据,一般以 10 日为参数,采用逐日移动方法计算。其计算公式为:

$$ \text{OBOS} = N\ 日内股票上涨家数总和 - N\ 日内股票下跌家数总和 \tag{8-16} $$

OBOS 开始计算的时候以当日为基准,向前推移 9 个交易日,计算近 10 个交易日的上涨家数和下跌家数,如果上涨家数总和大于下跌家数总和,OBOS 为正值;反之,OBOS 为负值,以后逐日向前推移,计算近 10 个交易日的涨跌家数,也可将计算的 OBOS 值画在坐标上并连成趋势线加以分析。

OBOS 主要用于分析大势,因此要与股价指数联系起来加以分析。OBOS 对大势有先行指标的作用,但对个别股价走势无法提供明确的提示。对 OBOS 的研判主要是分析它与股票加权指数的分离现象。当 OBOS 走势与股价指数相背离时,应随时注意大势可能反转。如果加权股价指数持续上升,且位居高档,而 OBOS 开始下跌,显示大盘已是强弩之末,很多小股票已开始下跌而只能靠少数大盘股支撑指数,未来的市场可能转而走向弱势。如果加权股价指数持续下跌,且位居低档,而 OBOS 开始上升,显示上升股票家数已超过下跌股票家数,未来市场即将反转上升。

OBOS 指标具有移动性特征,可看出一段时间的市场趋势,并可降低某些偶然因素的干扰,但以涨跌家数预测市场变化有较大的随机性,逐日移动计算又有一定的滞后性,所以一般仅作为辅助性工具。

(五) 心理线(PSY)

心理线(psychological line,PSY)分析一段时间内投资者的心理是倾向于买入还是倾向于卖出,以此作为买卖决策的参考。一般以 12 日或 24 日作为计算的参数。其计算公式为:

$$\text{PSY} = 12 \text{日(或 24 日)内股价指数上涨天数} \div 12(\text{或 24}) \times 100\% \quad (8-17)$$

心理线的研判要点如下:① 25%~75% 为 PSY 值变动的正常范围;② PSY 值超过 75% 是超买,低于 25% 是超卖,股价回跌或上升的机会增多,可准备卖出或买进;③ 当 PSY 值高于 90% 时是真正的超买,低于 10% 时是真正的超卖,是卖出和买入时机;④ 一段上升行情展开前通常超卖的低点会出现两次,因此低点密集出现两次是买入信号。一段下跌行情展开前,超买的高点也会出现两次,因此高点密集出现两次为卖出时机。

心理线与其他技术指标如量价线、成交量比率等配合使用,精确度可更高。

三、价差指标分析

(一) 威廉指标(WMS%R)

1. 威廉指标的含义

这一指标是由拉瑞·威廉提出而命名,主要用于分析多空双方的力量对比,判断超买和超卖现象。

在运用威廉指标时,首先要决定计算周期。这一计算周期一般是取一个适当的市场买卖循环期的半数。通常一个买卖循环期可取 14 日、28 或 56 日,扣除休息日,这些循环期的实际交易日分别为 10、20 和 40 日,取其半数则为 5 日 WMS%R、10 日 WMS%R 和 20 日 WMS%R。

2. 威廉指标的计算公式

$$\text{WMS\%R} = \frac{H_T - C_t}{H_T - L_T} \times 100 \quad (8-18)$$

式中:H_T 表示 T 日内最高价,L_T 表示 T 日内最低价,C_t 表示第 t 日收盘价,T 表示量度期或计算周期天数。

计算出的 WMS%R 值的范围为 0~100,当 WMS%R ＝ 50 时表示多空力量均衡,当 WMS%R ＞ 50 时,是空头市场,当 WMS%R ＜ 50 时是多头市场。

3. 威廉指标的研判要点

威廉指标主要有以下几个研判要点。

(1) 当 WMS%R 进入 80~100 区间时,处于超卖状态,表示行情已进入底部,可作为买入时机,WMS%R ＝ 80 这一横线可视作买入线。

(2) 当 WMS%R 进入 0~20 区间时,处于超买状态,表示行情已近顶部,WMS%R ＝ 20 这一横线可视为卖出线。

(3) 当股票价格由超卖区(WMS%R ＞ 80)向上攀升初期,只是表示股价趋势转强,若涨破中轴线(WMS%R ＝ 50),便开始转为强市,可以买入。当股价由超卖区(WMS%R ＜ 20)回落,仅表示股价趋势转弱,待跌破中轴线方可确认转弱,应予卖出。

(4) 当价格进入超买区(WMS%R ＜ 20)并非表示会立刻回落,在超买区内的波动表示目前仍处于强市,可继续持有股票,直到跌破卖出线(WMS%R ＝ 20)或跌破过去曾回落至卖出线附近的最低点,便是第一个转向信号,可见机卖出。同样,当股价在底部超卖区(WMS%R ＞ 80)波动也要等价格突破买入线(WMS%R ＝ 80)和近期反弹高位,才可以买进。

威廉指标计算周期的选择很重要,关系到指标的准确程度,要视市场特点而定。这一指标敏感度较大,比较适合正常波动的股票或股市,对于人为操纵的市场不太合适,最好要与其他指标配合使用方可提高准确度。

(二) 随机指标(KD 线)

1. 随机指标的含义

随机指标或称 KD 线,由乔治·兰恩(George Lane)提出,是一种新颖、实用的技术分析工具。这一指标被广泛地应用于期货市场中,对股票的中短期分析也颇适用。随机指标分析当日收盘价与一定时间内最高价、最低价的比例关系,并以此来分析市场的强弱度,在计算 KD 值时考虑到近期加权的意义及平滑平均线的意义,是较为敏感的短期指标工具。

2. 随机指标的计算公式

随机指标有以下几个计算步骤。

(1) 计算计算周期的 RSV 值,即未成熟随机值:

$$\text{RSV} = \frac{C_t - L_T}{H_T - L_T} \times 100 \tag{8-19}$$

式中：C_t 表示第 t 日收盘价,L_T 表示 T 日内最低价,H_T 表示 T 日内最高价。

RSV 值始终在 1~100 范围内波动。

(2) 计算 K 值与 D 值：

$$\text{当日 } K \text{ 值} = \text{当日 RSV 值} \times \frac{1}{3} + \text{前一日 } K \text{ 值} \times \frac{2}{3} \tag{8-20}$$

$$当日 D 值 = 当日 K 值 \times \frac{1}{3} + 前一日 D 值 \times \frac{2}{3} \qquad (8-21)$$

在计算之初,可以设 K、D 值的初值为 50,代替前一日 K 值、D 值。

3. 随机指标的应用法则

随机指标的应用法则主要有以下几点。

(1) 多空均衡区。当 K、$D=50$,为多空均衡区;K、$D>50$ 为多头市场,当 K 值、D 值回档至 50 时一般会得到支撑;K、$D<50$ 为空头市场,当 K 值、D 值反弹至 50 时,一般会有压力。

(2) 超买超卖。K 值线是短期敏感线,K 值在 90 以上为超买,10 以下为超卖;D 值是中期主干线,当 D 值在 70 以上时为超买,30 以下时为超卖。

(3) KD 线的交叉。K 值大于 D 值,显示目前是上升趋势。当 K 线向上突破 D 线时是较为准确的买入信号;D 值大于 K 值,表示目前是下跌趋势,当 K 线向下跌破 D 线时,是卖出信号。

(4) 背离信号。当股票价格创新高或新低,但 K 值、D 值却没有出现相应的新高或新低,便产生了背离信号,这是非常准确的买进卖出时机。

(5) KD 线不仅可用于日线图上,也可用于分时图或周线图,也可短、中、长线兼用。

(三) AR 指标、BR 指标、CR 指标

AR 指标、BR 指标、CR 指标是描述多空双方力量对比的指标之一,它们从不同的角度选择某一均衡价位作为基准,用距离均衡价位的远近来反映多空双方的实力变化,从而判断市场价格的变动趋势,提高买卖时机。

1. AR 指标

AR 指标又称人气指标或买卖气势指标。AR 指标选择每一交易日的开盘价为均衡价格,以最高价到开盘价的距离反映多方力量,以开盘价到最低价的距离反映空方力量。

(1) AR 指标的计算。其计算公式为:

$$AR = \frac{\sum(H-O)}{\sum(O-L)} \times 100 \qquad (8-22)$$

式中:H 表示当日最高价,L 表示当日最低价,O 表示当日开盘价。

AR 指标的参数为天数,参数的选择由人为决定,例如,可以选择 26 天为参数,反映 26 天以来多空双方总的力量对比。强弱对比的分界线为 100,100 以上表示多方占优,AR 值越大,表明多方力量越强;100 以下表示空方占优,AR 值越小,表明空方力量越强。

(2) AR 指标的应用法则。其应用法则有以下几点。

① AR 指标在 100 附近,说明多空双方势均力敌;AR 指标在 80~120 范围内,为盘整状态。

② AR 指标大于 120,为多头市场。AR 指标不断上升,表明多方力量在不断增强;AR 指标大于 150,是卖出信号。

③ AR 指标小于 80,为空头市场。AR 指标不断下降,表明空方力量不断增加,AR 指

标小于 60,是买入信号。

④ AR 指标适用顶背离与底背离原则,即有领先股价达到峰顶和谷底的功能。

2. BR 指标

BR 指标又称买卖意愿指标,BR 指标选择前一天收盘价作为均衡价格,因为考虑了开盘可能跳空的信息,能全面反映股市的暴涨暴跌。

(1) BR 指标的计算。其计算公式为:

$$\mathrm{BR} = \frac{\sum(H-E)}{\sum(E-L)} \times 100 \qquad (8-23)$$

式中:H 表示当日最高价,L 表示当日最低价,E 表示前一交易日的收盘价。

BR 指标的天数可以选择与 AR 指标相同的天数,如 26 日。

(2) BR 指标的应用法则。其应用法则有以下几点。

① BR 指标在 100 附近,说明多空双方势均力敌;BR 指标在 70~150 范围内,股市为整理阶段,多空双方至多为一方稍占优势,但还不足以击垮对方。

② 在多头市场,BR 指标很高,并随着多头强度的增强而不断上升。当 BR>300 时,应注意股价下跌。

③ 在空头市场,BR 指标很低,并随着空方力量增强,BR 还会不断下降。当 BR<40 时,应注意股价上升。

④ BR 指标也适用顶背离和底背离原则。

⑤ BR 指标应与 AR 指标结合使用。一般而言,BR 指标取值比 AR 大,波动范围也较大。通常,如果 AR、BR 都急剧上升,说明股价离顶部不远,可获利了结;如果 AR 被 BR 从上往下穿破,并且处在高价位,是逢低买进信号;如果 AR、BR 发生背离,BR 急剧上升,AR 未配合上升而是盘整或是小回,是逢高出货的信号。

(3) 应用 BR 指标应注意的问题。BR 指标在股价向上或向下出现跳空缺口时会出现负值,最简单的处理方法是将 0 取代负值,代表多方或空方的强度为 0。此外,与大多数技术指标一样,当股价第一次进入 BR 指标运行区域时,应特别小心。

3. CR 指标

CR 指标又叫中间意愿指标。CR 指标选择中间价为均衡价格,以弥补 AR、BR 的不足。

(1) CR 指标的计算。其计算公式如下:

$$\mathrm{CR} = \frac{\sum(H-M)}{\sum(M-L)} \times 100 \qquad (8-24)$$

式中:M 表示上一交易日中间价。

中间价有四种计算方法:$M=(2C+H+L)/4$

$$M=(C+H+L+O)/4$$

$$M=(C+H+L)/3$$

$$M = (H + L)/2$$

式中：C 表示当日收盘价。

以上四种方法对四种基本价格的重视程度不一样，其中第一种方法将收盘价指数的权重设置得较大，是较为常见的方法。

CR 的参数可以人为决定，一般与 AR、BR 所取时间相同。

（2）CR 指标的应用法则。其应用法则有以下几点。

① CR 与 AR、BR 相同，CR 指标上升，表示多方力量强大；CR 指标下降，表示空方力量强大。

② CR 指标在顶部或底部与股价背离，是采取行动的信号，但 CR 指标第一次发出行动信号时，错误的可能性较大。

③ CR 指标比 BR 指标更容易出现负值，当出现负值时，简单的做法是将 CR 指标取值为 0。

（四）趋向指标

趋向指标（directional movement index，DMI）是威尔德提出的技术分析工具，主要通过比较证券价格创新高和新低的动能来分析多空双方的力量对比进而推断价格的变动趋向。这一指标计算过程比较复杂，但实际应用却简单明确，较有实效。

1. 趋向指标的计算

趋向指标的计算有以下几个步骤。

（1）计算趋向变动值（DM）。趋向变动值（DM）是前后两个交易日最高价、最低价的比较，取两日最高价差和最低价差中的最大数值代表价格变动趋向。具体方法是：① 计算上升动向（+DM）。当日最高价比前一日最高价高，当日最低价也比前一日最低价高，取两日最高价的差为当日的上升动向值。当日最高价高于前一日最高价，而最低价却低于前一日最低价，则需比较两日价差的绝对数额，如果高价差大于低价差，取高价差为当日的上升动向值。② 计算下降动向（-DM）。当日最低价较前一日最低价低，最高价也不及前一日最高价高，取最低价之差为当日下降动向值。当日最低价比前一日最低价低，最高价比前一日最高价高，需比较两日的绝对差额，如果低价差绝对值大于高价差绝对值，则取低价差为当日下降的动向值。③ 如果前后两个交易日的最高价与最低价相同，或者当日最高价、最低价与前一日最高价、最低价差额的绝对值相等，则当日动向值为零，即 DM = 0。

（2）计算当日真正波幅（TR）。当日真正波幅是当日价格较前一日价格的最大变动值。取以下三项差额的数值最大值为当日真正波幅：① 当日最高价与最低价之差；② 当日最高价与前一日收盘价之差；③ 当日最低价与前一日收盘价之差。

（3）计算动向方向线（DI）。

$$上升方向线：+DI_n = \frac{+DM_n}{TR_n} \times 100 \qquad (8-25)$$

$$下降方向线：-DI_n = \frac{-DM_n}{TR_n} \times 100 \qquad (8-26)$$

式中：n 表示计算周期的天数。

为了使方向线指标具有参考价值，必须有相当时间的累积运算。威尔德认为最适当的周期为 14 日，即将 14 日内的 +DM、-DM 和 TR 累积合计，再加以计算。计算出某日的 ±DM、TR 和 ±DI 值后，以后只需运用平滑移动平均数的运算方法即可。计算方法如下：

$$当日的 \pm DM = (前一日的 \pm DM \times 13 + 当日的 \pm DM) \div 14 \qquad (8-27)$$

$$当日的 TR = (前一日的 TR \times 13 + 当日的 TR) \div 14 \qquad (8-28)$$

$$当日的 \pm DI = (前一日的 \pm DI \times 13 + 当日的 \pm DI) \div 14 \qquad (8-29)$$

DI 是一相对值，其数值在 0～100 区间内。+DM_n 代表最近 n 日以来的实际上涨比率，-DM_n 代表最近 n 日以来实际下跌比率。当价格持续上升时，上升动向值 +DM 不断出现，将使上升方向线 +DI_n 的数值不断升高，直至趋近于 100，同时，下降方向线（-DI_n）的数值不断下降，直至趋向于零。此时 +DI_n 与 -DI_n 之间的差值很大。当股价持续下跌时，下降动向值（-DM）不断出现并使下降方向线（-DI_n）的值不断升高，直至趋于 100；同时，上升方向线（+DI_n）的值下降，直至趋向于零。而在价格盘整时，±DI_n 之间的差值很小，说明涨跌比率相距不大。

（4）计算动向指数（DX）。

$$DX = \frac{DI_{DIF}}{DI_{SUM}} \times 100 \qquad (8-30)$$

式中：DI_{DIF} 表示 ±DI 的差额，DI_{SUM} 表示 DI 的总和。

动向指数是上升方向线与下降方向线的差（绝对值）占两者之和的比率，比率越大，走势动向越明显；比率越小，表明无明显动向趋势。由于动向指数的波动幅度较大，需要以 14 日平滑计算，得到平均动向指数（ADX）。

$$平均动向指数(ADX) = (前一日平均动向指数 \times 13 + 当日动向指数) \div 14$$

将计算出来的 ±DX 值和 ADX 值画于 K 线图的下方，可相互配合预测市场趋势将来可能的变化趋向。

2. 趋向指标的应用要点

趋向指标主要有以下几个应用要点。

（1）当（+DI）由下向上穿过（-DI）时，是买入信号，表示多头愿意以新高价买入，如果 ADX 伴随上升，则涨势将更强劲。

（2）当（-DI）由下向上穿过（+DI）时，是卖出信号，表示空头愿意以新低价卖出，如果 ADX 伴随上升，表明跌势更急剧。

（3）平均动向指标（ADX）可以辅助判断行情的走势。当出现明显的上涨或下跌行情时，ADX 值持续上升，表示这轮行情还将继续；当市场行情反复涨跌时，ADX 值逐渐下降，降至 20 以下可断定为牛皮盘档；当 ADX 值由上升转为下降时，是大势见顶或见底，涨势或跌势即将反转的信号。

趋向指标是一个较为长期的指标，其信号不多，但较容易判别。如果市场行情明朗，持续向某一方向变化,运用趋向指标买进卖出信号操作,效果比较明显,但在盘整形态中,因其信号不多,则效果不甚理想。

(五)停损点转向操作系统

停损点转向操作系统(stop and reverse,SAR)是利用价格变动和时间变动双重功能随时调整停损点位置的技术分析方法,由于组成 SAR 线的停损点以弧线的方式移动,所以又称抛物线指标,它的图形和运用与移动平均线非常相似。

1. 停损点的计算

停损点的计算有以下几个步骤。

(1) 在计算前先要判断本次行情是上涨还是下跌行情。若是看涨行情,第一天的 SAR 必须是近期内的最低价;若是看跌行情,第一天的 SAR 必须是近期内的最高价。这一近期内的最高价或最低价称为极点价。

(2) 第二天以及以后每日的 SAR 可用如下公式推算:

$$SAR_n = SAR_{n-1} + AF(EP_{n-1} - SAR_{n-1}) \tag{8-31}$$

式中:SAR_n 表示第 n 日的 SAR,SAR_{n-1} 表示第 $(n-1)$ 日的 SAR,EP_{n-1} 表示第 $(n-1)$ 日的极点价即看涨行情的最高价或看跌行情的最低价,AF 表示调整系数。

(3) 调整系数(AF)的计算。第二日的调整系数为 0.02,如果某日的最高价高于前一日的最高价,调整系数 AF 增加 0.02,如果没有创新高就沿用前一天的 AF,但 AF 的最高值为 0.2,即使再创新高,也不超过 0.2。

(4) SAR 不得设于当日或前一日行情价格之内。在看涨买入期间内,如果计算出某日的 SAR 比当日或前一日的最低价高,则应以当日或前一日最低价为 SAR;若看跌卖出期间,计算出某日的 SAR 比当日或前一日的最高价低,则应以当日或前一日最高价为 SAR。

2. 停损点的操作要点

停损点的操作采用和移动平均线一样的穿越原则,当股价线从下向上穿过 SAR 线时,是买进时机;当股价线从上方向下穿过 SAR 线时,是卖出时机。

停损点指标发出买卖信号明确,操作简便,适宜于中长期投资者使用,特别在大行情中效果明显。但在盘整行情中失误率较高,另外调整系数也应根据不同市场不同股票的特征寻找最佳参数。

市场指标除以上介绍的以外,还有动量指标(MTM)、震荡量指标(OSC)、逆势操作系统(CDP)等,不再一一列举。

第四节 证券投资方法

对投资者来说,证券投资成功的关键是正确选择投资对象和投资时机。通常,选择投资对象可由基本分析,特别是公司分析、财务分析以及对各证券预期收益和风险的计算解决。选择投资时机可由技术分析解决,即通过预测证券市场的变动方向,抓住股价变动的转折点进行买卖。但是对于中小投资者来说,要正确作出市场预测并不容易,他们需要一些自动、机械的投资方法,不动脑筋也可得到比市场平均收益略高的收益水平,这些投资方法实际上是根据市场变动规律而设计的选择证券买卖时机的防守性的投资策略。

一、趋势投资法

趋势投资法的依据是道氏理论,这一理论认为一旦股价变动形成一种趋势,便会持续相当长的时间,此时投资者也应顺应趋势保持自己的投资地位直至市场发出趋势转变的信号。

(一)百分之十投资法

在趋势投资法中有一种百分之十投资法,又称哈奇计划,以发明人哈奇的名字命名。哈奇在1883年至1936年的54年间利用百分之十投资计划将他的资产从10万美元增至19 440万美元,但其他投资者用同一方法却没有得到如此骄人的成绩。

百分之十投资法的要点是投资者买入股票后,每一周末计算所持股票的平均市值,月末再将各周平均数相加求出月平均市值,如果本月的平均市值比过去的最高点下降了10%时,就卖出全部股票,不再购买,直至卖出的股票平均市值从最低点回升10%时,再买进股票。哈奇百分之十投资法具有简单机械的特点,易于操作,但使用这一方法要注意几点:一是要考虑税收和佣金因素,如果获利低于投资成本,就不宜买卖;二是投资者应主要关心市场的长期趋势或主要趋势,如哈奇采用这一方法的54年中,44次改变了其在股市的地位,他所保持股票的时间短者为3个月,长者为6年;三是百分之十投资计划不作卖空交易。

(二)三成涨跌法

三成涨跌法是依照"行情平均按三成循环涨跌"的经验产生的投资方法,即不论什么股票,买进以后价格上涨30%就卖出,下跌30%再买进。但这一方法对成长潜力大或是在强劲的上涨行情或下跌行情中的股票并不适用。

二、定式法

定式法是以股价上涨过度必定要回跌、股价下跌过度必定会回涨为依据,投资者事先制定投资计划,以后不论股价如何涨跌,一律按投资计划自动进行买卖的投资方法,又被称为自动投资法和不费思考的投资方法。定式法的具体方法很多,它们的共同特征是将投资资金分为进攻和防守两部分,并设置一定基准,当股价上涨时减少进攻部分增加防守部分,股价下跌则减少防守部分增加进攻部分,随着行情变化而自动调整投资结构。

用黄金分割法为个股的强弱定性

(一)平均成本法

平均成本法是以低于股票平均价格的平均成本来购买股票的一种方法。具体办法是先选好某种有长期增长前景而价格波动幅度又不很大的股票,然后在间隔相等的固定日期以固定金额逐项买进这种股票,而不管当时股票价格的高低及变化趋势。由于每次以固定金额投资,因此在股价高时买进的股数较少,在股价低时买进的股数较多,使购买的平均成本低于平均价格。

【例 8-1】某投资者计划每月以 2 000 元投资于某股票,该股票从 1 月至 6 月的价格波动范围为 10 元/股至 18 元/股(表 8-2),投资的结果是平均成本为 11.98 元/股,而股价平均数则为 13.30 元/股。

表 8-2 某投资者股票投资资料

日 期	投资金额/元	股票价格/元	购买股数/股
1 月	2 000	10	200
2 月	2 000	12.50	160
3 月	2 000	20	100
4 月	2 000	16	125
5 月	2 000	8	250
合 计	10 000		835

$$平均股价 = (10+12.50+20+16+8)\div 5 = 13.30(元/股)$$

$$平均成本 = 10\,000 \div 835 = 11.98(元/股)$$

采用平均成本法有两个前提条件:一是投资者必须有长期稳定的资金可作为连续投资的来源;二是投资者必须有长期连续投资的打算和恒心,计划一定,轻易不变,如果半途而废,则难以收到预期效果。

平均成本法的优点是方法简便,不用选择购买时机,在股票价格变动的任何时候都可开始,也可在需要资金时停止投资收回本金;可消除股价短期波动的影响,享受股价长期增值的收益。但这一方法也有不足之处:首先,使用这种方法,市场价格必须有涨有跌,如果价格稳定,就不能达到使平均成本下降的目的,如果市场价格长期下跌也不大适用,因找不出合适的卖出时机会影响投资效果;其次,分次购买股票交易费用较高;最后,每次买卖股票的时间并非最佳时机,只是相对降低了成本,扩大了收益。

(二) 固定金额投资法

固定金额投资法又称常数投资法,采用这一方法的投资者在自己的投资总额中以固定的资金投资于股票,其余投资于债券或其他金融资产。当股价上升,所持股票市值超出计划投资数额时出售超额部分股票,买入债券或其他投资工具,当股价下降时则卖出债券等买入股票补足计划的固定金额。实际上投资者遵循着高卖低买的投资原则,并始终持有一定数额的股票。例如,某投资者计划以 2 万元资金投资于股市,并选好某绩优股持有,然后每周末或月末计算股票市值。当市值上升至 2.5 万元时,就自动卖出 0.5 万元股票,买入债券;当手中股票市值跌至 1.6 万元时,则卖出 0.4 万元债券买回股票。

使用这一方法简单方便,能及时将股票中增值获利部分转为安全性较高的债券,也是一种不动脑筋的投资方法。这一方法的关键在于如何确定股票涨跌幅度问题,如果股价略有涨跌就卖出买进,会因过多的手续费支付而减少收益,确定的涨跌幅度过大又容易失去账面利润及较好的买卖时机。一般认为股价上涨25%就应出售,下跌20%就应买进。另外,采用这一方法应避免在股价最高点时开始,在最高点时买进股票,使投资者风险增大,而且可能面临股价一再下跌时没有后继资金买进的困境。

(三) 固定比例法

固定比例法是将全部投资资金组成一个投资组合:一部分是防守部分,由价格相对稳定的债券组成;一部分是进攻部分,由普通股票组成。两个部分保持一定的比例关系,在证券行情的变动过程中,投资者要对组合中的证券作必要调整,使之经常保持这一固定比例。

例如,投资者以10万元开始投资,组成一个股票和债券各占50%的证券组合,即开始时买入5万元市值的股票和5万元债券。如果股票价格下降,市值跌至4万元,为保持固定比例,就应卖出0.5万元债券,并买入0.5万元股票;如果股票市值升到7.5万元,则需要卖出1.5万元股票并用这笔资金买入债券,于是两者之间又恢复各占投资总额50%的比例。这样,股价上涨即自动卖出,股价下跌自动买进,遵循高卖低买原则。

固定比例法简便易行,在股价作小幅度波动时也能获利。采用这一投资方法,要注意以下几点:一是要选择好股票与债券。二是根据自己的投资目标确定两者之间的比例,这一比例一旦确定就不要轻易改变。如果投资目标是资本的增长,可确定股票占70%、债券占30%的比例;如果投资目标是经常性收入,则可确定股票占30%、债券占70%的比例,但以各占50%较为普遍。三是确定股票市值涨跌多少幅度时需要对组合中证券进行调整,这一幅度定得过小,造成买卖频繁,交易费用增加,可根据市场情况定为5%~20%不等。四是使用这一方法在股价水平处于低迷时开始,面临的风险较小;如果在高价位开始,则风险较大。

(四) 可变比例法

可变比例法是允许投资组合中进攻部分和防守部分的比例随证券价格的变动而变化,从而获取较大利益的一种方法。采用这一方法的基础是以股票的某一价格水平为中心价格并以此画出一条趋势线,通常以若干年的股票价格平均数或股价指数为依据,利用统计技术,如回归分析法画出股价变动的趋势线。投资者可注意股票价格如何围绕着趋势线而上下波动,并根据变动的程度去调整股票在组合中应占有的比例。例如,当股票价格在趋势线上或在趋势线附近时,投资组合中股票和债券各占50%;当股票价格超出趋势线10%时,就卖出股票使股票市值比例降为40%,债券升为60%;当股票价格高出趋势线20%时,股票比例降为30%,债券比例为70%,依此类推;相反,当股票价格低于趋势线10%时,则买入股票使之在组合中的比例升为60%等。这样,当股市处于上升趋势之中,投资者不断地卖出股票,买入债券,在牛市即将结束时,投资组合中股票的比例将很小,债券的比例却很大;而在股市处于下跌趋势之中,投资者则不断买入股票,在熊市即将结束时,投资组合中股票的比例可能会很大,而债券的比例相应缩小。这种方法使投资者顺应大势而贱买贵卖,自然可降低风险并获得较多收益。

可变比例法有两个缺点:一是趋势线较难确定,如果趋势线出现差错,就可能在不恰当的时候买卖股票,但这个问题可用技术分析中的图表分析以及趋势线、阻力线等解决;二是投资者必须持续监控股票价格变化,当股票价格达到预定价格时,必须作出买卖决策。对于没有足够时间跟踪股价变化的投资者可用停止损失委托指令和期权交易锁定价格。

(五) 分级投资法

分级投资法是定式法中最为简单的一种,是依股价动向适时地买进卖出固定股数的投资方法。采用这一方法时通常选择某一种股价经常起伏变动的普通股票为投资对象,以它的平均价格或接近平均价格为起始点,然后确定股价升降的等级标准,可以以若干元为一级,也可以以涨跌若干百分点为一级,当股价下降一级时,买进一定股数的股票,上升一级时则卖出一定股数的股票,要使卖出的价格高于买进价格,使平均卖出价高于平均买入价,以获取差价收益。

【例8-2】投资者选择某股票为投资对象,设计股票涨跌1元为一级,每变动一级买卖500股,第一次按每股10元的价格买进500股,当股价跌至9元/股时,买入500股,跌至8元/股时再买进500股,当股价涨至9元/股时卖出500股,涨至10元/股时出售500股,涨至11元/股时再出售500股,最后获利1 500元(表8-3)。

表8-3 某投资者股票投资资料

股票价格/ (元/股)	买入股数/股	买入金额/元	卖出股数/股	卖出金额/元
10	500	5 000		
9	500	4 500		
8	500	4 000		
9			500	4 500
10			500	5 000
11			500	5 500
合 计	1 500	13 500	1 500	15 000

这种投资方法适用于股市趋势不明朗,股票价格在某一区间作上下盘整时使用,投资者低买高卖,风险小又可获得一定收益。而在长期下降或长期上升的市场则不能适用,在长期下跌的市场里,投资者持续不断地分级买进,会越买越套,很难有卖出获利的机会;而在长期上升的市场中,分级出售则会丧失可能得到的更大收益。为防止投资者在买入股票后股价连续下跌,可配合使用停止损失委托,当股价连续下降应取消投资计划。

(六) 均损法

均损法是指投资者不准备将投资的资金一次投入市场,而在不同的股票价位上分段买进,以期降低投资风险的一种方法。均损法可以在股价上升时分段买进,称为买平均高,也可在股价下跌时分段买进,称为买平均低。

【例8-3】投资者分析某股票价格有可能从10元/股涨至13元/股,他准备买入500

股,按均损法操作,可在股价 10 元/股时买入 200 股,在股价为 10.50 元/股时买入 200 股,股价 11 元/股时买入 100 股,这样他的平均成本为 10.40 元/股,当股价连续上涨时,他可分批出售。股价在他买入股票后即使下跌,只要不跌破 10.40 元/股仍有盈利。这样做的好处是,可避免因对大势判断错误在 10 元/股价位时一次投入全部资金,而股价却持续下跌,长时间不能回升至 10 元以上的困境。

【例 8-4】投资者准备购买某股票 5 000 股,但他并不一次投入全部资金,而是在股价 10 元/股时买入 1 000 股,股价 9 元/股时买入 2 000 股,股价 8 元/股时买入 3 000 股,这样他的平均成本为 8.80 元/股,只要股价涨至 9 元/股时卖出就可获得 1 000 元。

买平均高和平均低适合于作中长线投资,而不适合于短线投资。对于短线投资来说,平均高或平均低会错失获利机会。

(七) 阶梯法

阶梯法是指对不同到期日债券均等投资的一种方法。当投资者准备将一定数额的资金投资于债券时,可以购买不同期限的债券,每种期限的购买数量相同,当期限最短的债券到期,收回资金,再将这部分资金购买期限长的债券,如此循环往复。这样的投资方法使投资者持有相等数量的各种期限的债券,既保持了流动性,又能得到长期债券利率较高的收益。例如,某投资者将 10 万元分散投资于 1~10 年期的政府债券上,平均每种期限 1 万元,1 年以后,1 年期债券到期,将收回的资金购买新发的 10 年期债券,而其他各期债券的到期日也依次提前了 1 年,如此年复一年地循环。这一方法简便易行,并可得到高于中期债券的收益率,但当出现较为有利的投资机会或需要大量现金时,长期债券的流动性就不够理想,缺少灵活性。

定式法主要是为一些不熟悉股票市场、无法预测股市变化的投资者提供一些按既定计划投资的方法,这些方法可使投资者不用费心去分析买卖的时机仍能从股市上获取一定收益。使用定式法取得成功的关键是两个:一是投资者仍需选择在一定时间内能升值的股票作为投资对象;二是计划一经确定,就要严格执行,不要轻易改变,否则就不能取得较好效果,也就不能称为定式法了。但是任何一种方法都有其市场的适用性,投资者应根据不同的市场环境选用不同的方法,而不能机械地执行。

专栏 8-2　盘面行情指标解读

在证券行情表上有一些专门的术语,正确理解它们的含义,有助于我们看懂盘面的变化,及时作出合适的投资决定。

委比:是衡量一段时间内场内买、卖盘强弱的技术指标。它的计算公式为:委比=(委买总手数-委卖总手数)/(委买总手数+委卖总手数)×100%。

委买委卖的差值(即委差),是投资者意愿的体现,一定程度上反映了价格的发展方向。委差为正,委托买入的数量大于委卖数量,价格上升的可能性就大。反之,下降的可能性大。实际操作中,也要注意人为刻意挂盘因素的影响。

最新:指在即时最新一笔的成交价格。

开盘：指在每个交易日的第一笔成交价，即为当日开盘价。

最高、最低：指的是自开盘到即时，成交价格的最高价和最低价。

涨幅：指最新价相比上一交易日收盘价的上涨幅度。

振幅：指开盘后最高价、最低价之差的绝对值与股价的百分比。

总手：从开盘到即时的累计成交量。

金额：指当日累计成交金额。

均价：指当天累计成交的平均价，即金额除以总手。

量比：指开市后平均每分钟的成交量与过去5个交易日平均每分钟成交量之比。

其计算公式为：量比＝现成交总手数/现累计开市时间（分）/过去5日平均每分钟成交量

换手：即当日累计成交量占全部流通股本的比例，用来反映市场交投活跃程度。

外盘：指买家以卖家的卖出价而买入成交，成交价为申报卖出价，说明买盘比较积极。当成交价为卖出价时，将成交数量加入外盘累计数量中，当外盘累计数量比内盘累计数量大很多，表示很多人在抢盘买入股票，这时股票有股价上涨趋势。外盘是以卖方卖出价成交的交易，卖出量统计加入外盘。通常在国内股票软件中，红色数字表示外盘。

内盘：股票以买入价成交，成交价为申报买入价，说明抛盘比较踊跃。成交价为买入价叫内盘。当成交价为买入价时，将现手数量加入内盘累计数量中，当内盘累计数量比外盘累计数量大很多，而股价下跌时表示很多人在主动抛卖出股票。

本章小结

技术分析法是证券投资者普遍使用的分析方法。技术分析法不研究引起股票价格变动的原因，而是假设市场行为已反映了引起股价变动的一切信息，以证券的市场价格、成交量和股价走势的时间跨度为要素，借助图表和市场指标来分析股价动态和变动规律，以期预测证券市场的未来变动趋势。

技术分析方法以K线描述股价的变动并渐次演绎为股价趋势、股价形态、移动平均线、波浪理论等，归纳提炼出股价变动的规律和趋势；同时又通过量价指标、涨跌指标、价差指标分析多空双方的力量对比、投资者心态和涨跌幅度，从某一个侧面反映市场行为。

市场人士还根据市场变动规律和投资的经验总结出一些投资方法，不论是这些投资方法还是技术分析法在使用时还要根据市场的具体情况和投资者自身的特点灵活地运用。只有经过实践检验的方法才是好的方法，同时，再好的方法也要随着市场的变化不断修正、完善。

基本概念

技术分析　长期趋势　中期趋势　短期趋势　缺口　反转形态　整理形态　股价移动平均线

复习思考题

1. 道氏理论的要点是什么？它对技术分析有何贡献？
2. 什么是股价变动的趋势？如何确认趋势线的有效突破？
3. 什么是支撑与阻力？如何判断和分析支撑与阻力？
4. 缺口的种类有几种？它们各有什么意义？
5. 什么是股价移动平均线？什么是葛兰维尔投资法则？如何应用乖离率和指数平滑异同移动平均线？
6. 什么是波浪理论？它的基本原则是什么？
7. 股票的量价关系有何重要意义？可借助哪些技术指标分析股票的量价关系？
8. 常用的市场分析指标有哪些？它们各有什么意义？

第九章 证券投资管理

为实现投资收益、控制投资风险,有必要对证券投资加以管理。证券投资管理是一个动态的过程,既需要正确的理论指导,又需要合理的投资目标、合适的投资策略,还需要将所选择的投资策略付诸实施并对投资业绩作出评估。

第一节 证券投资管理步骤

证券投资管理,又称证券组合管理(portfolio management),是对证券投资资金加以管理。证券投资过程是一个思考和行动的过程,为投资过程设计一个清晰的步骤是必要和行之有效的。首先,要明确投资目标,认清所有的制约因素,并将投资目标和制约因素转化为投资政策;其次,要选择合适的投资组合策略;再次,要实施投资策略,即通过构造证券组合并在跟踪组合的过程中作必要的修正;最后,对投资组合的业绩作出衡量和评估。投资的过程是动态的和连续的,因此投资管理的过程是永无止境的。证券投资过程基本上由以下五个步骤组成,即**确定投资目标、制定投资政策、选择投资组合策略、构建和修正投资组合、评估投资业绩**。

一、确定投资目标

投资目标是制定投资政策、选择投资策略的依据。投资目标因投资主体不同而大相径庭,又因投资目标的实现期限不同而有所区别。

对个人投资者而言,投资目标一般是具体而且是有时间性的。例如,某位投资者的近期目标是为旅游准备一笔资金或是为进一步深造筹足学费,中期目标是为结婚准备足够的钱款或是为孩子准备必要的教育费,远期目标是还清买房的贷款或是为退休后的生活准备充足的养老金。

对机构投资者而言,投资目标随投资机构的类型不同而有所不同。例如,养老保险基金的投资目标是产生足够的现金流量以满足年金支付的需求;保险公司的投资目标是保证承诺的理赔和未来的现金支付并产生利润;银行和储蓄机构的投资目标是将资产的风险与资产的收益相匹配并获得存贷款之间的利差收益;证券投资基金的投资目标是将资金投资于发行公开说明书中确定的具体投资目标,以实现对投资者的承诺;各类资助基金是通过接受一个或多个捐赠人的捐赠,将资金用于教育、文化、慈善组织或其他特殊目的的非营利的基金组织,资助基金的投资目标是在适度的风险条件下产生稳定的收益,以实现设立资助基金的目的。

然而,无论是个人投资者还是机构投资者,在确立投资目标时都必须考虑收益和风险的均衡关系,即在风险承受能力的范围内确定预期收益,而不应有不切实际的投资目标。

二、制定投资政策

投资管理的第二步是制定为实现投资目标而需要的政策指导。投资政策将决定资产配置决策,即如何将投资资金在投资对象之间进行分配。**投资政策受若干因素制约,这些制约因素主要来自投资主体自身的条件限制和投资主体以外的监管限制。**

来自投资主体自身条件的限制因素主要有投资规模、流动性需求、投资期限和风险承受能力等。对个人投资者而言,收入水平、财务状况、投资期限以及所处的生命周期是重要的限制条件。对机构投资者而言,机构的类型及业务特征决定了投资期限及流动性要求。例如,证券投资基金的分红压力和赎回条款决定了对流动性的需求较大,捐赠基金的性质决定了它应选择相对保守的投资政策。

投资主体外部的限制条件主要来自法律的约束和各国监管部门的有关规定。通常,各国监管部门对各种类型的机构投资者都会设定一定的投资限制,例如,只能以一定比例的资金投资于股票等高风险的投资工具,对一个公司的股票投资不得超过某一比例等。另外,证券投资基金、人寿保险公司等金融机构还必须遵守公开说明书和保单上作出的投资范围承诺。

在作出投资决策的时候还必须考虑税收因素,因为任何一个投资策略的业绩都是由其税后收益的多少来评价的。对那些面临很高税率的家庭与机构投资者来说,避税与缓税因素在他们的投资策略中可能会非常关键。

三、选择投资组合策略

选择与投资政策一致的投资组合策略是投资管理过程的第三步。基本的投资管理策略有积极的和消极的两类。

(1)**积极的投资组合策略**(active portfolio strategy)是利用可获得的信息和预测技术对能够影响某种资产价格的因素进行预测,以取得比广泛分散的投资组合更好的业绩。例如,积极的普通股策略包括对未来收益、股息或市盈率的预测,积极的债券组合策略主要是对未来的利率加以预测,而包括外国证券的积极投资组合策略则要求对未来汇率进行预测。

(2)**消极的投资组合策略**(passive portfolio strategy)是主要依靠分散化投资使组合的业绩与一些市场指数相匹配。它的预期性投入是最低限度的。实际上,消极的策略是假设证券的价格已经反映了市场所有可获得的信息。如果组合投资者或组合管理人认为市场是有效的,或是他们愿意接受相当于市场平均水平的收益和风险,则会选择消极的投资组合策略。

在积极的策略和消极的策略之间出现了同时具有上述两策略要素的许多新策略。例如,有的策略是对投资组合的核心资产进行消极的管理,而对剩余部分则进行积极的管理。在债券投资领域,还出现了被称为结构化投资组合策略,即设计投资组合,使它未来的现金收入与届时需支付的债务相匹配。

四、构建和修正投资组合

构建和修正投资组合是投资过程的第四步,它涉及资产配置、具体投资资产的选择和必要的修正。

资产配置是指证券组合中各种不同资产所占的比率。典型的资产有货币市场证券、债券、股票、金融衍生工具、不动产等。各种类型资产的价格变化有不同的相关性,将相关性低的资产加以组合可以有效地降低总风险水平,因此,资产配置在投资管理中举足轻重。

在完成了资产配置工作后,才可进行单个证券的选择。证券选择是一个决策过程,用以确定各类资产中最适合的证券。在**选择证券时要注意选择具体的投资品种、选时和多元化问题**,即通过宏观经济分析判断经济周期和证券市场背景,通过行业分析、公司分析和财务报表分析选择有投资价值的投资品种,利用技术分析选择买卖时机,依据一定的条件组建一个多元化的、风险充分分散的资产组合。

构造资产组合后需要跟踪组合的变化并在必要时作出修正。在以下两种情况下通常需要修正:一是投资者改变了投资目标,认为当前的组合不再为最优,此时需要调整组合中的部分证券甚至重新构造组合;二是原来有投资价值的证券变得没有吸引力了,与此同时,市场上出现了更具投资价值的证券,此时需要在组合中加入和剔除一些证券。对组合作出修正决策的主要依据是交易的成本和修正后投资业绩提高的预期。

五、评估投资业绩

投资业绩的衡量和评估是投资管理过程的最后一步。**投资组合的业绩评估,主要是定期评价投资组合的表现,其依据不仅是投资组合的收益,还有投资者承受的风险。**为此,需要有衡量收益和风险的相对标准或称基准。通过衡量组合的业绩,并与该基准进行对照,从而对组合业绩加以评估。该基准通常是某一公认的股价指数或债券指数,它们代表着市场的平均水平,也可以是预先设定的某一证券集合。当然,该基准只是一个相对标准,投资者还应对投资组合业绩的优劣作出具体的分析。

由于投资过程是一个持续进行的过程,因此,以上的投资管理过程也是持续不断的滚动过程。只有注重对投资组合的动态管理,才能不断提高投资水平。

定投复制上证综合指数的模拟基金

第二节 股票投资管理

股票投资管理的类型有积极的管理策略和消极的管理策略两种。对管理策略的选择取决于投资者对收益和风险的态度和对市场是否有效的判断。有效市场假说是描述资本市场定价效率的理论,是指导投资者判断市场、制定投资管理策略的理论依据。积极的股票投资管理策略包括以技术分析为基础的策略、以基本分析为基础的策略、以市场异象为基础的策略、以股票投资风格管理为基础的策略。消极的股票投资管理策略包括购买并持有策略和指数法策略。

一、股票投资管理的类型和理论依据

(一) 股票投资管理的类型

股票投资管理的类型分为两种:**积极的管理策略和消极的管理策略**。它们的区别在于,采取积极管理策略的投资者花大量精力构造投资组合,而奉行消极管理策略的投资者只是简单地模仿某一股价指数以构造投资组合。

采取积极管理策略的管理人由评价宏观经济环境和预测经济前景开始。在对宏观经济评价和预测的基础上,管理人首先必须决定投资组合的资金如何在债券、股票、现金等价物之间分配,然后决定投资于股票的资金如何在股票市场的不同部分和行业之间分配。在这之后,管理人就要选择投资组合应包含的具体股票。通常,管理人借助盈利前景、增长潜力、市盈率、净资产倍率等指标搜寻能获取较高收益的股票。在积极管理策略的条件下,管理人必须在复杂规则的制约下,选择相对少数的若干只股票,这些股票在组合中往往有近似的权重。管理人还必须注重买卖股票的时机,以建立尽可能优化的投资组合。投资组合构建以后,还需要经常地监测组合的业绩,在必要时加以调整,以保持组合的业绩。很明显,组合管理人的投资理念和管理水平对组合的业绩有一定的影响。

采取消极的管理策略一般遵循简单的交易规则,即以某一有代表性的股价指数为参照,根据指数的样本股票及其在指数中的权重构建投资组合。通常,组合包含许多股票,并且每只股票都有精确的权重。由于指数的信息是公开可得的,因此只需以量化交易方式即可构建投资组合。投资组合构建以后,只要指数的样本股不变,无须经常监测和调整。

股票管理策略的选择主要取决于两个因素:一是投资者对收益和风险的态度;二是投资者对股票市场有效性的看法。指导投资者判断股票市场是否有效的理论依据是有效市场假说。

(二) 有效市场假说

有效市场假说(efficient market hypothesis,EMH)是描述资本市场定价效率的理论,这一理论认为证券市场上任何时刻的价格都充分反映了与证券估价相关的全部信息。

有效市场假说认为,在运转良好的金融市场中,价格反映了所有的相关信息,这样的市场就是有效市场。或者说,如果金融市场是有效的,某种证券的现行市场价格就包含了所有的相关信息,对某种证券真实价值的最佳估计就是这种证券的现行市场价格。

市场的有效性来源于竞争。信息收集和分析是需要成本的,只有这样的行为能产生更多的投资收益,投资者才愿意花时间和资源去发现和分析新的信息。因此,在均衡的市场中,有效信息的收集行为应该是有成果的。在有效市场中,有很多投资者在对各公司股票的真实价值进行评估,他们努力寻找那些市场价格偏离真实价值的股票,并且买入或卖出这些股票。他们的投资行为使证券的市场价格趋于其真实价值。这意味着,当新的信息出现时,投资者会对所有有关信息作出反应,而投资者根据相关信息作出的投资决策又会引起股价波动。正因为持续不断的信息会使证券价格发生变动,所以说,股价包含了一切信息。

对市场是否有效的检验主要是看投资者能否得到超额收益。**超额收益或超额收益率**是指一项投资策略的实际收益或实际收益率与期望收益或期望收益率的差额。实证检验中使用的期望收益率是通过定价模型如资本资产定价模型或要素模型预测的,它已经考虑了市场的系统风险。实际收益率是在剔除佣金和交易费用后的净交易收益率。可用公式表示如下:

$$超额收益率 = 实际收益率 - 期望收益率 \tag{9-1}$$

如果一项投资策略的收益超过市场预期收益,而且在统计上有显著的表现,该市场就不是一个有效的市场。或者说,如果市场是有效的,一项能产生正的超常收益的投资策略未必能始终战胜市场。

有效市场假说将股票市场分为弱式有效、半强式有效和强式有效三种形式,划分的标准是股票价格对不同信息的反应。

如果市场表现为**弱式有效形式**(weak form),则股票价格反映了能从市场历史交易数据中得到的所有信息。由于过去的信息资料是公开的,而且股票价格已对这些信息作出了调整,因此投资者不可能利用历史信息去发现被错误定价的股票,也不能从买卖这种股票中获得超额收益,投资者只能就承担的风险获取正常的盈利。由于技术分析法是利用历史信息发现错误定价的股票和预测股价变动趋势的,因此,在弱式有效市场中,技术分析是没有价值的。如果只研究历史数据,股价变动表现为随机漫步(random walk)的特征。

如果市场表现为**半强式有效形式**(semi-strong form),则股票价格反映了所有公开的相关信息,这些信息包括公司的生产、销售、管理质量、投资决策、利润预测、财务报表等。在半强式有效的市场中,投资者不能期望运用以公开信息为基础的交易策略赚取超额收益,也不能从财务报表和其他公开渠道获得的信息来寻找错误定价的股票,也就是说,基本分析是毫无意义的。

如果市场表现为**强式有效形式**(strong form),则股票价格反映了所有公开和非公开的信息,包括所有的历史信息、所有公众可获得的信息,甚至还包括内部人掌握的信息。内部人主要是指公司董事会成员、管理人员、证券中介机构的相关人员等。在强式有效市场中,所有的内幕知情人也无法从他们所得知的内部消息中获取超额收益,市场真正实现了公平和公正。

(三)有效市场中的投资策略

尽管有效市场假说已成为现代金融理论重要的基础与核心,但证券市场的实践者却往往以市场并非有效为依据制定投资策略。

投资者对市场有效程度的判断影响着他们的投资策略。如果认为市场是无效的,就能够以历史数据与公开和非公开的资料为基础获取超额盈利。如果认为市场为弱式有效,就有机会以公开和非公开的数据为依据赚取超额盈利。如果认为市场是半强式有效,则仅能以非公开信息为基础赚取超额盈利,但这样的交易是非法的。如果认为市场是强式有效的,则即使是内幕知情人也不能获得超额盈利。

在有效市场中,依然存在着竞争和资源优化配置的机制。由于证券价格提供了与公司发展前景有关的一切信息,并且还会对新的信息作出适当反应,所以投资者在选择股票和构建资产组合时,会将较多的资金配置到他们认为较为优良的项目中去,从而使发展前景良好的公司能以较为优厚的条件在一级市场筹措到较多的资金。在有效市场中,投资者还是会关注公司信息,这似乎与有效市场假说关于关注公司信息不能获得超额盈利的假设自相矛盾。然而在实践中,那些能以最小成本得到信息的投资者将投资于价格偏低的股票,一旦该股票重新被市场认同,股价就会上涨。因此,有效市场假说的实际应用主要集中在交易成本和交易速度上。这也就是很多机构投资者注重调查研究的原因。

在有效市场中,分散投资策略是否仍有价值是关系到投资策略选择的重要问题。如果市场是半强式有效的,技术分析和基本分析都是毫无意义的,因为价格已经反映了一切信息。然而,公平的定价,包括价格对每只股票收益和风险的客观评定,并不意味着随机选择股票就可以分散风险。或者说,即使所有的股票价格都是公正的,但每只股票仍具有特定的非系统风险,而这种风险是可以通过分散投资来消除的。因此,即使在完全有效的市场中,理性的资产组合管理也有重要作用。在有效市场中,投资者应该将更多的精力放在投资组合的构造和管理中。理性的投资组合管理者既不会随意买卖股票,也不会在任意时间买卖股票,而应通过选择股票将组合的风险控制在一定水平下,并使组合的流动性与预期的现金流量相适应。

二、股票投资管理策略

自从有了股票市场和股票交易,就出现了很多希望能战胜市场的策略。这些策略都曾引起过争论,也有很多学者对这些策略加以研究,以实证的方法对它们进行证实或质疑。直到现在,还有很多人在使用这些策略,或是在努力寻找更新或更有效的策略。股票管理策略大致可以分为两类,即积极的股票管理策略和消极的股票管理策略。

(一) 积极的股票投资管理策略

1. 以技术分析为基础的策略

以技术分析为基础的策略是以股票市场的历史交易数据(包括价格数据和数量数据)为基础,开发了一些机械的交易规则,这些规则能够指明买入、卖出股票的时机,并能在一定程度上预测单只股票和整个股票市场的未来运动趋势。这一股票投资管理策略的应用原则是根据对股票市场价格变动趋势的预测进行资本配置。

技术分析以道氏理论为依据,以价格变动和量价关系为重点,开发了很多技术指标和图形分析方法,从简单的过滤器规则、趋势线、移动平均线、波浪理论、各种技术指标到复杂的非线性动态模型。简单的过滤器规则是指,在股票价格上升了一定百分比后就买入该股票并一直持有,直到该股票价格下降一定百分比后再卖出。非线性动态模型的开发是因为人们认为股票价格是随机变化的,简单的数学工具不足以达到预测股票价格变动的目的,因而利用一些复杂的数学模型,期望从看似随机的股票价格运动中寻找获得超额收益的机会。非线性动态模型已被用于分析股票价格,如混沌理论,但它的实际应用效果并不理想。

利用市场的过度反应获取盈利也是一种常用的策略。为从有利的消息中获利或是为了避免不利消息的负面影响,投资者必须对新的信息迅速作出反应。通常,人们倾向于对极端事件做出过度反应。如果证券市场存在过度反应,投资者又能认清过度事件并能判断出过度事件对股票价格的影响程度和影响时间,就有可能实现超常收益。当出现有利信息时,可买入股票并在过度反应被纠正前卖出股票;当出现不利信息时,可卖空股票并在过度反应被纠正前买入以对冲空头头寸。

目前,仍有很多人在运用以技术分析为基础的管理策略,但也有很多人怀疑它的有效性。因为有效市场假说认为,一旦一项有效的技术规则或价格模式被发现,只要有大量的交易者使用,该技术规则或价格模式就将失效,即不能再为它的使用者带来超额收益。

2. 以基本分析为基础的策略

基本分析是利用公司的盈利和红利前景、未来的利率预期以及公司风险的评估来分析未来可能向股东分配的股息,并按股东未来收入的现值估算股票适当的价格。如果股票的市场价格低于它的理论价值,以基本分析为基础策略的建议是买入该股票;反之,则建议卖出该股票。

以基本分析为基础策略所使用的方法很多,除了宏观经济分析、行业分析、公司营运和财务报表分析以外,还有一些其他的方法。

经济增加值(economic value added,EVA)是20世纪80年代由美国Stern Steward公司开发并注册的衡量公司获利能力的新指标。EVA也被称为**经济利润**,它衡量了减除资本占用费后企业经营产生的利润,是企业经营效率和资本使用效率的综合指标。与传统会计方法的区别在于,后者只是以利息费用的形式反映债务融资成本,而忽略了股权资本的成本。从理论上讲,**股权资本**的真实成本等于股东以相同的资金投资于其他风险程度相似的公司所获利润的综合比较,即机会成本。由于考虑了股权成本,因而EVA比较准确地揭示了企业的经营效益。运用EVA指标衡量企业业绩和投资者价值是否增加的基本思路是:公司的投资者可以自由地将他们投资于公司的资本变现并将其投资于其他资产。也就是说,投资者至少应获得投资的机会成本,否则,投资者就应放弃对该股票的投资。

发现意外收益是常用的方法之一。通常认为,仅仅发现发展前景良好的公司是不够的,因为当其他投资者也知道这一信息时,对发现它的投资者来说就没有多大意义了。困难之处不在于确认公司是否良好,而在于发现能创造超常收益的公司。超常收益是市场对未来收益的预测与随后公布的实际收益的差别,这一差别也称意外收益。研究表明,识别出那些具有正的意外收益的股票,买入并持有就可能创造超额盈利。这也是那些经营惨淡的公司为什么还会受到投资者追捧的原因,只要它的实际业绩不像人们想象得那么糟就行。

市场中立多空策略也是一种基于基本分析的积极管理策略。投资者利用基本分析将股票分为高期望收益率股票和低期望收益率股票,然后在买入高期望收益率股票的同时卖空低期望收益率的股票。当建立起这种组合后,股市下跌将使多头头寸亏损、空头头寸获利,股市上升将使空头头寸亏损、多头头寸获利,最终结果是对多空两边头寸进行对冲的净盈或净亏。尽管进行了对冲,但并没有完全中和市场的总风险。然而可以构造具有相同 β 系数的多头和空头头寸,使该组合的 β 为零,这一策略称为市场中立多空策略。如果投资者有能力识别出高期望收益率的股票和低期望收益率的股票,然后建立起风险中和的投资组合,则无论股价上升还是下降,都会产生收益。

3. 以市场异象(market aromalies)为基础的策略

市场异象是指与市场有效性相悖的资本市场异常现象。以市场异象为基础的策略主要有：**低市盈率效应**(low-price-earnings-ratio effect)、**小公司效应**(small-firm effect)、**被忽略的公司效应**(neglected-firm effect)、**日历效应**(calendar effects)等。

(1) 低市盈率效应。市盈率是对所获收益支付价格的一种衡量标准,低市盈率表明公司具有收益增长的潜力和价格被低估的可能。有些研究表明,由低市盈率股票组成的投资组合表现要好于由高市盈率股票组成的投资组合,即使因资产组合的 β 值而调整收益,市盈率效应仍然起作用。对低市盈率效应的一种解释是,如果两家公司的期望收入是相同的,其中风险高的股票会以较低的价格出售,则市盈率较低。由于其风险高,期望收益也高,因而低市盈率的股票有可能获得较高的收益。低市盈率效应是对半强式有效市场的挑战,因为它使用了公司的财务数据。这也意味着,如果市场存在低市盈率效应,则应用这一简单的方法就有可能得到超常的收益。

(2) 小公司效应。有些研究表明,总收益率和风险调整后的收益率都有随公司相对规模上升而下降的趋势。如果将上市的股票按公司规模分组,则最小规模组的平均年收益率要明显高于最大规模组。小公司效应也是对半强式有效市场的挑战,因为这一策略使用了公司规模这一公开的数据。

(3) 被忽略的公司效应。研究发现,以证券分析师对不同股票的关注程度为基础的投资策略可以获得超常收益。这可能是因为,当上市股票的种类足够多时,并非所有的股票都会受到证券分析师们的同等关注,被证券分析师们忽略的股票价格有可能被低估,一旦被市场发现,它们将会有比那些备受分析师关注的股票有更好的表现。

(4) 日历效应。研究发现,在一年中的某些特殊时间实施股票交易策略与其他时间相比可能获得更高的收益。这种特殊的时间效应主要有 1 月份效应、年度中的月份效应、每周中的某天效应、节假日效应等。存在日历效应的原因可能与纳税有关,也可能与投资者的心理活动有关。日历效应的存在是对弱式有效市场的挑战,投资者根据历史资料甚至自己的记忆寻找这些特殊的时间,并将它们作为实施某些投资策略的最佳时机。

除此以外,还有遵循内部人的交易活动效应、市净率效应、颠倒效应等。实际上,以上各种效应的存在说明市场的定价并非完全有效,以市场异象为基础的策略正是投资者利用市场缺陷而取得超额收益的积极投资策略。然而,要准确评估这些策略却是困难的,因为这些被认为有可能产生超额收益的市场异象之间是有内在联系的。例如,小公司可能是那些没有引起证券分析师注意的公司,同时又是低市盈率的公司;又如,小公司的 1 月份效应比大公司明显等。

4. 以股票投资风格管理为基础的策略

在证券市场上,有些股票具有相似的特征和业绩模式,这些股票的收益率与其他类型股票的收益率有所不同。投资者将股票按业绩进行分类,将具有相似业绩的股票划归为同一种类,并认为它们有相同的投资风格。现在,股票投资风格(equity investment style)这一概念在投资业内已被广为接受。例如,证券服务机构推出了各种不同的风格指数,投资者基于这些风格指数构造投资组合,基于这些风格指数的期货期权合约也不断出现。

可以用多种方法对股票投资风格进行分类,最常见的方法是分为**增长型**和**价值型**两类。划分的依据是每股价格与账面价值比,即市净率(P/B),市净率越低,越接近价值型股票。通常,公司收益增长将增加每股账面价值,如果市净率不变,则随着收益增长,股价也将上升。能保持公司收益不断增长的股票就是增长型股票。增长型股票的风险是公司收入增长没有导致现金流增加或是市净率下降。价值型股票是那些相对于市净率而言,价格被低估的股票。由于这些股票的市净率水平比股票市场的总体水平低,进行价值投资的投资者预期它们的市净率将恢复到正常水平,因此,即使每股账面价值不变,股价也将上升。价值型股票的投资风险是市净率并不提高。

还可以将股票投资风格进一步细分。**增长型股票可以分为持续增长型和收益快速增长型两种**。持续增长型是指具有连续增长特点的高质量公司。收益快速增长型是指具有收益加速增长预期且高于平均增长水平但波动较大的公司。**价值型股票可以分为低市盈率型、反向型和收益型三种**。低市盈率型是指相对于市场平均市盈率而言价格较低的股票。反向型是指股票价格相对于账面价值较低的股票,这类股票通常是周期性股票,或是几乎没有当前盈利和股息收益的股票。收益型是指股息收益高于平均水平并可望进一步上升或至少能维持不变的股票。

实际上,有很多投资管理人既崇尚增长型投资风格,又追求价值型投资风格,但往往对其中的一种风格有所偏好。这种投资组合策略称为**混合型投资风格**。不同于增长型投资风格或价值型投资风格将全部资金投资于增长型股票或价值型股票,混合型投资风格将资金分配在不同类型的股票组合上,分配的比例依两种投资风格的相对预期而定。混合型风格管理人将资金投资于增长型股票和价值型股票中最强的股票,即选择那些预计会有高于平均增长潜力,又以合理价格出售的股票,只有在一种股票风格的长期预期收益率更高时才选择风格转换。混合型投资风格除了降低交易成本外还降低了一种风格投资的风险。

(二) 消极的股票投资管理策略

如果投资者认为市场是有效的,他们将放弃积极的股票管理策略。因为在有效的市场上,股票价格在任何时候都充分反映了能得到的与股票定价有关的全部信息,各种积极的投资策略在调整了风险和交易成本后并不必然产生超常收益率。此时,消极的股票管理策略,即不试图战胜市场的策略可能是最优的策略。消极策略的理论依据是现代投资组合理论和资本市场理论。根据这些理论,在有效市场上,市场组合对每单位风险提供了最高的收益率水平,因而,与市场组合相似的组合能够获得市场的平均收益率。

消极的投资策略有两类,一是购买并持有策略(buy-and-hold strategy),二是指数法策略(indexing strategy)。

购买并持有策略比较简单,即按照某些标准建立一个充分分散化的投资组合并在投资期内一直持有,一旦投资组合确定,就不再频繁地买入卖出股票。因为有效市场假说指出,当给定所有已知信息时,股票的定价是公正的,此时频繁地买卖股票只会消耗交易费用而不会提高期望业绩。

指数法策略通过跟踪一组股票指数的总收益业绩来设计投资组合。实际上这是一种指数基金管理方法,也是市场上经常使用的方法。

在有效市场上,市场组合提供了每单位风险收益的最高水平,因而可以实现市场效率。理论上的市场组合是所有风险资产的加权组合,为了使构造的组合更接近市场组合,应该选择能够代表市场的某一指数作为基准。

指数法策略管理的第一步是选择某一基准指数。理论上的指数法策略应是一种以完全实现市场投资组合业绩为管理目标的投资组合,但现实中很难组成理论意义的市场组合,因而通常以某一综合股价指数作为市场组合的代表。选定了基准指数后,就要构造与基准指数相匹配的投资组合。该跟踪组合又称**复制性投资组合**(replicating portfolio)。构造复制性投资组合的关键是尽可能缩小与基准指数之间的业绩差异。投资组合的业绩一般以总收益率衡量。基准指数与复制性投资组合之间的业绩差异称为**跟踪误差**(tracking error)。跟踪误差可能为正,也可能为负,它们分别代表复制性投资组合的业绩高于或低于基准指数,但指数法策略的目标是跟踪误差为零。

通常,复制性投资组合的收益率与基准指数收益率完全相等是不可能的,即使复制性投资组合购买了基准指数的全部股票,也会产生跟踪误差。这是因为,要完全跟踪基准指数各样本股的精确股份数,将难免出现零股交易,这将增加跟踪难度,并会影响小规模复制性投资组合准确跟踪指数的能力。同时,复制性投资组合的持有是一个动态的过程,基准指数样本股的相对权重会不断变化,组成指数的样本股也经常发生变化。不断调整投资组合的成本影响了跟踪基准指数的能力。

显然,交易成本影响了复制性投资组合的跟踪能力。为了减少跟踪误差,复制性投资组合的管理人必须考虑组合中股票数量与交易成本的替代关系,即用少于基准指数中的股票数量来构造复制性投资组合,但这要求定期调整组合中各股票的权重。用少于基准指数中股票数量构造有代表性的复制性投资组合的方法主要有三种:第一是**资本化法**,管理者买入基准指数中权重最高的股票构成复制性投资组合的主体,再平均分配指数中其余股票的权重;第二是**层化法**,根据基准指数的行业分类及权重,选择各行业有代表性的股票组成复制性投资组合;第三是**二次最优法**,根据马柯维茨的组合理论,选择能满足资金管理人风险偏好的最优组合作为复制性投资组合。

消极的股票管理策略也能与积极的股票管理策略相结合,形成混合的管理策略。在这种策略中,投资资金保持一个指数化的被动核心,与此同时用一个或更多的主动管理的资产组合来扩大这个核心。

飞镖投资与
随机漫步

(三)量化的股票投资管理策略

量化的股票投资管理策略(简称量化投资策略或量化交易策略)就是指以先进的数学模型取代人为的主观性判断,利用软件技术从庞大的历史数据中海选能产生超额收入的各种"大概率"事件以制定策略,降低投资者情绪波动的影响,防止在市场极度狂热或消极的状况下作出非理性的决策。简单来讲,量化交易(quantitative trading)根据制订好的交易数学模型或市场交易触发条件,由程序自动实行买入和卖出的操作。

一个完整的量化交易策略需要包含数据输入、策略处理逻辑和交易输出。输入主要是策略处理逻辑所需要的行情数据、财务数据和投资经验数据等。输入确定后,计算机程序会根据策略处理逻辑输出买卖信号,并进行自动交易。可见,策略处理逻辑是量化交易的核心。策略处理逻辑主要包括选股策略、择时策略、仓位管理策略、止盈止损策略和策略的生命周期管理等,这些策略都设定为计算机程序,自动执行。

1. 选股策略

量化选股就是用量化的方法选择确定的投资组合,期望这样的投资组合可以获得超越大盘的投资收益。常用的选股方法如多因子选股和行业轮动选股等。

多因子选股是最经典的选股方法,该方法采用一系列的因子(比如市盈率、市净率、PEG 等)作为选股标准,满足这些因子的股票被买入,不满足的被卖出。

行业轮动选股是由于经济周期的原因,有些行业启动有其先后顺序,通过发现这些跟随规律,可以在前者启动后买入后者获得更高的收益。实践证明,不同的宏观经济阶段和货币政策下,都可能产生不同特征的行业轮动特点。

2. 择时策略

量化择时是指采用量化的方式判断买入卖出点。如果判断是上涨,则买入持有;如果判断是下跌,则卖出清仓;如果判断是震荡,则进行高抛低吸。常用的择时方法如趋势择时和有效资金择时等。

趋势择时的基本思想来自技术分析,技术分析认为趋势存在延续性,因此只要找到趋势方向,跟随操作即可。趋势择时的主要指标有 MA、MACD、DMA 等。

有效资金择时是通过判断推动大盘上涨或者下跌的有效资金来判断走势,因为在顶部和底部时资金效果具有额外的推动力。

3. 仓位管理策略

仓位管理就是决定投资某个股票组合时,决定如何分批入场,又如何止盈止损离场的技术。常用的仓位管理方法如漏斗型仓位管理法和金字塔形仓位管理法等。

漏斗型仓位管理法是指初始进场资金量比较小,仓位比较轻,如果行情按相反方向运行,后市逐步加仓,进而摊薄成本,加仓比例越来越大。这种方法,仓位控制呈初始下方小、后续逐渐上方大的一种形态,很像一个漏斗。

金字塔形仓位管理法则指初始进场的资金量比较大,后市如果行情按相反方向运行则不再加仓,如果方向一致则逐步加仓,加仓比例越来越小。仓位控制呈下方大,上方小的形态,像一个金字塔。

4. 止盈止损策略

止盈,顾名思义,就是当盈利时如遇下跌及时出局,保住一定利润。止损就是当亏损时亏损到多少及时出局,避免更大的损失。

止盈和止损的共同特点是它们不是扩大盈利的手段,而是保住一定盈利和保住资金规模的手段。目的达到了,策略就算成功了,而不能为止盈和止损后大盘和个股又上涨了多少而后悔。

5. 策略的生命周期管理

任何量化策略,进入实盘交易之前都需要通过历史数据的回测和模拟交易的检验。

这是实盘前的关键环节,通过回测和模拟筛选优质策略,淘汰劣质策略。

市场是千变万化的,任何策略都具有生命周期,这就需要实时监控策略的有效性,一旦策略失效,需要及时停止策略或进一步优化策略。

第三节 债券投资管理

债券投资管理与股票投资管理一样,也分为积极的管理策略和消极的管理策略两种。积极的投资策略倾向于寻求更大的盈利并愿意承担相应的风险。债券投资管理中有两种积极的管理形式:一是通过利率预测来预期债券市场的变动趋势;二是通过分析来识别被错误定价的债券。消极的投资策略倾向于在既定的市场条件下保持适度的收益风险平衡而不试图去战胜市场。消极管理的典型形式是指数化策略和负债融资策略。

一、债券的波动性、持续期与凸性

(一)债券的波动性

债券的一个基本特征是它的价格与它所要求的收益率呈反方向变动,随着利率的上升或下降,债券的价格会随之下跌或上涨,债券持有人的资本也会相应地减少或增加。

债券价格对利率波动作出灵敏反应是因为债券的价格是它预期收益的现值,也是债券利率风险的表现。典型的债券,即未附选择权债券的价格波动与收益率变动之间表现出以下特征:① 尽管所有债券的价格与收益率呈相反方向变动,但是当收益率以一定幅度变动时,不同债券价格变动的幅度并不相同;② 当收益率发生小幅变动时,不管是上升还是下降,特定债券的价格将以大致相同的幅度发生变动;③ 当收益率发生大幅变动时,债券价格在收益率上升时的变动幅度与在收益率以相同幅度下降时的变动幅度是不同的,在给定收益率大幅变动的条件下,价格上升的幅度大于价格下降的幅度。

影响债券价格波动的主要因素是**票面利率**、**到期期限**和**到期收益率**。一般地说,在给定期限和初始收益率的条件下,票面利率越低,则债券价格波动性越大;在给定票面利率和初始收益率的条件下,期限越长,则债券价格波动性越大;债券价格还受市场利率水平的影响,市场收益率水平越高,则债券价格波动性越低。这也意味着,给定收益率变动,当市场收益率水平较低时,价格波动性较高;当市场收益率水平较高时,价格波动性则较低。

对债券投资管理人来说,为了有效地实施债券组合策略,不仅要理解不同的债券对收益率相同变动会产生不同的反应,更重要的是能衡量出债券价格如何对收益率的变动作出反应。为了控制债券组合的价格波动性,债券组合管理人需要寻找衡量债券潜在价格波动的方法。这种方法应能准确显示债券要求的收益率变动与价格变动之间的关系,从而使债券管理人知道,当收益率发生变动时债券价格将怎样变动。债券的持续期就是常用的方法之一。

(二) 债券的持续期

债券的持续期(duration),又称久期,由麦考莱(Frederick Macaulay)于1938年提出,因此又称麦考莱久期(简称MD或D)。持续期是一种测度债券发生现金流平均期限的方法,与投资者收回资金的平均年限相似,但它不是一个简单的平均数,而是投资者收回现金流量的现值加权平均年数,现金流入期越长,它的现金流入量的现值相对早期收到的同量资金的现值就越小,赋予它的权数就越小。

用公式表示麦考莱持续期:

$$D = \left[\frac{1c}{(1+y)^1} + \frac{2c}{(1+y)^2} + \cdots + \frac{nc}{(1+y)^n} + \frac{nM}{(1+y)^n}\right] \times \frac{1}{P} \quad (9-2)$$

式中:P表示债券价格,n表示时期数(年数×2),c表示半年一次的息票支付,y表示每期的到期收益率,M表示到期价值。

也可表示为:

$$D = \sum_{t=1}^{T} t \frac{PV(CF_t)}{P} \quad (9-3)$$

式中:$PV(CF_t)$表示现值。

$$PV(CF_t) = \frac{CF_t}{(1+y)^t} \quad (9-4)$$

式中:CF_t表示第t期收到的现金流量,t表示收到支付的时间。

持续期在债券投资管理中有着重要作用。第一,它是对债券或债券投资组合实际平均期限的一个简单计算,它解决了测度债券发生现金流平均期限的方法。第二,由于债券价格的敏感性随着到期时间的增长而增加,因而持续期也用于对债券资产组合利率敏感性的测度,并成为债券资产组合避免利率风险的重要工具。

众所周知,长期债券的价格比短期债券对利率波动更敏感,而持续期可以作为这一关系的量化工具。具体地说,当利率变化时,债券价格变化的比率与到期收益率的变化相关。可根据以下公式计算:

$$\Delta P/P = -D \times [\Delta(1+y)/(1+y)] \quad (9-5)$$

价格的变化等于(1+债券收益率)的变化乘以持续期,因此,债券价格的易变性与债券的持续期成正比,持续期也成为利率风险的量化工具。

投资者通常将持续期与$(1+y)$的比率定义为**修正的持续期**(modified duration),即:修正的持续期$D^* = D/(1+y)$,又令$\Delta(1+y) = \Delta y$,得到下式:

$$\Delta P/P = -D^* \times \Delta y \quad (9-6)$$

这说明债券价格变化的百分比等于修正持续期与债券到期收益率的变化的乘积。因为债券价格变化的百分比与修正持续期成比例,因此修正持续期可以用来测度债券在利率变化时的风险程度。在实际应用中,下式表达得更为简单:

价格变化的近似百分比＝－修正持续期×收益率的变动（用小数表示）

上式说明，持续期是针对利率微小变动所引起的债券价格变动百分比近似值的一个衡量指标。在要求的收益率发生微小变化的情况下，由修正持续期可得出一个十分近似的价格变化百分率。上式还说明，在给定收益率微小变动的情况下，修正持续期越长，债券价格变动的幅度就越大，即债券的利率风险越大。如果能确定持续期，就可以投资于某种债券或构建债券投资组合，使总的利率风险最小，因此，持续期成了债券投资管理的工具。

麦考莱持续期具有以下特征：① 持续期与到期收益率成反比例变化。收益率高，较远期的现金流将以较高的贴现率进行贴现，那些现金流获得的权数就小，从而持续期较短。② 持续期与债券的到期期限相关。大多数债券具有期限越长、持续期越长的特性。但这并不意味长期债券一定有较长的持续期，因为持续期并不仅受期限的影响。③ 持续期与债券的票面利率呈反比关系。利率水平越高，较早支付利息的权数就越大，持续期就越短。以上两点说明，如果投资者希望延长持续期，应选择票面利率较低、期限较长的债券。④ 持续期会随时间的流逝而以不同的速度下降，这也要求投资组合在时间上使持续期与期望的持有期相等。

此外，息票债券的持续期一般小于它的期限；零息债券的持续期等于它的到期期限；无限期债券的持续期为 $(1+y)/y$；债券投资组合的持续期等于单个债券持续期的加权平均数，权数取决于单一债券市值占组合市值的比重。持续期不适用于附选择权的债券。

持续期只是针对收益率微小变化时债券价格变化的近似值，但当要求的收益率发生较大变动时，持续期不能适当地近似反映价格的变化。此时，当要求的收益率上升时，持续期将高估价格下跌的幅度，从而低估新的价格；当要求的收益率下降时，持续期将低估价格上涨的幅度，从而低估新的价格。持续期的这一不足，由债券的凸性加以弥补。

（三）债券的凸性

债券的持续期揭示了债券价格变化的百分率与债券收益率变化成比例的法则。根据这一法则，债券价格变化的百分率作为它收益率变化函数的图形是一条直线，它的斜率为 $-D^*$。但实际上，债券价格与收益率之间的关系并不是线性的，而是一条凸形的曲线。对同一债券而言，持续期所表示的直线与由真实价格关系所表示的曲线在初始收益率处相切。当债券到期收益率发生微小变化时，持续期能近似地表示债券价格的变化，因而持续期法则是准确的。但是当到期收益率发生较大变化时，在两条线之间会出现不断扩大的距离，这表明持续期法则越来越不准确，这就是持续期直线总是低于债券价值的原因。

债券价格与收益率变化之间的曲线关系称为债券的**凸性**（convexity）。凸性的含义是，当债券收益率下降时，债券的价格以更大的曲率增长；当债券收益率提高时，债券的价格以更大的曲率降低。用公式表示：

$$凸性 = \left[\frac{1\times 2c}{(1+y)^1} + \frac{2\times 3c}{(1+y)^2} + \cdots + \frac{n(n+1)c}{(1+y)^n} + \frac{n(n+1)M}{(1+y)^n}\right] \times \frac{1}{(1+y)^2 P}$$

(9-7)

凸性调整＝0.5×凸性×(收益率基点的变化)^2 (9-8)

当要求的收益率发生较大变化时,在按持续期法则计算债券价格变动百分比的基础上加上凸性调整将能更准确地反映实际的价格变化。因此,将持续期与凸性相结合能计算因要求的收益率发生较大变化而导致实际价格变化的较好的近似值。

凸性具有以下特征：① 凸性与到期收益率呈反方向变化,收益率低的债券比收益率高的债券凸性大;当收益率上升(下降)时债券凸性下降(上升)。② 凸性与票面利率呈反方向变化,给定收益率和到期日,债券的票面利率越低,凸性就越大。③ 凸性与持续期呈正方向变化,期限较长的债券,持续期也较长,凸性较大。凸性的上述特征对债券投资者的意义在于：如果想延长持续期,增加凸性,就应选择票面利率较低的债券。

凸性除了能提高给定收益率变化下债券价格变动近似值的准确性以外,还有一个重要的投资含义。设想有两种持续期和收益率均相同但凸性不同的债券,债券 A 的凸性大于债券 B。这意味着,无论市场收益率升高还是降低,A 将有更高的价格。如果要求的收益率下降,债券 A 的价格上升幅度更大;如果要求的收益率上升,债券 A 的资本损失更小。如果投资者预期将发生较大的利率波动,债券 A 的价格变动幅度会大于 B;如果预期将发生小幅的利率波动,这两种债券的价格变动大致相当。通常,市场在为这两只债券定价时会考虑凸性因素,即市场将为凸性定价。市场往往要求投资者为具有更大凸性的债券支付更高的价格,接受较低的收益率。但是当利率发生小幅变动时,投资者无须为凸性付出代价。凸性将帮助投资者在对利率变化幅度有不同预期时作出更合理的选择。

总之,用凸性衡量债券价格变动百分比是对用持续期衡量价格近似变动的补充方法。当收益率变动时,持续期与凸性相结合能较为精确地衡量债券价格的近似变动。

二、债券投资管理策略

(一) 积极的债券投资管理策略

债券投资的收益主要来自利息收入、资本利得和再投资收入,资本市场上利率水平的变动、收益率曲线形状的变化、不同债券之间收益率利差的变化、某一债券收益率的变动都会影响债券或债券组合收益率的变化,因此,积极的债券投资管理策略通常从这些方面入手。

1. 利率预期策略

采取利率预期策略的投资管理人根据自己对未来利率走势的预期调整资产组合以保持对利率变动的敏感性。由于持续期是衡量利率敏感性的指标,因此,若预期利率上升则应减少债券组合的持续期,若预期利率下降则应增加债券组合的持续期。一般地说,投资管理人不会完全根据对利率的预测实施投资管理策略,但会以某一债券指数为基准,根据对利率走势的判断和客户的要求,增加或减少债券组合的持续期,避免出现组合业绩低于基准指数的局面。

投资管理人调整组合持续期的主要方法是**利率预期掉期**和**利率期货合约**。通过利率预期掉期掉换组合中的债券,以实现改变组合持续期的目的。利用利率期货的做法是,多头期货合约可以延长组合的持续期,空头期货合约则可以减少组合的持续期。

利率预期策略的关键是预测未来利率走势的能力。然而,理论上并不存在通过预测利率实现超额收益的可能,因此,单纯的利率预期策略的有效性是有限的。

2. 收益率曲线策略

收益率曲线策略是指通过预期国债收益率曲线形状的变化来调整投资组合的头寸。债券的收益率曲线体现了债券期限与收益率的关系,并且会随着时间的流逝而改变形状。收益率曲线的变动是一种国债到期前收益率的相对变化,变动的方式分为**平行移动**和**非平行移动**两种。收益率曲线的平行移动是指所有期限的收益率同时产生相同的变动,具体又可分为收益率曲线向**上平行移动**和向**下平行移动**两种。收益率曲线的非平行移动是指所有期限的收益率变动的基本点数不同,具体又可分为**收益率曲线斜率变化**和**收益率曲线波峰变化**两种。实际上,收益率曲线的斜率是用不同期限国债的收益率利差来表示的。因长期国债和短期国债之间收益率利差下降而引起的收益率斜率变化称为收益率曲线变平;因长期国债和短期国债收益率利差上升而引起的收益率斜率变化称为收益率曲线变陡。收益率曲线的波峰变化又称蝶式移动,中期国债的收益率下降、短期和长期国债的收益率上升是正向蝶式移动;中期国债的收益率上升、短期和长期国债的收益率下降是负向蝶式移动。

在以收益率长期变动预期为依据寻求资本最大化的收益率曲线策略中,组合中的债券价格是影响收益水平的主要因素。当收益率变动时,长期债券的价格变动幅度大,短期债券的价格变动幅度小,因而,组合中的债券期限结构对总收益有着重要影响。实施收益率曲线策略的关键是建立一种期限结构的证券组合。一般有三种收益率曲线策略:一是**子弹策略**,二是**杠铃策略**,三是**梯子策略**。在子弹策略中,构成组合的债券期限集中于收益率曲线上的某一点;在杠铃策略中,构成组合的债券期限集中在两个极端的期限上;在梯子策略中,构成组合的债券均匀地分布在不同期限的品种上。当收益率曲线变动时,这三种策略会产生不同的业绩,实际业绩取决于曲线移动的形态和移动的幅度,因而很难判断哪一种策略更优,必须结合具体情况作具体分析。

3. 收益差额策略

在债券市场上,可以按不同的标准将债券分为不同类别,如按发行主体、信用等级、计息方式、到期期限进行分类。**收益差额策略是基于相同类型中的不同债券之间收益差额的预期变化而建立组合头寸的方法。**当投资管理人认为某一类型中不同债券之间的当前利差与历史利差状况不符并预期债券到期利差将还原时将利用这一策略。

通常用两种债券的收益率差额来衡量收益率利差,该差额用基点表示。此外,也可用相对收益率利差和收益率比率表示。

$$收益率利差 = 债券 A 的收益率 - 债券 B 的收益率$$

$$相对收益率利差 = \frac{债券 A 的收益率 - 债券 B 的收益率}{债券 B 的收益率}$$

$$收益率比率 = \frac{债券 A 的收益率}{债券 B 的收益率}$$

最常用的是利用**信用利差**实施这一策略。当预期经济前景变化时,信用利差将发生改变,在经济紧缩时,国债与非国债之间的信用利差会扩大;在经济过热时,信用利差会缩小。在利率水平发生变动时,不同债券之间的收益差额或相对收益率利差也会发生变化,例如,预期利率下降会扩大可提前赎回债券和不可提前赎回债券的利差,因为此时发行人执行提前赎回的可能性增加;预期利率上升则会缩小利差。资金管理人在预期不同债券之间收益差额将发生变化时可通过替换组合中的债券种类实施这一策略。

4. 单一债券选择策略

单一债券选择策略是指资金管理人通过寻找价格被高估或低估的债券以获利的策略。通常辨认债券估价是否发生偏离的依据是,某一债券的收益率是否高于(或低于)相应信用等级的债券或是否因信用等级将得到改善(或恶化)从而预期收益率将下降(或上升)。当资金管理人发现某一错误定价的债券时,会以一种息票利率、期限、信用等级都相同但收益率略高或略低的债券来替换组合中已有的一种债券。这一策略的实施条件是债券市场出现暂时的不平衡,在市场有效的情况下,这种机会并不多。当进行替代互换时,资金管理人面临的风险是两种相互交换的债券并不完全相同,而是仅有相似的息票利率与期限。这将导致它们的凸性不同,进而影响它们的收益率利差。

5. 利用杠杆作用建立投资组合

如果国家或地区的法律允许,**资金管理人可以实施借入资金购买债券或借入债券卖空,利用杠杆作用增加组合收益的投资策略。**

使用杠杆的基本原则是要使借入资金的投资收益大于借入成本。在杠杆作用的影响下,如果投资收益率高于借入资金的利率,债券投资的收益会以一定的倍率放大;反之,亏损也会放大,这是杠杆运作的风险所在。杠杆倍率的大小视借入资金的数量而定,借入资金占本金的比例越高,则杠杆作用越大,即收益和风险放大的倍率越大。

资金管理人借助杠杆作用一般使用两种方法:一是利用**利率衍生工具**,二是利用**回购协议**。回购协议是指在卖出一种证券的同时规定在未来特定时间将这种证券以特定价格从对方买回的协议。资金管理人使用回购协议进行短期融资的好处是比向银行借款的成本低。回购协议的实质是短期的抵押贷款,抵押物是出售和随后回购的证券。回购协议的抵押证券一般是政府债券、政府机构债券及信用级别高的银行债券或公司债券。尽管有高质量的证券作为回购协议的抵押品,但交易双方仍有可能面临信用风险。如果回购期待间利率上升,抵押证券的市值将下降,若融资方不能购回抵押证券,则融券方持有的证券市值可能低于拆出的资金额。为了控制回购交易的风险,需要一定的制度安排。最常见的做法是拆借的资金额小于抵押证券的市值,将抵押证券市值超出融资额的部分作为保证金,为资金拆出方提供保护。另一种限制信用风险的方法是,当抵押证券的市值变动一定百分比时,回购头寸也作相应调整。

(二)消极的债券投资管理策略

消极的债券投资管理策略并不依赖于对利率走势的预测或是收益差额的变动,而是构建一个能取得某一预定市场基准业绩的组合,以实现或是某一基准指数的收益,或是满足未来单一负债的现金需求,或是满足未来负债流中每一负债现金需求的目的。消极的债券投资管理策略包括指数化投资策略和负债融资策略。

1. 指数化投资策略

债券指数化(bond indexing)投资策略是指构建的投资组合以某一预定的债券指数为目标,使该投资组合的总收益与目标指数的收益相同。

选择指数化投资策略的资金管理人必须选择目标指数。可供选择的目标指数有很多,总体上可以划分为综合性的市场指数和特定市场指数两类。综合性的市场指数包含国债、政府机构债、金融债、投资级公司债等各类债券。特定市场指数则以某一债券类别或子类别为样本编制的指数。对指数的选择首先要考虑投资者的风险承受能力,例如,希望回避信用风险的投资者应该选择不包含公司债的指数。另外,还要考虑投资者的目标,尽管各种债券指数的总收益变动高度相关,但它们的变动性却并不相同。资金管理人应根据投资者对收益和风险的偏好选择合适的目标指数。

当资金管理人决定采取指数化投资策略并选定了目标指数后,就要构建一个追随这一指数的组合。但是指数化组合与目标指数之间总会存在一些跟踪误差,主要原因有:构建指数化组合的交易成本、指数化组合与目标指数的构成差异、构造指数化组合时各成分债券的成交价格与计算指数时的价格不一致。一般地说,投资组合所包含的指数成分债券越少,因交易成本产生的跟踪误差就越小,但由组合构成与指数构成不匹配所导致的跟踪误差却越大;反之,投资组合所包含的指数成分债券越多,因交易成本产生的跟踪误差就越大,由组合构成与指数构成不匹配所导致的跟踪误差却越小。显然,跟踪误差与指数化组合中债券的数量之间存在着替代关系。指数化策略的一个关键问题是需要多少债券才能做到组合最优化。理论证明,债券投资组合规模对多样化的效应与普通股的关系几乎是相同的。

构建指数化投资组合主要有三种方法:一是**层次抽样法**;二是**最优化法**;三是**方差最小化法**。层次抽样法是将指数按不同特点分成若干层次,如按发行人、到期日、票面利率、信用等级、赎回条款等划分,再从每一层次中选取一至几只能代表各层次特点的债券,购买每一层次债券的金额根据该层次市值占整个指数市值的比例而定。最优化法是在层次抽样法的基础上增加一些最优化目标和限制性条款,最优化目标可以是组合收益最大化、凸性最大化、预期总收益最大化等,限制性条款可以是对某一种或某一类债券持有数量或在指数化组合中权重的限制等。方差最小化法是运用历史数据对指数化组合跟踪目标指数偏离的方差进行估算,然后选择或构建跟踪误差方差最小的组合。

另有一种**加强指数化策略**,它的目标不是复制目标指数的总收益率,而是超过目标指数总收益率一定水平,以弥补较高的管理咨询费和执行成本。为实现较高的目标收益水平,通常采取的方法有两种:一是将积极的管理策略引入指数化管理过程中,二是持有部分目标指数未包含的证券。加强指数化策略与积极策略的不同之处在于对风险的控制。对加强指数化策略的管理人而言,组合头寸对目标指数的偏离必须在可控的范围内,否则,就相当于积极的管理策略。

2. 负债融资策略

负债融资策略(liability funding strategies)是通过选择资产组合以实现未来的现金流等于或超过未来债务的策略。在这种策略中以未来到期的债务作为组合业绩的基准。负债融资策略和指数化策略都是追求与预定基准业绩相匹配的结构化投资组合策略(structured portfolio strategy)。债券指数化策略的基准是债券指数,但大部分的机构投资者,尤其是养老基金、企业年金基金、保险公司、商业银行等,均有不同性质的负债,以投资收益偿还到期债务是它们主要的投资目的。以债券指数总收益为目标的指数化策略往往不能满足机构投资者的要求,负债融资策略就成了它们的主要策略。如果未来的债务只是一种单一的债务,则可以运用免疫策略;如果有多种债务,则可选择多时期免疫或现金流配比。

(1) 偿付单一债务的免疫投资组合。**免疫策略(immunization strategy)是指使现有的**

交易不受利率变动影响的资产投资方式。 对于准备以债券投资收益偿付未来到期债务的机构投资者而言,将面临再投资风险、信用风险、提前赎回风险等。

如果机构投资者将于约定的时间偿付按约定利率计息的债务,即使投资于与债务本金相同、到期收益率相同、到期日相同的债券,也不能确保到期收益与目标债务的累计价值(以复利计算的本息和)相同。原因很简单,因为存在债券利息收入的再投资风险。如果在投资期限内,市场利率不变,息票收入可以按原定利率再投资,则债券组合将实现目标债务到期的累计价值;如果市场利率上升,则债券组合实现的总收益将高于目标债务的累计价值,因为息票收入能以比期初更高的利率再投资;如果市场利率下降,则债券组合的总收益将低于目标债务的累计价值。显然,债券组合的管理者需要寻找不管市场利率如何变化都能保证目标债务累计价值得以实现的债券或债券组合。这种债券或债券组合必须具备两个特征:① 它的持续期等于债券投资期;② 债券现金流的最初现值等于未来负债的现值。这种债券或债券组合的免疫效应是,不管市场利率发生什么变动,都能确保目标债务累计价值的实现。当市场利率上升时,再投资收益的增加抵消了债券价格的下降;当市场利率下降时,债券价格的上升抵消了再投资收益的减少。

上述的免疫策略假设市场利率仅发生一次瞬间的变化,实际上,在整个投资期内市场利率会不断地变化,投资组合的持续期也将随之而发生变化。同时,持续期还会随着时间的变化而变化。因此,必须及时调整组合的持续期,使它等于组合的剩余投资期,以实现免疫效应。对资金管理人而言,困难之处在于把握持续期的调整节奏,过多的调整可防止持续期偏离目标持续期,但将增加交易成本,影响目标收益率的实现;过少的调整又可能导致持续期偏离目标持续期过远,这同样会影响目标收益率的实现。

上述免疫策略隐含着一个前提条件,即收益率曲线是水平状态或收益率曲线仅作平行移动。因为持续期是对收益率曲线平行移动导致的价格波动性的衡量,所以只有在这一条件下才能利用持续期实施免疫策略。然而,收益率曲线并非总是水平的,而且经常是不平行移动的,因此需要考虑收益率曲线不定变动条件下的免疫策略。由于免疫策略回避的是再投资风险,因此有最小再投资风险的组合就是最好的免疫组合。可以想象,如果现金流分散于整个投资期限内,组合将面临很高的再投资风险;如果现金流集中于投资期到期前后,组合将面临较低的再投资风险。理想的状态是所有的现金流都在投资期末收到,则再投资风险等于零,此时投资组合与相同期限的零息债券是等价的。换句话说,如果能构建一种与投资期限相同的零息债券组合,则该组合将是最理想的免疫组合,但实际上这几乎是不可能的。因此,面对再投资风险,资金管理人能做的是构建一种免疫组合,使它的持续期与债券组合的投资期相匹配,并使它的现金流尽可能地集中于投资期到期前后,然后适时地调整组合的持续期使之与剩余投资期相匹配。

为偿付单一债务而构建的免疫投资组合还会面临信用风险和提前赎回风险。组合中任何一种债券的违约或信用恶化都会出现债券价格下降并导致目标收益率无法实现,这就是信用风险。为消除信用风险,可以选择高信用等级的债券,但它的收益率较低,意味着为一项债务融资的成本上升。资金管理人应规定最低的信用风险并构建免疫组合。组合管理人还必须监控信用质量可能下降的债券,一旦发现某一债券的信用等级下降到最低的信用等级以下,就必须及时调整或调低可接受的信用风险水平。

当免疫组合中包含可赎回的公司债券时,有可能面临提前赎回风险。如果该公司债券被提前赎回的话,会影响目标收益的实现。资金管理人可以限定组合中的债券必须是不可赎回债券或是折价幅度较大的可赎回债券,以回避提前赎回风险。这样做的代价是,由于不可赎回债券及深度折价的可赎回债券的利率较低,将降低免疫组合的收益率,增加债务融资成本。

(2) 偿付多种债务的免疫投资组合。大多数机构投资者都有多种债务必须及时支付的需要。用于满足多种债务流的策略有两种:多时期免疫和现金流配比。

多时期免疫是一种组合策略,它要求不管利率如何变化,该债券投资组合的现金流可以偿付一种以上预定的未来债务。实施多时期免疫策略须分解债券投资组合的现金流,使每一组现金流分别对应于一项债务,从而使每一项债务都能被一组现金流所免疫。要保证对多种债务免疫,必须满足以下条件:组合的持续期等于债务的持续期;单一组合的持续期分布必须比债务分布有更大的范围;债券组合现金流的现值必须等于债务流的现值。在满足以上三个条件和其他附加条件的基础上,资金管理人应选择免疫风险最小的投资组合。

现金流配比的方法是,选择一种债券,它的本金和到期息票利息正好与一组债务中最后到期的某种债务的偿还额配比,余下的未偿还债务因这种债券各期的利息支付而相应减少。然后再选择一种与该组债务中剩余期限最短的某一债务相配比的债券,并依此类推,逐项配比,直到所有债务被组合中债券的支付所配比为止。

现金流配比策略与多时期免疫策略有以下不同。

① 多时期免疫策略有持续期的要求,现金流配比没有持续期要求。

② 实施多时期免疫策略,即使在利率没有发生变化的情况下也要经常调整持续期;实施现金流配比策略,除了对信用等级下降到规定条件以下的债券进行调整外,一般不需要对组合加以调整。

③ 多时期免疫组合因为存在再投资风险因而有免疫风险,现金流配比组合因可以回避违约风险,因而不存在债务无法偿付的风险。但是实现债券组合与债务的现金流完全配比是非常困难的,因此现金流配比的成本要高于多时期免疫策略。

这两种策略各有优劣,资金管理人只能相机选择。

在债券投资策略中还有一种将积极的策略与免疫策略相结合的策略,即资金管理人同时执行两种策略。在这种混合的策略中,免疫部分可以是单一债务免疫,也可以是多种债务免疫。由于免疫部分是根据已有的债务设置并随未来的债务变化而调整的,因此是一种适应性很强的策略。在可接受的风险水平下,将保留积极部分以使预期收益最大化。对积极部分的分配,取决于免疫部分的目标收益率、预期积极部分的最低收益率、混合策略要求的最低收益率。由于收益率经常发生变化,资金管理人必须适时调整和平衡免疫部分和积极部分之间的比例。

投资 ETF 的六种策略

第四节 投资业绩评估

投资管理的最后步骤是对投资业绩进行衡量和评估。分析投资组合是否实现了超额收益、组合收益的来源及实现原因是投资业绩评估的主要内容。但仅仅计算投资组合的平均收益是不够的,还必须根据风险来调整收益,只有这样收益之间的比较才有意义。资本资产定价模型为投资组合的业绩评估提供了多种途径,例如,可以考察投资组合已实现的收益水平是否与它所承担的风险匹配、组合承受单位风险所获得的收益水平之高低等。业绩指数提供了对具有不同风险-收益特点的投资组合业绩进行评估和比较的方法,其中的各个业绩指数是以不同的关于投资组合风险的假设为基础的。

一、夏普业绩指数

夏普业绩指数(Sharper's performance index)是 1966 年由威廉·F.夏普提出的,它以**资本市场线为基础,以标准差作为风险衡量的尺度**。夏普指数值等于证券组合的风险溢价除以标准差,即:

$$S_p = \frac{\overline{r}_p - r_f}{\sigma_p} \tag{9-9}$$

式中:S_p 表示夏普业绩指数,$\overline{r}_p$ 表示投资组合的实际平均收益率,r_f 表示无风险利率,σ_p 表示投资组合的标准差。公式中的分子分母均为百分数,所以夏普指数是不带单位的纯数值。

夏普指数是对单位风险超额收益的衡量,超额收益是投资组合的收益与在相同评估期内无风险收益的差,风险是投资组合的标准差。夏普指数用总风险作为对投资组合收益进行风险调整的因子,反映了投资组合每单位总风险所获得的风险溢价。实际上夏普指数是连接无风险资产与证券组合的直线的斜率,它的比较基础是资本市场线。如果某一证券组合的夏普指数高于市场组合的夏普指数,它将位于资本市场线的上方,表明组合的业绩好于市场组合;如果某一证券组合的夏普指数低于市场组合的夏普指数,它将位于资本市场线的下方,表明组合的业绩不及市场组合。位于资本市场线上的组合与市场组合有相同的夏普指数和业绩。

二、特雷诺业绩指数

特雷诺业绩指数(Treynor's performance index)是 1965 年由 J.特雷诺提出的,它以**证券市场线为基础,以 β 系数作为风险衡量标准**。特雷诺认为对一个充分分散化的投资组合而言,非系统风险已充分分散,市场只对系统风险提供补偿,β 系数作为衡量组合系统风险的相对指标,可以作为对投资组合收益进行风险调整的因子。特雷诺指数反映投资组合每单位系统风险获得的风险溢价。其计算公式为:

$$T_p = \frac{\overline{r}_p - r_f}{\beta_p} \tag{9-10}$$

式中:T_p 表示特雷诺业绩指数,β_p 表示投资组合的 β 值。公式中分子以百分数形式给出,分母 β 值是纯数值,所以特雷诺指数的形式是百分数。

实际上,特雷诺指数是以证券市场线的斜率作为业绩的评价标准。如果市场处于均衡状态,所有的资产和资产组合都落在证券市场线上。如果某一证券组合的斜率大于证券市场线的斜率,它将位于证券市场线的上方,说明组合的绩效好于市场绩效;如果某一证券组合的斜率小于证券市场线,它将位于证券市场线的下方,说明组合的绩效差于市场绩效。

三、詹森业绩指数

詹森业绩指数(Jensen's performance index)是由 C.M.詹森于 1968 年提出的,它**以证券市场线为基准指数值,是证券组合的实际平均收益率与由证券市场线所给出的证券组合的期望收益率之间的差,表示投资组合的超额回报。**即:

$$J_p = \bar{r}_p - [r_f + (Er_m - r_f)\beta_p] \tag{9-11}$$

式中:J_p 表示詹森业绩指数,Er_m 表示市场组合 M 的期望收益率。公式中右边所有的业绩衡量标准均以百分数表示,所以詹森指数的形式是百分数。

詹森指数是证券组合所获得的超过市场部分的风险溢价,风险由 β 系数测定。詹森指数所使用的风险调整因子是系统风险,但在调整系统风险的同时删除了市场组合的业绩,计算结果不必再与市场组合进行比较,计算简单,使用方便。如果某一证券组合的詹森指数为正,它位于证券市场线的上方,说明该组合获得了超额收益;如果某一证券组合的詹森指数为负,它位于证券市场线的下方,说明该组合的业绩较差。詹森指数能在风险调整后以百分比的形式评估投资组合的业绩表现,具有直观性比较强的优势。

四、业绩指数的比较和业绩评估应注意的问题

夏普指数以标准差衡量投资组合的业绩,特雷诺指数以 β 系数衡量投资组合的业绩,即夏普业绩指数以总风险为依据,特雷诺业绩指数以系统风险为依据。因为使用的标准不同,当我们用这两个指数对一组投资组合进行业绩评估时,会得出不同的排序结果。这并不矛盾,因为不同的结论可能适合于不同的投资者。夏普指数更适合于不持有其他投资组合的投资者,而特雷诺指数则适合于除了所评估的组合外还持有很多其他资产的投资者,或者说,夏普指数比较适合于独立的投资组合,特雷诺指数比较适合于市场组合中的某一组合。特雷诺指数和詹森指数都以资本资产定价理论为基础,都以 β 作为衡量风险的尺度,它们对投资组合作出的业绩评估结论也是相同的,但给出的业绩排序可能并不相同,它们的表达方式也不相同。

以上三种业绩评估指数都有其合理性,但也存在以下几点不足。

(1) 三种业绩指数都以资本资产定价模型为基础,而资本资产定价模型的假设前提与证券市场的现实条件有很大差距,这可能导致业绩评估的结果失真。

(2) 三种业绩指数都含有测量风险的指标,计算这些指标依据历史数据和样本的选择。不仅历史数据有其局限性,而且基于不同的样本选择所得到的评估结果也不尽相同,因而不具有可比性。

（3）三种业绩指数的计算均与市场组合有关，但在实际计算中可以替代市场组合的证券价格指数具有多样性。基于不同证券价格指数所得到的评估结果不会完全相同，因而也不具有可比性。

（4）三种业绩指数都只是对投资组合的业绩作出评估，但却没有分析不同业绩的形成原因。

尽管如此，这三种业绩指数还是被经常使用。

专栏9-1 巴菲特的"投资十招"

作为普通股票投资者，最想学习的是投资成功之道。巴菲特在回答该问题时，讲授了投资十招：

风险第一

巴菲特谈到继任者时说："我要负责在任何情况下公司不会以任何方式陷入任何巨大的灾难性风险之中。我的继任者也要担负同样的责任。我们绝对不会选择任何一个不具有这些'巨灾'风险控制能力的人来做这个职位。"巴菲特投资，风险第一，营利第二。

关键是耐心

巴菲特说："耐心是投资成功的关键要素。那些明白市场只是一个工具而不是一个顾问的人，长期而言投资将会做得很好。由于各种各样的原因，市场经常是错的。那些能够牢记这一点的人就能充分利用股票市场的优点，比如，透明的价格和很高的流动性。"

利用市场

巴菲特说："股市的美妙之处在于愚蠢的、过于低估的价格会一次又一次出现。我和芒格正是利用这样的机会投资致富的。"巴菲特对付市场先生的名言是："要利用市场，而不是被市场利用。"

别迷信理论

巴菲特批评商学院说："让我非常吃惊的是，商学院总是关注一个又一个风行一时的潮流。有时是金融理论，有时是别的东西。但是一旦这些理论进入大脑之中形成定势思维，就非常难以改变。"巴菲特说："投资只需要学习两门课程就可以了，一门是如何评估企业价值，一门是如何看待股市波动。"

不懂不买

巴菲特说："我们努力回避开那些我们不明白的公司。我在买入之前需要确定未来5年或10年公司的营利能力。如果剔除掉那些你不能理解的公司，最后你会发现你需要关注很少一些公司就够了。"

不提供管理建议

巴菲特说："你看看我们的前四大重仓股，我们和这四家公司的首席执行官每年交流次数平均不超过两次。我们做的事情不是给公司高管提供建议。如果我们认为，对一家公司投资的成功与否取决于我们给公司高管提供建议，我们会远离这些公司。"

不要过多后悔

巴菲特说:"我们过去犯过很多错误,我们将来还会犯下很多错误。我从来不会过于担心犯错,我不会坐在那里不断反思我的错误,不断思考将来我会采取什么不同的做法。"巴菲特说过,投资最重要的是避免出现重大错误。他这里的意思是,要把精力用在避免犯错上,而不是反思错误上。总结一句话,事先不要怕,事后不要悔。

远离失败者

巴菲特说:"我从来不会花费很多时间,努力让一个衰退的企业重新复苏。把同样的时间和精力投入其他企业岂不是更好。"巴菲特以前说他的投资秘诀是投资业务一流、管理一流、业绩一流的超级明星企业。有好的,何必再要那些不好的呢?

投资只为价值

巴菲特说:"我们将来回购股票只有一个理由,就是我们回购股票之后能够提高我们公司的内在价值。"你买股票时想过没有,这家公司股票大幅低估了吗,你长期持有公司股票能够不断增值吗?

不稳不买

巴菲特说:"投资 IBM 最终出错的可能性要比投资苹果或谷歌更小一些。我根本不知道如何评估谷歌和苹果的价值。"看来,巴菲特最看重的是公司发展的稳定性,而不是成长性。

专栏9-2　当今的投资模式

当今世界有五种投资模式占据统治地位。

价值投资者:他们依靠对公司财务表现的基础分析找出那些市场价格低于其内在价值的股票。

增长投资者:他们致力于寻找那些经营收益能够保证公司内在价值迅速增长的公司。

指数投资者:他们通过购买股票来复制一个大的市场细分,如标准普尔500。

技术投资者:他们采用各种图表来收集市场的行为,以此来显示投资者预期是上升还是下降,市场趋势如何,以及其他的"动力"指标。

组合投资者:他们确知自己能够承受的投资风险水平并通过建立一个多元化的投资组合来承担这个风险水平。

所有投资哲学的中心问题是都是价格与价值之间的关系。价值投资者和增长投资者认为价值和价格是不同的;指数投资者不能确定自己是否能找出这两者的关系。技术投资者只关心价格而不关心价值;组合投资者则认为价格就是价值。

这些不同的理念产生了不同的投资策略:

(1) 价值投资者寻找那些价值被低估的股票;

(2) 增长投资者寻找那些近期的增长显示其价值与目前的市场价格相符合的公司;

(3) 指数投资者认为最保险的投资策略就是购买那些能够代表整个市场状况的股票;

（4）技术投资者寻找那些能够迅速地以更高价格脱手的股票；

（5）组合投资者相信价格与价值是独立的，价格的变化反映了风险，而投资者应该选择一个证券组合来承担所需要的风险水平。

资料来源：(美)劳伦斯·克明汉姆著，《什么是价值投资》，华夏出版社 2004 年版。

专栏 9-3　金融科技

金融科技英译为 fintech，是 financial technology 的缩写，可以简单理解成为 finance(金融)＋technology(科技)，指通过运用现代科技成果改造或创新金融产品、经营模式、业务流程等，推动金融发展提质增效。

金融科技的特征

金融行业历来是先进技术应用的先行者。金融行业海量的数据和多样化的商业模式，为科技应用提供了广阔的空间。

（1）金融科技强调创新性。历次革命性技术的诞生都推动了生产力的跃升，从而带动金融业一次又一次革新。通过新技术应用，实现金融业务和服务业务的创新，打造新的生产方式和服务模式，提高金融行业运行效率。

（2）金融科技凸显智能化。通过大数据、人工智能、区块链等技术的全方位应用，金融科技推动智能金融时代的到来。随着数据规模越来越大，数据维度越来越广，模型不断迭代优化，金融机构不仅可以创新个性化业务，并在解决信息不对称问题的同时，提高金融服务效率以及市场效率。

（3）金融科技聚焦客户体验。金融科技应用让金融服务更加关注客户体验，持续根据客户需求的变化进行产品的快速迭代优化，在规范有序的秩序下拓宽金融服务的各个维度，实现传统金融服务所不具备的个性化和差异化服务体验。

（4）金融科技实现普惠化。无论对于个人还是机构，大量边缘长尾金融需求日益凸显：一方面是因为高昂的经营成本和微薄的利润导致传统机构没有动力为小微企业和低净值客户提供服务；另一方面由于信息不对称以及风控手段较为单一，所以也没有能力提供与其风险相匹配的金融服务。以新一代信息技术驱动的金融科技，通过技术降低金融服务门槛和成本，为实现普惠金融和智慧金融前进了一大步。

金融科技的内容

金融科技是大数据、人工智能、区块链技术等前沿颠覆性科技与传统金融业务与场景的叠加融合，主要包括大数据金融、人工智能金融、区块链金融和量化金融四个核心部分。

大数据金融重点关注金融大数据的获取、储存、处理分析与可视化。一般而言，金融大数据的核心技术包括基础底层、数据存储与管理层、计算处理层、数据分析与可视化层。数据分析与可视化层主要负责简单数据分析、高级数据分析(与人工智能有若干重合)以及对相应的分析结果的可视化展示。大数据金融往往还致力于利用互联网技术和信息通信技术，探索资金融通、支付、投资和信息中介的新型金融业务模式的研发。

人工智能金融主要借用人工智能技术处理金融领域的问题,包括股票价格预测、评估消费者行为和支付意愿、信用评分、智能投顾与聊天机器人、保险业的承保与理赔、风险管理与压力测试、金融监管与识别监测等。人工智能技术主要包括机器学习理论等前沿计算机科学知识,主要基于算法。机器学习理论是人工智能概念范畴下的一个子集,主要覆盖三大理论:监督学习、无监督学习和强化学习。

区块链金融是区块链技术在金融领域的应用。区块链技术是一种去中心化的大数据系统,是数字世界里一切有价物的公共总账本,是分布式云计算网络的一种具体应用。一旦区块链技术成为未来互联网的底层组织结构,将直接改变互联网的治理机制,最终彻底颠覆现有底层协议,导致互联网金融的智能化、去中心化,并产生基于算法驱动的金融新业态,一旦成熟的区块链技术落地金融业,形成生态业务闭环,则金融交易可能会出现接近零成本的金融交易环境。但需注意的是,由于共识机制、私钥管理和智能合约等存在技术局限性和面临安全问题,区块链技术整合和应用落地将是一个长期的过程。

量化金融以金融工程、金融数学、金融计量和金融统计为抓手开展金融业务,它和传统金融最大的区别在于其始终强调利用数理手段和计量统计知识,定量而非定性地开展工作,其主要金融场景有高频交易、算法交易、金融衍生品定价以及基于数理视角下的金融风险管理等。量化金融一直被视为是金融业高端资本与智力密集型领域,科技含量极高,但近几年,高频与算法交易、金融风险管理、保险精算越来越依靠工业级大数据(比如:实时、海量、高维和非结构化数据)、人工智能前沿技术以及区块链技术来解决问题或重构原有金融业务逻辑、产品设计流程、监管监测控制环节。

金融科技的应用

金融科技是基于大数据、云计算、人工智能、区块链等一系列技术创新,全面应用于支付清算、借贷融资、财富管理、资产管理、智能研究和投资、保险等金融领域,是金融业未来的主流趋势。

(一)支付

作为与消费者连接最紧密的环节,金融科技对广大用户的支付需求影响最早、最广、最深。

首先,以人脸识别、声纹识别、虹膜识别等为代表的生物识别支付技术,正在极大地简化支付流程;其次,区块链技术极大减少了跨境支付流程中的人工处理环节,大大提升交易速度;再次,削弱交易流程中的中介机构作用,提高资金流动性,实现实时确认和监控,有效降低交易各环节中的直接和间接成本。

(二)信贷

针对不同类型的客户开发适合他们的信贷产品、提升客户体验,是金融业未来的努力方向。

继移动时代的场景流量后,从智能获客到智能反欺诈,再到大数据风控,全链条智能化的技术能力将成为个人信贷企业新的竞争力。通过智能获客,在获取具有信贷需求的客户基础上,借助智能技术构建强有力的风控体系,准确评估客户信用风险,成为促进个人信贷健康发展的重要环节。

在贸易融资、供应链金融、企业信用贷款等对公信贷业务方面,金融科技通过大数据可以改善客户与金融机构之间信息不对称的情况,改变传统的信用评级方法,将起到完善企业信用体系、补充企业经营状况信息和降低放贷机构单据确权难度的作用,有效解决小微企业融资难问题。

（三）财富管理

智能技术在投资偏好洞察和投资资产匹配环节能极大降本提效,使财富管理逐渐走出高费率、高门槛,走向中低净值人群,实现高效、低费、覆盖更广泛的目标。互联网多维的行为特征大数据,可低成本深刻理解用户投资需求,立体刻画用户特征,包括人生阶段、消费能力、风险偏好等。此外,通过响应模型和多渠道主动、适时、多次的智能触达策略高效获客。

（四）资产管理

资管市场产品多样,结构复杂,资产方、资金方具有较多痛点。智能技术将解决跨期资源配置中的信息不对称问题,全面提升资金和资产流通效率。

一方面,国内的资产证券化市场并未实现本质上的"主体信用和债项信用的分离",传统尽调方式尚难穿透资产包识别风险。而金融科技通过反欺诈、大数据风控能力的积累,可穿透到资产,提供详尽实时的资产信息和资产评估。

另一方面,区块链技术可应用于资产证券化全流程,通过"联盟链""智能合约""穿透式监管"等技术,增强交易和资产信息的透明度,做到资产全景跟踪和交易全环节可追溯,可减少人为操作风险和效率低下的问题,更可大大提高存续期信息交互的频次与质量。

（五）智能研究和投资

智能投顾核心是在数据沉淀积累与算法模型不断优化的基础上,根据个人投资者提供的风险承受水平、收益目标以及风格偏好等要求,运用一系列智能算法及投资组合优化等理论模型,为用户提供最终的投资参考,并对市场的动态对资产配置再平衡提供建议。

量化投资本质就是将金融理论、计算机数据处理技术、计量统计分析技术与投资者定性分析和判断有机结合在一起作为研究工具,并对市场进行不带主观情绪的跟踪分析判断,借助计算机强大的数据处理能力进行投资品种配置、市场走向判断、时机抉择及资金管理,高概率胜算并进行操作,实现资产的稳健增值。量化对冲的优势在于它将减少人为的感情因素以及所有的数据都是大量的数据进行计算、回测得出的,所有的结论都是有大量数据进行分析得出的,策略的风险是可以预估的,这样投资者的资金都在可控的风险范围内进行投资,进而在可控的范围内进行最大化的收益投资,这也是量化投资的最重要优势。

（六）保险

智能技术在保险业的应用不断深化,逐渐涉足核心的产品设计和精算定价领域,真正开启保险业的全面变革。物联网技术的应用和普及,也拓展了保险公司的数据广度和厚度,更多基于用户数据的保险产品创新成为可能;并能精确识别客户风险,基于风险进行个性化定价和动态定价,更好地服务消费者。

智能核保基于大规模数据训练,以图像识别技术作为驱动,可智能分类并自动化评估,最终输出定损报告。一键式的自动化操作流程,大大节约了用户的时间和沟通成本。智能客服实现自动化服务和销售,降低人工成本。

本 章 小 结

　　证券投资管理是指对证券投资资金加以管理。证券投资管理过程基本上由以下五个步骤组成:确定投资目标、制定投资政策、选择投资组合策略、构建和修正投资组合、评估投资业绩。

　　股票投资管理的类型有积极的管理策略和消极的管理策略两种。对管理策略的选择取决于投资者对收益和风险的态度和对市场是否有效的判断。有效市场假说是描述资本市场定价效率的理论,是指导投资者判断市场、制定投资管理策略的理论依据。有效市场假说将股票市场分为弱式有效、半强式有效和强式有效三种形式,划分的标准是股票价格对不同信息的反应。

　　采取积极的股票投资管理策略必须花大量精力构建投资组合,奉行消极管理策略的投资者只是简单地模仿某一股价指数以构建投资组合。积极的股票投资管理策略包括以技术分析为基础的策略、以基本分析为基础的策略、以市场异象为基础的策略、以股票投资风格管理为基础的策略等。消极的股票投资管理策略包括购买并持有策略和指数法策略。

　　量化的股票投资管理策略是根据制定好的量化交易数学模型或市场交易触发条件,由程序自动实行买入和卖出的操作的策略。其包括选股策略、择时策略、仓位管理策略、止盈止损策略、策略的生命周期管理等。

　　债券的基本特征是它的价格与它所要求的收益率呈反方向变动。债券的持续期是衡量债券价格如何对收益率变动作出反应的常用方法。持续期是针对利率微小变动所引起的债券价格变动百分比近似值的一个衡量指标。

　　债券投资管理也分为积极的和消极的两种。积极的投资策略倾向于寻求更大的盈利并愿意承担相应的风险。债券投资管理中有两种积极的管理形式:一是通过利率预测来预期债券市场的变动趋势;二是通过分析来识别被错误定价的债券。具体有利率预期策略、收益率曲线策略、收益差额策略、单一债券选择策略等。消极的投资策略倾向于在既定的市场条件下保持适度的收益风险平衡而不试图去战胜市场。消极管理的典型形式是指数化策略和负债融资策略。

　　投资管理的最后步骤是对投资业绩进行衡量和评估。以不同的关于投资组合风险的假设为基础的业绩指数提供了对具有不同风险-收益特点的投资组合业绩进行评估和比较的方法。主要的业绩指数有夏普业绩指数、特雷诺业绩指数、詹森业绩指数。

基本概念

证券投资管理　积极的投资组合策略　消极的投资组合策略　有效市场假说　弱式有效　半强式有效　强式有效　经济增加值　市场异象　价值型股票　增长型股票　量化交易　买入并持有策略　指数法策略　持续期（久期）　债券的凸性　利率预期策略　收益率曲线策略　收益差额策略　负债融资策略　免疫策略　多时期免疫策略　现金流配比　夏普业绩指数　特雷诺业绩指数　詹森业绩指数

复习思考题

1. 什么是证券投资管理？证券投资管理一般包括哪些步骤？
2. 什么是有效市场假说？有效市场假说如何影响投资者的投资策略？
3. 股票投资管理的类型分为几种？它们有什么区别？
4. 积极的股票投资管理策略有哪些？
5. 消极的股票投资管理策略有哪些？
6. 什么是量化的股票投资管理策略？它包含哪些步骤？有哪些具体策略？
7. 什么是债券的持续期？什么是债券的凸性？它们在债券的投资管理中有何作用？
8. 积极的债券投资管理策略有哪些？
9. 消极的债券投资管理策略有哪些？
10. 主要的证券投资业绩评估指数有哪些？它们有何不同？

主要参考文献

[1] 夏普,等.投资学[M].5版.北京:中国人民大学出版社,2013.
[2] 法博齐,莫迪利亚尼.资本市场:机构与工具[M].4版.汪涛,郭宁,译.北京:中国人民大学出版社,2015.
[3] 法博齐.债券市场:分析与战略[M].9版.李磊宁,译.中国人民大学出版社,2016.
[4] 法博齐.投资管理学[M].2版.周刚,王化斌,张宗梁,吕刚正,杨艳枫,译.北京:经济科学出版社,1999.
[5] 列维.投资学[M].任淮秀,译.北京:北京大学出版社,2004.
[6] 博迪,等.投资学[M].汪昌云,张永骥,译.北京:机械工业出版社,2017.
[7] 罗斯.货币与资本市场[M].8版.陆军,译.北京:中国人民大学出版社,2006.
[8] 达蒙德理.价值评估:证券分析、投资评估与公司理财[M].张志强,王春雪,译.北京:北京大学出版社,2003.
[9] 柯明汉姆.什么是价值投资[M].田路,译.北京:华夏出版社,2004.
[10] 周正庆.证券市场导论[M].北京:中国金融出版社,1998.
[11] 周正庆.证券知识读本[M].修订版.北京:中国金融出版社,2006.
[12] 汤羡祥,许耀钧.现代证券理论[M].上海:中国纺织大学出版社,1996.
[13] 朱元.证券投资学原理[M].上海:立信会计出版社,1992.
[14] 张志平.金融市场实务与理论研究[M].北京:中国金融出版社,1991.
[15] 戴根有.中央银行宏观经济分析[M].北京:中国金融出版社,1991.
[16] 唐雄俊.美国金融市场新知识[M].上海:上海翻译出版公司,1986.
[17] 林健.大交易场[M].北京:机械工业出版社,2008.
[18] 张龄松.股票操作学[M].北京:中国大百科全书出版社,台北:台湾证券出版社,1994.
[19] 郑超文.技术分析详解[M].上海:复旦大学出版社,1993.
[20] 侯本慧,郭小洲.艾略特波动原理三十讲[M].太原:山西人民出版社,2013.
[21] 中华人民共和国财政部.企业会计准则:2021版[M].上海:立信会计出版社,2021.

专业术语中英文索引

B

巴黎 CAC 40 指数 France's largest 40 listed companies	283
半强式有效形式 semi-strong form	406
保证金 margin	137
保证金交易 margin trading	115
保证金通知 margin call	118
被忽略的公司效应 neglected-firm effect	409
标准普尔股票价格指数 Standard and Poors indexes	281
不变增长模型 constant growth model	259
不可转换优先股票 nonconvertible preferred stock	18
不完全竞争 imperfect competition	318

C

财务分析 financial analysis	329
财务造假 financial frand	345
财政政策 fiscal policy	269
参与型的 DR sponsored DR	303
参与优先股票 participating preferred stock	17
长期国债 treasury bond	23
常备借贷便利 standing lending facility, SLF	268
场内经纪商 floor broker	42
超额配售选择权 overallotment option	62
超买超卖指标 over bought & over sold, OBOS	387
成交量 volume	78
成交量比率 volume ratio, VR	384
持续期 duration	414
持有成本 cost of carry	132
持有期收益率 holding period yield	183
初始保证金 initial margin	117

D

除权 ex-right	277
除权日 ex-right date	277
除息 ex-dividend	276
除息日 ex-dividend date	276
次级趋势 secondary trend	352
存货周转率 inventory turnover	340
存托凭证 depository receipts, DR	303

当前收益率 current yield	182
到期收益率 yield to maturity	183
道琼斯股票价格平均指数 Dow Jones indexes	279
道氏理论 Dow theory	351
低市盈率效应 low-price-earnings-ratio effect	409
地缘政治 geopolitics	270
动量指标 MTM	394
短期国债 treasury bill	23
对称三角形 symmetrical triangles pattern	366
对冲 offset	135
多头 long position	135
多元增长模型 multi-step growth model	260

F

发行价格 issue price	56
反收益率曲线 inverse yield curve	254
反转形态 reversal patterns	363
非参与型 DR unsponsored DR	303
防守型行业 defensive industry	319
非参与优先股票 nonparticipating preferred stock	17
非累积优先股票 noncumulative preferred stock	17

非系统风险 unsystematic risk 189
费雪指数 Fisher's index 275
分值股票 penny stock 84
粉单市场 pink sheet market 85
风险补偿 risk premium 194
风险基金 venture capital, VC 45
封闭型基金 closed-end fund 30
浮动利率债券 floating rate bond 27
负债比率 debt ratio 339
负债融资策略 liability funding strategies 419
附息债券 coupon bond 26
复制性投资组合 replicating portfolio 411

G

个人投资者 individual investors 5
公募 REITs real estate investment trusts 32
公募发行 public issue 52
公司型投资基金 corporate investment fund 29
公司债券 corporate bond 25
拱收益率曲线 arch yield curve 255
购买并持有策略 buy-and-hold strategy 410
股东权益比率 debt-equity ratio 339
股票 stock 12
股票分割 stock split 266
股票价格指数 stock price index 271
股票投资风格 equity investment style 410
股权期货 equity futures 130
股息 dividend 14
股息发放率 dividend payout ratio 343
固定资产周转率 fixed asset turnover 340
寡头垄断 oligopoly 318
轨道 channel 360
国际收支 balance of payments 315
国际债券 international bond 27
国际证监会组织 International Organization of Securities Commissions, IOSCO 99
国际证券交易所联合会 Federation Internationale des Bourses de Valeurs, 法文简称 FIBV 100
国际资本流动 international capital flow 315
国内债券 domestic bond 27

H

合格的境内机构投资基金 qualified domestic institutional investors fund 34
合格的境外机构投资者 qualified foreign institutional investors, QFII 11
核准制 authorizing system 95
汇率 exchange rate 269
货币期货 currency futures 130
货币政策 monetary policy 268
货币指标 monetary indicators 313

J

机构投资者 institutional investors 7
积极的投资组合策略 active portfolio strategy 403
基本分析 fundamental analysis 308
基差风险 basis risk 134
基金管理 fund management 45
技术分析 technical analysis 349
价格发现 price discovery 134
价格优先 price priority 75
价内 in the money 162
价平 at the money 162
价外 out of the money 162
间接发行 indirect issue 53
间接投资 indirect investments 2
兼并收购 merger and acquisition 44
建仓 open position 135
结构化投资组合策略 structured portfolio strategy 419
结算 settlement 111
结算所 clearing house 137
金融科技 financial technology, fintech 426
金融机构 financial institutions 8
金融衍生工具 financial derivative instruments 45
金融债券 financial bond 25
经济增长 economic growth 267
经济增加值 economic value added, EVA 408
经济周期 economic cycle 267
经营风险 operating risk 193
颈线 neck line 363

净资产收益率 return on net asset 342
矩形 rectangle formation 367

K

开放型基金 open-end fund 30
看跌期权 put option 160
看涨期权 call option 160
科创板 Sci-Tech innovation board, STAR market 87
可交换债券 exchangeable bond, EB 301
可转换优先股票 convertible preferred stock 296
可转换债券 convertible bond 296
空头 short position 135

L

拉斯贝尔指数 Laspeyres index 274
蜡烛线 candlestick line 355
累积优先股票 cumulative preferred stock 17
利率风险 interest rate risk 190
利率期货 interest rate futures 130
利率期限结构 interest term structure 254
量化交易 quantitative trading 411
量因分析 quantitive analysis 308
零息债券 zero coupon bond 26
流动比率 current ratio 336
流动性偏好说 liquidity preference hypothesis 256
履约价格 exercise price 161
履约价值 exercise value 161
绿鞋 green shoe 62

M

买空 buy short 115
卖空 sell short 115
毛利率 gross profit margin 341
每股净值 net asset value per share 345
美国存托凭证 American depository receipt, ADR 303
免疫策略 immunization strategy 419
名义收益率 nominal rate of return 191

N

纳斯达克综合指数 NASDAQ composite index 282
内在价值 intrinsic value 264
能量潮 OBV 380
逆势操作系统 CDP 394

O

OTC公告板市场 OTC bulletin board 85
欧洲存托凭证 European depository receipt, EDR 303
欧洲债券 Euro bonds 27

P

派息日 payment date 276
派息政策 dividend policy 265
派许指数 Paasche index 275
票面价值 face value 264
平仓 close position 135
平收益率曲线 par yield curve 255
普通股票 common stock 14

Q

期货合约 futures contract 128
期货交易 futures trading 128
期权 option 159
期权费 option premium 162
期权合约 option contract 159
期限结构预期说 anticipated term structure hypothesis 255
旗形 flags formation 368
契约型投资基金 contract investment fund 29
钱货对付 delivery versus payment, DVP 112
强式有效形式 strong form 406
清算价值 liquidation value 264
趋势线 trend line 358
趋向指标 directional movement index 392
全国中小企业股份转让系统 national equities exchange and quotations, NEEQ 88
缺口 gap 361
全球存托凭证 global depository receipts, GDR 303

R

人民币合格境外机构投资者 RQFII 11

日历效应 calendar effects	409
熔断机制 circuit breaker mechanism	209
弱式有效形式 weak form	406

S

三重顶和三重底 triple tops and bottoms	365
商人银行 merchant bank	39
上升直角三角形 ascending triangles pattern	367
时间价值 time value	162
时间优先 time priority	75
实际保证金 actual margin	117
实际收益率 real rate of return	191
市场分割说 segmented market hypothesis	256
市场风险 market risk	190
市场价格 market price	264
市场利率 market interest rate	269
市价委托指令 market order	107
市价总额 market capitalization	78
市净率 price to bookvalue ratio, P/B	57
市盈率 price to earning ratio, P/E	57
市政债券 municipal bond	24
收益率曲线 yield curve	254
首次公开发行 initial public offerings, IPO	54
赎回条款 call provision	298
双重顶和双重底 double tops and bottoms	364
私募发行 private placement	44
速动比率 quick ratio	337
随机漫步 random walk	406

T

套利定价理论 arbitrage pricing theory, APT	231
套期图利者 arbitrageur	151
特雷诺业绩指数 Treynor's performance index	422
腾落指标 advance-decline line, ADL	386
贴现债券 discount bond	26
停损点转向操作系统 stop and reverse, SAR	394
通货膨胀风险 inflation risk	191
同步指标 coincident indicators	312
头肩底 head and shoulders bottom pattern	363
头肩顶 head and shoulders top pattern	363
投机级债券 speculation grade bond	253
投机者 speculator	131
投资 investment	1
投资级债券 investment grade bond	252
投资收益率 return on total capital	344
投资银行 investment bank	39
凸性 convexity	415

W

外国债券 cross-border bond	27
外汇储备 currency reserve	315
完全竞争 perfect competition	317
完全垄断 monopoly	318
无差异曲线 indifference curve	201
物价指数 price index	315

X

系统风险 systematic risk	189
下降直角三角形 descending triangles pattern	367
夏普业绩指数 Sharper's performance index	422
先导性指标 leading indicators	312
现货交易 spot trade	114
现金比率 cash ratio	337
现金流量 cash flow	241
现金流量表 statement of cash flows	333
限仓制度 position limit	135
限价委托指令 limit order	107
相关系数 correlation coefficient	206
消极的投资组合策略 passive portfolio strategy	403
小公司效应 small-firm effect	409
楔形 wedge formation	368
协方差 covariance	205
心理线 psychological line	388
信用风险 credit risk	192
信用级别 credit rating	252
信用交易 credit trade	115
修正的持续期 modified duration	414
宣布日 announcement date	276

Y

| 一级市场 primary market | 51 |
| 移动平均线 moving average line | 369 |

已获利息倍数 interest coverage 338
应收账款周转率 receivables turnover 338
佣金经纪商 commission broker 42
优先股票 preferred stock 16
优先认股权 preemptive right 16
有价证券 securities 12
预期收益 expected return 189
圆形顶和圆形底 rounding top and bottom patterns 365

Z

增长型行业 growth industry 318
债券 bond 22
债券指数化 bond indexing 418
詹森业绩指数 Jensen's performance index 423
涨跌比率 advance-decline ratio，ADR 387
涨跌停板制 price limit 77
账面价值 book value 264
正收益率曲线 normal yield curve 254
证券承销商 underwriter 39
证券发行市场 securities issuing market 51
证券发行者 securities issuer 51
证券公司 securities corporation 39
证券交易所 securities exchange 70
证券市场线 security market line 223
证券投资 securities investment 3
证券投资基金 securities investment fund 28
证券账户 security account 104
证券组合管理 portfolio management 402
政府机构债券 agency bond；agency securities 24
支撑线 support line 360

直接发行 direct issue 52
直接投资 direct investments 2
指令驱动 order driven 76
指数法策略 indexing strategy 410
质因分析 qualitative analysis 308
滞后指标 lagging indicators 312
中国存托凭证 Chinese depository receipt，CDR 303
中期国债 treasury note 23
周期型行业 cyclical industry 319
逐日盯市 mark-to-market 138
主要趋势 primary trend 352
注册制 registering system 95
专业经纪商 specialist 42
转换比例 conversion ratio 297
转换价格 conversion price 297
转换价值 conversion value 298
转换平价 conversion parity price 300
转换期限 conversion maturity 297
转换升水 conversion premium 300
转换贴水 conversion discount 300
资本市场线 capital market line 219
资本资产定价模型 capital asset pricing model，CAPM 218
资产负债表 balance sheet 329
资产净值 net value 265
资产收益率 return on assets 342
资金账户 cash account 104
总风险 total risk 189
总资产周转率 total asset turnover 341
阻力线 resistance line 360
最后交易日 last trading day 161

教师教学资源服务指南

教师可扫描下方二维码，关注微信公众号"高教财经教学研究"，免费申请课件和样书、下载试卷、观看师资培训课程和直播录像等。

🎯 云书展

点击导航栏中的"教学服务"，点击子菜单中的"云书展"，了解最新经管教材信息。

🎯 样书申请

点击导航栏中的"教学服务"，点击子菜单中的"免费样书"，填写相关信息即可免费申请样书。

🎯 课件申请

点击导航栏中的"教学服务"，点击子菜单中的"课件申请"，填写相关信息即可申请课件。

郑重声明

高等教育出版社依法对本书享有专有出版权。任何未经许可的复制、销售行为均违反《中华人民共和国著作权法》，其行为人将承担相应的民事责任和行政责任；构成犯罪的，将被依法追究刑事责任。为了维护市场秩序，保护读者的合法权益，避免读者误用盗版书造成不良后果，我社将配合行政执法部门和司法机关对违法犯罪的单位和个人进行严厉打击。社会各界人士如发现上述侵权行为，希望及时举报，我社将奖励举报有功人员。

反盗版举报电话　（010）58581999　58582371
反盗版举报邮箱　dd@hep.com.cn
通信地址　北京市西城区德外大街 4 号　高等教育出版社知识产权与法律事务部
邮政编码　100120